भारत की लोक-संस्कृति

(सिविल सेवा एवं राज्य लोक सेवा की परीक्षाओं के लिए उपयोगी)

संपादक
हेमंत कुकरेती

प्र
प्रभात एग्जाम

प्रकाशक

प्रभात एग्जाम

प्रभात प्रकाशन प्रा. लि. का उपक्रम

4/19 आसफ अली रोड, नई दिल्ली-110002

फोन— 23289555 • 23289666 • 23289777 • हेल्पलाइन/ 7827007777

इ-मेल : prabhatbooks@gmail.com ❖ वेब ठिकाना : www.prabhatexam.com

मूल्य

चार सौ पचास रुपए

अ. मा. पु. स. 978-93-5266-789-5

मुद्रक

सीता फाईन आर्ट्स, दिल्ली

★

BHARAT KI LOK SANSKRITI
Hemant Kukreti

Published by **PRABHAT PAPERBACKS**
4/19 Asaf Ali Road, New Delhi-110002

ISBN: 978-93-5266-789-5

₹450.00

भारतीय लोक-संस्कृति के संस्कृतिकर्मियों के नाम

संपादकीय

अब तक मगर है बाकी नामो निशाँ हमारा

संस्कृति, संस्कार से रूपाकार पाती है। मनुष्य को जीवन निरंतर परिष्कृत और परिमार्जित करना पड़ता है। इस प्रक्रिया में कई संस्कार करने पड़ते हैं। भारतीय संस्कृति में जन्म से लेकर मृत्यु तक किए जानेवाले जरूरी कृत्यों को संस्कार कहा जाता है। संस्कारों की योजना संस्कृति मानी जाती है। किसी देश की कलात्मक उपलब्धियों और बौद्धिक विकास से वहाँ की संस्कृति समझ में आ जाती है। संस्कृति के माध्यम से लोक के सांस्कृतिक, रचनात्मक एवं बौद्धिक स्तर का परिचय मिलता है।

धर्म के साथ-साथ सभ्यता और संस्कृति में भी अंतर होता है। अधिकतर सभ्यताएँ नदी किनारे विकसित हुईं जबकि संस्कृतियाँ घनघोर अरण्यों में भी अस्तित्व में आईं और गतिशील रही हैं। संस्कृति सभ्यता का आंतरिक रूप है। सभ्यताएँ सांस्कृतिक मूल्यों के अभाव में नष्ट हो जाती है, लेकिन संस्कृति महान होती है और उसका ध्वंस नहीं किया जा सकता। सभ्यता फूल है और संस्कृति सुगंध। काल सभ्यता रूपी पुष्प को नष्ट कर देता है लेकिन सुगंध अवचेतन में समाई रहती है।

संस्कृति एक प्रकार से जीवन जीने की शैली है। यह व्यक्ति को उसके परिवार, समाज और देश से विरासत में मिलती है। संस्कृति के असली रचनाकार तत्व-ज्ञानी, दार्शनिक और संवेदनशील कवियों के साथ-साथ चित्रकार, मूर्तिकार शिल्पकार इत्यादि होते हैं। इस प्रकार संस्कृति किसी एक पद, व्यवसाय, धर्म या वर्ण की बपौती नहीं होती है यानी संस्कृति-निर्माण में व्यवसाय, पद, जातिगत और आर्थिक श्रेष्ठता मायने नहीं रखती। जीवित संस्कृतियाँ एक-दूसरे से मूल्यों का आदान-प्रदान करती हैं। जिस संस्कृति में यह प्रक्रिया बाधित हो जाती है वह एक दिन नष्ट हो जाती है। भारतीय संस्कृति इसलिए विराट है कि इसमें अनेक जातियों, वर्णों, धर्मों और विचारों ने अपना-अपना योगदान दिया है। इकबाल की यह पंक्तियाँ इस संदर्भ में उल्लेखनीय हैं—

यूनान, मिस्र, रोमा सब मिट गए जहाँ से
अब तक मगर है बाकी नामो निशाँ हमारा।

यूनान और मिस्र जैसी बड़ी सभ्यताएँ इसीलिए नष्ट हो गईं कि उनमें सांस्कृतिक आदान-प्रदान अवरुद्ध हो गया था।

भारतवर्ष एक विशाल देश है अकेले हिंदी प्रदेश किसी भी महादेश से कम नहीं है। यहाँ अनेक जातियाँ और उपजातियाँ हैं, कई धर्म हैं। भौगोलिक दृष्टि से भी यहाँ आश्चर्यजनक भिन्नता और एकता मिलती है। स्वाभाविक है कि यहाँ संस्कृति के अनेक प्रारूप सहज रूप में मिलते हैं। भाषागत धर्म और सामाजिक भिन्नताओं के साथ-साथ रंग-रूप, वेष-भूषा और रहन-सहन में यह वैविध्यपूर्ण भारतीय संस्कृति झलकती है।

यहाँ लोक और उसकी संस्कृति को निर्मित करने वाले तत्व—कृषि, भूगोल, पर्यावरण और प्राकृतिक संसाधन इत्यादि मिलकर जिस जीवन-शैली को प्रस्तावित करते हैं वह रीति-रिवाज आस्था-विश्वास, मेले-त्योहार से लेकर लोक-कथाओं और लोक-देवताओं की दृष्टि से अत्यंत दिलचस्प और सम्मोहित करने वाली है। त्रिलोकीनाथ चतुर्वेदी इसे ठीक ही पहचानते हैं—'लोक संस्कृति एक समन्वयवादी विशाल अवधारणा है।...उसके मनोवैज्ञानिक, आंतरिक और बाह्य पहलू हैं, जो दृष्टिगोचर होते हैं, उसके विविध पक्ष हैं। इसी कारण समाजशास्त्र की जो विभिन्न प्रकार की बौद्धिक विधाएँ हैं, वे अपने-अपने ढंग से लोक-संस्कृति की जांच-पड़ताल करती हैं।

भारतीय संस्कृति बहुरंगी, बहुरूपी और बहुपक्षीय है। यह असल में कई लोक-संस्कृतियों का सतरंगी समुच्चय है—'हम गर्व से कहते हैं कि भारत उदाहरण है—एकता में अनेकता का और अनेकता में एकता का। प्रादेशिक लोक-संस्कृतियाँ ही भारतीय संस्कृति को पुष्ट करती हैं, समृद्ध बनाती हैं। भारतीय भाषाओं के विषय में डॉ. राधाकृष्ण ने एक बार कहा था कि सरस्वती की अनेक जिह्वाएँ हैं और उनसे अलग-अलग भाषाएँ निकलती हैं। भारत को हम एक 'कैलेडस्कोप' (Kaleidoscope) कह सकते हैं—चाहे जाति-प्रजातियों को लें, भाषाओं को लें, रीति-रिवाज़ों को लें अथवा संस्कृति के अन्य अंग-उपांगों को लें। अंततोगत्वा लोक-संस्कृतियाँ भारतीय संस्कृति के समवेत रूप में समाहित हो जाती हैं। देश की एक मौलिक एकता है, जिसमें अनेकता परिलक्षित होती है, संस्कृति उस मौलिक एकता को और अधिक बलवती तथा समृद्ध बनाती है।

भारतीय संस्कृति असल में कृषि-संस्कृति है इसलिए इसे 'कल्चर' की बजाय 'एग्रीकल्चर' से बेहतर समझा जा सकता है। जो यहाँ की मिट्टी-पानी-हवा को समझना चाहता है उसे संस्कृति से पहले जहाँ से संस्कृति का उद्‌भव होता है—यानी हमारे उर्वर

खेत-खलिहान को समझना होगा। लोक-संस्कृति किसी प्रकार से हेय नहीं होती भद्रलोक की संस्कृति का उद्‌गम भी लोक-संस्कृति ही है। वृक्ष को निर्मूल करते ही वह सूखने लगता है। जिस प्रकार लोकतंत्र वंदनीय है, उसी प्रकार लोक-संस्कृति वंदनीय है। लोक-संस्कृति के साथ किसी हीनता की भावना के जुड़ने का प्रश्न ही नहीं है। लोक-संस्कृति गतिमान है, समयानुसार उसमें परिवर्तन होते रहते हैं। बदलती परिस्थितियों में परंपरा और आधुनिकता का मेल स्वाभाविक रूप से होता रहता है।' जीवंत संस्कृतियाँ मानवीय मूल्यों के परस्पर आदान-प्रदान से विकसित होती हैं। संस्कृति ही मानवीय मूल्यों को अर्थवत्ता प्रदान करती है। सांस्कृतिक मूल्य सार्वकालिक, सार्वजनिन और सार्वभौमिक होते हैं। क्योंकि वे निरंतर आवाजाही करते रहते हैं।

लोक-संस्कृति जिन कला माध्यमों में व्यक्त होती है, वे लोक-साहित्य और लोक-कलाएँ आज विलुप्त होती जा रही हैं क्योंकि ऐसे केंद्र नष्ट हो चुके हैं जो उन्हें संरक्षण देते थे। आदिवासी गोदना-कला लोक-चित्रकला का एक बड़ा महत्त्वपूर्ण रूप थी लेकिन आज के उत्तर-आधुनिक युग में वह टैटूज में संक्रमित हो गई है, लेकिन उसके बड़े प्रारूप इसलिए दिखाई नहीं देते कि उनका कोई बड़ा बाजार नहीं है। लोक-संस्कृति के संवाहक कई प्रारूप नष्ट होने की करार पर डगमगा रहे हैं। इस ओर मीडिया माध्यमों और उन संस्थाओं को ध्यान देना होगा, जो भारतीय लोक-संस्कृति की उन्नति और बेहतरी हृदय से चाहते हैं।

यह पुस्तक 'साहित्य अमृत' के लोक-संस्कृति विशेषांक की अपार लोकप्रियता के कारण अस्तित्व में आई। विशेषांक में प्रकाशित लेखों के अतिरिक्त पुस्तक को पूर्णता देने की प्रक्रिया में कुछ और लेख हमने विद्वान लेखकों से आमंत्रित किए और उन्होंने हमें निराश नहीं किया। हम अपने विषय-मर्मज्ञ लेखकों के आभारी हैं।

अनेक पाठ्यक्रमों, प्रवेश परीक्षाओं के साथ-साथ प्रतियोगी परीक्षाओं में एक अनिवार्य विषय के रूप में लोक-संस्कृति का निर्विवाद महत्त्व है। स्तरीय सामग्री का अभाव होने के कारण विद्यार्थियों और परीक्षार्थियों को अंग्रेजी में उपलब्ध दोयम दर्जे की सामग्री से काम चलाना पड़ता है। आशा यह है कि यह पुस्तक इस अभाव को पूरा करेगी।

—हेमंत कुकरेती
hemantkukreti65@g.mail.com

विषय-सूची

1 भारतीय संस्कृति में लोक की प्रतिष्ठा

—पं. विद्यानिवास मिश्र

लोक का व्युत्पत्तिजन्य अर्थ है—दिखाई पड़ना अथवा गोचर होना, अर्थात् सारा संसार जो इंद्रिय-गोचर है अथवा सामने है, वह सभी लोक है। भारतीय संस्कृति के बारे में एक धारणा विशेष रूप से उन्नीसवीं सदी से प्रचलित रही है कि यह लोकोत्तर को अधिक महत्त्व देती है, लौकिक को कम। मूलत: यहाँ की संस्कृति आध्यात्मिक है, जैसा कि आध्यात्मिक एवं लौकिक में कोई मूलत: विरोध ही नहीं है। इन दोनों में कोई विरोध वैदिक काल से ही स्वीकृत नहीं रहा है और बराबर अनुष्ठान के इस पथ पर लौकिक एवं शास्त्रीय दो प्रकार के स्तर माने जाते हैं। यहाँ शास्त्रीय लोक-जीवन नहीं है और शास्त्र लोकाचार के विरुद्ध नहीं है। शास्त्र देश एवं काल के साथ-साथ लोकाचार के महत्त्व पर भी बल देता है। यह एक प्रकार से मानी हुई बात है कि जो कार्य शास्त्र से शुद्ध हो, किंतु लोक के विरुद्ध हो, उसे नहीं करना चाहिए। इसी को 'चलन' कहा गया है।

यह लोक बहुत ही अमूर्त पदार्थ है या जैसा इसकी व्युत्पत्ति से स्पष्ट है, सामने दिखनेवाला संसार और उसका व्यवहार है। व्याकरण शास्त्र में यह बराबर कहा गया है कि लोक एक प्रमाण है। शब्द एवं भाषा के प्रयोग में लोक ही प्रमाण है। दोनों बातें एक साथ दिखाई पड़ती हैं। लोक का एक अमूर्त रूप है तो दूसरा उसका मूर्त रूप है। प्रधानात्मक स्तर पर लोक से तात्पर्य एक निरंतर अजस्र प्रवाह के रूप में चली आती हुई परंपरा है। इसीलिए इन परंपराओं के बारे में वेद एवं उपनिषदों के काल से लेकर लोककथाओं तक में बराबर यह सुनने को मिलता है कि यदि मन में किसी बात का संदेह हो अथवा किसी के बारे में जानने की उत्सुकता हो तो अपने बीच में जो वृद्ध हैं, जो विशेष गुणों से युक्त हैं अथवा जिनके भीतर राग-द्वेष कम है, उनके पास जाना चाहिए और शंका का समाधान ढूँढ़ना चाहिए। लोक के स्तर पर आज भी शहरीकरण के बावजूद हर गाँव में कुछ प्रथाएँ हैं, जिसके अंतर्गत लोग विशेष अवसरों पर प्रधान से ही पूछने जाते हैं कि ऐसे अवसरों पर हम क्या करें? ऐसी स्थिति में वे जो निर्णय देते हैं, उसे मानकर चलना होता है। यह जो लोक का अमूर्त अवधारणात्मक पक्ष है, वह एक निरंतर चलती हुई मौखिक ज्ञान की परंपरा है। उस परंपरा का उल्लेख अशोक ने भी 'पुराण प्रकृति' के रूप में अपने शिलालेखों में किया है। प्राचीन भारतीय राज शासन जिन मौखिक नियमों से चलता था, उसे ही पुराण प्रकृति कहते हैं। यही नियामक है, राजा नहीं। राजा को नियमित एवं नियंत्रित करने वाली वह जो पुराने समय से चली आ रही नई होती हुई परंपरा है, लोक-समाहित, लोक-समीकृत अथवा लोक के द्वारा सतत नवीकृत एक जीवन-प्रणाली है, वही नियामक है और वही प्रमाण है। दूसरी ओर जो प्रत्यक्ष दिखाई पड़ता है, वह प्रमाण है। बृहस्पति से लेकर कौटिल्य तक के प्राचीनकालीन जो व्यवहार-शास्त्र हैं, वही लोकायत है। इस लोकायत का कोई असम्मानजनक अर्थ नहीं है। लोक में जिसका घर हो, वही लोकायत है। यहाँ स्पष्ट कहा गया है कि जहाँ व्यवहार का निर्णय करना हो, वहाँ अलौकिक या दैव की दुहाई नहीं दी जाती है। यह नहीं कहा जा सकता कि मैंने चोरी की है अथवा यह मेरी भूल है। इस संसार में जो दिखाई देता है, उसी के आधार पर निर्णय होता है।

भारतीय संस्कृति में एक विशेष प्रकार की व्यवस्था के अंतर्गत लोकायत मत को स्वीकार किया जाता था। जबकि अपने दैनंदिन जीवन के एक अन्य क्षेत्र में उसको अलग रख दिया जाता था। एक साथ दोनों प्रकार का जीवन जी लेने की व्यवस्था थी। इसमें कोई अंतर्विरोध नहीं था। कौटिल्य के अर्थशास्त्र को पश्चिमी विद्वानों ने ठीक से नहीं पढ़ा। इसमें यह उनके लिए मोहजाल के सिवा कुछ नहीं लगा। जबकि यह बात नहीं है। इसमें स्पष्ट रूप से कहा गया है कि 'शासनस्यमूलं इंद्रियनिग्रह अर्थात् शासन की जड़ इंद्रियनिग्रह या संयम है। उसमें मानव-मूल्यों की उपेक्षा कही गई है वरन् व्यावहारिक अपेक्षाओं का निरादर है। वाल्मीकि ने तो अपने काव्य का प्रारंभ ही इसी अर्थ में किया है। इनके अनुसार इस लोक में इस समय कौन विद्वान् और वीर्यवान है, कौन कृतज्ञ है अर्थात् इस लोक में और इस समय के महत्त्व से ही काव्य का आरंभ हुआ। यह देवकाव्य था, परंतु ऐसे काव्य का, जिसमें इस समय का भविष्य नायक हो, इसी चेतना के अर्थ में लोक का उदय हुआ और उसमें ही लोक की प्रतिष्ठा है। जिस लोक को वाल्मीकि के हजारों साल बाद भी मौखिक परंपरा ने जीवित रखा है और जो लोक में साक्षात् है अथवा लोक के अनुभव में है, वह अतीत के रूप में नहीं वरन् वर्तमान के रूप में महत्त्व रखता है।

दिखना और इस समय दिखना, इन दोनों बातों का महत्त्व है। केवल अतीतकाल के विवरण के रूप में ही उसका महत्त्व नहीं है। वरन् उसका दिखते रहना अथवा लोगों के प्रत्यक्ष अनुभव का विषय बना रहना ही महत्त्व रखता है।

देवता तो परोक्षप्रिय होते हैं, प्रत्यक्ष नहीं। बुद्ध, महावीर, कबीर आदि ने इसी लोक को महत्त्व दिया है। चिंतन का बीज एक है, किसी ने अधिक आग्रह से स्वीकार किया है तो किसी ने कम आग्रह से, किसी ने उसका नाम लिया, किसी से नाम नहीं लिया, वरन् काम किया। कबीर-वाणी में पातंजलि योगसूत्र के बहुत से बीज पल्लवित मिल जाएँगे। कबीर की अनुभव वाणी एवं उपनिषदों की वाणी में बहुत कुछ समानता है।

पश्चिम के समाजशास्त्रियों ने मनुष्य के विकास-क्रम में जिस 'फोक' तत्त्व का वर्णन किया है, वह आदि व्यवस्था का अविकसित रूप है। छोटा-से-छोटा समुदाय धीरे-धीरे बड़े समुदाय में परिवर्तित होता है, क्योंकि सभ्यता का जो चरम बिंदु है, उसमें एक के बाद एक का विकास होता है, लेकिन भारत के ऊपर यह साँचा लागू नहीं होता। इस साँचे में शहर का कोई प्राधान्य नहीं है और न तो जंगल का ही, वरन् यहाँ जो आस-पास के छोटे-छोटे स्थान हैं, उनका प्राधान्य है। जब एक नागर कवि एक तपस्वी बालक की दृष्टि से शहर की तसवीर खींचता है तो ऐसा लगता है कि एक जंगल है और उसमें आग लगी है। राजा के दरबार में उसकी पहली प्रतिक्रिया होती है कि ऐसा लगता है कि जंगल में आग लगी है और चारों ओर आग से घिरा जंगल है, वह कितना भयावह है। भवभूति ने भी कहा है कि तुम्हारे पास बहुत सी चीजें सुलभ हैं, लेकिन 'तदपि न पराधीन विभव:,' यहाँ जो चीज मिलती है, वह किसी के अधीन नहीं है। प्रकृति कभी पराधीन नहीं है। यह जो स्वयं वरण की हुई स्वयं की सुविधा की स्वतंत्रता है, वह बहुत महत्त्व की है। लोक उसे बड़ा आदर देता है, अर्थात् नगर सभ्यता का चरम बिंदु नहीं था। वह जो अपने को अलग करके नगर का हित करनेवाली, सीमित साधनों पर उसके हित को सोचनेवाली अरण्य परंपरा थी, शुद्ध चिंतन की परंपरा थी, वही महत्त्व रखती है अर्थात् यहाँ एक सहज भाव ही है, यह सहज लोकभाव ही महत्त्व रखता है। यह कभी संस्कृति की धारा में तिरोहित नहीं हुई।

सांस्कृतिक पुनर्जागरण का काल जब आता है, चाहे वह भक्ति काल हो या रामकृष्ण परमहंस का काल हो, तब यहाँ सामान्य की प्रतिष्ठा होती है। चैतन्य महाप्रभु ने तीन गुण बतलाए हैं—तृण से भी नीचे हो और तरु (वृक्ष) से भी अधिक सहिष्णु हो, स्वयं सम्मान न स्वीकृत कर, दूसरे को सम्मान देनेवाला हो, उसी के द्वारा फलित प्राप्त होता है। अर्थात् विशाल का अनुभव करना है या संपूर्ण सत्ता का अनुभव करना है तो ये तीनों गुण आवश्यक हैं। सामान्य होना आवश्यक है। उस सामान्य की निरंतर ठोस संस्कृति रही है। सामान्य में निहित जो अनायास विशिष्टता है, उसकी खोज ही भारतीय संस्कृति की विशेषता रही है। इसीलिए भारत में लोकशास्त्र का अनुवर्ती मात्र नहीं है। हमारी संस्कृति संस्थागत नहीं है। यहाँ कोई एक ही केंद्र नहीं है, जो संचालित करता है। शुद्ध रूप से यदि कोई संस्कृति विवर्तमान धारणा को लेकर चलती है तो वह भारतीय संस्कृति ही है। यहाँ सारी चीजें विवर्त हैं। यहाँ तक कि देवता भी मंत्रों के विवर्त रूप हैं। अर्थात् मंत्र ही उनका विश्वसनीय रूप है और वे उसी मंत्र के रूप में देखे जाते हैं। अवतार की शासन सत्ता लीला रूप होती है। अवतार भी जितना अपने लीला गान में रहते हैं, उतना अपने प्रकृत रूप में भी रहते हैं। उनकी शाश्वत सत्ता लीला रूप ही होती है, इसीलिए वह लीला पुरुष हैं। लोक के सामने सहज रूप में जो चरम सत्ता प्रदर्शित होती है वही लोक-संस्कृति है।

लोक का महत्त्व शास्त्र से कम नहीं है। एक स्थान पर शास्त्र का महत्त्व होता है तो दूसरे स्थान पर लोक का। दोनों संपूरक हैं। इनकी निरंतर आवश्यकता होती है। जो लोग समझते हैं कि शास्त्र के विरुद्ध बुद्ध, महावीर एवं कबीर आदि ने कोई जेहाद छेड़ा हो तो ऐसा नहीं है। ध्यान से देखें तो बुद्ध वचनों में उपनिषद् वाणी के सार-तत्त्व हैं। महावीर के अहिंसा सिद्धांत में एक पूर्ववर्ती तत्त्व-चिंतन मौजूद है। यहाँ प्रस्तुत किया गया है कि यज्ञ सार्थक नहीं है, पर प्रतीकात्मक होना चाहिए। वह प्रतीकात्मक ही था। देवता तो परोक्षप्रिय होते हैं, प्रत्यक्ष नहीं। बुद्ध, महावीर, कबीर आदि ने इसी लोक को महत्त्व दिया है। चिंतन का बीज एक है, किसी ने अधिक आग्रह से स्वीकार किया है तो किसी ने कम आग्रह से, किसी ने उसका नाम लिया, किसी से नाम नहीं लिया, वरन् काम किया। कबीर-वाणी में पातंजलि योगसूत्र के बहुत से बीज पल्लवित मिल जाएँगे। कबीर की अनुभव वाणी एवं उपनिषदों की वाणी में बहुत कुछ समानता है।

अनुभव की भाषा अलग होती है, परंतु इसके पीछे पहले से किए गए अनुभवों का सार रहता है। पहले की यात्रा पूरी करके जब आदमी आगे जाता है तो लगता है कि वह आगे गया, लेकिन पहले की यात्रा जो पूरी तरह तय ही नहीं की हो तो आगे कहाँ जाएगा? वास्तविकता तो यह है कि उसे पता ही नहीं कि वह कहाँ जा रहा है। उसके आगे जाने का कोई प्रमाण ही नहीं। अत: इस संस्कृति में लचीलापन या परिवर्तन में भी निरंतरता की स्पष्ट रूपरेखा दिखाई पड़ती है। यही कारण है कि यहाँ पर एक केंद्र हैं। वह केंद्र विष्णु की कल्पना है। कभी देवता मुख्य हो जाता है तो कभी एक व्यक्ति और कभी समिधावाला पेड़ या कभी कन्यादान ग्रहण करनेवाला लड़का मुख्य हो जाता है। कब कौन मुख्य होगा, यह अवसर के ऊपर निर्भर करता है। प्रत्येक छोटे एवं बड़े-से-बड़े को एक अवसर पर मुख्यता प्राप्त होती है। विशेष अवसर पर उसी प्रकार प्रत्येक अपेक्षाकृत कम मुख्य हो

जाते हैं, अर्थात् अनेक केंद्र काम करते हैं। इसीलिए जो आज परिधि में है, वह केंद्र हो जाता है और जो केंद्र है, वह परिधि में चला जाता है। इससे संस्कृति की संपूर्णता की कोई क्षति नहीं होती, बल्कि संस्कृति की व्यापक समझदारी उत्पन्न होती है और संसार एवं मनुष्य के संबंध का व्यापक आधार मिलता है।

आदमी को एक ओर दिखाई पड़ता है कि वह संसार का निषेध कर रहा है तो दूसरे स्तर पर लगता है कि संसार में रहते हुए ही संसार का निषेध कर रहा है। जो संसार में रहा ही नहीं, वह संसार का निषेध करके ही आदमी एवं संसार के हित की बात करता है—अर्थात् बार-बार जो मोक्ष के पुरुषार्थ को चुनौती दी गई कि मोक्ष लेकर क्या होगा, यदि वह सत् नहीं और दूसरों के दु:ख में उपस्थित नहीं है। यदि एक ही समाज में रहते हुए एक अक्षय मोक्ष लेकर अलग बना रहा तो इससे क्या लाभ? इसीलिए देवताओं की अपेक्षा मनुष्य की योनि साधना में निरंतर उच्च मानी गई है। भागवत पुराण में आया है कि भारतभूमि में जो लोग क्षण-भर भी आयु पाकर जन्म लेते हैं, वे अपेक्षाकृत कल्प भर की आयु रखनेवाले देवताओं से अधिक उत्कर्ष को प्राप्त होते हैं। क्षण भर में ही कठोर निश्चय से जो अपने को एक विशाल सत्ता के महासागर में विलीन कर देते हैं और उससे एक ऐसे अनुभव से गुजरते हैं, जब कि उन्हें लगता है कि बिंदु में सिंधु समा गया है और बिंदु का पता ही नहीं चलता, क्योंकि सिंधु के सामने बिंदु विशिष्ट हो जाता है। तात्पर्य यह है कि हमारी संस्कृति में जो प्रत्यक्ष व्यवहार के स्तर पर दिखाई पड़ता है, उसका विशेष मूल्य है।

छांदोग्य उपनिषद् की एक कथा में कहा गया है कि हमारे जीवन में इच्छा एक यज्ञ की इच्छा है। इस इच्छा का प्रारंभ होता है अनुभवों से, भूख-प्यास लगने से। आदमी अपनी भूख के बारे में सोचता है, जो उसे वह दिखाई पड़ता है कि ऐसी ही भूख सबकी होगी। यह प्यास अकेले मेरी नहीं है, वरन् सबकी है। यह अकेलापन मेरा ही नहीं है, ऐसा ही सबका होगा। इसी प्रकार जब उसकी भूख मिटती है तो अकेले की भूख नहीं मिटती है। यही लोक-दृष्टि है एवं यज्ञ के अर्थ का मूल है। यज्ञ संस्था एक प्रकार से विस्तार की भावना को जाग्रत् करनेवाली सामाजिक संस्था है। 'सामाजिक' तो छोटा शब्द है, वह समस्त लोक को समेटनेवाली संस्था है।

अब दूसरा पक्ष है लोक का। जैसा कि मैंने पहले कहा है कि लोकायत को हम लोग राज्य-व्यवस्था का आधार मानते हैं, उसे स्वीकार कर लेते हैं। अदृष्टि को वहाँ स्थान नहीं था, वरन् दृष्टि को स्थान मिला है। इसका कारण है कि जो प्रमाण सबकी समझ में आ जाए उसे स्वीकार कर लेना चाहिए, क्योंकि व्यक्तिगत स्तर पर उपासना अथवा साधना निरंतर स्थूल से सूक्ष्म की ओर ले जाती है और उलटकर सूक्ष्म से स्थूल की ओर ले जाती है। यह एक प्रक्रिया है। उपासना में दोनों चीजें हैं। हम चाहे सोचकर विचार करें कि वह क्रिया है, स्थूल है या गंध है। इनसे एक ओर अनेक क्षणों का ध्यान करते हैं, सूक्ष्म की ओर ले जाते हैं। उसके बाद फिर उन तन्मात्राओं की ओर लौट आते हैं और इसी स्थूल के रूप में अभिव्यक्त करते हैं। अंत में घंटे, आरती आदि से पूजन करते हैं। प्रकाश एवं ध्वनि के अतिरेक से एवं दोनों के सम्मिलन से उसका अंत करते हैं। इसके पीछे भी यही कारक है। व्यक्ति के स्तर पर स्थूल से सूक्ष्म और सूक्ष्म से स्थूल की और सोचना महत्त्व रखता है। इसी से उपासना अथवा साधना व्यक्ति की होती है, समुदाय की नहीं, लेकिन समुदाय के स्तर पर जो भी कार्य होता है, जैसे यज्ञ आदि कार्य, वह सामुदायिक संस्था है।

प्रत्येक यज्ञ के अंत में एक मंत्र बोला जाता है—'ये यजामहे', अर्थात् मैं यज्ञ नहीं कर रहा हूँ। वरन् सब लोग मिलकर यज्ञ कर रहे हैं। होता भी यज्ञ कर रहा है और ऋत्विक् भी यज्ञ कर रहे हैं। महाभारत में युधिष्ठिर ने इसी को प्रमाण माना कि यह भावना की कसौटी है। उक्त ग्रंथ में आया है कि तुम्हारे साथ सब शरीक हैं कि नहीं। 'वयम्' के रूप में सोच सकते हो कि नहीं। अगर अहम् के रूप में सोचकर निर्णय लेते हो तो सही नहीं है। वयम् के रूप में सोचकर निर्णय लेते हो तो वही सही है। इसीलिए इस रूप में जो निर्णय लिया जाता है, उसमें किसी चीज का प्राधान्य नहीं होता। न तो जन्म का प्राधान्य होता है और न ही शील-आचरण का प्राधान्य होता है, क्योंकि यह जन्म से नहीं प्राप्त होता, यह अर्जित होता है। सबकी साझेदारी का अनुभव कराना ही सबसे बड़ी बात है।

लोकदृष्टि के बारे में भागवतकार ने एक अच्छा विवरण प्रस्तुत किया है। इसमें आया है कि ऋषियों ने पूछा कि परीक्षित ने उपवास करके प्राण छोड़ने का निश्चय क्यों किया? यह विचारणीय है कि शरीर तो उनका है, परंतु जो भगवान् में प्राणायाम होते हैं, उनकी कसौटी यही है। यह कसौटी नहीं कि संसार से अलग रहा जाए। उनकी कसौटी यह है कि 'शिवाय लोकस्य भवाय मूले:' अर्थात् समस्त लोक के कल्याण, उद्‌भव, विलय एवं ऐश्वर्य के लिए जो जीते हैं, उनका शरीर पराश्रय होता है। उस शरीर को छोड़ने का अधिकार अथवा उससे वैराग्य लेने का अधिकार उन्हें नहीं था। पूरा ग्रंथ इसी एक प्रश्न का उत्तर है कि भगवान् में रहने का अर्थ लोक में रहना है और लोक में इस प्रकार रहना कि लोक-बंधन न हो, वरन् लोक मोक्ष हो। लोक के लिए रहना तो है, लेकिन लोक में आसक्त नहीं रहना है। यह जो स्थिति है, वह हम सब में और सब हम में जैसी है। कबीर ने जो कहा है कि उसमें यही स्थिति है। सर्वमयता, सर्वसमाविष्टता का अनुभव करनेवाला एक व्यक्ति हो और इस अनुभव के साथ-साथ दोनों का साक्षात्कार करनेवाला हो एवं अलग खड़ा होकर देखनेवाला हो कि हमने अनुभव किया कि हम सब में हैं। यह अनुभव करने से

ही हम उन सबसे अकेले हो गए। इसलिए सही प्रकार से लोक-दृष्टि का अंत जिस आध्यात्मिक अकेलेपन में होता है। उसका अनुभव प्रत्येक बड़े साधक, चाहे कृष्ण रहे हों और चाहे बुद्ध एवं महावीर रहे हों, सभी को हुआ है। वह अनुभव सही रूप में लोक-दृष्टि है। अत: वही लोक-दृष्टि शास्त्र के सत्य के आलोक के लिए है। वही सत्य के ढके हुए मुख को प्रत्यक्ष करती है। यही लोकदृष्टि का महत्त्व है। हमारी परंपरा में बिना लोक की मूल भावना के समाज रूपी गाड़ी एक इंच भी आगे नहीं बढ़ सकती है। हम लोग आज लोक के नाम पर उसे एक छोटी चीज ही समझते हैं। यही समझते हैं कि जो स्त्रियाँ गीत गाती हैं, वही लोक-संस्कृति है। पर यह ठीक नहीं है। हम इस लोक की ओर एक आश्रयदाता की मुद्रा में देखते हैं, जैसे नाम नष्ट हो रहा हो। हमें इसकी रक्षा करनी चाहिए। हम यह नहीं सोचते हैं कि जीवन की सहजता जो अपने आप में सत्य की सहजता है, उसे देखें। इतना अधिक निष्कलुष हों कि कलुष मात्र ही, यथा—राग-द्वेष, मान, ईर्ष्या आदि सब एक साथ सहज ही शुद्ध भाव में परिणत हो जाएँ। यह आसान नहीं है, लेकिन उस सहजता को हमने बराबर महत्त्व दिया है। इसीलिए हमारी संस्कृति में निरंतर परिवर्तन की संभावना बनी रहती है।

□□

2 संस्कृति के रचनात्मक घटक

—हेमंत कुकरेती

संस्कृति ऐसी अवधारणा है जिसके अर्थ के अनंत संदर्भ हैं। तहजीब, सलीका, रहन-सहन, वेशभूषा, खानपान, बोलचाल, आचार-व्यवहार, परंपरा, विरासत, धरोहर, धर्म-अध्यात्म से जुड़े आस्था-विश्वास इत्यादि संस्कृति में समा जाते हैं। संस्कृति को हर विद्वान अपनी शिक्षा-दीक्षा देशकाल और वातावरण के आधार पर परिभाषित करता है। किसी देश की संस्कृति वहाँ के साधारण मनुष्य से लेकर असाधारण मेधावी मनुष्य तक को प्रभावित करती है। नृत्य, नाट्य, गीत, संगीत, स्थापत्य चित्रकला और साहित्य से जुड़े रचनाकारों और कलाकारों को संस्कृति आलोक स्तंभ की तरह रास्ता दिखाती है। संस्कृति की परिधि में केवल धार्मिक रीति-रिवाज नहीं होते बल्कि उसमें सामाजिक सांस्कृतिक और मानवीय मूल्य जुड़े हुए होते हैं। इसीलिए कहा जाता है कि किसी संस्कृति की सांस्कृतिक ऊँचाइयों का पता वहाँ के निवासियों की साहित्यिक और कलात्मक अभिरूचियों के साथ नैतिक, बौद्धिक और आध्यात्मिक प्रगति से पता चलता है।

संस्कृति सीखा हुआ व्यवहार है। जिसे मनुष्य अपने परिवेश से प्राप्त करता है जिसमें उसका पालन-पोषण होता है। इससे उसके आचार-विचार और व्यवहार निर्धारित होते हैं और उसके व्यक्तित्व के अंग बन जाते हैं। प्रसिद्ध मानव शास्त्री टायलर के शब्द हैं—'संस्कृति वह जटिल समग्रता है जिसमें ज्ञान, विश्वास, कला, आचार-विचार, कानून तथा ऐसी ही अन्य क्षमताओं और आदतों का समावेश रहता है जिन्हें मनुष्य समाज का सदस्य होने के नाते प्राप्त करता है। यानी समाज के नियम व्यक्ति के व्यक्तित्व में समा जाते हैं। इस प्रकार टायलर के अनुसार 'संस्कृति प्रकृति की देन नहीं बल्कि समाज की देन है। यह मानव को समाज का श्रेष्ठ वरदान है।' एक अन्य समाजशास्त्री डी.लिड. ने इस संदर्भ में कहा है कि 'संस्कृति कृषि संबंधी तथ्यों (Agrofacts), प्रावधिक तथ्यों (Artifacts), सामाजिक तथ्यों (Soctfacts) तथा मानसिक तथ्यों (Mentifacts) की उपज है।' यह संस्कृति लगभग संपूर्ण परिभाषा है। किसी भी देशकाल की संस्कृति इन सभी तथ्यों का समन्वित रूप होती है। उत्तर-आधुनिक चिंतक हर्ष कोविट्स संस्कृति को पर्यावरण से जोड़ता है। उसके अनुसार संस्कृति पर्यावरण का मानव निर्मित भाव है। संक्षेप में संस्कृति को निम्न बिंदुओं के आधार पर समझा जा सकता है—

संस्कृति सीखी जाती है।

संस्कृति में अर्जित योग्यता और व्यक्तिगत ज्ञान हस्तांतरित होता है।

संस्कृति प्रत्येक समाज की अपनी विशेषता है।

संस्कृति में समाज के गुण निहित होते हैं।

संस्कृति किसी समूह के लिए आदर्श होती है।

संस्कृति मनुष्य की जरूरतों की पूर्ति करती है।

संस्कृति में अनुकूलन का गुण होता है।

संस्कृति में संतुलन और संगठन होता है।

लोक उस जनसमुदाय को कहते हैं जिसके अपने आस्था-विश्वास, रीति-रिवाज और परंपरा होती है। इनके कोई लिखित नियम या प्रारूप नहीं होते हैं। देशकाल-वातावरण और पीढ़ीगत बदलावों के बावजूद यह एक पीढ़ी से दूसरी पीढ़ी तक थोड़े-बहुत बदलावों के साथ लोक-संस्कृति के मूल्य आवागमन करते हैं। लोक की अपनी संस्कृति होती है। वह लोक-गाथाओं, लोक-गीतों, लोक-नाट्य, लोक-परंपराओं और चित्र, स्थापत्य इत्यादि लोक कलाओं के माध्यम से व्यक्त होती है।

किसी देश की संस्कृति वहाँ के लोक साहित्य और लोक कलाओं के माध्यम से व्यक्त होती है। इन्हें संस्कृति के रचनात्मक घटक कहा जा सकता है।

लोकगाथा के लिए अंग्रेजी में वैलेड (Vallad) शब्द चलता है। लोकगीतों की तरह लोकगाथाओं का गायन किया जाता है। प्राचीनकाल में महाकाव्य और वर्तमान में कथाकविता या आख्यान-काव्य के उद्भव के मूल में लोकगाथाएँ ही रही हैं। लोकगाथा में एक कथा अनिवार्य तौर पर होती है जबकि लोकगीत में कथा का होना अनिवार्य नहीं होता। सीधे-सरल छंदों में या आसान वाक्यों में इन्हें प्रस्तुत किया जाता है। गीत और कथा हर पीढ़ी अपने हिसाब से आविष्कृत करती है और हर दौर में नए-नए रूप में लोककंठ में उत्पन्न, विकसित और निर्मित होती है।

लोक संस्कृति लोककला के विभिन्न रूपों—नृत्य, गीत, शिल्प, संगीत, चित्रकला इत्यादि में भी मौजूद रहती है। यह असल में ऐसा कला रूप होता है जो सबसे आदिम है। हर समाज के देवी-देताओं या महापुरुषों की कल्पना कथाओं को नृत्य, गीत या गाथाओं के माध्यम से व्यक्त करने का उपक्रम शुरू से रहा है। सामूहिक नृत्य गीतों या

समवेत कलाएँ इन सबका आदि रूप नृत्य, गीत और संगीत से उत्पन्न हुआ है। अशिक्षित जनता इनके माध्यम से अपनी भावनाएँ व्यक्त करती रही है। भारतीय संस्कृति के प्राचीनतम लोक रूप ऋग्वेद के संवाद सूक्तों में देखे जा सकते हैं। पुराणों, रामायण और महाभारत में अनेक लोकगाथाएँ शिष्ट या साहित्यिक रूप में पुन: प्रस्तुत की गई है। इसलिए इनके अध्ययन से भी हम लोक-संस्कृति को समझ सकते हैं।

असल में भारतीय संस्कृति सर्वसमावेशी, संक्रामक, बहुलतावादी और उदार है। यह इस सनातन सत्य पर टिकी है कि संस्कृति सबकी साँझी होती है। भारतीय संस्कृति के लिए कोई पराया या बेगाना नहीं है। भारतीय लोक भाषा, भाव और भूगोल की दृष्टि से विविधतापूर्ण है। इसमें अनेक भाषाएँ और बोलियाँ बोली जाती हैं। यही कारण है कि आदिम युग से ही यहाँ लोकगीत, लोकगाथाओं, लोककलाओं और लोक मान्यताओं की समृद्ध परंपरा के कारण ऐसी लोक-संस्कृति अस्तित्व में आईं जिसमें अपने समय और समाज के स्पंदन धड़कते रहे हैं।

भारतीय लोक संस्कृति ऐसे लोक साहित्य में अभिव्यक्ति होती रही है जिसमें समूचे समाज की भागीदारी थी। समाज के प्रत्येक पायदान पर स्थित मनुष्य उसमें अपनी आवाज मिलाता था। पीढ़ी-दर-पीढ़ी उसमें रचनात्मक अनुभव जुड़ते जाते थे। लोग एक जगह से दूसरी जगह आवाजाही करते थे। और उसमें अपने अनुभव जोड़ते-घटाते रहते थे। यही कारण है कि लोकगाथाएँ, लोकगीत, लोककलाएँ और लोक-संस्कृति में सबकी हिस्सेदारी थी। आज भी ऐसे कई महाकाव्य, गाथाएँ और गीत तथा संस्कृति के वृहद् कलारूपों का निरंतर सृजन हो रहा है जिसमें कई पीढ़ियों का योगदान है। ये लोक-संस्कृति आधुनिक अर्थों में भले ही दस्तावेजित नहीं है फिर भी यह लोककंठों में स्मृति-कथाओं के रूप में और लोक-मानस में सांस्कृतिक मूल्यों के रूप में विकसित होती रही है।

देशकाल-वातावरण की भिन्नता के बावजूद भारतीय लोक साहित्य और संस्कृति के कुछ बेहद सामान्य पहचान के चिह्न हैं। उनमें साधारण मनुष्य के जीवन और जीवन मूल्यों को प्रस्तावित किया गया है। शिक्षा और छपाई तकनीक के विकास के कारण लोक संस्कृति का रचनात्मक पक्ष आज ठोस या छपे हुए रूप में मिल जाते हैं लेकिन यह चिंताजनक पहलू है कि यांत्रिक आधिक्य या व्यावसायिक दवाबों के कारण इसमें लोक की वास्तविक उपस्थिति लगातार कम होती गई है। फिर भी जब तक 'आल्हा खंड' जैसा अनवरत लिखा जानेवाला महाकाव्य और 'लोरीकायन' भरथ, 'गोपीचंद' जैसी लोक गाथाएँ लगातार लिखी जाती रहेंगी तब तक लोक संस्कृति के विकासात्मक रूप सामने आते रहेंगे।

लोक गाथाओं की तरह **लोक नाट्य** भी लोक संस्कृति के रचनात्मक पक्षों को व्यक्त करते हैं। धर्म संस्कृति का एक ऐसा पहलू है जो लोक विश्वासों और परंपराओं के संश्लेषण को समाहित किए हुए है। लोकनाट्य की उत्पत्ति धार्मिक रूढ़ियों की मनोरंजक प्रस्तुति और पर्व-त्यौहारों के अवसर पर व्यक्त होनेवाले हर्ष-उल्लास को रचनात्मक रूप देने के कारण हुई। लोक मन के भाव, आवश्यकताएँ और प्रेरणाएँ प्रारंभ में जिन नाट्य रूपों में साकार हुई वे क्रमश: रूपकों और उपरूपकों में विकसित होते रहे। प्रहसन, डिंब, रास, रासक, लास, लास्य नाटक, वीथी इत्यादि रूपक-उपरूपक लोक नाट्य से ही विकसित हुए। इनमें बहुत कम साजो-सामान के साथ अभिनेता अपनी वेशभूषा, शारीरिक मुद्राओं और कथनों के माध्यम से मनोरंजन के साथ सामाजिकों के काम आनेवाली समझदारी को भी व्यक्त करते थे। उत्तर भारत में नौटंकी, स्वांग, रासलीला, रामलीला, गाण, देश के मध्यक्षेत्रों में माच (म.प्र.) भवही (गुजरात), जात्रा कीर्तन, गंभीरा (बंगाल), तमाशा (महाराष्ट्र), बहपिया, दशावतार (महाराष्ट्र), यक्षगान, भागवत नाटकम् (दक्षिण) इत्यादि की समृद्ध परंपरा रही है। लोक नाट्यों के कई नाटककार भी प्रतिष्ठित हुए। जिनमें पं. लखमीचंद, शंकरदास, फूलसिंह, घीसा, चंद्रपाल जाट, इत्यादि को खासा यश मिला है।

लोक साहित्य (फॉक लिटरेचर) लोक, संस्कृति की सर्वाधिक स्पष्ट प्रस्तुति है। इसमें लोक, अपनी इच्छाओं या मनोभावों को सहजता से अपने निजी स्वर, लय और लहजे में रखता है। लेकिन लोक साहित्य सबका हो जाता है। इसके वर्ण्य-विषय और भाषा साधारण जन समूह द्वारा संचालित होते हैं। शिल्प-कौशल की बजाय भावों की गहनता इसकी पहचान होती है। लोक साहित्य में लोक के जातीय जीवन के अद्‌भुत अनुभवों की बिंब, रूपक और दृश्यों के माध्यम से प्रस्तुति होती हैं। इसलिए इसमें लोक की जातीय कल्पना का समग्र बोध उपलब्ध होता है। लोक साहित्य को ग्राम्य साहित्य के संकुचित संदर्भों में समझने-समझाने की भूल विद्वान भी अकसर कर जाते हैं, लेकिन लोक साहित्य गाँव, कस्बों, नगरों और शहरों में भी रचा जाता है। लोककथा तथा लोकगीत, अनुष्ठान और पर्वगीत से लेकर पहेलियाँ, चुटकुले, कहावतें और लोकोक्तियाँ सभी लोक साहित्य के विस्तृत दायरे में आ जाते हैं।

लोक साहित्य और **लोकप्रिय साहित्य** में समानता के बिंदु कम हैं। बल्कि दोनों के चरित्र में काफी अंतराल देखने को मिलता है। बड़े जनसमुदाय के बीच सहज रूप से स्वीकृत कला ओर साहित्य के प्रारूप लोकप्रिय साहित्य और कलारूपों के अंतर्गत आते हैं। उसमें सरलता और सुबोधता के साथ-साथ लोक-जीवन का यथार्थ और उम्मीदें सहज रूप में व्यक्त होती हैं।

लोक साहित्य की विषय-वस्तु में कला और यथार्थ का मिश्रण होता है। यह जितना संतुलित होगा उतना ही इसका प्रभाव-क्षेत्र बढ़ता जाएगा। संस्कृति को अभिजन संस्कृति और जन संस्कृति इत्यादि रूपों में बाँटकर देखा जा सकता है। जन संस्कृति ही लोक संस्कृति होती है। इसका उदय और विकास अभिजनवादी संस्कृति के प्रतिपक्ष, विकल्प या विरोध में होता है। संस्कृति की उपस्थिति भाषा और साहित्य में जैसा कि पहले कहा है सर्वाधिक प्रभावशाली और प्रत्यक्ष रूप में होती है। जन संस्कृति का सबसे प्रखर रूप लोक साहित्य में होता है। लोक साहित्य बड़े जनसमुदाय में लोकप्रिय होता है या वृहद् लोक में ग्राह्य हो सकता है। लेकिन हर लोकप्रिय साहित्य, लोक

साहित्य नहीं होता। लोक साहित्य आदिम समाज से लेकर आज के समाज तक लगातार रचा जाता रहा है। लोकप्रिय साहित्य पूँजीवाद से प्रभावित समाजों का निर्माण और उत्पाद है। लोक साहित्य का सृजन लोक में ही होता है, लेकिन लोकप्रिय साहित्य बिकनेवाली प्रत्येक वस्तु की तरह उत्पादित होता है तथा खरीदा और बेचा जाता है। इसका अपना उत्पादन, वितरण, विनिमय और उपभोग तेज और व्यवस्था है। इसे सबसे पहले थियोडॉर डब्ल्यू एडर्नो ने पहचाना था। उन्होंने इसे मास लिटरेचर या भीड़ का साहित्य कहा। हिंदी में इसके लिए सतही साहित्य, घटिया साहित्य, व्यावसायिक साहित्य, बाजारू साहित्य, सस्ता साहित्य, घासलेटी साहित्य जैसे नाम चले। आजकल इसके लिए पल्प लिटरेचर या लुगदी साहित्य नाम चलता है। एक समय में गुलशन नंदा, सुरेंद्र मोहन पाठक, रानू, कुशवाहा कांत, कर्नल रंजीत, काका हाथरसी जैसे लोकप्रिय साहित्यकार सितारों की हैसियत रखते थे, लेकिन तकनीक के विकास के कारण उनका स्थान दृश्य माध्यमों द्वारा प्रसारित होनेवाले लोकप्रिय धारावाहिकों और कविता के नाम पर अश्लील चुटकले सुनानेवालों ने ले लिया है। इस साहित्य में लोक की बजाय लोकप्रियता पर बल होता है क्योंकि लोक मंगल की बजाय लाभ अर्जित करना लोकप्रिय साहित्य का लक्ष्य माना जाता है। लोकप्रिय कला और साहित्य रूपों ने लोक संस्कृति को प्रभावित करने की कोशिश की है लेकिन सौभाग्य से उसका बुरा असर कम ही पड़ा है।

संस्कृतिकरण सभ्यता के विकास का सूचक है। संस्कृति का स्वभाव निरंतर विकसित होना है। सांस्कृतिक मूल्य या तत्व एक समूह या समाज से दूसरे समूह या समाज में बीजों की तरह फैलते रहते हैं। प्रसरण की यह प्रक्रिया सहजीवी संस्कृतियों को प्रभावित करती है। किसी भी संस्कृति के आकर्षित करनेवाले पक्ष दूसरी संस्कृति पर प्रभाव डालते हैं। इससे संस्कृतियों का स्वभाव बदलता है। यही संस्कृतिकरण है। 1936 में रेडफील्ड लिंटन और हर्श कोविट्स ने इस प्रक्रिया को परिभाषित करते हुए लिखा था कि 'संस्कृतिकरण वह घटनाएँ हैं जब विभिन्न संस्कृतियों वाले व्यक्तियों के समूह एक दूसरे के निकट और निरंतर संपर्क में आते हैं इसमें उन समूहों में किसी एक के या दोनों के मूल सांस्कृतिक प्रतिमानों में परिवर्तन ओ जाता है।' असल में जीवन के प्रत्येक मोड़ पर स्थितियों और अवस्था में बदलाव की प्रक्रिया ही संस्कृतिकरण है। यह विकास की स्वाभाविक अवस्था है। मनुष्य व्यक्तिगत धरातल पर और सामाजिक स्तर पर भी लगातार विकसित होता रहता है।

संस्कृतिकरण (Acculturation) और स्वामीकरण (Assimilation) में गुण का नहीं मात्रा का अंतर होता है। स्वामीकरण से अभिप्राय संस्कृतिकरण की उस मात्रा से है जब एक संस्कृति अपने मूल स्वरूप को पूरी तरह गवाँ देती है और दूसरी संस्कृति में इस तरह समा जाती है कि उसका अपना कोई निजी या मौलिक अस्तित्व नहीं रहता है। संस्कृतिकरण में मिश्रण के बावजूद दोनों संस्कृतियों का मूल स्वरूप बना रहता है। संस्कृतिकरण की प्रक्रिया मनुष्य के विशिष्ट स्वभाव की तरह रहस्यमयी लेकिन लगभग अनिवार्य होती है।

संस्कृति में कई विधियों या तरीकों का संतुलित संगठन होता है। प्रत्येक विधि संस्कृति की इकाई या तत्व है। यह इकाई या तत्व ही सांस्कृतिक तत्व कहे जाते हैं। **सांस्कृतिक तत्व** भौतिक और अभौतिक दोनों प्रकार के होते हैं जैसे—मोहनजोदड़ो या हड़प्पा की संस्कृति में मिला कोई पात्र या धातु की बनी कोई वस्तु, वह संस्कृति जिस भाषा में बात करती थी, अपनी बात का जिस लिपि में लिखती थी, उनके रीति-रिवाज, उनकी भाषा में इस्तेमाल होनेवाले मुहावरे और कहावतें या अन्य कलारूप सभी सांस्कृतिक तत्वों के अंतर्गत आते हैं। सांस्कृतिक तत्व समूची सांस्कृतिक व्यवस्था की वह सबसे छोटी इकाई है जिसका कोई विभाजन नहीं हो सकता। सांस्कृतिक इतिहासकार क्रोबर ने इसीलिए इसे संस्कृति का न्यूनतम परिभाष्य तत्व कहा है।

प्रत्येक सांस्कृतिक तत्व का अपना इतिहास होता है। किसी जनविश्वास ऐतिहासिक प्रक्रिया है। ऐसे ही किसी पशु या पौधे को टोट्म रूप में स्वीकार करने का इतिहास रेखांकित किया जा सकता है।

सांस्कृतिक तत्व कभी स्थिर नहीं रहते हैं वह निरंतर गतिशील रहते हैं। उन तत्वों में विश्वास करनेवाले मनुष्यों के साथ वे एक स्थान से दूसरे स्थान तक फैलते जाते हैं। आज के दौर में तीव्रगामी यात्रा और संचार साधनों की प्रगति के कारण इनकी गतिशीलता में वृद्धि देखी गई है।

कोई भी सांस्कृतिक तत्व दूसरे सांस्कृतिक घटकों से अलग नहीं हो सकता। जिस तरह एक उपवन में अनेक प्रकार के फूल होते हैं और एक-दूसरे के सौंदर्य को बढ़ाते हैं उसी प्रकार सांस्कृतिक तत्व परस्पर घुल-मिलकर रहते हैं। इस सांस्कृतिक संकुल के कारण संस्कृति किसी एक वर्ण, जाति या धर्म की नहीं होती। सांस्कृतिक तत्वों को समझकर ही संस्कृति को समग्रता में समझा जा सकता है।

लोकगीत नैसर्गिक काव्य है। लोक कलाओं के अन्य रूपों की तरह इसमें रचनाकार का ऐतिहासिक दृष्टि से महत्व होता है। लेकिन विशेष तत्व यह है कि हर काल में उनमें स्थितियों के अनुसार कथ्य रूप की दृष्टि से परिवर्तन आता है। इसलिए रचनाकार कौन है—यह प्रश्न लोकगीतों के संदर्भ में महत्व नहीं रखता। लोकगीतों में श्रोताओं को सहज ही रससिक्त करने की क्षमता होती है। सादगी में ही उनका सम्मोहन निहित होता है। इनका रचनाकार कोई एक व्यक्ति नहीं होता। इस दृष्टि से यह लोक हृदय की प्रस्तुति होती है। अनुभूति और अभिव्यक्ति दोनों धरातल पर इसे देखा जा सकता है। लोकगीत कालजयी होते हैं और स्थान की सीमाओं में बँधकर नहीं रहते। लोक गायक इनका गायन करते हैं और लोक नर्तक नृत्य के माध्यम से इनके अर्थों को व्यापकता देते हैं। हर लोकगीत अपने वर्तमान में अतीत को भी सुरक्षित रखता है। रोजमर्रा जीवन का कोई एक अनुभव, घटना या दृश्य को लोक कवि अपने अनुभव का हिस्सा बनाकर सरल शब्दावली

में प्रस्तुत कर देता है। इसीलिए लोकगीत स्वत:स्फूर्त और सहज होते हैं। इन्हें संगीत में बाँधना आसान होता है। इनमें काव्य कला की दृष्टि से या कहे कि संपादन की दृष्टि से कसावट नहीं रहती इनकी छंद योजना भी शास्त्रीय पद्धति की नहीं रहती। असल में रस-छंद-अलंकार की दृष्टि से लोकगीत बंधनमुक्त रहते हैं।

लोकगीत आदिम मनुष्य के साथ या कहे कि आदिम मनुष्य ने जब अपने मनोभावों को भाषा में बाँधना सीखा तब से अस्तित्व में है। इसलिए इनका इतिहास आदिम है। हर लोकगीत स्थानीय विशेषता लिये होता है और समूचे समाज की निधि होने के कारण वह लोक धरोहर माने जाते हैं। मेले और पर्व या पारिवारिक आयोजनों के अवसर पर इनकी सामूहिक प्रस्तुति लोक को एकत्र कर देती है।

लोकगीत के मुख्य रूप से चार प्रकार होते हैं—

(1) पारिवारिक संस्कारों, पर्व, त्यौहारों, उत्सवों इत्यादि समारोहों पर गाये जानेवाले लोकगीत।

(2) लोक रंजन, आशा-उमंग से भरे मनोविनोद करनेवाले गीत।

(3) धार्मिक सांस्कृतिक अनुष्ठान गीत।

(4) व्यावसायिक गीत

हिंदी प्रदेश लोकगीतों की दृष्टि से अत्यंत समृद्ध हैं। ऐसी कई बोलियाँ हैं जो लिखित साहित्य के बजाय अपने समृद्ध लोकगीतों के कारण खासा महत्व रखती है। ब्रज, अवधी, भोजपुरी, हरियाणवी यानी पूर्व, पश्चिम, उत्तर, दक्षिण में फैले हिंदी बोलियों के संपन्न परिवेश में लोकगीतों की दृष्टि से अत्यंत उर्वरता मिलती है। दिलचस्प तथ्य यह है कि विषय की दृष्टि से इनमें काफी समानताएँ दिखती हैं। झूला गीत, भजन, कीर्तन इत्यादि से संबंधी लोग गीत या फिर कृषक और श्रमिक वर्ग के लोकगीत; इनके साथ ही अकेले जीवन जी रहे वृद्ध मनुष्यों के लोकगीत चैती इत्यादि सभी में अर्थ के अनेक धरातल दिखाई देते हैं।

कई जातियाँ व्यावसायिक दृष्टि से लोकगीतों का निर्माण और गायन करती है। राजस्थान और मध्यप्रदेश में मिरासी, राव, भाड, धवाई इत्यादि जातियाँ केवल लोकगीतों के सृजक होने के कारण समाज में अलग हैसियत रखती है।

लोकगीत सरल, सहज और स्वाभाविक होने के कारण लोकमन को परिभाषित करते हैं। इनमें शब्द चयन का अभिजात नहीं मिलता। लोक परंपरा के वाहक इन गीतों में लोक जीवन का दैनिक इतिहास दर्ज होता है। इनके अध्ययन से लोक समाज की विशेषताएँ समझी जा सकती हैं। इनमें जनमानस की आत्मा होती है। ऋतु सौंदर्य से लेकर राष्ट्रीय जीवन के महत्त्वपूर्ण पक्ष भी इनमें दर्ज होते हैं। इनमें कमजोर मनोदशाओं में मनुष्य को साहस और उम्मीद प्रदान करने की ताकत होती है। सुविधाओं से वंचित अनेक जनजातियाँ निराशाओं से भरे अपने जीवन को लोकगीतों की आशाओं से बचाए रखती हैं। भारत में लोक-गाथाएँ भी गाई जाती हैं। यही कारण है कि भारतीय संस्कृति सबसे प्रमाणिक रूप में लोकगीतों में ही दर्ज होती है।

लयबद्ध शारीरिक थिरकन को नृत्य कहते हैं। लेकिन केवल हाथ-पैर हिलाने को नृत्य नहीं कहा जा सकता। लोक नृत्य में ताल और लय का इतना आवेश होता है कि शरीर और ज्ञानेंद्रियाँ उसके प्रभाव में आकर झूमने लगती हैं। नृत्य असल में साहित्य से भी पहले अस्तित्व में आनेवाला कला रूप है। सबसे पहले आदिम मनुष्य ने गुफाओं में भित्ति चित्रों का सृजन किया उसके बाद परिवेश में व्याप्त ध्वनियों के कारण उसने संगीत को अर्जित किया। संगीत से नृत्य का जन्म हुआ। संगीत ने ही गीत को जन्म दिया। असल में सारे कला रूप बीज रूप में मौजूद थे जिसे मनुष्य अपने परिवेश में रोज देखता था। इनमें नृत्य ऐसा माध्यम था जो उन प्राकृतिक दृश्यों में समाया हुआ था जिनकी अपनी अदृश्य भाषा थी और वह देशकाल की सीमाओं से परे था। लोकनृत्य में मुद्राओं या भंगिमाओं के द्वारा आशा, निराशा शोक, हास्य, क्रोध, हर्ष—ये सभी भाव आसानी से व्यक्त किए जा सकते हैं। इसलिए नृत्य, भाव नृत्य से लेकर मुद्रा-नृत्य तक फैला हुआ है।

लोक संस्कृति में लोक नृत्य का अत्यंत महत्व है। इसमें तालबद्ध गति होती है। ढोल मृदंग इत्यादि वाद यंत्रों के साथ-साथ शारीरिक गति का भी इसमे संयोजन रहता है। नृत्य शब्दहीन गीत भी है। लोकनृत्यों से निकलनेवाले शास्त्रीय नृत्य विशुद्ध शारीरिक नृत्य के मुकाबले गहराई में जाते हैं। यह मूल रूप से भावों को व्यक्त करते हैं। व्यावसायिक फिल्मी गीतों में संगीत महत्त्वपूर्ण हो जाता है। लोक नृत्यों में नाच और गान मिश्रित होते हैं। आज भी कई कबीले मुखौटा नृत्य करते हैं। भरतनाट्यम, कत्थक, कुचिपुड़ी इत्यादि नृत्य शैलियाँ शास्त्रीय नृत्यों के अंतर्गत आती हैं। लेकिन इनका उद्भव लोकगीतों से ही हुआ है। असल में भारतीय लोक संस्कृति लोकाचार या रूढ़ियों से निकलने के बावजूद लगातार समकालीन और आधुनिक होती रही है। क्योंकि उसमें जरा भी बनावटीपन नहीं है। लोकप्रिय नीतियाँ और लोक परंपराएँ लोक मानस को स्वयं में अंतरभूत कर लेती हैं। समाज का प्रत्येक व्यक्ति उनके दबाव में रहता है। जबकि कोई भी सत्ता लोक रूढ़ियों को या लोकाचारों को मानने के लिए विवश नहीं करती, लोक मानस इन्हें कल्याणकारी मानकर सहज ही अपनाता है। वर्तमान पीढ़ी इन्हें भविष्य की पीढ़ी को सौंपती है। जैसे विवाह की प्रथा; इसका पालन करना समाज के हित में जरूरी समझा जाता है। ऐसे अनेक लोकाचार हैं जो लोक नैतिकता के वाहक होते हैं। इनसे समाज में नियंत्रण और दृढ़ता बनी रहती है।

□□

3 भारतीय कला और संस्कृति

—कृष्ण गोपाल

भारत की कला बहुत गहराइयों में ले जाती है। आदमी गहराइयों में उतरता चला जाता है, यह भारतीय कला की विशेषता है। भारत की कला भारतीय संस्कृति की वाहिका है। कला संस्कृति को लेकर चलती है। हमारे सामने सबसे बड़ा प्रश्न यही खड़ा हो जाता है कि कला जिस संस्कृति को लेकर चलती है, वह संस्कृति क्या है? अंग्रेजी में हम लोग उसको कल्चर कहते हैं। कल्चर और संस्कृति दोनों समानार्थी नहीं हैं। हमारी संस्कृति में अध्यात्म है और कल्चर अध्यात्म से कोसों दूर है। कल्चर का मतलब है, जो सुसभ्य है, अच्छे से कपड़े पहनता है, अच्छे से बोलता है, अच्छे से व्यवहार करता है, आने वाले लोगों को अच्छे से बैठाता है, वेल बिहैव्ड है, वेल मैनर्ड है। इसको हम वेल कल्चर्ड बोलते हैं। इसका संस्कृति से कुछ लेना-देना नहीं है। कल्चर बाह्य रूप है। संस्कृति आंतरिक है। हो सकता है, कोई वेल कल्चर्ड हो और सुसंस्कृत नहीं हो। लेकिन जो सुसंस्कृत है, वह वेल कल्चर्ड होगा ही। हमारे यहाँ परिभाषाएँ अलग हैं। हो सकता है, रामकृष्ण परमहंस को वेल कल्चर्ड कहें या नहीं, लेकिन वे सुसंस्कृत हैं। वे सैकड़ों सुसंस्कृत लोगों को गढ़ सकते हैं। हमारी संस्कृति का मूलाधार, आत्मा क्या है? हम जिसे कहते हैं कि सुसंस्कृत है, तो उसमें शुचिता चाहिए, पवित्रता चाहिए, प्रामाणिकता चाहिए। सत्य के प्रति निष्ठा चाहिए। जिसमें ये संस्कार हैं, वह सुसंस्कृत है, लेकिन कल्चर में संस्कारों की आवश्यकता नहीं पड़ती। तो सबसे पहली बात है कि जो सुसंस्कृत है, वह इन गुणों वाला होना चाहिए। सत्यनिष्ठ, प्रामाणिक, शुचितापूर्ण, क्षमावान, धैर्यवान। धर्मज्ञ जो है, वह ही सुसंस्कृत है। विशेष बात यह है कि कल्चर और संस्कृति में जो पर्याप्त भेद है, उसको अपने को ध्यान में रखना चाहिए।

सभ्यता और संस्कृति

बहुत से लोगों के मन में भ्रम हो जाता है। सिविलाइजेशन और संस्कृति, सभ्यता और संस्कृति में क्या घालमेल है, यह समझ में नहीं आता। वास्तव में हमारी कला सभ्यता के साथ-साथ चलती है, लेकिन संस्कृति को लेकर चलती है। हमारी कला सभ्यता की सहयोगिनी है, लेकिन संस्कृति को कंधे पर बैठाए हुए लेकर चलती है। अब प्रश्न यह है कि सभ्यता क्या है? सभ्यता का केंद्रबिंदु है विज्ञान, अर्थ और बाजार। जैसे-जैसे विज्ञान नए-नए आविष्कार करता है, वैसे-वैसे इन आविष्कारों के अनुसार व्यापारी नए-नए सामान मार्केट में उतार देता है। नया-नया सामान मार्केट में आता है, तो हम खरीदते हैं। समाज उसका उपयोग करता है और सभ्यता आगे बढ़ती है। यानी सभ्यता का केंद्रबिंदु विज्ञान, अर्थ और बाजार है। सभ्यता नए वस्त्र देती है, नए मकान देती है, नई सड़क देती है, नए वाहन देती है, विद्यालय के भवन देती है, तरह-तरह के माध्यम देती है, तरह-तरह के औजार देती है, तरह-तरह की मशीनें देती है, कारखाने देती है। यह सब सभ्यता देती है। संस्कृति अलग चीज है। संस्कृति का केंद्रबिंदु अलग है। संस्कृति का केंद्रबिंदु जो है, वह भारत में अध्यात्म है। भारत की संस्कृति अध्यात्म को लेकर चलती है। भोजन कैसे करना है, यह जरूर सभ्यता तय कर सकती है। आप पत्तल में भोजन कीजिए, मेज पर कीजिए, खड़े होकर कीजिए, बफर में कीजिए। कुछ और तरीके निकल सकते हैं। यह सिविलाइजेशन तय करेगी। सभ्यता अन्न का उत्पादन बढ़ा सकती है। सभ्यता तमाम आविष्कार कर सकती है, ढेर सारा अन्न पैदा कर सकती है, लेकिन भोजन और अन्न के प्रति दृष्टिकोण क्या हो, यह संस्कृति तय करेगी। संस्कृति कहती है—अन्नं ब्रह्म। भोजन की थाली ईश्वर का प्रसाद है। इसे बिगाड़ना नहीं, पैर के नीचे पड़ने नहीं देना। भूखे के लिए भोजन देने की बात संस्कृति तय करेगी। भोजन की दृष्टि संस्कृति तय करेगी, भोजन का विस्तार सभ्यता तय करेगी। नए-नए इंस्ट्रूमेंट लाना सभ्यता तय करेगी, बजाना क्या है, यह संस्कृति तय करेगी। नए-नए वस्त्र पैदा करने का काम सभ्यता करेगी, वस्त्र कैसा पहनना है, यह संस्कृति तय करेगी। दोनों चीजों का अंतर समझिए। संस्कृति हजारों वर्षों में आती है और हजारों वर्षों तक टिकती है। जन्म-जन्मांतर तक चलती है। जन्म से लेकर अंत तक साथ नहीं छोड़ती, उसका नाम 'संस्कृति' है।

मुझे नाम मिला कृष्ण गोपाल। क्यों मिला, क्योंकि संस्कृति है। मेरे माता-पिता, पड़ोसियों या समाज के लोगों को कृष्ण से लगाव होगा। हजारों साल से ये नाम चले आ रहे हैं, यह संस्कृति तय करती है। जैसे फूल में सुगंध है, दूध में मक्खन है। दिखता नहीं, लेकिन है। उसकी अनुभूति होती है। यह संस्कृति का मर्म है। हमारे संस्कारों की

जो आधारभूमि है, वह अध्यात्म है। सिविलाइजेशन आधारभूमि नहीं है। जो हजारों साल से चले आ रहे हमारे तमाम काम हैं, उनके अंदर जो बैठा है, उसका अधिष्ठान, वह अध्यात्म है। सभ्यताएँ आएँगी और चली जाएँगी।

कला इस संस्कृति के आध्यात्मिक भाव को लेकर चलती है। कला भावों को व्यक्त करती है। कला अपने अंदर के भाव गीत में व्यक्त करेगी, नृत्य में व्यक्त करेगी, नाट्य में करेगी, शिल्प में करेगी, चित्र में करेगी। मन में जो है, उसको प्रकट करेगी। ये सब कला के भिन्न-भिन्न आयाम जो हमको दिखते हैं, भाव को व्यक्त करने के साधन हैं। भाव संस्कृति तय करेगी, भाव अध्यात्म तय करेगा। साध्य क्या होगा? साध्य परमानंद होगा। जो साधक है कला का, उसके मन में सांस्कृतिक अधिष्ठान स्पष्ट है तो साधन वह कोई भी लेगा। वह चित्रकला का सहारा लेगा, नाट्य का लेगा, नृत्य का लेगा, भित्तिचित्र का लेगा अथवा मूर्ति बनाएगा। साधन भिन्न-भिन्न हो सकते हैं। साधन कितने ही प्रकार के विकसित कर सकता है साधक, लेकिन उसके अंतर्तम में जो अध्यात्म बैठा है, प्रकटीकरण उसका होता है। इस तरह साधन, साध्य और साधक तीनों एकरूप हो जाते हैं तो साधना उत्कृष्ट होती चली जाती है। मीरा का साधन उसका तानपुरा है, गीत है। वह भजन, कविता लिखती है, गाती भी है। वाद्य भी है उसके पास, कंठ भी है। उसको कविता लिखने की भगवान् ने क्षमता दी है। साधना करते-करते कृष्ण के साथ एकरूप हो जाने का उसका अपना निर्णय है। मीरा अपने साधनों से साधना करते-करते एक ऐसा स्थान पाती है कि आज भी कालजयी दिखती है। कला व्यक्ति को कालजयी बना देती है, यदि उसके अंदर वह अध्यात्म तत्त्व है।

जो आनंद लाए—वह कला

कला आई कहाँ से? कला शब्द कहाँ से आया? असल में कला शब्द की व्युत्पत्ति आनंद लातिक्ति कला, यानी जिससे आनंद आता है। आनंद भौतिक नहीं है। यह ऊपर से दिखनेवाला तो थोड़ी देर रहता है, लेकिन धीरे-धीरे आनंद जब अंतर्मन में आता है, तो बात दूसरी हो जाती है। हृदय का जो स्पंदन है, भावनाओं का हृत्तंत्री जो है, वह जो ध्वनि होती है, तभी होती है जब मनुष्य कहीं-न-कहीं एकात्मबोध में आ जाता है। जब वह एकाकार होने लगता है, तब उसका आनंद का रस बढ़ता ही जाता है। साधना किसी भी साधन से कराइए, यह गौण चीज है, लेकिन जो साधन है, वह अव्यक्त को व्यक्त कर देता है। जो अदृश्य है, उसको दृश्य कर देता है। जो अकथ्य है, उसको कथ्य में बदल देता है, क्योंकि उसके अंतर्मन में वह उतरता है। उन साधनों के माध्यम से जो दिखता नहीं, वह दृश्य उसके कैनवास पर आता है। जो कभी बोला नहीं गया, वह उसके कंठ से निकलता है। जो अदृश्य था, वह दृश्य हो गया, जो अश्रव्य था, श्रव्य हो गया, जो अकथ्य था, वह कथ्य हो गया। कलाकार अपनी साधना से भिन्न-भिन्न आयाम देता चलता है। ऐसा करने में उसको आनंद आता है। आत्मिक संतोष मिलता है। वह चार घंटा, छह घंटा चित्र बनाता रहता है, अभ्यास करता रहता है। एक छोटी बैठक में मैंने एक उदाहरण रखा था कि वाराणसी में रीवा कोठी गंगा के किनारे; काशी हिंदू विश्वविद्यालय के छात्रावास में प्रात:काल संगीत के विद्यार्थी अभ्यास करते हैं, तीन घंटे-चार घंटे। क्या मिलता है? इतनी मेहनत करें तो कहीं सलेक्शन हो जाए उनका। दो-चार-पाँच लाख की नौकरी मिल जाए। लेकिन नहीं, ये तो साधना करते हैं।

कई-कई घंटे साधना करने के बाद आर्थिक उन्नति क्या होगी, मालूम नहीं। असल में मन को जो आनंद मिलता है, उसका कोई मूल्य नहीं होता। कई बार लोगों को लगता है कि इतनी मेहनत करने के बाद क्या मिलता है। मिलेगा कुछ नहीं, केवल आत्मा को संतोष और आत्मानंद बस। जो व्यक्ति शरीर से परिश्रम करता है, मेहनत करता है, उसको मजदूर कहते हैं और बुद्धि लगाकर जो काम करता है, वह कारीगर हो जाता है। इंजीनियर भी कारीगर है, सर्जन भी कारीगर ही है। बुद्धि की प्रतिभा अच्छी है, लेकिन जो इसके साथ अपना हृदय लगा देता है, वह कलाकार बनता है। मजदूरी और कारीगरी से ऊपर है कला। विद्यानां शिल्पनैपुण्यम्। कितनी भी डिग्री प्राप्त करनेवाली परीक्षा पास कर लीजिए। बी.ए., एम.ए., बी.टेक., एम.टेक., एम.सी.एच., एम.डी., कुछ भी कीजिए। एक निपुणता प्राप्त की आपने विशेष प्रकार की, और कुछ नहीं। लेकिन कला में हृदय है, इसके अंदर भावनाएँ हैं, संवेदनाएँ हैं। इस स्तर पर आकर कला धीरे-धीरे अपना स्थान पाती है और अपूर्णता को एक पूर्णता देती है। एक रिक्तता को समाप्त करती है। कला का मतलब ही है कि कोई चीज रिक्त थी, वह पूरी हुई। उसको पूरा करता है कलाकार। वह उसको बनाता है, उसको गाता है, उसको स्वर देता है। अपूर्ण को पूर्ण करता है, रिक्त को भर देता है। मैथिलीशरण गुप्त चार पंक्ति बोलते हैं कि जो अपूर्ण है, कला उसी की पूर्ति है—

हो रहा है जो जहाँ सो हो रहा,
यदि वही हमने कहा तो क्या कहा,
किंतु होना चाहिए, कब क्या कहा,
व्यक्त करती है कला ही यह यहाँ।

नाट्य और कला

भारत की कला के बारे में मैथिलीशरण गुप्त कह रहे हैं कि जो हो रहा है, वही आप कर रहे हैं, इसमें क्या विशेष किया, किंतु जो होना चाहिए, वह आपने किया तो वास्तव में कला ही इसको अभिव्यक्त करती है। भारत में कला का इतिहास कहाँ से प्रारंभ होता है? वैसे कला वेदों से ही शुरू होती है, इसमें कोई दो राय नहीं है। समय के साथ कला के अच्छे शास्त्र आ गए। उसकी अच्छी कहानी भरत मुनि ने अपने नाट्यशास्त्र में दी है। लंबी कहानी है, बहुत छोटे में आपको

बताता हूँ। कथा है कि स्वर्ग में भी संकट आ गया। क्यों? इसलिए कि स्वर्ग में सब साधन थे। भोग के, उपभोग के सारे साधन स्वर्ग में थे तो रजोगुण बढ़ता चला गया, तो ईर्ष्या, द्वेष, मद, मत्सर भी बढ़ते ही चले गए। जब रजोगुण बढ़ता है तो ये सब भी बढ़ते हैं। देवता दुःखी हो गए, ब्रह्माजी के पास आए। क्या करें? देवताओं ने सोचा कि ब्रह्माजी दृश्य व श्रव्य कुछ नाटक की रचना करें, क्रीड़ा करें तो उससे यह वातावरण सुधर जाएगा। लोगों में संस्कार आ जाएगा। ऐसी इच्छा रखकर देवतागण इंद्र के साथ ब्रह्माजी के पास पहुँचे। ब्रह्माजी ने कहा कि ठीक है, करते हैं कुछ रचना। रचना की तो चारों वेदों से कुछ-न-कुछ लिया। ऋग्वेद से पाठ ले लिया, सामवेद से गीत ले लिया, यजुर्वेद से अभिनय लिया, अथर्ववेद से रस लिया। फिर एक बड़े नाट्यशास्त्र का निर्माण किया और भरत मुनि को दे दिया। बड़ी रोचक बात उसमें है। देवताओं ने कहा कि यह हमारे यहाँ संभव नहीं है, देवता लोग नाटक नहीं कर सकते। यह तो कलाकार ही कर सकते हैं। क्यों? क्योंकि देवता लोग आलसी हो गए हैं। कला साधना चाहती है। साधना करना इनके बस का नहीं है।

सोचिए कि कितनी प्रामाणिकता से उन्होंने स्वीकार कर लिया, लेकिन जो नाट्यशास्त्र बना, उसके बहुत सारे गुण हैं। मैं समझता हूँ, भारत के इतिहास में यह बहुत बड़ा है। बहुत सुंदर शास्त्र है। कहा गया है कि इस नाट्यशास्त्र में जो-जो भाग लेंगे, उनमें कोई भेद नहीं होगा। कोई छोटा है या बड़ा, संपन्न है या विपन्न, इससे फर्क नहीं पड़ेगा। इस जाति का या उस जाति का, इस प्रांत का या उस प्रांत का, कोई भी भेद नहीं माना जाएगा। कला कला है। पहली बात कि कला भेद नहीं मानती, सारे भेद में अभेद की सृष्टि करती है। दूसरी बात कि जो आएगा, उसको साधना करनी पड़ेगी, कला साधना चाहती है। तीसरी बात कि यह केवल विषय मात्र नहीं है, अर्थात् किसी भी पात्र को कोई भी हमने यदि काम, जिसे आजकल रोल बोलते हैं, दे दिया तो नाराज नहीं होना है उसको। कथा कुछ यों है कि नाट्यशास्त्र का मंचन शुरू हुआ तो असुरों और देवताओं का संघर्ष मंचन करना था। असुरों को असुरों का काम दे दिया, देवताओं को देवताओं का काम दे दिया। इसमें असुरों को हारना ही था। बेचारे मंच पर भी हार गए। असल में हारे, नाटक में भी हार गए तो ब्रह्माजी के पास गए। बोले—ब्रह्माजी, हमारी दुर्गति क्यों कराते हैं आप? तो ब्रह्माजी ने कहा—नहीं-नहीं, नाटक में कोई हार-जीत नहीं होती। तब से चला आ रहा है कि नाटक में पराजय नहीं होती। ब्रह्माजी कहते हैं कि नाटक में जो पात्र हैं, वे नाटक तक ही हैं, यह ध्यान रखना और नाट्यशास्त्र का काम है समाज में भेद को समाप्त करना, एकाग्रचित्त होकर लंबी, दीर्घ साधना करने का मन बनाना और जो भी भूमिका मिले, उसके अनुसार अभिनय करना। वे आगे बढ़ते हैं और कहते हैं कि स्वर्ग में जो नाट्य की आवश्यकता हुई, वह इसीलिए हुई कि भोग व विलास इतना बढ़ गया कि नींद तक नहीं आती, विश्रांति नहीं होती। वे कहते हैं कि इस नाट्य में नृत्य है, कला भी है, चित्र भी है, सबकुछ है, तो जिनको विश्रांति नहीं मिलती, उनको विश्रांति मिलेगी। विश्रान्ति जनमं काले नाट्यमेतद् भविष्यति। जिनको नींद नहीं आती, उनको नींद आ जाएगी। जिसको अपनी रुचि का जो चाहिए, उसको वह सब नाट्य में मिल जाएगा। संस्कार, विचार जैसा सबकुछ मिल जाएगा। विशेष बात यह कि यह नाट्य आध्यात्मिक उन्नति के लिए है। केवल भौतिक उन्नति हो गई, यह पर्याप्त नहीं है।

> असली पात्र कैसे बोलता है, कैसे चलता है, कैसे बैठता है, कैसे विचार करता है—इन सारी बातों का अध्ययन करते-करते वैसा ही होने की कोशिश करता है। वैसा ही हो जाता है तो श्रेष्ठ कलाकार हो जाता है, अर्थात् पहले तो अहं निकल जाता है। 'मैं कौन हूँ' का भाव समाप्त हो गया। अंदर एक दूसरा पात्र आ गया। इतना एकात्म भाव साधना के ही काम से हो सकता है। बड़ी साधना। एक कदम और आगे बढ़ जाता है व्यक्ति कि उसका अहं निकल जाता है। अहं निकलते ही वह समष्टि के साथ परमात्मा के साथ मिलने के लिए तैयार हो जाता है।

भरत मुनि लिख रहे हैं—स्वर्ग में भी नाट्य की आवश्यकता है, भले ही वहाँ भौतिक उन्नति बहुत है। वास्तव में भौतिक उन्नति पर्याप्त नहीं है। भौतिक उन्नति के साथ-साथ आध्यात्मिक उन्नति के लिए नाट्य की भी आवश्यकता है। यह कला आध्यात्मिक उन्नति के लिए है। धर्म के सत्य मार्ग का दर्शन कला के माध्यम से होगा। समाज आनंद पाएगा। समाज में आनंद की प्रणाली विकसित हो जाए, यह महत्त्वपूर्ण है। इसके अलावा जो लोगों को उचित दिशा-निर्देश देने होते हैं, कई बार वे बड़ी कठोर भाषा में हो जाते हैं। 'ये ऐसा क्यों किया? ऐसा कीजिए, ऐसा नहीं' वगैरह। कर्कश भाषा में बोलना अच्छा नहीं है। नाट्य में मधुर भाषा में, सुंदर दृश्य में चीजें प्रस्तुत की जाती हैं। उसको लोग बुरा नहीं मानते, उसको सीख जाते हैं, इसलिए नाट्य सब दृष्टि से परिवर्तन का एक अच्छा साधन बन जाता है। नाट्य, जो लोकमत है, लोकमन है, उसको ध्यान में रखता है। जो लोकसिद्धि है, यह उसको प्राप्त करने का साधन है। लोकमन को ध्यान में रखकर, लोकधर्म को ध्यान में रखकर लोकसिद्धि प्राप्त करना नाट्य और कला का बड़ा उद्देश्य है। लोकभाव को ध्यान में रखना जरूरी है, अतः जैसा समाज है, उस समाज के मनोभाव को ध्यान में रखकर कला आगे बढ़ती है, लेकिन कला का उद्देश्य पक्का है—लोकमंगल, लोकहित, लोकमन का सम्मान, लोकभावों को ध्यान में रखते हुए आगे बढ़ना। और इस प्रकार से इस कला ने भिन्न-भिन्न प्रकार से इस समाज के आध्यात्मिक उन्नति के भाव को, लोकधर्म को, लोक आदर्शों को फिर से लोगों के मन में स्थापित करने का कार्य किया। कला का उद्देश्य यही है—लोगों की आत्मा विशद हो जाए। लोगों का मन विस्तीर्ण हो जाए। लोगों की सहनशक्ति बढ़ जाए। सारे भेदों के बीच भी मेल और सामंजस्य करने की प्रवृत्ति बन जाए।

कला और कलाकार

कलाकार की जो कल्पनाशीलता है, वह बहुत व्यापक होती है, अद्‌भुत होती है। कल्पनाशीलता के आधार पर कलाकार साक्षात्कार करता है। किसी भी कलाकार को कोई भी भूमिका दे दी गई, तो सबसे पहला काम यह है, उसको जो भूमिका मिली है, उस भूमिका के साथ उसे एकरूप होना पड़ता है। भूमिका कुछ भी मिली, भरत की मिली, राम की मिली, हनुमान की मिली, खर-दूषण की मिल गई हो या किसी की भी मिली हो, तो जो भूमिका मिली है, कलाकार उसके साथ एकाकार होने की कोशिश करता है। असली पात्र कैसे बोलता है, कैसे चलता है, कैसे बैठता है, कैसे विचार करता है—इन सारी बातों का अध्ययन करते-करते वैसा ही होने की कोशिश करता है। वैसा ही हो जाता है तो श्रेष्ठ कलाकार हो जाता है, अर्थात् पहले तो अहं निकल जाता है। 'मैं कौन हूँ' का भाव समाप्त हो गया। अंदर एक दूसरा पात्र आ गया। इतना एकात्म भाव साधना के ही काम से हो सकता है। बड़ी साधना। एक कदम और आगे बढ़ जाता है व्यक्ति कि उसका अहं निकल जाता है। अहं निकलते ही वह समष्टि के साथ परमात्मा के साथ मिलने के लिए तैयार हो जाता है। उसको ध्यान में आता है कि 'मैं' जो हूँ और 'ये', दोनों एक ही हैं। मैं और ये परमात्मा से मिलकर दो नहीं हैं, एक ही हैं। ऐसा करते-करते कलाकार उस सत्य में जीता है, उस सौंदर्य में जीता है, उस शिव के रूप में जीता है। ऐसा करते-करते कलाकार देखता है कि मैं पूरी तरह वैसा ही हो गया। मान लीजिए कि उसको जुआरी का पात्र मिल गया। वह समझता है कि वह बिल्कुल वही है तो उसमें उसको अनिर्वचनीय सुख मिलता है।

आजादी की लड़ाई के समय की बात है। बंबई में एक नाटक हो रहा था। नाटक में ही एक पात्र ने एक महिला के साथ दुर्व्यवहार शुरू कर दिया। लोकमान्य तिलक उसको देख रहे थे। अचानक बेंत लेकर उठकर आ गए और उसको मारने लगे। तुरंत उसने लोकमान्य तिलकजी का पैर पकड़ लिया और बोला—महाराज, मैं सफल हो गया, यह तो नाटक था। लोकमान्य तिलक भूल गए कि यह नाटक है। लोकमान्य तिलक को लगा कि यह वास्तविकता में हो रहा है। ऐसे में यह कैसे हो सकता है कि वे बैठे देखते रहें। उस कलाकार को जो आनंद मिला, वह ऐसा अद्‌भुत आनंद है कि वह कलाकार स्वयं एक स्रष्टा बन जाता है। कलाकार ने वह रूप रख लिया, तो यह अध्यात्म साधना है, लेकिन यह छोटी बात नहीं है।

नृत्य और नृथ्य

कलाकार हर एक पात्र के साथ एकरूप होता चलता है। कल्पना कीजिए, द्रौपदी की भूमिका मिल गई और वह द्रौपदी बन गया। कैकेयी का पात्र मिल गया तो कैकेयी बन गया। धीरे-धीरे उसका अहंकार निकल जाता है। यह आध्यात्मिक साधना है, सामान्य चीज नहीं है। उसमें डूबते जाना है। हर हाल में एक मौलिक बात पक्की है कि कलाकार कोई भी हो, उसकी साधना का मूल उद्‌देश्य एक ही है, और वह है अध्यात्म। इसीलिए स्कंद पुराण में कहा गया है—'कोई भी कला का स्वरूप हो, गीत है, नाट्य है, वाद्य है, नृत्य है या कोई भी है, अंत में ध्यान रखना है कि वह विष्णु का स्मरण ही है। गीतं वाद्यं च नृत्यं च नाट्यं विष्णु कथां मुनिः। तुम चाहे नृत्य करो, गीत गाओ, चाहे कुछ भी करो, किंतु ध्यान में रखो कि वह अंततोगत्वा ईश्वर की साधना का ही रूप बन जाए।' जो ऐसा करता है, साधना में लीन हो जाता है, वह सच में पुण्यात्मा हो जाता है। छत्तीस तत्त्वों में एक तत्त्व कला है। यह कला शिव के साथ है। जब शिव निद्रा में से अर्थात् शांत भाव से उठते हैं, निष्क्रिय भाव से शिव उठते हैं तो शिव के साथ में ललिता महामाया के रूप में सक्रिय हो जाती है। इसलिए हम लोग कहते हैं, यह ललित कला ललिता से है। यह शिव के साथ है। यह शिव की चिर लीला सखी है। चिर इसके चिन्मय साथी हैं। दोनों मिल करके सृष्टि की रचना करते हैं तो यह आनंदमय है। खेल-खेल में सारी सृष्टि की रचना हो रही है, यह ध्यान में रखने की बात है। यह ईश्वर का खेल है—क्रीडा ते लोकरचना। यह लोकरचना हो रही है, लेकिन सखा ते चिन्मय शिव। शिव चिन्मय सखा के रूप में भाग ले रहे हैं। लेकिन इस लोकरचना में आनंद है। आहारस्ते सदानन्दो भासस्ते हृदयं शताम्।...और ऐसा करते-करते आनंद हो रहा है। शिव और शिव के साथ ललिता, ये दोनों मिल करके कर रहे हैं। सारी सृष्टि की रचना चल रही है। दो बातें इसमें बहुत सुंदर हैं। शिव नृत्यकर्ता हैं और शिव के साथ जो ललिता है, वह लास्य करती है, नृथ्य करती है। थोड़ा-सा अंतर है। एक नृत्य है, एक नृथ्य है।

शिव का नृत्य जो है, उसमें आनंद है। उसमें भावना है। उसमें हृदय है। यह बुद्धि का काम नहीं है। जो नृत्य है, बुद्धि के और ऊपर है। दोनों साथ-साथ चलते हैं। एक कर्म-शक्ति है, जो निर्माण के कार्य में लीन है। एक लास्य है, वह आनंद में डूबा हुआ है। दोनों का साथ-साथ मिलन साथ-साथ संचालन होता रहता है। जैसे हम लोग कह सकते हैं कि खेत में बैल चलता है और बैलों के गले में घंटी है। घंटी बजती है तो बैल झूम-झूमकर चलता रहता है। बैल को भी नहीं लगता कि परिश्रम हो रहा है। खेत में महिला बीज बोती है या चक्की पीसती है, कोई छोटा-मोटा काम करती है और कोई गीत गुनगुनाती चल रही है। श्रम है, लेकिन लास्य भी है। उसको परेशानी अनुभव नहीं होती। टैक्सी का ड्राइवर है, वह आठ-आठ घंटे आँखें फाड़कर टैक्सी चलाता है, लेकिन ट्रांजिस्टर लगाकर गाना सुन रहा है तो प्रसन्न है, मगन होकर गाड़ी चला रहा है। घंटों गाड़ी चलाता है। गाना सुन करके, कोई भजन सुन करके चला रहा है। ये दोनों साथ हो जाते हैं तो जीवन आनंदमय हो जाता है। नृत्य-नृथ्य का संगम। भारत के मनीषियों ने सृष्टि के खेल का जो वर्णन किया है, अद्‌भुत है। बच्चों को सिखाते हैं छोटा अ, बड़ा आ, छोटी इ, बड़ी ई, लेकिन जब हम उसको सिखाते हैं अ से अनार,

आ से आम तो वह देखता है, खुश होता है। खेल-खेल में जल्दी सीख जाता है। यह क्या है? छोटा अ, बड़ा आ नृत्य है। हमने अ से अनार, आ से आम सिखाया, यह लास्य है। भाव कहने का यह है कि जीवन में नृत्य तो रहेगा ही रहेगा, काम तो रहेगा ही रहेगा, पर क्या इस काम को लास्य के साथ, आनंद के साथ कर सकते हैं। अगर ऐसा हमने किया तो कला इसके साथ-साथ चलती है और जीवन भर चलती है। बड़े-बड़े वैज्ञानिक, आइंस्टीन जैसे लोग भी परेशान हो जाते हैं और आकर शाम को सितार, गिटार, प्यानो, कुछ-न-कुछ बजाने लगते हैं। वे बड़े साइंटिस्ट हैं, लेकिन शांति नहीं है। खोज है, प्रसिद्धि है, शांति नहीं है। शांति के लिए संगीत चाहिए। शांति के लिए गायन चाहिए, शांति के लिए चित्र चाहिए, कोई कला चाहिए। कला मिल जाती है तो शांति मिल जाती है। अर्थात् कला हृदय का काम, मन का काम है। यह शिव का काम है। सारी सृष्टि में दोनों को साथ लेकर ही चला गया है। कला में दो भाग हैं—एक है कला का क्रिया पक्ष और एक है कला का ज्ञान पक्ष। क्रिया पक्ष दिखता है, ज्ञान पक्ष इसके अंदर है। वेदों ने जो दिया है, दर्शन ने जो दिया है, वह ज्ञान है। जो दिखता है, जो कार्यक्रम हो रहा है, वह क्रिया है। क्रिया और ज्ञान, दोनों को मिलाकर ही कला का पूरा रूप बनता है।

कला और काव्य

हमारे यहाँ इस कला को वैदिक काल से ही स्थान दिया गया है। वैदिक ऋषियों ने इसको समझा कि जो अच्छा, सुंदर ज्ञान है, उसको कला के रूप में समझिए। इसीलिए वेद काव्य में आए। रामायण काव्य में आया, महाभारत काव्य में आया, गीता काव्य में आई, पुराण काव्य में आए। सब चीजें भारत में काव्य में आईं। काव्य गाकर सुनाया गया। गाकर सुनाया तो अच्छा लगने लगा। काव्य मन में, स्मरणशक्ति में बैठ जाता है। वैदिक ऋषि दस हजार, पंद्रह हजार वर्ष पूर्व वैदिक ऋचाओं को गा-गाकर सुना रहे हैं और लोगों को आज तक याद हैं। क्यों, क्योंकि वह सब काव्य में था। टैक्स्ट में याद करना मुश्किल होता है। हमारे देश का सारा साहित्य काव्य में आया, गायन में आया, वादन के साथ आया और इसीलिए स्थिर है आज। आज हम इन्हें सुरक्षित रूप में लेकर दसियों, बीसियों हजार साल बाद भी खड़े हैं। अपने तमाम सुंदर वाङ्मय को लेकर आज भी हम चल रहे हैं, क्योंकि इसके साथ कला जुड़ी हुई है।

स्वर की स्मृति बहुत लंबी है। स्वर एक बार मन में बैठ गया तो बना रहता है। हमने कोई चार पंक्ति का टैक्स्ट दे दिया कि याद करके लाओ, तो बहुत समय लगता है, पर चार पंक्तियाँ गाकर बता दीं तो वे आसानी से याद हो जाती हैं। भारत में एक सुंदर परंपरा प्रारंभ काल से ही चली आ रही है कि जितना भी सुंदर साहित्य, दर्शन, विचार हो, सबको कला के साथ जोड़कर चलिए। कुछ वैसे ही जैसे शिव के साथ लास्य है। वैदिक परंपरा से लेकर आज तक हम लोग देखते हैं कि हर सुंदर साहित्य किसी-न-किसी कला के रूप में लोकमन में बैठ जाता है। इसका सुंदर उदाहरण देखना है तो हमें बारहवीं शताब्दी से लेकर अठारहवीं शताब्दी तक भक्तिकाल के सारे संतों को देखना चाहिए। वे संत अपना कोई साहित्य लिखते हैं तो कला के साथ। चाहे गुरु नानकदेव हों, चाहे नामदेव, तुकाराम हों, असम के शंकरदेव हों, सूरदास और मीराबाई हों, हजारों संत रहे हैं देश में, उन सबने कला का सहारा लिया। सबने अपने-अपने वचनों को एक स्वर में बाँध दिया। सबका कोई-न-कोई राग है। सब किसी-न-किसी वाद्य के साथ गाए जाते हैं। सारा-का-सारा समाज विद्वान् भले न होगा, लेकिन कबीर के दोहे, मीरा के पद, सूर के भजन, तुलसी की चौपाइयाँ, नानक के शबद गाए जाने के कारण याद हो गए। इस मौलिक तत्त्व के ज्ञान को, गहन ज्ञान को नीचे तक हजारों-लाखों-करोड़ों लोगों के कंठ में उतारने का काम जो किया, वह कला ने ही तो किया। कला के कंधे पर बैठकर भक्ति आंदोलन पूरे देश में फैल गया। दुनिया भर में फैल गया। इसका श्रेय कला को है।

> हाँ, रामायण होती है तब लोग रोने लगते हैं, भागवत होती है तब लोग रोने लगते हैं, क्योंकि समाँ ऐसा बँधता है। दर्शन तो गूढ़ होता है, नीरस होता है। दर्शन सरस नहीं होता, लेकिन कला उस गूढ़, नीरस दर्शन को सरस बनाकर लोगों के हृदय में कैसे बैठा देती है, यह अद्भुत है। मैंने प्रारंभ में ही कहा कि कला संस्कृति के अंदर बैठा जो अध्यात्म रूपी दर्शन है, उसको अपने कंधे पर लेकर चलती है। लोगों के हृदय में जब तक नहीं बैठा देती, तब तक कला सफल नहीं है। कला चरित्र के उत्थान की सबसे सरल विधा है। चरित्र-उत्थान कैसे होता है, यह कला सिखाती है।

पाश्चात्य जगत् में यह नहीं था। उन्होंने कला को दुत्कार दिया या अपने साहित्य में कला को कोई प्रश्रय नहीं दिया। साहित्य तो आया, लेकिन जिस तरह से हमारे यहाँ का व्यक्ति उसको सुंदर वाणी में गाता है, कंठ में लेकर बैठता है, वह भाव उनके यहाँ नहीं बना। उस भाव से वे दूर रहे। इसलिए भारत में जब कभी कोई ऐसी समस्या आई तो कला एकदम सामने आ गई। कला ने उस समस्या का समाधान दे दिया। इस मौलिक तत्त्वज्ञान को, इस मौलिक दर्शन को हम बचाएँगे। उदाहरण के लिए मैं बताऊँ तो समझने की जरूरत है कि तुलसी ने मानस लिखने के बाद रख नहीं दिया। रख देते तो रखा ही रह जाता। उसको कला ने पकड़ लिया। बाबा ने उसको कला दी, गाना सिखाया। चौपाइयों को स्वर दिया, छंदों को अलग स्वर दिया। सोरठा अलग तरह से गाया गया। वाद्य अलग तरह से बजे, मंचन हुआ। पात्र आ गए, रामलीला शुरू हुई। सारे देश में रामलीला, कम-से-कम उत्तर भारत में गाँव-गाँव में होने लगी। इसका श्रेय कला को है। कला के कंधे पर बैठकर पूरा-का-पूरा साहित्य दर्शन गाँव-गाँव चला गया और घोर अंधकार के समय, घोर निराशा के क्षणों में बाबा तुलसीदास हजारों कलाकारों को लेकर

प्रस्तुत हो गए। समाज के सब तरह के लोगों को साथ ले लेते थे। कोई छूत-अछूत नहीं, कोई छोटा-बड़ा नहीं। यह रावण की सेना है, यह राम की सेना है। सुग्रीव, नल-नील सब आ गए। कोई भी पात्र बनता है। चलो, इस बार तुम सुग्रीव बनो, अगली बार तुमको भरत बनाएँगे। हर जाति-बिरादरी को लेकर, वाद्यों को लेकर, गायकों को लेकर मंचन शुरू हुआ तो गूढ़ दर्शन जो था राम का, वेदों का, सब नीचे तक आ गया घर-परिवार के दर्शन जैसा। घर-घर में राम जैसा। धर्म कैसा, राम जैसा। राम धर्मज्ञ हो गया। राम धर्मधुरीण हो गया, राम परिवार में आदर्श हो गया। जब मंचन हुआ तो लोगों ने मन से देखा। हृदय से देखा। कई बार रामलीला देखने चले जाते थे। देखते थे कि राम-सीता का वनवास हो रहा है। कल तो इनका राजतिलक होना तय था, आज वनवास हो रहा है। सीता ने सबका चरण स्पर्श किया है। सबके चरणों में सिर रखकर जैसे ही सीता कैकेयी के चरणों में सिर रखती हैं, पूरा-का-पूरा समाज रोने लगता है।

जो लोग रामलीला देख रहे हैं, सब रोने लगते हैं। क्यों? क्योंकि उनको लगता है कि यह ज्यादती हो गई। हजारों साल पहले घटना घटी थी, लेकिन कला ने उसको रूप दिया है, कला ने उसको भाव दिया है, कला ने उसको संवेदना दी है। कला ने इस भाव को लोगों के मन में इतना गहरा उतार दिया कि लोगों को लगने लगा कि सीता हमारी हैं, राम हमारे हैं; भरत, लक्ष्मण, हनुमान हमारे हैं। यह विचार-दर्शन लोगों के मन में बैठ गया। यह है कला का यश, कला का दर्शन, कला का मर्म, कला का धर्म। मिस्र में भी बहुत कहानियाँ हैं। राम कोई ऐतिहासिक पुरुष नहीं हैं। राम मर्यादा पुरुषोत्तम लोगों के हृदय में विराजमान ऐसे व्यक्ति हैं, जो हट नहीं सकते, क्योंकि कला उसको जीवित रखती है। बहुत सी कहानियाँ हैं, मिस्र में, ग्रीक में, रोम में, पर्सिया में, लेकिन उन्हें कोई नहीं सुनता। किसी कहानी का मंचन कहीं नहीं होता। कोई याद नहीं करता, कोई देखकर रोता भी नहीं है। हाँ, रामायण होती है तब लोग रोने लगते हैं, भागवत होती है तब लोग रोने लगते हैं, क्योंकि समाँ ऐसा बँधता है। दर्शन तो गूढ़ होता है, नीरस होता है। दर्शन सरस नहीं होता, लेकिन कला उस गूढ़, नीरस दर्शन को सरस बनाकर लोगों के हृदय में कैसे बैठा देती है, यह अद्भुत है। मैंने प्रारंभ में ही कहा कि कला संस्कृति के अंदर बैठा जो अध्यात्म रूपी दर्शन है, उसको अपने कंधे पर लेकर चलती है। लोगों के हृदय में जब तक नहीं बैठा देती, तब तक कला सफल नहीं है। कला चरित्र के उत्थान की सबसे सरल विधा है। चरित्र-उत्थान कैसे होता है, यह कला सिखाती है।

नाटक का प्रभाव

छोटे-छोटे नाटक, छोटी-छोटी कविताएँ, छोटे-छोटे प्रसंग अपने देश में हजारों साल से चले आ रहे हैं। दो वर्ष पूर्व मैं कर्नाटक में था। संघ शिक्षा वर्ग के एक शिविर की बात है। सायंकाल एक नाटक का मंचन हुआ—'पुण्यकोटि गाय'। बहुत छोटा-सा नाटक। कहानी छोटी-सी, बहुत सरल। एक गाय जंगल में गई। वहाँ एक सिंह उसको खाने को दौड़ता है। गाय कहती है कि भाई, हमको छोड़ दो, हमारा एक बच्चा है, उसको दूध पिलाकर हम फिर आ जाएँगे। सिंह कहता है कि नहीं आई तो! गाय कहती है कि नहीं, मैं आ जाऊँगी, वचन देकर जा रही हूँ। जरूर आ जाऊँगी। सिंह भरोसा कर लेता है। गाय चली जाती है और बच्चे को दूध पिलाती है। दुबारा चलने से पहले सभी अपनों को बुलाकर कहती है, 'हमको सिंह मिल गया था, हम जा रहे हैं। इसको दूध पिला दिया है, आगे से हमारे बच्चे की देखभाल तुम लोग करना।' कुछ चतुर लोग कहते हैं कि छोड़ो, सिंह यहाँ थोड़े ही आएगा। गाय कहती है कि नहीं, हमने वचन दिया है, तो हम जाएँगे। गाय चली जाती है, तो सिंह फिर मिल जाता है उसको। सिंह ने पूछा, कैसे क्या हुआ, किस्सा सुना। तो गाय कहती है, 'मैंने बच्चे को दूध पिलाया, अब बच्चे को मैं सबको सौंपकर आ गई हूँ। अब आप मुझे खा सकते हैं।' सिंह का मन भी एकदम बदल गया। सिंह भी करुणा में डूब गया, ऐसा उस नाटक का सार है। रोचक है कि जो उस नाटक का मंचन करते हैं, छोटे-छोटे बच्चे हैं, पात्र हैं, सब शांत हो जाते हैं। गाय जो सबको प्रवचन देकर जाती है कि सत्य से हिलना नहीं, डिगना नहीं, तो लोगों को भी लगता है कि हाँ, सत्य से नहीं हिलना, नहीं डिगना। सत्य को लोगों के मन में बैठाने के लिए ही 'पुण्यकोटि गाय' नाटक रचा गया। कर्नाटक में इतना प्रचलित है, इतना रोचक है 'पुण्यकोटि गाय' कि बच्चा-बच्चा समझ जाता है। छोटे-छोटे बालकों के मन में कोमल संस्कार रहता है। ऐसे नाटक से दूरगामी परिणाम निकलता है। जीवन भर यह संस्कार हिलता नहीं।

गांधीजी ने 'हरिश्चंद्र' नाटक देखा तो देखिए कि कैसे सत्य पर टिके रहे, जीवन भर नहीं भूले। तो कला चरित्र के उत्थान में ऐसी भूमिका निभाती है, ऐसा वातावरण निर्माण करती है कि लोगों के मन में बैठा भाव स्थायी हो जाता है। कलाकार सामने कोई दृश्य देखता है, मन में किसी दृश्य की कल्पना करता है, तो उसके अंदर की जो प्रज्ञा है, अंतर्बोध है, इंट्यूशन है, उस कल्पना से उसे जीता है। उसके साथ एकाकार हो जाता है। उस ऑब्जेक्ट के साथ एकात्म हो जाता है और फिर अनेक प्रकार से विचार करता है। जितना वह गहराई में डूबता जाता है तो चाहे वह गीत लिखे, नाटक लिखे या और कुछ भी हो, आगे बढ़ता है। उसमें जी करके वह जो आनंद पाता है, उसी को लोगों तक पहुँचाना चाहता है। अपनी कल्पना का चित्र जब तक लोगों के मन में नहीं उतार देता, उसको लगता है कि सफलता नहीं मिली। कलाकार एक इंट्यूशन करते-करते उसे अपने अंदर ले आता है। यहाँ लाते-लाते वहाँ ले जाता है। यह एकात्मबोध की प्रक्रिया बड़ी मजबूत प्रक्रिया है। यह कलाकार के बस का ही काम है। पश्चिमी जगत् में बाहर से व्यक्ति देखता है। कोई मूर्ति है कितनी सुंदर है, वह आकलन करता

है। उसका विश्लेषण रूप, रंग देखकर करता है। मुख्य रूप से आकृति देखता है। भारत में उल्टा होता है। भारतीय कलाकार अंदर देखता है पहले। अंदर देखकर उसके अंदर के भावों से उसका मूल्यांकन करता है। भारत में क्या होता है कि मानो किसी ने बुद्ध देखा, तो बुद्ध कैसा है, यह महत्त्व की बात नहीं है। बुद्ध को देखते ही उसके मन में भाव जगता है—बुद्ध क्या है, बुद्ध कैसा है। बुद्ध का सारा जीवन उसके मन में उतरता चलता है और जैसा बुद्ध था, वैसा भाव मन में बैठ गया। फिर बुद्ध की मूर्ति सुंदर नहीं भी होगी तो भी चलेगी। कोई दिक्कत नहीं है। भारतीय जगत् की कला और पाश्चात्य जगत् की कला में यही अंतर है कि पाश्चात्य जगत् की कला में लोग बाहर से देखकर एक अनुमान करते हैं, भारत की कला में उसकी भावनाओं को देखकर निर्णय करते हैं। उसके इमोशंस में जाते हैं, उसकी स्प्रिट में जाते हैं। बाहर का रूप थोड़ा सुंदर नहीं भी होगा, तो भी चलेगा।

पात्र और पात्रता

कलाकार को भरत मुनि ने पात्र कहा है। पात्र का एक दर्शन है। जिस पात्र में दूध रखा है, पात्र दूध का ही रूप ले लेता है। पात्र में जल रखा है तो जल का ही रूप ले लेता है। बात पात्र की है। पात्र का संस्कार शुचितापूर्ण हो, सत्यनिष्ठ हो, प्रामाणिक हो, साधनामय हो, यह आवश्यक है। वह भूमिका कौन सी कर रहा है, यह द्वितीय दर्जे की बात है। इसलिए यह पात्र जो है, इसकी साधना है। हम कहते हैं, सबके अंदर एक ब्रह्म है—काला, गोरा, राजा-रंक, सब ब्रह्म समान हैं, सबके अंदर ब्रह्म है। बस बाहर की आकृति, बाहर की क्षमता भिन्न-भिन्न है। इसमें उल्टा है। पात्र समान है। कलाजगत् में पात्र के बारे में जो कहा गया है, वह अलग-अलग नहीं है। पात्र की शुचिता, सत्यनिष्ठा, प्रामाणिकता सबके लिए अलग-अलग नहीं, सबके लिए कॉमन है। भूमिका क्या मिली, अभिनय क्या करना होगा, यह दूसरे दर्जे की बात है, लेकिन असली बात है कि वह डूब गया उसमें, उसके अनुरूप ही हो गया। बस यह उसकी सफलता का सबसे बड़ा रहस्य है। अगर वह अपनी साधना से वैसा ही हो गया तो वह सफल है। किसी फिल्म में के.एल. सहगल साहब को गाना गाना था। गाना सात-आठ बार हो गया। गाना थोड़ा दुःख का था। थोड़ा रोने का भाव था। डायरेक्टर बार-बार रिजेक्ट कर देते कि दुबारा गाओ। घंटे-आधा घंटे रुककर सहगल फिर गाते। आखिर सहगल साहब भी थोड़ा दुखी हो गए कि कितनी बार गाऊँ। डायरेक्टर ने कहा कि नहीं, एक बार अच्छे से गाइए। इस बार सहगल साहब ने सिर्फ गाया ही नहीं, बल्कि फूट-फूटकर रोने लगे। गाते-गाते ही रोने लगे और दूसरी तरफ रिकार्डिंग चलती रही। सहगल साहब की आँखें बंद। गाना खत्म हुआ तो डायरेक्टर ने उनको गले लगा लिया कि वाह भई, बहुत अच्छा गाया आपने। सहगल साहब को लगा कि अब तक कहाँ थे। भूल गए वे कि कहाँ थे। दरअसल, वे उसी पात्र में जाकर बैठ गए। उसी के साथ एकरूप हो गए। उनको लगा कि वह मैं ही हूँ। इसी में कलाकार की सफलता है। वह वैसा ही हो जाता है साधना करते-करते, तो हम कहते हैं कि वह ब्रह्म के निकट आ गया है।

पाश्चात्य जगत् के बहुत से लोगों ने जब भारत पर आक्रमण किया तो भारत की कलाओं को भी देखा। हम मंदिर बनाते हैं, मंदिर की दीवारें बनती हैं। देश भर में मंदिर सौ तरीके से बनेगा, लेकिन मंदिर एक ही होगा। वह शिव का मंदिर होगा, हनुमान का मंदिर होगा या देवी वगैरह का मंदिर होगा। मंदिर कोई भी हो, देवता कोई भी हो, उसका भाव एक ही होता है। यानी ईश्वर के साथ साक्षात्कार करने का साधन है मंदिर। उसकी कलाकृतियाँ यही निर्देश करती हैं। कोई भित्तिचित्र है, तो उस भित्तिचित्र के पीछे कल्पनालोक एक ही है। कोणार्क का सूर्य मंदिर देखिए, अजंता की गुफा देखिए, दक्षिण के मंदिर देखिए। उनमें उकेरी गई कलाकृतियों के पीछे जाएँगे, दीवारों के पीछे जाएँगे तो पता चलेगा कि अंततोगत्वा लक्ष्य एक ही है। उसमें चाहे शिव बैठे हों, विष्णु बैठे हों, वह सब गौण बात है। मंदिर के पीछे की कल्पना एक है, कलाकार भिन्न-भिन्न प्रकार से उसे रूप देता है। बाहर के लोगों ने सोचा कि इसी में इनका धर्म है तो उन्होंने उसे तोड़ दिया, लेकिन कला ने उनको तोड़ते देखकर रूप बदल लिया, क्योंकि उनमें आत्मा थोड़े ही थी। आत्मा तो लोगों के अंदर भावना में थी। वे इन लोगों की भावना को नहीं तोड़ सके, जो फिर से मंदिर निर्माण करने के लिए तैयार रहती थी। चाहे कितनी बार मंदिर तोड़ते गए, लेकिन वह जो भावना बैठी थी, उसके चलते वे फिर से कलाकार को लेकर आते थे और नई कला से नया सृजन कर देते थे। मंदिर टूट गए, जाने दो, हम भजन करेंगे, कीर्तन करेंगे। कला कीर्तन के रूप में आ गई। चैतन्य महाप्रभु ने झाँझ-मंजीरा ले लिया। मृदंग ले लिया। छोड़ो मंदिर, क्या रखा है मंदिर में! जाने दो, हमारा अध्यात्म तो हमारे हाथ में ही है। झाँझ-मंजीरा-मृदंग हमारे हाथ में हैं तो बिल्डिंग में क्या रखा है, छोड़ दो, जाने दो उसे।

> प्रकृति कितनी एकरूप है हमारे साथ। जब कोई बालक गंगा का चित्र बनाता है, गंगाघाट पर आने वाला आदमी एकरूप हो जाता है। पहाड़ अपने, जंगल अपने, सारी वनस्पतियाँ अपनी, जीव-जगत् अपना, सारी सृष्टि अपनी, सभी मनुष्य अपने ही हैं, यह बोध कराता है। कभी गायन, कभी वादन, कभी नृत्य, कभी मूर्ति, कभी भित्तिचित्र के माध्यम से कला अभिव्यक्ति देती है। विभाजन नहीं, द्वेष नहीं, घृणा नहीं, स्पर्धा नहीं। कला सद्गुणों की सृष्टि करती है, इसलिए कला इस अध्यात्म को अपने साथ लेकर विचरण करती है तो वास्तव में धर्म की ही स्थापना करती है। इसलिए कला का अर्थ ही यही है, कला का भाव ही यही है। कला की आत्मा धर्म है, कला की आत्मा अध्यात्म है। यदि वह नहीं तो कला कला नहीं।

कला परिवर्तनशील है

जैसे ही कोई संकट आता है, विपरीत परिस्थिति आती है, कला अपना मार्ग बदल देती है, दूसरा रूप ले लेती है। बड़ा मंदिर छोड़ दीजिए, छोटे ठाकुरजी घर में विराजमान हो जाते हैं। बड़े-बड़े सभागृह छोड़ दीजिए, हम छोटा-छोटा कार्यक्रम कर लेते हैं। भजन-कीर्तन घर में ही कर लेंगे। अब झाँझ-मृदंग घर-घर में आ गए। कला ने रूप बदल लिया। हम देखते हैं कि बारहवीं शताब्दी से अठारहवीं शताब्दी तक कला ने कितने रूप बदले हैं। मंदिरों के शिल्प छूट गए। जब मंदिर रह नहीं सकते तो छोड़ दो। और यह होते ही एकदम कला नए रूप में आ गई। बारहवीं शताब्दी के पहले भजन-कीर्तन कहीं नहीं दिखते। झाँझ-मंजीरा-मृदंग भी नहीं दिखते। कला की अपनी प्रकृति है, एकदम नए रूप में आती है। संकट में कौन-सा रूप रखना है, वह ले लेती है। इस प्रकार जो सारे धर्म का नाश करनेवाले थे, उनको भी समझ में आ गया कि धर्म का नाश, कला का नाश ऐसे नहीं होता। शब्द में प्राण नहीं होता, शब्द स्थूल होता है। जैसे ही शब्द को स्वर मिल जाता है, वह प्राणवान् हो जाता है। सामान्यत: कोई शब्द लिखा है, इसका कौन-सा भाव है, समझना मुश्किल है, लेकिन जब गायक इसको गाना शुरू करता है और भिन्न-भिन्न विधाओं में गाता है, एक-दो शब्द को ही दसियों प्रकार से गाता है तो भाँति-भाँति की अर्थ-ध्वनियाँ निकलती हैं। जैसे लिखा है, न जाओ...। 'न जाओ' में क्या है? विनय भी हो सकती है, आग्रह भी हो सकता है, जिद भी हो सकती है, हठ भी हो सकता है। नाराजगी हो सकती हैं, दुख भी हो सकता है। गायक कैसे गाता है, उसके ऊपर निर्भर करता है। शब्द तो स्थिर है, स्थूल है, लेकिन देखने की बात है कि गायक उसमें प्राण कैसे भरता है। 'सखी श्याम नहीं आए ' डागर बंधुओं ने इसको गाया। देखिए कि कितने प्रकार से गाते हैं वे इसको। सखी श्याम नहीं आए...इसमें आग्रह भी हो सकता है, दु:ख भी हो सकता है, विरह हो सकती है, वेदना हो सकती है, क्षमा भी हो सकती है, लेकिन कवि के गाने के ऊपर है कि कितने प्रकार से किन-किन भावों से वह गाता है। आप देखिए कि नीरस दिखने वाला, स्थूल-सा शब्द जो है, उसको कवि कैसे प्राणवान् बना देता है।

तात्पर्य यह है कि कला एक विशेष प्रकार का रूप लेकर चलती है। कला विशेष प्रकार के युग में विशेष प्रकार का भाव लेकर चलती है। कला भारतीय मन में अध्यात्म को लेकर चलती है। पाश्चात्य जगत् की कला इस अध्यात्म से सामान्यत: बहुत दूर रहती है। युग-युग के सत्य की जो खोज है, उस सत्य की खोज का नाम भारत में कला है। क्योंकि अध्यात्म तो निश्चित है। वह बड़ा नहीं है, वह विस्तीर्ण भी नहीं है, लेकिन उस सारे-के-सारे अध्यात्म को एक स्वरूप देने का काम, उस अध्यात्म को एक रूप देने का काम कला करती है। वैसे आत्मा तो दिखती नहीं, लेकिन रूप धरती है तो जीव दिखता है। अध्यात्म दिखता नहीं। अध्यात्म साहित्य में है, टैक्स्ट में है तो नीरस दिखता है। पर सारी आध्यात्मिक जानकारियों को, आध्यात्मिक परंपराओं को, संवेदनाओं को, सारी सृष्टि को कला भिन्न-भिन्न रूप में ले चलती है। कला बताती है कि सारी प्रकृति, सृष्टि एक है। सबका एकात्मबोध करा देती है।

प्रकृति और कला

पांडिचेरी आश्रम में श्रीमाँ ने एक दिन मेज पर फूल सजा दिए और पूरे बारह घंटे घड़ी के बना दिए। बारह क्रमांकों पर कुछ फूल थे। एक, दो, तीन घड़ी बनाकर हर क्रमांक पर पाँच-पाँच, छह-छह फूल रख दिए और बच्चों को बुलाकर पूछा, बच्चो! यह क्या है? बच्चे समझ नहीं पाए। श्रीमाँ ने कहा, यह फूलघड़ी है। बच्चों ने पूछा, फूलघड़ी कैसे है माँ? माँ ने कहा, 'देखो, ऐसा है कि एक बार लक्ष्मी आई थीं, उनको समय का ज्ञान नहीं होता था। वे भ्रम में पड़ गईं। क्या समय है, समझ में नहीं आता। तो तुरंत वनदेवी आईं और एक-एक फूल को बताया कि तुमको बारह बजे खिलना है, तुमको एक बजे, तुमको दो बजे। प्रात:काल से लेकर पूरे चैबीस घंटे का बना दिया।' अर्थात् हर फूल का एक समय है। प्रात: तीन बजे, चार बजे से लेकर, भोर से लेकर रात्रि तक खिलने का समय है। श्रीमाँ ने प्रकृति को दिखाया, बच्चे आनंद-विभोर हो गए। प्रकृति कितनी एकरूप है हमारे साथ। जब कोई बालक गंगा का चित्र बनाता है, गंगाघाट पर आनेवाला आदमी एकरूप हो जाता है। पहाड़ अपने, जंगल अपने, सारी वनस्पतियाँ अपनी, जीव-जगत् अपना, सारी सृष्टि अपनी, सभी मनुष्य अपने ही हैं, यह बोध कराता है। कभी गायन, कभी वादन, कभी नृत्य, कभी मूर्ति, कभी भित्तिचित्र के माध्यम से कला अभिव्यक्ति देती है। विभाजन नहीं, द्वेष नहीं, घृणा नहीं, स्पर्धा नहीं। कला सद्‌गुणों की सृष्टि करती है, इसलिए कला इस अध्यात्म को अपने साथ लेकर विचरण करती है तो वास्तव में धर्म की ही स्थापना करती है। इसलिए कला का अर्थ ही यही है, कला का भाव ही यही है। कला की आत्मा धर्म है, कला की आत्मा अध्यात्म है। यदि वह नहीं तो कला कला नहीं। नृत्य में अगर वह भाव नहीं है, जो मन के भावों को ऊँचा ले जाए तो उस नृत्य का क्या अर्थ है! जो भीतर की भावनाओं को ऊपर नहीं पहुँचाता, उसका क्या मतलब है! उन गीतों का क्या अर्थ है, जो संगीत मन में गहराइयाँ नहीं पैदा करते! उस संगीत का क्या अर्थ है, जो मन को और उदात्त नहीं बना देता! इसलिए यह कला मोद देती है, बोध भी देती है, ज्ञान और आनंद भी देती है। आनंद और ज्ञान को साथ लेकर चलते हुए सारी सृष्टि का जो लोकमंगल देखे और उसी में रत रहे, वही कला है, वही कला का दर्शन है।

□□

4 भारतीय संस्कृति लोक संस्कृति में जीवंत है

—मृदुला सिन्हा

यों तो संपूर्ण विश्व की संस्कृति मानवमूलक ही है, जिसमें मानव के जीवन का उद्देश्य, उसके व्यवहार एवं क्रियाकलापों का निर्देश और संग्रह होता है। मानव के व्यवहार में ही परिलक्षित होती है वहाँ की संस्कृति। जो संस्कृति जितनी पुरानी होगी, जिसके सूत्रों का निर्माण जितने दूरद्रष्टा विद्वानों द्वारा किया गया होगा, उस संस्कृति के लोक के क्रियाकलापों में उस देश की संस्कृति का ही प्रकटीकरण होगा— विशेष वेशभूषा, भाषा एवं विशेष लोकसंदर्भ के साथ। समय-समय पर भारत में विदेशियों का भी आक्रमण या स्थायी निवास होता रहा है। वे अपनी संस्कृति लेकर भले ही आए, पर इतिहास साक्षी है कि वे भारतीय संस्कृति में रच-बस गए। भारत माँ की संतान हो गए। कविवर रवींद्र ठाकुर की पंक्तियाँ हैं—

हेथाय आर्य, हेथा अनार्य, हेथाय द्राविड़ चीन
शक, हूण-दल, पाठान-मोगल, एक देहे होलो लीन।

उन्हें भारत माँ के पवित्र एवं ममतामयी आँचल में समाने में यहाँ की लोक-संस्कृति का ही योगदान रहा है। यह इस संस्कृति की ही विशेषता रही कि भरतखंड भूमि को ही 'भारत माँ' की संज्ञा देकर लोक ने भी इसे आत्मसात् किया है।

यह सच है कि भारत की संस्कृति पुरातन संस्कृति है। ऋषि-मुनियों ने अध्ययन, शोध एवं प्रयोग के द्वारा मानवता के उत्थान और जीवन को प्रकृति के संग चलायमान रखने के लिए विभिन्न सूत्रों की खोज की। उन्होंने अपना ज्ञान अपने तक सीमित नहीं रखा। उनके द्वारा खोजे जीवन-मूल्यों को लोक धारण करे, यही उनका उद्देश्य था। दरअसल व्यक्ति और समाज को सुखमय बनाने के लिए किसी भी सिद्धांत की प्रयोगशाला के रूप में लोकजीवन को ही चुना जाता है। 'लोक' एकवचन नहीं होता। वह समूह है। इसलिए समूह का चिंतन-मनन-व्यवहार एक सा होता है। चूँकि वे समूह में रहते आए, इसलिए पीढ़ी-दर-पीढ़ी अपने जीवन-मूल्यों को धारण करते आए हैं। भारत की संस्कृति लोक-मानस और लोक-व्यवहार में बसती है। यदि किसी शोधकर्ता को भारत की संस्कृति का अध्ययन करना है तो वह लोक-जीवन का ही अध्ययन करता है। और आज भी भारत की संस्कृति के सूत्र लोक-जीवन के रिश्ते-नाते, पर्व-त्योहार, सोलहों संस्कार की लोक-रीतियों, लोक-व्यवहारों और लोक-साहित्य में मिलते हैं। अब विद्वानों ने पहले शास्त्र या पहले लोक के विवाद को समाप्त कर दोनों में 'लोक' को ही प्रथम मान लिया है।

भारतीय संस्कृति प्रकृतिमूलक भी है। प्रकृति के साथ जीवमात्र का रागात्मक और निर्भरात्मक संबंध है। यह एक महत्त्वपूर्ण सूत्र है। भारतीय संस्कृति के इस महत्त्वपूर्ण सूत्र को इस भूमिखंड पर मनाए जानेवाले पर्व-त्योहारों में भलीभाँति प्रकट होते देखा जाता है। पर्व-त्योहार मनाते हुए दूब-धान से लेकर पेड़-पौधों की डाली, पत्ते, सूखी डाली, सभी का प्रयोग होता है। आम की सूखी डालियों से हवन तो आम के जीवंत हरे पत्तों सहित डाली को कलश में रखा जाता है। कई त्योहारों के समापन के बाद विभिन्न पशु-पक्षियों को भोज खिलाया जाता है। पवित्र नदी गंगा का जल हर पूजा और कई संस्कारों में काम आता है।

रिश्ते-नातों के बीच सभी संबंधों में अपनत्व का रंग दिखता है। लोक-साहित्य भारतीय संपूर्ण संस्कृति के सूत्रों का वाहक है। कथा, कहानी, काव्य, पर्व-त्योहारों के गीत, संस्कारों के गीत, सब के सब भारतीय संस्कृति के संवाहक बनते आए हैं। इससे मानव का प्रशिक्षण होता आया है। हर कालखंड में समाज के विकास में 'पुरानी नींव, नया निर्माण' का ही लक्ष्य और स्वरूप रखा गया। तभी हम कह पाते हैं कि हमारी संस्कृति सनातन एवं अधुनातन भी है।

भारत का ग्रामीण-जीवन और लोक-जीवन सदा समृद्ध रहा है। इसकी जीवंतता और समृद्धि का कारण वहाँ के समृद्ध लोक-जीवन और लोक-साहित्य ही रहे हैं। बचपन में दादा-दादी, नाना-नानी, पंडितों, सेवक-सेविकाओं या किसी कथावाचक से सुनी हुई कहानियों को बच्चे बड़े होकर आनेवाली पीढ़ी को सुनाते रहे हैं। इसलिए इन लोककथाओं, लोकगीतों, कहावतों की उत्पत्ति का काल निर्धारित नहीं किया जा सकता। लेकिन कई पीढ़ियों पूर्व की कथाएँ सुनने, गीतों को गाने और कथाओं को कहते-सुनते हुए ऐसा ही लगता है, मानो आज के पारिवारिक-सामाजिक परिदृश्य पर कही गई कथा है। सिद्ध होता है कि सनातन जीवन में डाले गए बीज आज भी व्यवहार में प्रकट होते हैं। इन लोककथाओं के माध्यम से भी पारिवारिक जीवन में पशु-पक्षी,

पहाड़, वृक्ष, लताओं की उपस्थिति है। उनके साथ पूरकता का सिद्धांत व्यवहार में प्रकट होता है। प्रकृति में विराजमान ये पात्र जीवंतता के साथ मानव जीवन के घात-प्रतिघातों में उपस्थित होते देखे जाते हैं। इसलिए भी कि उन प्रसंगों और कथाओं में वे उपस्थित रहते ही हैं। नेवला भैया बन जाता है, बाघ मामू, नदी सहेली, और विभिन्न पेड़-पौधे मित्र बन जाते हैं। चाँद तो मामा है ही। लोककथाओं, काव्य और कहावतों में इनकी उपस्थिति विश्वसनीय ही लगती है। यह सही है कि लोक-साहित्य लोक-जीवन का प्रतिबिंब है। और लोक-जीवन भारतीय संस्कृति का संवाहक। लोक-जीवन कश्मीर का हो या गुजरात का, अरुणाचल प्रदेश का हो या तमिलनाडु का, एक ही भाव और उद्देश्य के लोकसाहित्य मिलते हैं। केवल भाषा और थोड़ा बहुत परिवेश की भिन्नता लिये हुए। यह भी सिद्ध करता है कि लोक-संस्कृति ही विभिन्नताओं में एकता कायम रखती है, जो भारतीय संस्कृति की विशेषता है।

लोक-जीवन में जितने भी रिश्ते-नाते और संबंध हैं, संपूर्ण भारत में उनकी तासीर एक ही है। पूरब-पश्चिम, उत्तर-दक्षिण या मध्य भारत से किसी भी रिश्ते को उठा लें—माँ, भाई, बुआ, चाचा, चाची, वे एक ही रूप और व्यवहार के मिलते हैं। जननी तो सार्वदेशिक क्या भूलोकीय है। एक ही भाव। सबके सब एक-दूसरे के लिए जीते हुए दिखते हैं। एक-दूसरे से अटूट प्रेम-संबंध में बँधे हैं। एक-दूसरे के लिए जीना और प्रेम-संबंध में बँधे रहना, यह भारतीय संस्कृति का सूत्र है। लेकिन लोक-जीवन में ही इसका प्रकटीकरण होता है। लोक-जीवन के बिखर जाने पर भारतीय संस्कृति के सूत्र भी बिखरने लगते हैं।

बिहार के समाज में एक प्रसिद्ध लोक-काव्य सदियों से पीढ़ी-दर-पीढ़ी प्रवाहित होता रहा है। कथा में एक चिड़िया के श्रम का स्वाभिमान दिखाया गया है—

चिड़िया—''बरही-बरही खूँटा चीड़ो, खूँटा में दाल बा, का खाऊँ, का पीऊँ, काल्हे परदेस गइली, आज मोरा उपास।''

बरही—''नहीं, मैं तुम्हारी एक दाल के लिए चक्की का खूँटा नहीं चीडूँगा।''

चिड़िया—''राजा-राजा बरही डारो, बरही न खूँटा चीड़े
खूँटा में दाल बा, का खाऊँ, का पीऊँ,
काल्हे परदेस गइली, आज मोरा उपास।''

राजा—''इस चिड़िया के लिए एक बोरी दाल छिंटवा दो।''

चिड़िया—''रानी-रानी राजा समुझावो, राजा न बरही डारे
बरही न खूँटा चीड़े, खूँटा में दाल बा, का खाऊँ, का पीऊँ,
काल्हे परदेस गइली, आज मोरा उपास।''

रानी—''मैं एक दाल के लिए बरही को डारने के लिए नहीं कहूँगी। आँगन में दाल छिंटवा दो।''

चिड़िया—''साँप-साँप रानी डसो, रानी न राजा समुझावे
राजा न बरही डारे...।''

साँप—''मैं तुम्हारी एक दाल के लिए रानी को नहीं डसूँगा।''

चिड़िया—''लाठी-लाठी साँप मारो, साँप न रानी डसे
रानी न राजा समुझावे...।''

लाठी—''मैं तुम्हारी एक दाल के लिए साँप को नहीं मारूँगा।''

चिड़िया—''आग-आग लाठी जारो, लाठी न साँप मारे
साँप न रानी डसे, रानी न राजा समुझावे,
राजा न बरही डारे, बरही न खूँटा चीड़े, खूँटा में दाल...।''

आग—''खूँटा में फँसी एक दाल के लिए मैं लाठी को नहीं जलाऊँगी।''

चिड़िया (गुस्से में)—''समुद्र-समुद्र आग बुझाओ, आग न लाठी जारे,
लाठी न साँप मारे, साँप न रानी डसे, रानी न राजा समुझावे
राजा न बरही डारे, बरही न खूँटा चीड़े,
खूँटा में दाल बा, काल्हे परदेस गइली, आज मोरा उपास।''

समुद्र के द्वारा भी मना करने पर चिड़िया सर्वशक्तिमान सूरज की ओर बढ़ती है। काफी ऊँचाई पर जाने के उपरांत उसके पंख झुलसने लगते हैं। सूरज को उस पर दया आ जाती है। वह अपनी किरणों की ताप तेज कर लेते हैं।

सूर्य—''चिड़िया तुम नीचे जाओ, मैं समुद्र को सोखता हूँ।''

(समुद्र ने सुन लिया)

समुद्र—''हमें सोखो-ओखो मत कोई, हम आग बुझायब लोई।''

उपरोक्त लोक-काव्य में चिड़िया के श्रम का सम्मान है। वह चिड़िया स्वाभिमानी है। अपने श्रम से उपार्जित दाना ही खाना चाहती है। हठी चिड़िया राजा-रानी, आग, समुद्र, लाठी किसी की बात नहीं मानती। इनमें से कोई भी घटक उसके स्वाभिमान की पहचान नहीं कर पाता है। सूर्यदेव चिड़िया के मनोभाव को समझ जाते हैं और सागर को सोखने का दंड देना चाहते हैं। धीरे-धीरे क्रम से नीचे उतरते हुए ऊपर वाले की बात सब मानते जाते हैं और अंत में बढ़ई खूँटा चीर देता है। चिड़िया उसमें फँसा हुआ आधा दाना चोंच में लेकर उड़ जाती है। वह ऊपर की ओर उड़ती है मानो सूर्य को धन्यवाद दे रही है।

इस लोककथा के माध्यम से सामाजिक जीवन जीते हुए पारिवारिक और सामाजिक संबंध ही नहीं, वरन् आग, लाठी, समुद्र, सूर्य के बीच के संबंधों की तासीर का भी वर्णन है। भारतीय संस्कृति में 'आत्मवत् सर्वभूतेषु, या पश्यति सा पण्डितः' कहा गया है। लोक-जीवन में प्रसारित इस लोककाव्य के माध्यम से सभी भूतों में एकात्मता दरशाई गई है। वहीं आत्मवत् संबंध भी दिखाया गया है। यह भारतीय संस्कृति के मूल में है। लोक-संस्कृति ने इसे जीवित रखा है।

भारतीय संस्कृति का मूलाधार समाज-जीवन की प्रथम इकाई परिवार है, व्यक्ति नहीं। लोक-संस्कृति के विभिन्न आयामों में परिवार की सुदृढता पर विशेष ध्यान दिया गया है। हमारे परिवारों में एक-दूसरे के लिए जीने और कर्तव्य करने के महत्त्व बताए गए हैं। परिवारों में अधिकारों की माँगें नहीं उठती रही हैं। एक के कर्तव्य में दूसरे का अधिकार छिपा रहा है। और ऐसा व्यवहार परिवार को जीवंतता प्रदान करता रहा है। भारतीय परिवारों के उदाहरण पश्चिम के देशों में भी दिए जाते हैं। जहाँ व्यक्तिगत जीवन है ही नहीं। पारिवारिक जीवन है। और लोक-जीवन के द्वारा परिवार भाव को भी जीवित रखा जाता रहा है। परिवारों में ही बच्चों के अंदर राष्ट्रभक्ति भाव का बीजारोपण होता रहा है। परिवेश के इन दायित्वों को पूर्ण करने में लोक-संस्कृति का बहुत बड़ा योगदान होता है।

परिवार का आधार वैवाहिक संस्कार है। विवाह मनुष्य जीवन के महत्त्वपूर्ण सोलह संस्कारों में से एक है। भारतीय संस्कृति में विवाह के बारे में गंभीरता और वैज्ञानिक सोच से विचार किया गया। विवाह के पूर्व लड़का और लड़की के चयन में दोनों परिवारों के संस्कारों को देखा और मिलाया जाता रहा है। वर और वधू खोजनेवाले दोनों परिवारों के वंशानुगत स्वास्थ्य का भी निरीक्षण करते रहे हैं। बहुत अधिक खोजबीन करके विवाह निश्चित होते आए हैं। आर्थिक दृष्टि से भी परिवार अपने पाँव पर खड़ा हो, यह देखा जाता रहा है। गाँव में किसी भी लड़की या लड़के का विवाह निर्धारित करने में लोक-जीवन की बहुत बड़ी भूमिका रहती आई है। भारतीय समझ, चिंतन और व्यवहार में 'गाँव की बेटी, सबकी बेटी' समझी, मानी और व्यवहार की जाती रही है। बेटी के प्रति गाँववालों का व्यवहार विशेष स्नेह और अपनत्व में सना रहता आया है। उसकी सुरक्षा की ओर भी संपूर्ण गाँववाले ध्यान देते आए हैं। जहाँ कहीं भी इस भाव और व्यवहार की सतर्कता में चूक होती देखी गई, लड़की के ऊपर अत्याचार हुआ, उसका केवल परिवार नहीं, सारे गाँव पर दुःखद प्रभाव पड़ता है। इस भाव और व्यवहार को कायम रखने में लोक-जीवन का ही महत्त्व रहा है। लोक-जीवन में भारतीय दर्शन का सूत्र 'यत्र नार्यस्तु पूज्यन्ते, रमन्ते तत्र देवता' व्यवहार में देखा जाता रहा है।

सबसे महत्त्वपूर्ण पारिवारिक व्यवहार अपने सदस्यों को हर संस्कार पर जोड़ने का रहा है, जैसे—बच्चे के जन्म, मुंडन, उपनयन और विवाह संस्कार के अवसर पर ब्याहकर दूर गाँव चली गई परिवार की बेटियों का भी उपस्थित रहना और उनके द्वारा महत्त्वपूर्ण रस्म निभाने का रहा है। ऐसे व्यवहारों को लोकगीतों के माध्यम से व्याख्यायित किया जाता रहा है—

ननदिया बिनू ना शोभे मँडवा
ननदोइया बिनू ना शोभे दुअरा।

ऐसे गीतों के माध्यम से पारिवारिक लोक-संस्कृति को जीवंत रखा जाता रहा है।

गाँवों में सब जातियों के लोगों का सहजीवन रहता आया है। एक-दूसरे पर निर्भरता का उत्कृष्ट उदाहरण। ब्राह्मण, नाई, धोबी, माली, चमार, तेली, बरही, पन्हेरी, सुनार जैसी अनेकानेक जातियाँ साथ-साथ रहती थीं। हर संस्कार पर इन जातियों की सामूहिक भूमिका रहती आई है। सबका सम्मान। गाँव में किसी एक जाति का परिवार नहीं हो तो दूसरे गाँव से उस जाति के परिवार को संस्कार में भागीदारी का सस्नेह निमंत्रण दिया जाता है। इसलिए भी गाँववालों की कोशिश होती रही है कि उनके गाँवों में उन सभी जातियों के परिवारों का रहना आवश्यक है, जिनकी भागीदारी संस्कारों की पूर्ति के समय निर्धारित की गई है। इस लोक-संस्कृति के व्यवहार में भारतीय जीवन की एकता परिलक्षित होती है। इसलिए लोक-संस्कृति को जीवंत रखनेवाला ग्रामीण जीवन भारतीय संस्कृति का स्तंभ होता था। संवाहक भी। गाँव में सभी जातियों के सदस्यों के बीच बाबा, चाचा, काका, भैया तथा दादी, चाचा और चाची का संबोधन बोला जाता रहा है।

इन संस्कारों के अलावा गाँवों में बहुत सारे तीज-त्योहार होते हैं। इन त्योहारों की कथाओं में भारतीय जीवन के सूत्रों को पिरोया हुआ पाया जाता है। जैसे हर व्रतकथा के उपरांत सामूहिक रूप से महिलाएँ कामना व्यक्त करती हैं—जैसा दुःख राजा के जीवन में आया (कथा में वर्णित) वैसा दुःख किसी के जीवन में नहीं आए। जैसा सुख राजा के जीवन में बहुरा (फिर से आया), वैसा सुख सबके जीवन में बहुरे।'' कथा कहने और सुननेवाली महिलाएँ और पुरुष नहीं जानते, पर उनका उद्बोधन 'सर्वे भवन्तु सुखिनः, सर्वे सन्तु निरामयाः' को ही आत्मसात् किए

हुए होता है। यह भी सत्य है कि लोक-जीवन में अपने लिए जीना नहीं होता, एक-दूसरे के लिए जीना होता है।

जितने भी लोक-व्यवहार हैं, वे लोक-संस्कृति के प्रकटीकरण हैं और हर क्षेत्र की लोक-संस्कृति भारतीय संस्कृति के बीजतत्त्व को आत्मसात् करके चलती है। लोक-संस्कृति में ही राष्ट्रीय एकत्व भाव के बीजारोपण भी होते हैं। इसलिए हम अपनी संस्कृति का जितना भी यशोगान करें, वह लोक-संस्कृति का ही गुणगान है।

भारत गाँवों का देश रहा है। आज शहरों की संख्या और उनके बाशिंदों की संख्या दिनानुदिन बढ़ती जा रही है। ऐसा नहीं कि शहरी जीवन में लोक-संस्कृति लुप्तप्राय हो रही है। वहाँ भी लोक-जीवन है और लोक-संस्कृति जीवित है। उनमें भी भारतीयता की छाप है। इसे भी मानना होगा कि नई पीढ़ी में तेजी से बदलाव आया है। बहुत कुछ बदला-बदला दिखता है। यह भी उतना ही सही है कि जितनी तेजी से लोक-संस्कृति में बदलाव आता है, पुनः दुगुनी गति से अपनी पुरातन संस्कृति के पुरातन तत्त्वों को लोक-जीवन में ढालने की कोशिश होती है। समय के अनुसार उसके रूप में अवश्य परिवर्तन दिखता है। इस गिरावट और उत्थान का साक्षी इतिहास के अनेकानेक खंड रहे हैं। आनेवाले समय में आज के कालखंड की भी ऐसे ही ऐतिहासिक कालों में गणना होगी। और आनेवाली सदियों में भी हम कवि इकबाल के भाव को जीते रहेंगे—

कुछ बात है कि हस्ती मिटती नहीं हमारी,
सदियों रहा है दुश्मन दौर-ए-जमाँ हमारा।

बस, लोक-जीवन को बचाए रखना है।

□□

5

लोकगाथा

—सुरेश गौतम

लोक गाथा शब्द से न केवल परंपरा का बोध होता है, अपितु लोक-स्वभाव और लोक-चित्त की अनुभूति भी होती है, क्योंकि यह शब्द लोक-जीवन के अधिक निकट है। संस्कृत ग्रंथ 'अमर कोश' के अनुसार, 'पितरगण, परलोक और ऐसे ही अन्यान्य विषयों से संबद्ध अनुश्रुतियों पर आधारित जो पद या गीत गाए जाते हैं, उन्हें गाथा कहते हैं। विष्णु पुराण में भी गाथा शब्द का उल्लेख है, जिसकी अर्थव्यंजना भी यही है। 'गाथा सप्तशती' तथा 'गाथा नाराशंसी' से भी यही अर्थ ध्वनित होते हैं। गाथा शब्द अपने आप में कथात्मकता की ओर संकेत करता है और गेयता गान की ओर। 'गान' और 'कथा' जब एक बिंदु पर आकर मिलती हैं, तब 'गाथा' रूप हो जाती हैं। जहाँ गायन होगा, वहाँ लय-गति, संगीत का प्रवेश अपने आप हो जाता है। यहाँ किसी प्रकार की शास्त्रीयता की अपेक्षा नहीं होती। गाते हुए लोक-जीवन अपने आप तरन्नुम में आ जाता है। 'इनसाइक्लोपीडिया ब्रिटेनिका' में लोकगाथा को एक पद्य शैली स्वीकार किया गया है, जिसमें कलात्मकता का अभाव होता है और जो श्रुति परंपरा में किसी साधारण उपाख्यान का वर्णन सरल शब्दावली में करती है तथा जिसके रचनाकार का कोई अता-पता नहीं होता।

शिष्ट साहित्य में जो महत्त्व महाकाव्य का है, लोक-साहित्य में वही महत्त्व लोकगाथा का है। लोकगाथा को जब महाकाव्य के समानांतर रखकर विश्लेषित किया जा रहा है तो स्वाभाविक है कि लोकगाथा का कलेवर भी महाकाव्य की तरह लोकरंजक, विस्तृत और उदात्त होना चाहिए। जीवन के विभिन्न पक्षों को समग्र दृष्टि से देखने के कारण लोकगाथा लोक-मानस की सार्थक अभिव्यक्ति है।

लोकगाथा का उद्‌भव कैसे हुआ, यह बताना कठिन है। कोई कहता है, आदिमानव बालक की तरह गा उठा और वहीं से लोकगाथा की उत्पत्ति हुई। जर्मन विद्वान् जेकब के अनुसार—लोकगाथा की उत्पत्ति किसी व्यक्ति विशेष से न होकर समुदाय से हुई। समुदाय शैली में 'जातिवाद' की धारणा का प्रतिपादन लोकगाथाओं के जन्म का प्रमुख कारण रहा। इसीलिए अलग-अलग जातियों की अलग-अलग लोकगाथाएँ हैं, जैसे 'लोरिकी' अहीरों का जातीय काव्य है, जिसे 'सरवन' और 'वसुदेवा' जाति के लोग गाते हैं। लोक-गायकों के स्वरों के आरोह-अवरोह को सुनना ही अपने आप में अपूर्व आनंद का जनक होता है। इसी प्रकार राजस्थान में 'लगा' जाति हो या 'मिरासी' या 'मागणियार' अथवा 'ढाली', परंपरागत रूप से लोक-गायकों की ही जातियाँ हैं, जो आज भी वस्तुवादी बाजार के कर्णभेदी कोलाहल में मधुर रस को प्रवाहित कर रही हैं। जातीय काव्यों में प्रायः यह देखने में आता है कि जब किसी जाति का कोई एक दल कोई एक गीत गा देता है, तो प्रत्युत्तर में दूसरा दल उसी रूप में उसका उत्तर देता है। इस प्रकार कथाक्रम विकसित होते-होते वृहद् लोककाव्य में रूपांतरित हो जाता है। कथानक-तंतु गीत-संगीत से मिलकर सुसंबद्ध रूप में गति पकड़ लेते हैं और वह लोकगाथा के रूप में परिवर्तित हो जाते हैं।

लोक-मानस की अंतश्चेतना में व्याप्त रस जब 'कथा' और 'काव्य' से मिलकर घुलनशील रसायन बन जाता है, तब लोकगाथा का बहुआयामी रूप सामने आता है। अनेक विद्वानों ने अपनी-अपनी दृष्टि से इनका अनेक तरह और प्रकार से वर्गीकरण किया है। विस्तारभय से उनकी चर्चा यहाँ अप्रासंगिक हैं, लेकिन लोकगाथाएँ वृहद् भी हैं और लघु भी। उदाहरणार्थ, राजस्थान की 'ढोला मारू' लोकगाथा एक वृहत् लोकगाथा है। बघेली में इसे 'ढोला' शीर्षक से अभिहित किया गया है। इसका कथानक दीर्घ है। लोकगाथा के अनुरूप इसमें अनेक तत्त्व मौजूद हैं। ढोला का उदात्त और महान् चरित्र, मारू की अंतरंग चेतना से निकले भावपूर्ण शब्द, जिनकी मर्मस्पर्शिता और रोमांस भावपूर्ण साहित्यिक वातावरण का निर्माण कर देते हैं।

इसी प्रकार 'आल्हा' का वीर लोकगाथाओं में शीर्ष स्थान है और इसकी सबसे बड़ी विशेषता है, इसका सर्वदेशीय परिकल्पन। देश के प्रायः सभी प्रदेशों में यह लोकप्रिय और स्वीकार्य है। इसलिए यह लोकगाथा सभी जनपदों की लोकगाथा है। इस प्रकार की वीर रसात्मक लोक गाथाओं में राष्ट्रीय अभ्युदय की मूल चेतना लोकनायक के वीरत्व, साहस और धैर्य को सामने लाती है। लोकनायक अपने प्रतिपक्षियों, शत्रुओं से जूझता हुआ अपने प्रचंड पराक्रम, उद्‌भटता को नया आयाम देता हुआ अग्नि संघर्ष करता है। मातृभूमि के लिए हो या प्रेयसी प्राप्ति के लिए, वीर लोकनायक की प्रचंडता में साक्षात् भैरवी-चंडी का नृत्य-गान होता है, जो लोक-मानस में आनंद रस की सृष्टि

करते हैं। ऐसी अनेक लोकगाथाएँ हैं, जो अंचल विशेष में ही नहीं, समग्र लोकमानस में राष्ट्रीय चेतना का संचार कर देती हैं।

लोकगाथाओं के नायक जनमानस के लिए सुरक्षा कवच का कार्य करते हैं। उनका दर्प, वीरत्व, शौर्य, विजयी संघर्ष, विजयी मनोवृत्ति, प्रेम की निरंतरता में प्राप्ति तथा बलिदान, काल भृकुटियों को अपने अनुकूल बनाना, युद्धक उत्तेजना, सिंह हुंकार का अग्नि नर्तन आदि सभी लोक-दृष्टिकोण को नए विश्वासों और आस्थाओं से जोड़ते हैं। ये आदर्श स्थितियाँ उनके लिए यथार्थ जीवन की लोक-छवियाँ हैं, जिनसे वे चाहकर भी बाहर नहीं निकलना चाहते। भय एवं संकट की निर्णायक स्थितियों में वीरता, धैर्य, व्यक्तित्व की निर्भीकता, युद्ध की प्रचंडता, प्रणय-लास्य, प्राप्तव्य की प्राप्ति, मधुर-कोमल बंधनों का प्रेमपूर्ण दृढ आकर्षण और सबसे ऊपर 'अजेय भाव' लोक-जीवन का आचरण दर्शन है। यह इन गीत-गाथाओं की सर्वोपरि दृष्टि और प्राथमिकता है।

इन कथात्मक गीत-गाथाओं को 'कथा-गीत', 'गीत-कथा', 'पवाड़ा' या 'पवारा' आदि अनेक नाम दिए गए हैं। गुजरात में 'कथागीत', 'पवाड़ा'; असम में 'मालिता', डोगरी में 'कारक', सिरायकी में 'वारां', मैथिली में 'लोकगाथा', राजस्थान में 'गीत कथा', 'पवाड़ा'; ब्रज में 'प्रबंध गीत', 'पमारा', महाराष्ट्र, छत्तीसगढ में 'पवाड़ा', मालवा में 'पवाड़ों', भोजपुरी, मगही में 'लोकगाथा', 'पवारा'; अंग्रेजी में 'बैलेड', 'पॉपुलर सांग', तेलुगु में 'चारित्रिक गेयमुल', 'वीर गीतमुलु', 'वीर कथा वांड्मयमु', मलयालम में 'वडक्कन पाट्टुकल', कन्नड़ में 'कथन गीत', तमिल में 'कदै पाडल' आदि नामों से जाना जाता है। उत्तर भारत में प्राय: ये गेय कथाएँ 'पवारा 'शीर्षक से लोक साहित्य का विशेष अध्याय हैं। इन 'गीत-गाथाओं' को सुनने और गानेवाले गायक भी इन्हें 'पँवारा' कहकर ही संबोधित करते हैं।

भारत के विभिन्न अंचलों की प्रमुख और विशिष्ट लोकगाथाएँ निम्नांकित हैं—

असमी : मणिकों पर, फूल कोंवर, अजान फकीर, सती जयमती कुँवरी, मणिराम देवान, बरफुकन, रेलर आलि, दुबला-शांति, कृषक विद्रोहर आदि।

अवधी : श्रीराम-सीता, शिव-पार्वती, राजा भरथरी, श्रवण कुमार, चंद्रावली, कुसुमा आदि।

अंगिका : लोरिक, बिसुराउत, कारूभगत, बिहुला, नटुआ दयाल, रानी सुरंगा, कुँवर विजयमल, गोपी चंद, भर्तृहरि, मीरायण, दीना भदरी, लुकेसरी देवी आदि।

उड़िया : सत्य हरिश्चंद्र, गोपीचंद, बउलागाई, सावित्री चरित्र, कल्ला पाणि, सतीराह, नअंक, अभियोगात्मक, शोकात्मक, सुखात्मक लोकगाथाएँ आदि।

कन्नड़ : उत्तरादेवी, होन्ना देवि, ईरोटी, मछली की इच्छा, सत्यवती लावणि, हरिश्चंद्र, बेडर कण्णप्प, वसवण्ण, कबीर कमाल, कितूर चेन्नम्मा आदि।

कन्नौजी : कर्ण की गाथा, आल्ह खंड, ऊभदेव का गौना, भगीरथ-पंवार, नरपतसिंह 'रूइया', गोपीचंद, भरथरी, जगदेव, जाहरपीर, गूगापीर आदि।

कुमाऊँनी : कृष्ण-चंद्रावली, बाला हरू, बिमरम देव, गग नाथ, नल-दमयंती, मल्लिकार्जुन, नरसा धौनी, दुध कँवल, मालू शाही, जमाला-बोहरी आदि।

कोंकणी : श्रवोण, बनवड, गोड्डे रामायण आदि।

गुजराती : मोजदीन महेताब, उढो-होथल, ससइपूनुं, होथल पदमणी, सती गणक, सोन-हलामण, नागमदे-वोर नाग, लोरिक-चंदा, राव दुदो, ढोला मारूनी बात आदि।

गढ़वाली : रुक्मिणी-हरण, चंद्रावली-हरण, सूरज-कुँवर, कुसुमा कोलिन, गंगू रमोला, भानू दमादा, कप्पू चौहान, बिधनी विजयपाल, बागा रावत आदि।

गारा : कत्ता अगना आदि।

छत्तीसगढ़ी : अहिमन रानी, फूल बासन, पंडवानी, कल्याण सिंह, सीता राम नायक, ढोला-मारू, फुल कुँवर, सरवन, लोरिक चंदैनी, केवल रानी, रेवा रानी आदि।

डोगरी : माता वैष्णो, माता कालका, चौंडामाता, बाबा बासक, बाबा सुरगल, बाबा नाहर सिंह, बाबा कैलू, बाबा जित्तो, शीतला माता आदि।

तमिल : अल्ली अरसाणी माले, करल कुडी, राजा देसिंह, नल तंगाल कदै, मदुरैवीरन कदै, कातवरायण कदै, अव्वय अडक्कमू, पुलीदेवर सिंदू आदि।

तेलुगु : बोब्बिलि कथा, देशिगु राजुकथा, हरि कथा, बुर्रा कथा, पालुराजु कथा, कांभोज राजु कथा, काटमराजु कथा, पपाद्रि कथा, पल्नोटि कथा आदि।

थारू : राजा धनपाल, सहोदरा (भगवती), राजा मानसन, मधवालाल आदि।

नागपुरी : शिव-पार्वती, गणेश, कृष्ण-राधा, राम-सीता, दुर्गा, काली, हनुमान आदि।

पंजाबी : दुल्लाभट्टी, शहीद बाबा दीप सिंह, हीर-राँझा, सोहणी-महीवाल, मिर्जा-साहिब, राजा रसालु आदि।

बँगला : गोपी चंद, गोरखनाथ, गाजी (धर्मयोद्धा गीत), महीपाल, यागीपाल, भोगीपाल की लोकगाथाएँ आदि।

बज्जिका : लोरिकाउन, राजा सलहेस, नटुआ दयाल सिंह, विजोमल, कारिख, बसावन, बख्तौर, गनीनाथ-गोविंद अमर सिंह, केवलसिंह, राह बाबा आदि।

ब्रज : आल्हा, हीरामन, ढोला, नवलदे, चंद्रावली, हीर-राँझा, सारंगा, सदाव्रत, हरदौल, गोपीचंद, भरथरी, गुरु गुग्गा, सरमन, मोरध्वज आदि।

बघेली : ढोला, राजा भरथरी, करन दानी, सजना, बसामन मामा, सरमन आदि।

बुंदेली : आल्हा, राछरा, सारंगा-भारंग, ढोल-मारू, जगदेव का पुँआरा, धीरा विजैया, संत बसंत, सुरहिन, रामकथा और कृष्णकथापरक आख्यान आदि।

राजस्थानी : पाबूजी, देवजी बगडावत, निहालदे-सुलतान, ढोला-मारू, गोगाजी, पृथ्वीराज, जलाल-बूबना, सोरठा-बींझा, रामू चनणा आदि।

संताली : सिदोकान्हू, मुरमू हुल गाथा आदि।

सिंधी : दोदो चनेसर, मूमल राणो, लीला चनेसर, उमर माल, ससुई-पुन्हूँ, लैला-मजनूँ, ढोला-मारू, शीरिन-फरहाद, हीर-राँझा, दीपचंद आदि।

सिरायकी : हीर-राँझा, सस्सी-पुन्नु, सोहनी-महिवाल, हीर-दमोदर, मुलतान की बार, सोये खान ही होर, मूलराज का मुकदमा आदि।

हिमाचली : नेगी दयारी, जगता पठाणिया आदि।

हरियाणवी : नर सुल्तान-निहाल दे, आल्हा-ऊदल, भूरा बादल, जयमल फत्ता, युग्गापीर, भाऊ का साका, अमर सिंह राठौर, वीर जवाहरमल आदि।

भोजपुरी : आल्हा, लोरिकी, विजयमल, बाबू कुँवर सिंह, शोभा नयका बंजारा, सोरठी, बिहुला, राजा भरथरी, राजा गोपीचंद आदि।

मगही : आल्हा, लोर काइन, कुँअर विजयी, रेसमा, शोभा नायक, सारंगा, सदाबिरिछ, राजा ढोलन, राजा गोपीचंद, राजा भरथरी आदि।

मैथिली : लोरिक, बिहुला, सलहेस, दीना भदरी, गांगों, गोपीचंद, भरथरी, विजयमल, हरिचंदर-दानी, धनपाल, बख्तर सिंह, जयसिंह, कनकसिंह आदि।

मणिपुरी : खंबा-थोइबी, मोइराङ्शा, जिलादरबार, खोङ्जोमपर्व, फौओइबी, हेन जुनहा, फंबाल काबा, सङ्लालेंबी, अकोङ्जांबा आदि।

मराठी : वसुदेव के गीत, गोंधली गीत, जागरण गीत, ओवी गीत-बह्या, भराडा के गीत आदि।

मलयालम : उण्णियार्चा, आरोमल, तच्चोली ओतेनन, आरोम लुण्णी, पालाट्ट कोमन, इरविक्कुट्टी पिल्ला आदि।

मालवी : हीड गाथाएँ, बगड़ावत, गोपीचंद, भरथरी, चैनसिह, ढूंण सिंह, डूँगजी-जुवार जी, सोना-रूपा, चंदनाकुँवर, राजा नल, ढोला-मारू, नाग जी दल जी आदि।

सूत्रात्मक दृष्टि से इन गेय गाथाओं को भारत के विभिन्न अंचलों में अलग-अलग नामों से जरूर पुकारा और जाना जाता है, लेकिन अंतर्सूत्रात्मक प्रवृत्तियों में भी 'दूब-दधि-अच्छत' का मंथन रस है। नामों की भिन्नता से इनकी भावात्मक एकता और अंतर्वाही प्रवृत्तियों पर कोई फर्क नहीं पड़ता। लोकनायक-नायिकाओं के नाम, स्थान, स्थान विशेष की लोक-सांस्कृतिक-जीवन-छवियाँ, घटनाएँ, परिस्थितियाँ, कथावृत्त, गत्यात्मक चिंतन दृष्टि, लय, संगीत, नादात्मक ऋद्म आदि के कारण इनके ऊपरी खोल जरूर अलग दिखाई देते हैं, लेकिन इनका उद्देश्य और लक्ष्य अंततः एक ही है—'दूब-दधि-अच्छत' के मांगलिक भावों के साथ ये लोक-मानस में गूँज बनकर समाई हुई हैं। इसलिए ये गेय गाथाएँ लोक-साहित्य की अंतर्वर्ती परतों को न केवल शक्ति देती हैं, बल्कि उसे पुष्ट और सघन बनाकर 'दूब-दधि-अच्छत' के लोकमंत्र देती हैं।

□□

6

लोक संस्कृति में विज्ञान

—विजयदत्त श्रीधर

भारतीय ज्ञान-परंपरा में श्रुति और स्मृति का प्रचलन रहा है। प्रकृति के सान्निध्य में सृष्टि के समस्त जैव आयामों के साथ सामंजस्य और सह-अस्तित्व के बोध को जाग्रत् करते हुए जीवन की पाठशाला अरण्य के गुरुकुल में आरंभ होती थी। इसी परिवेश और पर्यावरण में ५००० वर्ष पहले विश्व के आदिग्रंथ वेद की रचना हुई। वेद हों या अन्यान्य वाङ्मय, सनातन ज्ञान के आदि स्रोत ऐसी ऋचाओं, श्लोकों, आख्यानों से भरे पड़े हैं, जिनमें प्रकृति की महिमा और महत्ता का गुणगान है। ये भारतीय संस्कृति की कालजयी धरोहर हैं। इनका संबंध मानव जीवन की सार्थकता से है। जीवन को उत्कृष्ट बनाने की दिशा में उत्तरोत्तर आगे बढ़ने से है। पीढ़ी-दर-पीढ़ी हमारे समाज के व्यवहार में आया यह ज्ञान लोक-विज्ञान है। कालांतर में लोक-संस्कृतियों ने लोक-विज्ञान को अपने इंद्रधनुषी रंगों में रँगा। उसकी छटा दैनंदिन रीति-रिवाज, संस्कार, मान्यताओं, परंपराओं में लोक-संस्कृति के माध्यम से विस्तार पाने लगी। निषेध और वर्जनाओं, प्रोत्साहन और सराहनाओं तथा स्तुतियों और आराधनाओं में भी लोक-विज्ञान को पिरोया गया। सैकड़ों साल से इस परंपरागत लोक-विज्ञान का जिस तरह पीढ़ी-दर-पीढ़ी अंतरण होता आया है, उससे यह अनुभव पुष्ट होता है कि लोक संस्कृति में प्रभावी संप्रेषण की जितनी संभावना है; प्रभावोत्पादकता है, ग्राह्यता है; वह अन्यत्र दुर्लभ है।

नर्मदा के बरमान घाट पर जलशुद्धि की एक संगोष्ठी का प्रसंग याद आता है। संस्कृत साहित्य के पंडितों की उपस्थिति में पश्चिमी ढंग की पढ़ाई पढ़े एक विज्ञानी ने चुनौती उछाली, पुराना सोच पोंगा पंथ है, अनर्गल है, दकियानूसी है। आधुनिक विज्ञान ही इकलौता मार्ग है। एक असहमत बुजुर्ग ने प्रत्युत्तर में श्लोक पढ़ा—

दशकूपसमा वापी, दशवापीसमो ह्रदः।
दशह्रदसमः पुत्रो, दशपुत्रसमो द्रुमः॥

यह श्लोक 'भविष्य पुराण' में है। पंडितजी ने आत्मविश्वास से भरा सवाल उठाया, क्या आधुनिक विज्ञान में और भारतीय संस्कृति से बाहर अन्यत्र कहीं प्रकृति के संबंध में ऐसा गहरा सोच मिलता है? सचमुच बहुत गंभीर बात कही गई है, 'दस कुओं के बराबर एक बावड़ी, दस बावड़ियों के बराबर एक तालाब, दस तालाबों के बराबर एक पुत्र और दस पुत्रों के बराबर एक वृक्ष।' पानी, पेड़ और मनुष्य के अन्योन्याश्रित संबंध की कैसी विलक्षण व्याख्या है।

यह बात पूरी हुई ही थी कि एक सेवानिवृत्त अध्यापक ने दोहा पढ़ा—

रहिमन पानी राखिए बिन पानी सब सून।
पानी गए न ऊबरे मोती मानुष चून॥

उन्होंने जानना चाहा कि पानी पर इससे मार्मिक, ऐसी अर्थपूर्ण और समग्र समझ क्या दुनिया की किसी अन्य संस्कृति में है?

दोनों उद्धरण और सवाल निरुत्तर कर देनेवाले हैं। वे पोंगापंथी नहीं हैं, सिद्ध विज्ञान हैं और लोक शिक्षण का चरम ज्ञान इनमें निहित है। फिर भी इस सवाल का जवाब किसी के पास नहीं है कि ऐसी समृद्ध प्रकृति-संस्कृति वाले देश में जल-स्रोतों की इतनी बुरी दुर्दशा क्यों हुई? क्यों तालाब मिटाए जा रहे हैं? क्यों नदियाँ मारी जा रही हैं? क्यों कुएँ कचड़ाघर बन गए हैं? क्यों सरकारें राजनीतिक और अफ़सरशाही नदियों की रेत की डकैती करवा रही हैं? क्यों जंगल काटे जा रहे हैं? क्यों हरियाली को उजाड़ा जा रहा है? क्यों पहाड़ फोड़े जा रहे हैं? और ये तमाम बरबादियाँ देखते हुए भी कानून मौन है! संवैधानिक संस्थाएँ मौन हैं! धर्म और अध्यात्म के श्रेष्ठिजन मौन हैं! जनता भी हाथ पर हाथ धरे अपनी अनमोल संपदा को लुटते हुए देख रही है! आधुनिक ज्ञान-विज्ञान की तो चिंता से ही ये गंभीर प्रश्न गायब हैं; क्योंकि उसका एजेंडा तो मल्टीनेशनल कंपनियाँ तय करती हैं! ऋषि मनीषा ने कहा है—

भाद्र कृष्ण चतुर्दश्यां यावदाक्रमते जलम्।
तावद् गर्भ विजानीयात् तदूर्ध्वं तीरमुच्यते।
सर्ध हस्तशतं यावत् गंगातीरमिति स्मृतम्।
तीराद्गव्यूतिमात्रं च परितः क्षेत्र मुच्यते।
तीरक्षेत्रमिदं प्रोक्तं सर्वपाप विवर्जितम्॥

(वृहद् धर्म पुराण, ५४, ४५-४७)

अर्थात् भाद्र कृष्ण चतुर्दशी को जितनी दूर तक गंगा का फैलाव रहता है, उतनी दूर तक दोनों तटों का भू-भाग 'गर्भ' है। उसके बाद १५० हाथ की दूरी का भू-भाग 'तीर' है। तीर से एक गव्यूति (दो हजार धनुष, जो एक कोस या दो मील के बराबर होता है) पर्यंत का भू-भाग क्षेत्र कहलाता है। इस विस्तार में पाप कर्मों का निषेध है। व्यवहार में इसका अर्थ है कि जलस्रोत के तट से पर्याप्त दूरी तक निवास-वाणिज्य-व्यापार-कल-कारखाने समेत ऐसी किसी भी गतिविधि की इजाजत नहीं है, जो जलस्रोत और जलराशि की बरबादी का कारण बने। प्रदूषण का जहर फैलाए।

ताज्जुब है, सैकड़ों साल पहले ऋषि मनीषा को यह ज्ञान-विवेक था कि जलस्रोत की शुद्धि का विधान कर सके, परंतु आधुनिक विज्ञान और उन्नत प्रौद्योगिकी के जमाने में इनके ऊँचे-ऊँचे प्रतिष्ठान ऐसी मर्यादाओं का निर्धारण नहीं कर पा रहे हैं! एक उदाहरण, भोपाल के बड़े तालाब की छाती पर होटल खुले हैं, शादीघर पसरे हैं। कैचमेंट एरिया में रीयल एस्टेट की दबंग लीला है। अस्पतालों का संजाल है। इनकी गंदगी और जहरीला कचरा तालाब के पानी में घुल-मिल रहा है। जिनकी जवाबदारी प्रकृति संरक्षण की है, वे बरबादी में हिस्सेदार नजर आते हैं। ऐसी विनाश लीला देशभर में तमाम नदियों के किनारों पर रच दी गई है।

'मत्स्य पुराण' में तडाग भेदक (तालाब तोड़ने वाले) के लिए जल में डुबोकर मृत्यु दंड देने का प्रावधान है। 'अग्नि पुराण' में भी ऐसा मिलता है। चाणक्य नीति में भी दंड का विधान है। लेकिन आजादी के बाद सरकारी निकायों द्वारा बनवाई जा रही जल संरचनाएँ भ्रष्टाचार के गारे से इतनी बदहाल बनती हैं कि तडाग भेदन के अपराध की नींव पर ही खड़ी होती हैं। राजा भोज का भोजताल एक हजार साल से कायम है। परंतु हजारों करोड़ रुपए की लागत और आधुनिक विज्ञान एवं प्रौद्योगिकी के प्रयोग से बननेवाले बाँधों की एक हजार तो क्या, एक सौ साल की उम्र की गारंटी कोई नहीं दे सकता है।

बुंदेलखंड, बघेलखंड, मालवा अंचल में नवजात शिशु के जन्म के सवा महीने बाद सद्यःप्रसूता माँ घर से बाहर पहला कदम कुएँ की ओर रखती है। इस रस्म को कुआँ-पूजन कहते हैं। निमाड़ में इसका रूप जलवाय पूजन का है। संनातन धर्म को माननेवालों के प्रमुख आराध्य देव हैं विष्णु (राम-कृष्ण अवतार सहित), शिव, गणेश तथा देवियों में दुर्गा-लक्ष्मी-सरस्वती। इन्हीं की सबसे ज्यादा पूजा होती है। तब गृह लक्ष्मी का पहला कदम मंदिर की ओर क्यों नहीं? पहली पूजा के लिए जल (कुआँ) को सर्वोपरि महत्त्व क्यों? सवाल जितना कठिन है, जवाब उतना ही सरल कि हमारे पुरखों को जीवन के लिए जल के महत्त्व की भली-भाँति पहचान थी। वे जानते थे कि जल है तो जीवन है (और जो जीवनदाता है वही देवता है)। वाचिक परंपरावाली भारतीय संस्कृति में ऐसे लोक-विज्ञान के लिए शोध-पत्र नहीं रचे गए। पेटेंट की होड़ नहीं लगी। बस संस्कारों के अनुशासन में वर्जना और प्रोत्साहन को ढाल दिया गया। पीढ़ी-दर-पीढ़ी उनका अनुपालन-अनुकरण होता रहा। मर्म की समझ जहाँ कमजोर पड़ी वहीं विकारों ने डेरा डाल लिया।

नई चाल की विलायती पढ़ाई पढ़े और पश्चिमी ज्ञान-विज्ञान की ठसक से भरे इलाहाबाद के अँगरेज कमिश्नर हॉकिंस ने कोई एक शताब्दी पहले फरमान निकाला—शहर की गंदगी गंगा में बहा दी जाए। बाद के वर्षों में गुलाम मानसिकता ने इसे देशभर के लिए कानून मान लिया। इससे शहर तो साफ नहीं हुए, नदियाँ जरूर मौत के मुँह में समाने लगीं। शहरों का मलमूत्र, कारखानों का रासायनिक अवशिष्ट और तमाम तरह के कचरे ने देशभर की नदियों को गटर बना डाला। यह नगर नियोजन, प्रशासनिक दक्षता, शासनिक समझ-बूझ और नागरिक चेतना आदि प्रत्येक दृष्टि से निकृष्ट मानसिकता और आपराधिक दुर्लक्ष्य का साक्ष्य है। धर्म के ठेकेदारों के लिए भी निहायत शर्मनाक, जो नदियों को देवी माँ की तरह पूजते और आरती के आडंबर तो रचते हैं, परंतु उनकी शुद्धि के लिए न तो सचेष्ट हैं, न जागरूक हैं और न ही समाज की चेतना को जाग्रत् बनाए रखने का दायित्व निभा रहे हैं। कई हजार करोड़ रुपए खर्च करने के बाद भी गंगा और यमुना गटर ही बनी हुई हैं। प्रायः सभी नदियाँ बदहाली और बरबादी के लिए अभिशप्त हैं। प्रकृति-चिंतक अमृतलाल वेगड़ कितना सही कहते हैं, ''जब मनुष्य असभ्य था तब नदियाँ स्वच्छ थीं। आज जब मनुष्य सभ्य हो गया है तब नदियाँ मलिन और विषाक्त हो गई हैं।...ज्यों-ज्यों औद्योगिक सभ्यता का दबदबा बढ़ता गया, पानी के बुरे दिन शुरू हो गए।''

इसके विपरीत, औद्योगिक सभ्यता के कई सौ बरस पहले भारतीय ऋषि मनीषा ने जलस्रोतों के साथ मनुष्य के बरताव की लक्ष्मण-रेखा खींच दी थी। उस पर अमल भी किया जाता रहा—

नाप्सु मूत्रं पुरीषं वा ष्ठीवनं वा समुत्सृजेत्।

अमेध्यलिप्तमन्यद्वा लोहितं वा विषाणि वा॥ (मनुस्मृति, ४-५६)

अर्थात् पानी में मल, मूत्र, थूक, रक्त या विष का विसर्जन न करें।

'नारायणोपनिषद्' में कहा गया है—

आपो वा इदं सर्वं विश्वांभूतान्याप: प्राणा वा आप: पशव:

आपोऽ ब्रह्मापोऽ अमृतमाप: सम्प्राडापो विराड़ाप:,

स्वराडापश्छन्दांस्यापो ज्योतींष्याप: सत्यमाप:,

सर्वा देवता आपो भूर्भुव: स्वराप: ओउम्।

अर्थात् जल ही विश्व में सर्वभूत है, जल ही प्राण है, जल ही पशु है, जल ही ब्रह्म है, जल ही अमृत है, जल ही स्वराज है, जल ही वेद है, जल ही आकाश है, जल ही सत्य है और जल ही तीनों लोक है। जल और प्रकृति की ऐसी समझ लोक-विज्ञान का चरम है।

वैदिक ऋषि कहता है—

माऽपो हिंसी: मा ओषधी: हिंसी:। (यजुर्वेद, ६/२२)

अप: पिन्व ओषधीर्जिन्व। (यजुर्वेद, १४/८)

अर्थात् हमें जल को दूषित नहीं करना चाहिए। वृक्ष-वनस्पतियों को नुकसान नहीं पहुँचाना चाहिए। जल को शुद्ध रखना, पौष्टिक गुणों से युक्त करना तथा औषधियों को जल से सींचकर सुरक्षित रखना चाहिए।

न केवल मानव जीवन बल्कि समूची सृष्टि के लिए पानी, शुद्ध जल की अनिवार्यता से अवगत वैदिक ऋषि कामना करता है—

शुद्धा न आपस्तन्वे क्षरंतु...। *(अथर्ववेद, भूमि-सूक्त, १२/१/३०)*

'शिवपुराण' में कहा गया है—

संजीवनं समस्नस्य जगत: सलिलात्यकम्।

भव हन्यूच्यते रूपं भवस्य परमात्मन:॥

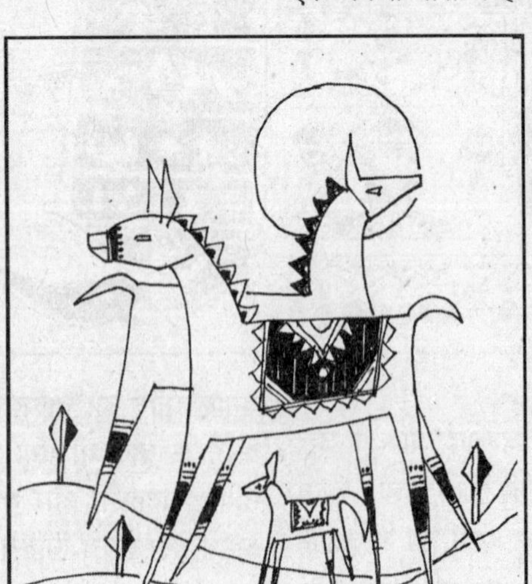

जो जल समस्त जगत् के प्राणियों में जीवन का संचार करता है, वह स्वयं शिव है। अत: जल का पूजन (सदुपयोग) करना चाहिए, न कि अपव्यय।

एक रोचक बोध-कथा प्रस्तुत है। इस कथा की विषयवस्तु और सुनाने की सरस शैली के कारण यह कथा याद रह गई। यह कहना ज्यादा सही होगा कि पीढ़ियों के मन में रच-बस गई। कथा इस प्रकार है—एक यजमान अपने पुरोहित से बंजी (व्यापार-प्रवास) पर जाने के लिए उचित समय पूछने गया। पुरोहित वैद्य भी था। किसी बात को लेकर यजमान से अप्रसन्न था। उसने समय तो बताया ही, एक नसीहत भी दे डाली, 'पड़ाव बबूल की छाया में डालते हुए चले जाना।' गंतव्य तक पहुँचते-पहुँचते यजमान की दशा बिगड़ गई। वहाँ के वैद्य की शरण ली। उन्होंने यात्रा का पूरा वृत्तांत जाना और बबूल के नीचे ठहरने की सलाह की 'नब्ज' भी पकड़ ली। उपचार किया। ठीक होने पर घर वापसी के लिए सलाह दी, 'नीम की छाया में ठहरते हुए जाना।' यजमान स्वस्थ घर लौटा। उसका पुरोहित देखते ही समझ गया कि शेर को सवा शेर मिल गया है।

वास्तव में यह लोक-विज्ञान कथा है। इस अभिव्यक्ति शैली में संप्रेषण की विलक्षण दक्षता है। स्मृति में बसने की ऐसी कालजयिता है कि हजारों वर्षों से 'नीम' हमारे घर-आँगन का हिस्सा है और 'बबूल' बंजर-वीराने के लिए बहिष्कृत। क्या कोई इस बात से इनकार कर सकता है कि हमारे पुरखों को नीम और बबूल के गुणों की ठीक-ठीक पहचान थी। (नीम का पेटेंट कराने की कॉरपोरेटी हवस ने भी यह सिद्ध कर दिया है कि 'नीम' को पहचानना विज्ञान है।) बोध-कथा के माध्यम से इसी की सीख समाज को दी गई। पूरा समाज न ज्ञानी हो सकता है और न विज्ञानी। तब सीख-सिखावन का जरिया लोकसम्मत ही तो अपनाना होगा!

सन् १७३२ ईस्वी की घटना है। राजस्थान की जोधपुर रियासत में खेजड़ी वृक्षों की रक्षा करते हुए विश्नोई समाज की ६९ महिलाओं और २९४ पुरुषों ने प्राण न्योछावर कर दिए थे। इस कुर्बानी ने राजसत्ता के कुल्हाड़ों को वृक्ष-संहार बंद करने पर विवश कर दिया था। राजस्थान में उक्ति प्रचलित है, 'सीस कट्या रूख बचे तो भी सस्ता जाण।' तात्पर्य यह कि जान देकर भी पेड़ बच जाए तो सौदा घाटे का नहीं। एक और राजस्थानी उक्ति है, 'यदि एक खेजड़ी वृक्ष, एक ऊँट और एक बकरी पास में हैं तो अकाल भी कट जाएगा।'

लोक व्यवहार में पीपल का वृक्ष काटना और उसकी लकड़ियाँ जलाना वर्जित किया गया है। लोक की आस्था को इससे जोड़ दिया गया। पीपल में विष्णु और वट (बरगद) में शिव का वास माना गया। दोनों दीर्घायु और विशालकाय वृक्ष होते हैं। वातावरण को शुद्ध करने की अपार क्षमता होने के कारण लोक मनीषा को ऐसे वृक्ष में देवत्व का वास मानना ही था। पीपल, वट कटने से बच गए।

हर एक सनातनी घर में तुलसी कोट की उपस्थिति जरूरी मानी जाती है। संध्या वेला में तुलसी कोट पर दीया जलाकर रखा जाता है। तुलसी में कीटाणुनाशक तत्त्व होते हैं। औषधीय गुणों के कारण ही नीम में शीतला

माता का वास माना गया। वट की पूजा दीर्घायु की कामना के लिए की जाती है। वट-सावित्री व्रत का विधान किया गया। एक व्रत आँवला नवमी का होता है। अशोक का भी औषधीय महत्त्व है। फलदार-फूलदार पेड़-पौधों को आस्था के लोकाचार और वर्जना के निषेध के साथ जोड़कर संरक्षित किया गया। बचपन में हमें सिखाया जाता था कि शाम होने के बाद पौधों को हाथ नहीं लगाना चांहिए, वे सो जाते हैं। जड़ी-बूटियाँ चमत्कारी औषधीय गुणों से संपन्न हैं। वनवासी समाज बड़ी सूझ-बूझ और कौशल के साथ इनका प्रयोग उपचार और आरोग्य के लिए सदियों से करता आ रहा है।

अथर्ववेद का भूमि सूक्त वस्तुत: भारतीय संस्कृति की पर्यावरण चेतना का उद्घोष है। वैदिक ऋषि प्रकृति के समस्त उपादानों से अनुकूल रहने की प्रार्थना करते हुए कहता है—

सं सं श्रवन्तु सिन्धव: सं वाता: सं पतत्रिण:

अर्थात् सभी नदियाँ हमारे अनुकूल बहें, वायु हमारे अनुकूल बहे, पक्षी भी हमारे अनुकूल हों। अथर्ववेद के पृथ्वी सूक्त में कहा गया है, 'हे धरती माँ! जो कुछ मैं तुझसे लूँगा वह उतना ही होगा, जिसे तू पुन: पैदा कर सके। तेरे मर्मस्थल पर या तेरी जीवनीशक्ति पर कभी आघात नहीं करूँगा।' वास्तव में यह सोच मनुष्य के पशु-पक्षी, नदी-पर्वत, जड़-चेतन के साथ सह-अस्तित्व के रिश्ते की है। श्रीकृष्ण की गोवर्धन-पूजा और यमुना में कालियादह-मर्दन वस्तुत: कोई पूजा-पाठ या चमत्कार नहीं, पर्यावरण संरक्षण के महान् अनुष्ठान ही थे।

एक और पौराणिक आख्यान लीजिए, समुद्र मंथन में अमृत निकला और विष भी। शिव ने लोक कल्याण के लिए विष अपने कंठ में धारण कर लिया, नील कंठ हुए, अमृत दूसरों को दे दिया। वृक्ष भी तो यही करते हैं। प्राणवायु हमें देते हैं और कार्बन डाइऑक्साइड सोख लेते हैं। यही वृक्षों का शिवत्व है, महत्त्व है।

आधुनिक विज्ञान की दुधारी स्थिति है। उसे भी वरदान और अभिशाप की कसौटी पर परखा जाना अभीष्ट है। परमाणु शक्ति को ही लीजिए, उसकी सृजन और विनाश की सामर्थ्य को पहचानिए। इससे ऊर्जा पाई जा सकती है तो नागासाकी-हिरोशिमा जैसे भीषण विध्वंस भी रचे गए है। चिकित्सा के वरदानों पर तालियाँ बजाइए तो घातक शास्त्रों पर लानत भेजिए। ध्वनि तरंगों से सूचना-संवादों का संचार कीजिए, तो दंगे-फसाद भी भड़काए जा सकते हैं, यह याद रखिए। रासायनिक खाद-खरपतवार नाशक-कीटाणुनाशक खेती में सहायक हो सकते हैं तो उनका अतिरेक मिट्टी की उर्वरा शक्ति को निगल भी सकता है; कैंसर जैसी व्याधियाँ फैला सकता है। जल-प्रदूषण, कार्बन-उत्सर्जन, वनों का विनाश, तपती धरती, सूखती नदियाँ, ग्लेशियरों पर मँडराता पिघल जाने का खतरा, बंजर होते खेत, मौत के मुँह में धकेलते रसायन और इस पर भी संयम को मुँह चिढ़ाती हुई लालच की मार, यही तो इस समय के विकट सवाल हैं, जिन्हें पश्चिम के आधुनिक विज्ञान और प्रौद्योगिकी ने पैदा किया है, पनपाया है।

गांधीजी ने पश्चिम की औद्योगिक सभ्यता को राक्षसी सभ्यता कहा है। असंयमी उपभोक्तावाद और लालची बाजारवाद ने सृष्टि-विनाश की नींव रखी। भारत का परंपरागत संयमी जीवन-दर्शन ही त्रासद भविष्य से बचाव का मार्ग सुझाता है। समाज में वैज्ञानिक चेतना का प्रसार जरूरी है। इसके सघन प्रयास जरूरी हैं। परंपरागत ज्ञान और आधुनिक विज्ञान का समन्वय जरूरी है, सम्यक् संतुलन जरूरी है। इसके लिए हमें लोक-संस्कृति, लोक-संस्कार और लोक-परंपराओं के पास लौटना होगा। हमारे सामने एक ही मार्ग है; जो प्रकृति सम्मत है, वही ग्राह्य है और जो सृष्टि के विनाश का सरंजाम जुटाता है, वह अग्राह्य है, अस्वीकार्य है।

ज्ञान-विज्ञान का कोई भी प्रारूप हो, उसकी सार्थकता की कसौटी सिर्फ यही है कि वह मानव जीवन और प्रकृति के लिए हितकारी है अथवा नहीं। ऐसा विकास, ऐसी आधुनिकता जो विनाश का काला साया लेकर आते हों, वे कतई श्रेयस्कर नहीं हो सकते, स्वीकार्य भी नहीं हो सकते। याद रखिए, नीर-क्षीर-विवेक से संपृक्त समाज ही सच्चे अर्थों में विज्ञान-चेता समाज हो सकता है। ऐसा समाज बनाने का माध्यम भी लोकभाषाएँ और बोलियाँ ही हो सकती हैं।

भारत में विज्ञान-चेतना के प्रसार और प्रकृति संरक्षण का यही व्यावहारिक मार्ग है। क्योंकि लोक में रच-बसकर ही लोक तक पहुँचा जा सकता है।

□□

7 भारतीय लघु चित्रांकन में लोकचित्रण

—नर्मदा प्रसाद उपाध्याय

भारतीय दृष्टि लोक के संदर्भ में व्यापक और विविधवर्णीय है। इसमें लोककलाओं से लेकर शिल्प, स्थापत्य, भाषा और धर्म तक की परंपराएँ आती हैं। लोक के इस व्यापक अर्थ में वह दृष्टि आती है, जो सहज है और जिसकी सहजता सर्जनात्मकता की पर्याय है। लोक की यही दृष्टि उसकी संवेदना भी है और यह संवेदना जब रूपांतरित होती है तो उसका रूपांतरण विभिन्न अभिव्यक्तियों को जन्म देता है। इन्हीं अभिव्यक्तियों में से एक प्रमुख अभिव्यक्ति है—कला।

भारतीय लोक और भारतीय कला दोनों एक-दूसरे से अभिन्न हैं। भारत की अस्मिता के गढ़े जाने से लेकर आज तक जो कुछ भी अभिव्यक्त हुआ है, वह भारत की जीवंत सांस्कृतिक चेतना का प्रतिनिधित्व करता है। यह अभिव्यक्ति निरंतर है, कभी खंडित नहीं होती। इसलिए कि हमारी परंपरा में लोकदृष्टि ही कलादृष्टि है और लोकदृष्टि सदैव जीवंत बनी रहती है। इसके प्रमाण वाङ्मय में हैं और साक्ष्यों के रूप में भी।

यह अवश्य है कि निरंतर होनेवाले विध्वंस के कारण साक्ष्य नष्ट हुए, लेकिन हमारे वाङ्मय में, वाचिक परंपरा में यह कलादृष्टि सुरक्षित रही है। चाहे मोहनजोदड़ो, हड़प्पा, समथर तथा लोथल की सभ्यताओं से मिले शिल्प हों, मौर्यों के समय की दीदारगंज की यक्षी हो, अशोक के समय के विदिशा और उज्जयिनी में मिले मृद् भांड हों या मथुरा तथा गुप्तकालीन शिल्प व स्थापत्य के प्रमाणों की अप्रतिहत परंपरा हो अथवा ऋग्वेद, अष्टाध्यायी, रामायण, महाभारत, कामसूत्र, नाट्यशास्त्र व विष्णुधर्मोत्तरपुराण से लेकर कालिदास, बाणभट्ट, भोज तथा दामोदर तक की वे कृतियाँ हों, जिनमें हमारी कला-परंपरा के विपुल संदर्भ हैं, इस तथ्य के साक्षी हैं कि भारत में लोक से अपने आपको अलग रखकर शिल्प, स्थापत्य या चित्रांकन की कोई ऐसी परंपरा नहीं रही, जिसमें लोक छूट गया हो।

साँची, भरहुत, अमरावती, नागार्जुनकोंडा, कार्ले, कान्हेरी, भज, बदामी और सित्तनवासल की कला में इस लोक के दर्शन होते हैं। विशेष रूप से साँची के तोरण द्वार पर उत्कीर्ण वह दृश्य, जिसमें किसान सपत्नीक अपने खेतों में जुताई करते दरशाए गए हैं। ईसा की आरंभिक सदी के ये उत्कीर्णन भारतीय चेतना के लोक के प्रति प्रतिबद्ध होने के साक्षात् प्रमाण हैं।

रूपायनों के संदर्भ में अजंता शीर्ष पर है। अजंता के अंकन किए तो विरागी चितेरों ने, लेकिन उनके चित्त में बसा हुआ लोक अजंता की भित्तियों पर उतर आया। इन भित्तियों के अंकनों में बसे हुए लोक पर रायकृष्णदासजी ने लिखा है कि इन भित्तिचित्रों में भिक्षुक, ब्राह्मण, सैनिक, राज-परिवार, कंचुक, प्रतिहार, निरीह सेवक, क्रूर शिकारी, निर्दय वधिक, शांत तपस्वी, साधु के वेश में धूर्त, कुलांगना और परिचारिकाएँ दरशाई गई हैं। प्रेम, लज्जा, हर्ष, हास्य, शोक, भय, आश्चर्य, क्रोध, उत्साह, शांति, विरक्ति और चिंता के भाव इतने सजीव रूप में चितेरों ने अभिव्यक्त किए हैं कि वे कलाकारों के लिए आश्चर्य का विषय बन गए।

इसी परिप्रेक्ष्य में विचार करते हुए प्रख्यात संस्कृतिविद् डॉ. विद्यानिवास मिश्र का मानना है कि भारतीय कला लोकोन्मुखी है। वह किसी व्यक्ति के नाम पर नहीं है। भारतीय कला की यही अनादि परंपरा मध्यकाल में भी विद्यमान रही।

भारतीय चित्रांकन परंपरा में दसवीं सदी के बाद स्पष्ट रूप से लघुचित्रों की परंपरा आरंभ हो जाती है। अपने आरंभिक काल में ये लघुचित्र ताड़पत्र और भोजपत्र पर बने। विशेष रूप से जो जैन व बौद्ध सचित्र ग्रंथ तैयार किए गए, उनमें इन लघुचित्रों को बनाया गया। बाद में सर्वाधिक चित्र जो सचित्र ग्रंथों में बने, वे जैन ग्रंथों पर आधारित थे। इन जैन ग्रंथों में प्रमुख जैन ग्रंथ, जो ग्यारहवीं से सत्रहवीं सदी तक निरंतर बने, वे हैं षट्खंडागम्, महाबंध, ज्ञानसूत्र, दशवैकालिक लघुवृत्ति, ओघानिर्युक्ति, नेमिनाथचरित, त्रिषष्ठिशलाकापुरुषचरित, शांतिनाथचरित, आदिपुराण, महापुराण तथा कल्पसूत्र व कालकाचार्य कथा। इनमें सर्वाधिक चित्रित हुए कल्पसूत्र तथा कालकाचार्य कथा। इनके अलावा वसंतविलास तथा बालगोपाल स्तुति एवं कल्पतरु जैसे सचित्र ग्रंथ, जो जैन ग्रंथ नहीं थे, किंतु वे उत्कृष्ट रूप में निर्मित किए गए।

इन सब सचित्र ग्रंथों में वह लोक आया है, जो उस समय विद्यमान था। इनमें से अधिकांश ग्रंथ कथात्मक हैं तथा बालगोपाल स्तुति जैसा ग्रंथ कृष्ण की लीलाओं को चित्रित करनेवाला ग्रंथ है, लेकिन इन कथाओं और लीलाओं को चित्रित करते समय चितेरों ने अपने आसपास के परिवेश को उरेहा है। इस परिवेश में निसर्ग है, वे

अलंकरण तथा परिधान हैं, जो उस समय प्रचलित थे तथा पुरुषों और महिलाओं की आकृतियाँ भी दैवी नहीं हैं, वे उसी समय की महिलाओं और पुरुषों की आकृतियाँ हैं तथा उस समय के राजाओं को भी उसी समकालीन वेशभूषा में चित्रित किया गया है। कल्पसूत्र के अंकनों में जहाँ शक राजाओं को चित्रित किया गया है, वहाँ वे राजा अपने स्वरूप व परिधानों से स्पष्टत: विदेशी प्रतीत होते हैं।

सल्तनत काल में लोधी शासकों के समय भागवत सचित्र रूप से चित्रित किया गया। इसके चित्रों में भी तत्कालीन लोक को ही चितेरों ने चित्रित किया है। भागवत के अलावा इस काल में लौरचंदा, महाभारत का अरण्यक पर्व, चौरपंचाशिका तथा मृगावत जैसी पोथियाँ सचित्र रूप से बनीं। यह एक चौंकानेवाला तथ्य है कि ये पोथियाँ राजदरबारों में पल्लवित होनेवाली चित्रकला की देन नहीं थीं बल्कि इन सचित्र ग्रंथों की रचना करनेवाला चितेरों का एक अलग वर्ग था, जो किसी राज्याश्रय में पला-बढ़ा नहीं था तथा जो अपने अंकनों में अपने लोक को चित्रित करता था।

ईस्वी सन् १४३९ में मांडू में जो कल्पसूत्र बना, उसे चित्रित करनेवाले चितेरे ईरानी थे। इस कल्पसूत्र के अंकनों पर हेरात कलम का प्रभाव था, लेकिन इसमें महिलाओं की ऐसी अनेक आकृतियाँ बनाई गईं, जिन्होंने मालवी परिधान व अलंकरण पहने हैं तथा उनका केश-विन्यास भी पूरी तरह भारतीय है। इनमें से एक अंकन में कुछ पुरुष आकृतियाँ ऐसी हैं, जिन्होंने भारतीय पगड़ी पहनी हैं।

इसी प्रकार दक्षिण की बीजापुर, गोलकोंडा, अहमदनगर और हैदराबाद की जिन चित्रांकन शैलियों में चित्र बने, उनमें भी अपने समकालीन लोक के परिधानों, अलंकरणों, पशु-पक्षियों तथा अन्य उपादानों को चित्रित किया गया।

ईस्वी सन् १५२६ में बाबर की विजय के साथ ही भारत के इतिहास में एक नए युग का आरंभ हुआ। मुगल शासन के संस्थापक शासक बाबर ने अपनी आत्मकथा 'बाबरनामा' में अपने समय के समाज का जीवंत चित्रण किया है। जब वह भारत आया तो उसने भारत के लोगों और यहाँ के निसर्ग के बारे में विस्तार से लिखा, लेकिन बाबर के समय के कोई चित्र नहीं मिलते। इसी प्रकार उसके पुत्र हुमायूँ के समय के कोई लघुचित्र उपलब्ध नहीं हैं, लेकिन उसके पुत्र अकबर से लेकर बाद के तमाम मुगल बादशाहों के काल में बनाए गए लघुचित्र मिलते हैं। मुगल शासकों के द्वारा अपने संरक्षण में, अपनी चित्रशालाओं में सचित्र ग्रंथ तथा स्फुट चित्र बनवाए गए। इन चित्रों में उनके अपने व्यक्तिचित्र भी थे।

यह तथ्य अपने स्थान पर सही है कि मुगलकाल की इंपीरियल, सब-इंपीरियल, प्रॉविंशियल मुगल और बाजार मुगल जैसी चित्रशैलियों में जो चित्र बने, उनमें लोकचित्रण बहुत कम है, क्योंकि मुगल सम्राटों ने अधिकतर दरबार और शिकार के चित्र बनवाए या अपने व्यक्तिचित्रों का अंकन करवाया। लेकिन यह तथ्य भी अपने स्थान पर संगत है कि इन चित्रों को चित्रित करनेवाले चितेरे लोकचितेरे थे। उनकी आँखों में अपने आसपास का परिवेश था, इसलिए उन्होंने अपने-अपने ढंग से अपने लोक को चित्रित करने की स्वतंत्रता ली और उसे चित्रित कर दिया। इसके उदाहरण उन तमाम लघुचित्रों में मिल सकते हैं, जो देश और विदेश के विभिन्न संग्रहालयों में रखे हैं। विशेष रूप से अकबर के समय में अनेक हिंदू ग्रंथ चित्रित हुए और इन्हें चित्रित करनेवाले चित्रकार अधिकांशत: हिंदू थे तथा वे समाज के निम्न वर्ग से आए थे। वे आभिजात्य वर्ग के कलाकार नहीं थे। इन चित्रकारों में विशेष उल्लेखनीय हैं—दसवंत, बसावन, केसू, लाल, मुकुंद, माधो, महेश, जगन, खेमकरण, तारा, साँवला, हरबंस और राम। इनमें से दसवंत कहार था और बसावन अहीर। बाकी हिंदू चितेरे अधिकांशत: कायस्थ, सिलावट और खाती थे। इन चितेरों के नाम अबुल फजल ने अपने ग्रंथ 'आईन-ए-अकबरी' में उल्लिखित किए हैं।

अकबर के बाद जहाँगीर का समय मुगल कलम का सर्वश्रेष्ठ समय था। इस समय के चितेरों में विशेष रूप से मंसूर और गोवर्धन ने शानदार चित्र बनाए। यह कहा जाता है कि जहाँगीर जब मांडू की यात्रा पर आया तो वह गोवर्धन को भी अपने साथ लाया, जिसने वहाँ की नैगर्सिक शोभा के चित्र बनाए। इसी तरह मंसूर को जहाँगीर अपने साथ कश्मीर ले गया। उस्ताद मंसूर ने विशेष रूप से पशु-पक्षियों और वानस्पतिक उपादानों के सुंदर अंकन किए। उसके समय में मनोहर, दौलत और मुराद जैसे चितेरे भी थे, जिन्होंने उस समय की शोभा को चित्रित किया।

लोक को चित्रित करनेवाले जहाँगीर के समय का एक दुर्लभ अंकन भी संरक्षित है। यह बिशनदास द्वारा बनाया गया है। इसमें संत शेख फूल के मकान को चित्रित किया गया है, जिसके आसपास का पूरा परिवेश ही ग्रामीण परिवेश है।

शाहजहाँ के काल के चित्रों में जड़ता है, लेकिन विंडसर कैसल लंदन में जो 'पादशाहनामा' रखा है, उसके अनेक चित्रों में शाहजहाँ के समय की नैसर्गिक शोभा अंकित की गई है। मुगल कलम के आखिरी दौर में अनेक चित्र ऐसे बने; जिनमें मुगल कलम जैसी उत्कृष्टता भले न रही, हो लेकिन जिनमें अपने समय के लोक को प्रतिबिंबित करने की चेष्टा की गई है। उदाहरणस्वरूप ईस्वी सन् १७३५ में फतेहचंद के द्वारा बनाया गया भगवान् शंकर के पूजन का एक चित्र जयपुर संग्रहालय में है, जिसमें एक नवयुवती अपनी सहेलियों के साथ भगवान् शंकर का पूजन कर रही है।

अबुल फजल के विवरण से यह ज्ञात होता है कि अकबर के समय में उसके तसवीरखाने में २६० चितेरे काम करते थे, जिनमें से लगभग ५६ प्रतिशत हिंदू थे। हमें अकबर और जहाँगीर काल के चितेरों में केसो, अबुल हसन और बिचित्तर के चित्र मिलते हैं। बर्लिन एल्बम में

सत्रहवीं सदी के उत्तरार्द्ध में बने एक चित्र में बाजार में काम करनेवाले चितेरों को अंकित किया गया है। ऐसे चितेरों के संबंध में उस काल के विदेशी यात्री थेवनॉट और बर्नियर ने भी उल्लेख किया है।

संगीतकारों और व्यापारियों को भी उस काल के चितेरों ने अंकित किया है। अकबर के समय का एक दुर्लभ अंकन मिला है, जिसमें ग्रामीण बाजार के दृश्य को चित्रित किया गया है। मेओदास नामक चितेरे के द्वारा बनाए गए इस चित्र में एक महिला को दुकान संचालित करते हुए चित्रित किया गया है। इसी प्रकार मिस्कीन व सरवन के द्वारा एक अकबरकालीन अंकन में खोमचेवाले को चित्रित किया गया है। कुछ मुगलकालीन चित्र ऐसे मिले हैं, जिनमें थोक विक्रेता भी अंकित किए गए हैं।

विभिन्न मुगल बादशाहों के दौर में जो लघुचित्र बनाए गए, उनमें से अधिकांश लघुचित्र दरबार-केंद्रित तथा शिकार-केंद्रित थे। उस काल में बादशाहों तथा दरबारियों के भी व्यक्तिचित्र बहुत बने। किंतु उस काल के चित्रों में जो वेशभूषा चित्रित की गई, वह उस समय के लोगों के द्वारा पहनी जानेवाली वेशभूषा थी। इस वेशभूषा में संभ्रांत वर्ग के लोग तथा आमजन के बीच स्पष्ट रूप से अंतर किया जा सकता है। मुगल बादशाहों के समय आम लोगों के द्वारा मनाए जानेवाले दीवाली, होली और नौरोज तथा शबे बरात जैसे त्योहारों के अंकन भी किए गए हैं। उस समय के विदेशी यात्रियों ने, जिनमें सर टॉमस रो, टेरी, फॉदर मांसरेट व मनुची शामिल हैं, ने विस्तार से उस समय के आमजन व सामाजिक परिदृश्य की जानकारी दी है तथा विशेष रूप से सर टॉमस रो ने उस समय में बनाए जानेवाले चित्रों का उल्लेख किया है।

'आईन-ए-अकबरी', 'मुन्तखब-उत-तवारीख', 'तबकात-ए-अकबरी', 'पादशाहनामा', 'मआसिर-ए-आलमगीरी' और 'मआसिर-ए-रहीमी' जैसे ग्रंथों में ऐसे विवरण उपलब्ध हैं, जिनसे तत्कालीन लोक के संबंध में किए गए अंकनों की जानकारी मिलती है। इनके अलावा अन्य उपलब्ध स्रोतों व विभिन्न संग्रहालयों तथा व्यक्तिगत संग्रहों में रखे लघुचित्रों से उस समय के समाज व उसकी गतिविधियों का, जनसामान्य के जीवन का, उत्सवों और त्योहारों का विवरण मिलता है।

एक शोध से यह अवगत कराया गया है कि अकबर, जहाँगीर और शाहजहाँ के समय में शिक्षकों, विशेषज्ञों, कवियों और लिपिकारों के अंकन भी किए गए, इनमें विशेषज्ञों को विशेष रूप से अंकित किया गया है। इस शोध से यह भी ज्ञात होता है कि इन तीनों बादशाहों के समय में ऐसे चिकित्सकों को भी चित्रित किया गया, जो सामान्य वर्ग से आते थे तथा जिन्हें किसी प्रकार की मनसब प्राप्त नहीं थी।

इसी प्रकार एक मुगलकालीन अंकन ऐसा प्राप्त हुआ है, जिसमें बाजार में बैठनेवाले ज्योतिषी को महिलाएँ घेरे हुए हैं। यह अंकन प्रिंस सदरुद्दीन आगा खाँ संग्रह, रिटबर्ग म्यूजियम (ज्यूरिख) में है। इसी प्रकार एक ज्योतिषी का शाहजहाँकालीन चित्र, जिसमें वह एक पवित्र व्यक्ति से चर्चा कर रहा है, म्यूजीग्यूमी (पेरिस) में है। यह भी ज्ञात होता है कि मुगलकालीन लघुचित्रों में नक्शानवीस, मैमार और शाहकारों को भी चित्रित किया गया है।

आमजनों के बीच होनेवाले काव्यपाठ का एक मुगलकालीन लघुचित्र मिलता है, जिसे ईस्वी सन् १६२५ में बनाया गया था। इसी प्रकार गोवर्धन के द्वारा मुरक्का-ए-गुलशन में बनाया गया। कवियों और श्रोताओं का एक सुंदर चित्र मिला है, जो लॉस एंजिल्स काउंटी म्यूजियम (अमेरिका) में संरक्षित है। मुगलकाल में मदरसों और पाठशालाओं के दृश्य भी अंकित हैं। वॉल्टर आर्ट गैलरी, बाल्टीमोर में धरमदास के द्वारा खम्सा-ए-अमीर खुसरो में बनाया गया एक सुंदर पाठशाला दृश्य संरक्षित है। इसी प्रकार शिक्षक और विद्यार्थी का एक अकबरकालीन अंकन मिला है, यह माइकेल ब्रेंड तथा ग्लेन लॉरी के द्वारा अपने ग्रंथ 'अकबर्स इंडिया आर्ट फ्रॉम दि मुगल सिटी ऑफ विक्टरी' में प्रकाशित किया गया है। इसी प्रकार विद्यार्थियों को पढ़ाते एक शिक्षक का अंकन, जिसे गोवर्धन ने बनाया है, स्टेट लाइब्रेरी, बर्लिन में है। मदरसे का एक दृश्य खम्सा-ए-निजामी में चित्रित है, यह केर संग्रह में संरक्षित है। फिलाडेल्फिया संग्रहालय में रज़्मनामा में बना हुआ एक अंकन है, जिसमें शहर की दीवार के पास एक पाठशाला चित्रित की गई है।

यह भी एक उल्लेखनीय तथ्य है कि जहाँगीर के समय में ब्रिटिश प्रभाव के चित्र भारत में आए। विशेष रूप से सर टॉमस रो ने ऐसे तैलचित्रों का परिचय भारतीय कलाकारों को कराया, जिन्होंने इन चित्रों से प्रेरित होकर अंकन किए। ऐसे अनेक अंकन उपलब्ध हैं। इन अंकनों में ईसा व मदर मैरी तथा यूरोपियन पोशाकों को पहने पुरुषों व स्त्रियों को चित्रित किया गया है।

मुगलकाल में भवन निर्माण का कार्य बहुत हुआ। फतेहपुर सीकरी व आगरा के किले के निर्माण के चित्र बहुतायत से मिलते हैं। इनमें से

अधिकांश चित्र विक्टोरिया एंड अल्बर्ट म्यूजियम (लंदन) में हैं। इनमें भवन निर्माण की विभिन्न गतिविधियों को अंकित किया गया है। यदि कहीं मजदूरों को पत्थर तोड़ते और उसका निरीक्षण करते व उनका निरीक्षण करते निरीक्षक को चित्रित किया गया है तो कहीं ईंटों को जोड़ते, नींव भरते मजदूरों को भी अंकित किया गया है। भवन निर्माण से संबंधित कुछ मुगलकालीन चित्र लाहौर संग्रहालय में भी हैं। ये चित्र उस काल के मजदूरों की दशा के सजीव रूपायन हैं। इन्हें देखकर उस काल के समाज की दशा का बोध सहज ही हो जाता है।

मुगलकाल का अंतिम महत्त्वपूर्ण बादशाह औरंगजेब था, जिसे चित्रांकन में कोई रुचि नहीं थी। उसके समय में दरबारी चितेरे राजस्थान और पहाड़ों की विभिन्न रियासतों में चले गए, जहाँ उन्होंने वहाँ के स्थानीय कलाकारों के साथ मिलकर चित्रों की अद्भुत सृष्टि रची।

सत्रहवीं सदी के उत्तरार्द्ध से लेकर अठारहवीं सदी तक जो अंकन राजस्थान और पहाड़ की विभिन्न शैलियों में हुए, वे हमारे कलाजगत् की महान् धरोहर हैं। इन अंकनों में मुख्य रूप से राधा-कृष्ण की लीला रची गई और इस लीला के रचाव की परिधि में पूरा लोक आया। ये लघुचित्र भले राज्याश्रय में बने, लेकिन इन चित्रों को रचते समय चितेरे ने अपने आसपास के समाज, परिवेश और निसर्ग को समेट लिया। इन शैलियों में भले शिकार के, दरबार के और राजाओं के विलास के अंकन हुए हों, लेकिन इन रूपायनों को निर्मित करनेवाले राज्याश्रयी चितेरों ने अपने लोक को अपने अंकनों में अधिक-से-अधिक चित्रित करने की चेष्टा की।

राग-रागिनियों, नायिकाओं, उत्सवों, रीति-रिवाजों, दरबार, शिकार तथा राजाओं के व्यक्तिचित्र जहाँ एक ओर बने, वहीं दूसरी ओर रामायण और भागवत से लेकर केशव की 'कविप्रिया' और 'रसिकप्रिया' से लेकर मतिराम के 'रसराज' और बिहारी 'सतसई' के दोहों को भी चित्रित किया गया। यदि कालिदास के 'अभिज्ञान शाकुंतल' के आधार पर चित्र बने तो 'सूरसागर' के पदों तथा देव एवं पुहकर के काव्य के आधार पर भी बहुतायत से अंकन हुए और इन अंकनों में प्रमुख थी कृष्णलीला। कृष्णलीला को रचते समय चितेरे ने अपने समूचे लोक को रचा। राधा और कृष्ण तथा उनकी लीलाएँ केंद्र में रहीं, लेकिन इन चित्रों की प्रतिष्ठा का मूल कारण इनका वह समग्र परिवेश है, जिसके कारण इन चित्रों की पहचान बनती है। ऐसे चित्र अब इतने अधिक हैं कि उनका विवरण एक बड़े ग्रंथ की अपेक्षा रखता है। लेकिन यहाँ कुछ ऐसे दृश्यों का विवरण दिया जा रहा है, जो लोकप्रिय हैं तथा जिनमें लोक बड़े सजीव रूप में प्रतिबिंबित होता है।

नाथद्वारा और अलवर की कलमों में दूध दुहते कृष्ण के मनभावन अंकन हैं। सभी छत्तीस प्रमुख राग-रागिनियों के विभिन्न शैलियों में किए गए अंकनों में उस राग से संबंधित लोक की गतिविधि को विशेष रूप से चित्रित किया गया है।

मालवा कलम में सत्रहवीं सदी में मांडू में बनाए गए 'अमरुकशतक' के जो अंकन हैं, वे अद्भुत हैं। ये सौ चित्र वर्तमान में छत्रपति शिवाजी वास्तु संग्रहालय, मुंबई (पूर्व नाम प्रिंस ऑफ वेल्स म्यूजियम) में संरक्षित हैं। इन चित्रों में उस समय के समाज को, निसर्ग को और उसकी विभिन्न गतिविधियों को बड़े मनोरम रूप में रूपायित किया गया है। अठारहवीं सदी में कालिदास के 'अभिज्ञान शाकुंतल' के आधार पर बाहु में पहाड़ी शैली में सुंदर अंकन हुए। इनमें कण्व के आश्रम, वन्य कन्या शकुंतला व उसकी सखियों सहित पूरे निसर्ग को चित्रित किया गया। कुल्लू में बनी 'शांग्री रामायण' के चित्र भी इसी कोटि में आते हैं।

बनारस कला भवन में जो मालवा शैली के रामायण के प्रसंगों पर आधारित चित्र रखे हैं, उनमें हमारा समूचा लोक झाँकता है। हाल ही में रामायण के चुनिंदा अंकनों को केंद्र में रखकर डॉ. अमीना ओकाडा के संपादन में एक वृहद् कार्य संपन्न हुआ है। इस परियोजना के अंतर्गत पूरे विश्व के जिन चुने हुए अंकनों को प्रकाशित किया गया है, उनमें उस समय का मानो पूरा लोक रूपायित हो गया है।

रामायण और भागवत पहाड़ी और राजस्थानी शैलियों में सर्वाधिक चित्रित हुए और यह चित्रण निःसंदेह लोक आधारित ही है। गुलेर कलम का एक मनोरम लघुचित्र जो ईस्वी सन् १७८० में बनाया गया है, वह भागवत के उस प्रसंग पर आधारित है, जब रास करते-करते कृष्ण गोपियों के बीच से अदृश्य हो जाते हैं। इस अंकन में गोपियों के विरह का भाव सजीव रूप में चितेरे ने अभिव्यक्त कर दिया है। वे वृक्ष, पत्ती, तने और पशुओं से कृष्ण का पता पूछती हैं और ऐसा प्रतीत होता है, जैसे ये सब भी इन गोपियों से बात कर रहे हों और यह चेष्टा कर रहे हों बताने की कि कृष्ण कहाँ अदृश्य हो गए हैं। गोपियों का विरह इस अंकन में अनुभव किया जा सकता है।

पहाड़ के प्रख्यात चितेरे महेश के द्वारा चंबा कलम में बनाया गया दानलीला का वह अंकन बड़ा लोकप्रिय है, जिसमें राधा के कर न देने के कारण कृष्ण को बंदी बना रही हैं। इस अंकन में पूरा परिदृश्य ग्रामीण है तथा राधा व उनकी सखियों के परिधान उस समय पहने जानेवाले परिधान हैं। इसी प्रकार क्रोनोज संग्रह का ईस्वी सन् १७७० का वह अंकन भी बड़ा प्रसिद्ध है, जिसमें कृष्ण अपने गोप साथियों के साथ लुकाछिपी का खेल खेल रहे हैं।

गुलेर और जसरोटा कलम के प्रख्यात चितेरे नैनसुख ने अपने लोक को केंद्र में रखकर अनेक चित्र बनाए। इनमें से इंडियन म्यूजियम, कोलकाता में रखा हुआ वह चित्र अत्यंत आकर्षक है, जिसमें अलाव के आसपास ग्रामीण बैठे हुए हैं।

काँगड़ा कलम में शिव परिवार को भी चित्रित किया गया है। इन अंकनों में शिव, पार्वती, कार्तिकेय, गणेश व नंदी के साथ आसपास का पूरा परिवेश चित्रित किया गया है, जो काँगड़ा घाटी का परिवेश है।

राष्ट्रीय संग्रहालय में उद्धव की ब्रजयात्रा को चित्रित करते हुए भागवत के प्रसंग पर नैनसुख का ही बनाया हुआ गुलेर कलम का एक सुंदर अंकन संरक्षित हैं, यह ईस्वी सन् १७६०-६५ का है। इसमें गोपियों को अपने दैनिक कार्यों में संलग्न चित्रित किया गया है। वे बछड़े को दूध पिला रही हैं, अपने ग्रामीण मकान की दहलीज पर वार्त्ता कर रही हैं, गाँव की गली में घूम रही हैं या खिड़की से गायों को तथा उद्धव व नंद को वार्त्ता करते देख रही हैं। कृष्ण के साथी दो गोप भी उद्धव तथा नंद की वार्त्ता के दृश्य को उत्सुकता से देख रहे हैं। उनके साथ ही एक बैठा हुआ अधेड़ चरवाहा भी यह दृश्य देख रहा है। इस अंकन में मानो पूरा लोक चित्रित है। गाय, ग्वाले, गोपियाँ, उस समय के मकान तथा इन मकानों की छत से लटकती दही से भरी मटकियाँ, ये सभी बड़ी सम्मोहक हैं।

विशेष रूप से रामायण के वे अंकन, जिनमें राम के वनगमन को अंकित किया गया है, उस समय के उस सामान्य जन को प्रतिबिंबित करते हैं, जिसका जीवन राम, लक्ष्मण और सीता ने जिया। पहाड़ की काँगड़ा शैली के एक सुंदर अंकन में राम के पाँव से काँटा निकालते हुए सीता को चित्रित किया गया है। यह अंकन अद्भुत है।

मालवा से सटे बुंदेलखंड अंचल में, विशेष रूप से ओरछा व दतिया तथा ओरछा की बिजना जैसी अष्टगढ़ियों में लोक-आधारित सर्वाधिक लघुचित्र बने हैं। इनमें अपने आसपास के ग्रामीण परिवेश को चित्रित किया गया। ओरछा कलम में तो अपेक्षाकृत लघुचित्र कम बने, किंतु दतिया कलम में बिहारी के सतसई के दोहों के आधार पर व भागवत के प्रसंगों के आधार पर जो लघुचित्र बने, वे उस समय के लोक और उसके उपादानों का प्रतिनिधित्व करते हैं। हाल ही में जातिभेद पर आधारित बुंदेलखंडी कलम के लघुचित्रों की एक लंबी श्रृंखला प्राप्त हुई है, जिनमें लोकभाषा में अर्थात् बुंदेली में चित्र के पीछे दोहा लिखा गया है तथा आगे की ओर चित्र में उस दोहे में अंकित नायिका को चित्रित करते हुए उसकी जाति के द्वारा किए जाने वाले व्यवसाय को उरेहा गया है। इन चित्रों के ऊपर राधा-कृष्ण को अंकित किया गया है। उदाहरणार्थ, यदि तेलन चित्रित की गई है तो चित्र में तेलन के ठेठ ग्रामीण स्वरूप को चित्रित किया गया है।

बुंदेलखंड की चरखारी स्टेट से एक सचित्र रामायण मिली है, यह ईस्वी सन् १८६५ में चित्रित की गई थी, यह उस समय के लोक का सच्चा प्रतिनिधित्व करती है, क्योंकि इसमें राम के चरित्र के माध्यम से विवाह के समय अपनाई जानेवाली सभी रीति-रिवाजों को चित्रित किया गया है। यह परंपरा निरंतर चलती रही है व आज भी इस प्रकार के चित्र, जिनमें पूरा आंचलिक परिवेश उरेहा गया हो, स्थानीय चितेरों के द्वारा चित्रित किए जाते हैं।

पहाड़ी और राजस्थानी शैलियों में भले राज्याश्रय में चित्र बने हों, लेकिन उनमें तत्कालीन वेशभूषा को व सामाजिक गतिविधियों को बड़े सुंदर रूप में चित्रित किया गया है। वृक्ष के नीचे खड़ी महिलाएँ, बिल्ली व तोते के साथ खड़ी हुई दो युवतियाँ, दहेड़ी से दही उतारती नायिका, पति के साथ चौपड़ खेलती हुई नवयुवती, कुएँ की मुँड़ेर पर खड़ी होकर एक घुड़सवार नवयुवक को पानी पिलाती महिला और उसके आसपास खड़ी उसकी सखियों को चितेरों ने बड़े मनभावन रूप में चित्रित किया है। यहाँ यह भी उल्लेखनीय है कि कुएँवाला दृश्य मुगल कलम में भी बड़े मनोहारी रूप में चित्रित किया गया है।

पहाड़ व राजस्थान की प्रमुख शैलियों में सर्वाधिक मनोहारी अंकन भागवत के दशम स्कंद के प्रसंगों के आधार पर बने कृष्णलीला के रूपायन हैं। इन रूपायनों में न केवल कृष्ण की दैवी लीलाओं को चित्रित किया गया है बल्कि उनकी बाल-लीलाओं को अपने पूरे आसपास के परिवेश के बीच चित्रित किया गया है। इन चित्रों में उस समय का पूरा लोक झाँकता है। इसी प्रकार 'गीतगोविंद' के प्रसंगों के आधार पर जो विभिन्न अंकन किए गए हैं, उनमें भी उस समय के वातावरण को और सामाजिक परिप्रेक्ष्य को रंगों एवं रेखाओं के माध्यम से साकार कर दिया गया है।

अठारहवीं सदी के बाद भी लघुचित्रों के निर्माण की परंपरा निरंतर रही तथा विशेष रूप से कंपनी शैली में चित्र बनाए गए। इन चित्रों में उस समय के लोक का चित्रण बड़े जीवंत

रूप में हुआ है। स्याह कलम में पटना में बने अंकन हों या बनारस की कंपनी शैली में बनाए गए लघुचित्र हों, इनमें उस समय का लोक अपने पूरे परिप्रेक्ष्य में हमारे सामने आता है। नृत्यांगनाएँ, जिन्हें नाच गर्ल्स कहा जाता था, सपेरे, जादूगर, नट, कृषक, बढ़ई, लोहार व ग्वाले तथा इसी तरह के अनेक लोकव्यक्तित्व व उपादान कंपनी शैली के चित्रों में चित्रित किए गए। ठाकुर कलम में भी अपने समय के लोक को अवनींद्रनाथ ठाकुर से लेकर यामिनी रॉय, असित हालदार तथा उकील बंधुओं ने चित्रित किया।

स्वतंत्रता-प्राप्ति के बाद प्रगतिशील आंदोलन के अंतर्गत जो चित्र बने, विशेष रूप से जिनमें न्यूटन सूजा के चित्र चर्चित हुए, उनमें भी अपने लोक के प्रति प्रतिबद्धता तो दिखाई देती है, किंतु उनके प्रायः अमूर्त होने के कारण उनकी संप्रेषणीयता मध्यकालीन लघुचित्रों के समान नहीं रहती। ये चित्र लघुचित्रों की परिधि में भी नहीं आते।

यह संक्षिप्त झाँकी है उस लोक की, जिसे मध्यकाल के चितेरों ने अपनी पूरी प्रतिबद्धता के साथ यथासंभव राज्याश्रयी रहते हुए भी चित्रित करने की सफल चेष्टा की। उनका यह महान् अवदान भारतीय कला की ऐसी अप्रतिम धरोहर है, जो यह सिद्ध करती है कि भारतीय चितेरे की सृजनात्मकता से लोक कभी अदृश्य नहीं हुआ अपितु वह अपने मौलिक स्वरूप में भले सीमित रूप में ही सही, लेकिन दृश्यमान हो उठा है और यही दृश्य हमारी भारतीय कला के महान् पृष्ठ बन गए हैं।

□□

8

लोक-संस्कृति : तत्त्व और तंत्र

—बलवंत जानी

लोक-संस्कृति के तत्त्व और तंत्र को समझना या समझाना कठिन है। लोक-संस्कृति व्यापक और विस्तृत रूप से समाज में प्रचलित होती है। समाज निरीक्षण के सहवर्तन से उसकी पहचान-परख करने के प्रयास जयमल्ल परमार, मेघाणी, खोडीदास परमार, जोरावरसिंह जादव और हसु याज्ञिक आदि ने किए हैं। मैंने यहाँ अपने निरीक्षणों और अध्ययन से प्रशिक्षित मेरी समझ के आधार पर परंपरा से संलग्न तीव्र जीवंत-अनुसंधान, लोकधर्म-स्थानकों और लोकसंतों के तंत्र, संघभावना-समूहजीवन के प्रतिध्वनि-स्वरूप लोकसाहित्य और लोकमेले जैसे चार घटकों के सहवर्तन से लोक संस्कृति के तत्त्व और तंत्र का परिचय देने का प्रयास किया है।

परंपरा के साथ जीवंत अनुसंधान

विश्वविख्यात भाषाविज्ञानी डॉ. हरिवल्लभ भायाणी ने, उनकी दादी माँ सुबह सुबह चक्की पीसते समय और पूजा-स्नान के दौरान जो गाती थीं, उन धोळ कीर्तनों को जो अपने स्मरण में थे, उन्हें एकत्र करके किए संपादन में उनमें से गुम हुई कड़ियाँ, पाठ निरंजन राज्यगुरु और मैंने प्रदान किए थे। उसके राग-तान-लय के आधार पर डॉ. हसु याज्ञिक ने स्वरांकन किया था। प्रकाशन 'हरिवेण वाय छे रे हो वनमां' शीर्षक के साथ हुआ था। उसका विमोचन मकरंदभाई के हाथों नंदिग्राम में एक 'भजनशिविर' में मैं, निरंजन राज्यगुरु, नाथालाल गोहिल, भायाणी साहब, हसुभाई, मनोज रावल और तखतदान आदि उपस्थित थे, तब हुआ था।

लोक-संस्कृति का तात्त्विक अर्थ 'प्राचीन-परंपरित व्यवहार और आचरण' होता है। भायाणी साहब की दादी माँ के पास विरासत में मिला संस्कार धन के रूप में संरक्षित था। भायाणी साहब ने यत्किंचित् जतन किया। आंशिक रूप से लुप्त होना, नष्ट होना लोकसंस्कृति की नियति है, लेकिन उसका जतन करना, उसकी समझ प्राप्त करना प्रत्येक नागरिक का कर्तव्य है। नगर में या गाँव में मात्र निवास करने से ही नागरिकता प्राप्त नहीं होती। सच्ची नागरिकता तो राष्ट्र का लोक-संस्कृति विरासत का संरक्षण हमारे द्वारा हो, उसमें से अपने आप उसकी पहचान मिलती है। किसी भी राष्ट्र के सच्चे वारिस तब कहलाते हैं, जब हमारे द्वारा हमारी परंपरित लोक-संस्कृति का आविर्भाव हो। स्व-पहचान उसमें से ही मिलती है। हमारी लोक-संस्कृति की अस्मिता भी अंततः वही है।

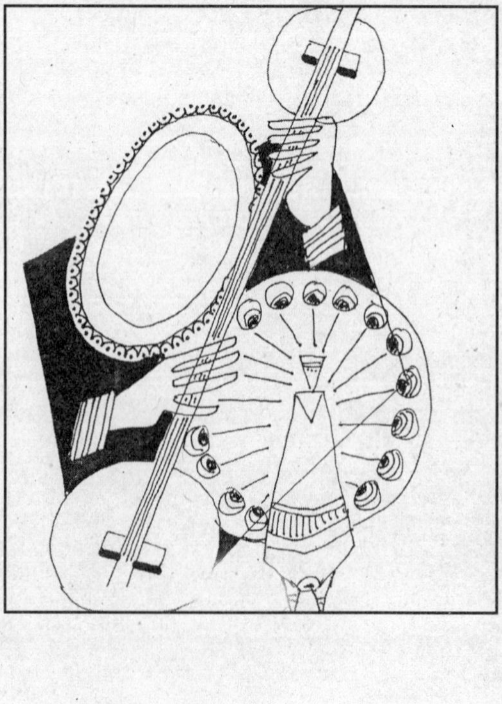

मोरबी में मेरे चचेरे भाई हरिभाई पंचोली के घर सालों पहले मेहमान बना था। सब बरामदे में बैठे थे। पड़ोस में से एक बहन लोटा भरकर दूध हमारी धनीबहन को दे गई। दूध का लोटा लेते हुए खाली करते हुए बोले कि अरे, अमावस्या आ गई, महीना कब पूरा हो गया, पता ही नहीं चला। मैंने कुतूहलवश पूछा था कि 'मेहमान हैं इसलिए पड़ोस में से दूध आया?' तो बोले, 'नहीं, नहीं, राणीबहन मतवा के वहाँ से, वे लोग पशुपालक हैं, लेकिन अमावस्या के दिन दूध-छाछ-दही बेचते नहीं हैं। आस-पास के लोगों को दे देते हैं और जनावर-बछड़ों को पिला देते हैं। प्रत्येक अमावस्या को हमें लोटा भरके दूध दे जाते हैं। इसमें से आधा महादेव को चढ़ाऊँगी और आधे में से दही बनेगा।'

भरवाड में से धर्मांतरण होकर मुस्लिम समाज में मतवा जाति अस्तित्व में आई थी। उन्होंने अपने परंपरित पूर्वजों के समय से चली आ रही गतिविधि को अपनाया और उसका जतन किया। वे गाय को तिलक करते हैं। दूध नीचे गिरा हो तो माथे पर चढ़ाते हैं। वे एक चुस्त समूह में वर्तुल में बढ़ रहे हैं। इससे अन्य सभ्यता का प्रभाव नहीं हुआ और परंपरा का जतन हुआ। जब मूल हिंदू समाज, भरवाड, रबारी, पशुपालकों में से यह दूध साझा करने की, गाय की पूजा करने की, दूध माथे पर चढ़ाने की लोक-संस्कृति लुप्त हो गई है। उनके

द्वारा प्रस्तुत होता मणियारो-रास मुझे याद आ गया। तखतदान कहते हैं कि मणियारा के सच्चे लयबद्ध स्वरों का मतवा ने जतन किया है। जयमल्ल परमार ने भी ऐसा निरीक्षण प्रकट किया है। लोक परंपरा की महिमा को कम करनेवाले कारकों में से एक कारक के रूप में अन्य शिष्ट-सभ्य समाज के संपर्क को माना जा सकता है।

लोकधर्मस्थान और लोकसंत

लौकिक परंपरा के जतन जैसा लोक-संस्कृति का दूसरा घटक है लोकधर्मस्थानों और लोकसंतों का। लोक-धर्मस्थान लोक-संस्कृति की उपज है। कोई प्राचीन भारतीय देवी-देवताओं के बदले सत्य की राह पर चलने वाले, दीन-दुखियों और उपेक्षितों के लिए मानवसेवा के दृष्टिकोण से उन्हें आश्रय देनेवाले, भोजन देनेवाले लोकधर्मस्थान लोक संस्कृति के जतन करनेवाले संस्थान हैं। 'परबवावडी' के संत देवीदास हों, अमरमा हो, 'सताधार' के आपा गीगा हो या 'वीरपुर' के जलारामबापा हों, इन धर्मस्थानों पर हरिभजन और हरिहर-भोजन, गौसेवा, अतिथि सत्कार, यही हमारी सच्ची लोक-संस्कृति है।

लोकसंत, लोक यानी सामान्य जनसमाज की अंतिम पंक्ति का प्रतिनिधि। वह निराशा का अनुभव नहीं करता, टूट नहीं जाता, मंदिर लूटे गए, तोड़े गए तो नसीब को कोसकर लोक-संत बैठे नहीं रहे। उसने तंबूर, मंजीरा लिये, समाज में घूमा, लोकगीतों द्वारा समाज को आनंद की अनुभूति करके ताकत प्रदान की। निस्वार्थ भाव से समाज में सामंजस्य, समरसता और समभाव-सद्भाव प्रकट करना लोक-संस्कृति की देन है। पहचान-परख भी है। उसमें तत्त्व रूप से सद्व्यवहार, सदाचार और सद्गुण निहित हैं।

अब सांप्रत समाज में बंधुत्व भाव को प्रकट करनेवाले, परिचय देनेवाले कुछ क्रियाकांड ही बचे हैं। शुभविवाह प्रसंग पर चाक बधाना, ढोल-ढोली को बधाना जैसे प्रसंग हमारी सहनाववतु संस्कृति के प्रतिनिधि हैं। समानता और सहभागिता लोक-संस्कृति के नींव समान तत्त्व हैं।

ऐसे लोकधर्म स्थान पर भजन-कीर्तन-गान होते हैं, उसमें सभी अठारह वर्ण के लोगों की सहभागिता होती है। भजनगान करनेवाले निम्नवर्ण के वर्ग के होते हैं। साथ में संगीत के वाद्य बजानेवाले भी मुसलिम, कोली जैसी किसी भी जाति के होते हैं। भजन-मंडली में साजिंदा के रूप में लगभग विशेष रूप से मुसलिम देखने को मिलते हैं। प्राणलाल व्यास जैसे भजनगायक के साथ मुसलिम वादक हाजी रमकडुं तो होते ही हैं। मस्ती में लीन होकर भजन सुनते। सब उसका बोध सुनते। दासीजीवण हरिजन थे लेकिन सवर्ण को उच्च जाति को शिष्य बनाते थे, गुरु बनते थे। देवळदे, लोयण, तोरल, रुपांदे जैसी कई स्त्रियों ने भी गुरुपद प्राप्त किए थे। मीराबाई के गुरु रैदास, रविसाहेब के शिष्यों में जात-पाँत का भेदभाव नहीं था। लोकसंत भाणसाहेब, मीठा ढाढी अलग अलग जाति के होने के बावजूद समभाव की संस्कृति की महक फैलाते रहे थे। लोक-संस्कृति में जाति, धर्म या सजाति के विवाद नहीं है। एकत्व है। भेद नहीं है, पर समानता-सहभागिता है।

संघभावना प्रकट करता लोक-साहित्य

संघजीवन, समूहजीवन, कुटुंब-परिवार लोक-संस्कृति की पहचान करानेवाला तीसरा घटक है। लोक संस्कृति में केवल समाजजीवन की समरसता ही प्रकट नहीं होती। उसमें पारिवारिक जीवन और कुटुंब-जीवन के अनेकानेक प्रसंग भी हैं। उसमें खुद के संतानों से भी अधिक महिमा भानजे-भतीजे या भानजी-भतीजियों की है। लोकगीत की पंक्ति में तो यहाँ तक गाया गया है कि 'भाणे भत्रीजाने बेसाडाय, आप अपने संतानों के बदले भानजे-बहन के संतान और भतीजे-भाई के संतान को अपनी थाली में से साथ बिठाकर भोजन करवाते हैं, कुटुंबजीवन में हेत-प्रीत, उनके लिए प्राण न्योछावर कर देने कि भावना का दर्शन हमारी लोक-संस्कृति है, हमारा लोक-समाज है। भाई-बहन के स्नेह के कई हृदयस्पर्शी दृष्टांत लोककथाओं या लोकगीतों में प्रकट होते हैं। जीवित मूल्यनिष्ठ जीवन के लोक-सांस्कृतिक संस्कार विरासत को ही लोक-साहित्य में स्थान प्राप्त होता है।

लोक-साहित्य में लोक-संस्कृति की प्रतिध्वनि सुनाई देती है। उसमें से दुःख के बजाय प्रसन्नता प्रकट होती है। इसका अर्थ ऐसा नहीं होता कि समाज में प्रसन्नता, परमानंद और संपूर्ण संवादिता ही है। है तो पारावार दुःख, वेदनशील अवस्थिति फिर भी दुःख का उद्गार नहीं बल्कि सुख की अनुभूति की बात ही कहने की गाने की। इस तरह लोगों का सकारात्मक दृष्टिकोण प्रकट होता है। लोक-संस्कृति में से मिलते हैं दुःख, पीड़ा के बदले जो नहीं है वह सुख और संवादिता। गुजरात के लोकगीतों में कई दृष्टांत देखने को मिलते हैं। लोकनारी को कोई आराम आनंद नहीं है। उसे तो निरंतर श्रम, मेहनत करनी है। कार्य में समर्पण रहे, थकावट न हो, इसलिए संगीत का आश्रय लिया जाता

था, गीत गाए जाते थे। पीसने, कूटने और खेत में काम करते करते गाए जाते अधिकतर श्रमहारी लोकगीतों के बारे में जयमल्ल परमार ने चर्चा की है। उसमें से 'देराणी-जेठाणी खांडे धान में सांभळ्युंच्चुं कानोकान' टेक—ध्रुवपंक्ति से प्रारंभ होता लोकगीत लोक-संस्कृति की ही अभिव्यक्ति है, सच्चा अभिव्यंजक है।

लोकगीत में लय तो श्रमहारी ही है। उसमें कूटते-कूटते गाने की बात है। यानी कि कूटने की आवाज में देवरानी-जेठानी की बात कोई सुन न सके, ऐसी तत्परता निहित है। लेकिन दूसरी किसी नारी ने अपने कानों से सुना है। बात छुपी नहीं रही। पियु से करनेवाला किया हुआ अथवा करने का तय किया हुआ संवाद सखी तुल्य देवरानी-जेठानी आपस में करती हैं और बात फैल जाती है, प्रसारित हो जाती है। बात को कहने की रखने की कला, अंत:करण की पीड़ा और पियु के साथ सन्निकटता लोक-संस्कृति के प्रतिनिधि हैं। उस गुजराती रचना को देखते हैं—

देराणी-जेठाणी खांडे धान में सांभळ्युंच्चुं कानोकान... (टेक)
में चूंटी चंपानी कळी, तो दस महिना पेचूटी टळी,
मारा पियुजीने पूछुं एम, के खड वाढे ई जीवे केम.
देराणी-जेठाणी...(१)
मारा माथे फूलनो दडो, में जाण्युं पाणीनो घडो,
मारा पियुजीने पूछुं एम, के पाणी भरे
ई जीवे केम देराणी-जेठाणी...(२)
में पहेर्यांच्चां हीरनां चीर, ने तोय छोलाणां मारां डिल, मारा पियुजीने पूछुं एम, के जाडां पहेरे ई जीवे केम देराणी-जेठाणी...(३)
में तो खडी साकरनो शीरो कर्यो, तोये न मारे गळे ऊतर्यो,
मारा पियुजीने पूछुं एम, के खीचडी खाय ई जीवे केम.
देराणी-जेठाणी...(४)
मारी पाडोशण दाळ छडे ने मारा हाथमां भंभोला पडे,
मारा पियुजीने पूछुं एम, के दरणा दळे ई जीवे केम.
देराणी-जेठाणी...(५)

विडंबना तो देखिए, चंपा की कली चुनते हुए, माथे पर फूल की गेंद रखते हुए, हीर के कपड़े धारण करते हुए या खड़ी साकर का हलवा गले से नीचे उतारते हुए जिस लोकनारी को श्रम-थकान का अनुभव होता है, वैसी नारी इन सभी बातों को धान कूटते-कूटते कह रही है। ऐसी श्रमजीवी लोक-कन्याओं के संवाद को, जिसने खुद सुना है, उसने यह बात गाई है। यहाँ गानेवाली कथक नारी, दूसरी नारी के पास से खुद अपने कानों से सुनी हुई बात को कह रही है, गा रही है। धान यानी खिचड़ी नहीं, बल्कि कई सारी फलियों का मिश्र स्वरूप खीचड़ो।

लोकनारी ससुराल में किससे पूछ सकती है? ननद, सास, सखी या देवरानी-जेठानी को नारी होने के बावजूद भी नारी कुछ कह नहीं सकती है। क्योंकि लोक-संस्कृति में, लोक-व्यवहार में यह अनुचित माना जाता है। घर की, बड़े लोगों की बदनामी मानी जाती है। इसलिए अपने पियुजी के सामने सवाल रखे हैं। उत्तर नहीं मिलते हैं। प्रियतम स्वामी भले सहायभूत न बन सके, लेकिन सच्ची सहानुभूति तो इस प्रियतम पियुजी से ही प्राप्त होती है। लोक-संस्कृति में उसे बहुत लाड़ लड़ाए गए हैं। लोकगीतों में स्वयं को प्रकट कर सके वैसा स्थान माँ-बाप या सखी नहीं बल्कि केवल प्रियतम है, पति है, ऐसा बोध भी लोकगीत द्वारा लोक संस्कृति के संदर्भ में मिलता है।

लिखित परंपरा की लौकिक कथानक की कहानी में स्थित यह सभी प्रसंगों वास्तव में कंठस्थ परंपरा की सामग्री में कथन में कितनी सहजता से समायोजित होकर चिरंजीव बन जाते हैं उसका भी यह लोकगीत अत्यंत महत्त्वपूर्ण उदाहरण है। उस तरह से यह लोकगीत कम-से-कम उस समय जितना तो पुराना है ही। श्रमहारी लोकगीतों को इस तरह उसके लोकसांस्कृतिक-सामाजिक संदर्भ में और परंपरा के संदर्भ में जाँचने की जरूरत है। इस तरह की जाँच से परंपरा की वास्तविक गरिमा एवं प्राचीनता सामने आएगी।

नाजुक ह्दय की लोकनारी को कैसे सहनशील बनकर कैसे कैसे श्रम में व्यस्त रहना है उसका गहन करुण चित्र यहाँ देखने को मिलता है। हम साहित्य में गोपन की महिमा करते हैं, उस प्रकार यहाँ तो अत्यंत मर्यादापूर्वक-विवेकपूर्वक सब छुपाकर रखा है और फिर भी जो कहा गया है वह तो कहा ही है। इन सबके कारण लोकगीत कला का अनुभव करानेवाले लगते हैं।

एक लोककथा के कथानक में पुत्रवधू खेत पर भात देने जा रही होती है, इसलिए सास कहती है, 'गले से गहने निकाल दे, रास्ते में तेरा बाप डाकू लूट लेगा।' सन्नारी तो गहने निकाले बिना ही भात देने निकल पड़ती है। रास्ते में डाकू सामने मिलते हैं। गहने निकालकर और भात दे देने का आदेश देते हैं। सन्नारी सास के कहे हुए वचन दोहराती है कि मुझे मेरी सास ने कहा था, पर मैंने गहने नहीं निकाले। डाकू को आश्चर्य होता है और पूछ बैठता है—क्यों? सन्नारी कहती है, सासुजी ने कहा था 'तेरा बाप डाकू', इसलिए मुझे लगा कि बाप डाकू हो तो भी वह बेटी को थोड़े न लूटेगा? इस श्रद्धासभर बात डाकू को विचलित कर देती है। 'नहीं बेटा, हार भले गले में ही रहा। बेटी मैं मेरा चाँदी का कड़ा कंगन तुम्हें बाप की हेसियत से देता हूँ', कहकर अपने हाथ से चाँदी का कड़ा-कंगन उतारकर दे दिया। 'बापू, आपके लिए भी मैं थोड़ा भात लाई हूँ। आइए, खा लीजिए।' डाकू बोला, 'अरे बेटा, मेरे पीछे तो मुझे पकड़ने के लिए लोग पड़े हैं। खाना खाने का समय नहीं है, फिर भी ला थोड़ा सा खा लेता हूँ, वरना अपशकुन हो जाएगा।' डाकू ने खाया। बेटी ने नजर उतारी।

लोक-संस्कृति में, लोकजीवन में ऐसे विरल दृष्टांत प्रत्येक गाँव से मिल जाते हैं। लोगों की बहादुरी, लोकनारी की श्रद्धा और डाकू-लुटेरों द्वारा भी जीवन-मूल्यों का जतन ऐसी लोक-कथाओं के द्वारा प्रकट

होते दिखाई देते हैं। मूलभूत रूप से जीवन-मूल्य, श्रद्धा और अडिग मनोबल वाले लोग लोक-संस्कृति के प्रतिनिधि हैं। इसकी प्रतीति ऐसे दृष्टांतों के द्वारा मिल जाती है। लोग यानि निर्माल्य, कायर भगोड़े नहीं।

लोक-संस्कृति में, लोकजीवन में ऐसे विरल दृष्टांत प्रत्येक गाँव से मिल जाते हैं। लोगों की बहादुरी, लोकनारी की श्रद्धा और डाकू-लुटेरों द्वारा भी जीवन-मूल्यों का जतन ऐसी लोक-कथाओं के द्वारा प्रकट होते दिखाई देते हैं। मूलभूत रूप से जीवन-मूल्य, श्रद्धा और अडिग मनोबल वाले लोग लोक-संस्कृति के प्रतिनिधि हैं। इसकी प्रतीति ऐसे दृष्टांतों के द्वारा मिल जाती है। लोग यानि निर्माल्य, कायर भगोड़े नहीं।

लोक-संस्कृति का तत्त्व परंपरा से पोषित है। उस परंपरा को बनाए रखनेवाले लोक-संस्कृति के वाहक हैं। लोक-संस्कृति के कारक और परिणाम वैसे तो अत्यंत व्यापक और विस्तृत हैं। उनकी गहराई और ऊँचाई उभय तत्त्व परंपरा के रख-रखाव में निहित है। लोक-संस्कृति को बनाए रखनेवाला, लोक संस्कृति का जतन और संरक्षण करनेवाला यह तंत्र लोक-संस्कृति की पहचान भी है। तंत्र में तत्त्व निहित है, प्रवहमान है। तत्त्व से इस तरह तंत्र संयुक्त है, उसमें रस बस गया है। उस मय, तन्मय बने तत्व और तंत्र एक ही हैं।

लोक-संस्कृति आंशिक रूप से नष्ट हो या लुप्त हो जाए, वैसी उसकी प्रकृति है। लेकिन लोगों के रक्त में वह लुप्त प्रवाह सरस्वती नदी की तरह बहता रहता है। लोकभरत, लौकिक खानपान, और लोकबोली के रूप में तळपदी संस्कृति एथनिक कल्चर के रूप में पुन:जीवित होकर पुन: स्थापित होती दिखाई दे रही है।

लोक-संस्कृति का प्रकट स्वरूप लोकमेले

वास्तव में ये लोकमेले भारतीय लोक-संस्कृति के प्राचीन स्वरूप है। लोक-संस्कृति यहाँ प्रकट रूप में देखने को मिलती है, महसूस होती है। लोक-संस्कृति भारतीय संस्कृति का प्राण है। हमारी लोक-संस्कृति 'सहनौभुनक्तु' की संस्कृति है। साथ ही मिलने-जुलने का और आनंद उठाने का तत्त्व भारतीय संस्कृति का प्राण है। एकाकीपन, अकेला रहनेवाला यहाँ आवकार्य नहीं है। वह दुर्गुण गिना जाता है। साझेदारी की भावना भारतीय लोक-संस्कृति को विश्व-संस्कृति में अनोखी पहचान देती है। लोक-संस्कृति निहित यह बंधुत्व-भावना हमारी अनोखी व्यक्तिमता के रूप में पहचानी जाती है।

लोक-समूह मतलब लोक-समारोह। सब किसी एक स्थान पर किसी निश्चित तिथि को मिले-जुले, वह है लोकमेला। मानवमेला इसी कारण मानवसमुद्र के रूप में जाना जाता है। समुद्र जैसी ज्वार का रूप देखने को मिलता है लोकमेले में। यह मेलों के लिए नियत स्थान, नियत तिथि हमारी लोक-संस्कृति के साथ संलग्न है। अधिकतर वर्षा ऋतु या वसंत ऋतु में मेलों का आयोजन होता है। हम प्रकृति से कितने नजदीक है, उसका परिचय इनमें से मिलता है। बारिश से धरती परितृप्त हो गई हो, सभी जगह हरेभरे पेड़ छाए हों, कोई उज्ज्वल भविष्य का संकेत उगकर वृद्धि पा रही धन-धान्य फसल सृष्टि में से मिलता हो।

लोकमेले का स्थान बहुत ही खुला और प्राकृतिक संपदा से संपन्न होता है। आसानी से पहुँचा जा सके, और वापस निकला जा सके, उतनी दूरीवाला होता है। पुराने समय में तो वनस्थली अथवा सरितातट का चयन मेलास्थान के लिए होता था। वहाँ ऋषिकुमारों का श्लोकगान, मल्लों के अंगकसरत के दाँव और लोक-रास नृत्य द्वारा जनमनरंजन होता था। कभी कभी मदारी होते थे, नट-बजनिया जैसी लोकमनोरंजन की जातियों की उपस्थिति आबालवृद्ध के लिए बहुत आनंदप्रद बनती थी। इसके अलावा, ज्योतिष महाराज भी होते थे और लोक-आयुर्वेदिक विद्या के जानकर भी, जो लोकरुचि के अनुरूप श्रेयकर-प्रेयकर बातें बताते थे। बैलगाड़ी दौड़, अश्व दौड़ जैसी स्पर्धाओं का भी आयोजन होता था। गाय, भैंस और अन्य पशु-जानवरों की खरीद-बिक्री भी होती थी। स्वादिष्ट व्यंजनों और भोजन समूह में खाए जाते थे। स्त्रियों के लिए आभूषण के विविध प्रकार भी उपस्थित रहते थे। चर्खी-झूले में केवल बच्चे ही नहीं आबालवृद्ध सब लोग आनंद करते थे, मिलते-झूलते थे, जो अलग हो गए हों उनका मिलन होता था और प्रेमीजन अपनी भावनाएँ व्यक्त करते थे। व्यापारी प्रतीक्षा करते थे मेलों की अपनी आय के स्रोत के रूप में। जबकि समस्त प्रजा प्रतीक्षा करती हती मेलों की, उसके आनंदभाव की अभिव्यक्ति के लिए। यह लोकमेले इस तरह मानवचित्त की प्रसन्नता की अभिव्यक्ति का लोक-सांस्कृतिक पर्व माना जाता है। उसका माहात्म्य सविशेष है लोकमन में। मेलों में आते मानवसमूह सकारात्मक रूप से आनंद, प्रेम और संस्कार को प्रकट करनेवाले होते हैं।

लोक-हृदय कितनी तीव्रता से और प्रबलता से लोक-संस्कारों को आत्मसात् करता है उसका सही परिचय भी इन लोक मेलों की सांस्कृतिक गतिविधियाँ हैं। यह सब लोक-संस्कार विरासत को देखकर युवा-किशोर अपने-आप सीखते हैं। कला को अपनी बनाने की, सिखने की बहुत बड़ी ताकत भी इस प्रजा में है। वह केवल दृष्टा नहीं होती बल्कि वह शब्द, वह ताल और वह छटा अपने हृदय में स्थिर करके स्थापित करती है। बच्चों की लोकमेला शिक्षा ऐसे लोकमेलों की लोक-सांस्कृतिक गतिविधियाँ हैं। समूह में रहना सीखते हैं उतना ही नहीं पर बोलचाल की छटा, रहन-सहन के अनूठे प्रभावक रूप से, चलने-फिरने का स्वरूप भी उतना ही मोहक होता है। वह भी लोकमेलों में प्रकट होता है इसलिए उसका प्रभाव भी नूतन पीढ़ी पर चढ़ता है।

भारतीय विचारधारा के, जीवन-मूल्यों का इंजन कहा जाता है लोक-संस्कृति को। वास्तव में वह वाहक है। लोक-संस्कृति नष्ट हो जाती है या बिल्कुल लुप्त हो जाती है, ऐसा नहीं है। वह तो शाश्वत है। कला में, साहित्य में वह अंतर्निहित है। इसी कारण से लोक-संस्कृति एकात्मबोध, एकात्मकता और एकत्व की अनुभूति देनेवाला तत्त्व मानी जाती है। लोकमत और लोकमन उसकी नींव है। लोकहित, लोकमंगल और लोकभावना को पुरस्कृत करनेवाला घटक है लोक-संस्कृति। लोगों की सुख-दुःख के साथ समाज अपनी सहभागिता का अनुभव करता है, उसका कारण उसके साथ लोगों की तल्लीनता-तद्रूपता और एकाकार होकर जुड़ी लोक-संस्कृति है।

□□

9

ब्रज की लोक-संस्कृति

—राजेंद्र रंजन चतुर्वेदी

ब्रज की लोक-संस्कृति ब्रजवासियों की लोक-संस्कृति है, इसे भला कौन नकार सकता है? परंतु सवाल तो यह है कि क्या यह पूरा सच है?

संस्कृतिशास्त्र का सिद्धांत है कि जब दो जन मिलते हैं, तब दो संस्कृतियाँ मिल जाती हैं।

अब आप ब्रजमंडल को देखिए, यहाँ लाखों-लाखों नर-नारी विभिन्न प्रांतों से, विभिन्न जनपदों से, विभिन्न भाषा, विभिन्न वेशभूषा के साथ आते हैं। वे भिन्न-भिन्न दायरों से आते हैं, दायरों के साथ आते हैं, पर यहाँ आकर दायरे कहीं खो जाते हैं और वे सब-के-सब ब्रजराग में डूब जाते हैं। समष्टि जीवन का यह अविच्छिन्न प्रवाह एक समष्टि-संस्कृति में अंतर्भुक्त हो जाता है और अंतर्भुक्ति की यह प्रक्रिया न जाने कब से चल रही है।

हम असम, उड़ीसा, बंगाल की लोकसंस्कृति को भूलेंगे तो राधा-महाभाव को कैसे पहचानेंगे? हम तेलुगु संस्कृति को भूलेंगे तो कैसे जान सकेंगे कि 'गोवर्धन कौ कुनबारौ' मूलतः कुउवर्षा शब्द है तेलुगु का। वल्लभाचार्य आंध्र में गोदावरी तट के तैलंग थे न!

विष्णु कथाओं का तो केंद्र तमिलनाडु है। जब विष्णुकथा कृष्णलीला में अंतर्भुक्त हुई, तभी तो भागवत-संस्कृति का अवतार हुआ। वे मथुरा के लोग ही तो थे, जिनकी एक शाखा जरासंध के आक्रमण के समय द्वारका पहुँची और दूसरी शाखा ने दक्षिणी मथुरा (मदुरै) बसाया।

भागवत की भूमिका में भक्ति कहती है कि मेरा जन्म द्रविड़ देश में हुआ, कर्नाटक में बड़ी हुई, सारे देश में घूमते हुए वृंदावन आई। वृंदावन में आकर मुझे नया सौंदर्य प्राप्त हो गया।

ब्रज की लोकसंस्कृति की कोई भी चर्चा अधूरी ही रहेगी, जिसने भक्ति के इस यात्रा-भूगोल को नहीं जाना और संस्कृति की उन अंतर्धाराओं को नहीं पहचाना, जो ब्रज की लोकसंस्कृति में अंतर्भुक्त हुईं।

ब्रज लोकसंस्कृति की अंतर्धाराओं का साक्षात् दर्शन करने के लिए केवल ब्रज के जनपदीय जीवन में उतरना ही पर्याप्त नहीं होगा। इसके लिए हमें संपूर्ण भारतवर्ष के प्रदेशों और जनपदों के लोकजीवन की परिक्रमा करनी होगी। ब्रज की लोकसंस्कृति भारत के शतसहस्र कोटिजन के जीवन-प्रवाह, मिलन-बिछुरन, आवागमन, द्वंद्व और समायोजन का परिणाम है।

ब्रज लोकसंस्कृति एक समुदाय, एक आनुवंशिकता अथवा एक युग की रचना नहीं है, वह मानव इतिहास की सतत प्रक्रिया है। ब्रज में केवल गोप, यादव और ऋषियों का ही निवास नहीं था; यहाँ असुर, दानव, नाग और यक्ष भी थे। वैदिक-संस्कृति, भागवत-संस्कृति, गोप-संस्कृति, कृषि-संस्कृति, यक्ष-संस्कृति, नाग-संस्कृति, दैत्य-संस्कृति से लेकर इसलामी-संस्कृति तक के अनेक सांस्कृतिक तत्त्व ब्रज की लोक-संस्कृति में व्याप्त हैं।

विख्यात कलाविद् आनंद कुमार स्वामी ने वृक्ष-पूजा की परंपरा में यक्षों की संस्कृति को पहचाना था। कृष्णलीला में वृक्षों को उखाड़ने की लीला और यमलार्जुन के द्वारा कृष्ण की स्तुति वास्तव में गोप-संस्कृति और यक्ष-संस्कृति के द्वंद्व-समायोजन की गाथा है। ब्रज के लोक-साहित्य में बावन वीरों का अभिप्राय बहुचर्चित है। यक्षों को वीर कहा जाता था। डॉ. सत्येंद्र ने जाहरपीर के अनुष्ठान में सिर पर देवता के आने, नागों से संबंध, यक्ष-ध्वज, यक्ष-प्रश्न, जागरण और वीरपूजा में गूगल के महत्त्व को यक्ष-संस्कृति के प्रभाव के रूप में स्पष्ट किया है।

भांडीर नाम के यक्ष का वन ब्रज चौरासी कोस में है। जाख या जखैया की पूजा यक्ष-पूजा ही तो है। महावन में जखैया की पूजा में घेंटा की बलि दी जाती है और उसका पौरोहित्य दलित के पास है। इसी प्रकार बरमदेव की पूजा यक्ष-पूजा ही है।

मधुवन मधुदैत्य का वन था। होलिका हिरण्यकशिपु की बहन दैत्यवंश की कुलदेवी है। ब्रज के गाँवों में जब होलिका की छोटी बहन घरगुली की पूजा होती है, तब अनुष्ठान-गीत गाया जाता है—'राजा बलि के द्वारा मची रे होरी।' मथुरा में राजा बलि का टीला है, किंतु क्या केरल के ओणम से उसका संबंध सूत्र नहीं जुड़ा है, जिस त्योहार पर राजा बलि अपनी प्यारी प्रजा के दर्शन करने के लिए प्रतिवर्ष आते हैं।

दैत्य-संस्कृति का दूसरा सूत्र वृंदा है, कालनेमि की बेटी और जालंधर दैत्य की पत्नी। वृंदा ने विष्णु को शिला होने का शाप दिया, प्रतिक्रिया में विष्णु ने वृंदा को जड़ होने का शाप दिया। वृंदा तुलसी बनी और विष्णु शालिग्राम बने। कार्तिक का पूरा महीना तुलसी-पूजा का महीना है—'तुलसा महारानी नमो-नमो, हरि की पटरानी नमो-नमो।'

लोकवार्त्ता के अध्येता जानते हैं कि लोकमन एक व्यक्तित्व पर दूसरे व्यक्तित्व का तथा दूसरे व्यक्तित्व पर तीसरे व्यक्तित्व का अध्यारोपण करता है। तुलसी की अनेकानेक कथाएँ वृंदा की कहानियों में अंतर्भुक्त हैं। इसी प्रकार यमुना पर कालिंदी का अध्यारोपण है।

ब्रज की कितनी ही लोक कहानियों का नायक या प्रतिनायक दानव है। उसकी बेटी वीर राजकुमार से प्रेम करती है। वह राजकुमार को बता देती है कि दानव के प्राण-सूत्र तोते में हैं। राजकुमार तोते की गरदन मरोड़ देता है, दानव मर जाता है। दानववंशी कन्या विवाह करके राजकुमार के साथ महल में आ जाती है। दानव रक्त आनुवंशिकी में आया और दानव-संस्कृति के तत्त्व लोकसंस्कृति में अंतर्भुक्त हो गए। मथुरा का राज्य गणराज्य था, चार कुल थे—अंधक, वृष्णि, भोजक और यदु। लेकिन लोककथा ने बताया कि उग्रसेन की पत्नी यमुना-स्नान करने गई, उस समय अँधेरा था और एक दानव ने उसके साथ संबंध बनाया। कंस का जन्म उसी गर्भ से हुआ था।

मथुरा में नागटीला है। वृंदावन में कालियाघाट है, जिसका मिथक-सूत्र कालिया नाग से जुड़ा है। कालिया नाग के नाथने से संबंधित अनेक गीत ब्रज में गाए जाते हैं। श्रीकृष्ण ने कालिया नाग से युद्ध किया और नाग-पत्नियों की प्रार्थना पर उसे जीवित छोड़ दिया तथा आज्ञा दी कि तू अपने भाई-पुत्र और स्त्रियों के साथ यहाँ से समुद्र की ओर चला जा। वहाँ से कालिया नाग अपने कुनबे के साथ बंगाल में चला गया।

सावन के महीने में ब्रज के गाँवों में भइनी या मैदानी नवलदे गाई जाती है। वासुकि की बेटी और तक्खे (तक्षक) की बहन नवलदे। नवलदे हस्तिनापुर के अमृतकूप में जल भरने जाती है तो परीक्षित के सौंदर्य पर मुग्ध हो जाती है। प्यार का ज्वार विवाह में परिणत होता है, किंतु तक्खे इसे सहन नहीं कर पाता। वह परीक्षित को मारकर अपमान का बदला लेता है। इस घटना की प्रतिक्रिया जनमेजय के द्वारा नागविध्वंस के रूप में होती है। जनमेजय का नागयज्ञ इतना उग्र था कि एक जमाने में समृद्धि के शिखर पर पहुँची हुई नाग जाति अपनी स्वतंत्रता को छोड़कर अन्य जातियों में विलीन हो गई और उसके सांस्कृतिक-सूत्र, देवतत्त्व और पूजातत्त्व कृष्ण, बलराम, विष्णु, शिव, पार्श्वनाथ, जाहरपीर, गोरख तथा पीपल देवतत्त्व में अंतर्भुक्त होकर ब्रज की व्यापक लोक-संस्कृति के अंग बन गए।

नागपंचमी की व्रतकथा के साथ ही नागलोक, अमृतकुंड और नागों के वैभव संबंधी विविध अभिप्राय ब्रज की लोक कहानियों में हैं। कृष्ण कथा के साथ शेषनाग का अभिप्राय जुड़ता है। जब वसुदेव नवजात शिशु को सूप में रखकर यमुना नदी पार कर रहे हैं, तब शेषनाग अपने फण का छत्र फैलाकर बालक की रक्षा करता है। बलराम तो शेषनाग के अवतार ही मान लिये गए। ब्रजमंडल के भिन्न-भिन्न स्थलों से जो नागमूर्तियाँ मिली हैं, वे यहाँ के राजकीय संग्रहालय में मौजूद हैं। सोंख की खुदाई में प्राप्त वासुकि नाग की प्रतिमा कितनी भव्य है! ये सारे मिथक-सूत्र ब्रज की लोकसंस्कृति में नाग-संस्कृति की व्याप्ति के प्रमाण हैं।

आज तो ब्रज शब्द उत्तर प्रदेश के एक जनपद का अर्थ देता है, किंतु ब्रज शब्द का मूल अर्थ तो चलना है, ब्रजन करना है। आज गोकुल एक गाँव का नाम है, किंतु भागवत में ब्रज और गोकुल पर्यायवाची हैं—'नन्दस्य ब्रजे, नन्दस्य गोकुले।' गोकुल अर्थात् गोपों के वे कबीले, जो गायों को लेकर घूमते ही रहते थे।

गोकुल के जीवन का आधार गाय है। गोप संस्कृति के केंद्र में गाय है। गोदान, गोचारण, गोरक्षा, गोसेवा तथा गोपालन गोपसंस्कृति के सांस्कृतिक मूल्य हैं। गोकुल संस्कृति में पृथ्वी गाय का रूप धारण किए है। गोप-संस्कृति का देवता गाय है, गोविंद है, गोपाल है और गोवर्धन है। स्वयं कामधेनु अपने दूध की धार से गोविंद का अभिषेक करती है। गोकुल संस्कृति का उत्सव गोपाष्टमी है। बगला चौथ है और वे

सभी त्योहार हैं, जिनमें सवत्सा-गौ की पूजा की जाती है। ब्रज चौरासी के स्थलों को देखें—गोविंद कुंड, सुरभि कुंड, छछियारी देवी, छाछ कुंड, ग्वालपोखर, गोपीकूप, गोघाट, दोहनी कुंड, क्षीरसागर, बच्छवन और बच्छगाय आदि।

गोपसंस्कृति में छठी से लेकर सतियों, गोवर्धन स्याई, साँची, नाग, गौर, घरगुली, माँय तथा देवी-मातृका तक की स्थापना गोबर से की जाती है। 'दूधन ते पोखर भरी घीअन जम गई पार।'

गाय की पूँछ से झारा दिया जाता है। रोग दूर होने का विश्वास किया जाता है। गोप-संस्कृति में गाय की उपस्थिति मांगलिक है और स्वप्न में भी गाय का दर्शन मंगल का हेतु है। पितृश्वरों की तृप्ति के लिए गोग्रास और भवसागर तरने के लिए गोदान। गाय की पूँछ पकड़कर ही तो वैतरणी पार होती है।

गाय की सरलता गोपों के व्यक्तित्व का आदर्श है। गोकुल-संस्कृति में समय की संज्ञा का आधार भी गाय की दिनचर्या से जुड़ा है। गोधूलि का समय शुभ माना जाता है। गोकुल-संस्कृति का प्रभाव ही हमारी शब्द संपदा में—दुहिता, दुहैया, दोहनी, दुहामनी, लैंहड़े, चंवर, दूधाधारी, रँभाना, वत्स, वात्सल्य, गोखुर, गोमुख और गोरख के रूप में अभिव्यक्त हुआ। गो दोहन, पृथ्वी दोहन, दधि मंथन, समुद्र मंथन, दूध का समुद्र क्षीर सागर गोप-संस्कृति के ही अभिप्राय हैं।

यह निर्भ्रांत सत्य है कि लोक-संस्कृति समुद्र की तरह है, उसमें दायरे या लकीरें नहीं होतीं। लोक-संस्कृति कोई कुआँ या पोखर नहीं है, वह तो अविच्छिन्न प्रवाह है। समष्टि-जीवन प्रवाहित हो रहा है और उसके साथ समष्टि-जीवन की संस्कृति प्रवाहित हो रही है। मुसलिम घरों में जच्चा गीत गाए जाते हैं—'अलबेली जच्चा मान करै नंदलाल से' अथवा 'बीबी फातिमा ने जाए नंदलाल।' इससे क्या अंतर पड़ता है कि उसका नाम माँ यशोदा है अथवा बीबी फातिमा, बात तो मातृहृदय की है, जो वात्सल्यपूर्ण छातियों में क्षीरसागर बनकर उमड़ रहा है।

जो संस्कृति मानव-संबंधों को रागात्मक बना देती है, दिव्य बना देती है, उनको रस में डुबो देती है, मैंने उसी संस्कृति को ब्रज लोक-संस्कृति के रूप में पहचाना है।

मैं विशेषज्ञ बिल्कुल नहीं हूँ, लेकिन ब्रज लोकसंस्कृति के अध्येता के नाते इतनी सी बात जरूर समझ सका हूँ कि ब्रज का सांस्कृतिक परिदृश्य एक जनपद का परिदृश्य नहीं है, एक भाषा का परिदृश्य नहीं है, भारत के समग्र लोकजीवन के सूत्र ब्रज की लोक-संस्कृति में समझाए हुए हैं। इन सूत्रों की पहचान करने के लिए केवल ब्रज के लोकजीवन का ही अवगाहन करने से हमारा काम नहीं चलेगा, हमें संपूर्ण भारत के प्रदेशों और जनपदों के लोकजीवन की परिक्रमा करनी होगी। क्यों? इसलिए कि देश के विभिन्न जनपदों की लोकसंस्कृतियाँ ब्रज के प्रेम में विभोर होकर यहाँ की कुंज गलियों में न जाने कब से अपने को खोज रही हैं—'कौन गली गयौ बता दे सखी।'

हम चित्रकला को देखें—मुगल शैली, दक्खनी शैली, मेवाड़ शैली, किशनगढ़ शैली, काँगड़ा शैली, ओडिसी शैली, असम की गोलपारा शैली, बंगाल की कालीघाट शैली, सैकड़ों चित्र देश-विदेश के कला संग्रहालयों में मौजूद हैं, जिनके रंग और रेखाओं में चित्रकारों ने ब्रज के सांस्कृतिक परिदृश्य को उभारा है। हम नृत्य की बात करें तो मोहनीअट्टम हो या ओडिसी, कुचिपुडि हो या मणिपुरी, गरबा हो या कथकली, रास हो या होली, सभी की मुद्रा और गतियाँ ब्रज की ताल पर नाच रही हैं।

इसमें कोई संदेह नहीं कि ब्रज लोकसंस्कृति के अध्ययन-अनुसंधान की संभावना सहस्रमुखी है, परंतु लोकसंस्कृति के गंभीर अध्येता के सामने पहला सवाल तो यह है कि ग्राउस से लेकर आजतक ब्रज लोक-संस्कृति को लेकर जितना अध्ययन-अनुसंधान हुआ है, उसकी बिबलियोग्राफी तैयार की जाए। देर बहुत हो चुकी है, लेकिन जब समझ आए, तभी सवेरा है।

□□

10

अवधी लोक-संस्कृति : एक झाँकी

—विद्या विंदु सिंह

लोक ' इंद्रियगोचर प्रत्यक्ष अनुभव का संसार है। लोक का अर्थ है—संसार, एक देश, सामान्य जन, एक संपूर्ण जीवन। प्राचीन विचारक लोक को वेद के साथ रखकर लोकव्यवहार, लोकाचार में प्रचलित विश्वास को प्रमाण मानकर मान्यता देते हैं। शास्त्र स्वयं में प्रमाण नहीं है। लोक में मनुष्य द्वारा किया आचरण प्रमाण है। कहते हैं, यद्यपि शुद्धं, लोक विरुद्धं, नहिं कथनीयं, नहिं करणीयम्।

श्रीकृष्ण ने गीता में कहा कि मनुष्य को लोकसंग्रह की भावना से चेतना चाहिए। मुझे भी कभी लोक में अग्राह्य बात नहीं करनी है। लोक की इन सभी अवधारणाओं में संस्कृति की रचना की एक संभावना है—पूरे जीवन के साथ जुड़ना और पूरे जीवन को जोड़ना। संस्कृति का अर्थ है—आगे बढ़ाना। प्रत्येक संस्कृति अपने समुदाय के लिए निरंतर पीढ़ी-दर-पीढ़ी उत्सर्ग से, अग्राह्य को अस्वीकार करके, ग्राह्य को स्वीकार कर बनती है, नहीं तो लोक विरुद्ध हो जाती है।

अवध संस्कृति की पहचान कई कारणों से है। यह श्रीरामसीता के संयुक्त परिवार की संस्कृति है। माता-पिता के वात्सल्य भाव की पहचान है, जो पुत्र की तेजस्विता के लिए लोकहितार्थ दु:ख, अपयश स्वीकारते हैं। संस्कृति का स्वरूप उसकी निजी गुणवत्ता से बनता है। पूरा समाज अपने आपको इसमें जोड़ता, पीढ़ी-दर-पीढ़ी हस्तांतरित करता है।

'राम' का नाम लोक में इस प्रकार घुल-मिल गया है कि 'राम' को लोक से अलग नहीं किया जा सकता। यहाँ गीतों की टेक 'राम' से प्रारंभ और पूर्ण होती है। कड़ी के मध्य में 'राम' कहकर गायक साँस लेता है। लोकगीत उस अयोध्या का, कौशल्या की कोख का बखान करता है, जहाँ श्रीराम ने जन्म लिया। राम जैसे पुत्र का फल कठिन व्रतपालन से मिला। अवध के लोकमानस में अपने को सांगोपांग राममय करके अंग-प्रत्यंग से राम-स्तवन की प्यास है—

रामहि राम रटन लागी जिभिया।
मुहँवा कहै हम हरि गुन गाउब, कनवाँ कहै हम सुनब पुरान।
अँखिया कहै हम दरसन करबै, मनवाँ कहै हम करब धियान।
गोड़वा कहै हम तीरथ करबै, हथवा कहै हम देबइ दान।

चैत्र रामनवमी को जनमे राम का जन्म नित्य, हर पल होता है, क्योंकि हर शिशु के जन्म में रामजन्म का मंगल मनाया जाता है। रामजन्म लोकमानस में सपना है और स्वप्नपूर्ति के उछाह का शाश्वत मंगल भाव भी। पुत्र या वर को गंगा की तरह विस्तार और प्रवाह पाने का आशीर्वाद दिया जाता है—

गंगा जमुना यस बाढ़ा, पुरइन यस पसरौ हो॥

गंगा का नाम शिशु माँ के घुटने पर झूलने से ही सुनता है—

कंता मंता लेइत है, कानी कौड़ी पाइत है,
उ कौड़ी गंगा म बहाई, गंगा माई बालू देंय...

तात्पर्य है कि गंगा परार्थभाव की दीक्षा देती है। निरंतर प्रवाहमयता और परार्थभाव सफलता का संवाहक है। गंगा में यह संवाहक शक्ति है—

गंगा तोरी लहरि जिया का मोरे भावै,
तुहरी लहरि मैया सुख छितरावै।

गंगा का स्मरण हिंदू ही नहीं मुसलिम परिवारों के लोकगीतों में भी है। पूर्वीगीत जिसे बहादुरशाह जफर के दरबार में मिरासिनों द्वारा गाए जाने का उल्लेख है, आज भी प्रचलित है—

गंगा रेती पै बँगला छवाय दे, सैंया तोरी खैर हो,
बलमा तोरी खैर हो।

स्पष्ट है कि गंगा हर भारतीय की श्वास-प्रश्वास में बसती हैं, जाग्रत्, वरदायिनी देवी हैं, सुख-दुःख की साझीदार हैं। गंगा की पूजा गंगाजल से होती है। गंगा अपने उद्गम स्थान से, परंपरा से जुड़ी हैं, तभी उनके भक्तों के जीवन में गति, धर्म में मति है, अंतिम साँस लेने से पूर्व एक बूँद गंगाजल की ही आकांक्षा होती है। इसलिए लोक और संस्कृति के संबंध में बात करते समय एक-दूसरे परिप्रेक्ष्य में बात करना उचित होगा, जो 'लोक' को 'फोक' मानकर नहीं, उसे ऐसा जाग्रत्, जीवित समाज मानना है, जो अपने आसपास के चर-अचर, सचेत-अचेत जीवन के साथ ओत-प्रोत है। लोक-संस्कृति के साथ संपृक्तता का विशेष महत्त्व है। क्योंकि आज महानगरीकरण के निर्मम उपभोगकरण भाव ने मनुष्य को विनाश के कगार पर खड़ा कर दिया है। वह प्रकृति के साथ संतुलन और साहचर्य का भाव न रखने के कारण जीवन की मूल आवश्यकता हवा-पानी से वंचित हो रहा है। लोक और उसके विश्वास संकट की घड़ी में प्रगति की अंधी रफ्तार पर लगाम लगा सकते हैं, संपूर्ण जीवन के साथ जोड़कर सार्थक, आस्वादनीय बना सकते हैं।

लोकगीतों में नीम का पेड़ न काटने और चिड़ियों को दुःख न देने की बात इसी एकात्म भाव की ओर संकेत करती है—

निमिया क पेड़ जिनि काटेउ ऐ बाबा, निमिया चिरैया बसेर।
बिटियन जिनि दुःख दिह्या ऐ बाबा, बिटिया चिरैया की नायँ।

नीम के पेड़ पर बसेरा लेनेवाली, सुबह-शाम चहचहानेवाली चिड़ियों और घर की लड़कियों में सादृश्य है, साहचर्य भी। नीम के पेड़ से चिड़ियों के उड़ जाने के बाद नीम पर जो सूनापन आता है, उसके साथ माँ का सादृश्य है। नीम का पेड़ भरेपन और अकेलेपन का, साकार मातृत्व का बिंब है।

यही नीम का पेड़ समय के अंतराल का बिंब बनकर भी आता है—

कउनी उमिरिया सासू निबिया लगाइन,
कौनी उमिरिया गै बिदेसवाँ हो राम।
खेलत-कूदत बहुअरि, निबिया लगाइन,
रेखिया भिनत गै बिदेसवाँ हो राम।
फरि गई निबिया, लहसि गई डरिया,
तबहूँ न आए मोरा बिदेसिया हो राम।

बहू सास से पूछती है, तुम्हारे दुलरुवा ने नीम का पेड़ कब लगाया था और कब परदेश गए? सास बताती है, खेल की उम्र में पेड़ लगाया, मसें भीगते ही विदेश गया। फूलों से, पक्षियों से नीम का पेड़ झपस (भर) गया, पर परदेसी नहीं लौटा। नीम का पेड़ प्रिय ने लगाया है, इसलिए यह भी रागात्मक संबंध से जुड़ा है, प्रिय का स्पर्श पाकर बिरवा सफल हो गया, मैं निपात रह गई। सारी बातें इस बिंब से प्रतीत होती हैं।

अवधी लोक-साहित्य में पशु-पक्षी जीवन के सहचर, सुख-दुःख के साथी हैं। तोता बेटी का वर खोजता है, काला भँवरा विवाह का निमंत्रण, चील-कौआ मायके तो कभी परदेसी प्रियतम का संदेश लेकर जाते हैं। ये भाव जीवन की कटुता को भी सहज आस्वादनीय बनाते हैं।

बहन-भाई का परस्पर त्याग और चिंता स्पृहणीय है। कालांतर में यही भाव संस्कृति का मूल्य बन गया। मातृसत्तात्मक समाज अब केवल कुछ आदिवासियों में शेष है। पर अवध संस्कृति में एक संतुलन है। केवल पिता का महत्त्व नहीं है, माता का उससे अधिक महत्त्व है।

पुरुषप्रधान समाज में स्त्री के तिरस्कार का स्मरण लोक-चेतना की प्रेरणा से साहित्य में होता रहा है। राम द्वारा सीता त्याग की कथा को लेकर लोक-साहित्य की सीता के पक्ष में आक्रोश की धारा गीतों में प्रकट है। सीता को मनाकर लौटा लाने गुरु वसिष्ठ आते हैं। सीता गुरु की आज्ञा शिरोधार्य करके कहती हैं कि आपके आदेश का पालन करूँगी, अयोध्या की ओर दस पग चलूँगी, पर ऐसे 'निर्मोही' राम का मुख इस जीवन में नहीं देखूँगी—

तुहरा कहब गुरुजी करबै, परग दस चलबै हौ,
गुरुजी राम निरमोहिया क मुहँवा जियत नाहीं देखबै हो।

लोकगीत सीता के प्रति लोक की संवेदना को व्यक्त करने में पूर्ण सक्षम हैं। सीता की तेजस्विता, धैर्य, आत्मसम्मान, उनका मौन धरती

प्रवेश से व्यक्त है। सीता राम की ओर देखती नहीं, एकटक जननी धरती की ओर देखती हैं, जो सहनशक्ति की साकार विग्रह हैं। माँ से कहना नहीं क्या? मातृहृदय बेटी के दुःख से फटता है, सीता उसमें समाने लगती हैं, राम लपककर रोकते हैं, सीता के केश हाथों में आते हैं, पर सीता को यह भी स्वीकार नहीं, उनके कोमल केश तीक्ष्ण धार के कुश बन जाते हैं, सीता धरती में समा जाती हैं—

एकटक ताकी हैं, भुइयाँ त अँखियाँ वियोग भरी,
सीता धरती में गई हैं समाई, कछू नाहीं बोलीं हो।

इसी प्रकार बड़े मन की पहचान ऐश्वर्य से नहीं, किसी भी प्रकार के जातीय गुण या कुल से नहीं, व्यक्ति के व्यवहार से की जाती है। बड़ा मन वही है, जो दूसरे की पीड़ा समझता है, जिसमें एक आकुलता है कि दूसरे को पीड़ा न हो, इसीलिए अपनी पीड़ा भी छिपाता है। बहन भाई से सारे दुःख बताकर कहती है—भइया! मेरी विपत्ति की यह गठरी गंगा-जमुना के बीच छोड़ देना—

हमरी ई विपति गठरिया मोरे बिरना!
गंगा जमुन बीचे छोड़ेउ हो राम।

लोकाभिप्राय है कि सबसे उपेक्षित, छोटा सबसे ओजस्वी बनता है। इसी कारण पूरी संस्कृति में 'राजा' छोटे हो गए, राम खेतिहर, कृष्ण गोपालक, शिव-पार्वती घुमंतू हो गए। वे ईश्वर होकर भी अपने सगे हो गए। लोक-संस्कृति में प्रकृति सहचरी है, मनुष्य की शुभचिंतक है, मनुष्य प्रकृति से दूर होकर दुःखी है। अमंगल, अन्याय के प्रतिरोध की शक्ति देना संस्कृति का लक्ष्य है। लोक-साहित्य के 'अभिप्रायों' में कोई सताता है, तो कोई सहयोगी है। परिश्रम का संकल्प लेने पर दैवी सहायता मिलती है। बाहर-भीतर दोनों परीक्षाओं में खरा उतरना पड़ता है। भारतीय संस्कृति कृषक संस्कृति है। इसीलिए खेतिहर वर से विवाह का सुझाव बेटी पिता को देती है, जो उसे उपभोग की वस्तु नहीं समझेगा—

हर जोति आवैं कुदारि गोड़ि आवैं बिहँसे पसीना झलकाय।
वनही के तिलक चढ़ाया मोरे बाबा वै नाही दाहेज लेयँ।

संस्कारों के लोकाचारों में कृषि उपकरणों का प्रयोग कृषि संस्कृति की अभिन्नता व्यक्त करता है। लोक-संस्कृति ह्रासोन्मुख मूल्यों के विघटन और शाश्वत मूल्यों के पुनर्स्थापन में योगदान करती है। लोकसाहित्य में बिंब ग्रहण से अर्थ की अनेक तहें अपने आप उघरती जाती हैं—

धिया बिनु सून अँगनवाँ ऐ बेटी, पूत बिनु सून दुआर,
हंस बिनु सून पोखरवा ए बेटी, कोइलरि बिनु लखराँव।

इसमें दो समानांतर स्थितियाँ हैं—एक मानवीय रिश्तों की, एक प्रकृति के अंतर्संबंधों की, एक बिंब हंस का है, जो दामाद है। हंस के बिना पोखर सूनी, कमल हंस का, आनंद ज्ञान का अधिष्ठान न बने तो

वह व्यर्थ है। हंस ही पिता को कन्यादान के उत्सर्ग की सार्थकता देता है। इसमें कई बिंब हैं, समुज्ज्वलता, सात्त्विकता, संपन्नता, ऊँची उड़ान न भरना, धरती से जुड़े बिना आकाश का परिमापन नहीं करना। लड़की अपना आँगन सूना करके, पूरे गगन के विस्तार को भरती है।

अवधी में आजादी के लिए तड़प पैदा करनेवाले गीत हैं, उसी प्रकार आजाद होने पर बदले हुए परिवेश में लोकगीतों ने अपनी अभिव्यक्ति दी। औद्योगिक विकास तथा अन्य विकासशील परिवर्तनों के क्षेत्र गीतों, कहावतों में रच-बस गए। संवेदन शून्य होने का दर्द बिरहा लोकगीतों में है—

महँगी के मारे बिरहा बिसरिगै, भूलि गई कजरी कबीर।
देखि के गोरी कै मोहिनी सुरतिया, उठे न करेजवा म पीर॥

सबसे अधिक प्रहार हुआ लोक-संस्कृति पर। लोककलाएँ, लोकप्रथाएँ, लोकविश्वासों को रूढ़ियाँ कहकर उपेक्षित किया गया। लोकधुनें, लोकनाट्य लुप्त होने लगे।

सन् सत्तावन के गदर की कहानी बुंदेले हरबोलों ने गाई, अवध के भाटों ने गाई, जोगियों ने सारंगी की धुन में क्रांति के गीत पिरोए। क्रांतिकारियों की यश:गाथा लोककंठ से बराबर फूटती रही। भारतीय इतिहास को लोक-संस्कृति की सहज आँख से देखना आज आवश्यक है। अधिकतर इतिहास उन्होंने ही लिखा, जो आक्रमणकारी रहे या छल-बल से सत्ता पाई। पर मातृभूमि पर प्राण न्योछावर करनेवालों को लोक कभी नहीं भूलता। वह कायरों को धिक्कारता है—

जहवाँ रहिन जनमा बीर परताप सिंह,
औरौ चौहान से सपूत रे फिरंगिया।
देसवा की खातिर जे मरि मिटि गए,
तबहूँ न मथवा झुकाए रे फिरंगिया।
वही देसवा म आज ऐसन अधम भये,
चाटथे बिदेसिया कै लात रे फिरंगिया।

'स्वतंत्रता संग्राम' में शहीद वीरों की गाथा भी अमर है—

देश के करनवा केतने गए जेहलखनवाँ,
कइके तन मन धन अरपनवा, केतने फाँसी चढ़िगै ना।

पहिले चढ़िन भगतसिंह सरदार, हँसि कै फंदा मा सिर डारि,
कितने घरवा भये बिन ललनवा ना।
जलियाँ वाले बाग माँ गोली खाइके मरिगे ना।

लोकगीतों में नई लहर आई। राष्ट्रीय चेतना के भाव अभिव्यक्त होने लगे। लय, धुन वही थी, भाव बदल गए। गारी-गीतों में विदेशी वस्त्र छोड़ने पर जोर है—

आए सुराजी जमाना रे झमकोइया मोरे लाल,
छोड़ो बिदेसी बजार रे!
खद्दर की सारी मनवाँ भावै।
छोड़ै बिदेसी बाना रे!
भारत से भागि गए मेम कै भतार।
भारत माँ आय आपन राज रे!
भारतमाता की आरती होने लगी—
भारत मंदिरवा माँ अरती उतारौ, भारतमाता काँ सीस नवावौं।
झंडा तिरंगा की प्रशंसा में लोकमानस गा उठा—
लहर-लहर लहराए रे, मोरा झंडा तिरंगा।
वर के हाथों में तिरंगा आ गया—
बन्ना लइ लेव तिरंगा झंडा, चले जाओ ब्याहन काँ।

भारतमाता बलिदानों से दुःखी होकर रोने लगीं—

गंगा रे जमुनवाँ कै धारि, नयनवाँ से नीर बहै,
फूटिगै भारतीयन कै भागि, भारतमाता रोय रहीं।

स्वतंत्रता-प्राप्ति के बाद भी सामाजिक विषमता देखकर लोक क्षुब्ध है—

केहू रोवत, केहू गावत गनवाँ,
जमनवाँ देखा बदलि गै ना।
केहू झोंपड़िया बनावै फूस के,
केहू कै बनत अटारी।
केहू लगाए गद्दा सोवै,
तकियौ धरि गोड़वारी।
केहू के नाहीं बाटै तन पै ओढ़नवा ना।

लोकगीत सामाजिक और राजनीतिक परिवर्तनों से निरंतर प्रभावित होते, अपने युग को पुरातन का संदेश, भविष्य की प्रेरणा देते हैं। अवध क्षेत्र में पुराणों की रचना हुई, नैमिषारण्य तीर्थ स्थापित हुआ, जिसने मानव धर्म का प्रचार किया, समस्त प्राणियों के जीवन के साथ समरसता की, पारिवारिक भावना की बात सोची। हजरत आदम के बड़े बेटे हजरत शीष पैगंबर की मजार अयोध्या में है। राम और बुद्ध के प्रभामंडल से आवृत्त अनेक धाम, समृद्ध नगरों के अवशेष आज भी संपन्न संस्कृति के साक्षी हैं।

पितृपक्ष में नंदिग्राम में श्राद्ध, पिंडदान का विषेश महत्त्व है। जनश्रुति है कि नंदिग्राम में ही प्रथम पिंडदान श्रीराम और भरत ने अपने पूर्वजों का किया था। यहाँ पर गया से शिला लाई गई थी।

गोलागोकरन नाथ तीर्थ में शिव स्थापित हैं। जनश्रुति है कि रावण जब 'शिवलिंग' लेकर कैलास से उतरा तो रास्ते में लघुशंका निवारण हेतु एक गड़रिए को पकड़ा दिया। शिवलिंग इतना भारी होने लगा कि गड़रिया ने पृथ्वी पर रख दिया। रावण ने उठाया तो शिवलिंग उठा नहीं। क्रोध में रावण ने अँगूठे से शिवलिंग को दबा दिया। कहते हैं अँगूठे से दबाने का गड्ढा अभी भी वहाँ है। वहाँ रावण सरोवर भी है। प्रसिद्ध सनातनी मंदिर स्वामी नारायण छपिया गोंडा में है, जो पर्यटकों के आकर्षण का केंद्र है। किछौछा 'बहराइच' में मुसलिम पीर की दरगाह है, जहाँ सभी लोग आधि-व्याधियों से मुक्ति हेतु मन्नतें मानते हैं। आजमगढ़-फैजाबाद की सीमारेखा पर गोबिंद साहब का मेला एक महीने तक चलता है। श्रवण क्षेत्र 'दोहथे' में मेला लगता है, जहाँ श्रवणकुमार को बाण लगा था। सरयू तट पर स्थित शृंगी ऋषि आश्रम तथा भरतकुंड में प्रत्येक पूर्णिमा, एकादशी तथा अन्य विशेष पर्वों पर मेला लगता है।

अवध क्षेत्र एक पौराणिक, ऐतिहासिक क्षेत्र है। इसमें संस्कृति ऐसी रची-बसी है कि विशिष्ट पहचान बन गई है। इस विरासत के संरक्षण में लोककलाओं का योगदान है, जिसमें धार्मिक अनुष्ठान, व्रतकथाएँ, संस्कारों के अर्थवाले चित्र, गीत हैं।

वाल्मीकिजी ने साकेत की अपेक्षा अयोध्या नाम का उल्लेख किया है। प्राकृत और अपभ्रंश काल में इसका उच्चारण 'अउधा' या 'अउहा' हो गया, जो आरंभिक तुर्कों (गुलाम वंश) के समय भी मशहूर 'अवध' या 'अउध' वलायत थी। उसका वली सारे तुर्क काल तक अउध (अवध) में रहता था। अयोध्या से 'औध' और अवध नाम बना।

कोसल जनपद का नाम बदलकर अवध हो गया, वहाँ की बोली 'कोसली' 'अवधी' हो गई। अवधी के क्रमिक विकास के अध्ययन से ज्ञात होता है कि ब्राह्मण उपनिषद् काल की बोलचाल की वैदिक भाषा छठी तथा पाँचवीं सदी ईसापूर्व (बुद्धकाल) में कोसली पालि हो गई। कोशली पालि से कोसली या अवधी अपभ्रंश का विकास हुआ, उसी अपभ्रंश भाषा से अवधी भाषा निकली है। उसे 'प्राचीन पूर्वी' या प्राचीन बैसवाड़ी की संज्ञा दी गई। अवधी पूर्वी हिंदी की प्रमुख भाषा है। इसका क्षेत्र अवध है किंतु इसका विस्तार बहुत बड़े भूभाग पर है। अवधी की तीन विभाषाएँ पश्चिमी, केंद्रीय तथा पूर्वी हैं। ऐतिहासिक दृष्टि से अवधी अर्द्धमागधी की उत्तराधिकारिणी है।

अयोध्या की परिक्रमा अक्षय नवमी से ही प्रारंभ होती है और एकादशी को पूरी होती है। यह परिक्रमा चौदह कोसी होती है। देवोत्थान एकादशी के दिन पंचकोसी परिक्रमा की जाती है। कहा जाता है कि जब श्रीराम वन जा रहे थे तो विह्वल ग्रामवासियों ने अयोध्या की परिक्रमा उनके पीछे-पीछे चलते हुए की थी। अयोध्या की परिक्रमा का अर्थ है—ब्रह्मा, विष्णु और महेश की परिक्रमा।

अवध क्षेत्र की सबसे बड़ी निधि है—पावन सरयू नदी। यह सुखद आश्चर्य है कि आज जब अधिकांश नदियाँ प्रदूषित हुई हैं, यह निर्मल है, क्योंकि इसके किनारे बड़े शहर और रासायनिक कचड़ा उँड़ेलनेवाले उद्योग कम हैं और इसका जल-संभार शारदा नदी के इसमें मिलने से विपुल है। लोकगीतों में सरयू के निर्मल जल का बखान है—

नित प्रति उठिकै, करी नहान विमल जल सरयू कै। तथा
सब देवतन मा ब्रह्म बड़े हैं, सब नदियन मा सरयू पुनीता।

लोकगीतों की सीतास्वरूपा हर कन्या आशीष माँगती है कि उसे नित्य सरयू स्नान का सुख मिले, अयोध्या ससुराल हो।

नगर अजोधिया के सासुर माँगौ, नित उठि सरजू नहान।

सरयू नदी की एक शाखा मानसरोवर से निकलती है। सरयू की मुख्य सहायक नदियाँ, जो उत्तर से आकर मिलती हैं, वे हैं—शारदा, राप्ती, छोटी गंडक और दक्षिण से मिलनेवाली नदियाँ अधिकतर छोटी हैं। गरमियों में जल बहुत क्षीण हो जाता है। सरयू के उत्तर भाग को सरयू पार या सरवार अथवा सरुवार कहते हैं। मान्यता है कि यह पूरा क्षेत्र सरयू की बनावट के कारण धनुषाकार है। यह धनुष भगवान् राम का है। इस क्षेत्र में एक विशेष प्रकार के शील और आचार की संस्कृति पली है, जिसके बीज हैं राम और बुद्ध।

काव्यकला, वास्तुकला, स्थापत्यकला, मूर्तिकला, चित्रकला, मुद्राकला, दंतकला, ललित कलाएँ सभी में अवध क्षेत्र समृद्ध है। अवध क्षेत्र की कलाओं में राम की संस्कृति का प्रभाव स्पष्ट है, कठिन जीवन का अभ्यास है, संवेदनात्मक गहराई है, समाज के प्रति दायित्व-बोध है, मानव ही नहीं, संपूर्ण प्रकृति के साथ गहरा जुड़ाव

है। अवधी ने अपने समृद्ध साहित्य के माध्यम से विश्वभर की यात्रा करके लोगों को रिझाया है—कभी तुलसी, जायसी, कुतुबन, मंझन के साहित्य से तो कभी वाचिक साहित्य के माध्यम से।

अवध के संस्कारों, अनुष्ठानों, व्रतकथाओं के भित्तिचित्र, भूमि अलंकरण विश्व में लोकप्रिय हैं। अवध क्षेत्र ने जहाँ पारंपरिक विरासत को सँजोया है, वहीं परिवर्तनों का भी स्वागत किया है। इतिहास साक्षी है कि अवध का शिल्प, भवनकला, पच्चीकारी, मूर्तिकला, चित्रकला, नृत्यकला, संगीत, कशीदाकारी का कोई सानी नहीं। यहाँ की लोककला, लोक-संगीत, लोकनृत्य, लोकनाट्य की अपनी क्षेत्रीय विशिष्ट पहचान है और मुख्यधारा में भी है।

अवध की भूमि को विविध विधाओं के सिद्धहस्त शिखर कलाकारों को जन्म देने का भी गौरव प्राप्त है। अवध क्षेत्र की कला के मूल में सौंदर्य के अधिष्ठाता श्रीराम और सौंदर्य की अधिष्ठात्री श्रीजानकी हैं, कला के प्रतिमान श्रीकृष्ण और रुक्मिणी हैं, उनकी प्राणप्रिया राधा हैं। कला के सौंदर्य-बोध की दृष्टि से भी चाहे कला की थीम को या मनभावन रंगों को लें, मौलिकता को लें, हर बार नया अर्थ देनेवाली अवध की कला ठीक उसी प्रकार चिर नवीन है, जैसे राम कथा सदैव चिरनूतन लगती है।

यहाँ के मंदिरों में देवियों की प्रतिमाओं में सहज सौष्ठव है। सौम्य मुखाकृति, करुणा विगलित नेत्र, मातृत्व के अंगों का उभार सबका प्रतीकात्मक अर्थ है। राम की संस्कृति सत्य की संस्कृति है, इसलिए विशिष्ट है, जो अवध की विविध कलाओं में व्याप्त है।

अवध क्षेत्र की रामलीलाओं में रामकथा के साथ तादात्म्य अभिभूत भाव है, कलाओं में सहजता और सादगी है। यहाँ के भित्तिचित्र, कोहबर आदि भी बहुत सहज और सादे हैं, क्योंकि यह त्यागमयी तपोभूमि की धरोहर है। आज आधुनिकता का प्रभाव इस धरोहर की सहजता को

लील रहा है, उसकी प्राणवत्ता पर चमक-दमक का आवरण डाल रहा है, पर अवध की माटी ने उस सांस्कृतिक विरासत में प्राणों का संचार बचाए रखा है।

अवधी की वाचिक परंपरा में निर्गुण भजन और चैता आदि के साथ कबीर, सूर, तुलसी का नाम जुड़ा है। लोक ने इन संतों की रचनाओं को कहीं लोक का बना दिया है तो कहीं लोकगीतों में इनका नाम जोड़ दिया है। ये संत कवि अवधी की वाचिक परंपरा में ऐसे घुलमिल गए हैं, जैसे दूध में पानी।

इनमें एकदम कबीर की अभिव्यक्ति लगती है। गीतों में गुरु रूपी सास बहू को सिखाती है कि स्नेह छूटने का डर करो, क्योंकि नेह से चुनरी अर्थात् शरीर बहुत मिलेगा, चुनरी से स्नेह नहीं मिलेगा।

बूँदन भीजै मोरी सारी, मैं कैसे आवों बालम
जिनि डरु ए बहुअरि भीजै क चुनरिया,
डर बहुअरि छुटै क सनेह...
नेहिया से चुनरी बहुत होइहैं बहुअरि
चुनरी से होई न सनेह...।

संक्षेप में लोक और संस्कृति के अन्योन्याश्रित संबंध को कहने की कोशिश की है, पर लोक और संस्कृति के संबंध का, मुख्य वार्ता में छिपी हुई सांस्कृतिक निधि का पुनर्मूल्यांकन होना आज की अनिवार्य आवश्यकता है।

□□

11 बुंदेली लोक-संस्कृति : एक दृष्टि

—एम.डी. मिश्रा 'आनंद'

ऊँची-नीची धरा सुहावन, जंगल नदियाँ पानी।
वीर भूमि बुंदेलखंड की, झाँसी वाली रानी॥
गारी गीत चुटकला नोने बुंदेली की बानी।
जौ अपनी अम्मा की भाषा ढूँढ़ौ किते हिरानी॥

विंध्याचल की पहाड़ियों पर बसा पूर्व का विंध्य प्रदेश और उत्तर प्रदेश का अंश भाग देश का हृदयस्थल बुंदेलखंड अनुपम मनोहारी, ऊँचे-ऊँचे पहाड़, घने जंगल, कल-कल बहती हुई जलमग्न नदियाँ, अठखेलियाँ करते, छलाँगें भरते हिरणों के झुंड, नृत्य करते मोर, दहाड़ते सिंह, बाँध व तालाबों-नदियों के घाटों पर प्यास बुझाते अनेक वन्य प्राणी—बुंदेलखंड की छटा ही निराली है।

फसलों की सिंचाई कुआँ-तालाबों से होती है। और कहीं पर नहरों से पानी आता है। घने जंगल हैं तो कहीं छाँव के लिए मीलों दूर छायादार पेड़ नहीं पाए जाते हैं। आज बुंदेलखंड में कोई बड़े उद्योग तथा कारखाने नहीं हैं। जिससे यहाँ पर गरीबी और बेरोजगारी है। सामान्यतया खेती और मजदूरी है। कृषि कार्य फसलों के बाद दूसरे उद्योग नहीं होने के कारण बेकारी हो जाती है, जिसके लिए मजदूर, गरीब लोग शहरों में कार्य करने के लिए चले जाते हैं। वहाँ पर मेहनत-मजदूरी कर कृषि-कार्यों के समय पर वापस लौट आते हैं। जहाँ पर अब भी जंगल बचे हैं तो कुछ लोग उनके फल-फूल एकत्र कर जीवन-यापन करते हैं। जैसे आँवला, महुआ, बेर, चिरौंजी तथा तेंदू फल एवं बीड़ी बनाने के लिए तेंदु के पत्ते। छोटे-मोटे उद्योग हैं, जैसे बीड़ियाँ बनाना। महिलाएँ फुरसत के समय तेंदू पत्ता से बीड़ी बनाती हैं। इससे उन्हें कुछ आय हो जाती है। यह कार्य जिला सागर में अधिक होता है।

कृषि-कार्यों में मशीनरी उपयोग होने के कारण अब गाय-बैलों से रिश्ता कम होता जा रहा है। बैल, बछड़ा अधिक उपयोगी नहीं रह गए हैं। और यहाँ गायें दुधारू नस्ल की नहीं पाई जाती हैं। गाँवों में गौचर भूमियों पर अतिक्रमण कर लिये गए हैं, जिससे गौवंश संकट में है। बुंदेलखंड में जितने पर्यटन स्थल हैं, बहुत ही ऐतिहासिक, आकर्षक एवं मनोहारी हैं। विशेष रूप से खजुराहो और ओरछा विश्व पटल पर छाए हुए हैं।

रहन-सहन

वैसे तो अब संपूर्ण देश के पहनावे में पश्चिमी संस्कृति का प्रभाव बढ़ रहा है, किंतु क्षेत्रीय पहचान है, उसे भुलाया नहीं जा सकता। पुरुष धोती-कुरता, सिर पर पगड़ी, चेहरे को रोबीला बनाती ऊपर की ओर मूँछों की नोक, माथे पर तिलक लगाते हैं। वहीं महिलाएँ साड़ी पहनती हैं और परदा करती हैं। चेहरे को घूँघट से ढकती हैं। अब पूर्व में प्रचलित पैजना, पैंजनियाँ का चलन समाप्त हो गया है। उसके स्थान पर चाँदी की चैन तथा छोटे-छोटे बिछिया पहने जाते हैं। कमर में करधनी, हाथों में हथफूल, कंगना, बगुवा, बाजूबंद की बजाय चूड़ियाँ कंगन गले में गुलुबंद, लल्लरी, तिधाना, ठुसी, खंगोरिया के स्थान पर सोने की चैन और हार पहनती हैं। कानों में कर्णफूल भी कम दिख रहे हैं।

आज भी गाँवों में बुजुर्ग लोगों को दादाजी, कक्काजी, बड़े भैया सभी जाति धर्म के लोगों को संबोधित करते हैं। इसमें जाति-पाँति का भेद नहीं रहता है। एक परिवार की भाँति सम्मान दिया जाता है। उम्र में छोटे बड़ों का सम्मान करते हैं। इसी प्रकार महिलाओं को दादी, काकी, भौजाई, भाभी, बहन और बेटी कहते हैं।

पहले गाँव की महिलाएँ कुएँ से पानी के कलश और मिट्टी की गागर सिर पर रखकर लाती थीं। अब हैंडपंप तथा नल की व्यवस्था हो गई है। बुंदेलखंड का रहन-सहन अच्छा है।

पहले तो पैदल और बैलगाड़ी तथा घोड़े, हाथी पर सवारी होती थी। गाँव पहुँचने के लिए पगडंडियाँ और गड़वांत होती थीं। व्यापारी, दुकानदार आवश्यकता का सामान छोटी नस्ल के घोड़ों पर लादकर गाँव-गाँव फेरी लगाकर बेचते थे। आसपास में हाट-बाजार लगते थे। कभी-कभी मेले भी लगते, जिनमें आसपास के लोग, महिलाएँ, बच्चे पहुँचकर मनोरंजन करते और सामान भी खरीदते थे। बड़े घोड़ों की सवारी शान-शौकत और बड़प्पन की निशानी थी। वर्तमान समय में सवारी के लिए हाथी, घोड़े नहीं हैं, उनका स्थान मोटर गाड़ियों ने ले लिया है।

खान-पान

भोजन, खानपान और लोगों का सम्मान उल्लेखनीय है। बुंदेली कहावत है—

महुआ मेवा बेर कलेवा गुलगुच बड़ी मिठाई।
इतनी चीजें चानें होय तो बुंदेलखंड में करौ सगाई॥

महुआ के फूल को सुखाकर खाया जाता है। मीठा स्वाद लगभग गन्ने के गुड़ से मिलता-जुलता होता है। इसका प्रयोग चने के साथ तिल के साथ अधिक स्वादिष्ट लगता है। और फल आने पर उसमें गुली निकलती है, जिससे तेल निकलता है। गुठली के ऊपर के भाग को पक जाने पर गुलगुच कहते हैं, जो खाने में स्वादिष्ट एवं मीठी होती है। इसीलिए कहा गया है—''जेठ मीठी डूबरी, आसाढ़ मीठे लटा।'' ज्येष्ठ मास अर्थात् जून महीने में महुए की खीर (डूबरी), आषाढ़ (जुलाई) में महुआ के लड्डू (लटा) अच्छे लगते हैं।

बुंदेलखंड क्षेत्र में अतिथि-मेहमान का बहुत सम्मान किया जाता है। बोली में लालित्य है। जैसे अवाई होय जू, भोजनन खौं चलवो होय, भोजन हो जावें। भोजन इतने लजीज और स्वादिष्ट कि नाम लिखत में मुँह में पानी आय जात है। जैसे मांड़े, फुलका, कड़ी, बरा, भात, देवलन (चना) की दाल, बरी, गाय का शुद्ध देसी घी, दही को रायतौ, सब्जी में आलू-भटा (बैंगन), घुइयाँ (अरबी) और भी अनेक प्रकार के व्यंजन पकाए जाते हैं।

रीति-रिवाज

बोलचाल, रीति-रिवाज, रहन-सहन, तीज-त्योहार, इसी के आधार पर तो क्षेत्र का सीमांकन होता है। कहा जाता है कि 'चार कोस पर पानी बदले, आठ कोस पर बानी।' अर्थात् थोड़ा बहुत परिवर्तन तो होता है। बुंदेलखंड की जनजातियाँ आज शिक्षा और अर्थ में पीछे हैं। उनका विकास शून्य के बराबर है। निर्धन हैं। मजदूरी कर जीवन-यापन कर रहे हैं। नृत्य और गीत, त्योहारों के मनाने के तौर-तरीके सभी पीढ़ी-दर पीढ़ी चले आ रहे रीति-रिवाज हैं। इस समुदाय के लोग जब शाम को शरद ऋतु में फुरसत के समय अलाव जलाकर बाहर बैठते हैं, तब कहानियाँ भी सुनाते हैं। ये किस्से-कहानियाँ राजा-रानी, ठग, भूत-प्रेत, जंगल, पहाड़, नदी, तालाबों तथा जंगली जानवर शेर, चीता, स्यार, लोमड़ी-गोहा से संबंधित होती हैं। यही इनके मनोरंजन के साधन हैं। कभी-कभी देवीजी के भजन, लोकगीत, फागुन गीत भी गाते हैं, जो मौसम और त्योहारों के अनुरूप होते हैं।

विवाहोत्सव, देवी-देवताओं, भूत-प्रेतों की पूजा का उत्सव-त्योहार तो हिंदू रीति-रिवाज के अनुसार होते हैं, जैसे नवदुर्गा, दशहरा, दीपावली, फाग और रक्षाबंधन। इन उत्सव और त्योहारों पर इनके गीत अलग-अलग तरह के होते हैं, जिनका विवरण आगे दिया जा रहा है। उत्सव त्योहारों के साथ इनके नृत्यों की शृंखला अवलोकन करते हैं, जो मुख्य रूप से (१) रावला (२) स्वाँग (३) मोनियाँ, जुगिया नृत्य प्रचलित हैं।

लोकगीत एवं लोकनृत्य

मन में जब उमंग हो तो मन मयूर नाचने लगता है। नव दुर्गा उपासना बुंदेली जनजातीय लोग बड़े उत्साह से मनाते हैं। इसमें देवीजी का व्रत रखते हैं और प्रातः नहा-धोकर महिलाएँ तथा पुरुष जल चढ़ाते हैं एवं शाम को महिलाएँ एकत्र होकर देवीजी के गीत गाती और नृत्य करती हैं—

नथुनिया लटक रही गोरे गाल पै हो माँ!
ठंडों सो पानी गरम कर लाए
सपरौ खोरो फिर चली जाव हो माँ!
दूधा के लड़ुवा ताती जलेबी
जैवो फिर चली जाव हो माँ!
सोने के लोटा गंगा जल पानी
पी लो फिर चलीं जाव हो माँ!

देवीगीत में माताजी के शृंगार का वर्णन करते हुए उनसे प्रार्थना करते हैं कि आपके स्नान हेतु पानी गरम करके लाए हैं। आप स्नान कर लें और दूध के लड्डू तथा गरम जलेबी प्रसाद हेतु तैयार हैं। प्रसाद ग्रहण करने के पश्चात् स्वर्ण कलश में गंगाजल है, ग्रहण कर लें। तत्पश्चात् पीले रंग के वस्त्र तैयार हैं, इन्हें धारण करके ही आप प्रस्थान करें।

भोग प्रसाद सेवा पूजा के उपरांत भक्तगण गीत के माध्यम से विनय करते हैं—*''सुमर-सुमर माई तोरौ जस गाऊँ,/ चरण छोड़ कहाँ जाऊँ हो माँ!/दुखन की मारी/गोरी ठांडी, विरछ तरें/अँसुवा रही बहाय हो माँ/माता श्री पूँछती हैं कि/कै तोरी सास ननद दुःख दीन्हो,/कै मायके तोरे दूर हो माँ!''*

देवी माता को स्मरण कर चरण वंदन करके एक स्त्री पेड़ के नीचे खड़ी दुःखी होकर आँसू बहा रही है। देवी माता जानना चाहती हैं कि तुम्हारी सास, ननद ने दुःख दिया है अथवा तुम्हारे माता-पिता अथवा मायका दूर है। इस कारण से तुम दुःखी होकर रोदन कर रही हो? जिस पर स्त्री कहती है कि मेरी सास-ननद ने कोई दुःख नहीं दिया और न ही मेरा मायका दूर है, बल्कि मेरा पति मुझे बाँझ कहता है, इसलिए माता मुझे संतान दे दो, क्योंकि मैं बाँझ (निःसंतान) हूँ।

लोकदेवता : इसी आस्था के साथ देवी-भक्ति-पूजा-भजन करते हैं। देवी शक्ति की पूजा करते हैं। भूत-प्रेत योनियों में विश्वास करते हैं, जिसमें गौंड बाबा, करूआ बाबा तथा घटौइया, मसान को पूजते हैं। त्योहारों पर नाच-गान, खाना-पीना होता है। गौंड बाबा के चबूतरा बनाकर स्थापना कर पूजा-भजन, नृत्यों का आयोजन किए जाते हैं। इसी प्रकार करूआ बाबा के स्थान स्थापित किए जाते हैं। किंतु घटौइया बाबा तो नदी-नालों के घाटों पर ही चबूतरा बनाकर पूजे जाते हैं। जिस नदी-नाले के घाट पर घटौइया विराजमान होते हैं, उस रास्ते से शादीशुदा कोई भी बेटी निकलती है तो वहाँ रुककर पूड़ी, पपड़िया, मीठा, बतासा, नारियल चढ़ाती है। जो लोग ऐसा नहीं करते हैं तो ऐसी मान्यता है कि उस बहू-बेटी पर घटौइया प्रेत सवारी कर लेता है और उसे परेशान करने लगता है, जिसके निवारण के लिए उन्हीं की बिरादरी में तांत्रिक होते हैं। वे भूत भगाने, घटौइया को साथ छोड़ने के लिए मनाते हैं, जिसके लिए पशु-पक्षी की बलि चढ़ाई जाती है।

अल्प आयु में जिन बालकों का असामयिक निधन हो जाता है। कहते हैं कि उनकी आत्मा प्रेत योनि में भटकती रहती है। ऐसी प्रेत योनि को मसान के रूप में पूजते हैं। जब मसान बाबा किसी पर रुष्ट हो जाते हैं तो तांत्रिक पूजा कर इन्हें मनाते हैं और पीड़ित को मुक्ति मिलती है।

लोकमान्यताएँ

बुंदेलखंड में विश्व प्रसिद्ध अनेक दर्शनीय स्थल हैं। बुंदेलखंड की अयोध्या कहे जानेवाले ओरछा धाम की बड़ी महिमा है।

मधुकर शाह महाराज की रानी कुँवर गनेश।
अवधपुरी से ओरछा लाई अवध नरेश॥
राजाराम पधारे जब से हुआ विश्व में नाम।
नगर ओरछा हो गया अवधपुरी सा धाम॥

राम की पूजा यहाँ राजा के रूप में की जाती है और मंदिर में उस समय से आज तक गार्ड ऑफ ऑनर सशस्त्र सलामी दी जाती है। रामराजा सरकार को सूर्य अस्त के बाद भी गार्ड ऑफ ऑनर दिया जाता है। जबकि संसार के किसी भी देश में सूर्यास्त के पश्चात् सलामी का नियम नहीं है। मंदिर में पूजा-अर्चना विधि-विधान से संपन्न की जाती है। वर्ष के दौरान अनेक उत्सव मनाए जाते हैं। इनमें सबसे भव्य राम विवाह मनाया जाता है। यह प्रत्येक वर्ष अगहन माह शुक्ल पक्ष की पाँचें को संपन्न होता है, जिसमें हाथी, घोड़े, बाजे, राजसी पालकी और झंडा निशान के साथ सरकार की बरात निकलती है। इस अवसर पर आस-पास के क्षेत्रों सहित दूर देश-विदेश से लाखों दर्शनार्थी उपस्थित होते हैं। महिलाएँ मंगलगीत गाती हैं। संपूर्ण भक्तों सहित नगर भोज दिया जाता है। इस अवसर का एक बुंदेली बना गीत है—

बन्ना बन गए रघुवीर सलोने ऐसे सज गए जू।
संगे सजरये लछमन भाई भरत कौ आंगे कर लये जू।
वागौ पैर लवौ केसरिया फुन्दना लटकत जारये जू।
कर में कंकन बाँधे गए हाथ उँगरियन मुदरी सजरये जू।

खजुराहो मंदिरों में काम शास्त्र और मन के अंदर स्त्री-पुरुषों के भीतर छुपी अनकही बातें स्पष्ट रूप में प्रदर्शित की गई हैं तथा जितनी बारीकियों से यहाँ कलाकृतियों के द्वारा विश्लेषण किया गया है, वैसा संसार में कहीं नहीं पाया जाता है। इसलिए यहाँ सदैव देशी-विदेशी सैलानियों कि भीड़ लगी रहती है। यह बुंदेलखंड की अनुपम धरोहर है। इसके अतिरिक्त और भी तीर्थ स्थल हैं, जिनमें पन्ना के जुगलकिशोर, पीतांबरा पीठ (तांत्रिक साधना हेतु) दतिया, अछरूमाता, कुंडेश्वर धाम जिला टीकमगढ़, जटाशंकर, भीमकुंड जिला छतरपुर में आस्था और आकर्षण के केंद्र हैं।

लोकोत्सव एवं तीज-त्योहार

बुंदेलखंड में लोकोत्सव धूमधाम से उत्साह के साथ मनाए जाते हैं। अब कुछ पर्व विलुप्त होते जा रहे हैं। इसका कारण टेलीविजन वगैरह भी कह सकते हैं। पहले लोगों के पास मनोरंजन के साधन सीमित होने से लोकोत्सव अधिक होते थे। परंतु जो आनंद लोकोत्सव लोक-संस्कृति में है, वह आधुनिक संस्कृति में नहीं है। बुंदेलखंड में दशहरा, दीपावली, रक्षाबंधन सबसे बड़े त्योहार हैं। दशहरे पर्व से रामकथाओं के प्रसंग जुड़े हैं। रामलीला रामचरित्र, लंका विजय, रावण वध, बुराई पर अच्छाई की जीत, रामलीला मंच पर अभिनीति होती है। कहीं-कहीं कृष्ण चरित्र भी रासलीला के रूप में प्रदर्शित किया जाता है। रामजन्म के उत्सव भी रामलीला के माध्यम से मनाए जाते हैं। दीपावली त्योहार उत्साह से मनाया जाता है। इसके पश्चात् दूसरे दिन मौनिया नृत्य खेले जाते हैं।

फाग उत्सव : रंग-गुलाल का त्योहार इस क्षेत्र में उत्साह के साथ मनाया जाता है, जिसमें प्रकृति भी हमारा साथ देती है। चारों ओर सेमल, पलाश के फूल चटख लाल रंग अंगारे से और खेतों में सरसों के पीले फूल प्यारे से। इस अवसर पर फागुन गीत अलग आनंद देते हैं—''हो गऔ जौ लरका फगुआरौ/जो सुन पावै ढोल नगरिया/फाड़ारै गलियारौ।''

ढोल-नगरिया की तान पर लोग झूमने लगते थे। बुंदेली कवि ईशुरी की फागें जो जन-जन की जुबान पर हैं। उनमें रस है, अलंकार है—

रजुआ तनक न चलतीं नैकैं, नैन पछारी फेंकैं।
पतरी कम्मर बनीं लबोदर, बायें हात खौं पै कैं।
सकरी-खोर, रोज कौ कड़बौ, पुरा भरे खाँ छेंकैं।
'ईसुर' कौनउँ भूंकौ ढूँड़ौ, अबै आए हम जेकैं॥
नैना दै कैं काजर कारौ, रजउ ने हम खाँ मारौ।
कंठा डरौ बिचौली छुटिया, छटा छै लर बारौ।
कानन करनफूल साँकरिया, दुर है झुलनी बारौ।
'ईसुर' हम सें सांसी कै दो, का लेती हौ भारौ॥

सावन-त्योहार : बुंदेलखंड में रक्षाबंधन एक महत्त्वपूर्ण उत्सव है, जिसमें लड़की के माता-पिता या भाई लड़की को मायके बुला लाने के लिए कहते हैं—''सबकी बहिनियाँ झूला झूलें,/झूलें हिंडोला मोरी विसूरे परदेश/सबकी बहिनियाँ भइयन राखी बाँधे/मोरी रहे परदेश/इते ऊँचे अटा चढ़ देखें बहना/भइया के घूड़ला न दिखाय।''

बेटी मायके में अपनी सखी-सहेलियों के साथ झूला झूलती गा रही है—

झूला झूलत बेंदी गिर गई
अरे कौना गढ़ा दई बेंदियाँ
कौना धराई रबार
बलमा गढ़ा दई बेंदियाँ
देवरा धरा दई रबार
झूला झूलत बेंदी गिर गई।

रक्षाबंधन पर बहन थाली सजाकर भाई की आरती उतारती है। उसकी कलाई पर राखी बाँधती है। भाई जीवन भर उसकी रक्षा करने का व्रत लेता है। रक्षाबंधन त्योहार संपन्न होने के पश्चात् बेटी को ससुराल विदा करते हैं—

अँगना में भेंटी अपनी भौजाई
मइया पौर के द्वार
बाबुल जो भेंटें बैठे अथइयाँ
भइया गलिन चले जांय मोरे लाल।

राई नृत्य : बुंदेलखंड का राई नृत्य बहुत ही लोकप्रिय है। इस नृत्य में नृत्यकाएँ एक या एक से अधिक साथ में नाचती थीं, जिसमें ढोल-नगड़िया-मृदंग भी झूम-झूमकर वाद्ययंत्र बजाते थे। किंतु इनका प्रचलन प्राय: समाप्त होने के कारण कलाकार बेरोजगार होते गए और उन्होंने अपना रुख महानगरों की ओर कर दिया।

नौटंकी : नगाड़े की किड़किड़ि-धुम्म की आवाज से संपूर्ण बस्ती के पुरुष-महिलाएँ एकत्र हो जाते थे। नौटंकी मंडली हुआ करती थी, जिसमें महिलाएँ नृत्यकार होती थीं और कुछ पुरुष पात्र होते थे। नाटक जो गेय विद्या पर आधारित होता था। पात्र अभिनय करते और नर्तकियाँ नाच करती थीं। देखनेवाले रुपया-पैसा लुटाते। जो नृत्य पर प्रसन्न होकर रुपया देता था, उसका मंच से नाम बोला जाता था। कुछ पुरुष कलाकार रानी, महारानी, राजकुमारी, महिलाओं का भेष बनाकर कला प्रदर्शित करते थे।

आल्हा : महोबा (उत्तर प्रदेश) के महान् योद्धा वीर आल्हा-ऊदल की वीर गाथाएँ संपूर्ण बुंदेलखंड में लोक काव्य के रूप में गाई जाती रही हैं। इसमें एक व्यक्ति गाता है और दूसरा व्यक्ति साथ देता है। कभी-कभी गायक ही ढोलक बजाता है। लोग वीर बहादुरों के उत्साही गान सुनकर के पूरी रात्रि ही बिता देते थे। महोबा में शरद नवरात्रि की समाप्ति पर कजरिया (भुजरियाँ) का विसर्जन के समय कीरत सागर तालाब पर उत्सव मनाया जाता है। यहाँ पर पहलवानों की कुश्ती होती हैं। आल्हा काव्य के रूप में गाया जाता है—

पुरइन पात सब्ज सागर में पक्का बँधा किरतुआ ताल।
नाचै बाजकुमर ऊदल को चमकै अषटधात की नाल।।
हाथ दुनैया लै ऊदल ने चंद्रावलि को दियो गहाय।
कुँवरकनौजी की धमकिन में भागे तबै पिथौरा राय।।
भागि पिथौरा गे दिल्ली को जीते जंग कनौजी राय।

गोटें : पशुधन के रक्षक कारसदेव होते हैं। इनकी पूजा यादव, पाल, गड़रिया, गुर्जर समुदाय के लोग करते हैं। प्रतिवर्ष भादौं माह की बड़ी चौथ को विषेश आयोजन किए जाते हैं। और वैसे भी गोटें गाने के लिए कारस देव के चबूतरा पर एकत्र होकर गाते हैं, जिसमें ढाँक मुख्य वाद्य होता है। यह काँसे या पीतल का होता है। दोनों ओर मढ़ा रहता है। इसकें बीचोबीच झेला बँधे रहते हैं। (पीतल की घंटी), जिन्हें पाँव के पंजों के ऊपर रखकर बजाया जाता है। एक गोट देखें—

हो बाबा नाव में बाड़े पानी हो बाबा गठियन बाढ़े दाम।
दोनों हाथ उलीचिये जेई स्याने काम।

विवाह गीत-नृत्य : पहले हाथी, घोड़ा, बैलगाड़ी, पैदल बरात के लिए जाते थे। घोड़े-बाजे-पालकी, नाऊ, वामन, डलिया, टिपरिया समय पर तैयार रखने के लिए एक टका दो पैसा साई में देकर बात पक्की हो जाती थी। वर पक्ष और वधू पक्ष दोनों ओर इसी प्रकार से व्यवस्था हुआ करती थी। बरातें दो-तीन दिवस ठहराई जाती थीं। गाय के शुद्ध देसी घी से तैयार सामग्री से कच्ची-पक्की पंगतें होती थीं, दूल्हा लाल रंग का बिना बटन के गले से घुटने तक शादी का परिधान पहनता था और सिर पर खजूर का मोर भी। दुलहन को भी मोरिया पहनाई जाती थी। बगल में कटार, हाथ में कंकन बाँधते थे। दूल्हा को ढाई दिवस का बादशाह माना जाता था। महिलाएँ गीत गाती थीं—

केशरिया बागौ पैरो राजा बनरा कलगिन
मौर पैराइयो रे मोरे राजा बना खों।

बन्ना-बन्नी गीत : दूल्हा को 'बना' कहा जाता है और दुलहन को 'बनी'। दूल्हे का श्रृंगार उबटन-हल्दी तथा स्नान पश्चात् नए वस्त्र धोती-कुरता, पगड़ी एवं लाल कपड़े का 'वागौ' (दूल्हे का परिधान) पहनाया जाता है। आँखों में काजल, हाथ में कंगन और बगल में कटार लटकाते हैं। घर में महिलाएँ बना गीत गाती हैं—

बना की बनरी हेरे बाठ बना मोरो कब घर आवेजू
बना के आजुल चतुर सुजान बना खों ऐसो सजदवो जू
जैसे सज गए लछ्मन राम भरत खों आगें करलवो जू
बना के बाबुल चतुर सुजान बना खों ऐसो सजदवो जू
जैसे सज गए लछ्मन राम शत्रुघन आगें करलवो जू
हाथी घुड़ला सजे सवार तुरई रमतूला बाजे जू
बना की बनरी हेरे बाठ बना मोरो कब घर आवेजू

एक बात उल्लेखनीय है कि वर पक्ष को राम और वधू पक्ष को सीताजी मानकर संबोधित किया जाता है।

जुगिया नृत्य : जब बरात वधू पक्ष के यहाँ चली जाती है, उस समय महिलाएँ जुगिया बाबा का नृत्य करती हैं। कुछ महिलाएँ मर्दों जैसे कपड़े पहनकर अपने चेहरे पर नकली दाढ़ी-मूँछ लगा लेती हैं। हाथ में शस्त्र स्वरूप नकली बंदूक और धान कूटनेवाला मूसल लेकर मोहल्ला भर में भ्रमण कर आपस में हँसी-ठिठोली करती गाती-नाचती हैं। इसे जुगिया नृत्य कहते हैं। इसका दूसरा पक्ष यह भी है कि अधिकांश मर्द बरात में चले जाते हैं, घर में अकेली महिलाएँ रह जाती हैं तो जुगिया नृत्य में मर्द बनकर चोर, बदमाशों से रक्षा करती हैं। रात भर नृत्य एवं जागरण होता है, जिससे घर एवं झोंपड़ी सूनी नहीं रहती है और महिलाएँ एक समूह में एकत्र रहती हैं। उन्हें अकेलापन एवं असुरक्षा महसूस नहीं होती है।

शादी के निमंत्रण लिखे जाते हैं। निमंत्रण के साथ हल्दी में रँगकर पीले चावल भी निमंत्रण के साथ दिए जाते हैं। सर्वप्रथम निमंत्रण ओरछाधाम जाकर श्री रामराजा सरकार के चरणों में अर्पण करते हैं। दूसरा निमंत्रण 'लाला हरदौल जू का बैठका' में जाकर उन्हें भाई मानकर बहन अर्थात् लड़की की माता स्वयं देती है और भात माँगती है।

भात के गीत : चूँकि बुंदेलखंड में ऐसी मान्यता है कि कुँवर हरदौल जू की बहन कुंजावती की पुत्री की शादी थी। किंतु हरदौल जू का असामयिक निधन हो गया था, जिससे कुंजावती अत्यंत दुःखी थी। उन्होंने भाई हरदौल जू को बेटी की शादी का निमंत्रण दिया था। इसके बाद कुँवर हरदौल जू ने प्रकट रहकर बरातियों को स्वयं भोजन तथा लोटा भर-भरकर घी परोसा और रुपया-पैसा और जेवर-वस्त्र भानजी रतन कुमार की शादी में दिए थे—

खंभा से भेंट करें कुंजावत वैन, मंडप हल परो सुनत शब्द
परौ चैन परी काऊ की न कैन, हती ऊवनी की रैन।
महा शोर भयौ लाला करदौल भात दयो महा शोर भयौ

ज्योनार के गीत : कन्या पक्ष के आँगन में हरे पत्तों-डालियों का मंडप सजाया जाता है, जिसमें आम, जामुन की डालियाँ तथा हरे बाँसों को उपयोग में लाया जाता है। मंडप के नीचे एक खंभा गाड़ते हैं, जिसमें सालर नाम की लकड़ी का उपयोग करते हैं। यह लकड़ी जमीन में गाड़ने पर हरी पत्तियाँ छोड़ने लगती है। जिसे वर-वधू के दीर्घ एवं सुखी जीवन का प्रतीक मानते हैं। यहाँ बरातियों का स्वागत-सम्मान तिलक लगाकर किया जाता है और बरात भोजन के लिए विराजती है। इस अवसर का एक बुंदेली गीत देखें—

रुचि राखी जनक जेवनार हो जेवें साजनवाँ
पहले उनके चरन पखारे दूजे आँगन में बैठारे
तीजे परस दये जेवनार
भोजन परसे विविध प्रकार हो जेवें साजनवाँ

भोजन के समय कन्या पक्ष की महिलाएँ बरातियों से हँसी-ठिठोली करती हैं। जो साग-सब्जी इस क्षेत्र में होती है, वही शादी-विवाह तथा भोजों में परोसी जाती है।

गीतों में गहने-जेवरात : बुंदेलखंड में दुलहन को मंडप के नीचे गहने-वस्त्रादि, जो वर पक्ष से आते हैं, चढ़ाए जाते हैं। प्रस्तुत लोकगीत में उस समय उपयोग में लाए जानेवाले गहनों का वर्णन है, जो गहने अब प्रचलन में भी नहीं हैं। केवल लोकगीतों में ही सुनने को मिलते हैं—

पंडित ने चौक पूर दुल्हन बुलाई हरे मंडप के नैंचे जू
शीश फूल बेंदा और बेंदी चढ़ाई हरे मंडप के नैंचे जू
कानन में कन्न फूल गले मोतियन की माला पहिनाई
ढुसी और तिधाना सरमाला चढ़ाई
बंइयन में बाजू बंद नोगरे चढ़ाई
हाथन में कंकना वगुवा दौरी चढ़ाई
पावन में जेरे घुँघरू चढ़ाई
लांगा नुगरौं और चूनर चढ़ाई, हरे मंडप के नैंचे जू

विदाई के गीत : चढ़ाव कार्यक्रम संपन्न होने के बाद भाँवर होती है। माता-पिता हरे मंडप के नीचे कन्यादान करते हैं। फिर लड़की की विदाई हेतु तैयारी की जाती है। उस समय माता पुत्री को समझाती है कि ससुराल पक्ष में अपने से बड़ों का सम्मान करना, सास-ससुर की सेवा करना तथा देवरानी, जेठानी से और अपने बराबरवालों और छोटों के साथ स्नेह, प्रेम, मधुर व्यवहार रखना एवं पति की आज्ञा का पालन करना तथा कुल की मर्यादा की लाज रखना—

बेटी जा रही पिया जू के देश मइया समझाय रही
सास-ससुर की सेवा करियो जेठे बड़ों का आदर करियो

देवरानी, जेठानी से मिलकें रइयो बारी ननद से झगड़ा न करियो
अपने पति की आज्ञा मानियो कुल की राखियो
लाज मइया समझांय रही

बेटी की विदाई पर कन्या पक्ष के घर का वातावरण करुणामय हो जाता है। बेटी की विदाई के समय माता-पिता के अतिरिक्त परिवार के सभी लोग दु:खी हो जाते हैं—

माई के रोये से गंगा बहत है
बाबुल के रोयें बेला ताल—मोरे लाल
बाबुल कहैं बेटी रोजई आइयो
माई कहें दोई जोर—मोरे लाल
भइया कहें बहिना सावन को आइयो
भाभी कहें अवसर काज—मोरे लाल

इस प्रकार बुंदेलखंड क्षेत्र में आज भी शादी-विवाह के अवसरों पर महिलाओं के मधुर कंठ से ढोलक-मजीरे की ताल पर लोकगीत गूँजते हैं। और सुंदर सजी हुई पालकी में बैठाकर दुलहन को विदा किया जाता है। बुंदेली लोक-संस्कृति अत्यंत समृद्ध है। आज भी यहाँ ज्यादा कुछ नहीं बदला है। बुंदेली में लोक कथा, कहावतों, पहेली, मुहावरों, रीति-नीति, परंपराओं की भरमार है।

□□

12 कन्नौजी लोक-संस्कृति

—अपूर्वा अवस्थी

भाषाएँ मनुष्य के भावों और विचारों को अभिव्यक्त करने का सर्वाधिक सशक्त माध्यम हैं। भाषाएँ प्रकृति का अद्‌भुत वरदान हैं, जो मनुष्य को पशु-पक्षियों से इतर एवं अभिनव सृजन के पथ पर अग्रसर करती हैं। सभ्यता का विकास भाषा के माध्यम से ही हुआ है। विश्व भर में भाषा के असंख्य लिखित एवं वाचिक रूप प्रचलित हैं।

भारतीय भूभाग में भाषाओं की विकास-यात्रा सुसमृद्ध है। डॉ. उदय नारायण तिवारी ने विकास-क्रम की दृष्टि से इस विकास के तीन सोपान गिनाए हैं। प्राचीन भारतीय आर्य भाषा, वैदिक-लौकिक-संस्कृत, मध्य भारतीय आर्य भाषा पाली-प्राकृत और अपभ्रंश तथा आधुनिक भारतीय भाषा बंगाली-गुजराती-मराठी-पंजाबी आदि।

हिंदी की दो प्रमुख धाराएँ प्रवाहित हुईं, पूर्वी हिंदी और पश्चिमी हिंदी। पश्चिमी का विकास शौरसेनी अपभ्रंश से माना जाता है। बोली ही भाषा की सबसे छोटी इकाई है। क्षेत्र विशेष में बोली जाने के कारण वह बोली कहलाई। भारतीय ग्रामीण परिवेश में बोली का ही सिक्का चलता है। कन्नौज क्षेत्र की लोक व्यवहार की भाषा कन्नौजी बोली ही है। ब्रज बुंदेली बाँगरू तथा खड़ी बोली कन्नौजी बोली की सगी बहनें हैं। कन्नौजी को कनौजी कनउज तथा कनउजिया नामों से संबोधित किया जाता है।

सर्वप्रथम डॉ. ग्रियर्सन ने अपने भाषा सर्वेक्षण में हिंदी की ग्रामीण बोलियों के अंतर्गत कन्नौजी बोली की चर्चा की। कालांतर में डॉ. धीरेंद्र वर्मा, डॉ. उदयनारायण तिवारी, डॉ. सुरेश चंद्र त्रिपाठी आदि विद्वानों ने कन्नौजी बोली का भाषा-वैज्ञानिक अध्ययन करके उसके विकास एवं महत्त्व को रेखांकित किया।

भौगोलिक स्थिति

कन्नौजी का नामकरण कन्नौज के नाम पर हुआ है। कन्नौज अपने इत्र और इतिहास के लिए विश्व प्रसिद्ध है। प्राचीन काल में यह दक्षिण पांचाल का प्रमुख राज्य था। इतिहास में इसे महोदय गाधिपुरी, पुष्पावती, इंद्रपुर, कन्याकुब्ज आदि कई नाम मिले। सम्राट् हर्ष तथा महाकवि बाणभट की महिमामंडित उपलब्धियों का साक्षी है कन्नौज। आज कन्नौज उत्तर प्रदेश का एक जनपद है। कन्नौज नगर तथा जनपद का नाम भी है तथा कई जनपदों को समेटकर कन्नौज का ऐतिहासिक क्षेत्र बनता है, पूरे कन्नौज क्षेत्र की बोली कन्नौजी ही है।

डॉ. संतराम अनिल के अनुसार, कन्नौजी बोली के क्षेत्र में आधुनिक कन्नौज फर्रूखाबाद, हरदोई, शाहजहाँपुर, पीलीभीत, कानपुर, इटावा आदि जिले समाहित हैं। डॉ. सुरेशचंद्र त्रिपाठी ने सूक्ष्म भाषा वैज्ञानिक विश्लेषण करके कन्नौजी के क्षेत्र को इस रूप में निरूपित किया है। आजकल शुद्ध कन्नौजी कन्नौज, फर्रुखाबाद, इटावा, मैनपुरी जिले की भोंगाँव तथा करहल तहसीलें, एटा जिले की अलीगंज तहसील, बदायूँ की दत्तागंज, बरेली की फरीदपुर तथा नबाबगंज तहसीलें, शाहजहाँपुर, पीलीभीत, हरदोई लखीमपुर खीरी की मोहम्दी तहसील, सीतापुर की मिश्रिख तथा पश्चिमी कानपुर में बोली जाती है।

स्थान भेद की दृष्टि से कन्नौजी के कई भेद किए गए हैं—१. मध्य कनौजी २. तिरहारी ३. पछिरउआ ४. शहजहाँपुरिया ५. पीलीभीती ६. बदायूँनी और अंतर वेदी या मैनपुरिया। मध्य कन्नौजी ही आदर्श कन्नौजी बोली है। कन्नौजी का क्षेत्र अवधी

और ब्रज के बीच स्थित है, इसीलिए सीमांत जिलों में मिश्रित कन्नौजी के अनेक रूप मिलते हैं। आज भी भारतीय जनता की अधिकतम ज़नसंख्या गाँवों मे ही निवास करती है। इसे ही लोक की संज्ञा दी गई है। ग्रामीण लोक समाज जिन शब्दों में अपने उद्‌गार व्यक्त करता है, उन सबका समुच्चय ही लोक साहित्य है। कन्नौजी का लोक साहित्य बहुआयामी और बहुरंगी है।

लोककाव्य

ललित कलाओं में सबसे ऊँचा स्थान काव्यकला का है। कन्नौजी लोक-साहित्य का सिरमौर लोककाव्य आल्हा है। जगनिक द्वारा रचित परमाल रासो की कोई प्रति आज तक उपलब्ध नहीं है, किंतु उसी परमाल रासो का एक अंश आल्हखंड नाम से वाचिक परंपरा के द्वारा चौपालों का शृंगार बन गया। आल्हा वीर एवं शृंगार रस से आप्लावित अनूठा लोककाव्य है। जो लगभग आठ सौ वर्षों तक पीढ़ी-दर-पीढ़ी स्मृति की उँगली पकड़कर लोक में विकसित होता रहा तथा जन-जन में चेतना एवं स्फूर्ति उत्पन्न करता रहा है।

आल्हा-ऊदल महोबा के राज्य परमादिदेव के सामंत थे। उनका समय बारहवीं शताब्दी में माना जाता है। जब कन्नौज में महाराजा जयचंद का शासन था। परमादिदेव राजा परमाल ने किसी व्यवहार से क्षुब्ध होकर वीरद्वय आल्हा एवं उदल को भरी बरसात में महोबा से निष्कासित कर दिया, तब उन वीरों ने कन्नौज आकर राजा जयचंद की शरण ली। सम्राट् जयचंद ने उनकी वीरता की परीक्षा ली, उनका सम्मान किया और उन्हें रिजगिरि राजगृह में ठहराया गया। कालांतर में उदल और कन्नौज के वीर लाखन में मित्रता हो गई, उसी मैत्री को निभाने के लिए वीरवर लाखन ने अपने प्राण न्योछावर कर दिए। आज भी आल्हा गायक उस मर्मस्पर्शी प्रसंग को मंच से गाते हैं। आल्हा गायक प्रारंभ में वंदना करता है—

फूलमती कनवज माँ बैठी अन्नपूर्णा तिरवा मांहि,
दोनों देवी की किरपा से हम यहु सैरा दियो बनाइ।

आल्हा गायक वीर वेश में तलवार लेकर मंच पर प्रस्तुत होता है, ढोलक-मंजीरा और चिमटा से संगत होती है। लाखन एवं रानी पद्‌मा के संवादों को आल्हा गायक इन शब्दों में संगीत और अभिनय के साथ गाता है। छत पर खड़ी पद्‌मा बदली से कहती है—

कारी बदरिया बहना मोरी तोसे कहूँ मैं हाथ उठाय
आज बरस जा मोरे कनवज में कंता एक रैन रहि जाय
उसी समय वीर लाखन छत पर आकर कहता है—
कारी बदरिया सारी मोरी बादल सारो लगै हमार
डारि मोमिया देउ भुरूही पर अपनी गैल लेउ चलवाएँ

इस प्रसंग में शृंगार भी है, शौर्य भी है, दांपत्य जीवन का विनोद भी है और दुखांत त्रासदी भी है, बेतवा के किनारे युद्ध में लाखन वीरगति को प्राप्त होता है और रानी पद्‌मा सती हो जाती है।

लोककाव्य आल्हा में प्रमुख २३ लड़ाइयाँ हैं, संयोगिता हरण, आल्हा का ब्याह, ऊदल का ब्याह, माड़ौगढ़ की लड़ाई, चंद्रावलि की चौथी आदि। लोक मनीषा ने आल्हा का विस्तार किया, कई क्षेपक जोड़े गए, कहा जाता है कि आल्हा की कहानी और मठा का पानी इनकी कोई सीमा नहीं।

१९६१ में फर्रूखाबाद के अंग्रेज कलक्टर चार्ल्स इलियट ने इस लोक प्रचलित काव्य को लिपिबद्ध कराया। १८७२ में पहली प्रति प्रकाशित हुई, तब से अब तक अनगिन संस्करण प्रकाशित हुए हैं। आल्हा गायन की दो प्रमुख शैलियाँ हैं—बुंदेलखंड में रइसो शैली प्रचलित है, इसमें रासो काव्य की भाँति छंद वैविध्य है, जो कठिन होने के कारण बुंदेलखंड में ही सीमित रही, किंतु कन्नौज में सैरा शैली विकसित हुई। सैरा अर्थात् सीधा रास्ता, वीर छंद में रचित कन्नौजी लोककाव्य आल्हा आज उत्तर प्रदेश ही नहीं बिहार, बंगाल, गुजरात आदि में भी रसवर्षा के साथ सुना जाता है। स्व. लल्लू बाजपेयी को आल्हा सम्राट् की उपाधि दी गई थी। आकाशवाणी पर स्व. रमई काका ने आल्हा गायन का प्रसारण प्रारंभ किया था। आज भी कन्नौज में अनेक लोकगायक हैं, जिनमें संग्राम सिंह प्रमुख हैं।

लोक-कहावतें

विश्व प्रसिद्ध पर्यावरणविद् एवं ऋतु वैज्ञानिक लोककवि घाघ भी कन्नौज के ही सपूत थे। कन्नौज में स्थित अकबरपुर सरायघाघ उनका

निवास स्थान था। घाघ की कहावतें आज भी कृषकों का मार्गदर्शन करती हैं तथा कन्नौज क्षेत्र ही नहीं, पूरे उत्तर भारत में लोकप्रिय हैं, जैसे—

जै दिन जेठ चले पुरवाई
तै दिन साउनि धूरि उड़ाई
× × ×
जब भुंई लोट चले पुरवाई
तब जानहुं बरखा ऋतु आई

घाघ के अतिरिक्त भी कन्नौजी में कहावतों एवं मुहावरों का समृद्ध भंडार है। कन्नौजी के लोकगीत गाँव-गाँव में बिखरे हुए हैं। संस्कार गीत, देवी पूजा गीत, ऋतु गीत, जाति गीत, खेल गीत, नृत्यगीत, देशभक्ति के गीतों को गाँव-गाँव में स्त्रियाँ ढोलक के साथ आँगन तथा यात्राओं में गाती हैं। लोककंठ से जब सरस लोकगीत गुंजरित होते हैं, तब श्रोता मंत्र मुग्ध हो जाते हैं। कन्नौज के इत्र से सुवासित एक पूजागीत है—

देवी दयाल भई भई मोरे अंगना
देवी के हाथ में इतर की शीशी
ऐ अंगना छिडकि गईं गई मोरे अंगना
ऐसो मिजाजी ताल, गगरिया डूबति नाही रे
सास की डूबी ननद की डूबी
हमरी रही उतराय, गगरिया डूबत नाही रे।

कन्नौज में पंवारे भी गाए जाते हैं, कर्ण गाथा, उभदेव का गौना, भगीरथ, श्रवण कुमार, गोपीचंद, भरथरी, जहारवीर आदि के पंवारे गाए जाते हैं। लोकसाहित्य में लोकगाथाओं का महत्त्वपूर्ण स्थान है। लोकगाथाएँ लोक-संस्कृति को प्रतिबिंबित करती हैं।

कन्नौजी लोकसाहित्य में लोकगाथाओं की संख्या अनंत है। धीरे-धीरे पुरानी पीढ़ी साथ ही लोकगाथाएँ और लोकगीत विस्मृति के गर्त में समा रहे हैं। इन पर सुनियोजित क्षेत्र भ्रमण करके इनका संकलन करके शोध करना अपेक्षित है। कन्नौजी बोली में धार्मिक शिक्षाप्रधान मनोरंजक एवं सामाजिक लोककथाओं का अमूल्य कोष है, पर वह कोष गाँव-गाँव में बिखरा हुआ है, उसे सहेजने और प्रकाशित करने की आवश्यकता है।

लोकनाट्य

लोकनाट्य की दृष्टि से कन्नौजी अतिप्रिय लोकनाट्य विधा है। नौटंकी की दो प्रमुख विधा विकसित हुईं—कन्नौजी और हाथरसी। कन्नौजी नौटंकी को कन्नौज निवासी त्रिमोहन उस्ताद ने अनूठी ऊँचाई प्रदान की। छह चोब से नगाड़ा बजानेवाले त्रिमोहन का डंका बजता रहा। पद्म श्री गुलाबबाई ने नौटंकी को अपना स्वर देकर चिर स्मरणीय बना दिया।

नौटंकी के अतिरिक्त घर-आँगन में नकटौरा और स्वाँग भी होते हैं। कन्नौज की रामलीला लोकनाट्य की दृष्टि से अनूठी है, जिसमें पारसी थियेटर नौटंकी और रामकथा तीनों का समावेश है। कन्नौज क्षेत्र का संपूर्ण ग्रामीण लोक-जीवन कन्नौजी लोकसाहित्य में प्रतिबिंबित होता है। बुझौवल, पहेलियाँ, कहावतें, मुहावरे आज भी जन-जन के अधरों पर नाचते हैं। प्रो. रमेश तिवारी विराम के शब्दों में—''कन्नौजी बोली में कन्नौजी गट्टे की मिठास है, इत्र की सुवास है और गंगा का प्रसाद है।''

कन्नौजी बोली का शब्दकोश अभी नहीं बना है। अवधी एवं ब्रज के बीच दब जाने के कारण कन्नौजी बोली अपेक्षित प्रगति नहीं कर सकी। कन्नौजी के पास अपना कोई आकाशवाणी केंद्र भी नहीं है। आशा है, नई पीढ़ी के शोधार्थी एवं लोकसेवक कन्नौजी बोली को विकसित करने का दायित्व सँभालेंगे। कन्नौजी लोकसाहित्य का संरक्षण एवं उसका विश्लेषण भी क्षेत्र की आवश्यकता है।

□□

13

पंजाब की लोक-संस्कृति

—फूलचंद मानव

देश की मूलभूत संस्कृति के महत्त्वपूर्ण तत्त्व तो पंजाब की संस्कृति में पाए ही जाते हैं, कुछ अतिरिक्त पहलू भी यहाँ झलकते हैं, जो विरासत से अलग और आगे पंजाबियों ने विदेशों में जाकर, प्रवास में ग्रहण किए हैं। आम आदमी सबसे जुड़ा रहकर भी एकांत खोजता, स्पेस की चाह करता है। अकेला कटा हुआ अनुभव करे तो सबसे मिलकर खुद को बाँट वह बिखेरना भी चाहता है। शांति और संक्रमण उसके अंगसंग रहने चाहिए। विद्यार्थी, नौकरीपेशा, व्यवसाय में हाकिम या मातहत मनुष्य जहाँ भी है, उसे सामाजिक बने रहना है। परिवार का अंग होकर सबकी जरूरतों को पूरा करने के लिए एक शृंखला का हिस्सा उसे होना ही पड़ेगा। ऐसे में स्वभाव, रहन-सहन, खान-पान और अपने अंदरूनी या बाहरी संघर्ष को भूलकर वह सभ्य बना रहना चाहता है। संस्कारित होकर समाज का उपयोगी अंग वह तभी कहला पाएगा। संस्कार अथवा संस्कृति से दूर रहकर मनुष्य अपने परिवार अथवा देश के लिए जो भी सोचता है, वह आधा-अधूरा कहलाता है।

भौगोलिक स्थिति

पंजाब की संस्कृति पर ऋतुओं, यहाँ तक कि जलवायु ने भी प्रभाव डाला है। हर मौसम का आनंद भोगता हुआ पंजाबी जन खुशी या गम में संतुलन बनाए रखकर ही अपनी उपयोगिता चरितार्थ करता आया है। पूर्व-ऐतिहासिक, पौराणिक काल के प्रभाव छोड़ता हुआ आदमी भी आज आस-पास आगे या पीछे से टूटना नहीं चाहता। उसके झुकाव, रुझान भले ही कैसे भी बने रहें, पंजाबी पात्र खिलंदड़े स्वभाव से दूर नहीं हो पाता। एडवेंचर, तमाशा, उछल-कूद या चंचल और मुक्त प्रवृत्ति से अलग कोई पंजाबी बना रह सकता है, यह चिंता व चिंतन का विषय है।

बैसाखी, होली, लोहड़ी, दीवाली ही नहीं, गुरुपर्व, मेले, महोत्सव अन्य प्रांतों के लोगों की तरह पंजाबी जन को भी गतिमान बनाए रखते हैं। चंचल और शांत नर या नारी, बड़ा-बूढा अथवा बच्चा, पंजाबियत को न भूलते हुए क्रमिक विकास के पथ पर अग्रसर होता आया है। स्वभाव या संस्कृति, आदत, संस्कार अथवा आचरण में पंजाबी विस्थापन झेलता आया है। सन् १९४७ का विभाजन, देश में ही सन् १९६६ का बँटवारा, जहाँ हमने हरियाणा और हिमाचल सरीखे प्रांतों का स्वतंत्र अस्तित्व सौंपा; आतंकवाद, १९४८ का संकट अथवा अन्य कोई प्राकृत या गैर-कुदरती कहर, सारी घटनाओं ने न केवल पंजाबी मात्र को कसा है, मजबूत बनाया है, बल्कि ऐसी ही घटनाओं से वह सीखता भी आया है।

भारत में निराशा को भगाने, त्याग की भावना को समझने, उदार बने रहने के संस्कार हमें शायद पंजाब ने ही सिखाए हैं, घटना छोटी हो या बड़ी बलिदान मामूली बात है। हमारा अभूतपूर्व इतिहास इन घटनाओं से, उपलब्धियों से भरा पड़ा है। अपनी छवि और छटा से ऊपर उठकर भी पंजाब देता रहा है, बाँटता रहा है, खिलाता आया है। धन-धान्य का भंडार पंजाब 'एग्रीकल्चर' को ही अपना कल्चर कहने लगे तो इसमें बुरा क्या है? यह गलत नहीं है कि अपनी उपजाऊ जमीन, हरी-भरी धरती से पंजाबियों ने प्रांत का ही नहीं, देश का पेट पालने में भी पहल की है। उर्वरा-उपजाऊ भूमि के वरदान पर यहाँ के किसान की मेहनत-मशक्कत रंग लाई है।

सामाजिक स्थिति

गाँवों में बसता पंजाब पीड़ा-संघर्ष या गर्दिश को भी पार करता आया है। पंजाबी संस्कृति ने ही यहाँ के लोगों को सिखाया है कि आय का दशम भाग दसमांध, भाग गुरुद्वारे, मंदिर, मसजिद या चर्च में देने से बरकत बनी रहती है। आदार-भाव, सहिष्णुता, उदारता और कठोर श्रम के संस्कार पंजाब में न हों, हमारी संस्कृति इन मूल तत्त्वों में विश्वास न करे तो पंजाब विकलांग होकर रह जाएगा, थोथा कहलाएगा।

अपने खान-पान, रहन-सहन और आजीविकोपार्जन की दृष्टि से पंजाब एक उदाहरण बना रहा है। यहाँ सिखाया ही जाता है, 'खाओ मन भांदा, पाओ जग भांदा' अर्थात् जो और जैसा मन पसंद है, वैसा वह पंजाब में खा रहा है, जो-जो दूसरों को भा रहा, पसंद आ रहा है, उसे वह सहजता से ओढ़ता और दबंग हो जाता है। जातिगत भेदभाव में विश्वास न करते हुए यहाँ ब्राह्मण, क्षत्रिय, वनिक या शूद्र मिल-जुलकर रहते आए हैं। जट्ट, सिक्ख, जैन, बोधी अथवा दलित किसी भी संप्रदाय या कबीले का पंजाबी, मूलत: स्वयं को 'पाँच पानियों का वसनीक' का रहनेवाला मानकर ही कार्यक्षेत्र में तल्लीन रहता है। जूते गाँठता, रिक्शा चलाता, पसीना बहाता या ए.सी. में बैठकर सचिवालय का अधिकारी पहले पंजाबी प्रवृत्ति का धारक है, बाद में कुछ और।

लोकजीवन

लोककलाओं, लोककथा या गीतों ने यहाँ की संस्कृति की पहचान करवाई है। सनातन-पुरातन से पंजाब की धरती जल, जमीन, जमीर को ही प्रमुख मानती रही है। दरियाओं का बहाव पूर्णत: पंजाब में भले न हो, पाकिस्तान या देश के किसी भी भू-भाग में, जहाँ इन पाँचों दरियाओं ने किसी भी भूभाग में अपनी मूल संस्कृति को बिखेरा, चमकाया है, एक ऊँचा नाम पाया है, नदियों-दरियाओं के साथ-साथ हमारे गाँव बसे, शहर बने, यहीं से पंजाब की मौलिक संस्कृति, का विस्तार-बीज पनपा और देशांतरों तक फैला है। आज कनाडा, इंग्लैंड, अमरीका, ऑस्ट्रेलिया या संसार के किसी भी देश में रहता हुआ पंजाबी गौरवान्वित है। वह अपनी 'रिक्थ' विरासत से जुड़ा है, आस्थावान है, कर्मठ कहलाता हुआ अपनी संस्कृति का सबूत दे रहा है। लोककथा, गीत, कलाएँ प्रमाणित करती हैं कि पंजाब की संस्कृति जितनी और जैसी प्राचीन, पुरातन है, उतनी ही अधुनातन भी है।

सांस्कृतिक वैभव

सिनेमा, टी.वी., नाटक, मनोरंजन के जितने भी साधन आज हमें उपलब्ध हैं, चारों ओर पंजाबी छाए हैं, यही प्राय: हर दिशा में अग्रणी कहलाए हैं। पंजाब के सांस्कृतिक जीवन के लक्षण उनके पहचान चिह्न, हमें व्यवहार और दैनिक व्यापार में प्राप्त होते हैं। प्रत्येक प्राणी, दिनचर्या में, चरित्र, चाल या स्वभाव में कहीं-न-कहीं पंजाबियत को सँभाले, सुरक्षित बनाए चलता है, यों संस्कृति एक वैज्ञानिक कला भी कहलाती है। पंजाबी चेहरे को हँसाती, रुलाती अपनी मौलिकता का रहस्य बता जाती है। यहाँ सभ्यता और संस्कृति संस्कारों के रूप में अपनी पहचान उद्घाटित करती है तो 'भीतर का पंजाब' बाहर आकर 'निज वास्तव' को खोल बैठता है। चूँकि संस्कृति की भी तो अपनी एक अलग भाषा है, संस्कृति हो अथवा 'कबीला संस्कृति', मन से एक भाषा में खिलने-खुलने लगती है।

लोकधारा या लोकजीवन का प्रभाव भी शीघ्र ही हमारी निजी संस्कृति को खोलने लगता है। परत-दर-परत अंदर का ज्यादा आदमी जब भी संस्कारों में बोलने लगता है, संस्कृति संबल हो जाता है। फिर वह अनपढ़ है या वेदों का ज्ञाता, मानवता को सुसज्जित करता दूसरों पर हावी भी हो जाता है। मूलत: पंजाबी संस्कृति का विकास हमारे परिवेश, माहौल पर चौगिर्दे से होने लगता है। भूगोल यहाँ अपनी सीमा में प्रभावित करता है। सीमांत प्रदेश पर दूसरे देश से अलगाने के लिए पंजाबी मौलिकता को तिरोहित नहीं होने देता। भीतर के अपने पंजाबीपन को वह कभी नहीं खोने देता।

लोक विश्वास

मंदिरों, डेरों, गुरुद्वारों, मसजिदों अथवा पंजाबी चर्चों की पहचान इसकी बोली-वाणी के परिवेश, रख-रखाव से होने लगती है। संस्कृति मूलत: इन्हीं जगहों को अपने साथ दुलारती-सहलाती है।

संबंधों या रिश्तों का मोह कभी कहीं भी हो, संस्कार संलिप्त रहता है। यहाँ परिवार, पड़ोसी, समाज में बड़े या छोटे के प्रति जो तहजीब अपनाई जाती है, संस्कार के दर्शन जरूर करवाती है। बच्चों के प्रति, नारी समाज के लिए, वयोवृद्ध नागरिकों के वास्ते भी सहिष्णुता और उदारता के भाव से व्यवहार प्रदर्शित होता है। प्रेम, घृणा, विद्रोह या समर्पण, बलिदान की भावना भी पंजाब ने पूर्व पीढ़ियों के अपने श्रेष्ठ जन से प्राप्त की है। पंजाबी किरदार जीवन या साहित्य में भी प्राय: एक जैसा दिखता और पाया जाता है। हँसना, मुसकराना, खेलना और खेलने देना इस प्रांत के लोगों की खूबी है। धार्मिक, सामुदायिक अथवा आध्यात्मिक स्तर पर परंपरा में मिले गुणों को निभाता पंजाबी, आदर-भावना देता व प्यार प्राप्त करता रहा है।

सतलुज, चिनाब, रावी, जेहलम और व्यास नदियों के जल ने पंजाबियों को संपन्न किया, सँभाला और सुरक्षा प्रदान की है। 'जल ही जीवन है' का मुहावरा यहाँ भी लागू होता है। सिंचाई के लिए खेतों तक जल-प्रवाह निरंतर बना रहा है। सतलुज-यमुना लिंक या ऐसे किसी विवाद के चलते भी जन सामान्य के लिए सरकार जागरूक है। व्यास, सतलुज या भाखड़ा आदि बाँध इधर एक निरंतरता में जलधार को अक्षुण्ण बनाए हुए है। गाँवों में निवास करता पंजाब या देहाती समाज संस्कृति-दर्शन में सजग, सचेत और सावधान रहता हुआ, प्राकृतिक चरित्र को निभाने में पीछे नहीं हटता। पंजाब की ऐसी संपन्नता को दिखाते हुए प्रोफेसर पूर्ण सिंह ने लिखा है—

औकड़ां दा जोर आया पंजाब विच
सतिगुरु दे कदमां ते राहां दे सदके
पंजाब विच सतगुरां दी निगाह विचो
जीवन बिजलियाँ दे असगाह दरिया नग उट्ठे
हिंदू, मुस्लमान, पंछी पशु सम भिज्जिया
इत्थे जान आई, रूह आई, रब्ब आया।

लोकपर्व-महोत्सव

यह तय है कि मेले, त्योहार, महोत्सव पंजाब की संस्कृति के अभिन्न अंग हैं। मिल-जुलकर सामूहिक रूप से गाते-बजाते पंजाबी अंदरूनी खुशी को प्रदर्शित करते हैं। दोस्तों के साथ पंजाब जीता और यारों के साथ मरता है। यारी-दोस्ती का बड़ा दम यह इसलिए भी भरता है कि सभ्यता, संस्कृति में पंजाब ने धड़कते-मचलते जीवन को अपनाया है। पंजाब की लोकधारा के भिन्न-भिन्न पहलुओं पर विचार करें तो मुख्यतः चार तत्त्व सामने आते हैं—

१. पारंपरिक
२. लोकमानस
३. लोक-संस्कृति व प्राचीन संस्कृति के स्रोत
४. जन स्वीकृति

इन्हीं तत्त्वों के आधार पर पंजाब विकसित होता रहा है, परंपरा कायम रखते हुए उतार-चढ़ाव देखकर सतत प्रगति-पथ पर अग्रसर है। संस्कृति साधन है, माध्यम भी। उन्नति और विकास के लिए वेदों से लेकर पौराणिक परंपरा में कौरव-पांडव के महाभारत को झेलकर गुरुओं, संतों की वाणी का पाठ करते, झंझावात सहन करता रहा। बँटवारा-दर-बँटवारा इसे तिरोहित नहीं कर पाया। हर परिवर्तन, परिस्थिति में पंजाब ने अपनी संस्कृति का सहारा लेकर आत्मगौरव को बनाए रखा है।

मन और लोक एक होते हैं, तभी लोकमानस निखरता है। पंजाब की भोगौलिक स्थिति सीमांत प्रांत के रूप में खड्ग भुजा की रही है। यहाँ एकता, एकत्व, मीरी-पीरी के साथ आचरण में आया है— लोकमानस हिंदू, मुसलमान, सिख नहीं पहचानता, अपनी मिट्टी की गंध और परस्पर संबंधों में यकीन रखता है। शायद इसीलिए चीन या पाकिस्तान के आक्रमण, विभाजन, विस्थापन सबकुछ लोकमानस के आगे यहाँ झुकता रहा है। सांप्रदायिकता यहाँ खंड-खंड होकर हारी है। एकता को गले लगाकर अपनी संस्कृति को दरशाते प्राणी यहाँ सुख-दुःख साझा कर लेते हैं।

पंजाब ने प्राचीन सांस्कृतिक स्रोत के आधार पर सदैव विजय पाई है। लोक-संस्कृति यहाँ के एक-एक जन का संबल रही है। अतीत यहाँ आज तक हमें सक्रिय बनाए हुए है तो भविष्य के लिए हमारा वर्तमान पंजाब को आस्थावान् करता आया है। जातिगत एकता, पूर्णता, प्रतिष्ठा और पावनता ने लोक-संस्कृति के साथ ही जीवन को गतिशील सिद्ध किया है। जन-स्वीकृति के बिना तो कोई भी संस्कृति सुरक्षित नहीं रह पाती। व्यक्ति, समाज और फिर राष्ट्र की स्वीकृति ने हमारे सभ्याचार, संस्कार, संस्कृति को स्वीकार किया है। ऐसी जन-स्वीकृति के आधार पर ही हम विकासशील पंजाब की भूमिका में बने हुए हैं।

लोककलाएँ

मानव-मूल्यों में स्वभाव के अनुसार परिवर्तन भी जरूरी है। परंपरा का विरोध तो आधुनिक लेकिन स्थान और स्थिति के अनुसार, संस्कृति का प्रचार-प्रसार ही नहीं विकास भी होता है। प्रांत के एक छोर पर यदि कुछ स्वीकार्य है, तो दूसरे छोर पर उसे नकारा भी जा सकता है। आयु, व्यवस्था, मर्यादा, नैतिकता के आधार पर विकसित सोपान से देखें तो परिवर्तन या विकास, बदलाव या अनुकूलता की स्थिति में एक संस्कृति परिवर्तित रूप में अथवा विस्तृत छवि के साथ अपनाई हुई दिखाई पड़ती है।

फुलकारी, कशीदाकारी, कढ़ाई, बुनाई, लोक चित्रकला, मूर्तिकला या ऐसे ही अनेक रूपों में पंजाब की कला विकसित-विस्तृत हुई है। देश-परदेश में अन्य प्रांतों में पंजाब की लोक कलाओं का बोलबाला रहा है। इन्हीं कलाओं के माध्यम से पंजाब की संस्कृति को वरीयता मिली है। धार्मिक, राजनैतिक, सामाजिक और आर्थिक क्षेत्रों में भी पंजाब की जन-संस्कृति में यहाँ के लोकमानस ने विस्तार पाया है। हिंदू संस्कृति, मुसलिम या सिख संस्कृति से बाहर और आगे, खान-पान, विश्वास, सम्मान अथवा यथार्थ के स्तर पर जब मानव-मन तरंगित होकर कुछ भी अलग या नया कर बैठता है, वहीं से नई संस्कृति जन्म लेने लगती है। चंडीगढ़ का आर्किट्रेक्चर यहाँ की अलग संस्कृति का परिचायक है तो रॉकगार्ड की संस्कृति अपनी मान्यता और विश्वास में एक और नए संस्कार की ओर अग्रसर करने लगता है। यों हरियाणा, हिमाचल, राजस्थान, जम्मू-कश्मीर, उत्तर प्रदेश अथवा निकटवर्ती किसी भी प्रांत की तरह पंजाब का लोकमानस अपेक्षाकृत गतिमान है, सक्रिय है। यों पंजाब का जन समूह अपने मानस को मिश्रित संस्कृति की ओर भी अग्रसर कर रहा है।

□□

14 हिमाचल प्रदेश की लोक-संस्कृति

—सुशील कुमार फुल्ल

प्राकृतिक संपदा से संपन्न देवभूमि हिमाचल प्रदेश पचपन हजार वर्ग किलोमीटर में विस्तारित भारत का एक ऐसा छोटा राज्य है, जो न केवल ऐतिहासिक दृष्टि से महत्त्वपूर्ण है, अपितु अपनी भौगोलिक स्थिति के कारण भी विशिष्ट है। यह बारह जिलों में बँटा हुआ है अर्थात् चंबा, काँगड़ा, मंड़ी, कुल्लू, लाहुल-स्पीति, किन्नौर, शिमला, सोलन, नाहन, बिलासपुर, ऊना तथा हमीरपुर। प्रदेश की जनसंख्या मात्र बासठ लाख है। पहाड़ी प्रदेश एक सजग प्रहरी की तरह देश की रक्षा एवं सुरक्षा में सदैव तत्पर रहता है। इसकी सीमाएँ चीन से लगती हैं। इसके अतिरिक्त उत्तराखंड, हरियाणा, पंजाब, चंडीगढ़, जम्मू-कश्मीर से भी इसकी सीमाएँ स्पर्श करती हैं। वस्तुतः उत्तराखंड, हरियाणा तथा पंजाब के प्रवेश द्वारों से ही हिमाचल में पहुँचा जा सकता है।

स्वतंत्र भारत में हिमाचल प्रदेश का गठन इस पर्वतीय भूखंड में स्थित छोटी-छोटी रियासतों के विलय से १५ अप्रैल, १९४८ में हुआ। राजा आनंद चंद्र का बिलासपुर राज्य सन् १९५६ में हिमाचल में सम्मिलित हुआ। सन् १९६६ में भाषायी आधार पर पंजाब के पुनर्गठन से काँगड़ा, डलहौजी, नालागढ़, शिमला आदि क्षेत्र हिमाचल में सम्मिलित हो गए। चीन के सन् १९६२ में भारत पर किए गए आक्रमण को छोड़कर हिमाचल बाह्य आक्रमणों के दुष्प्रभावों से बचा रहा है। इसीलिए इसके इतिहास में, विशेष तौर पर ग्रामीण क्षेत्रों में, राजनीतिक स्थैर्य और आर्थिक स्वावलंबन के कारण प्रदेश की गौरवमयी परंपराओं की अविच्छिन्नता संभव हो सकी है। सुबह-शाम भगवद्भजन, सादा भोजन और सादा वस्त्र से अधिक की आकांक्षा न करनेवाली एक अकृत्रिम जीवन-शैली ने हिमाचली जनजीवन को स्पृहणीय बना दिया है। जनजातीय क्षेत्रों में जलवायु की विविधता के अनुसार वेशभूषा किंचित् भिन्न भी हो जाती है, यथा गद्दी जन समुदाय में पहरावे में चोला डोरा पहनना। बड़े नगरों में वस्त्राभूषण अन्य महानगरों की ही भाँति चमक-दमक एवं समसामयिक प्रचलन के अनुसार बदल जाते हैं।

हिमाचल प्रदेश में भले ही दिल्ली-मुंबई की चकाचौंध न हो, परंतु यह न तो कभी अभावग्रस्त था और न ही पिछड़ा हुआ। ऋषियों-मुनियों की यह धरती शांत, सुख-समृद्धि से संपृक्त एवं संतोष के भाव से प्रफुल्लित रही है। हिमाचल प्रदेश में छोटे-बड़े छह हजार मंदिर हैं, जहाँ पूजा-आराधना होती है। माँ ज्वालामुखी, चिंतपूर्णी, नैनादवी, ब्रजेश्वरी, चामुंडा, रेणुका, बाबा बालकनाथ, मणि महेश, किन्नर कैलाश, मणिकर्ण, खीर गंगा, भीमा काली, रिवालसर आदि पवित्र तीर्थस्थान अनादिकाल से भक्तों एवं धार्मिक आस्था में विश्वास रखनेवाले लोगों को आकर्षित करते रहे हैं और आज भी इन स्थलों की महिमा राष्ट्रीय-अंतरराष्ट्रीय स्तर पर पहचानी जाती है। पर्यटन की दृष्टि से भी हिमाचल आगंतुकों को लुभाता है। देश-विदेश के अनेकों पर्यटक हिमाचल के रमणीक स्थलों पर प्रतिवर्ष सुख-शांति एवं आनंद की तलाश में आते हैं।

अन्वेषकों, कलाकारों, पर्यटकों को लुभाने का वास्तविक श्रेय यहाँ की प्राकृतिक छटा, नदी-नालों तथा सांस्कृतिक धरोहर को जाता है। पदार्थवाद एवं बाजारवाद की अंधाधुंध दौड़ में विकास के डग तो हिमाचल भी तेजी से भर रहा है। परंतु इसी अनियंत्रित होड़ में पहाड़ निरंतर छलनी हो रहे हैं और सांस्कृतिक विरासत, जो लोक-व्यवहार, आचार-विचार, रहन-सहन, खान-पान, धार्मिक विश्वासों में निहित है, वह विलुप्ति के कगार पर है। भौगोलिक दृष्टि से सहज गम्य एवं दूर गम्य स्थान होने के कारण अभी परंपरागत संस्कार,

लोकगीत, लोक विश्वास, लोककथाएँ, रीति-रिवाज, पारंपरिक वेशभूषा, कला एवं लोककला आदि की बानगी सुरक्षित है। अनेक विद्वानों ने व्यक्तिगत एवं निजी स्तर पर, सरकारी संस्थानों ने अपने स्तर पर इन्हें सहेजकर रखने का प्रयत्न किया है। बहुत पहले विदेशी पर्यटकों एवं शोधकर्ताओं ने लाहुल-स्फीति, चंबा-भरमौर और किन्नौर में उपलब्ध थाती को चिह्नित कर उन्हें जनता के सामने रखा था। सही भी है कि हिमाचल के पर्वत-शिखर, गगनचुंबी पहाड़ों की चोटियाँ, निस्तब्ध गहरी घाटियाँ, देवदार, चील के घने जंगल, हरी-भरी चरागाहें और घासनियाँ, छलछल-कलकल करते नदी-नाले, श्वेत जलखंड, सन-सन करती स्वर लहरियाँ, झीलें, निर्मल-स्वच्छ सरोवर किसे आकर्षित नहीं करेंगे।

हिमाचल की लोकभाषा

काशी नागरी प्रचारिणी सभा, वाराणसी द्वारा प्रकाशित हिंदी 'साहित्य का बृहत् इतिहास', षोडश खंड में महापंडित राहुल सांकृत्यायन ने हिमाचल में बोली जानेवाली तीन प्रमुख बोलियों का उल्लेख किया है। ये हैं—काँगड़ी, चंबयाली और कुल्लवी। काँगड़ी के विषय में डॉ. शमी शर्मा, कुल्लवी के बारे में डॉ. पद्मचंद्र कश्यप और चंबयाली के विषय में हरिप्रसाद सुमन ने व्यवहार मुक्त बोलियों का परिचय दिया है। काँगड़ी को पंजाबी समुदाय के साथ रखा गया है, भले ही यह डोगरी से पर्याप्त साम्य रखती है। ग्रियर्सन ने भी भाषाई सर्वेक्षण में हिमाचल की लोक बोलियों का परिचय दिया था।

काँगड़ी, चंबयाली, कुल्लवी के अतिरिक्त भी हिमाचल में अनेक बोलियाँ, यथा मंडयाली, सिरमौरी, कहलूरी, किन्नौरी, लाहुली, भोरी, गादी आदि अलग-अलग क्षेत्रों में बोली जाती हैं। पंजाब से लगते हिमाचली क्षेत्रों में भी लगभग २० प्रतिशत लोग पंजाबी बोलते हैं। हिमाचली बोलियाँ पहले टांकरी लिपि में लिखी जाती थीं, परंतु अब इन्हें देवनागरी में ही लिखा जाता है।

सन् १९७५ में हिमाचल में हिंदी को राजकाज अर्थात् राजभाषा के रूप में अपना लिया था। ऐसा करने से जहाँ एक ओर हिंदी का प्रचार-प्रसार तो हुआ, वहीं दूसरी ओर यहाँ की स्थानीय बोलियाँ गौण पड़ गईं। जम्मू की डोगरी तो संविधान की आठवीं भाषा सूची में सम्मिलित कर ली गई, परंतु हिमाचल की लोकभाषा, जिसे अब सब विद्वान् हिमाचली कहना पसंद करते हैं, को आठवीं सूची में स्थान नहीं मिला, भले ही हिमाचल विधानसभा में कई बार यह प्रस्ताव पारित हुआ। अहिंदी भाषी प्रदेश होते हुए भी इसे हिंदीभाषी मान लिये जाने के कारण न तो हिमाचल की विभिन्न बोलियाँ परिनिष्ठित होकर एक भाषा अर्थात् हिमाचली के रूप में स्वीकृत हो पाईं और न ही यहाँ का अहिंदी भाषाभाषी साहित्य उस गति से पल्लवित-पुष्पित हो पाया, जिसकी अपेक्षा थी। हिमाचल के लेखक अहिंदी भाषी लेखकों के लिए उपलब्ध प्रोत्साहन से भी वंचित रह गए। विलंब से ही सही, पर उपेक्षित रह जाने की यह टीस अब विभिन्न लेखकों में छटपटाहट तथा बयानबाजी के रूप में प्रकट हो रही है। हिमाचल के साथ अन्याय तो हुआ है, लेकिन भरपाई कैसे होगी।

वास्तव में केंद्रीय हिंदी निदेशालय अथवा भारत सरकार के इस नियम में परिवर्तन की आवश्यकता है कि यदि एक अहिंदी भाषाभाषी लेखक पंद्रह वर्ष तक हिंदी भाषी प्रदेश में रहता है, तो वह अहिंदी भाषी लेखकों के लिए उपलब्ध प्रोत्साहन एवं पुरस्कारों में भाग नहीं ले सकता। यदि मातृभाषा इस प्रकार बदल सकती, तब तो दुनिया के भाषायी संसार की स्थिति ही कुछ और होती।

हिमाचली में अनेक साहित्यकारों ने प्रभूत मात्रा में सृजन किया है। यह सृजन और भी अधिक हो सकता था, यदि हिमाचली लोकभाषाएँ पहाड़ी अथवा हिमाचली बोलियों में रचित पुस्तकों के प्रकाशन, क्रय-विक्रय, पाठ्यक्रमों में पठन-पाठन की व्यवस्था हो पाती। हिमाचली (पहाड़ी) के पुरोधा नारायण चंद्र पराशर, लालचंद प्रार्थी कुल्लवी ने स्थानीय भाषा को प्रोत्साहित करने के लिए अनेक योजनाएँ कार्यान्वित कीं। सन् १९७२ में हिमाचल कला, संस्कृति एवं भाषा अकादमी की स्थापना की। तत्कालीन शिक्षामंत्री नारायणचंद्र पराशर ने तो अपने बच्चों के ब्याह-शादियों के निमंत्रण पत्र तक हिमाचली एवं हिंदी (एक तरफ हिमाचली, दूसरी तरफ हिंदी) में छपवाए, लेकिन राजभाषा हिंदी के आगे यह सिसक-सिमटकर रह गई और लेखकों का उत्साह कभी मंद पड़ जाता और कभी तीव्र हो जाता। किसी भी बोली, उपभाषा, भाषा का विकास उसके साहित्य की प्रचुरता पर निर्भर करता है। हिंदी, अंग्रेजी या अन्य भाषाओं का वैभव भी साहित्यिक विधाओं में सृजन के बाहुल्य, अनुवाद पर निर्भर करता है।

हिमाचली (पहाड़ी) में केवल एक मौलिक उपन्यास 'जौंडा' रचा गया, जिसके लेखक स्व. रविसिंह मंधोत्रा हैं। डॉ. पीयूष गुलेरी ने गोर्की के उपन्यास 'माँ' का अनुवाद हिमाचली में किया। हाँ, कहानियाँ बहुत से लोगों ने लिखीं और हिमाचली माटी की गंध उनमें

विद्यमान है। हिमाचल अकादमी ने भी 'लोसरा रे फूल' शीर्षक से दो खंडों में हिमाचली में रचित प्रदेश के लेखकों की कहानियाँ प्रकाशित कीं। स्व. डॉ. प्रेम भारद्वाज ने राष्ट्रीय पुस्तक न्यास, इंडिया के लिए हिमाचली लेखकों की कविताओं का संग्रह प्रकाशित किया, जो खूब चर्चा में रहा। एन.बी.टी. के लिए ही पीयूष गुलेरी ने हिमाचली में रचित कहानियों का संपादन किया। स्वर्गीय संसार चंद्र प्रभाकर ने हिमाचली में 'माया' शीर्षक से महाकाव्य लिखा, जो बहुत चर्चित हुआ। अन्य अनेक विद्वानों ने भी हिमाचली/पहाड़ी में विभिन्न विधाओं में रचना की। पहाड़ी गांधी बाबा कांशीराम ने तो स्वतंत्रता पूर्व जेल-जीवन में ही अपनी मातृभाषा काँगड़ी बोली में कविताओं का सृजन किया। हिमाचल के लोकसाहित्य एवं संस्कृति पर शोध एवं लेखन करनेवालों में प्रमुख लोग इस प्रकार हैं—मौलूराम ठाकुर, शमी शर्मा, गौतम व्यथित, खुशी राम गौतम, देवल, अमरदेव आंगिरस, अमरसिंह रणपतिया, बंशीराम शर्मा, गुलेरी बंधु, नीलमणि उपाध्याय, पहाड़ी मृणाल, हरिराम जस्टा, सूरत ठाकुर, विद्याचन् ठाकुर, सुदर्शन वशिष्ठ, पद्मचंद्र कश्यप, प्रेम पखरोलवी आदि।

हिमाचल प्रदेश एक शांत, सुसंस्कृत, प्राकृतिक वैभव से संपन्न अनेक विलक्षणताओं को समेटे सामुदायिक सौहार्द का अद्भुत स्थल है। यहाँ हिंदू, मुसलमान, सिख, ईसाई, बौद्ध लोग परस्पर स्नेह एवं भाईचारे से रहते हैं। सन् १९५९ में तिब्बत से उखड़कर आए संत दलाई लामा तथा उनके अनुयायी भी हिमाचल का अभिन्न अंग बन गए हैं।

रहन-सहन और नृत्य

हिमाचलवासी जलवायु एवं स्थान के अनुसार अपनी वेशभूषा पहनते हैं। जनजातीय क्षेत्रों में शीत के कारण ऊनी वस्त्रों का उपयोग वर्ष भर होता है, जबकि पहाड़ के निचले भागों में सर्दी या गरमी के अनुसार पोशाक बदलती रहती है। शहरों में पश्चिमी ढंग का परिधान स्त्री-पुरुष अपनी आवश्यकता के अनुसार पहनते हैं। हरी या लाल हिमाचली टोपी अपनी विशिष्टता की प्रतीक है। चोला डोरा, लोइया, कुल्लवी शॉल, मफलर आदि का भी खूब उपयोग किया जाता है। कुल्लवी शॉल, टोपी, मफलर आदि का उत्पादन कुल्लू की खास पहचान है, जो न केवल भारत में, अपितु विश्व भर में विख्यात है।

नृत्य मानव समुदाय की सहज प्रवृत्ति है। विवाह-शादी के अवसर पर, धार्मिक सम्मेलनों में या कला प्रदर्शन में सामूहिक या एकल नृत्य हिमाचल की लोकसंस्कृति का अभिन्न अंग है। हिमाचल के प्रमुख नृत्य इस प्रकार हैं—नाटी (स्त्री-पुरुष एक साथ नाचते हैं। यह कुल्लू, सिरमौर, चंबा, काँगड़ा, मंडी, शिमला में अधिक प्रचलित है), राक्षस नृत्य या छम्मा, कयाग, जातरू केयांग, छोहारा नृत्य (किन्नौर), शांद तथा शबू (लाहुल), झाँझर नृत्य (चंबा), डोडरा क्वार नृत्य (शिमला जिला), झूरी और रास (सिरमौर), बुराह (सिरमौर), किकली तथा भाँगड़ा (पंजाब से सटे क्षेत्रों में)।

नृत्य का सीधा संबंध मानव मन से है। मोटे तौर पर मनुष्य हर्षोन्माद, आत्मानंद तथा भावोत्कर्ष की अनुभूति नृत्य के माध्यम से करता है। परंतु यह भी सच है कि नृत्य केवल प्रसन्नता एवं हर्ष की अभिव्यक्ति मात्र नहीं है, अपितु यह आंतरिक तनाव, विषाद, व्याकुलता की भी अभिव्यक्ति का साधन है। एक प्रकार से रेचन प्रक्रिया कहना भी संगत होगा। यह स्वतःस्फूर्त तथा भावोद्रेक से प्रेरित होता है। सामूहिक नृत्य वस्तुतः अधिक समय के लिए चलते थे। नर्तक अपनी धुन एवं मस्ती में विशिष्ट अवसरों पर दिन-रात नाचते रहते थे, परंतु अब मंचों पर इसकी प्रस्तुति से इसका स्वरूप भी बदल रहा है, नर्तन की अवधि सीमित होने लगी है और साथ ही लोक रंजन की विधा परंपरा से अनुस्यूत होते हुए भी शास्त्रीय स्वरूप ग्रहण करने लगी है। यह परिवर्तन आधुनिकता एवं उत्तर आधुनिकता के प्रभाव के कारण भी माना जा सकता है।

लोक नृत्य में आनंदानुभूति का स्रोत स्वच्छंद अभिव्यक्ति होती है। प्रत्येक व्यक्ति अपनी मस्ती में झूमता है। कोई दायाँ चक्कर काटता है, कोई बायाँ। कोई खड़ा नाच रहा है, कोई घुटनों के बल। कोई लगातार फेरी मार रहा है, तो कोई एक ही जगह खड़े होकर झूम रहा है। गद्दियों के डंडारस लोकनृत्य में बीसियों आदमी एक साथ नाचते हुए अद्भुत दृश्य उपस्थिति करते हैं।

रंग-बिरंगे उत्सव एवं मेले

अपनी विविधता एवं व्यापक जीवन-शैली के अनुसार भारतवर्ष में रंगारंग उत्सव और मेले सामाजिक भावनाओं की अभिव्यक्ति करते हैं। इसी प्रकार हिमाचल में भी लोक रंजन लोक अनुराग, परंपरा एवं संस्कृति, सदाशयता एवं लोकमंगल के अनुरूप अनेक उत्सव एवं मेलों का आयोजन होता है—ऋतुओं के अनुसार तीर्थाटन की दृष्टि से और फिर सांस्कृतिक परंपराओं, धार्मिक आस्थाओं एवं विश्वासों के अनुरूप भी। चैत्र मास में नवरात्र उत्सव, मंदिरों में पूजा-पाठ,

व्रत आदि का विधान। चिंतपूर्णी, ज्वालाजी, व्रजेश्वरी माता, चामुंडा देवी मंदिरों में बाहर से भी लाखों पर्यटक एवं श्रद्धालु पहुँचते हैं। बैसाखी (काँगड़ा में बिशोआ, शिमला में विशू, पांगी तथा चंबा में बिशू), हरियाली (लाहुल में शेगतसम, किन्नौर एवं जुब्बल में दखरेन, काँगड़ा, सिरमौर में हरियाली) के रूप में मनाया जाता है। दीवाली, लोहड़ी के अतिरिक्त कुल्लू का दशहरा विशेष प्रसिद्ध है और यह सप्ताह भर चलता है। देश-विदेश से लोग यहाँ आते हैं। मंडी का शिवरात्रि मेला भी अंतरराष्ट्रीय स्तर पर विख्यात है। मंडी मंदिरों की नगरी है और छोटी काशी के रूप में प्रसिद्ध है। काँगड़ा एवं चंबा के गद्दी समुदाय में 'नवाला' उत्सव भी विलक्षण है। यह व्यक्ति अथवा परिवार की संपन्नता के अनुकूल किसी भी समय मना लिया जाता है। 'जागरा' उत्सव भी हिमाचल के लोग बड़े उत्साह से मनाते हैं। यह ग्रामीण देवता या कुल देवता को उपहार स्वरूप आयोजित होता है। चंबा में मणि-महेश यात्रा धार्मिक आस्था का प्रतीक है।

उपर्युक्त उत्सवों के अतिरिक्त भी कुछ ऐसे मेले हैं, जो अपनी प्रासंगिकता के कारण प्रसिद्ध हैं। स्थानीय मेलों के अतिरिक्त 'मिंजर मेला' चंबा का एक विशेष मेला है, जो अगस्त मास में चंबा के चौगान गें गनाया जाता है। 'गिंजर' का अर्थ है, गक्की का फूल (सिट्टा)।

यह कृषि से संबंधित अन्न का उत्सव है। अन्न, जो संपन्नता का द्योतक है। रामपुर बुशहर में प्रतिवर्ष अक्तूबर-नवंबर में 'लवी' का व्यापारिक मेला सजता है। यहाँ तिब्बत एवं चीन के व्यापारी भी आते रहे हैं। बिलासपुर में पशुओं का मेला 'नलवाड़ी' के रूप में प्रसिद्ध है, जहाँ पशुओं का क्रय-विक्रय एवं प्रदर्शन होता है। यह पहली बार सन् १८८९ में लगा था। मि. डब्ल्यू गोल्डस्टीन ने इसकी परिकल्पना को साकार किया था। मिंजर और लवी मेले अंतरराष्ट्रीय ख्याति प्राप्त हैं।

इनके अतिरिक्त कुछ अन्य मेलों का उल्लेख इस प्रकार है—भरमौर जात्रा, चितराड़ी मेला, सूई मेला, उल मेला (काँगड़ा) गसोता मेला (हमीरपुर), डूँगरी मेला (कुल्लू), सारही यात्रा (कुल्लू), बंजाद एवं भूई मेला (कुल्लू), मारकंडा (बिलासपुर), गूगा मेला (काँगड़ा, बिलासपुर, हमीरपुर), जख्नी माता मेला (पालमपुर) आदि। मंडी जिला की रिवाल्सर झील के स्थान पर १३ अप्रैल के दिन रिवाल्सर मेले का आयोजन बड़ी श्रद्धा एवं आस्था से किया जाता है। झील में तैरते टिब्बों में बुद्ध धर्म के प्रचारक पद्मसंभव और उनकी पत्नी तारा की आत्माओं का वास माना जाता है। रिवाल्सर बौद्धों एवं सिखों का प्रसिद्ध धार्मिक स्थल है। हमीरपुर के दियोटा सिद्ध स्थान पर बाबा बालकनाथ का ऐतिहासिक मंदिर है, जहाँ वर्षभर प्रत्येक रविवार को मेला लगता है और रोट बँटता है। दियोटसिद्ध की यात्रा बिलासपुर के शाहतलाई सिद्धपीठ पर माथा टेकने के बाद ही पूरी मानी जाती है। ऊना के 'मैड़ी' नामक स्थान पर जेठ महीने में बाबा बड़भाग सिंह मेला लगता है। ये बाबा अपनी देवी शक्तियों के कारण आस्था के साथ जाने जाते हैं।

लोकनाट्य

हिमाचल न केवल अपने विशिष्ट लोकनृत्यों की परंपरा के लिए ख्यात है, अपितु ग्रामीण परिवेश में लोकरंजन के लिए लोकनाट्य की अद्भुत परंपरा से भी समृद्ध है। प्राचीन काल से ही लोकनाट्य की परंपरा प्रवहमान रही है, क्योंकि कठिन भौगोलिक परिस्थिति के कारण मनोरंजन के अन्य साधनों का अभाव सा रहा है। लोकनाट्य की उत्पत्ति लोक विश्वास, लोकप्रचलन, धार्मिक रूढ़ियाँ, जन-परंपरा, वीर पूजा, मनोरंजन, उत्सव, मांगलिक पर्व तथा शोक के अवसर आदि धारणाओं के बीच होती मानी गई है। संस्कृत के अनेक उपरूपक तथा रूपकों में डिम, प्रहसन, भाण, रासक, राम, लास्य, नाटक, वीथि आदि लोकनाटकों के ही परिष्कृत रूप हैं। इसके लिए उत्कृष्ट कोटि कें रंगमंच एवं बहुमूल्य साज-सज्जा की आवश्यकता नहीं पड़ती। लोकनाट्य को मूलत: दो भागों में बाँट सकते हैं—नृत्यपरक लोकनाट्य तथा प्रहसनात्मक लोकनाट्य। नृत्यपरक लोकनाट्य में सामाजिक तथा पौराणिक घटना को आधार बनाकर संगीत, नृत्य तथा अभिनय की सहायता से मनोरंजन का संधान किया जाता है। प्रहसनात्मक नाटकों में विभिन्न कथन, शारीरिक मुद्राएँ एवं वेशभूषा हास्यास्पद कोटि की होती हैं और इन्हीं के द्वारा व्यंग्यपूर्ण अभिनय किया जाता है। हिमाचली जनजीवन एवं संस्कृति में दोनों प्रकार के उदाहरण मिलते हैं।

लोकनाट्य लोकगीत की भाँति लोकमानस को प्रिय लगनेवाला व्यापार है। इसकी विशेषता उसके लोकधर्मी स्वरूप में निहित है।

लोकजीवन से इसका घनिष्ठ संबंध है। यही कारण है कि लोक से संबंधित उत्सवों तथा मांगलिक कार्यों के समय लोकनाट्यों का अभिनय किया जाता है। लोकनृत्य और लोकनाट्य एक ही क्रिया-व्यापार के दो पहलू हैं। लोकनृत्य में लोकमानस नाचता है, लोकनाट्य में उसकी अभिनय संबंधी कलाभिव्यक्ति अधिक मुखरित होती है।

हिमाचल के लोकनाट्यों में 'करियाला' बहुत प्रसिद्ध है। इसे बिलासपुर में स्वाँग, मंडी में बाँठड़ा और काँगड़ा में भगतु तथा कलाकारों को क्रमशः स्वाँगची, करियालची, बाँठड़िये और भगतिये कहा जाता है। करियाला के मंच को अखाड़ा कहते हैं। इसके प्रदर्शन के लिए विशिष्ट मंच नहीं होता। इस नाट्य को अभिनीत करनेवाले आमंत्रण मिलने पर गाँव में किसी खुले स्थान पर इसकी प्रस्तुति देते हैं। सर्वप्रथम एक कलाकार स्त्री रूप में, जिसे चंद्रावली कहते हैं और दूसरा सिद्धा के रूप में सज-धजकर अखाड़े में पहुँचते हैं। दोनों धूनी के चारों ओर नाचते हैं। इसे अखाड़ा बाँधना कहते हैं। इसके बाद दोनों परदे के पीछे चले जाते हैं। फिर विभिन्न कलाकारों द्वारा अलग-अलग प्रकार के व्यक्तियों को केंद्रबिंदु बनाकर स्वाँग प्रस्तुत होते हैं। व्यंग्योक्तियाँ इसका प्रमुख आकर्षण होती हैं। यह व्यंग्य किसी साधु, राजनेता, सरकारी अफसर, दफ्तरी बाबू, साहूकार, पटवारी आदि की मनोवृत्ति पर आधारित हो सकता है।

'बुड्हा सीह' यह लोकनाट्य जुब्बल और रोहड़ (शिमला) से संबंधित है, जहाँ कलाकार वहाँ की प्रचलित किसी राणा के कार्यकलापों संबंधी गाथा को प्रदर्शित करते हैं। किन्नौर में लोकनाट्य के तीन रूप प्रचलित हैं—मुखौटेवाले लोकनाट्य (लामाओं के नृत्य-नाटक, राक्षसों के संबंध में नृत्य-नाटक, देवताओं के संबंध में नृत्य-नाटक, छम्म, बौद्ध कथाओं पर आधारित स्वाँग) तथा साधारण लोकनाट्य (कायांग, वाक्यांग, गोंफना, थरकायांग, छेरकी कायांग, नागसी कायांग, शूना कायांग) एवं उत्सव लोकनाट्य (विशेष त्योहारों के समय प्रदर्शित किए जानेवाले लोक नाट्य)। मुखौटे पहनकर नृत्य करना किन्नरों के सामाजिक जीवन का सबसे महत्त्वपूर्ण अंग है। लामा समय-समय पर बुरी आत्माओं से गाँव तथा फसल की रक्षा के उद्देश्य से इन लोकनाट्यों का आयोजन करते हैं।

बुछेन लोकनाट्य : लाहुल-स्पीति, किन्नौर और लद्दाख आदि जनजातीय क्षेत्रों में बुछेन लोकानुरंजन का महत्त्वपूर्ण साधन रहा है। इस खेल ने इन क्षेत्रों में बौद्ध धर्म के प्रचार-प्रसार में विशिष्ट भूमिका निभाई है। इसका वास्तविक नाम 'फो-बर-दो-चोग' है, जिसका अर्थ है, आमाशय पर पत्थर फाड़ खेल या अनुष्ठान। इस अनुष्ठान की जन्मभूमि तिब्बत है। लोक विश्वास के अनुसार महासिद्ध थांग-तोंग-ग्यलपो इसके प्रवर्तक थे। इनका जन्म चौदहवीं सदी (सन् १३८५ के आस-पास) के उत्तरार्ध में हुआ।

बुछेन लोकनाट्य गाँव के खुले प्रांगण या चौराहे पर किया जाता है। बुछेन की टोलियाँ गाँव-गाँव घूमती हैं और नाटक-प्रस्तुति के लिए खुला स्थान तलाशती हैं, जिसके एक किनारे पर बारह-बारह फुट के आकार का मंच तैयार किया जा सके। इसे छोद-मचम या तोंगरा कहते हैं। सर्वप्रथम मंच पर आराध्य देव थांग-तोंग-ग्यलपो की अष्टधातु की मूर्ति स्थापित की जाती है। मूर्ति के दाईं ओर बोधिसत्त्व अवलोकितेश्वर की और बाईं ओर द्रीमेद-कुंदन-रनमथर की मूर्तियाँ रखी जाती हैं। मुख्य मूर्ति के वामपक्ष में त्रिशूल और दूसरी ओर पूजा की घंटी रखी होती है। मूर्तियों के चारों ओर सात कटोरियाँ रखी जाती हैं, जो जौ, सुगंधित धूप, फूल और जल से भरी होती हैं और दीप जलाया जाता है।

नाटक के मुख्य पात्र को बुछेन या लो-छैन कहते हैं। इसके द्वारा भिन्न-भिन्न तरह के हैरतअंगेज करतब दिखाए जाते हैं। बुछेन के साथ दो या तीन और कलाकार भी होते हैं, जिन्हें 'लामा-मणिये' कहते हैं। नाट्य प्रस्तुति के समय बुछेन केवल अधोवस्त्र और आभूषण पहने आता है। पीठ पर लाल-पीले ध्वज और सिर पर रंगीन वस्त्र होते हैं। दोनों बाँहों में सुइयाँ चुभोकर दोनों गालों के बीच भी लंबी सूई चुभोई जाती है। इस बीच वाद्ययंत्र बजते रहते हैं। दोनों हाथों में एक नुकीली तलवार लेकर उसकी नोंक पर पेट के बल लेटकर करतब दिखाता है। एक येनपा (श्रावक) को नग्न करके उसके उसके पेट पर तीन बार काले रंग का एक चिह्न लगाया जाता है। उसे दुष्ट आत्मा के रूप में मानकर उसके पेट में तीन बार तलवार का वार किया जाता है। इसके बाद होता है, पत्थर तोड़ने का प्रदर्शन। यह विघ्न निवारण का प्रदर्शन है। तोड़े जानेवाले पत्थर की परिक्रमा कर उपस्थिति ग्रामीणों में से एक को बुलाकर उसे जमीन पर लिटा उसके पेट पर कपड़ा बिछाकर पत्थर रख दिया जाता है। यदि पत्थर प्रथम प्रहार में टूट जाए, तो शुभ माना

जाता है। पत्थर का टूटना अशुभ पर शुभ, अमंगल पर मंगल तथा दुष्ट आत्माओं पर देवताओं की विजय मानी जाती है।

खेल के बाद बुछेन को दर्शन जौ, सत्तू, घी, अनाज, रुपए-पैसे भेंट में देते हैं। फिर बुछेन वाद्ययंत्र बजाता है और सभी मिलकर नाचते हैं। बुछेन प्रदर्शन में महिलाएँ भाग नहीं लेतीं। बुछेन एवं अन्य कलाकार निम्न-मध्यवर्ग से होते हैं। बुछेन संभ्रांत परिवारों से नहीं बनते।

इस लोकनाट्य का प्रादुर्भाव तब हुआ, जब धर्म विमुख राजा लाङ्दर्मा ने तिब्बत देश तथा अन्य क्षेत्रों से बौद्ध धर्म पूर्णतः निष्कासित

कर दिया था। यहाँ तक कि लोग पवित्र मंत्र 'ओम् मणि पद्मे हूं' का उच्चारण भी नहीं कर सकते थे। तब थागं-तोगं-ग्यलपो ने बौद्ध धर्म की गिरती हुई स्थिति को सँभाला। नाट्य को प्रचार का माध्यम बनाकर कलाकारों का दल बनाया और ऐसे कथानक का संयोजन किया, जो धर्मनिष्ठ व मनोरंजक था। यह लोकनाट्य बौद्ध धर्म के पुनर्जागरण के रूप में शुरू हुआ।

लोकचित्रकला

कला समीक्षकों के मतानुसार जम्मू-कश्मीर के बसोहली से लेकर हिमाचल प्रदेश के सभी क्षेत्रों में चित्रकला का शुभारंभ सत्रहवीं शताब्दी के उत्तरार्ध में हुआ। पहाड़ों की प्राकृतिक सुषमा, शांत-स्वच्छ वातावरण और मनोरंजक स्थलों में अनादिकाल से ही कलाकारों की कल्पनाशीलता और कला-सृजन को प्रोत्साहित किया है। वर्तमान में उपलब्ध पुराने चित्रों में गुलेर के राजाओं रूपचंद्र, मानसिंह, विक्रम सिंह और राजसिंह तथा बसोहली के राजा संग्रामपाल के व्यक्ति चित्र सम्मिलित हैं।

पहाड़ी चित्रकला के गुलेर, नूरपुर, बसोहली, कुल्लू, काँगड़ा, चंबा, मंडी, बिलासपुर और नालागढ़ प्रमुख केंद्र रहे हैं। हिमाचल प्रदेश में चित्रकला का विकास राजाश्रय में पल्लवित एवं पुष्पित हुआ। विशेष रूप से गुलेर के राजा गोवर्धन चंद, चंबा के राजा उदय सिंह और छत्तर सिंह, बसोहली के राजा कृपाल पाल और काँगड़ा के राजा संसारचंद के नाम उल्लेखनीय हैं।

गुलेर कलम से ही काँगड़ा चित्रकला का उद्भव हुआ, जो काँगड़ा के सर्वाधिक ख्यात राजा संसारचंद द्वितीय के समय में विकास के शिखर पर पहुँची। वह बड़ा कला प्रेमी और कला संरक्षक था। पहाड़ी चित्रकला की विषयवस्तु पर्याप्त विशाल रही है। जयदेव विरचित 'गीत गोविंद' और केशवदास कृत 'रसिक प्रिया' की विषयवस्तु के आधार पर पहाड़ के चित्रकारों ने सर्वाधिक कलाकृतियाँ बनाईं। इस शृंखला के अनेक चित्र राष्ट्रीय संग्राहालय, दिल्ली में विद्यमान हैं। इनके अतिरिक्त कवि भानुदत्त कृत रस मंजरी, बिहारी सतसई, नल-दमयंती, सावित्री-सत्यवान की कथाएँ, महाभारत-रामायण के प्रसंग, भागवत पुराण की कृष्ण बाललीला और यौवनावस्था की विलासलीला आदि पर आधारित कलाकृतियाँ विशेष लोकप्रिय हैं।

पहाड़ी चित्रकला पूर्ण रूप से यहाँ की धरती, संस्कृति और सभ्यता से सराबोर है। इसके प्रतीक यथार्थवादी होते हुए भी कलाकारों की अनूठी परिकल्पना से युक्त हैं। काँगड़ा कलम में चित्रकार बारीकी से विषयवस्तु का रेखांकन करता है। इसके अंतर्गत नायिका का नख-शिख रेखांकन, वेशभूषा, अंग-प्रत्यंग, हाव-भाव का चित्रांकन, मनोहर प्राकृतिक छटा, दृश्यावली, पशु-पक्षियों का सुंदर निरूपण, कृष्ण-गोपियाँ-राधा की अवतारणा, गाँव की वेशभूषा, छोटे-छोटे छप्परवाले घर, ढलवाँ खेत आदि को बारीकी एवं विस्तार से दिखाया गया है।

पहाड़ी रेखांकन

पहाड़ी लोकगीतों ने अनेक चित्रों को जन्म दिया है। एक ओर गीत के भावों को चित्रों में सँजोया, वहीं अनेक चित्रों के ऊपर या नीचे गीत के बोल भी अंकित किए गए हैं। प्रिंस ऑफ वेल्ज म्यूजियम, मुंबई में काँगड़ा के प्रसिद्ध चित्रकार नयनसुख का एक चित्र प्रदर्शित है, जिसके नीचे लिखा है—'प्यारा मैं नु दिसदा नहीं, पापियाँ मेढ़ी गल्ल सुन जाईं।' यह गीत पुराने समय में बहुत लोकप्रिय था। विश्व के अन्य संग्रहालयों में भी पहाड़ी चित्र प्रदर्शित किए गए हैं।

रेखाओं के प्रदर्शन, रंगों के चयन और अलंकरण की प्रस्तुति के प्रति पहाड़ी चित्रकारों का अपना विशिष्ट दृष्टिकोण रहा है। अपने चित्रों को रेखाओं की सीमा में बाँधा है। अजंता की चित्रकला की भाँति पहाड़ी कला भी रेखाओं की कला रही है। यह ऐसी बोलती तसवीरें हैं, जो रेखा के माध्यम से अद्भुत सौंदर्य को अभिव्यक्त करती हैं। इस संदर्भ में कलामर्मज्ञ डॉ. महेंद्र सिंह रंधावा का कथन है—''रेखाओं की सूक्ष्मता, रंगों की दीप्ति और शैली की निपुणता कला की प्रमुख विशेषताएँ हैं। चित्र में छोटी-बड़ी रेखाओं की स्थिति जितनी सूक्ष्म और सुकोमल होगी, उतनी ही सुंदरता निखरकर आएगी। यथा पहाड़ी नारी की बादल रूपी आँखों पर धनुषी आकार की भृकुटि के घने और पलकों के पतले महीन बाल उसके नयन-नक्श को चार चाँद लगा देते हैं। यह सब कलाकार की तूलिका और उसके अभ्यस्त हाथों की कारीगरी है।

तूलिकाएँ गिलहरी की पूँछ के बालों की बनी होती हैं। गिलहरी के बालों की बनी कूचियाँ सूक्ष्म, बारीक और सुंदर रेखाओं को उकेरने में अत्यंत लाभदायक होती हैं। कुल्लू, मंडी आदि क्षेत्रों में ये तूलिकाएँ बकरी और नेवले के बालों की बनी होती हैं।

चंबा रुमाल : जैसे विशिष्ट चित्रकला में काँगड़ा कलम प्रसिद्ध है, उसी प्रकार चंबा क्षेत्र का 'चंबा रुमाल' अंतरराष्ट्रीय जगत् में सुपरिचित है। मुगल शासकों के आतंक से पीड़ित होकर अनेक कलाकार पर्वतों में आकर राजाओं के संरक्षण में बस गए। चंबा के राजा उमेद सिंह के समय (१७४८ से १७६४ तक) बहुत से कलाकार चंबा में आ गए। उन्होंने चंबा रुमाल की परंपरा स्थापित की। कहने को तो चंबा रुमाल एक रुमाल है, परंतु विक्टोरिया एंड एल्बेट म्यूजियम, लंदन में महाभारत की घटनाओं को दरशाता दस फुट लंबा सचित्र रुमाल दीवार पर शोभायमान है।

चंबा रुमाल की चित्रकारी के प्रमुख अंगीभूत लक्ष्य रामायण, महाभारत और भागवत आदि अनेक पुराणों की घटनाओं, यथा कृष्ण-गोपियों की रास लीलाएँ, कृष्ण-रुक्मणी विवाह, राधा-कृष्ण नृत्य, गद्दी पर आसीन राम और सीता, विष्णु के दस अवतार, शिव-परिवार, गणेश-पूजा, दस महाविद्या आदि से संबंधित हैं। चित्रों में प्रमुखता कृष्ण और राम के चित्रों की है, क्योंकि तब पहाड़ी क्षेत्र में वैष्णव

धर्म का प्रचार-प्रसार था। चंबा रुमाल पर जो उत्कृष्ट कशीदाकारी की जाती है, उसपर काँगड़ा कलम का स्पष्ट प्रभाव है। चंबा रुमाल का निर्माण एवं चित्रांकन घरेलू स्त्रियों की दक्षता का प्रमाण है। रंगों की रंगीनता, चित्रांकन की शिष्टता, विषयवस्तु की विशालता और कशीदाकारी की सुंदरता के कारण विद्वानों ने चंबा रुमाल को 'सुइयों द्वारा निष्पादित पहाड़ी चित्रकला' का नाम दिया है।

चंबा रुमाल में धार्मिक एवं सांस्कृतिक चित्रों के अतिरिक्त लोकजीवन और संस्कृति से जुड़े विषयों का भी विस्तृत उपयोग हुआ है। इनमें विवाहों, उत्सवों, समारोहों के दृश्य, आखेट के हैरतअंगेज दृश्यों, हाथी की सवारी, चौपड़-शतरंज के खेल और नारी की घुटन व पीड़ा आदि हैं। चंबा रुमाल सजा-सज्जा, उपहार, विशेष अवसरों पर भेंट स्वरूप देने की परंपरा है। प्राचीन हस्तलेखों, धार्मिक पुस्तकों को ससम्मान सुरक्षित रखने हेतु भी चंबा रुमाल का उपयोग किया जाता है। राजा एवं शासक अपने संबंधों को सौहार्दपूर्ण बनाने और अपनी राजनीतिक संधियों को पुष्ट करने हेतु भी चंबा रुमाल का आदान-प्रदान किया करते थे।

चंबा की उद्यमी महिलाओं ने इस हस्तशिल्प को अपनी कर्मठता से आज भी जीवित रखा है। भारत के राष्ट्रपति डॉ. राधाकृष्णन ने सन् १९६५ में गणतंत्र दिवस समारोह के अवसर पर चंबा की महिला महेशी देवी को 'मास्टर क्राफ्ट्समैन' का राष्ट्रीय पुरस्कार देकर सम्मानित किया था। सन् २०१७ के गणतंत्र दिवस पर भी चंबा रुमाल बड़ी आन-बान-शान से चंबा झाँकी में प्रदर्शित हुआ।

थनका : थनका कला-निधि लाहुल स्पीति, किन्नौर, लद्दाख आदि जनजातीय क्षेत्रों की थाती है। आस्थावान कलाकारों ने इस कला को जीवित रखा है। थनका वास्तव में चित्रकला, अभिलेख तथा धर्माचरण की त्रिवेणी है। मूलरूप से यह चित्रकला है, जिसके द्वारा शक्यमुनि, बोद्धिसत्त्व, पद्मसंभव और प्रसिद्ध बौद्ध सम्राटों आदि की जीवन घटनाओं तथा जातक कथाओं का सजीव चित्रण मिलता है, जो अभिलेख के रूप में सुरक्षित रहता है।

थनका मूलत : मोटी भाषा का शब्द है, जो 'थडका' का तद्भव रूप है। इसका अर्थ चित्रपट है। ऐसे चित्र गोंपा और बौद्ध विहारों की दीवारों पर भी चित्रित होते हैं, परंतु जब वे कपड़ों पर उतारे जाते हैं, तो ये थनका है, जिन्हे सफाई से लपेटकर सदा के लिए सुरक्षित रखा जाता है। कपड़े पर होने के कारण ही इस चित्रकला को 'थडका' नाम दिया गया है।

थनका का मूल उद्भव स्थल तिब्बत है। यहाँ लामा रेशम के कपड़े पर धार्मिक चित्रों का आरेखन करते थे। आज खादी एवं सूत के कपड़े का भी उपयोग होता है। यह कला श्रमसाध्य है। साधारण कलाकार, विशेषकर स्त्रियाँ इसकी प्रेरक हैं। एक चौखटे पर कपड़ा कस दिया जाता है। फिर वनस्पति-गोंद, अभ्रक तथा तालकचूर्ण से बने लेप से उसे लीप दिया जाता है, ताकि छिद्र आदि भर जाएँ और वह एक समान हो जाए। सूखने पर उसे विशेष पत्थर से घिसकर मुलायम कर दिया जाता है।

थनके पर उकेरी जानेवाली सामग्री की विविधता अनंत है। महात्मा बुद्ध का जीवन-क्रम देवी-देवताओं के स्वरूप, कालचक्र, बौद्धदर्शन शास्त्र और बौद्ध सम्राटों की ऐतिहासिक घटनाएँ थनकों की शोभा बनती हैं। तांत्रिक प्रकृति के थनके भी होते हैं। इनमें सिद्धों, योगी, योगिनियों और अप्सराओं को दिखाया जाता है।

ऐसा जन विश्वास है कि थनका ग्रह-दशा को प्रभावित करता है, भूत-प्रेत के दुष्प्रभाव से रक्षा करता है, डाकिनी, शाकिनी, योगिनी, चंडाली की कुदृष्टि से सुरक्षित रखता है और भयानक रोगों, मानसिक तनावों, व्याधियों से मुक्ति दिलाता है। इसी कारण लोग इसे सदा अपने साथ रखते हैं। यात्रा पर जाते समय भी अपनी सुरक्षा के लिए इसे साथ लेते चलते हैं। बुद्ध धर्म के लोगों के लिए थनका विशुद्ध धार्मिक विश्वास का पर्याय है, जबकि बौद्धेतर क्षेत्रों में इसे बेहतरीन कला के रूप में स्वीकार किया जाता है।

वस्तुत : हिमाचल एक ऐसा प्रदेश है, जिसमें विविध परंपराओं का प्रवाह अपने अंदर अनेक विशिष्टताओं को समेटे है। कला के क्षेत्र में लोकजीवन रंगों की कर्मस्थली है। घर-आँगन में, मंदिरों में, धरोहर भवनों में भित्तिचित्र आम आदमी एवं धार्मिक व्यक्तियों के कला-कौशल का परिचय देते हैं। काँगड़ा कलम की बारीकी आपको थनका के कला सौष्ठव में भी मिल जाएगी। व्यक्ति विशेष के चित्र न केवल पारंपरिक पहाड़ी चित्रकला में विद्यमान हैं, अपितु बीसवीं शताब्दी के गुरुओं के चितेरे सरदार सीमा सिंह ने भी सिख गुरुओं के चित्र बनाकर अमरत्व प्राप्त किया। उनके चित्रों में भी एक दिव्य कांति के दर्शन होते हैं। सेड तथा ननकू दोनों कलाकार भाइयों ने गुरेल काँगड़ा कलम को विकास के शिखरों तक पहुँचाया। रूसी कलाकार रेरिख ने आजीवन नग्गर (कुल्लू) में रहकर चित्रों का अद्भुत संसार खड़ा किया। चंदूलाल रैना, ओ.पी. राव, उकेट प्रिम आदि कलाकारों

ने भी हिमाचल की लोकजीवन शैली को रंगों से उकेरा। युवा रंगकर्मी शर्मिला शर्मा ने भी कुल्लू दशहरा, चंबा के पिंजर मेले का काँगड़ा कलम में रेखांकन कर ख्याति अर्जित की है।

पहाड़ी प्रदेश लोकगीत-संगीत, लोकनाट्य, नृत्य, धार्मिक विश्वासों, संस्कारों आदि के संदर्भ में अपने अंदर अक्षुण्ण भंडार समेटे है। मनु की मनाली में मंदिरों की भरमार है, छोटी काशी मंडी की शिवरात्रि, कुल्लू का दशहरा, सुजानपुर की अंतरराष्ट्रीय होली, शिमला का गेयरी थियेटर और उसमें नित आयोजित होते नाटक वस्तुतः पहाड़ी प्रदेश की लोक-संस्कृति, लोक-शैली के कतिपय संकेत मात्र हैं। भरमौर की मणि महेश यात्रा, धर्मशाला किन्नौर, स्पीति, लद्दाख आदि में स्थापित बौद्ध विहार विश्व मानचित्र पर सार्थक उपस्थिति के परिचायक हैं। हिमाचल प्रदेश शांतिपूर्ण, प्राकृतिक संपदा से परिपूर्ण आस्थाओं और विश्वासों की ऐसी देवभूमि है, जो अपने आप में अपार विविधता सहेजे है। अनहद नाद सा अपूर्व आनंद देनेवाला परिवेश, वाद्य यंत्रों को स्फूर्त करनेवाली ध्वनि, आकाश में उड़ते परिंदों जैसे पैराग्लाइडर, पौगं झील में प्रवासी पक्षी, भेड़-बकरियों को लेकर निरंतर चलते हुए हुश करते गद्दी हिमाचली संस्कृति की मात्र विहंगम झलकियाँ हैं।

□□

15 हरियाणवी लोक-संस्कृति : एक झलक

—विजय दत्त शर्मा

हरियाणा की संस्कृति ज्ञान, कर्म और शौर्य की वह त्रिवेणी है, जो युग-युगों से प्रवाहित होती चली आ रही है तथा जो कहीं पतली धार बनती है तो कहीं विस्तृत नद के रूप में देखी जा सकती है। लोक धारणाओं के अनुसार हरियाणा प्रदेश के समस्त भू-भाग को बांगर, नर्दक, खादर, बागड़, अहीरवाटी, मेवात, ब्रज आदि उपखंडों में बाँटा गया है। रोहतक, झज्जर, जींद जिले की नरवाना, हिसार की हाँसी व हिसार, भिवानी की भिवानी तहसीलें बाँगर भू-भाग में परिगणित हैं।

भौगोलिक स्थिति

भूगर्भीय दृष्टि से देखें तो यह प्रदेश तीन प्राकृतिक खंडों में विभक्त है—शिवालक पर्वत-मालाओं का क्षेत्र, घग्गर-यमुना का दोआब और अरावली की पहाड़ियों के साथ लगता शुष्क क्षेत्र, हरियाणा के उत्तर-पूर्व में खड़ी शिवालक पर्वत श्रेणियों की ऊँचाई ९०० से २३०० मीटर के करीब है। इनमें से घग्गर, मारकंडा, चितंग आदि बरसाती नदियाँ निकलती हैं।

घग्गर-यमुना का विस्तृत भू-भाग दूसरा प्राकृतिक खंड है। इसके ऊँचे भाग को बाँगर और निचले को खादर कहते हैं। अरावली पर्वत श्रेणियों के तीसरे प्राकृतिक खंड में गुरुग्राम के पश्चिमी भाग, फरीदाबाद, रेवाड़ी तथा महेंद्रगढ़ और भिवानी के जिले शुष्क मैदानी भाग में शामिल हैं। यह भूखंड रेतीले टीलों और ऊँची-नीची जमीनवाला है। इन भौगोलिक परिस्थितियों का इस प्रदेश के इतिहास, समाज, संस्कृति, लोक-संस्कृति, कला पर गहरा प्रभाव पड़ा है।

'संस्कृति' शब्द में 'सम्' का अर्थ है—शुद्ध एवं श्रेष्ठ तथा 'कृति' का अर्थ है—कार्य, कर्म या आचरण। अतः शुद्ध एवं श्रेष्ठ आचरण का नाम 'संस्कृति' है।

'संस्कृति' से संबद्ध शब्द 'संस्कार' का अर्थ है—'शुद्धि की प्रक्रिया'। 'शुद्धि' का अर्थ पवित्रता से नहीं बल्कि 'सामाजिकता' से है। इसका अर्थ यह हुआ कि व्यक्ति को एक सामाजिक प्राणी बनाने में जिन तत्त्वों का योगदान होता है, इन सभी तत्त्वों के प्रबंधन का नाम ही 'संस्कृति' है।

जो संस्कृति लोक की होती है, लोक के द्वारा होती है, लोक के लिए होती है, उसे 'लोक-संस्कृति' कहा जाना चाहिए। प्रत्येक 'लोक-संस्कृति' की उत्पत्ति 'लोकमानस' से ही होती है।

प्रत्येक जनपद, प्रदेश या एक क्षेत्र विशेष के अपने विश्वास, विचार, भाव, धारणाएँ, मान्यताएँ, परंपराएँ, रीति-रिवाज, रहन-सहन के तरीके, खान-पान, पहनावा-ओढ़ावा आदि के ढंग होते हैं, इन्हीं का समुच्चय 'लोक-संस्कृति' कहलाती है। 'लोक-संस्कृति' तो संस्कृति का ही जीवंत रूप होती है।

संस्कृति का एक चरण वेद-शास्त्रों में तो दूसरा लोक में होता है। भारतीय संस्कृति तो 'लोके वेदे च' के मूल मंत्र से परिचलित होता है, जिसका सीधा सा अर्थ है कि जो चीज वेद-शास्त्रों में है, वही 'लोक' में भी है।

भारतीय संस्कृति को 'वैदिक संस्कृति' भी कह सकते हैं। यह एक ऐसी 'सर्वजीवी संस्कृति' है, जो 'नर' को 'नारायण' बनाने की ओर अग्रसर है। लोक-कल्याण के भावों से आपूरित रहनेवाली वह लोकव्यापी संस्कृति कब लोक-संस्कृति की परिधि में प्रवेश कर जाती है, पता ही नहीं चलता। किसी भी संस्कृति की वास्तविक शक्ति का स्रोत 'लोक-संस्कृति' एवं 'लोकतत्त्व' ही होते हैं। यदि संस्कृति का स्वरूप लोकग्राही नहीं होगा तो ऐसी संस्कृति शीघ्र मिट जाएगी।

हरियाणा की संस्कृति में सृष्टि-सृजन की कथाएँ, मनुष्य की उत्पत्ति, प्रलय, स्वर्ग, नरक, सूर्य विषयक कथाएँ, देवाताओं की उत्पत्ति, अग्नि विषयक कथाएँ, मृत्यु की कथाएँ, देवासुर-संग्राम, मनुष्य की आत्मा से जुड़ी कथाएँ, समुद्र-मंथन की कथा आदि से जुड़े मिथक खूब मिलते हैं।

हरियाणा को वैदिक संस्कृति का केंद्र स्थल माना जाता है। इस संस्कृति के आदि स्रोत 'ऋग्वेद' में अनेक स्थानों पर सरस्वती तथा एक मंत्र में दृषद्वती और आपगा: नदियों का उल्लेख हुआ है। इससे सिद्ध होता है कि

इसकी अधिकांश ऋचाओं का सर्जन यहीं हुआ। प्राचीन मान्यताओं के अनुसार तो चारों वेदों का रचना-स्थल यही प्रदेश रहा है। सुप्रसिद्ध वैयाकरण पाणिनि ने लाहौर के पास जन्म लेकर तथा कुरुक्षेत्र में रहकर इस प्रदेश की बोलचाल की भाषा को आधार मानकर संस्कृत व्याकरण के प्रसिद्ध ग्रंथ 'अष्टाध्यायी' की रचना की।

लोकगीत

हरियाणा के लोकगीतों में वेदों से लेकर अब तक अनेक ऐतिहासिक एवं राजनीतिक प्रसंग आए हैं। इन गीतों में महाकाव्य काल से लेकर आज तक के इतिहास की कई महत्त्वपूर्ण घटनाएँ वर्णित हैं। ऐसे गीतों में चंद्रावल, निहालदे, गूगा आदि के लंबे गीतों के अतिरिक्त राव तुलाराम के अंग्रेजों के प्रति विद्रोह, अंग्रेजी शासन के प्रति घृणा, गांधीजी के विभिन्न आंदोलन, कांग्रेस का प्रभाव, स्वदेशी वस्तुओं की पैरवी, नेताजी सुभाष चंद्र बोस, आजाद हिंद फौज, उनकी वीरता, उनकी शहादत, राजगुरु-सुखदेव-भगतसिंह की कुर्बानी, छोटू राम के लोकहित के कार्य, भक्त फूल सिंह की कुर्बानी आदि को भी गीतों में चित्रित किया गया है।

कुछ लोकगीत इस प्रकार हैं, जो संस्कृति के जीवंत एवं कालजयी उदाहरण हैं—

नेग संबंधी गीत :

कंगना माँगै ननदी, होलर की बधाई,
यो कंगना मेरे सुसरे की कमाई,
रपैइया ले ले ननदी, भतीजे की बधाई।
यो रपैइया मेरे जेठा की कमाई,
अठन्नी ले ले ननदी, भतीजे की बधाई।

पीड़ा संबंधी गीत :

मेरे घुमड़-घुमड़ उठें पीड़ कोये तै धोरै आवैगा,
मेरी बुढ़िया सास, कदै तै धोरै आवैगी,
मेरी जागै ननद हठीली कदै तै तरस दिखावैगी।

परिवार चेतना संबंधी : सदियों से हरियाणवी लोक समाज परिवारों में रहता आया है। परिवार समाज की इकाई है। संपूर्ण विश्व का समाज छोटे-छोटे परिवारों में बँटा हुआ है। इसके विपरीत भारतीय समाज संयुक्त परिवारों में बँधा हुआ है। इस विशेषता के कारण अपने देश का महत्त्व अधिक है। लोकसाहित्य समाज के स्वरूप का सच्चा प्रतिनिधि होता है। सामाजिक जीवन के विशद चित्र लोकसाहित्य में देखने को मिलते हैं। लोक समाज संयुक्त परिवार को स्वीकार कर उन सबको झेलने को तैयार है, जैसा कि इस लोकगीत में झलकता है—

पिया एकला गँड़ासा मत फेरियो-हो
तेरी देही-की-करड़ाई,
तेरा सारा कुणबा ठाली सै,
हो ठाली सै-कोये ना किसै का भाई।
मेरा बडला बीरा घेर में हे-रे-घेर-में,
मेरी भावज खेत तै आई।

राष्ट्र-चेतना संबंधी : राष्ट्रीय स्वतंत्रता की उपलब्धि तथा ब्रिटिश सरकार द्वारा भारतीयों की सत्ता के हस्तांतरण की प्रतिक्रिया और उससे उत्पन्न महत्त्वपूर्ण परिणामों ने हमारे देश में नगरों के साथ-साथ ग्रामों को भी अत्यधिक प्रभावित किया है। राष्ट्रपिता महात्मा गांधी नगरों में एक नेता ही रहे, परंतु गाँवों में भगवान् बन गए। गांधीजी के बारे में अनेक गीत बन गए थे, जिनमें उनका रूप भगवान, ईश्वर, महान् नेता, राष्ट्र नेता और राष्ट्र निर्माता का दिखाया गया है—

बिन हथियार गांधी लड़ रहया ऐकला।
हे, गांधी की माता न्यूं रौवे, रे मेरे आज्या लाड़ले पूत,
या इतनी बड़ी से फौज, तेरे हाथ ना पूंणी सूत
बिना हथियार गांधी लड़ रहया ऐकला।
री क्यूं रोवै माता बावली, री मेरे साथ से पूरा देश,
बिन हथियार गांधी लड़ रहया ऐकला

समाज चेतना संबंधी : लोकसाहित्य का लोकजीवन से घनिष्ठ संबंध है। ग्राम्य जीवन की प्रत्येक धड़कन लोककथाओं और लोक जीवन में स्पष्टत: सुनाई पड़ती है। व्यक्ति, गोत्र, कुल, जाति, समाज, प्रदेश आदि का सर्वांगीण चित्र उनमें मुखरित होता है। मनुष्य सामाजिक प्राणी है, जिसकी सहज प्रवृत्तियाँ उसे अपने साथियों के साथ रहने की प्रेरणा देती हैं। समाज में सभी एक-दूसरे के साथ व्यावहारिक संबंधों में बँधकर रहते हैं। सुख-दु:ख में परिवार जन परस्पर सहयोग की भावना से रहते हैं। लोकसाहित्य समाज के स्वरूप का सच्चा प्रतिनिधि होता है। सामाजिक जीवन के विशद चित्र लोकसाहित्य में देखने को मिलते हैं।

लोक-संस्कृति/लोकसाहित्य

'लोकसाहित्य' जनमानस का अमर कोश है। सर्व-सामान्य जनता की चिंता, भावना एवं उसकी अभिव्यक्ति के लिए लोकसाहित्य एक विशाल शाश्वत चित्रपट है। इसमें सामान्य जनता की बात सामान्य जनता के द्वारा, सामान्य जनता के लिए सीधे-सादे शब्दों में कही व गाई जाती है। लोकसाहित्य जनता की संपत्ति होने के कारण लोक-संस्कृति का दर्पण है। इसके निर्माण में सारे समाज का हाथ होता है। यह ऊँच-नीच, गरीब-अमीर, गोरे-काले और छोटे-बड़े से परे है।

सभ्यता और संस्कृतियों का उत्थान और पतन हुआ, साहित्य बना और बिगड़ा, परंतु लोकधारा आज भी अविरल रूप से प्रवहमान है। लोकसाहित्य आडंबर और कृत्रिमता से कोसों दूर गाँवों में बसता है। नर-नारी, बाल-वृद्ध तथा गोरे-काले सभी के हृदय से निकला भाव एवं संगीत लोकसाहित्य कहलाता है। लोकसाहित्य की परंपरा प्राय: मौखिक रहती है। विश्वविख्यात प्रदेश हरियाणा को वीर-प्रसूता भूमि होने का गौरव प्राप्त है। वय में छोटा होते हुए भी भारत का अभिन्न अंग हरियाणा आज जीवन के हर पक्ष में तेजी के साथ प्रगति कर रहा है। भाषा का खड़ापन लिये हरियाणा प्रदेश अपनी भोली प्रकृति के लिए प्रसिद्ध है। यहाँ के लोगों का मुख्य व्यवसाय कृषि कार्य है। अत: यहाँ के लोकसाहित्य के स्वर अधिकतर कृषि संबंधी भावों से संबंधित हैं। यहाँ के वीर जवान देश की सीमाओं के सजग प्रहरी हैं। अत: इनके संयोग-वियोग की कथा-कहानियों, लोकगीत, लोकगाथाएँ आदि यहाँ के लोकसाहित्य का प्रमुख अंग हैं। यहाँ के निवासी अपनी वीरता, साहस, धैर्य तथा पौरुष के लिए देश भर में प्रसिद्ध हैं तथा ये वीर युद्ध के मैदान और खेतों में लगन व मेहनत से काम करते हैं। प्राय: गाँव की चौपालों में ये लोकगीत गाकर और लोककथाएँ कहकर अपना मन बहलाते हैं। लंबे-लंबे आख्यान, किस्से-कहानियों और प्रमुख लोक घटनाओं को लयबद्ध करके मनोरंजन करना यहाँ का लोकप्रिय मनोरंजन है। ये लोग स्वभाव से साहित्य और कलाप्रेमी हैं। इस प्रदेश का लोकसाहित्य बहुत सुंदर और लोकप्रिय है। यहाँ का लोकगीत लोकसाहित्य की सशक्त विधा है। लोककथाओं, स्वाँगों और नाटकों में इस प्रदेश के जन-जीवन के पूरी तरह दर्शन होते हैं। यहाँ का लोकसाहित्य यहाँ के रीति-रिवाजों, खान-पान, उत्सवों, मेलों आदि का दर्पण है। यहाँ के लोकसाहित्य की एक विशेषता यह भी है कि इसमें समाज के प्रत्येक वर्ग के लोगों को स्थान मिला है। किसान की झोंपड़ी से लेकर राजा के महलों तक का वर्णन इनमें मिलता है।

लोककथाएँ इस प्रदेश की संस्कृति का सही चित्र प्रस्तुत करती हैं। समय और परिस्थितियों के साथ-साथ इनके विषय भी बदलते रहते हैं। ये एक व्यक्ति से दूसरे व्यक्ति तक स्वयं पहुँचती हैं, इनके लिए प्रचार नहीं करना पड़ता। क्योंकि इनका विषय इतना लोकप्रिय होता है कि सुने और सुनाए बिना नहीं रहा जा सकता। यहाँ की लोकगाथाएँ, किस्से-कहानी को साथ लेकर लयबद्ध तरीके से गाई जाती हैं। ये गाथाएँ प्राय: वीरता और साहस से भरपूर होती हैं, जिन्हें सुनकर लोग उत्साह और साहस से भर जाते हैं। गाँव-गाँव घूमनेवाले भाट-मिरासी तथा जोगी आदि गा-गाकर सुनाते हैं। यहाँ की लोकोक्तियाँ, कहावतें तथा 'सांग' नाटक, नौटंकी आदि बहुत प्रभावी हैं। स्वाँग और नाटकों को गाँव की चौपालों या खुले मैदानों में लोगों के सामने खेला जाता है। इसके लिए किसी थिएटर की जरूरत नहीं होती।

हरियाणा समाज में नारी का स्थान

हरियाणा प्रदेश में नारी को 'बीरबानी' कहा जाता है, जिसका शाब्दिक अर्थ है 'घर की शोभा'। एक आम कहावत है, 'बिना लुगाई घर भूतां का बासा'। घर बनता ही नारी से है। नारी के अनेक रूप उसकी गरिमा के चार-चाँद होते हैं—दादी, माँ, बहन, बुआ, बेटी, पोती, मौसी, नानी, मामी, चाची, ताई आदि। हरियाणवी समाज में परिवार की मुखिया दादी को माना जाता है। पूरा परिवार उनका सम्मान करता है। हर बात में उनकी राय और सहमति ली जाती है। दादी के बाद दूसरा स्थान माँ का होता है। इनके भी पूरे सम्मान व अधिकार होते हैं। बहन-बेटी का पूरा आदर होता है। तीज-त्योहारों पर सीधे-कोथली भेजकर उनके प्रति प्यार व अपनापन दिखाया जाता है। एक हरियाणवी कहावत भी है, 'जिसकी बेटी सुखी उसका जीवन सुखी' और 'छोहरियाँ के देने से तो धन-दौलत और परिवार में खुशहाली बढ़ती है।' निर्विवाद रूप से पिछले दशकों में हरियाणा ने राजनैतिक, शैक्षणिक, औद्योगिक तथा कृषि के क्षेत्र में अभूतपूर्व प्रगति की है। इन सबका प्रभाव समाज तथा समाज के अविच्छिन्न अंग महिलाओं पर पड़ना भी स्वाभाविक था। हरियाणा निवासी कर्मठ और परिश्रमी होते हैं। यहाँ की महिलाएँ भी मजबूत और सबल शरीरवाली होती हैं। कृषि प्रधान प्रदेश हरियाणा की महिलाएँ घर के काम के साथ-साथ कृषि-कार्यों में भी भरपूर सहयोग देती हैं।

धार्मिक विश्वास और मान्यताएँ

धर्म भारतीय संस्कृति की आत्मा है। भोले-भोले ग्रामीण निवासी दिखावे से दूर अपने जीवन के सब कार्य-कलाप धर्म के आसरे रखते हैं। उठते-बैठते, खाते-पीते, सोते-जागते 'पणमेसर' के गुण गाते हैं। बुआई, रोपाई, कटाई करते समय अपने कुल देवता ओर ईष्ट देवता को अवश्य याद करते हैं। यहाँ के निवासियों का विश्वास है कि सबकुछ परमात्मा के हाथ में है। आदमी तो भगवान् के हाथों की कठपुतली है। ये लोग 'करणी-भरणी' में विश्वास करते हैं तथा बुरे कर्म करने में परहेज रखते हैं। 'सीधा-सरल जीना और दाल-रोटी खाना प्रभु के

गुण गाना' यहाँ का 'जीवन-संजीवनी मंत्र' है। गंगा-जमुना स्नान को पाप काटने का एकमात्र रास्ता मानते हैं। लोकगीतों से इस तथ्य की पुष्टि होती है—

छींटा लाग्य नीर का, पाप कट्या सरीर का।

× × ×

छींटा लाग्या पाणी का, पाप कटया प्राणी का।

आस्था-विश्वास

हरियाणा प्रदेश आस्था और विश्वास के बल पर चलनेवाला प्रदेश है। यहाँ पर बड़े-से-बड़े काम भी भगवान् के नाम की आस्था और विश्वास के बल पर कर लिये जाते हैं। 'चढ़ ज्या बेटा सूली पै, भली करैंगे राम,' कहकर कठिन-से-कठिन काम करने का बीड़ा उठा लिया जाता है। प्रत्येक गाँव, चाहे वह छोटा हो या बड़ा, सभी में हनुमान, देवी और भोले बाबा के छोटे-बड़े मंदिर पाए जाते हैं। जीवन के सभी संस्कार भगवान्-देवी देवता और पितरों का नाम लेकर आरंभ किए जाते हैं—

पाँच पतासे पाना का बिड़ला, ले हनुमान पै जाईयो जी,
जिस डोली म्हारे हनुमान बैठे, वा डाली फल लाईयो जी,
नै बी जाईयो, झूक बी जाईयो, ठंढे झोले लाईयो जी।

देवी, पितर, गंगा-जमुना आदि सब के बाद 'भूले बिसरां पै जाईयो जी' कहना भी नहीं भूलते। यहाँ के लोकसाहित्य में इस प्रदेश के धार्मिक जीवन का चित्रण व्यापक रूप में मिलता है। विविधता का अक्षय भंडार हमारा देश अनेक धर्म-पंथों का समूह है।

लोकजीवन

आडंबर विहीन ग्रामीण अंचल का लोकजीवन, भाषा शास्त्रियों की परिभाषाओं से परे अपने सरल हृदय और निश्छल मन से भगवान् का स्मरण करता है। बाह्य आडंबरों और दिखावे से दूर केवल अपने मन की शांति के लिए पूजा-पाठ, व्रत एवं देवी-देवताओं की आराधना का सहारा लेता है। उनका मानना है कि सरल और सच्चे मन की पुकार परमात्मा अवश्य ही सुनता है। इस लोक-विश्वास के सहारे वे कठिन-से-कठिन समय को भी सहज ढंग से काट लेते हैं। अपने

कृषि-कार्यों में भी ये लोग इस लोक-विश्वास के अनुसार चलते हैं। जुताई हो या बुआई, रोपाई हो या कटाई, वह अपनी कुल देवी, पितर-देवता, ग्राम देवता और ईष्ट देवता को नहीं भूलता। उनके प्रति आदर भाव दरशाने के लिए भजन-गीतों द्वारा गुणगान, प्रार्थना, क्षमा याचना एवं आशीर्वाद की इच्छा व्यक्त करते हैं। हरियाणा प्रदेश के लोकगीतों में पंच देवोपासना का उल्लेख मिलता है। किसी भी मांगलिक कार्य में पहले पंचदेव उपासना होती है। यहाँ के प्रसिद्ध 'पाँच पतासे पाना का बिड़ला...' वाला प्रसिद्ध लोकगीत पंच देवोपासना का ही उदाहरण है। सरल प्रकृति के सीधे-भोले हरियाणा निवासी राम-कृष्ण, शिव, हनुमान, देवी आदि के साथ-साथ पीर, सैयद, गुग्गा आदि की वंदना करते हैं। जैसे 'पाँच पतासे पाना का बिड़ला ले सैयद पै जाईयो जी, ले भुंईयां पै जाईयो जी आदि।' इसी भाव को प्रकट करने के लिए निम्नलिखित लोकगीत की पंक्तियाँ देखिए—

सब नै गावैं, सबन नै मानवै,
सब के नां जांणे हम नाम जी।
पीर-पितर करैं रखवाली,
पूजें इनका नाम जी।

लोकविश्वास

हरियाणा प्रदेश का लोकसमाज अपने विश्वासों द्वारा लोकधर्म का सर्जन करता है। यदि पीपल के पेड़ में उसकी आस्था है तो वे उसी की देवता की तरह पूजा करेंगे ओर उसी पूजा को अपना धर्म मानते चलेंगे। वैष्णव धर्म, शैव धर्म, सिद्ध एवं नाथ संप्रदाय लोकधर्म के अंग हैं, जिसमें राम, कृष्ण, शिव, यक्ष, शक्ति, नाग और पेड़ों की पूजा का विधान है। कार्तिक मास में प्रात:काल स्नान कर 'पथवारी' में जल देने और दीपक जलाने का प्रचलन है। कुरुक्षेत्र में यक्ष की मूर्ति का पूजन होता है। कई अन्य स्थानों पर भी मंदिरों में यक्ष की मूर्ति पाई जाती है, जिसे लोकभाषा में 'जाख' कहा जाता है। हरियाणा के लगभग सभी गाँवों में कुल देवता, ग्राम देवता की मढ़ी या मढ़, मंदिर आदि पाए जाते हैं। गाँवों में 'यक्ष' का निवास किसी वृक्ष में माना जाता है। अत: यक्ष की मूर्ति यदि कहीं पाई जाती है तो वहाँ पेड़ अवश्य ही मिलता है। आजकल भी शादी के बाद सर्वप्रथम वर-वधू को गाँव के बाहर नगर या ग्राम देवता की पूजा के लिए ले जाया जाता है।

लोकनाट्य

लोकनाट्य एक ऐसी विद्या है, जिसमें व्यक्ति विशेष की कल्पनाओं और अनुभवों का आकलन नहीं किया जाता, वह समस्त समाज की चेतना या संस्कृति प्रतीक तथा अनेक प्रतिमानों के सम्मिलित चमत्कार का साकार स्वरूप होता है। उसमें संस्कृत का प्रत्येक स्पंदन प्रतिबिंबित होता है। प्रदर्शन की सफलता-असफलता का यश-अपयश समाज को मिलता है। 'प्रथम विश्व युद्ध के समय सदा सेना में अग्रणी रहनेवाले हरियाणवी वीरों की भर्ती अत्यावश्यक जान पड़ी तो वह बीड़ा सरकार

के अनुरोध पर पंडित दीपचंद ने ही उठाया। समस्त हरियाणा में उनके ये जादू भरे शब्द गूँजने लगे—

भरती होल्ये रे थारे बाहर खड़े रंगरूट,
इत राशि मधम वांणा अर मिल्ले फटया पुराणा।
उड़ै मिल्लैगा फुलबूट, भरती हो ले रे थारे बाहर खड़े रंगरूट।

हरियाणा की वीर माताएँ अपने वीर पुत्रों को देश की पूँजी मानती हैं। देश की रक्षा के लिए प्राण न्योछावर करना उनका परम कर्तव्य है। हरियाणा के वीर पूत सरहद पर गरमी-सर्दी सहकर अपनी ड्यूटी देते हैं। कर्तव्य करते-करते जान पर खेल जाना उनके लिए आम बात है। उनकी आखिरी साँस भी राष्ट्र के लिए अर्पित होती है। लोकगीतों में इस भाव की गूँज स्पष्ट सुनाई देती है—

संग के साथी, साथ रहणियां दया मेरे पै फेर दियो,
देश के ऊपर जान झोंक दी, लिख चिट्ठी में गेर दियो।

इस प्रकार हम देखते हैं कि हरियाणा की संस्कृति स्वाभिमान, कर्मठता, मानव-मूल्यों, प्रकृति, परंपरा, इतिहास तथा वर्तमान से निर्मित और बदलती रही है। संस्कृति एक भगीरथी प्रवाह होती है और वह अपने प्रवाह में अनावश्यक झाड़-झंखाड़ों को बहाकर ले जाती है तथा अपने मार्ग के अंचल और क्षेत्र को सुरम्य, सुगंधित एवं आवश्यकतानुसार बनाती है। इतना ही नहीं, वह स्वयं भी बनती और परिवर्तित होती चलती है। हरियाणा एक गतिशील और हलचल भरी पुरातन भूमि है। अत: यहाँ की संस्कृति ने उन हलचलों को सात्त्विक और सशक्त रूप भी प्रदान किया है, आवश्यकता तथा देश, प्रकृति, कालानुसार स्वयं भी बदली है। यह रूपांतरण क्षमता संस्कृति की जीवंतता के प्रत्यक्ष प्रमाण हैं, जिसे पारिभाषित करने में हरियाणवी संस्कृति का बहुमूल्य योगदान है।

□□

16 जम्मू-कश्मीर की लोक-संस्कृति

—गौरीशंकर रैणा

जम्मू-कश्मीर की संस्कृति तीन विभिन्न क्षेत्रों जम्मू, कश्मीर तथा लद्दाख की व्यापक परंपराओं का अंतर्विकास है। यहाँ बसनेवाले लोगों की जीवन-शैली, लोक-संगीत, लोक-नृत्य, लोक-नाट्य तथा उत्सव हजारों वर्षों से स्थापित रीतियों और विशिष्ट परंपराओं का एक इंद्रधनुष है।

कश्मीर की लोक-संस्कृति से संबद्ध सामग्री हमें 'नीलमत पुराण' से मिलती है। यह एक स्थानीय कृति है, जिसमें विभिन्न उत्सव, संगीत, नाटक आदि का वर्णन है। इस पुराण की रचना छठी तथा आठवीं शती के मध्य में हुई है। नवीं शताब्दी में इस पुराण का संशोधित संस्करण तैयार किया गया था। इसे संवाद की शैली में रचा गया है।

शंखवादरवोन्मिश्रै गीतवादैश्च सर्वशः।
नेया भवति राजेन्द्र तथा प्रक्षणिकैः शुभैः॥
तथा प्रभातसमये स्वानुलिप्तैः स्वलङ्कृतै।
वह्निपूजा च कर्तव्या मङ्गलालभनं तथा॥

(ऐ राजन्! रात को अच्छी गीत-नाट्य प्रस्तुतियाँ हों। तब फिर अगली सुबह लोग वस्त्राभूषणों से सुसज्जित होकर पूजा करें तथा मंगल वस्तुओं का स्पर्श करें।)

'नीलमत' पुराण में कश्मीर क्षेत्र में होनेवाली पूजाओं का विधान, विभिन्न देवगृहों तथा तीर्थों की यात्रा तथा उत्सवों की भी जानकारी मिलती है। भाद्रपद में अशोकिकाष्टमी का उत्सव अशोकिका देवी की पूजा हेतु मनाया जाता है, जिसमें कुमारिका स्नान, स्त्रियों, बच्चों तथा पुरुषों का वस्त्राभूषणों से सजना तथा नृत्य-नाटक-संगीत का वातावरण होता है। अंगूरों के बेलों पर पकने पर श्यामा देवी की पूजा नृत्य-संगीतादि से होती है तथा ब्राह्मणों को द्राक्षाफल की भेंट दी जाती है। उत्सवों-पर्वों का यह क्रम वर्षभर चलता रहता है। आज भी ये उत्सव देवशयनी एकादशी, निर्जला एकादशी, ज्वाला चतुर्दशी, नाग पंचमी, श्रावण द्वादशी, वितस्ता त्रयोदशी, शारदा एकादशी, विजया दशमी, शिशिर संक्रांति तथा शिव चतुर्दशी के रूप में मनाए जाते हैं।

कश्मीर की संस्कृति पर बौद्ध धर्म का खासा प्रभाव रहा है। स्थान-स्थान पर बौद्ध मंदिर बने थे, जो लोक-उत्सवों के केंद्र बने रहते। कश्मीर के अनेक बौद्ध भिक्षु अनेक देशों में गए और वहाँ हजारों, लाखों लोगों को बौद्धमत की दीक्षा दी। सातवीं शताब्दी में बौद्ध ग्रंथों का अध्ययन करने के लिए ह्वेन-सांग ने कश्मीर की यात्रा की थी और वह कश्मीर की संस्कृति तथा कश्मीरियों के पांडित्य से अत्यंत प्रभावित हुआ था। आठवीं-नवीं शताब्दी में वसुगुप्त द्वारा प्रतिपादित 'शैव-दर्शन' ने ग्यारहवीं शती में अभिनवगुप्त के रूप में अपना शीर्ष व्याख्याता पाया। चौदहवीं सदी तक उसका प्रभाव-वृत्त इतना व्यापक हो गया कि वह लोक-साधारण की जीवन-दृष्टि का एक महत्त्वपूर्ण अंग बन गया। चौदहवीं शताब्दी में सैयद अली हमदानी ने कश्मीर में इसलाम का प्रवेश कराया।

लोकगाथा-लोकगीत

कश्मीरी संस्कृति की प्रकृति निर्धारित करने में कश्मीरी भाषा का महत्त्वपूर्ण योगदान रहा है। इसकी मौखिक परंपरा ने जन-जन में पुरानी कथाओं, गाथाओं, ऐतिहासिक घटनाओं तथा लोक-नाट्यों के कथन जीवित रखे। इस भाषा को संरक्षण न मिलने के बावजूद इसने लोगों की आम भाषा के रूप में कश्मीर की सुदृढ काव्य-परंपरा को बरकरार रखा। लल्लेश्वरी का मौखिक काव्य पीढ़ी-दर-पीढ़ी चलता रहा। सन् १९१४ में जार्ज ग्रीयर्सन ने अपने मित्र पंडित मुकुंदराम शास्त्री को लल्लेश्वरी के वाखों (पदों) को इकट्ठे करने को कहा। शास्त्रीजी ने शारदा पीठ के पास के एक गाँव में जाकर लोकगायक तथा लोककथा कहनेवाले पंडित धर्मदास दरवेश से संपर्क किया। धर्मदास ने शास्त्रीजी को लल्लेश्वरी के वे वाख सुनाए, जो उन्हें याद थे। इस प्रकार शास्त्रीजी ने धर्मदास से सुने हुए लल्लेश्वरी के १०९ वाख कागज पर उतारे। लल्लेश्वरी के ये 'वाख' (पद) लोकचित्त में ऐसे बसे हैं कि कोई-न-कोई वाख लोगों की जिह्वा से स्वतः ही फूट पड़ते हैं।

गगन चुय भूतल चुय,
चुय धन पवन त राथ।
अर्घ-चन्दुन-पोश-पोञ चुय,
च सकल त लागियिजि क्याह॥

(तू ही गगन, तू ही भूतल, तू ही दिन, तू ही रात। तू ही अर्घ, तू ही चंदन, तू ही पुष्प, तू ही सकल, तो बता लगाएँ क्या?)

'वाख का आधार संस्कृत के विषम वर्णवृत्त छंद, प्राकृत के आर्या और अपभ्रंश के गाथा छंद हैं। पंक्तियाँ छोटी-बड़ी होने का यह अर्थ नहीं कि उसकी संरचना वैदिक छंदों के ढाँचे पर हुई है, बल्कि इससे यह संकेतित है कि वाख लोकगीतों की परंपरा से संबंधित हैं।

कश्मीरी लोकगीतों का, आनंद प्रमोद के क्षणों में विशेष महत्त्व रहा है। उत्सवों तथा संस्कारों पर ये गीत 'क्नवुन' के रूप में गाए जाते हैं। पारंपरिक विवाह लगभग दस दिनों तक चलता है। रोज कोई-न-कोई अनुष्ठान होता है। सबसे पहले 'लिवुन' (लेपना) होता है। फिर 'दपुन' (भोज का निमंत्रण देना), तीसरा 'क्रूल खारुन' (द्वार पर पारंपरिक लोक शैली में चित्र तथा बेल बनाना), इसके पश्चात् 'मस मुचरावुन' (दुलहन के केश सँवारना); यह सब होने के बाद 'मअजिंराथ' (मेहँदीरात), उसके एक-दो दिन बाद 'दिवगोन' (देवताओं का आह्वान तथा दुलहन व दूल्हे का अपने-अपने घरों पर विशेष स्नान के बाद पूजा)। 'दिवगोन' विवाह से एक या दो दिन पहले होता है। इसके बाद का महत्त्वपूर्ण अनुष्ठान 'दार पूजा' (द्वार पर दूल्हे से पूजा कराना) का होता है। फिर 'लगन' (विवाह संस्कार), मगर इसमें पोश पूजा (दुलहन को पार्वती मानकर और दूल्हे को शिव मानकर, उनपर फूलों की वर्षा करना) का विशेष महत्त्व है। इन सभी अवसरों पर लोकगीत गाए जाते हैं। लेपन (लिवुन) पर पारंपरिक वनवुन-गीत कुछ यों गाया जाता है—

शोक्लं करिथ वनवुन ह्योतमय
शुब फल द्युतुय माजि बवाने।
वासुदीव राजन्यव वनवुन हयोतुये
शुब फल ह्युतय माजि शारिकाये॥

(श्री गणेश का नाम लेकर हमने वनवुन गीत प्रारंभ किया है। तुझे माँ भवानी शुभ फल दे देगी। हमारे यहाँ तो ऐसा लग रहा है, जैसे वासुदेव राजा के यहाँ उत्सव हो रहा हो। तुझे माँ शारिक शुभ फल दे देगी।)

जब माता-पिता अपने पुत्र तथा पुत्री के साथ अपने निकट संबंधियों के घर निमंत्रण देने जाते हैं तो उस अवसर पर यह गीत गाए जाने की परंपरा रही है—

दपनस क्युतुये रथ मंगनोवमय,
सोव न्योछ्तुर है वुछनोवमय।
दीवकी मजिक्युत रथ मंगनोवमय,
सोवन्येछ्तुर है वुछनोवमय॥

(तुझे निमंत्रण देने जाना है तो तेरे लिए रथ मँगवाया है। इस शुभ अवसर के लिए शुभ मुहूर्त निकलवाया है। देवकी माँ जैसे ही तुम। तुम्हारे लिए रथ मँगवाया है। शुभ मुहूर्त तुम्हें शुभ हो।)

मेहँदीरात से पहले द्वार पर चित्रकारी करने के लिए पहले से ही महिलाओं द्वारा रंग घोलकर रखने की परंपरा है। इस अवसर पर घर की बड़ी माँ 'वअर' (खिचड़ी) बनाती है, जो सभी में बाँटी जाती है। फिर द्वार पर चित्रकारी प्रारंभ करने से ठीक पहले गीत गाया जाता है—

वरि करेथय वरि सोन्दरिये
करि सोन्दरिये कोसमन क्राव।
वरि करेथय वरि पद्मनिये
करि पद्मनिये कोसमन क्राव॥

(अरी सुंदरी! तूने वअर-खिचड़ी पकाई है। तेरे बाग में आज गुलाब के पुष्प खिल उठे हैं। अरी ओ पद्मनी जैसी तूने अतिथियों के लिए 'वअर' पकाई है। अरी पद्मनी! पुष्पों की सुंदरता तो देख।)

पहले कश्मीर के हर मुहल्ले में ऐसी दो-तीन महिलाएँ होती थीं, जो ऐसे अवसरों पर सम्मिलित स्त्रियों का नेतृत्व करतीं और ये शुभ गीत गातीं, मगर विस्थापन ने ऐसा असंभव कर दिया है। अब कश्मीर से बाहर महिलाएँ ऐसे अवसरों पर पुस्तक का सहारा लेकर इन गीतों को गाती हैं।

'मेखला' (यज्ञोपवीत) कश्मीरी पंडितों में विशेष महत्त्व रखती है। इस अनुष्ठान में मासियों और फूफियों की खास भूमिका रहती है। वे यज्ञोपवीत के दिन आए हुए अतिथियों को अपनी ओर से पकवान खिलाती हैं। यह प्रथा बहुत पुरानी है और समय की उथल-पुथल के बावजूद मासियाँ तथा फूफियाँ यज्ञोपवीत धारण करनेवाले बालक के प्रति सभी रिश्तेदारों के सामने इस दिन अपनी आत्मीयता प्रकट करती हैं। वे बालक के माता-पिता को भी विशेष उपहार देती हैं। कश्मीरी पंडित बालक का यह संस्कार प्राय: आठ से दस वर्ष की आयु में होता था, परंतु अब बीस वर्ष की आयु तक या विवाह से कुछ दिन पूर्व तक इस संस्कार का होना उचित माना जाता है। इस अवसर पर जो गीत गाया जाता है, वह यों है—

अगन सोंद्रोबुम चन्दन गणै,
वनय वोलुम तोलसी काठ।
कोंग तय स्येंद्रे वथियव ब्रअरी,
ब्राह्मण पिलव्यस आटीपन॥

(हम यज्ञ के लिए चंदन की लकड़ी लाईं और वन से तुलसी की सूखी टहनियाँ भी लाईं। देखो, केसर और सिंदूर का टीका बालक के माथे पर फैलने लगा है। ब्राह्मण अब उसे कमर पर बाँधनेवाला धागा दे देंगे।)

संस्कारों तथा अनुष्ठानों पर निभाई जानेवाली ये रीतियाँ समाज का आईना हैं तथा ये लोक-रीतियाँ लोगों की आकांक्षाओं की प्रतीक हैं। कश्मीरी मुसलमान समाज के लोग भी अपने तरीके से उत्सव मनाते हैं और ऐसे अवसरों पर उत्सव के अनुरूप गीत गाते हैं, जैसे—

लछिबदी छिस नावये
यारा गछवो दिवये।
हा गछतो कावै
म्यानि वनतस ग्रावय।

(चलो मित्र, चलो, उत्सव पर चलने की तैयारी करो। उसके तो लाखों नाम हैं। ऐ कागा, जा तू उससे हमारी फरियाद कर। चल, उत्सव पर चलने की तैयारी कर।)

लोकनाट्य

उरस पर या किसी मेले पर लोक कलाकार खुले आकाश तले लोकनाटक भी खेलते हैं। ये भाँड़ कलाकार लोगों को मेले-ठेले पर हँसाते हैं, व्यंग्यपूर्ण प्रदर्शन और मसखरी करते हैं। ऐसे लोक-नाटकों में गीत, संगीत तथा लयात्मक संवाद होते हैं। सदियों पुराने इस मृतप्राय लोकनाट्य को पुनर्जीवित करने में श्री मोतीलाल क्यमू जीवन भर सक्रिय रहे हैं। वे न केवल विभिन्न लोक-नाट्य मंडलियों को सुसंगठित करते रहे हैं, बल्कि उनका मार्गदर्शन करते हुए उन्होंने स्वयं भी नए नाटक लिखे तथा मौखिक परंपरा से प्राप्त नाटकों को नए रूप में प्रस्तुत किया। उनके नाटक 'तोता और आईना' का एक दृश्य ऐसे रचा गया है—

अदारंग : अरे सदारंग, हमें जाना कहाँ है?
सदारंग : राजधानी।
अदारंग : क्यों, किसी राजघराने का निमंत्रण मिला है?
सदारंग : अरे नहीं! वहाँ त्योहार होनेवाला है। हम भी अपना रंग दिखाएँगे।
अदारंग : वही पुराने देवी-देवताओं के लीला-चरित?
सदारंग : यह तो हमारा पेशा है। बाप-दादाओं का पेशा, इसीलिए तो कहा है...
अदारंग : क्या?
सदारंग : अदारंग और सदारंग जब रचाएँ लीला रंग
अदारंग : त्योहारों का खिले रंग
लोक जश्न का फूले रंग
सदारंग : मुखड़ों पर दमके है रंग
अदारंग : लोक-मनों का उखड़े जंग
सदारंग : जो न हमें दे कुछ भी दान
अदारंग : उसे नहीं हम करते तंग
सदारंग : अदारंग, भई अदारंग
अदारंग : रचा-रचाकर, बचा रहे यह लोकरंग
सदारंग : अदारंग, हे अदारंग!

लोक कलाकारों की कलाशक्ति को कश्मीर की शाक्त परंपरा को माननेवाले लोग वाचक या चेतना-शक्ति कहते हैं। वे मानते हैं कि शारदा की ज्ञान-शक्ति के कारण ही ये कलाकार अभिनय कर पाते हैं। इसी कारण प्रथम नृत्य मंदिर के प्रांगण में होता था। आज भी भाँड़ कलाकार अपना नाट्य मुक्त आकाश के नीचे खेलते हैं। ये लोक कलाकार चिनार की छाया में हजारों दर्शकों का मनोरंजन करते हैं। भाँड़-नाट्य को खेलनेवाले ज्यादातर कलाकार कश्मीर के 'वाहथोर' तथा 'अकिनग्राम' में रहते हैं। मगर अपनी कला का प्रदर्शन करने के लिए देशभर में घूमते हैं।

लोकगायन

समय के साथ लोक-कलाकारों के गायन में कुछ बदलाव तो आया है, मगर 'छकरी' अब भी अत्यंत लोकप्रिय है। 'छकरी' गानेवाले कलाकार साधारण लोगों की स्वाभाविक सामाजिक परिस्थितियों से उपजी कविताएँ और गीत गाते हैं। इस मंडली में चार-पाँच कलाकार होते हैं, जो गाते भी हैं और वाद्य भी बजाते हैं। वाद्यकार हारमोनियम, घड़ा, तुंबकनारी जैसे वाद्य बजाकर संगति करते हैं तथा मधुर स्वर में गानेवाले मुख्य गायक को स्वर-संगति भी देते हैं। ये लोग गायक पारंपरिक गीत भी और लीलाएँ भी गाते हैं। पहले ऐसी मंडलियाँ क्षीरभवानी तथा हारी पर्वत पर लगनेवाले मेलों में भी गाती थीं, परंतु विस्थापन के बाद ये जम्मू में केंद्रित हैं। घाटी में सक्रिय मंडलियाँ शादी-ब्याह में गाती हैं और रेडियो व टी.वी. से भी इनका लोक-संगीत प्रसारित होता है। ये लोक-गायक दास्तान भी गाते हैं। जैसे 'हीमाल-नागराय', 'बुजरामाल' इत्यादि। ऐसी गायन-मंडलियों के साजिंदे सारंगी तथा रबाब भी बजाते हैं। परंतु ऐसे कथा-गीत विशेष अवसरों अथवा विशेष आयोजनों पर ही गाए जाते हैं। इसके विपरीत लोकगीत छोटे होते हैं, जिन्हें हर दिन दैनिक जीवन की गतिविधियों के बीच गाया जाता है। ऐसे लोकगीतों में प्रेम, विरह, सुख-दुःख आदि का वर्णन होता है। भक्ति रस के गीत भी छकरी गायकों द्वारा गाए जाते हैं तथा लगभग सभी अवसरों पर ये गायक लल्लेश्वरी के वाख गाते हैं।

लोक-गायक शादी-ब्याह के अवसर पर, मेहँदी रात के दिन विशेष रूप से बुलाए जाते हैं। परंतु इस अवसर पर उनके साथ एक युवा नचनिया भी होता है। इसे 'बच्च-कोट' कहते हैं। यह एक सुंदर युवा नर्तक होता है तथा इस लोक-नर्तक की आयु सोलह वर्ष के आस-पास होती है। यह घुँघरू बाँधकर पूरी रात नाचता रहता है। गायन भी

करता है और कभी-कभी किसी लोकगीत को फिल्मी गाने के अंदाज में गाता है। दूल्हे या दुलहन के हाथों में जिस समय मेहँदी लगाई जाती है, तब ये लोक-र्नतक व गायक खास गाना गाते हैं। परंतु इस समय 'आलथ' (आरती) उतारने की एक पुरानी परंपरा है। पानी से भरा एक लोटा दूल्हा अथवा दुलहन के सिर के ऊपर से कोई बुजुर्गवार महिला घुमाती है, ताकि भूत-प्रेतों से रक्षा हो। पानी में आध्यात्मिक शक्ति होती है और जब पवित्र पानी से भरा लोटा सिर के ऊपर से किसी दादी-नानी द्वारा घुमाया जाता है तो विवाह रचानेवाले व्यक्ति को आसुरी शक्तियों से न केवल बचाया जाता है, बल्कि उसे अपने बड़े-बुजुर्गों का आशीर्वाद भी प्राप्त होता है।

विवाह के अवसर पर 'व्यूग' (वृत्ताकार रंगोली), धरती पर बनाने की भी परंपरा है। इसे सूखे रंगों से घर के आँगन में बनाया जाता है तथा वर-वधू के घर में प्रवेश करने से पहले उन्हें इस वृत्ताकार पर खड़ा किया जाता है। यह वृत्त ब्रह्मांडीय वृत्त का प्रतिनिधित्व करता है तथा इस पर खड़े दूल्हा-दुलहन को शिव-पार्वती के रूप में देखा जाता है। इस अवसर पर स्त्रियाँ वृत्ताकार नृत्य भी करती थीं, जिसे 'व्यूग-नचुन' कहते हैं। परंतु अब यह प्रथा लगभग समाप्त सी हो गई है, क्योंकि 'व्यूग-नचुन' जाननेवाली महिलाएँ अब रही ही नहीं।

'हार-सप्तमी' यानी आषाढ़ शुक्लपक्ष की सप्तमी के दिन भी मंडलाकार रंगोलियाँ बनाने की परंपरा है। इन वृत्ताकार आकृतियों को 'हार-मंडुल' कहते हैं। महिलाएँ, सूखे रंगों से ये वृत्त अपने रसोईघर में, घर के आँगन में तथा घर के मुख्य द्वार के पास बनाती हैं। एक मंडलाकार वृत्त में कई छोटे-छोटे वृत्त होते हैं, जो ग्रहों की परिक्रमा का बोध कराते हैं। वस्तुत: यह कश्मीर की सहस्त्रों वर्षों से चली आ रही परंपरा की निरंतरता है, जो लोक जीवन में ब्रह्मांड के अस्तित्व का आभास कराती है।

ऋतुपर्व

ऋतुओं को मनाने की परंपरा भी बहुत प्राचीन समय से चली आ रही है। चैत्र शुक्ल पक्ष से फाल्गुन शुक्ल पक्ष तक ऋतुओं को मनाने का एक तिथि-पत्र बना रहता था। वसंत, ग्रीष्म, वर्षा, शरद, हेमंत तथा शिशर सभी ऋतुओं से जुड़ा कोई-न-कोई त्योहार आज भी मनाया जाता है। इनका उल्लेख नीलमत पुराण में भी मिलता है—

यथैवाश्वयुजे मासि तथा माघे च कारयेत्।
यथा माघे तथा ज्येष्ठे चतुर्थीत्रितयं तथा॥

(जिस प्रकार अशोज में, उसी प्रकार माघ और ज्येष्ठ महीनों में भी त्योहारों पर स्त्रियों का सम्मान करना चाहिए। इस प्रकार यह तीन उत्सवों की त्रयी चौथी तक जाएगी।)

नदी पर्व व मेले

जम्मू-कश्मीर की संस्कृति में नदियों का बहुत महत्त्व रहा है। कश्मीर में 'वितस्ता त्रयोदशी' का त्योहार मनाने की परंपरा रही है तो जम्मू में तवी नदी के किनारे 'बाहू का मेला' उत्साह के साथ मनाया जाता है। लद्दाख में 'सिंधु दर्शन' का पर्व मनाया जाता है। जम्मू में रहनेवाले डोगरी भाषी लोगों की लोक-परंपरा भी शानदार रही है। मौखिक परंपरा से आए गीत यहाँ ढोल, नगाड़ों, सारंगी, ढोलक तथा हारमोनियम की संगति के साथ झिरी के मेले, पूरमंडल मेले तथा चैत्री आदि मेलों पर गाए जाते हैं। इन पर्वों पर यहाँ की स्त्रियाँ और पुरुष पारंपरिक वेषभूषा में नाचते भी हैं। जम्मू के सुप्रसिद्ध रंगकर्मी श्री बलवंत ठाकुर ने इन लोकगीतों, कथाओं तथा नृत्यों को अपनी रंग प्रस्तुतियों का आधार बनाया है। इस लोक-शैली की शक्ति इतनी प्रबल कि उनका नाटक 'घुमई' कई देशों में खेला गया। लोककथा पर आधारित इस नाटक में लोक-गीत ऐसे पिरोए गए हैं कि वे नाटक की विषय-वस्तु का अंग बने हैं। जैसे—

लगी दी है त्रे
भिगी लगी दी है त्रे
गुट पानी पीना
कठन हुआ जीना

(लगी है मुझे प्यास। लगी है मुझे प्यास। कोई एक घूँट पानी पिला दे, मेरा जीना कठिन हो रहा है।)

यह गीत नाटक में दुलहन तब गाती है, जब वह दूल्हे और बारात में आए हुए लोगों के साथ अपने दूल्हे के घर, दूसरे गाँव जा रही होती है। उसकी डोली को उठाए कहार तथा अन्य लोग पहाड़ी रास्तों से चले जा रहे हैं। कहीं कोई झरना या नदी नहीं है। दुलहन प्यास के मारे

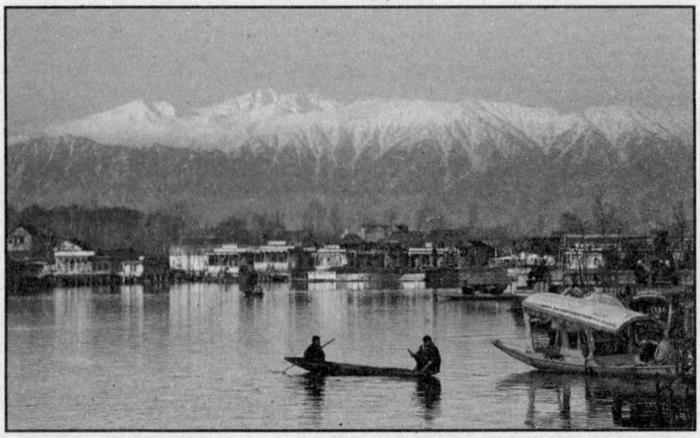

तड़प रही है और कोई भी कहीं से एक बूँद पानी नहीं ला पाता है। तब उसकी भावनाओं और तड़प को व्यक्त करता यह लोकगीत 'मिगी

लगी दी है त्रे' गाया जाता है, जो इस नाटक का प्रसंग प्रभावी ढंग से प्रस्तुत करने में सहायक होता है।

लद्दाख क्षेत्र में गीत और नृत्य के बिना कोई मेला हो ही नहीं सकता। चाहे वह लेह में आयोजित होनेवाला 'हेमिस-मेला' हो, 'डाकथोक' हो या अन्य कोई त्योहार, पारंपरिक अनुष्ठानों के साथ बौद्धमठों के प्रांगणों में मुखौटा-नृत्य अवश्य होता है। लोक नर्तकों द्वारा अपनी पारंपरिक वेषभूषा के साथ मुखोटे पहनकर अद्भुत ढंग से नृत्य किया जाता है। ये नृत्य इतने लोकप्रिय हैं कि विदेशी पर्यटक तक इन नृत्यों को देखने दूर-दूर से आते हैं।

इस प्रकार सांस्कृतिक विपुलता तथा लोक-परंपराओं, सुंदर शैली में रचित लोकगीतों, लोकनृत्यों, लोककथाओं, लोकनाटकों, अद्वितीय अनुष्ठानों और लोक-रीतियों के कारण इस समूचे क्षेत्र की लोक-संस्कृति किसी को भी आकर्षित और मंत्रमुग्ध कर सकती है। सांस्कृतिक दृष्टि से यह एक महत्त्वपूर्ण क्षेत्र है। यहाँ की लोक-परंपरा और संस्कृति न केवल अपनी समग्रता के कारण, बल्कि लोक में इसकी व्यापकता के कारण आधुनिक युग की जटिलताओं के बावजूद समाज की अनेक इकाइयों को एक सूत्र में बाँधे रखने का कार्य करती है।

□□

17 कुमाऊँ लोक-संस्कृति : एक अवलोकन

—करुणा पांडेय

भारत वर्ष के उत्तरी भू-भाग में हिमालय की गोद में बसी देव-भूमि उत्तराखंड के नाम से प्रसिद्ध है, जो मुख्यत: दो इकाइयों में विभक्त है—कुमाऊँ मंडल, जिसमें नैनीताल, अल्मोड़ा, पिथौरागढ़, ऊधमसिंहनगर, बागेश्वर और चंपावत जिले आते हैं। गढ़वाल मंडल, जिसमें देहरादून, हरिद्वार, पौड़ी, चमोली, उत्तरकाशी, टिहरी गढ़वाल और रुद्रप्रयाग जिले आते हैं। कुमाऊँ के उत्तर में तिब्बत, पूर्व में नेपाल, पश्चिम में गढ़वाल तथा दक्षिण में उत्तर भारत के मैदान हैं। कुमाऊँ ने अपनी विभिन्न भौगोलिक परिस्थितियों के परिणामस्वरूप अलग-अलग सामाजिक, सांस्कृतिक, राजनैतिक, आर्थिक और कलात्मक दिशाएँ प्रदान की हैं। कुमाऊँ के उत्तर के सीमांत क्षेत्र में मुख्यत: भोटिया निवास करते हैं। पशुपालन, गलीचे बुनना, सूत कातना, थुल्मे-पश्मीने आदि ऊनी वस्तुओं का निर्माण इनका मुख्य व्यवसाय है। भाँवर क्षेत्र वन-संपदा से युक्त है और नदियों की कल-कल ध्वनि से सदा गुंजायमान रहता है। कुमाऊँ का दक्षिण सीमांत क्षेत्र 'तराई' कहलाता है। इस क्षेत्र में थारू, बोक्सा नामक जनजातियाँ निवास करती हैं। कृषि इनका व्यवसाय है।

ऐतिहासिक तथ्यों के अनुसार वर्तमान कुमाऊँ को स्कंद पुराण में उल्लिखित कूर्मावतार से जोड़ा जाता है। उसके अनुसार कूर्मावतार 'क्रांतेश्वर पर्वत' नामक स्थान के पास स्थित पर्वत पर हुआ माना जाता है, जो कुमाऊँ के दक्षिण-पूर्व में स्थित चंपावत नामक स्थान के पास है। इसी कारण इस क्षेत्र को सामान्य भाषा में 'कूर्म' और साहित्यिक ग्रंथों में उसे 'कुमाऊँ' नाम से जाना जाने लगा। वास्तव में कुमाऊँ के प्रारंभिक इतिहास के विषय में कोई प्रामाणिक जानकारी उपलब्ध नहीं है, अनेक विद्वानों ने अपने अध्ययन के आधार पर जो तथ्य प्रस्तुत किए हैं, उनसे अनुमान लगाया है। बद्री दत्त पांडेजी के अनुसार—दस्यु, किरात, नाग, खस, शक, हूण, यवन आदि जातियाँ यहाँ पूर्वकाल से ही रहती आई हैं। शक, खास, कत्यूरी, चंद्र, गोरखा और अँगरेज राजाओं ने इस दिव्य भूमि पर नाना प्रकार के भोग भोगे हैं।'

कुमाऊँ का सर्वप्रथम राजवंश कत्यूरी था। इनके शासन काल के विषय में अलग-अलग मत हैं। राहुल सांकृत्यायन ने इनके समय को ८५० से १०६० ई. तक माना है। माना जाता है कि उत्तराखंड में कत्यूरी राजाओं का राज्य दो-तीन हजार वर्ष रहा और शासनकाल केवल ७० ई. तक रहा। कत्यूरी शासन के बाद चंद राजाओं का ७०० ई. से अठारवीं शताब्दी के अंतिम दशक तक राज्य रहा। १७९० ई. में गोरखा साम्राज्य स्थापित हुआ, जो १८१५ ई. में अंग्रेजों के अधिकार के साथ समाप्त हुआ। १५ अगस्त, १९४७ को देश स्वतंत्र हुआ और कुमाऊँ भी अंग्रेजों के शासन से मुक्त होकर उत्तर प्रदेश का हिस्सा बना। सन् २००० में यह स्वतंत्र राज्य उत्तराखंड नाम से अस्तित्व में आया।

कुमाऊँ की भौगोलिक और ऐतिहासिक पृष्ठभूमि के अवलोकन से इतना अवश्य ज्ञात होता है कि कुमाऊँ में समय-समय पर विभिन्न जातियों का आगमन होता रहा है। परिणामस्वरूप विभिन्न धार्मिक विश्वासों का कला में निरूपण हुआ। यह सर्वविदित है कि भारतीय संस्कृति समन्वय के अंतर्गत समस्त जातियों के जीवन का मूलाधार धर्म ही रहा है और धर्म की परिभाषा सदैव कला के माध्यम से ही अभिव्यक्त होती रही है। कुमाऊँ की कलात्मक पृष्ठभूमि भी यहीं से प्रारंभ होती है, जो समय के साथ-साथ अपने नए-नए रूपों में अभी तक अपना इतिहास-क्रम

निरंतर बनाए हुए है। अरस्तू का कहना है कि 'हम अपनी जन्मजात प्रकृति के कारण ही सामूहिक रूप में रहने के लिए तत्पर रहते हैं।' मैक्डूगल का मत है—'मानव का मस्तिष्क उन प्रभावों का फल है, जो कि उनके ऊपर सामाजिक वातावरण द्वारा डाले जाते हैं।' और इस सामाजिक वातावरण में सामाजिक पर्यावरण, सामाजिक पृष्ठभूमि व सामाजिक परिस्थितियाँ आती हैं, और ये तत्त्व रीति-रिवाज, धर्म, नैतिक आचरण, मानव संस्कार या उसके परंपरागत गुण, सांस्कृतिक गतिविधियों व जाति-प्रथा आदि पर निर्भर होते हैं। कुमाऊँ का निवासी रूढ़िवादी भी है। वह अपनी परंपराओं को पूर्वजों की सौगात मानकर यथावत् उसी रूप में बनाए रखना चाहता है। वहाँ परंपराओं की जड़ें इतनी गहरी हैं कि शिक्षा के इतने प्रचार-प्रसार के बावजूद कुमाऊँ निवासी उसे छोड़ नहीं सके हैं। आज भी इनके प्रत्येक कर्म संस्कारों के साथ चलते हैं और सामाजिक पर्व धर्म के साथ। यहाँ एक बात समझना जरूरी है कि कुमाऊँ के लोग मूर्त चिंतन में ही विश्वास करते हैं, अमूर्त चिंतन में नहीं। अर्थात् देवी-देवताओं के चित्र या मूर्ति बनाकर, मंगल और शुभ प्रतीकों का उपयोग कर; घंटी, दीपक, शंख, आरती, भजन, मंत्रोचारण आदि का उपयोग ईश्वर की आराधना में करते हैं। यहाँ के ज्यादातर लोग जड़-पदार्थ, भूत-प्रेत, जादू-टोना, तंत्र जागर आदि में विश्वास करते हैं। छोटे-छोटे कुल-देवता, ग्राम-देवता और गृह-देवता, भूमिपाल और क्षेत्रपाल भी पूजे जाते हैं। इससे यह स्पष्ट होता है कि किसी विशेष क्षेत्र में व्याप्त प्राकृतिक विविधताओं व भौगोलिक पर्यावरण का गठबंधन भी आस्थाओं, धर्म और संस्कारों को जन्म देकर उस क्षेत्र की संस्कृति और रहन-सहन को प्रभावित करता है।

लोककला का अर्थ और स्वरूप

मानव की मूलभूत दो ही आवश्कताएँ हैं—भौतिक और आध्यात्मिक। भौतिक आवश्यकता की पूरक प्रकृति होती है और आध्यात्मिक आवश्यकता की पूर्ति चिंतन से होती है। यदि शरीर के लिए भोजन चाहिए तो मानस के लिए कला। प्राणियों का समूह तब तक समाज नहीं बनता जब तक उसमें एक सामाजिक चेतना और संस्कृति नहीं होती है। संस्कृति को समझने के लिए हमें समाज में प्रचलित लोकमानस को समझना होगा। किसी भी स्थान की संस्कृति हमारी धरोहर होती है। सभ्यता लोकमानस की सरल और भावुक प्रवृत्तियों में समाई होती है।

लोककला का मूलतत्त्व सृजन है और यही सृजन संस्कृति का पर्याय है। सृजन आदिमकाल से आज तक कला में ही मिलता रहा है और सृजन की प्रेरणा का स्रोत मानव के मानस का उद्वेलन है। कला की उत्पत्ति के लिए जहाँ मानवीय क्षमता की आवश्यकता है, वहीं उसके संप्रेक्षण के लिए एक माध्यम की भी आवश्यकता होती है। माध्यम के बिना वह अधूरी होती है, अपनी सार्थकता से वंचित होती है। लोकपर्व का विकास उस स्थान विशेष की संस्कृति और मान्यताओं को सामने लाता है, और लोककला से साक्षात्कार कराता है। हर पर्व के मिथक के पीछे कोई न कोई सशक्त कारण रहा है। जैसे-जैसे मनुष्य सभ्यता की तरफ बढ़ा, उसे प्रकृति का भय ही नहीं, उसकी अनुकंपा की आवश्यकता भी पड़ी और वह लोकपर्व के रूप में इनकी प्रतिष्ठा करने लगा। विश्व की प्रत्येक जाति ने अपनी विकास-यात्रा का प्रारंभ आदिम बर्बर अवस्था से ही किया, इसलिए लोक में जिन अवशेषों का अध्ययन होता है, वह मूल आदिम प्रवृत्तियाँ ही होती हैं।

शारीरिक क्रीड़ा स्वास्थ्य के लिए जहाँ अनिवार्य है, वहीं लोक कलाएँ, लोकपर्व और लोकसाहित्य मानसिक स्वास्थ्य के लिए आवश्यक हैं। लोककथाएँ, मान्यताएँ और रीति-रिवाज एक पीढ़ी से दूसरी पीढ़ी तक वाणी के द्वारा ही संप्रेषित होते रहे हैं, इसीलिए भौतिकता और संपन्नता के साथ-साथ ही इनके रूप में भी बदलाव आता गया, पर मूल रूप में आज भी उन पर्वों की सहजता, अपनत्व, भावुकता और बच्चों जैसी निर्मलता हमें दिखाई देती है। जहाँ तक कुमाऊँ संस्कृति और लोक पर्वों का प्रश्न है, वह आनेवाले कई वर्षों तक अपने इसी रूप में विराजमान रहेगी, क्योंकि यहाँ के लोगों की सामूहिक मूल अवधारणा सामाजिक और धार्मिक मान्यताओं के साथ इतने गहरे तक जुड़ी हैं कि अभी उनसे बाहर निकल पाने का साहस उनमें नहीं है। कुमाऊँ के धार्मिक और सामाजिक उत्सव यहाँ के लोकमानस को प्रतिबिंबित करते हैं, जो लोकगीतों, लोकनृत्यों, लोकगाथाओं तथा लोककलाओं के रूप में अभिव्यक्त हुए हैं। दुर्गा, शिव, ब्रह्मा, विष्णु और पौराणिक देवी-देवताओं की उपासना के स्वरूप न केवल स्थापत्य कला व मूर्तिकला के रूप में मिलते हैं, वरन् यहाँ की लोककलाओं का अणु-अणु इन्हीं धार्मिक विधाओं से ओत-प्रोत नजर आता है। स्वास्तिक, हाथ के छापे व प्रकृति की उपासना आदि का प्रादुर्भाव कुमायूँ में भी हुआ, जिसके

संकेत यहाँ की लोककला परंपरा के वर्तमान स्वरूप में भी विद्यमान हैं। भूत-प्रेत, जादू-टोने, स्थानीय या ग्राम्य देवी-देवताओं से संबंधित विश्वासों के प्रमाण भी हमें यहाँ की धार्मिक परंपराओं में मिलते हैं, जो स्वतः ही कुमाऊँनी लोककलाओं में निरूपित हुए हैं।

लोकपर्व-उत्सव

यहाँ मनाए जानेवाले लोकपर्व और त्योहारों में प्रकृति-प्रेम और उसका सम्मान दृष्टिगोचर होता है। यह सच है कि जब-जब प्रकृति का दोहन हुआ, मानव को उसके दुष्परिणाम भोगने पड़े। शायद प्रकृति-संरक्षण के लिए ही कुमाऊँवासियों ने त्योहारों को प्रकृति से जोड़ा होगा, जिससे धार्मिक भावना से डरकर प्रकृति का संरक्षण होता रहे। इसीलिए कुमाऊँ के अनेक पर्व, त्योहार, कर्मकांड, अनुष्ठान कहीं-न-कहीं प्रकृति से जुड़े हैं। पहाड़ों की पहाड़ सी दिनचर्या में नवीनता का संचार कर नए जोश को पैदा करने में यह त्योहार महत्त्वपूर्ण भूमिका निभाते हैं, जो मनोवैज्ञानिक रूप से आवश्यक भी हैं।

कुमाऊँवासी सरल, उदार और धर्मभीरु माने जाते हैं। यहाँ पीपल, नीम, तुलसी, बेल, आम आदि वृक्षों को धर्म से जोड़कर इनकी पूजा का विधान है, जो कहीं-न-कहीं वृक्षों की रक्षा कर पर्यावरण का संवर्धन करते हैं। कुमाऊँ के प्रचलित लोकोत्सव इस प्रकार हैं—

दुर्गाष्टमी : इस पर्व का संबंध शिव-पार्वती से माना गया है। इसे कई लोग 'विरुडाष्टमी' तथा कई लोग 'कुकड़ी-माकुड़ी' का व्रत भी कहते हैं। इसे महिलाएँ संतान प्राप्ति के लिए करती हैं। कुमाऊँ में गेहूँ, जौ, चना, मटर और उड़द आदि पंचान्नों को विरुड कहा जाता है और इस अष्टमी को इन अन्नों की पूजा होती है। इस दिन गणेश के नाम पर दूर्वा चढ़ाया जाता है और इस दूर्वा को औरतें गले में पहनती हैं। ये दूर्वा-डोरे संख्या में सात होते हैं, औरतें उसमें सात गाँठ लगाती हैं। चूँकि सृष्टि सात तल नीचे और सात तल ऊपर मानी जाती है, उसी के प्रतीक रूप में सात गाँठें होती हैं।

नंदाष्टमी पर्व : भाद्र शुक्ल अष्टमी को नंदा देवी का पर्व कुमाऊँ में बहुत धूमधाम से मनाया जाता है। नंदा देवी कुमाऊँ के राजाओं की कुल देवी मानी जाती हैं। इस पर्व का प्रारंभ चंद राजाओं के काल से प्रारंभ हुआ था। इस पर्व में नंदा और सुनंदा की मुखाकृति लोक कलाकारों के द्वारा बनाई जाती हैं और जुलूस निकाला जाता है। इस दिन स्त्रियाँ व्रत रखती हैं। मनौती पूरी होने पर यहाँ बलि के माध्यम से भगवान् को प्रसन्न किया जाता है।

हरेला : यह कुमाऊँ का सर्वाधिक मान्यता प्राप्त पर्व है। यह श्रावण संक्रांति अर्थात् वर्षागमन पर सावन मास के प्रथम दिन मनाया जाता है। इस दिन सूर्य मकर से कर्क रेखा की ओर अग्रसर होता है, अतः इसे 'कर्क संक्रांति' भी कहते हैं। हरेला से दस दिन पूर्व पाँच या सात अनाजों को बो दिया जाता है। इससे निकलने वाले पीले तृणों को शकुन के तौर पर सिर पर रखते हैं। पूजा हेतु स्त्रियाँ मिट्टी से 'डिकरे' (शिव पार्वती की मूर्तियाँ) बनाकर इनको रँगती हैं। इनकी पूजा की जाती है और इन पर पीले तृणों को चढ़ाया जाता है। यह पर्व कृषि पर्व और धार्मिक पर्व दोनों ही रूप में जाना जाता है। घर की बहन-बेटियाँ हरेले का टीका करती हैं और उन्हें भह्यडुट दी जाती है। हरेला सिर पर रखकर यह आशीर्वाद कहा जाता है—

'लाग हरैला, लाग हरैला, लाग बग्बाल...'

फूलदेई : चैत्र मास के प्रथम गते को मनाई जानेवाली मेष संक्रांति को 'फूल संक्रांति' या 'मेष संक्रांति' या 'फूलदेई' के नाम से जाना जाता है। इस दिन बच्चे थाली में फूल और चावल से पहले अपने घर की देहली (द्वार) की पूजा करके उसमें फूल और अक्षत चढ़ाते हैं और यह गीत गाते हैं—

'फूल देई, छम्मा देई, दैणी द्वार,
भरी भकार त्वै दैली पूँजू बारंबार...'

इस समय खेत में बुरांश, सरसों, प्योली (पिंगला) के पीले तथा शिलफोड़ा के सफेद फूल खिले रहते हैं। सेब, पुलम, आड़ू, आम आदि वृक्षों में भी फूल आ रहा होता है। सारी प्रकृति में एक मादक सी बहार छाई होती है। बच्चे अपने घर की देहली पूजकर सारे गाँव की

देहली पूजते हैं और सब लोग उनकी थाली में चावल, गुड़ और पैसे डालते हैं। इन चावलों को पीसकर सया या साया नाम का स्वादिष्ट व्यंजन बनाकर बाँटा जाता है।

घुघूतिया या मकर संक्रांति : इसको उत्तरायणी भी कहते हैं। उत्तरायणी का त्योहार कुमाऊँ में घुघूतियात्यार नाम से अधिक प्रसिद्ध है। इसमें घुघूत नाम का व्यंजन, जिसमें एक पक्षी विशेष की आकृति

बनाकर घी में पकाते हैं। सुबह-सुबह बच्चे घुघुती की माला पहनकर 'काले कौवा-काले कौवा' कहकर कौवों को बुलाते हैं और इसे उन्हें खिलाते हैं। यह यहाँ का अत्यंत प्राचीन त्योहार है और विशेषत: पक्षियों को संरक्षित करने के लिए होता है।

घृत संक्रांति : इसे ध्युत्यार, ध्युसडरोत, सिंह संक्रांति या ओलगिया संक्रांति भी कहते हैं। पहले चंद राजाओं के समय कारीगर अपनी दस्तकारी की चीजों को राजा को दिखाते थे और राजा उन्हें पुरस्कृत करते थे। प्रजाजन भी राजा के लिए फल, मिठाई, साग-भाजी, दूध आदि वस्तुएँ दरबार में ले जाते थे। सभी अपने मान्यजनों को 'ओलग' यानी उपहार देते थे। इस दिन भीगे उड़द की दाल की विरणमा या विरमा रोटी ताजे घी के साथ खाते हैं।

अभुक्ताभरण सप्तमी : भाद्रपद की सप्तमी को सप्त ग्रंथि युक्त डोर के साथ उमा-महेश का पूजन कर स्त्रियाँ डोर को बाँधती हैं। इसके अलावा होली, दीवाली, रक्षाबंधन, ईद, क्रिसमस, गुरुपर्व आदि सभी भारतीय त्योहार पूरे उत्साह के साथ मनाए जाते हैं।

आंठू : यह पर्व पिथौरागढ़ जनपद में ज्यादा मनाया जाता है। यह त्योहार पति तथा बच्चों की दीर्घ आयु और मंगल कामना के लिए होता है। इसे भाद्रपद में ऋषि पंचमी से अष्टमी तक मनाते हैं। पंचमी के दिन स्नान करके महिलाएँ एक बरतन में मटर, लोभिया, उड़द, गहत, राजमा, चना और गेहूँ भिगोती हैं। विरुणों से पूजित धागा दुबज्योड़ को गले में बाँधते हैं।

ख्यों : प्रकृति प्रेमी कुमाऊँनी खेत में बीज बोने से पहले अपने खेत की रक्षा के लिए शुभ मुहूर्त में कुल देवता की पूजा करके खेत में बीज बोकर खेती का आरंभ करते हैं। यह पूरी तरह से खेती से संबंधित लोक पर्व है।

नवान्न का त्योहार : फसल पकने पर किसान सबसे पहले पूजा करके अन्न अपने कुल देवता को अर्पित करता है, इस पर्व को नवान्न का त्योहार कहते हैं।

खतडूवा : यह कुमाऊँ का स्थानीय उत्सव है, जो आश्विन संक्रांति को मनाया जाता है। इस दिन बच्चे सूखे घास-फूस का खतडवा बनाकर उसे जलती आग के ऊपर 'भैल्लो जी भैल्लो, भैल्लो खतडवा, गैडे को जीत, खतडवा की हार' गाते हुए प्रहार करते हैं और नाचते हैं। फिर ककड़ी-खीरे का प्रसाद बाँटते हैं। कुछ लोगों के अनुसार इसे कुमाऊँ द्वारा गढ़वाल पर विजय के उपलक्ष्य में मनाते हैं, पर आज इसका कोई औचित्य नहीं है। अत: अब इसे शीत के आगमन के रूप में मानते हैं। एक कहावत है कि खतडूवा से रजाई भर जाड़ा बढ़ जाता है।

विखौती : मेष संक्रांति या विखौती संक्रांति मेलों का त्योहार है। हुड़का बजाकर पहाड़ी गाने गाए जाते हैं। इस दिन विशेष रूप से बड़े खाने का प्रचलन है।

भैरवाष्टमी : मार्गशीर्ष कृष्णा अष्टमी को कुमाऊँ में काल भैरव की पूजा होती है। इस दिन बड़े बनाकर भैरव के वाहन काले कुत्ते को खिलाए जाते हैं।

लोकगीत

लोक-संस्कृति मानव धर्म है और लोकगीत धरती के गीत हैं। मानव अपनी खुशी, हर्ष, उत्साह या दु:ख-दर्द को गीतों के माध्यम से प्रकट करता है और जब ये भाव उसके मन से प्रस्फुटित होते हैं तो उसकी अपनी भाषा का ही चोला पहनते हैं और इसी से लोकगीतों का जन्म होता है।

कुमाऊँनी लोकगीत यहाँ की लोक-संस्कृति की अलग पहचान हैं। उत्तराखंड अपने विशिष्ट लोकगीतों, लोकनृत्यों और लोकवाद्य-यंत्रों की धुन से परिपूर्ण और गुंजायमान है। जटिल भौगोलिक स्थिति में कठोर परिश्रम कर जीवनयापन करनेवाले लोग विभिन्न प्रकार के गीतों के माध्यम से अपनी थकान को विस्मरित करते हैं। धर्म, संस्कार, प्रकृति, देवी-देवता और पर्व लोकगीतों की रीढ़ बनते हैं।

कुमाऊँ के सभी लोकगीत गेय हैं और उनके साथ प्राय: किसी-न-किसी वाद्ययंत्र का उपयोग भी अवश्य होता है। इसमें वाद्य यंत्रों की ताल इतनी ओजपूर्ण होती है कि पैर खुद ही थिरकने लगते हैं। अत: इस प्रकार के नृत्य से संबंधित लोकगीतों को नृत्यगीत कहना अधिक समीचीन रहेगा। भिन्न-भिन्न त्योहारों-उत्सवों पर आनंद की प्राप्ति के लिए अपनी रचनाएँ गीत आदि लोगों के द्वारा प्रस्तुत की जाती हैं। इन्हें विभिन्न वर्ग समूहों में बाँटा गया है—

धार्मिक गीत, जैसे आंठू या अष्टमी में, कुमाऊँ में प्रचलित पर्व में गाए जानेवाले गमरा मैंसर (गौरा : ममेश्वर) के गीत।

संस्कार गीत : शादी-ब्याह, यज्ञोपवीत, नामकरण आदि में गाए जानेवाले गीत।

ऋतु गीत : जैसे होली, शरदोत्सव आदि में गाए जानेवाले गीत।

कुमाऊँनी होली में जिस प्रकार का वर्णन होता है, वैसी होली

संभवत: ही भारत में कहीं नहीं गाई जाती है। कुमाऊँनी होली में अपने इष्ट से लेकर सभी देवी-देवताओं का पूजन किया जाता है।

कृषि गीत : जैसे 'हुड़का बुल' खेतों की जुताई करते समय, कटाई करते समय कृषक का उत्साह ठंडा न पड़े या उसे अपने काम में थकान महसूस न हो, इसलिए कृषिगीत गाए जाते हैं। जैसे 'हिटो दीदी हिटो भोला, हिट वे बैना घास कटैना, पार डाना' ऐसे बहुत से लोकगीतों की रचना कुमाऊँ की धरती की देन है। जिसे देखकर यही प्रतीत होता है कि जितना रँगीला कुमाऊँ है, उतने ही रँगीले यहाँ के लोग। कठोर पर्वतों पर भी निवास करते हुए यहाँ के लोग अपने हृदय में एक कोमलता लिये हुए हैं। जिसकी देन है यहाँ का मन को लुभाता और एक जोश तथा उत्साह भरता लोक-संगीत।

यहाँ के गीतों में जो रिदम होती है तथा वाद्य-यंत्रों के साथ जो तारतम्य होता है, उसको सुनकर पैर नृत्य के लिए खुद ही उठने लगते हैं। लोकगीत और लोकनृत्य लोकजीवन की अभिव्यक्ति के सशक्त माध्यम हैं। थोड़ा सा काम से फुरसत मिली कि थकान मिटाने और उल्लास व्यक्त करने के लिए नृत्य और गीतों की महफिल प्रारंभ हो जाती है। मेले इन गीतों के रंग-स्थल हैं। अत: प्रत्येक व्यक्ति पैदल यात्रा करके एक दिन के नाच-गान के लिए मेले में जा पहुँचता है।

लोकनृत्य

लोकनृत्य के बिना लोकगीतों का महत्त्व कम हो जाता है, इसलिए कुछ लोकनृत्यों को नामांकित कर रही हूँ।

१. **छोलिया नृत्य :** यह कुमाऊँ का परंपरागत नृत्य है। हर पर्व-उत्सव में प्राय: किया जाता है।

२. **हिल जात्रा :** हिल जात्रा पिथौरागढ़ जनपद के सौर क्षेत्र में मनाए जानेवाले उत्सव विशेष हैं। इसमें समूह में नृत्य किया जाता है।

३. **हिरन चिंतन:** आंठू के अवसर पर अस्कोट पट्टी में हिरन चिंतल नामक लोकनृत्य का आयोजन होता है। इसमें नगाड़े और दमाने एक ही स्वर-क्रम में बजते हैं और नृत्य मुद्राओं को प्रदर्शित करने तथा पदक्रम संचालन में सहयोग देते हैं।

४. **छपेली :** चंचल गति एवं क्षिप्रता से युक्त नृत्यगीत छपेली है। विषय की दृष्टि से छपेली प्रेम एवम श्रृंगार प्रधान नृत्यगीत है। मुख्य वाद्य यंत्र हुड़का है, 'हाय तेरी रुमाल गुलाबी मुखडी।'

५. **चींचरी :** चींचरी कुमाऊ की प्रसिद्ध सामूहिक नृत्यगीत शैली है। चींचरी का आयोजन मुख्यत: मेलों, उत्सवों एवं मांगलिक कार्यों के अवसर पर होता है।

६. **झोड़ा :** गायन हेतु परस्पर हाथ जोड़कर दो दलों द्वारा गाए जाने के कारण ये गीत झोड़ा कहलाए जाते हैं।

७. **वीन :** वीन में पौराणिक एवं स्थानीय देवी-देवताओं, राजाओं और ऐतिहासिक पुरुषों की गाथाएँ गाई जाती हैं।

८. **जागर नृत्य :** इस नृत्य के मूल में लोक-मानस का आदिम धार्मिक विश्वास निहित रहता है।

९. **गमरा नृत्य :** गमरा नृत्य का अर्थ है अष्टमी के दिन गौरा को लेकर किया जानेवाला नृत्य।

१०. **ठुलखेल :** पिथौरागढ़ जनपद के अस्कोट क्षेत्र में इस नृत्य का विशेष प्रचलन है। इसमें रामकथा के प्रसंगों को प्रबंधकाव्य के रूप में गाया जाता है।

११. **चैती :** बसंत आगमन पर ऋतु गीतों और रितुरेन गायन के साथ यह नृत्य चलता है।

१२. **भडा :** भाट अथवा चारणों द्वारा गाई जानेवाली भटों की गाथा को भडा कहा जाता है।

लोकशिल्प

इसके अतिरिक्त लोकचित्र, लोकशिल्प और लोक व्यवसाय से संबंधित कलाएँ भी अपना महत्त्वपूर्ण स्थान रखती हैं। कुमाऊँ के ऐपन आज देश-विदेश में अपनी विशिष्ट पहचान बनाए हुए हैं। ऐपन में भूमि ऐपन, द्वार ऐपन, वेदी ऐपन, विभिन्न संस्कारों में काम देनेवाले ऐपन, धुलिअर्ध, जनेऊ, सूर्यदर्शन, नामकरण आदि हैं। भित्तिचित्र में गुफा चित्र, बर बूँद, टुपुक वसुंधरा या बसुधारे, ज्यूति अंकन, पट्ट चित्र, स्यो, सेली, पिछौड़ बनाना, जनेऊ बनाना, विवाह के मुकुट डिकरे, नंदा सुनंदा की मूर्तियाँ, समधी-समधन, पार्थिव लिंग, काष्ठ शिल्प आदि कलात्मकता कुमायूँ की शान है। यहाँ के भोजन में भट्ट की दाल, रस-भात गहद की दाल, भाँगे की चटनी, बड़ी भात, बड़े, सीयल पूए, सया आदि व्यंजन न केवल स्वादिष्ट होते हैं, वरन् स्वास्थ्यवर्धक भी होते हैं। यहाँ की ककडी का रायता हर पर्यटक को चुंबक की तरह

अपनी ओर खींचता है। कुमाऊँ की प्राकृतिक सुंदरता के साथ यहाँ के लोगों की भावुकता, सहृदयता और अपनत्व मन को मोह लेते हैं। प्रकृति पर्यावरण को धर्म, आस्था, त्योहारों, नृत्यों से जोड़कर कुमाऊँवासियों ने प्रकृति के प्रति सहभागिता और प्रेम का परिचय दिया है, जो आज के परिवेश के लिए नितांत आवश्यक है। त्योहारों के माध्यम से प्रकृति, कृषि, जीव-जंतु का संवर्धन एवं पोषण करके कुमाऊँवासी पर्यावरण की रक्षा करते हैं। इन लुप्त होते लोकपर्व, नृत्य, गीत, परंपरा और संस्कार को पुनः प्रतिष्ठित करने की आवश्यकता है, ताकि प्राचीन परंपराएँ पल्लवित होती रहें।

यह सत्य है कि युग-परिवर्तन के साथ परिस्थिति और जीवन-तत्त्वों में परिवर्तन आता है और इस परिवर्तन का प्रभाव लोक-अभिव्यक्ति पर भी पड़ता है। बदलते परिवेश का प्रभाव कुमाऊँ के सांस्कृतिक मूल्यों में भी बदलाव ला रहा है, जिसके आधार में कुछ कारण पनप रहे हैं, जो न केवल कुमाऊँ वरन् देश के सभी भागों में महसूस किए जा रहे हैं। वैज्ञानिक सोच ने धार्मिक मान्यताओं के प्रति विरोध की भावना जाग्रत् की है, जिससे धार्मिक आस्थाओं व संस्कारों में कमी आना स्वाभाविक ही है, और यदि संस्कार ही नहीं रहे, आस्था ही नहीं रही तो लोककला और लोक-संस्कृति कहाँ बच पाएँगी। लोककला के पक्षधरों को यदि लोक-कला को बचाना है तो उनके साथ जुड़े संस्कारों को अपनाना होगा। केवल कलाओं को बचा लिया तो कला के ऐसे विकृत रूप प्रकट होंगे, जो हमारे हृदय को द्रवीभूत कर देंगे।

□□

18

गढ़वाली लोक-संस्कृति : एक अवलोकन

—अरुण कुमार

जब हम गढ़वाल की संस्कृति की बात करते हैं तो सही मायनों में यह भारतीय संस्कृति का पर्याय ही है। यह सदियों से भारतीय जनमानस, ऋषि-मुनियों की प्रिय भूमि रहीं। गढ़वाल में जब वैदिक धर्म के प्रणेता जगद्गुरु शंकराचार्य विशिष्ट प्रतिभा हासिल करने आते हैं तो गढ़वाल की सांस्कृतिक विरासत का बोध होता है। उन्होंने नारदकुंड से हासिल भगवान् बदरीनाथ की मूर्ति को बदरीनाथ में स्थापित करके सारे भारत को एकता के सूत्र में पिरोने का प्रयास किया। ज्योतिर्मठ यानी जोशीमठ में शंकराचार्य पीठ की स्थापना की। शंकर का अवतार माने-जानेवाले शंकराचार्य ने केदारखंड के केदारनाथ में शरीर त्यागा। सही मायनो में यह संपूर्ण भारत को एक सांस्कृतिक सूत्र में पिराने की कोशिश थी। आज भी केरल के नंबूदरि ब्राह्मण ही बद्रीनाथ में पूजा कराने आते हैं।

सही मायनों में केदारखंड के नाम से विख्यात गढ़वाल भूमि की पहचान हिमालयी भूभाग में पवित्र स्थली के रूप में होती है। स्कंद पुराण समेत कई पौराणिक ग्रंथों में कई प्रख्यात ऋषि-मुनियों के आश्रमों का जिक्र होता है। हमारी जीवनशैली का निर्धारण करनेवाले प्राचीन भारतीय वाङ्मय की रचना ऋषि-मुनियों ने इसी धरा पर की। वैदिक काल में जिन सात नदियों का उल्लेख मिलता है, वह गढ़वाल क्षेत्र में ही मानी जाती हैं। आज भी गढ़वाल से निकलनेवाली गंगा भारतीय संस्कृति की पर्याय है। ऐसी मान्यता है कि तपोभूमि बदरिकाश्रम के निकट मणिभद्रपुर यानी माणा में महाभारत ग्रंथ की रचना की गई। वह व्यास गुफा आज भी विद्यमान बताई जाती है।

ऐसी ऋषि-संस्कृति का मूल स्थान, जो अपनी प्राकृतिक सुषमा एवं मनोहारी सुरम्यता के लिए जाना जाता है, गढ़वाल भूमि के रूप में विशिष्ट महत्त्व रखता है। आज भी भारतीय संस्कृति का उदात्त रूप सुंदर-सूक्ष्म रूप में गढ़वाल की संस्कृति के रूप में जाना जाता है। जनमानस की आवश्यकताओं-आकांक्षाओं के रूप में जो संस्कृति गढ़वाल में विकसित हुई, उसमें आध्यात्मिक व धार्मिक पक्ष सबल रहा। प्राकृतिक परिवेश, जीविका के साधनों, भौगोलिक जटिलताओं तथा मौसमी चुनौतियों के बीच गढ़वाल की जीवंत संस्कृति का उत्तरोतर विकास हुआ। जीवन मूल्यों को सामाजिक मान्यता ने संस्कृति को विस्तार दिया।

गढ़वाल हिमालय के पवित्र भूभाग केदारखंड की संस्कृति में धार्मिक पक्ष की मान्यता एवं विश्वास सशक्त रूप में विद्यमान रहा है। महाभारत काल में पांडवों की लीला-भूमि रहे इस इलाके में पांडवों के स्वर्गारोहण का उल्लेख मिलता है। मान्यता है कि केदारनाथ में उन्हें शिव के दर्शन हुए थे। स्वर्ग से गंगा के धरती पर अवतरण का वृत्तांत इसी क्षेत्र में माना जाता है। वहीं कौरवों की सक्रियता का उल्लेख जौनसार के इलाके में मिलता है। यहाँ कुछ इलाकों में उनकी पूजा तक होती है। यही वजह है कि गढ़वाल की संस्कृति में शैव, वैष्णव, शाक्त व स्मार्त संप्रदायों को समान दृष्टि से देखा जाता है। वैसे पूरे भारत से आनेवाले तमाम तीर्थयात्री इस भूमि से मंत्रमुग्ध होकर यहीं के होकर रह गए, जिन्होंने गढ़वाल की संस्कृति को अंगीकार तो किया, लेकिन सांस्कृतिक समरसता में कुछ योगदान भी दिया।

वास्तव में इस भूमि को श्रेय जाता है कि इसने भारतीय संस्कृति को फलने-फूलने के लिए आधार-भूमि उपलब्ध कराई। पहली नजर में यह एक लोकसंस्कृति के रूप में नजर आती है। यहाँ के प्राकृतिक सौंदर्य एवं जैविक विविधता ने यहाँ की संस्कृति को अक्षुण्ण बनाए रखने में मदद की। समन्वयता इसकी विशिष्टता है। गंगा की धारा की तरह गतिशीलता इसका विशिष्ट गुण है। ये तमाम कारण संस्कृति की

तर्कशीलता में अभिवृद्धि करते हैं। इसकी बाह्य अभिव्यक्ति जहाँ कला, संगीत, चित्रकला व स्थापत्य के रूप में मुखरित होती है, वहीं आंतरिक अभिव्यक्ति अध्यात्म से प्रभावित है। सही मायनो में लोक संस्कृति में लोकसंगीत, नाटक, लोकनृत्य, मूर्तिकला, स्थापत्य कला, चित्रकला की छवि मुखरित होती है।

शेष भारत की ही तरह गढ़वाल की भूमि में नाग, यक्ष, किन्नर, किरात, कुणिंद, खस, तंगण विभिन्न धार्मिक संस्कृति के लोगों का वास रहा है। आर्यों की तपोभूमि रही है गढ़वाल। शीर्ष गुरुओं के आश्रम भारतीय वाङ्मय की रचना के वाहक बने। इन्हीं सभी के सुमेल से एक राष्ट्रीय सांस्कृतिक स्वरूप विकसित हुआ। यहाँ न केवल सभी धर्मों के देवताओं के पूजन की प्रथा रही है।

गढ़वाल के संस्कृत विद्वानों ने संस्कृत साहित्य की रचना में महत्त्वपूर्ण योगदान दिया। हिमालय की उपत्यकाओं एवं गिरिकंदराओं में तपस्वियों जैसा जीवन जीकर उत्कृष्ट संस्कृत साहित्य रचा। भौगोलिक जटिलताओं, साधनों की न्यूनता व आर्थिक मुश्किलों के बावजूद संस्कृत की विभिन्न विधाओं को समृद्ध किया। गढ़वाल के संस्कृत साहित्य का अवलोकन करें तो इसने संस्कृत साहित्य की श्रीवृद्धि में महत्त्वपूर्ण योगदान दिया। इसमें काव्य, नाटक, निबंध, ज योतिष ग्रंथ, धर्मशास्त्र, कर्मकांड, आयुर्वेद, स्तोत्र, अभिलेखीय सामग्री शामिल है।

लोक का आधार विश्वास होता है। विश्वास से आस्था का जन्म होता है, जो लोक संस्कृति को गतिशीलता प्रदान करती है। जिसमें इसके बाह्य अभिव्यक्ति एवं आंतरिक आयामों की सक्रिय भूमिका होती है। आंतरिक आयामों में पूजा व विश्वास लोक-संस्कृति को पुष्पित व पल्लवित करते हैं। वहीं इसके बाह्याभिव्यक्ति वाले कारक लोकधर्मी रूप में मिलते हैं। जिसके अंतर्गत कला के विभिन्न रूप, मनोरंजन के साधन, लोकनृत्य, लोक संगीत, नाटक आदि शामिल हैं। इसमें लोक की आत्मा दृष्टिगोचर होती है।

यहाँ लोक कवि डॉ. गोविंद चातक की पंक्तियाँ गढ़वाली संस्कृति का सार्थक बिंब उकेरती हैं, 'गढ़वाल का हृदय संगीतमय है। यहाँ की हरी-भरी धरती गाती है। बुरांस के फूलों के सिंदूरी रंग से रँगी पर्वत शृंखलाएँ गाती हैं।' यही वजह है कि गढ़वाल के अधिकांश गीत नृत्यात्मक हैं। नृत्य के बिना गीत अधूरे हैं। लोकनृत्यों के नाम से गीतों को नाम मिले हैं। चौफुला गीत का जिक्र चलने पर पहली छवि चौफुला नृत्य की उभरती है। इन गीतों में शृंगार की मनोहारी छटा है, ओज के गीत हैं, धार्मिक आस्वाद है तो मायके की याद में दु:खी नायिका के दर्द का सशक्त चित्रण है। प्रकृति के प्रतीकों को इनका माध्यम बनाया गया है।

भाषा की लय और विषयवस्तु के नजरिये से गढ़वाली लोक साहित्य हिंदी के अन्य लोक साहित्यों से कई मायनों में विशिष्ट है। यह बात अलग है कि इनका संकलन व वर्गीकरण समय रहते प्रकाश में नहीं आ सका। इस दिशा में डॉ. गोविंद चातक के प्रयास सराहनीय रहे हैं। उन्होंने अपनी पुस्तक 'गढ़वाली लोकगीत व गढ़वाली लोकगाथाएँ' में इन गीतों का वर्गीकरण करने का प्रयास किया। इसका उल्लेखनीय पक्ष यह है कि इन गीतों का वर्गीकरण जन सुविधा के लिए स्थानीय नामों के आधार पर करने का प्रयास किया गया है। इसके अलावा गीतों के विषय, शैली व भावों को भी वर्गीकरण का आधार बनाया गया। मसलन लोक में प्रचलित खुदेड़, छड़ा, बाजूबंद, छोपती व लामण शब्दों को वर्गीकरण का आधार बनाया गया। इसी प्रकार नृत्य आधारित लोकगीतों को नृत्य के आधार पर वर्गीकृत करते हुए थड़िया, चौंफुला, झुमैलो, तांदी आदि नाम दिए गए। कालांतर इन नामों ने सामूहिक नृत्यों के रूप में जनमानस में पहचान बनाई। दरअसल, कई गीतों का वर्गीकरण स्थानीय जनमानस में प्रचलित पर्व, आस्था, मनोभावों, सामाजिक मान्यताओं पर किया गया। पूजागीत व मांगलिक अवसरों पर गाए जानेवाले मंगलगीत व विरह के रूप में गाए जानेवाले खुदेड़ गीत भी इनमें शामिल हैं। इसी तरह धार्मिक लोकगाथाओं को जागर के रूप में, वीर गाथाओं को पंवाड़े तथा प्रेम आख्यानों को चैती क्रे रूप में विभाजित किया गया।

समय-समय पर गढ़वाल के विद्वानों, संपादकों व लोक साहित्य के पुरोधाओं ने गढ़वाली संस्कृति के संरक्षण व प्रचार-प्रसार के

लिए भगीरथ प्रयास किए। भारत के पहले डी.लिट् डॉ. पीतांबर दत्त बड़थ्वाल ने एक पूरी पीढ़ी को प्रेरित व प्रभावित किया। इस पीढ़ी में शंभू प्रसाद बहुगुणा, शालिगराम वैष्णव व सत्यपथ के संपादक ललिता प्रसाद नैथानी आदि शामिल थे। इनके प्रयासों से गढ़वाल की नई पीढ़ी में अपनी विरासत के प्रति चेतना का संचार हुआ। इन विद्वानों के लोक नृत्यों व लोकगीतों पर केंद्रित लेख काशी नागरी प्रचारिणी सभा की शोध पत्रिका में प्रकाशित हुए। गढ़वाली लोक

साहित्य को प्रकाश में लाने का श्रेय उन्हें दिया जाता है। गढ़वाली समाचार-पत्र के संपादक स्व. विश्वंभरदत्त चंदोला व स्व. गिरजादत्त नैथानी जैसे पत्रकारों ने गढ़वाली बोली को भाषा बनाने के सार्थक प्रयास किए। वर्ष १९०५ से ही गढ़वाली लोक गीतों का मंचन व कविताओं का प्रकाशन तेज हुआ।

दरअसल, गढ़वाल के लोक साहित्य का उदय सही मायनो में आजादी के बाद के दशकों में हो पाया। इस दौर में कई विद्वानों ने अपने अनुभव, सोच व प्राथमिकताओं के आधार पर गढ़वाली लोक संस्कृति के परिचायक गढ़वाली लोक नृत्यों का वर्गीकरण किया। इन नृत्यात्मक गीतों में मंगल गीतों जिसमें पूजा गीत व विवाह के मंगल गीत भी शामिल किया गया। गढ़वाली लोक संस्कृति के मर्मज्ञ डॉ. शिवानंद नौटियाल ने सामान्य वर्गीकरण में मांगल गीत, धार्मिक लोकगीत जागार, पंवाड़े, तंत्र-मंत्र के गीत, थड्या, चौंफला, खुदेड़ गीत, बारामासा, चौमासा, कुलाचार, पसारा, बसंती गीत, होरी गीत, बाजूबंद, लामण, छोपती, लोरीगीत, नौन्याली गीत, दूड़ा व सामयिक गीत को में शामिल किया।

लोकगायकों द्वारा गाए गीत आज भी जन-जन की आवाज में सुनाई देते हैं। इन गीतों के रचयिता को स्थानीय भाषा में बाद्दी कहा जाता है, जिसकी सहधर्मिणी बद्दीण उसके सुर-ताल की सहायक बनती है। लोक में प्रतीक पक्षी के रूप में मान्यता प्राप्त घुघती को लेकर कई मार्मिक गीत आज भी गढ़वाल की वादियों में गूँजते हैं। फौजी के वापसी के इंतजार में विरह के गीत गुनगुनाती पत्नी, मायके न जा सकने से दुःखी स्त्री के मार्मिक गीत अंतर्मन को भेदते हैं। समूह में घसियारियों के गीत हों या विभिन्न पर्वों पर लगनेवाले मेलों के गीत हों, ये पूरी गढ़वाली संस्कृति का मार्मिक चित्र उकेर देते हैं। ऐसी ही कई हृदय विदारक घटनाओं को लेकर गीत बिना किसी आधुनिक संचार माध्यम के जन-जन तक पहुँच जाते हैं। इन गीतों को जीवंत व हृदयस्पर्शी बनाने में गढ़वाल के परंपरागत वाद्य यंत्रों ढोल-दमाऊँ से लेकर मसकबीन की अहम भूमिका रही है।

गढ़वाल के सांस्कृतिक परिवेश को कई बड़ी विकास योजनाओं जनित विसंगतियों ने गहरे तक प्रभावित किया है। वैश्वीकरण की आँधी से यह परिवेश भी अछूता नहीं रहा। ग्लोबल वॉर्मिंग का प्रभाव देश के शेष भागों की तरह गढ़वाल पर भी पड़ा है। बारिश का मिजाज बदला है, ऋतु परिवर्तन चक्र गड्डमड्ड हुआ है। ऋतुओं पर केंद्रित सांस्कृतिक उत्सवों के चटख रंग फीके पड़े हैं। अब गढ़वाल के कौथिकों यानी मेलों में पहली जैसी भीड़ नहीं जुटती। विश्व के एक गाँव में तब्दील हो जाने की प्रक्रिया में सूचना क्रांति के चलते मनोरंजन के नए साधन आए हैं। मानवीय व्यवहार आत्मकेंद्रित हुआ है। व्यावसायिक हुआ है। सामाजिक रिश्तों में सामूहिकता का क्षरण हुआ है, जिसने कहीं-न-कहीं हमारे सांस्कृतिक परिवेश को गहरे तक झिंझोड़ा है।

इसके बावजूद कुछ लोग, सांस्कृतिक समूह, संगठन और मशाल लेकर चलनेवाले लोग एक टिमटिमाते दीये की भाँति संस्कृति की राह को उजला बनाए हुए हैं। उनमें अपनी जड़ों से जुड़े रहने का जुनून है। सांस्कृतिक विरासत को अगले पीढ़ी तक पहुँचाने का संकल्प है। जिनके बूते संस्कृति की अविरल धारा मंथर गति से ही सही, आगे बढ़ रही है, जो एक नई उम्मीद जगाती है।

□□

19

भोजपुरी लोक-संस्कृति

—संजय पंकज

विश्व वाङ्मय में श्रेष्ठ रामचरितमानस में 'लोक' और 'वेद' शब्दों का स्वतंत्र प्रभुत्व और सत्ता मानते हुए लोकनायक गोस्वामी तुलसीदासजी ने लिखा है—"लोकहु वेद सुसाहिब रीती। विनय सुनत पहिचानत प्रीती॥" इन दोनों शब्दों का तुलसीदासजी ने साभिप्राय रूप में प्रयोग करके लोक की सत्ता को वेद की महत्ता के साथ-साथ स्वतंत्र रूप में स्थापित किया है। वेद और लोक दोनों ही समृद्ध परंपरा, विरासत और संस्कृति हैं। भारत की अस्मिता की पहचान हैं। श्रुति परंपरा दोनों के आधार हैं। वैदिक युग से लेकर आज तक लोक का किसी-न-किसी अभिप्रेत अर्थ में प्रयोग किया जा रहा है। डॉ. वासुदेव शरण अग्रवाल कहते हैं—"लोक हमारे जीवन का महासमुद्र है, जिसमें भूत, भविष्य और वर्तमान संचित हैं। अर्वाचीन मानव के लिए लोक सर्वोच्च प्रजापति है।" लोक की कई-कई विशद व्याख्याएँ की गई हैं। इसपर व्यापक चिंतन किया गया है। इसकी गइराई और विस्तृति पर आज भी विमर्श जारी है। पं. हजारीप्रसाद द्विवेदी ने लिखा है—"लोक शब्द का अर्थ जनपद या ग्राम्य नहीं है, बल्कि नगरों और गाँवों में फैली हुई वह समूची जनता है, जिनके व्यावहारिक ज्ञान का आधार पोथियाँ नहीं हैं। ये लोक नगर में परिष्कृत, रुचिसंपन्न तथा सुसंस्कृत समझे जानेवाले लोगों की अपेक्षा अधिक सरल और अकृत्रिम जीवन के अभ्यस्त होते हैं और परिष्कृत रुचिवाले लोगों की समूची विलासिता और सुकुमारता को जीवित रखने के लिए जो भी वस्तुएँ आवश्यक होती हैं, उसको उत्पन्न करते हैं।"

लोक का वैदिक अर्थ प्रकाश, खुली जगह, दृश्य-जगत् है। साथ ही इसका अर्थ उन्मुक्त विचरण भी है, इसी कारण पूर्ण विकसित अर्थ है—पूरा विश्व, जो तीन, सात या चौदह लोकों में विभक्त है। उत्तर-वैदिक काल और महाभारत काल में भूलोक और उसके निवासी या फिर सामान्य जीवन, सामान्य भाषा के अर्थ में भी इसे माना गया है। हिंदी के मानक शब्दकोशों में भी इसके व्यापक अर्थ हैं। यह संपूर्ण प्रत्यक्ष-अप्रत्यक्ष जगत् को पुंजीभूत रूप में अर्थित करनेवाला आत्मीयता और अंतरंगता से भरा हुआ स्वभावगत शब्द है। लोक व्यापक जनपदीय चरित्र, कर्म, संस्कार और स्वभाव को उजागर करनेवाला शब्द है।

हर अंचल की अपनी लोकभाषा है। उसकी अपनी पहचान है। उस लोकभाषा में उसकी संस्कृति के बहुविध रूप, रंग, स्वाद भरे हुए हैं। उसकी परंपरा जीवित है। जीवन के प्राणतत्त्व लोक-संस्कृति में सन्निहित होते हैं। मनुष्य जीवन का संस्कारपूर्ण समग्र और संतुलित विकास लोक-संस्कृति की बुनियाद पर ही संभव है। मूल्य और मनुष्यता का संरक्षण और विराट् प्रतिफलन लोक-संस्कृति के केंद्र से ही होता है। किसी भी देश की संस्कृति-संपदा उसकी लोक-संस्कृति में ही होती है। विशाल देश भारत में अनेक भाषाएँ हैं। उनमें कई भाषाओं के प्रयोगवाले क्षेत्र बड़े हैं। हर अंचल की अपनी विशेषताएँ हैं। उन अंचलों की खुशबू उनकी भाषाओं के माध्यम से प्रसरित होती रहती है। अपने ठेठ अंदाज और श्रमशील आचरण के साथ ही ठस्सेपन के लिए भोजपुरी पूरे संसार में अलग से समादृत और परिचित है। भोजपुरी का भौगोलिक क्षेत्र भी बड़ा है। इसका विस्तार अन्य देशों में भी है। माननेवाले भोजपुरी लोक-संस्कृति को पचास हजार वर्ग तक में फैला मानते हैं। भारत के पराधीनता काल में अंग्रेजों के द्वारा भारत से अनेक मजदूरों को विश्व के अलग-अलग भू-भाग में ले जाया गया था। मॉरीशस में जो मजदूर गए, वे अपने साथ अपनी मिट्टी और अपनी लोक-संस्कृति के पारंपरिक अनेक लोक-कथाओं और लोक-संदर्भों को भी साथ लेते गए थे। हाड़-तोड़ परिश्रम करते हुए ये गिरमिटिया अपनी लोक-रंजना में डुबकियाँ लगाने का अवसर निकाल ही लेते थे। इन्हें जब कभी भी अवसर मिलता था तो लोकगीतों, लोककथाओं, लोक-संवादों के माध्यम से ये अपनी लोक-चेतना और लोक-भाषा को बचाने के सारे जतन करते रहते थे। केवल भोजपुरी भाषा ही इनके माध्यम से वहाँ तक नहीं पहुँची, बल्कि उनके भोजपुरी लोक की संस्कृति और उसके बहुविध प्रकार भी पहुँचे, संरक्षित हुए तथा विकसित भी हुए, जिनमें लोक-साहित्य, लोक-धर्म, लोक-कला, लोक-जीवन, लोक-परंपरा, गंगा-संस्कृति, जातीय संस्कृति तथा लोक-रंजन के जो भी प्रकार प्रचलन में थे, सबके सब उनके संस्कार, चिंतन और रक्त प्रवाह में केवल बचे ही हुए नहीं थे, बल्कि लगातार ठाठें भी मारते रहते थे। अपनी दासता और त्रासदी को भूलकर वे लोग

लोक-संस्कृति से संपृक्त होकर अपने मन को जीवंत और जाग्रत् बनाए रखते थे। उनकी यह सजगता परंपरा में गई, जिसका परिणाम सामने है कि आज भी भोजपुरी संस्कृति संसार के लगभग हर क्षेत्र में प्रकारांतर से विराजमान थी।

भोजपुरी की लोक-संस्कृति कोई नई नहीं है। इसके तेवर को अच्छी तरह से समझने के लिए इसकी प्राचीनता में जाने की आवश्यकता है। हिंदी-संस्कृत और भोजपुरी के शलाका-पुरुष डॉ. विद्यानिवास मिश्र लिखते हैं—"लोक-संस्कृति हम लोगों के जीवन में कोई आश्चर्य नहीं है। लोक हमारे जीवन में घुला-मिला है, क्योंकि हमारी संस्कृति का सबसे बड़ा हिस्सा एक मुँह से दूसरे मुँह तक (मुँहामुँही) पहुँचता चला आ रहा है। लोक में लिखने की परंपरा थी, लेकिन सुनने-गुनने की परंपरा सर्वाधिक रही है। हमारे यहाँ लोक-संस्कृति कोई भूली बात नहीं है और न ही कोई छूटा पथिक है। यह निरंतर चलता हुआ चल रहा है। इसमें कुछ-न-कुछ जुड़ता भी जा रहा है और कुछ-न-कुछ घिसता भी जा रहा है। यह कोई स्थिर चीज नहीं है, जिसमें कोई परिवर्तन न हो।"

भूमंडलीकरण और विश्व बाजारवाद के दौर में लोग बड़ी संख्या में एक जगह से दूसरी जगह आ-जा रहे हैं, बस रहे हैं, एक-दूसरे की संस्कृति से प्रभावित हो रहे हैं। एक लोक-समाज की संस्कृति में कई संस्कृतियों का संक्रमण हो रहा है। पिछले कुछ दशकों में सांस्कृतिक आदान-प्रदान की प्रक्रिया तीव्र हुई है। लोक-संस्कृति के विवेचन-विश्लेषण में विशुद्ध रूप से कहना कठिन है कि वह किसी एक क्षेत्र का है। बावजूद इसके किसी एक क्षेत्र की संस्कृति में उसी क्षेत्र का लोक-समाज प्रत्यक्षत: सर्वाधिक मुखर होता है। समन्वय की प्रक्रिया के फलस्वरूप भी किसी लोक-संस्कृति की निजी पहचान कायम रहती ही है। भोजपुरी की लोक-संस्कृति सबमें घुलती-मिलती हुई भी अपनी निजता के साथ बची रहती है। भाषा, व्यवहार या प्रस्तुति की मौलिकता इसकी विशेषता हो या कोई अन्य तरह का जादुई प्रभाव, भोजपुरी स्वयं में बरबस ही खींच लेती है। इसमें एक प्राकृतिक आकर्षण है।

भोजपुरी शहर, राज्य, देशों में विभक्त होने पर भी अपनी लोक-संस्कृति को बचाए रखने में निपुण है। पारिवारिक और सामाजिक संस्कारों तथा मांगलिक एवं अन्य अनुष्ठानों में भोजपुरी लोक-संस्कृति खांटी रूप में दिख जाती है। यह सभी में समाकर भी अपनी पहचान नहीं खोती है, यह बरबस ही झलक जाती है। लोक-संगीत, लोक-गाथा, लोकोत्सव एवं ग्रामीण मेलों में लोक-संस्कृति गूँजती रहती है। इसकी अपनी जड़ीभूत लोकलय है, जिसपर किसी का प्रभाव नहीं पड़ता है। लोकोत्सव की रंगत किसी भी परिस्थिति में मलिन नहीं पड़ती है। गीत-संगीत, वाद-विवाद, आचार-व्यवहार, खान-पान, वेश-भूषा, हास-परिहास, बोल-चाल, उठा-पटक और जीवन-पद्धति के विभिन्न स्तरों पर भी भोजपुरी की पहचान तीव्रता तथा प्रखरता से उजागर होती है। कहीं भी भोजपुरी अलग से पहचान ली जाती है। उज्जैन के राजा भोज के नाम पर ही भोजपुर नाम है। इसे इतिहास-सम्मत भी माना जाता है। प्राचीन काल में उज्जैन के भोजों ने ही इस क्षेत्र पर अधिकार करके शासन कायम किया था। डुमराँव (बिहार) के निकट भोजपुर नगर ही इनकी राजधानी थी। भले ही प्राचीन नगर का वैभव नष्ट हो चुका है, फिर भी 'बड़का', 'छोटका' भोजपुर नाम के दो गाँव वर्तमान में स्थित हैं। भौगोलिक क्षेत्र से ज्यादा भोजपुरी भाषा का क्षेत्र-विस्तार हुआ। बिहार, झारखंड, पूर्वी उत्तर प्रदेश और छत्तीसगढ़ तक, फिर आगे मॉरीशस, त्रिनिनाद तथा अन्य भू-भागों में इसका विस्तार हुआ, जो आज भी सांस्कृतिक रूप से महिमा-संपन्न है।

भोजपुरी लोक-संस्कृति में परंपरा से आया विश्वास, पूजा-पर्व, रस्म-रिवाज, रहन-सहन, अपनी गरिमा और उल्लास में तो है ही। इस संस्कृति में लाठी की बड़ी महिमा गाई गई है। लोक में तरह-तरह के पाखंड, अंधविश्वास, सामाजिक विषमता, छल-प्रपंच और रूढ़ियों का बोलबाला रहा है और कमोबेश आज भी है। फिर भी पूरा गाँव और जवार एक परिवार की तरह रहता है। तथाकथित संभ्रांत वर्ग से ज्यादा लोक-समाज में आज भी संवेदना विराज रही है। लड़ाई-झगड़े, मुकदमे आपस में होने के बाद भी सामूहिकता का भाव और साझेपन की निष्ठा लोक-संस्कृति में बरकरार है। भारतीय लोक-संस्कृति की आत्मा साधारण जनता में बसती है, जो नगर से

दूर गाँव, वन, पर्वतवाले क्षेत्र में रहती है। आत्मौपम्येन सर्वत्र भारतीय लोक-संस्कृति का एक महत्त्वपूर्ण सिद्धांत है। इसी सिद्धांत का पालन करती साधारण जनता मायातत्त्व और ब्रह्मतत्त्व के रहस्यों को समझ जाती है। लोक की चौपाल में सूर-तुलसी-कबीर जैसे भक्त और ज्ञानी की रचनाओं का गायन-वाचन तथा अपने ढंग से अर्थ-विन्यास होता है। रामायण, महाभारत के अलावा बुद्ध, महावीर और अनेक शूरवीरों की चर्चा लोक-संस्कृति में स्वाभाविक रूप से 'बतकही' तथा 'गीत-संगीतों' में रची-बसी हुई है। आल्हा का गायन वहाँ के लिए कोई बड़ी बात नहीं है। वीर कुँवरसिंह की शौर्यगाथा जिस जोशो-खरोश के साथ भोजपुरी लोक-समाज में गाई और सुनी जाती है, वह अद्‌भुत है। वयोवृद्ध स्वतंत्रता सेनानी बाबू कुँवरसिंह के पराक्रम को सुनते हुए युवाओं के साथ ही वातावरण में ज्वार उठने लगता है। ऐसी अनेक शौर्यगाथाएँ हैं।

भोजपुरी लोक-संस्कृति में अनेक भक्त कवियों की रचनाएँ खासोआम की जुबान पर चढ़ी हुई हैं। वे उसे यथासमय गाते-कहते हुए अपने ढंग से व्याख्यायित भी करते हैं। जहाँ एक तरफ पुरुषों ने अपने लिए बहुत सारे आयोजनों को अपने मनोरंजन और उन्नयन के लिए तय कर रखा है, वहीं भोजपुरी समाज की स्त्रियाँ भी यथा अवसर अपने हृदय के उल्लास और लोक-संगीत को सामूहिक रूप से कंठों से प्रस्तुत करने में भी पीछे नहीं हटती हैं। भोजपुरी लोक-संस्कृति में कई लोक-देवता हैं। कई लोकगाथाएँ हैं। इन लोक-देवताओं के मंदिर भी हैं। समाज की विभिन्न जातियों के भी अपने-अपने पराक्रमी और पुरुषार्थी पुरखे लोक-देवता के रूप में प्रतिष्ठापित हैं। कई पारंपरिक पौराणिक और लोक देवियाँ भी हैं, जिनके लिए स्त्रियों के साथ-साथ पुरुष भी व्रत और संकल्प रखते हैं। विधिवत् उनकी पूजा होती है। गीतों के माध्यम से उनकी पूजा और अभ्यर्थना की जाती है। भोजपुरी लोक-समाज में विभिन्न जातियों के लोक-देवताओं की पूजा के भी अपने-अपने अलग-अलग विधि-विधान हैं। इसके लिए निपुण भगत होते हैं, जो कई-कई लोकवाद्यों के साथ गाते-नाचते हुए विधिवत् पूजा-अनुष्ठान करते हुए देवता का आह्वान करते हैं। उनके साथ-साथ स्त्री-पुरुषों का झुंड भी होता है।

लोक-संस्कृति को व्यापक पहचान उसके लोक-साहित्य से मिलती है। लोक-संस्कृति और लोक-साहित्य में गहरा संबंध है। भोजपुरी के लोक-साहित्य में बड़ी-बड़ी लोककथाएँ, असंख्य लोकगीत, लोकगाथाएँ और कहावतें भरपूर हैं, जो भोजपुरिया संस्कृति और उसके जीवन-शैली के जीवंत दस्तावेज हैं। इन्हीं सबमें भोजपुरिया संस्कृति सिमटी हुई है। लोक-कथाओं में राजा-रानी, विभिन्न तरह के जानवर, चिड़िया, पेड़-पौधे, भूत-प्रेत, हाथी-घोड़ा, साँप-गोजर, बाघ, हिरन, प्रेत और परियाँ हैं तो लकड़हारा, कुबड़ा, भरबितना, लकठुआ जैसे साधारण पात्र भी हैं। कथाओं में कहीं एक राजा की कई-कई रानियाँ हैं तो कहीं बाँझ स्त्री की पीड़ा है। बाल-बच्चेदार स्त्रियों की संघर्ष कथाएँ भी हैं, उनमें पारिवारिक साजिश भी है। किसी कथा में पारिवारिक स्त्री की ईर्ष्या; किसी स्त्री के बच्चा होने पर उसके बच्चे को कहीं फेंकवाकर उसके पति को ईंट-पत्थर के टुकड़े दिखलाकर यह कह देना कि यही हुआ है। फेंका हुआ लड़का कहीं चंपा का फूल बन जाता है तो कोई दु:ख से भरी स्त्री नाक-कान कटवाकर कौआहकनी हो जाती है। ऐसे ही किसी कथा में कोई लावारिस भरबितना और लकठुआ राजा की सारी शर्तों को अपनी बुद्धि और निडरता से पूरा करके केवल राजा के राजपाट का ही अधिकारी नहीं बनता है, बल्कि उनकी बेटी से शादी रचाने में भी सफल होता है। ये कथाएँ उस समय के सामाजिक संदर्भों को प्रतीक अर्थ देती हैं। राजतंत्र और सामंती व्यवस्था की ऐसी कहानियों में भोजपुरिया के संघर्ष और जिजीविषा का प्रमाण मिलता है।

भोजपुरिया लोकगीतों में मौसम विविध रूपों में विराजमान है। उनसे संबंधित गीत भरे हुए हैं। पर्व-त्योहार के उल्लासों के भी गीत हैं। जन्म से मृत्यु तक सारे संस्कारों को अभिव्यंजित करनेवाले प्रभावशाली लोकगीतों से भोजपुरिया संस्कृति है। श्रम, संघर्ष और फसलों के भी गीत हैं। विभिन्न भावों के उतार-चढ़ाव के मार्मिक लोकगीत भी कम नहीं हैं। इन लोकगीतों में खुशी और गम भरे हुए हैं। पारिवारिक संबंधों के कटु-मधु भावों को अभिव्यंजित करनेवाले कई लोकगीतों में सास-ननद, बहू, नायक, नायिका के दैनिक संदर्भ भरे हुए हैं, जिसमें प्यार, उलाहना, रूठना और मनाना है। रोपनी और निरौनी के गीतों में करुणा भरी हुई है। बेटी के विदाई गीत तो हृदय विदारक हैं ही। श्रमगीतों में

धोबी के द्वारा कपड़ा फींचते हुए 'हिच्छो-हिच्छो' और 'छियोराम', पालकी ढोते कहारों तथा चप्पू चलाते मल्लाहों के द्वारा 'हैया हो हैया' ध्वनित करना श्रम की पीड़ा को दूर करने का मनोविज्ञान रहा है। फसल कट जाने के बाद चौपाल जमाकर किसानों के द्वारा फुरसत के समय व्यावसायिक गायकों से रात-रातभर लोकगाथाओं के अंतर्गत आल्हा, लोरिकाइन, विजमंगल, बाबू कुँवर सिंह, सोरठी बृजभार, बिहुला, रानी सारंगा सदावृक्ष, राजा भरथरी, राजा गोपीचंद के अलावा अवसर विशेष पर पँवरिया नाच का आयोजन भी भोजपुरिया संस्कृति का ठाट रहा है और आज भी है। 'लौंडा नाच' तो भोजपुरिया के बीच आज भी प्रचलित है और उसके हर गाँव में विभिन्न अवसरों पर लौंडा नाच दिख जाना आम बात है।

भले ही संपन्नता बढ़ जाने के कारण गाँवों में भी बड़े-बड़े मकान बन गए हैं, पर अवसर विशेष पर आज भी गाँवों की झोंपड़ियों, भीत की दीवारों और पक्के भवनों पर भी रंग-बिरंगी आकृतियाँ बनाई जाती हैं। इन आकृतियों में प्रतीकित रूप में देवी-देवताओं के साथ ही विभिन्न पशु-पक्षियों, वनस्पतियों के चित्र होते हैं। गरीब और गाँव के समाज को प्राकृतिक और भौगोलिक रूप से जो भी संसाधन उपलब्ध रहते हैं, उन्हीं का विभिन्न अवसरों पर बहुरंगी उपभोग करके भोजपुरिया समाज अपने मनोभावों का इजहार करता रहा है। आज भी समाज में दुलहन का शृंगार प्राकृतिक संसाधनों से करने का प्रचलन है। सरसों का उबटन पूरे शरीर और चेहरे में लगाकर रंगों को निखारने का तरीका यह समाज जानता है।

भोजपुरिया लोककथाओं में इस समाज की सभ्यता, संस्कृति और विकासयात्रा देखी जा सकती है। अनेक लोककथाओं के अंत में आज भी यह कहने का प्रचलन बचा हुआ है कि 'कथा गइल बन में, सोचऽ अपना मन में।' लोककथाओं में तुकबंदियों के होने से उसकी रोचकता बढ़ जाती है। कई कथाओं में लोकगीतों की पंक्तियों को बार-बार दुहराए जाने के कारण सुननेवाले को आसानी से कथा प्रसंग याद हो जाते हैं। लोककथा कहने की इस समाज में अपनी शैली है। ज्यादा कथाओं का अंत सुखद है, जो लोक-मंगल से पूरित हैं। किसी के भी प्रति दुर्भावना ऐसी कथाओं में नहीं है। लोककथाओं में सामाजिक, सांस्कृतिक, आध्यात्मिक, दार्शनिक, आर्थिक, मनोवैज्ञानिक तथा नैतिक मूल्यों को बारीकी से निरूपित किया गया है, जिसमें 'सर्वे भवन्तु सुखिन:' का उदात्त भाव भरा हुआ रहता है। भोजपुरी लोक-साहित्य में लोक-जीवन की सामूहिक दिनचर्या अंकित रहती है। इसी से लोक-साहित्य को समुदाय के सारे कार्य-व्यापारों का साक्षी माना जाता है। लोक-जीवन की वाणी इस साहित्य में मुखरित हुई है। कई लोकगीतों में तो दहेज की समस्या की भी अभिव्यक्ति है, जिसमें आदमी तो आदमी देवी-देवता भी इस अभिशाप से नहीं बचे हैं। इसी आशय के एक गीत देखने योग्य है—"गइया के गोबरा महादेव, अँगना लिपाऊ/गज मोती ओही महादेव, चउका पुराऊ/चउका हि बइठल महादेव, गइलें अलसाई/खुदुकन मारी गउरा देई, शिव के दिहली जगाई/खुद का के मरले महादेव, गइलें रिसिआई/बहियाँ लफाई गउरा देई, शिव के लिहलि मनाई/बिअहे कि बेरियाँ महादेव कुछऊ ना पइबा/गवने कि बेरिया महादेव, सबकुछ पइबा/खाये के थारी महादेव, अँचवे के झारी/सोवे के लाली पलँगिया, ओढ़े के रजाई/बरहो बरध महादेव, अउरी धेनु गाई।"

इस तरह के अनेक गीत हैं, जिसमें देवी-देवताओं के साथ आत्मिक संबंध स्थापित करके अंतरंग ढंग से बातें कही गई हैं। उन बातों में सामाजिक समस्याएँ, परंपराएँ तथा संघर्षशीलता और निजी भाव उभरकर आए हैं। व्रत और त्योहार भोजपुरी संस्कृति की आधारशिला हैं। इसमें परंपराओं का इतिहास और संस्कृति की विकास-गाथा सन्निहित रहती है। व्रतों और त्योहारों में आज भी संस्कृति जीवित है। इससे आत्मशुद्धि होती है। कहीं पुत्र की मंगलकामना के लिए, कहीं अचल सुहाग के लिए, कहीं भाई के कल्याण के लिए और कहीं अच्छे वर की प्राप्ति के लिए व्रत किए जाते हैं। इनका धार्मिक-आध्यात्मिक महत्त्व तो है ही, ये स्वास्थ्य के दृष्टिकोण से भी महत्त्वपूर्ण हैं। तिरहुत और मिथिलांचल का महालोकपर्व 'छठ' भोजपुरिया समाज में भी खूब प्रचलित है। इसके प्रति गहरी आस्था है। बहुत ही विधि-विधान और कठोर नियमों के साथ इस पर्व का आयोजन होता है। छठ के गीतों में भारतीय स्त्री की पारिवारिकता और सामाजिकता व्यापक रूप से निहित है। एक गीत में तप और व्रत के कारण एक स्त्री को सुंदर पुत्र की प्राप्ति हुई है; जिसका बड़ा ही सुंदर उल्लेख है, "सासू मोर मारेली

ये छठी मइया/ननद गरियाबे,/आपन पुरुखबा ये छठी मइया/बझिनिया कही निकालेस/मतऽ तुहीं रोवऽ य बाझिन/मतऽ तुहीं गरियावऽ।'' पुत्र के लिए माता जिउतिया व्रत करती हैं तो पति के लिए पत्नी करवाचौथ। भोजपुरिया समाज बड़ा ही उत्सवधर्मी होता है। वह मौका निकालता रहता है उत्सव मनाने का। अपने सारे दु:खों और संघर्षों को भूलकर सामूहिकता के साथ राग-रंग में डूबना इस समाज को बखूबी आता है। अनेक मिथक और यथार्थ से भरी भोजपुरी संस्कृति लोक-विश्वास से ओतप्रोत है। यहाँ के सामान्य जनता का जीवन लोक-विश्वासों पर ही ज्यादा आश्रित होता है। इसी के द्वारा इनके अनेक क्रिया-कलाप संचालित होते हैं। शुभ-अशुभ का विचार यह समाज खूब करता है। अनेक लोक-कहावतों और लोक-मुहावरों से अपनी दिनचर्या को सुनियोजित करनेवाला भोजपुरिया समाज किसी स्थान के लिए यात्रा करना, किसी नवीन कार्य का श्रीगणेश करना तथा किसी शुभ कार्य का संपादन करना खूब सोच-विचार और पत्रा तथा मुहूर्त के हिसाब से करता है। शकुन और अपशकुन को माननेवाला यह समाज अपनी सफलता-असफलता का श्रेय मुहूर्त और दिन विशेष को देता है। लोक-विश्वासों में आज भी तीन बेटी के बाद बेटा होना और तीन बेटे के बाद बेटी होना किस तरह का फलदायी होता है, यह देखने योग्य है, 'तेतर बेटी राज बसावे,/तेतर बेटा भीख मँगावे।'

भोजपुरिया संस्कृति अपनी उत्सवधर्मिता के कारण आज व्यापकता में पहचानी जाती है। इसके संरक्षण और निर्वाह में कृषक-मजदूर एवं स्त्रियों का महत्त्वपूर्ण योगदान है। इसकी सारी परंपराएँ आज अगर अपने मूल रूप में कहीं बची हुई हैं तो इसका श्रेय इन्हें ही जाता है। गाँव में जमनेवाली चौपालें, फसलों की बुआई, रोपाई और कटनी के साथ ही साथ अनाज की कुटाई-पिसाई के मौके पर भी इस समाज के कंठों में गीत उतराते रहते हैं। इसकी मधुर धुनें वातावरण में आज भी भोजपुरी गाँवों में तैरती हुई सुनाई पड़ती हैं। होली का उल्लास और धमाल तो भोजपुरी में जोर-शोर से मचाया जाता है। एक महीने से अधिक तक होली गीतों के सामूहिक गायन के साथ होली के दिन यह अपने उत्कर्ष पर पहुँचकर चैती में तब्दील हो जाता है। चैती की धरोहर को भोजपुरिया ने बड़े ही अंदाज और प्यार से सहेज रखा है। चैती दुनिया का सबसे बड़ा समूह गान है, जिसमें सैकड़ों लोग एक साथ गाते हैं। इसकी खासियत यह है कि इसमें कोई संगीत निर्देशक नहीं होता है और न ही कोई विशेष बतानेवाला विशेषज्ञ ही। लेकिन मजाल कि झाल की एक ताल भी गलत पड़ जाए। सब बिना बताए ही अपनी-अपनी भूमिका तय कर लेते हैं। एक तरह से होली की विदाई चैती गाकर ही होती है। होली के उतार के साथ ही चैती का चढ़ाव शुरू हो जाता है। एक प्रकार से यह भी एक फसल गीत ही है। इस महीने में रबी की फसलें किसानों के घर में आती हैं। फसलों के आने की खुशी किसान के होंठों पर चैती की धुन में चहकने लगती है। भारतीय कलेंडर में चैत्र साल का प्रथम माह होता है। इसमें मूल रूप से शृंगार, विरह और भक्ति भाव से भरे गीतों की प्रधानता रहती है तथा इसे एकल व सामूहिक रूप में गाया जाता है। प्रकृति और हँसी-ठिठोली के भाव भी इसमें होते हैं। इसकी शुरुआत मंगलाचरण से होती है। मंगलाचरण में जिन्हें सुमिरा जाता है, वह देखने योग्य है। ''सुमिरला ठइयां, सुमिरी माता भुइंया हो रामा, एही ठइयां/आज चइत हम गायब हो रामा, एही ठइयां।'' चैती गायन में लौंडा नाच भी आयोजित होता है। लौंडा की कमर लचक के साथ ही साथ इसे गानेवालों में भी एक तीव्र लय और ऊर्जा का प्रवाह होता है, जिसे वे भी पूरी मस्ती में झूमते-नाचते हुए गाते हैं।

भोजपुरी में कवियों की एक बड़ी शृंखला है। समाज-सुधारक और विद्रोही कवि कबीर के साथ ही पूर्वी के गीतकवि महेंद्र मिश्र भी इस क्षेत्र में आज भी बहुत लोकप्रिय हैं। लोकनर्तक और गायक भिखारी ठाकुर इस संस्कृति की विशिष्ट पहचान हैं। बाबू कुँवर सिंह का शौर्य कौन नहीं जानता! हम राष्ट्रगान और राष्ट्रगीत के अंतर्गत रवींद्रनाथ ठाकुर और बंकिम चंद्र को तो जानते ही हैं, लेकिन भारत की महिमा का बखान जिस तरह से रघुवीर नारायण ने अपने इस गीत में किया है, वह व्यापक और अनुपम है, 'सुंदर सुभूमि भइया भारत के देसवा से/मोर प्राण बसे हिमखोह रे बटोहिया।' इस गीत में भारत का भौगोलिक क्षेत्र, यहाँ की प्रकृति, यहाँ की परंपरा और भारतीय संस्कृति व्यापकता के साथ उभरकर आई है। यह गीत केवल भोपजुरिया कंठों में ही नहीं, बल्कि भारत और भारतप्रेमी विदेशियों के भी कंठों में सहज स्वाभाविक रूप से बसा हुआ है। और इसे गुनगुनाते हुए अपनी भारतीय संस्कृति पर गौरवान्वित होते रहते हैं। भोजपुरिया लोक-संस्कृति की अपनी अलग और विशिष्ट पहचान है। न केवल हिंदी जाननेवाले, बल्कि इसके भाषायी आकर्षण और लय-बोध के कारण अहिंदी भाषा-भाषी भी इसमें खूब रस लेते हैं। संस्कृति-प्रेमी विदेशियों के लिए भी भोजपुरिया लोक-संस्कृति में बहुत सारे आकर्षण समाविष्ट हैं। लय और उसकी प्रस्तुति तथा ध्वन्यात्मकता से अर्थ की संगति इस भाषा को भली-भाँति नहीं जाननेवाले भी बैठा लेते हैं।

□□

20 मैथिली लोक-संस्कृति : एक परिचय

—उषा किरण खान

मिथिला की संस्कृति अति प्राचीन है। वेदकालीन कथानुसार विदेघ माधव हाथों में अग्नि लिये जिस दलदली जंगल को जलाते, भूमि सुखाते आगे बढ़े, उसे 'तीरभुक्ति' नाम दिया गया, जो कालांतर में 'तिरहुत' कहलाया। नदियों से सिंचित 'मिथिला' नाम कालांतर में पड़ा, जिसका स्रोत राजा मिथि से जुड़ा है। वेदकालीन आबादी यहाँ रच-बस गई। वे सदा अपने शिक्षण-प्रशिक्षण में लीन रहते। नदियों का उद्गम क्षेत्र पहाड़ी भूमि भी मिथिला का अंग रही, जो आज नेपाल का एक बड़ा भाग है। राजाओं के बाहुबल से भूगोल बदलता रहता है, पर इतिहास स्थायी होता है और संस्कृतियाँ आदान-प्रदान से समृद्ध अवश्य होती हैं, बदलती नहीं हैं। यहाँ का विशेष कर्म कृषि और गोपालन रहा; खेत, जंगल, चरागाह, जल भरी नदियाँ यहाँ के संपूर्ण समाज को ऊर्वर बनाए रहीं। मिथिला की एक लोकोक्ति है—

मोन उद्गार तऽ गाबू गीत,
घर में खरची तऽ सूतू निश्चिंत।

अर्थात् मन प्रसन्न है तो गीत गाएँ। घर में खर्च करने को अन्न प्रचुर है तो चैन से सोइए।

सीधी सी बात यह है कि जब आपके पास धन-धान्य भरा-पूरा है तो आप बहुत कुछ कर सकते हैं। ईश पिता के ध्यान में लीन रह सकते हैं, कला-कौशल का विकास कर सकते हैं। ज्ञान के नए-नए द्वार पर दस्तक दे सकते हैं। सो मिथिला के साथ वैसा ही हुआ। यहाँ के राजा प्रजा-वत्सल रहे, विद्वानों का आदर करते रहे। अतः दूसरे स्थान से आकर भी विद्वान् इस क्षेत्र में बसने लगे। मिथिला भाषा और ज्ञान का केंद्र बन गई। यहाँ पुरुषों की तरह स्त्रियाँ भी आश्रम में रहा करती थीं। अपनी रुचि के अनुसार कुछ उच्च शिक्षिता हुईं, जिन्हें 'ब्रह्मवादिनी' कहा जाने लगा। मैत्रेयी और गार्गी उसी प्रकार की ब्रह्मवादिनियाँ थीं, जिनका नाम याज्ञवल्क्य, गौतम और कणाद के साथ लिया जाता है। छठी शताब्दी तक अक्षर लिखे जाने लगे। परंतु उससे पहले कला-कौशल का विकास होने लगा। यह सब तो इतिहास-कथा हुई, पर आधुनिक काल की मिथिला भी किसी से कम नहीं। मिथिला की मधुर भाषा मैथिली को सुनकर १२वीं सदी में अमीर खुसरो ने चंद शेर पढ़े थे। उसे उन्होंने पूरबी हिंदवी कहा, जो वस्तुतः मैथिली ही है। उसी समय ज्योतिरीश्वर ठाकुर 'धूर्त्त समागम' नामक नाटक लिख रहे थे। बाद में १४वीं सदी में कविकोकिल विद्यापति का आविर्भाव हुआ। ज्ञान और शिक्षा के क्षेत्र को भी संस्कृति का अंग माना जाता है। धर्म तथा दर्शन के साथ संस्कृति जुड़ी है। मिथिला पूर्ण रूप से अपने ज्ञान का विकास कर गुरु बनने की प्रक्रिया में रही, परंतु सीधी लड़ाई की परंपरा का विकास न कर सकी। आयुध से सीधा नाता न रहा। २५०० वर्ष पहले बौद्ध और जैन धर्म का उदय हुआ। यह तिरहुत क्षेत्र में ही हुआ, परंतु मिथिला की वैदिक तथा पौराणिक धार्मिक परंपरा भंग नहीं हुई, आगे चलकर राजधर्म बनने के बाद बरजोरी करने पर भी मिथिला में बौद्ध धर्म का प्रवेश नहीं हुआ। परंतु वज्रयान आदि के प्रचार-प्रसार से आश्रमों से बालिकाओं को हटा लेना पड़ा। वह स्त्री शिक्षा के लिए अंधकार युग का प्रारंभ था।

स्त्रियाँ जो संस्कारित थीं, वे अपने आपको अभिव्यक्त करने का साधन स्वयं जुटाने निकलीं। नीतिशास्त्र के रचयिता मनु का विरोध भी गीतों के माध्यम से व्यक्त हुआ। रजस्वला होने से पहले बेटी

को गोद में बैठाकर कन्यादान कर देने का मार्मिक विरोध लोकगीतों में किया गया। आज भी वैसे गीत गाए जाते हैं। घर में बैठी स्त्रियों ने अपनी पूरी शिक्षा का निचोड़ भित्तिचित्रों में उकेर दिया। सभी प्रकार के पत्तों, फूलों, डंठलों से रंग का निर्माण कर पूरी की पूरी कथा-कहानी दीवारों पर बना देने की कला विकसित कर ली गई। मिथिला की कला, जिसे हम आज विश्वप्रसिद्ध 'मधुबनी कला' के नाम से जानते हैं, वह गाढ़े वक्त में असूर्यंपश्याओं के द्वारा किए गए कार्य हैं। यह सब अकसर उच्च जातिवर्ग की स्त्रियाँ करती थीं, परंतु कामगार वर्ग की स्त्रियाँ भी अपने अनुसार भित्तिचित्र लिखतीं। सभी भित्तिचित्रों में जीवन से जुड़े पशु-पक्षी, वृक्ष-उद्भिज थे। जलाप्लावन का क्षेत्र होने के कारण मिथिला-चित्रकला में जलजीवों की भरमार रहती है। आज वह भित्तिचिंत्र कागज, कपड़ों, चमड़ों इत्यादि में उतरकर व्यापक हो चला है।

स्थानीय घास कतरा की कोमल सींक का उपयोग रंग-बिरंगी डलिया तथा पात्र बनाने में होता है। मैं मिथिला के कला और कौशल की ललक बाहरवालों में देखती हूँ तो बेहद हैरत होती है, क्योंकि अन्य स्थान पर कलाएँ कीमती हैं, पर यहाँ मात्र प्राकृतिक साधन से उत्पन्न वस्तुओं का उपयोग कर सुंदर वस्तुएँ बनाकर अपनी कला को अभिव्यक्त किया जाता है।

मिथिला एक धार्मिक भूभाग है। अभी भी अपनी समृद्ध क्लासिकल भाषा के साथ वैदिक तथा पौराणिक धर्म को मानता है। मिथिला के सभी जातिवर्ग के लोग देवाधिदेव महादेव के भक्त हैं। चप्पे-चप्पे पर शिव मंदिर हैं। कपिलेश्वर, सिंहेश्वर, कुशेश्वर, बिदेश्वर स्थान प्रशस्त हैं। दो-चार गाँव के बाद ही कोई-न-कोई छोटा सा जलढारी मंदिर है। देवन वन नामक शिवस्थान को मैंने अपनी आँखों से देखा था, जो कोसी की बाढ़ में विलीन हो गया। उसके परिसर में हजारों छोटे-बड़े शिवलिंग थे, जो विभिन्न गाँव-कस्बों के लोग क्रय करके ले जाते थे। यह तो प्रस्तर लिंग की बात हुई, मिथिला में कई अवसरों पर पार्थिव लिंग बनते हैं। दुर्गापूजा के अवसर पर पार्थिव लिंग बनाकर कार्तिक मास भर पूजन चलता रहता है। मिथिला आज भी अपनी प्राचीन परंपरा का पूर्णत: निर्वाह करता है।

प्राय: यहाँ के सभी जातिवर्ग अधिकांश पर्व त्योहार मनाते हैं। सूर्य का व्रत छठ प्रतिहार षष्ठी तो मुसलिम आबादी भी मनाती है। मुसलिमों के ताजिये निकलते हैं तो हिंदू उसपर शिरनी चढ़ाते हैं, झटनी खेलते हैं। इस प्रकार से आप मानेंगे कि मिथिला का आधुनिक समाज मिली-जुली संस्कृति का वाहक है। मिथिला का समाज संवेदनशील है। प्राय: उग्र लड़ाई-झगड़ा मिथिलावासियों के स्वभाव में नहीं है, यही कारण है कि मिथिला अनेक प्रकार की माँगों को जोरदार ढंग से नहीं उठा पाता।

एक समय में शिक्षा का केंद्र मिथिला था। जहाँ शुक और पिक संस्कृति में 'स्वत: प्रमाणम्, परत: प्रमाणम्' गाते रहे हैं। जहाँ स्वयं आदिशंकर आकर मंडन मिश्र से शास्त्रार्थ करते रहे; सातवें शंकराचार्य वाचस्पति मिश्र से टीका करने का आग्रह करने आए, जो एक अनुलेखन का केंद्र था, वहाँ आज कोई प्रकाशन व्यवस्था नहीं है। पर यही वह स्थान था, जहाँ स्त्रियाँ भोजपत्र, ताड़पत्र तैयार करतीं। बिहार प्रांत की सांस्कृतिक पहचान मिथिला है; परंतु मिथिला की संस्कृति अपनी रफ्तार से चलती जा रही है।

आधुनिक मिथिला में स्त्री शिक्षा का प्रचार-प्रसार उन्नीसवीं सदी के उत्तरार्ध से होने लगा। तो राजाधिराजों से पोषित मिथिला आधुनिक शिक्षा की ओर उन्मुख हुई। महाराजाओं ने स्वयं आधुनिक शिक्षा ली और समय की नब्ज को पहचानकर समाज को नई संस्कृति की ओर उन्मुख किया, पर प्राचीन पद्धति को छोड़ा नहीं। राजनीतिक नायकों ने यहाँ का सबकुछ दोहन किया, दिया कुछ नहीं। यहाँ एक भी मिल-फैक्टरी नहीं है। अत: जीवित है मात्र संवेदना, वही संवेदना जिंदा रखती है संस्कृति को।

मिथिला की संस्कृति लचीली तो है, पर प्राचीनता की टेक नहीं छोड़ती। हठी तो है, आत्मघाती नहीं है। इसमें सिया सुकुमारी की संवेदना घुली है, उनकी इयत्ता को स्वीकार कर झूमकर गाता है—
'अपना किशोरीजी के टहल बजैवै, हम मिथिले में रहबै।'

□□

21 झारखंड की लोक-संस्कृति

—ऋता शुक्ल

कबीर का एक सुंदर पद है—

कबसे छोड़ी मथुरा नगरी, कबसे छोड़ी कासी।
झारखंड में आय बिराजे, वृंदावन के वासी।

अति प्राचीन नाम है झारखंड। सोलहवीं शताब्दी से ही यह नाम अस्तित्व में आ चुका था। जायसी के 'पद्मावत' में भी इसका विवरण मिलता है।

दखिन दाहिने रहे तिलंगा
उत्तर माँझ होय करह कटंगा
माँझ रतनपुर सोह दुआरा
झारखंड ये बांय पहारा।

क्रांतिभूमि—उलगुलान की भूमि है झारखंड। सन् १७८४ में संथाल परगना से तिलका माँझी के नेतृत्व में अंग्रेजों के विरुद्ध विद्रोह की ज्वाला धधकी। ब्रिटिश सत्ता और सामंती प्रथा को समूल नष्ट करने का प्रण लेनेवाले इस वीर योद्धा ने गाँव-गाँव में सखुवा का पत्ता घुमाकर विद्रोह का संदेश भेजा। अंग्रेजों ने क्रूरतापूर्वक उन्हें फाँसी दे दी, लेकिन उनका बलिदान व्यर्थ नहीं गया। ठाकुर भोलानाथ सिंह की क्रांति, रूगदेव, कोंता मुंडा, बुधो भगत, सिदो, कान्हू, राजा मेदिनी राय, ठाकुर विश्वनाथ शाहदेव, शेख भिखारी, गणपत राय, उमराँव सिंह जैसे क्रांति-पुरुषों की शहादत व्यर्थ नहीं गई।

बिरसा मुंडा ने सीना तानकर अंग्रेजों के अत्याचारों का विरोध किया। उन्होंने एक स्वतंत्र मुंडा राज की माँग की। अंग्रेजों के षड्यंत्र का शिकार होकर सन् १९०० में वे शहीद हुए। तत्पश्चात् सन् १९४० तक आते-आते पृथक् झारखंड की माँग प्रबलतर होती गई। 'झार' शब्द इस प्रक्षेत्र के सांस्कृतिक तथा पुरातात्त्विक वैशिष्ट्य का सूचक है।

सन् १८३१ में कोल विद्रोह, १८३२ में खेखार विद्रोह, १८४६ में खोंड विद्रोह, १८५५ में राजमहल विद्रोह, १८७४ में खेलवाल विद्रोह और १८९५ में खूँट खट्टी के विरोध में बिरसा मुंडा का उलगुलान। १९१४ में जतरा भगत के नेतृत्व में टाना भगत आंदोलन सामने आया।

१५ नवंबर, २००० का ऐतिहासिक दिन। भगवान् बिरसा मुंडा की शहादत के १०० साल बाद देश के अट्ठाईसवें राज्य के रूप में झारखंड का अस्तित्व सामने आया। संघर्ष का नैरंतर्य जानना हो तो थोड़ा सा पीछे जाकर देखना होगा। इतिहास की कोख में पृथक् झारखंड आंदोलन की जीवंत स्मृतियाँ सुरक्षित हैं। १९२९ में झारखंड निर्माण के लिए साइमन कमीशन को अरजी दी गई थी।

राजनैतिक स्थिति

सन् १९३६ में उड़ीसा भिन्न प्रांत बना। उस समय छोटा नागपुर का कुछ भाग इस नए प्रांत को दे दिया गया। मध्य प्रदेश के निर्माण के समय भी यही किया गया। १९३७ में छोटा नागपुर आदिवासी महासभा का प्रथम अधिवेशन खूँटी में संपन्न हुआ। २७ दिसंबर, १९४७ में ऑल इंडिया झारखंड दल का निर्माण हुआ। १९५२ की स्टेट असेंबली के चुनाव में झारखंड दल को ३७ सीटें मिलीं और जयपाल सिंह ने झारखंड राज्य के मानचित्र का अग्रसारण किया। राज्य पुनर्निर्माण समिति के द्वारा इस प्रस्ताव को खारिज कर दिया गया। पुनः १९५७ में झारखंड दल को बिहार विधानसभा चुनाव में ३२ सीटों पर विजय मिली। १९६३ में जयपाल सिंह के अथक प्रयत्न के पश्चात् झारखंड दल को कांग्रेस का

साथ मिला। किंतु १९६७ चुनाव में झारखंड दल को एक भी सीट नहीं मिली। १९६९ के मध्यावधि चुनाव के दौरान हूल झारखंड दल ने सात सीटें जीतीं। इसी वर्ष सोनाटा संथाल विद्रोह का अस्तित्व सामने आया। १९७८ की इक्कीस मई को अखिल भारतीय झारखंड दल ने राँची में

महा सम्मेलन का आयोजन किया। १९९३ के ७३वें एवं ७४वें संविधान संशोधन में जनजातीय अधिकारों को विलोपित कर दिया गया, तब भी यह आंदोलन थमा नहीं।

सामाजिक स्थिति

परिणामस्वरूप झारखंड एक स्वाधीन राज्य के रूप में प्रतिफलित हुआ। इस ऐतिहासिक तथा राजनीतिक परिदृश्य से अलग हटकर देखा जाए तो सभ्यता और संस्कृति की दृष्टि से देश के श्रेष्ठतम क्षेत्रों में से एक माना जानेवाला यह प्रदेश पूरे भारतवर्ष की आदिम जीवन-शैली का दर्पण कहा जा सकता है। पहाड़ी झरनों सी उन्मुक्त हँसी, असुविधाओं के कंटक वन में फूल की तरह खिलती जिंदगी; ऊँचे, साँवले पहाड़ों की सुरम्य गोद में बसनेवाले कठोर दैहिक श्रम करते श्यामल गात नर-नारी।

झूमते शाल वन, दहकते पलाश, खिलखिलाते नीम, महुवा। झाँझ, मृदंग, बाँसुरी, माँदर, नगाड़े की प्रतिध्वनि से गूँजते वन-प्रांत, अद्‌भुत जिजीविषा और अदम्य उत्साह के साथ जीवन जीता यहाँ का जन समुदाय।

पर्व-त्योहारों, नाना उत्सवों में प्रकृति के साथ अपनी सहभागिता सिद्ध करते झारखंड की एक देशज पहचान है। स्त्री-पुरुष की समान साझेदारी, श्रमसाध्यता, संपत्ति का सामूहिक नियंत्रण एवं वितरण, खान-पान, रहन-सहन, आचार-विचार सबकुछ स्वयं में मौलिक एवं विशिष्ट है। समग्र भारत की जनजातीय संस्कृति का बृहत्तम केंद्र झारखंड के निवासियों की पारंपरिक पहचान प्रकृति के साथ उनका आंतरिक अनुराग ही तो है।

यहाँ की राजधानी राँची कभी बिहार की ग्रीष्मकालीन राजधानी हुआ करती थी। सदाबहार मौसम, सुंदर जल-प्रपात, अलभ्य वन-संपदा, वन्य जीव-जंतुओं की एक से बढ़कर एक आश्रयणियाँ; कोयल, शंख, दामोदर, सुवर्ण रेखा, खरकई, अजय, मयूराक्षी जैसी नदियाँ और यहाँ की पारंपरिक नृत्य-संगीत शैली, जो निसर्ग की सहजता के साथ जुड़कर और भी विशिष्ट हो जाती हैं। भूमि पर लेटकर, माटी से कान लगाकर, उसके भीतर से फूटती मधुर संगीत-ध्वनि को सुनकर प्रमुदित होनेवाले यहाँ के ग्रामीण भाई-बहन तमाम आयातित वैचारिक प्रभावों के बावजूद आज भी निश्छल तथा राजनीतिक, व्यावसायिक दाँव-पेंच से पृथक् हैं।

२० अक्तूबर से २३ अक्तूबर, १९८९ तक राँची नगर में देश के विविध प्रदेशों की जनजातियों की पारंपरिक संस्कृति, नृत्य-संगीत आदि का सुंदर सम्मिलन देश जतरा के रूप में हुआ था। उस समय इन जनजातीयों के आवासीय नमूनों का प्रदर्शन हुआ था। आज भी वह उत्सव यहाँ के लोगों की स्मृतियों में बसा हुआ है।

जनजातीय स्थिति

आदिवासी जीवन शैली, आवासीय वैशिष्ट्य जो अब प्रायः विलुप्त हो रही है, यहाँ के स्थापत्य की विलक्षण पहचान रही है। शौरिया पहाड़ियाँ जनजाति के पारंपरिक आवासों की बानगी देखें—

पुआल से बने सुंदर छाजन, बाँस की खपच्चियों को बारीकी से गूँथकर बनाए गए किवाड़, मिट्टी का सुचिक्कन फर्श, मिट्टी का ही बना चबूतरा, पुआल से बनी इन छतों के नीचे कई बरसातें झेलनेवाले परिवारों की आँखों में पल रहा नैसर्गिक उल्लास।

झूम खेतिहर बिरहोर जाति के आवासों की छवि सबसे अलग देखने को मिली। पत्तों को मजबूती से गूँथकर बनाई गई स्तूपाकार झोंपड़ी माल महाड़िया जनजाति के घरों की पहचान है। पक्के बाँस के सहारे पुआल की इकहरी छत डालकर बनाई गई स्तूपाकार झोंपड़ी, जो आगे की ओर तनिक झुकी दिखाई पड़ती है। वन-वृक्षों की सूखी डालियाँ स्तंभों की तरह टिकाई जाती हैं।

असुर जनजाति के द्वारा बौद्धकालीन स्तूपों के आकार की मिट्टी से बनी लोहा पिघालनेवाली ऊँची भट्टियाँ आधुनिक धमन भट्टियों से होड़ लगाती देखी जा सकती हैं।

मिट्टी के प्राकृत रंगों से हाथी, गाय, मुरगा, मोर आदि पशु-पक्षीगण की उकेरी गई आकृतियों से सजा संथाल गृह, उराँव जाति का धुमकुरिया, हो जनजाति के घरों की सलीकेदार भीतरी साज-सज्जा देखने और सराहने योग्य है। शहरीकरण के प्रभाव में अब इन आवासीय शैलियों का स्थान कंकरीट के बने मकान लेते जा रहे हैं। जोम न ओवा (भोजन कक्ष), तंत्रा ओवा : सिंग बांजा (उपासना गृह), इसी प्रकार की प्रत्येक आवश्यकता को ध्यान में रखते हुए अलग-अलग कक्षों का परंपरागत प्रावधान यहाँ की उन्नत जीवन-शैली से हमारा परिचय कराती है।

लोकोत्सव-पर्व

निस्संदेह झारखंड के वैशिष्ट्य को राष्ट्रीय, अंतरराष्ट्रीय मंच पर स्थापित करनेवाले यहाँ के लेखकों, पत्रकारों, कलाकारों व बौद्धिकों का विशेष योगदान रहा है। पत्रकारिता के भीष्म पितामह पद्मश्री बलवीर दत्त को झारखंड का 'चलंत इनसाइक्लोपीडिया' कहा जा सकता है। नृत्य, गीत-संगीत के जादूगर पद्मश्री मुकुंद नायक के बिना झारखंड का कोई भी उत्सव सूना लगता है—

वीराने में बसते हैं जो,
वे सब रिश्तेदार हमारे।

पांडत वीरेंद्र मिश्र की यह गीत-पंक्ति चेतना में सहेजकर आगे बढ़ें तो धरती आबा बिरसा मुंडा की इस पवित्र भूमि के साथ अनुराग की प्रगाढ़ता बढ़ती चली जाती है। शृंगी नाद की चुनौती, शाल वनों का सौंदर्य, पलाश वन की दहकन, माँदर की थाप पर झूमती निसर्ग संततियों का सहज सुंदर नृत्य-कौशल। छोटा नागपुर, हो, संथाली, खड़िया, उराँव, मुंडा आदि जनजातियों की विशिष्ट नृत्य-शैली विश्वश्रुत छऊ नृत्य की विलक्षण बानगी, लाल पाढ़ की दोहरी बँधी साड़ी, लाल कुरती, रच-रचकर बाँधे गए ऊँचे जूड़े में सुशोभित रंग-बिरंगे वन, पुष्प-चाँदी के आभूषणों से सजी श्याम वर्ण बालाएँ; गंजी, धोती, लाल गमछा, कानों में खोंसे गए पुष्प, ढोल, माँदर, नगाड़े पर थाप देते, बाँसुरी की उठान पर लहराते पुरुष वृंद! इन पारंपरिक नृत्य-शैलियों का दुनिया में कोई जोड़ नहीं है।

झारखंड की हरी-भरी भूमि को खनिज-संपदा का अनमोल वरदान प्राप्त है। सुंदर पहाड़ियों, लुभावनी घाटियों से आच्छादित इस धरती की कोख में प्लैटिनम, एल्युमिनियम, हीरा, सोना, चाँदी, भ्रमक, मैगनीज, लोहा, ताँबा, पारा, ग्रेनाइट, कोयला, चूना पत्थर का अकूत भंडार सुरक्षित है।

सखुवा, शीशम, पलाश, अमलतास, सेमल, गम्हार, महुआ, खैर, पीपल, बरगद, नीम, ताड़, बाँस और अनगिनत किस्म की वनौषाधियाँ, जिन पर विविध शोधकार्य किए जा रहे हैं। यहाँ की नैसर्गिक देन हैं। झारखंड की जनजातीय संस्कृति में कुंठा अथवा अवसाद के लिए कोई स्थान नहीं है। माधे पर्व, बा पर्व, हेरी पर्व, जोम नमा पर्व, करम पूजा, बहा, गोम्हा, सोहराई, मागे, बुरू बोंगा, सरना, बूढ़ी करम पूजा जैसे उत्सवों की साल भर धूम रहती है। प्रकृति और पर्यावरण के संरक्षण से जुड़े ये सभी पर्व नैसर्गिक शक्तियों की आराधना के पर्व हैं।

लोकनृत्य-नाट्य

झारखंड प्रदेश की जुझारू जनजातियों का युद्ध-कौशल विस्मय-विमुग्ध करनेवाला है। जनी शिकार की परंपरा अंग्रेजों के अत्याचारों के विरुद्ध प्रतिरोध को रूपायित करनेवाली है। यहाँ के युद्ध-नृत्यों का क्या कहना! घोड़ों की काष्ठ-निर्मित आकृतियों में देह फँसाकर युद्धोपरांत के विजयोल्लास को मुखरित करते नर्तकों की तीव्र लय से पूरा परिवेश निनादित हो उठता है। तूर्य बजाते योद्धाओं के रक्ताक्त चेहरों पर जख्मों के निशान, माँदर और नगाड़े की थाप पर तीव्र गति से किया जानेवाला नृत्य पुरखों की युद्ध विधा के प्रतीक के रूप में आता है। यहाँ के छऊ नर्तकों की उत्ताल गति अद्भुत है। रंग-बिरंगे चित्ताकर्षक मुखौटे, पौराणिक कथाओं का नृत्य के माध्यम से संयोजन करते हैं। महिषासुर-मर्दन, रावण वध, शिवतांडव जैसे प्रसंगों की विलक्षण प्रस्तुति देनेवाला छऊ नृत्य दल पूरे विश्व के आकर्षण का केंद्र बने हुए हैं।

□□

22 राजस्थानी लोक-संस्कृति

—यशवंत कोठारी

रंगीले राजस्थान के कई रंग हैं। कहीं रेगिस्तानी बालू पसरी हुई है तो कहीं अरावली की पर्वत-शृंखलाएँ अपना सिर ऊँचा करके खड़ी हुई हैं। इस प्रदेश में शौर्य और बलिदान ही नहीं, साहित्य और कला की भी अजस्र धारा बहती है। चित्रकलाओं ने भी मानव की चिंतन शैली को विकसित व प्रभावित किया है। संस्कृति व लोक-संस्कृति के लिहाज से राजस्थान समृद्ध प्रदेश है। राजस्थान में साहित्य, संस्कृति, कला की त्रिवेणी बहती है, जीवन कठिन होने के कारण इन कलाओं ने मानव को जिंदगी से लड़ने का हौसला दिया है। यहीं पर महाराणा प्रताप हुए। संत कवयित्री मीरा, कलाप्रेमी कुंभा, चतरसिंहजी बावजी, भरथरी, बिहारी और अन्य सैकड़ों नाम हैं। पद्मश्री कोमल कोठारी, विजय दान देथा, देवीलाल सामर आदि ने राजस्थानी संस्कृति को सहेजने व एकत्र करने में बड़ा योगदान दिया। बोरूंदा के रूपायन संस्थान व उदयपुर के भारतीय लोककला मंडल में काफी काम किया गया। देवेंद्र सत्यार्थी ने जो काम उत्तर प्रदेश, बिहार व अन्य जगहों पर किया, वही काम विजय दान देथा ने किया; 'वाता री फुलवारी' में हजारों कथाएँ संकलित हैं।

भौगोलिक कारणों से संस्कृति पर प्रभाव पड़ा है। प्राचीन प्रस्तर युग से चलकर सभ्यता-संस्कृति आज के दौर में पहुँची है। आयड नदी की सभ्यता भी बहुत प्राचीन है। गणगौर, तीज, होली, दशहरा, दीवाली, मेले-ठेले, कुश्ती दंगल, शौर्य-पराक्रम सब इसी धरती पर हैं। यहाँ की रंग-बिरंगी पोशाकें आज भी धूम मचा रही हैं। आभूषण, केश-विन्यास, भोजन, भजन सब अनोखा है। अलग-अलग धर्म, जाति के लोग सभी की संस्कृति को अपनाते हैं।

साहित्य में संस्कृत, प्राकृत, राजस्थानी, बागड़ी, मेवाड़ी, ब्रज, हाड़ौती, ढूढ़ाडी सभी भाषाओं में विपुल साहित्य है।

यहाँ की स्थापत्य कला, मूर्तिकला, नारी अंकन, मंदिर कला, चित्रकला, कठपुतली कला, मांडना कला, लोक-संस्कृति बहुत अनोखी व समृद्ध है। यहाँ के किले मंदिर विश्वप्रसिद्ध हैं। लोकनाट्यों की एक लंबी परंपरा है। रम्मत, ख्याल, गवरी, गैर, गरबा, लोकवाद्य, लोककथा, लोकगीत आदि की भी विशाल परंपरा है। लोकनाट्यों में ऐतिहासिक, शृंगारिक, धार्मिक नाटकों के मंचन होते थे। ढोल-मारू का नाटक बहुत प्रसिद्ध था। रामलीला, कृष्णलीला भी बहुत होती थी। आइए, इस परंपरा का एक नजारा लें—

राजस्थान में लोकचित्रकला

राजस्थान में चित्रकला का प्रारंभ लगभग चार शताब्दी पहले हुआ। मुगलकाल में चित्रकला उन्नत हुई, लेकिन औरंगजेब ने कलाकारों से राज्याश्रय छीन लिया और कलाकार इधर-उधर भागने लगे। ऐसी स्थिति में राजपूतानों के रजवाड़ों और रावरों में इन कलाकारों को प्रश्रय मिला और चित्रकला राजस्थान में परवान चढ़ने लगी। राजस्थान में चित्रकला के प्रारंभिक काल में जैन शैली बहुत लोकप्रिय थी। गुजरात में भी उन दिनों जैन शैली का प्रभाव था, गुजरात से लगे होने के कारण मेवाड़ में जिस चित्रकला का विकास हुआ, वह जैन शैली से पूर्णतः प्रभावित थी।

अलग-अलग भौगोलिक परिस्थितियों, विभिन्न परिवेशों के कारण जैन और मुगल शैली योग से राजस्थान में बिल्कुल अलग किस्म की चित्रकला विकसित हुई। ये चित्र-शैलियाँ जैन और मुगल शैली से प्रभावित होते हुए भी बिल्कुल अलग और अनूठी थीं। वास्तव में राजस्थान के चित्रकारों ने एक ऐसी चित्रधारा बहा दी कि विश्व आश्चर्यचकित रह गया।

प्रसिद्ध इतिहासकार अबुल फजल के अनुसार राजस्थानी चित्रकला वस्तुओं के बारे में हमारे ज्ञान से बहुत आगे है। हिंदू धर्म के त्याग, तपस्या, संन्यास, कोमलता, शृंगार, पवित्रता, वियोग, शिकार, क्रोध, हास्य, आदि सभी का प्रतिनिधित्व इन चित्रों में हुआ है। राजस्थानी कलाकारों ने जीवन में धर्म और शृंगार दोनों को बराबर महत्त्व देते हुए चित्र बनाए। अजंता के चित्रों में जो आदर्श हैं, वे राजस्थानी चित्रशैलियों में भी हैं।

राजस्थान की अलग-अलग रियासतों में अलग-अलग कलाकारों ने पीढ़ी-दर-पीढ़ी चित्र बनाए और चित्रकला की नवीन शैलियाँ विकसित कीं। बराबर राज्याश्रय मिलने के कारण ये चित्रशैलियाँ प्रसिद्धि के शिखर तक पहुँचीं। अति महत्त्वपूर्ण शैलियों में निम्न चित्रशैलियाँ प्रमुख हैं—नाथद्वारा चित्रशैली, जैन चित्रशैली, मारवाड़ चित्रशैली, बूँदी चित्रशैली, जयपुर चित्रशैली, अलवर चित्रशैली, कोटा चित्रशैली, बीकानेर चित्रशैली, जैसलमेर चित्रशैली, मेवाड़ चित्रशैली, किशनगढ़ चित्रशैली आदि।

राजस्थान की जैन चित्रकला भी काफी अच्छी रही है, जैन उपासकों व साधुओं के सान्निध्य में इसका विकास हुआ। कपड़े पर बननेवाली फड़ चित्रकारी भी काफी प्रसिद्ध हुई, भीलवाड़ा के फड़ चित्रकार विश्वप्रसिद्ध हुए। श्रीनाथजी के कपड़े पर बने चित्र भी बहुत लोकप्रिय हैं, इसे पिछवाई कला कहते हैं। मोलेला की टेरा कोटा कला ने भी खूब नाम कमाया है। किशनगढ़ के बने ठनी चित्रों का महत्त्व भी बहुत है। मारवाड़ी चित्रकला, बूँदीकला भी बहुत प्रसिद्ध हैं।

कठपुतली कला

कठपुतलियों को देश और विदेश में लोकप्रियता और प्रसिद्धि दिलाने हेतु स्व. देवीलाल सामर ने बहुत काम किया। उदयपुर का भारतीय लोककला मंडल परंपरागत और नवीन कठपुतलियाँ तथा उनके समाजशास्त्रीय अध्ययन पर काफी काम कर रहा है। पुतलियाँ चाहे पुरातन हों अथवा नवीन, सैद्धांतिक दृष्टि से एक ही नियम में बँधी हैं और किन्हीं वास्तविक प्राणियों की नकल नहीं हो सकतीं। न्यूनतम अंग भंगिमाओं से अधिकतम भंगिमाओं का भ्रम उत्पन्न करना पारंपरिक एवं आधुनिक पुतलियों का परम धर्म है। पुतली सिद्धांत की दृष्टि से पुरातन पुतलियाँ जितनी आधुनिक हैं, उतनी आधुनिक पुतलियाँ नहीं। चित्रकला की तरह भारतीय पुतलियाँ अनुकृति मूलकता से हटकर आभासिक रही हैं। आंध्र, राजस्थान एवं उड़ीसा की पुतलियाँ इसी क्रम में आती हैं।

आधुनिक पुतलियाँ पारंपरिक पुतलियों का ही परिष्कृत रूप हैं। इन पुतलियों को पारंपरिक पुतली सिद्धांत से ही जोड़ा जा सकता है। पारंपरिक पुतलियाँ अपने नियमों से बँधी होने के कारण विकास नहीं पा सकीं। राजस्थान के पारंपरिक पुतलीकार अमरसिंह राठौर या राणा प्रताप के खेल से आगे नहीं बढ़ना चाहते। उड़ीसा के पुतलीकार गोपीकृष्ण के कथानक को नहीं छोड़ते। आंध्र के छाया कठपुतलीकार रामायण एवं महाभारत के ही खेल करते हैं। यही कारण है कि यह परंपरा अब मृतप्राय सी हो चुकी है। लेकिन पुतली कला के विषय अब प्रमुख रूप से शिक्षा, मनोरंजन, सामाजिक विसंगतियों आदि से संबंधित होते हैं। 'वसीला' नामक कठपुतली नाटक ने भारत व सोवियत समाज को नजदीक लाने में मदद की।

मूर्तिकला

सफेद और काले हलके पीले और गुलाबी, रंगीन और सादे, पारदर्शी या इंद्रधनुषी, अनगिनत रंगों में कलात्मक मूर्तियाँ पत्थरों की। जयपुर मूर्ति उद्योग विश्वविख्यात है। हजारों-लाखों की संख्या में ये मूर्तियाँ प्रतिवर्ष देश-विदेश के हजारों मंदिरों में प्रतिष्ठित होकर श्रद्धा से पूजी जाती हैं। इनकी अर्चना की जाती है। मन्नतें मानी जाती हैं।

मूर्ति बनाने के आरंभ से ही मनुष्य के मुख्यतः दो उद्देश्य रहे हैं। एक तो किसी स्मृति को या अतीत को जीवित बनाए रखना, दूसरे अमूर्त को मूर्त रूप देकर व्यक्त कर अपना भाव प्रकट करना। यदि पूरे संसार की काल प्रतिमाओं का विवेचन करें तो यही तथ्य दृष्टिगोचर होता है। प्रारंभ में मनुष्य ने जानवरों, वनस्पतियों और उन पर मानव की विजय का अंकन मूर्तियों पर किया, फिर देवी-देवताओं और प्राकृतिक कोप से बचने के लिए मूर्तियों का पूजन-अर्चन प्रारंभ हुआ। मूर्तिकला में ऐतिहासिक मूर्तियाँ एक सिरे पर हैं और धार्मिक तथा कलात्मक मूर्तियाँ दूसरे सिरे पर हैं। आध्यात्मिक भावना में, उपासना में, पूजा-अर्चना में जो सुख है, वह भौतिकवाद में नहीं है और भारतीय

मूर्तिकला ने अपना ध्यान इसी पारलौकिक सुख की ओर केंद्रित किया है। वास्तव में मूर्ति, चित्र, कविता संगीत का और सौंदर्य का एक ऐसा मिला-जुला रूप है कि बरबस वह मानव को आकर्षित कर उसके अवचेतन मस्तिष्क में देवता की या ईश्वर की एक छवि बना देती है। भारतीय मूर्तिकला ने भौतिक रूप का निर्देशन न करके तात्त्विक रूप निर्देशन किया है और इसी कारण यह सर्वत्र ग्राह्य है, पूज्य है।

भारत की प्राचीन मूर्तियाँ सिंध, मोहनजोदड़ो और हड़प्पा में मिली हैं। बाद में नंदकाल, मौर्यकाल, शुंगकाल, कुषाण-सातवाहन काल, मथुरा शैली, गुप्तकाल, उत्तर-मध्यकाल, खुजराहो, तंजौर, दक्षिण भारत तथा आधुनिक काल में भी भारतीय मूर्तिकला की परंपरा रही है। वास्तव में कलाकृति में कलाकार की अनुभूति की ही अभिव्यक्ति रहती है। और सृजन का सुख कलाकार को बराबर मिलता रहा है।

राजस्थान में कई प्रसिद्ध मंदिर हैं—श्रीनाथजी का मंदिर, गोविंद देवजी का मंदिर, सावंराजी का मंदिर, महावीरजी का जैन मंदिर, शिला देवी का मंदिर। इन मंदिरों की कला भी लुभावनी है। देलवाड़ा के जैन मंदिर, अजमेर की दरगाह, रनकपुर के मंदिर, कई गुरुद्वारे व चर्च भी दर्शनीय हैं, खूबसूरत हैं। मेवाड़ के चार धाम भी प्रसिद्ध हैं। श्रीनाथजी

व सावरियाजी का मंदिर सरकार के टेंपल बोर्ड से संचालित होता है। अन्य मंदिरों के ट्रस्ट हैं। अजमेर की दरगाह पर भी हर साल लाखों जायरीन आते हैं।

नाथद्वारा के कीर्तन और कीर्तनकार, मीनाकारी और चित्रकारी, साड़ियाँ या आभूषण, सभी कुछ अनोखे हैं और आज भी ब्रज के चौरासी कोस से बहुत दूर वहाँ द्वापर युग की संस्कृति जीवित है। शायद आपको वह कहानी अवश्य याद होगी, जिसमे भगवान् कृष्ण ने इंद्र की पूजा-अर्चना करने से गोकुलवासियों को मना कर दिया था, क्रोधित इंद्र ने गोपजनों और उनके सर्वस्व को तहस-नहस करने का निर्णय ले लिया। काले घनघोर बादलों से बारिश की झड़ी लग गई, गर्जन-तर्जन और बिजली की फुफकार से भागे-भागे गोकुलवासी परेशान हो गए। जलप्रलय का दृश्य उपस्थित हो गया था।

ऐसे समय में ग्वालबाल कृष्ण की शरण में आए। कृष्ण ने अपनी उँगली पर गिरिराज पर्वत को उठाकर संपूर्ण गोपजनों को इंद्र के क्रोध से बचाया। आधुनिक संदर्भों में भी यह घटना महत्त्वपूर्ण है, किसी बलशाली बाह्य शक्ति की पूजा-अर्चना करने के बजाय अपनी ही भूमि की पूजा-अर्चना उचित है, है न एक क्रांतिकारी दर्शन।

पिछवाई कला

श्रीनाथजी के चित्रों के अलावा जो सबसे महत्त्वपूर्ण है—वह है पिछवाई। वास्तव में श्रीनाथजी की प्रतिमा के पीछे दीवारों को सजाने के लिए कपड़े पर मंदिर के आकार के अनुसार चित्र बनाए जाते हैं। ये परदों का काम करते हैं। यह नाथद्वारा की अपनी मौलिकता है, जो अन्य किसी शैली में नजर नहीं आती। पिछवाई का आकार कुछ भी हो सकता है और मूल्य पाँच सौ रुपए से लगातार २०,००० रुपए तक। इन पिछवाइयों में अधिकतर विभिन्न उत्सवों से संबंधित होती हैं।

इन पिछवाइयों पर प्राकृतिक दृश्यों का चित्रण भी काफी किया जाता है। गिरिराज पर्वत, गोपालन, रासलीलाएँ, माखन खाते कृष्ण आदि इस शैली के आम विषय ब्रश बनाते हैं। प्रधान पर्वों की झाँकियों के चित्र कई आकारों में बनते हैं। मंगला, ग्वाल, शृंगार, राज भोग आदि झाँकियों के चित्रों की सर्वाधिक माँग रहती है।

१ मीटर गुणा १.५ मीटर कपड़े पर श्रीनाथजी का चित्रण काफी होता है। यह स्वरूप कहलाता है। इसके अलावा चितेरे, महत्त्वपूर्ण अवसरों, यथा शादी, ब्याह, जनेऊ आदि अवसरों पर भित्तिचित्र भी बनाते हैं। इस चित्र-शैली में सर्वप्रथम कागज या कपड़े पर कोयले से रेखाकृति अंकित की जाती है। सुनहरे भाग को सोने या मृगान से बनाया जाता है। इसके बाद सफेद काम करके लाल व काला काम करते हैं। रंग लगाने के बाद कपड़े या कागज को चिकने पत्थरों पर घोटकर उसका भुरभुरापन दूर किया जाता है। कपड़े की घुटाई ज्यादा महत्त्वपूर्ण है और कपड़े पर रंग भी ज यादा पक्के लगाए जाते हैं।

आभूषण के चित्रण के मामले में कर्णफूल, कुंडल, दुगदुनी, कंदोरा कड़े, बंगडी, हथपान, हार, काँटा, लौंग, नथ, बोर, भुजबंद, अँगूठी, डोरा, गुटियाँ, झोला आदि प्राथमिकता पाते हैं। हीरे भी बनाए जाते हैं। पुरुषों के मामले में मेवाड़ी पगड़ी, अँगरख, धोती, जूते, खड़ाऊ आदि प्रमुखता से अंकित किए जाते हैं।

महिलाओं के लिए साड़ी, कांचली, घाघरा आदि प्रमुखता से अंकित किए जाते हैं। फूलों का शृंगार भी लोकप्रिय है। राधा को बनाते समय कुछ लोग नवीन वस्त्र व आभूषण भी प्रयुक्त कर देते हैं। जानवरों में बैल, तोता, सारस, मछलियाँ, सर्ज, बगुला आदि का चित्रण होता है। फूलों में कमल, गुलाब, कदंब, आम, मौलसिरी आदि प्रमुखता पाते हैं।

पिछवाई कला में दो सौ वर्ष पूर्व रामचंद्र बाबा चित्रकार हुए। बाद में विट्ठल व चंपालाल हुए। इस कला में खेमराजजी भी प्रसिद्ध थे।

मरवन मंडे मांडना निरखे चतुर सुजान

राजस्थान हो या गुजरात, मालवा या दक्षिण भारत, लगभग हर घर में द्वार, चौखट को पूजने की समृद्ध परंपरा है। त्योहार हो या कोई शुभ अवसर। घर की स्त्रियाँ आँगन और मुख्य द्वार पर अल्पना अवश्य अंकित करती हैं। दीपावली तो त्योहारों का त्योहार है। माँ लक्ष्मी की अनुकंपा कौन नहीं चाहता। लक्ष्मी आए घर-द्वार उसके स्वागत में अल्पना का अंकन आवश्यक है।

लोक-संस्कृति की समृद्ध सांस्कृतिक विरासत का एक उज्ज्वल पक्ष है मांडना। वास्तव में मांडना कला कलात्मक सौंदर्य की सार्थक अभिव्यक्ति है। मांडना स्थान की शोभावृद्धि करती है। वे उमंग, उत्साह, उल्लास का सृजन भी करते हैं और वातावरण को रस से भर देते हैं।

उत्तर प्रदेश में 'चौक पूरना', बंगाल में 'अल्पना', बिहार में 'एपने', महाराष्ट्र में 'रंगोली', 'कोलम' दक्षिण भारत से मांडनों के ही विविध रूप हैं।

मांडनों की प्राचीनता स्वयंसिद्ध है। वेदों-पुराणों में हवनों और यज्ञों में वेदी और आस-पास की भूमि पर हल्दी, कुंकुम आदि से विभिन्न आकृतियाँ बनाई जाती थीं। भगवान् राम के अयोध्या आगमन पर अयोध्यावासियों ने अपने घरों को मांडनों से सजाया था। प्राचीन समय में घर-आँगन सजाने का एकमात्र साधन यही था। ग्रामीण अंचलों में आज भी इस विधा का बहुत महत्त्व है।

सांझी कला

श्राद के दिनों में घर के बाहर सांझी बनाई जाती है। यह कला उत्तर प्रदेश से आई, अंतिम दिन कोट बनाया जाता है, कुँवारी लड़कियों का यह त्योहार अब धीरे-धीरे खत्म हो रहा है। मेले-ठेले भी समय के साथ बिछड़ने लगे हैं। महिलाओं के वस्त्रों में भी भारी परिवर्तन दिख रहा है, आभूषणों में भी परिवर्तन आ रहा है।

स्थापत्य कला

राजस्थान के किले-मंदिर स्थापत्य की दृष्टि से बेजोड़ हैं। चित्तौड़ का किला विश्व में प्रसिद्ध है, कीर्तिस्तंभ, विजय स्तंभ, जैसलमेर का किला, कुंभलगढ़ का किला व इसकी दीवार, जो चीन की दीवार के बाद सबसे बड़ी है। जयपुर का जंतर-मंतर व हवा महल तो बेजोड़ है ही, किलों के अंदर युद्ध करने, बचने व सुरक्षा के लिए सभी व्यवस्थाएँ होती थीं। नगरों की रचना के लिहाज से जयपुर दर्शनीय है।

लोक-जीवन में खेल परंपरा

राजस्थान की सभ्यता और संस्कृति ने हमेशा से ही व्यायाम, खेलकूद, कसरत आदि को पूरा महत्त्व दिया है। शरीर को स्वस्थ रखने के लिए आयुर्वेद में व्यायाम तथा खेलों के अलावा योगाभ्यास पर भी बल दिया गया है। वास्तव में प्राचीन भारत में कई ऐसे खेल प्रचलित थे, जिनसे मानव का बौद्धिक एवं शारीरिक विकास होता था, लेकिन देखते-देखते हमारे ये खेल पश्चिमी संस्कृति की चकाचौंध में नष्ट हो गए।

वेद, उपनिषदों तथा पुराणों में कुछ खेलों का वर्णन किया गया है। राजप्रासादों में राजकुमार तथा गुरुकुलों में सामान्य बालक इन खेलों से शरीर का विकास करते थे। कौटिल्य के अर्थशास्त्र में व्यायाम, कुश्ती, जलविहार, तैराकी, शस्त्र प्रतियोगिता आदि का विस्तृत वर्णन किया गया है। कामसूत्र की ६४ कलाओं में भी विभिन्न प्रकार की कलाओं का वर्णन करते समय खेलों का वर्णन किया गया है।

प्रत्येक राजा के राज्य में रहनेवाले नागरिक अपने आमोद-प्रमोद तथा मनोरंजन के लिए इन खेलों में भाग लेते थे या फिर दर्शक के रूप में जाते थे। राजा की ओर से उत्सव की सूचना डोंड़ी पीटकर या शंख बजाकर दी जाती थी। प्रत्येक नागरिक दोपहर से पहले अपना व्यवसाय करता था। दोपहर के बाद मनोविनोद करता था। दिल-बहलाव के लिए नागरिक पक्षियों से खेलते थे। सायंकाल वाटिका, उद्यान में भ्रमण हेतु जाते थे। झूले झूलते थे या जल-क्रीड़ा करते थे। सायंकाल से रात्रि तक नृत्य, थिएटर वाद्यों से अपना मनोरंजन करते थे। इस नित्य कर्म के अलावा नागरिक लंबी यात्राओं पर जाते थे। मेलों-उत्सवों में भाग लेते थे। कुछ नागरिक वन विहार हेतु घोड़े पर सवार होकर निकल जाते थे। वे बाग में मुरगे की लड़ाई, जुआ या नाच-गाने का क्रार्यकम देखते थे। सच पूछा जाए तो हमारी खेल परंपरा बहुत ही समृद्ध रही है।

कुछ प्राचीन खेल इस प्रकार हैं—१. कुश्ती, २. कबड्डी, ३. गदा, ४. जोड़ी, ५. मलखंभ, ६. शतरंज, ७. तलवारबाजी, ८. धनुर्विद्या, ९. गिल्ली-डंडा, ८. मार दड़ी आदि।

कबूतरबाजी, तीतरबाजी, बटेरबाजी, मुरगे लड़ाना आदि खेलों का मुगल काल में काफी विकास हुआ। महिलाएँ भी इस लड़ाई का आनंद लेती थीं। मुरगों की लड़ाई का वर्णन कई जगहों पर मिलता है। नवाबों के काल में यह मनोरंजन का एक आम साधन था। मुरगे उछल-उछलकर एक-दूसरे पर वार करते थे। अकसर कमजोर मुरगा भाग जाता था और जीतनेवाले मुरगे के मालिक को सम्मान और इनाम मिलता था।

पक्षियों की तरह ही पशुओं से संबंधित खेल भी खेले जाते थे। हाथियों की लड़ाई, भैंसों, बकरों, साँड़ों, ऊँटों की लड़ाई भी काफी प्रसिद्ध थी। नाथद्वारा में साँड़ों की लड़ाई होती थी। वहाँ अभी भी दीपावली के दूसरे दिन गायों को खिलाया जाता है, जिसे खेंखरा कहा

जाता है। गायों के अलावा ऊँट दौड़, हाथी दौड़, हाथी पोलो, पोलो तथा घुड़दौड़ भी प्राचीन पशु खेल था। पोलो तथा घुड़दौड़ तो आज भी बहुत ज्यादा लोकप्रिय हैं। इसी प्रकार बैलगाड़ी की दौड़ भी काफी प्रसिद्ध खेल था। घुड़दौड़ के अलावा अन्य जानवरों की दौड़ों का इंतज़ाम भी नागरिकों के मनोरंजन के लिए किया जाता था। रथदौड़ भी प्रिय थी। संक्षेप में कहा जा सकता है कि राजस्थान की संस्कृति, साहित्य, कला अनोखी है, इसको सरकारी संरक्षण की जरूरत है। बहुत सारी चीजें नष्ट हो गई हैं या नष्ट होने के कगार पर हैं। किले खँडहर हो गए हैं, हवा महल तक की मरम्मत नहीं हो पा रही है। कला व साहित्य को बचाने की सख्त जरूरत है। आशा है सरकार व व्यवस्था ध्यान देंगी।

लोककथाओं का अनोखा संसार

राजस्थान की लोककथाओं का भंडार भरा हुआ है। विजय दान देथा की 'वाता री फुलवारी' इसका जबरदस्त प्रमाण है। यहाँ पर लोककथाओं को समय काटने के लिए सुनाया जाता था। एक-एक कथा कई घंटों तक चलती है। दस-बीस कोस की कथा सुनानेवाले होते थे। 'फौज में नगाड़ो, बात में हुँकारो, यह एक सर्वसम्मत शुरुआत थी। हुँकारा भरना जरूरी होता था, आज भी गाँवों में किस्से कहनेवाले हैं, लेकिन अब कौन सुनता है? लोककथाएँ मानव-मन के अनुभवों की प्रतीक होती हैं। लोककथाएँ कई युगों तक सत्य को अपने में समाहित करके रखती हैं। लोककथाओं में कटु यथार्थ होता है। वे जीवन के गूढ़ रहस्यों को खोलती हैं, उनसे खेलती हैं और श्रोता को एक स्पष्ट संदेश देती हैं, यों ही कोई कहानी लोककथा नहीं बन जाती। एक पूरे कालखंड तक कथा को परखा जाता है, जाँचा जाता है, तब जाकर एक मुकम्मिल लोककथा बनती है।

□□

23 गुजराती लोक-संस्कृति

—अनीता परमार

'माडी तारुं कंकु खर्युं ने सूरज उग्यो' अर्थात् जगत्जननी माँ जगदंबा के देदीप्यमान ललाट पर शोभित तिलक के कुंकुम के झरने से सूरज का उदय हुआ; जहाँ प्रात:काल में ऐसी सुंदर कल्पनाओं से भरे हुए पावन भजन, आरती और शंखनाद की गूँज से दिन की मंगलमय शुरुआत होती है, वह हमारे महान् राष्ट्र का गौरवपूर्ण राज्य गुजरात है। जहाँ अरावली और विंध्याचल की गिरिमाला के मध्य से लालिमा लेकर उगता सूरज पश्चिम की ओर कच्छ में अरबसागर के तट पर विराजमान कोटेश्वर महादेव के चरण-कमल में जाकर समा जाता है। ऐसी गुजरात की पवित्रभूमि ईश्वर से आशीर्वादित है। उसको कुदरत ने अपने हाथों से सजाया है। पूरे विश्व में प्रकृतिदत्त जितनी भी विविधताएँ हैं, उन सभी के गुजरात में दर्शन हो रहे हैं।

यहाँ देश का सबसे विशाल समुद्रतट है, तो वीरान रणविस्तार भी है। यहाँ गिरिमालाएँ और गिरिपर्वत हैं, तो मैदानी प्रदेश और पठार भी हैं। यहाँ कलकल बहती नदियाँ और झरने हैं तो हरे-भरे जंगल भी हैं। पेड़-पौधों और वनस्पतियों में भारत भर की विविधताएँ भरी पड़ी हैं तो पशु-पक्षी और प्राणियों की विविधता में हम पूरे विश्व में गौरव ले सकते हैं।

जय-जय गरवी गुजरात

गुजरात के युग विधायक सर्जक वीर कवि नर्मदने १५० साल पहले गुजरात की गौरवगाथा गाते हुए कहा था—

हमारी गौरववंती गुजरात तुम्हारी जय हो...
जय! जय! गरवी गुजरात!
जय! जय! गरवी गुजरात!

किसी भी प्रदेश की संस्कृति में उस प्रदेश का स्थान और वहाँ की प्रकृति का बहुत ही बड़ा योगदान होता है। इसीलिए गुजरात एक रंग-बिरंगी और वैविध्यपूर्ण संस्कृति की विरासत का धनी है। गुजरात की भूमि विश्व में संस्कृतियों के उद्भव से भी प्राचीन है। गुजरात विश्व की प्राचीनतम संस्कृतियों में से एक ऐसी सिंधु तट की संस्कृति के भव्यतम सुनियोजित नगरों के खँडहरों और स्मारकों को अपनी गोद में समाए हुए अपनी प्राचीनता का प्रमाण दे रहा है।

भौगोलिक स्थिति

भौगोलिक दृष्टि से गुजरात के चार मुख्य भाग हैं—१. गुजरात का सागर तटीय प्रदेश और रणप्रदेश, २. गुजरात के मैदानी प्रदेश, ३. सौराष्ट्र का पठार प्रदेश, ४. गुजरात का पहाड़ी प्रदेश।

गुजरात में बारीश के साथ-साथ गरमी और सर्दी का मौसम भी अच्छा रहता है। यहाँ नर्मदा, तापी, साबरमती, मही जैसी बड़ी के साथ छोटी-छोटी कई सारी नदियाँ गुजरात को हराभरा बनाती हैं। गुजरात की वन्यसंपत्ति भी समृद्ध है।

एशियाटिक लायन यानी शेर पूरे भारत में सिर्फ यहाँ गिर के जंगलों में ही देखने को मिलते हैं और फिर विश्व में अफ्रीका में ही पाए जाते हैं तो घूडखर नाम का गधे और घोड़े दोनों के जैसा मिलता-जुलता ऐसा ही प्राणी पूरी दुनिया में सिर्फ गुजरात में ही पाया जाता है। सर्दियों में फ्लेमिंगो, पेलीकन जैसे विविध यायावर पंछी गुजरात में आकर अपना बसेरा बनाते हैं, वह गुजरात के प्रमुख आकर्षण में से एक है।

प्रकृति की इतनी सारी विविधताएँ गुजरात के लोगों में खानपान, बोली, परिवेश, उत्सव-त्योहार सभी में विविधता भर देती है। प्राचीन समय में गुजरात के विभिन्न प्रादेशिक हिस्से अलग-अलग नाम से प्रचलित थे, जैसे—हालार, सोरठ, गाहिलवाड, झालावाड, चरोतर, कानम्, वागड, बन्नी आदि। सभी प्रदेश की अपनी एक अनोखी लोक-संस्कृति है। लोक संस्कृति को आदिमानव की मनोवैज्ञानिक अभिव्यक्ति के रूप में भी जाना जाता है। लोक-संस्कृति लोकसमूह का अपना सामूहिक और निजी सर्जन है।

सामाजिक स्थिति

गुजरात में आकर बसनेवाली जातियों में आर्यों, राजपूत, गुर्जर, सीदी, आरब, बलूच, लोहाना, ओड, सथवारा, सलाट, जत, बंजारे, जैसी विविध प्रकार की सत्तर से भी अधिक जातियों ने यहाँ अपना बसेरा बना लिया। इनमें मुसलमान और क्षत्रिय भी शामिल थे। यहाँ आकर बसनेवाली जातियाँ अपने साथ अपनी खूबियाँ भी साथ लेकर आईं। जैसे मथुरा-वृंदावन से आए यादव और आहीर अपने साथ रासलीला लाए।

शोणितपूर राजवी बाणासुर की पुत्री उषा का विवाह श्रीकृष्ण के पौत्र अनिरुद्ध के साथ हुआ। उषा (ओखा) ने पार्वतीजी से सीखा हुआ लास्य नृत्य द्वारका की गोपकन्या को सिखाया। आज के जो रास-गरबी हैं, वो गोप संस्कृति की देन हैं। गोप संस्कृति ने गुजरात को विविध उत्सव और मन को मोह लेनेवाले मेले दिए। और इनके साथ-साथ आदर-सत्कार, आतिथ्य और औदार्य के उम्दा संस्कार दिए।

दसवीं सदी में सौराष्ट्र में सिथियन अर्थात् हूण जाति के लोग आए तो अपने साथ सूर्यपूजा के संस्कार लाए। जो आज गुजरात में

काठी दरबार के नाम से प्रचलित है। घोड़े, भैंस और हथियारों का उनकी संस्कृति में महत्त्वपूर्ण स्थान है। इस तरह प्राचीनकाल से गुजरात के आँगन में आकर बसी हुई इन सभी जातियों, उनके साथ अपने परंपरागत रंग-बिरंगी और मनमोहक परिवेश, अपने-अपने इष्ट देवी-देवता, कला, संगीत, साहित्य, नृत्य, लोक रिवाज, मान्यताएँ, नीति-रीति, विचार, रहन-सहन और खानपान भी लाए। स्थानिक और बाहर से आई हुई जातियों के सहवास और परंपरागत संस्कृति के आदान-प्रदान से गुजरात की लोक-संस्कृति और भी समृद्ध हुई।

भौगोलिक दृष्टि से गुजरात के परंपरागत नाम हों, ऐसे प्रदेश भी प्रचलित हैं। जिसमें कच्छ के बन्नीए वागड प्रदेश, सौराष्ट्र के ओखा, हालार, झालावाड, पांचाल, नाघेर, घेड, गोहिलवाड, सोरठ, उत्तर गुजरात के वाढियार चुंवाल पंथक मध्य गुजरात के भाल और नलकांठा और अंत में दक्षिण गुजरात के चरोतर, कानम् लाट जैसे प्रदेश शामिल हैं। इन सभी लोकजातियों ने अपनी प्रादेशिक संस्कृति के अपने रंग बिखेरे हैं।

वस्त्राभूषण

इसमें उनके परिवेश, वस्त्रालंकार, उनके घर, घर की सजावट, उनके नाम, धर्म और आराधना, लोकगीत, संगीत, लोकनृत्य, खानपान, बोली, मान्यताएँ, रीति-रिवाज, विचार संस्कार, खेल, कहानियाँ और लोक-संस्कृति की आचार संहिता, इन सब चीजों में विविधता पाई जाती है। जैसे शहर और गाँव के पोशाक में बहुत अंतर रहता है। शहर में महिलाएँ साड़ी पहनती हैं। गुजराती महिलाओं का साड़ी पहनने का एक अपना अंदाज होता है। सारी में भी गुजरात की सूती साड़ी, बँधेज साड़ी और विशेषकर पटोला साड़ी विश्वविख्यात है।

लोक-संस्कृति में सजावट के संस्कार मनुष्य तक सीमित नहीं रह जाते। वे अपने साथ-साथ अपने पाले हुए पशुओं और घर को भी सजाते हैं। गुजरात में अलग-अलग क्षेत्रों में बसी हुई अलग-अलग लोकजातियों के आवास के आकार, उनका बांधकाम, छोटे-छोटे समूह बनाकर या अपने ही खेतों में झोंपड़ियाँ बनाकर रहने का अपना अंदाज होता है। जैसे कच्छ में गोलाकार खड़ी मिट्टी की झोंपड़ियों को 'भूंगा' कहते हैं। यह एक विशेष प्रकार का झोंपड़ा होता है। उनको कच्छी लोग बहुत ही सुंदरता से सजाते हैं। उनकी चित्रकारी रंग-बिरंगी फूल-पत्ते और पशु-पंखी की होती है। कच्छ में दूर-दूर छोटे-छोटे कस्बे में छोटे-छोटे गाँव बसाकर रहते हैं। उनमें अनेक उपजातियाँ होती है। हरेक की कढ़ाई-बुनाई की कला अलग-अलग सुंदर, कलात्मक और रंग-बिरंगी होती है।

कहीं-कहीं लोग चमकीले-जरीवाले कपड़े भी पहनते हैं। उनकी चप्पल और मोजड़ियाँ भी कढ़ाई की हुई सजावटवाली होती हैं। ये लोग अपने पशुओं को भी कढ़ाईवाले कपड़ों, गले में छोटी-छोटी घंटियों और रंग-बिरंगे गोटों से सजाते हैं।

दूसरी ओर गुजरात की पूर्व पट्टी आदिवासी या वनवासी लोगों की संस्कृति से समृद्ध है। उनका परिवेश भी अनोखा है। इन लोगों की अपनी एक अलग ही दुनिया है। ये लोग दूसरे लोगों से जल्दी मेल-मिलाप नहीं करते। एक अंतर बनाकर चलते हैं। उनके पहनावे में पुरुष धोती पहनते हैं और महिलाएँ अपने घाघरे को धोती की तरह बाँध लेती

हैं। माथे पे चुन्नी रखती हैं, पर कमर पर पूरी लपेट देती हैं, ताकि उससे अचड़नें पैदा न हों। शायद यह तरीका पेड़ पर चढ़ने या जंगल में घूमने के दरमियान आसान रहता होगा। उनके गहने मोटे-मोटे और आकार में भी बड़े होते हैं। वे लोग माथे की सजावट में मयूरपंख का या दूसरे पंछियों के बड़े-बड़े पंखों का अपने गहनों में बड़े-बड़े घुँघरू का उपयोग करते हैं। ये लोग छोटी-छोटी पहाड़ियों के बीच, अपने-अपने खेतों में झोंपड़ियाँ बनाकर रहते हैं। वह भी अपनी झोंपड़ियों को चूने जैसे सफेद रंग की चित्रकारी से बहुत ही अच्छी तरह से सजाते हैं। उनकी इस चित्रकारी को 'वारली' नाम से भी जाना जाता है। वनवासी लोग अपने मिट्टी के झोंपड़ों को चित्रकारी से अंदर और बाहर दोनों ओर से सजाते हैं। आँगन में भी ऐसे ही डिजाइन बनाते हैं। गुजरात का एक और गौरवप्रद प्रदेश है सौराष्ट्र, जिसे शूरों और संतों की भूमि कहा गया है। वहाँ के लोग शारीरिक तौर पर खड़तल और मजबूत होते हैं और घुड़सवारी का शौक रखते हैं। यह प्रदेश पूरा पथरीला है। यहाँ पानी की कमी है। फिर भी यहाँ के लोग जिंदादिल और मनमौजी हैं।

यहाँ भी हरेक उपजाति के अपने-अपने पहनावे हैं। उसमें कपड़े, रंग और पहनने के अंदाज भी अलग होते हैं। फिर भी सभी तरह के पहनावे पुरुषों की प्रतिभा और महिलाओं की सुंदरता और मर्यादा को बढ़ावा देते हैं। इन सब में घाघरा, चोली, चुनरी, साड़ी, लहँगा महिलाओं के लिए सामान्य है, तो पायजामा, कमीज, जंभा, केडिया, धोती, कोटी, टोपी, पगड़ी, कोट जैसे पोशाक पुरुषों के लिए सामान्य हैं।

खान-पान

गुजराती अपने खानपान के लिए भी मशहूर है। हर प्रदेश और जाति का अपना रोजाना का आहार अलग होता है। गुजरातियों में रोटी खास होती है। वह अपने प्रदेश में पकनेवाले धान्य के मुताबिक अपनी रोटी का धान चुनते हैं। जैसे उत्तर गुजरात में बाजरे की रोटी, वनवासी लोग मक्के की रोटी, दक्षिण गुजरात में जुवार की रोटी आहार का मुख्य घटक है। गुजरात की गेहूँ की 'फुलका रोटी' मशहूर है। गुजरातियों के आहार को समतोल आहार माना गया है। वह अपने खाने में आयुर्वेद के हिसाब से सभी रसों का समावेश करते हैं, जैसे मीठा, नमकीन, खट्टा, कड़वा आदि। गुजराती के रोजाना आहार में ज्यादातर तुर की मीठी दाल, सब्जी, चावल और रोटी होती है। साथ में अचार, पापड़, छाछ, सलाद का भी भरपूर उपयोग

करते हैं। गुजराती खाने के बहुत शौकीन होते हैं। वे नमकीन, मिठाई और नाश्ते में बहुत सारे घरेलू व्यंजन तैयार करते हैं। जो गुजरात की विशेषता बन चुके हैं, जैसे खमन, ढोकला, खाखरा, पोहा, गाँठिया जैसे बहुत सारे व्यंजन हैं।

गुजरात में स्टेपवेल यानी 'वाव' नाम का स्थापत्य सेवा या जलाशय का अद्‌भुत समन्वय हुआ स्मारक कई जगह देखने को मिलता है। वह वैसे तो पीने के पानी के लिए बनाया गया कुआँ ही है, पर उन्हें अकाल या किसी आपत्ति में या किसी की याद में सेवा या दान की भावना से बनाया गया है। फिर भी स्थापत्य के हिसाब से उनकी कला-कारीगरी अद्‌भुत और बेनमून है।

लोकसाहित्य

साहित्य की बात करे तो विश्व के समस्त कथा साहित्य का जन्म लोककथा या लोकसाहित्य में से और सभी शिष्ट काव्य रचना का जन्म लोकगीतों से हुआ है। दुनिया की हर जाति-प्रजा के पास अपना परंपरागत ऐसा श्रुति साहित्य होता है, जिसको हम लोक साहित्य कहते हैं। लोक साहित्य का मतलब है लोकजीवन का स्मृतिग्रंथ। लोक साहित्य की व्यापकता मानव जन्म से लेकर मृत्यु तक ही है। गुजराती साहित्य भी अपने परंपरागत साहित्य का समृद्ध भंडार लिये अपना इतिहास बताता है।

वह गद्य और पद्य दोनों में रचा हुआ है। वह अपने अंदर गाँव की, जंगलों की, पशु-पंखी की, प्रेम-विरह, शौर्य-बलिदान, व्रत-दृष्टांत मानो तो सभी प्रकार की अद्‌भुत और रसिक कविताएँ व कथाओं के अखूट भंडार समाए हुए हैं। गुजराती भजन और लोकगीत की महक विश्व-विख्यात है। उत्साह-आनंद के साथ-साथ दुःख-दर्द, हर प्रसंग के अनुरूप उनके लोकगीत आज भी गाए जाते हैं। इन लोकगीतों को परंपरागत वाद्यों के साथ सुरबद्ध सुनना एक अलौकिक अनुभव देता है। गुजरात का लोकसंगीत, जिनमें हम गीत-संगीत और नृत्य को समाविष्ट करते हैं, तो गुजरात में लोकसंगीत का संशोधन कम मात्रा में हुआ है।

लोकगीत-नृत्य

लोकसंगीत में वाद्य भी गीतों, भाव और राग के अनुरूप सादे और सरल होते हैं। इन में ढोल, ढोलक, शरणाई, बाँसुरी, पावो, पखवाज, करताल, एकतारा, मंजीरा, ढोलक, डमरू, खंजरी, घंट, घुँघरू, करताल, माण जैसे वाद्यों का समावेश तो लोकसंगीत को और सुरीला व भाववाही बनाते हैं। वनवासियों के अपने लोकगीत और लोकवाद्य हैं, जिनमें घांटालो, चोमकु, सितारी, चेहक्या, लंगो, अंबाडा की थाली, कींगरी, ढोल, नूपुर, ढाको, खपाट जैसे अलग तरीके के अनसुने वाद्यों का समावेश है।

जब अंतर में आनंद की अनुभूति की पराकाष्ठा होती है, तब मनुष्य नाचने लगता है। बस कुछ ऐसे ही मानवी के अपने आनंद की अभिव्यक्ति और ऊर्मियों के आविर्भाव में से लोकनृत्यों का जन्म हुआ

है। ये लोकनृत्य परमानंद की उपज हैं, इसलिए लोगों के मन को मोह लेता है। गुजरात के गरिमापूर्ण लोकजीवन में लोकनृत्यों का मानो भंडार भरा है।

गुजरात के सांस्कृतिक लोककला की विरासत रूप लोकनृत्य लोक-उत्सव और धार्मिक परंपराओं के साथ प्राचीन काल से जुड़े हुए हैं। इसमें विविध त्योहारों पर दिल को पागल करनेवाले मेले हों या प्रकृति के साथ रंग बिखेरनेवाला त्योहार होली हो, जन्माष्टमी या नौरात्रि हो या फिर कोई भी उत्सव या आनंद-मंगलवाला प्रसंग हो, इन सभी अवसरों पर लोग भाव-विभोर होकर नाचते हैं, गाते हैं और आनंद मनाते हैं।

गरबा नृत्य : गुजरात के लोकनृत्यों में 'गरबा' लोकनृत्य विश्वविख्यात है। हर जगह हर अवसर पर गुजराती गरबा करते हैं। गरबा शब्द गर्भ-दीप से अस्तित्व में आया शब्द है। छोटे-छोटे छिद्रवाली मिट्टी की रंग-बिरंगी मटकी के अंदर जलता हुआ दीपक गरबे का प्रतीक है! इसे माँ के पेट में छोटे जीव का भी प्रतीक माना गया है। वैसे तो नवरात्रि के दौरान गरबा, यानी विशेष प्रकार के ताल और लय में घूमकर माँ जगदंबा की उपासना करते हैं। नौरात्रि के दौरान मानो पूरा गुजरात गरबे पर घूमने लगता है। अब तो पूरे भारत में गरबा मनाते हैं, जिसे दांडिया खेलना बोलते हैं। गुजरातियों का गरबा तो पूरे विश्व में गूँजता है ।

गुजरात के विविध प्रदेशों में बसनेवाली विविध जातियों के अपने-अपने लोकनृत्य हैं। जिसमें सौराष्ट्र की कोली जाति की महिलाओं द्वारा काम के साथ-साथ अस्तित्व में आया टिप्पणी नृत्य, माताजी का अनुष्ठान करते समय जाग और नृत्य करते हैं, जिसमें बाजठ ऊपर जाग बनाते हैं।

कृष्ण और गोपियों की रासलीला से अस्तित्व में आया रास, गोफ-गुंथन, जिसमें गरबा खेलते समय साथ में बीचोबीच विशिष्ट प्रकार की रस्सियाँ बाँधकर इससे गुंफन करते हैं और गरबा खेलते-

खेलते उन्हें छोड़ भी देते हैं। मेर जाति के शौर्य नृत्य के प्रतीक रूप तलवार नृत्य और उछल-उछलकर और गोल-गोल घूमकर खेलते हुए दांडियारास भी गुजरात का एक अनोखा आकर्षण है। इन्हीं लोकनृत्यों में पढार जाति का मंजीरानृत्य, भालप्रदेश और काठियावाड का हिंच नृत्य, सौराष्ट्र के भरवाडी यानी चरवाहों का हुडा रास, उत्तर गुजरात की ठाकोर जाति का ठागानृत्य, मेरायो, होली नृत्य, गोहिलवाड के कोलियों का ढोलोराणो नृत्य, उत्तर गुजरात के कोलियों का अश्व नृत्य, बनजारे का हाली नृत्य, सीदी लोगों का धमाल नृत्य मुख्य है। गुजरात में बसनेवाले आदिवासियों के लोकनृत्य भी वैविध्यपूर्ण हैं। उसमें दुबले आदिवासी का घेरैया नृत्य, तीर-कमान के साथ चिल्लाते हुए युद्ध जैसा भील नृत्य, शिकार नृत्य, तुर नृत्य, ठाकरिया चालो जैसे लोकनृत्य प्रचलित हैं।

लोकपर्व-त्योहार

दीपावली : दीवाली गुजरातियों का सबसे बड़ा त्योहार है। पाँच दिन पहले से शुरू हुआ दीवाली का त्योहार दीवाली के बाद पंद्रह दिन तक मनाया जाता है। क्योंकि दीवाली के दूसरे दिन, यानी कार्तिक सुदी एकम् से गुजरातियों का नया साल शुरू होता है, इसीलिए उनकी दीवाली कार्तिकी पूर्णिमा तक चलती है। और उस वक्त भी कार्तिक सुदी ग्यारह से पूनम तक तुलसी विवाह भी धूमधाम से मनाते हैं।

नवरात्रि : नौरात्रि तो सबको पता ही है। आश्विन सुदी एकम् से आश्विन पूर्णिमा, यानी शरद पूर्णिमा तक रास-गरबा का माहौल जमा रहता है। उत्तरायण भी एक आनंद-उल्लास और दान-पुण्य का पर्व है। दुनिया भर के पतंग रसिक गुजरात में आते हैं। उत्तरायण का पर्व देखने लायक होता है। जन्माष्टमी में भी सावन वदी, पाँचमी से नाग-पंचमी मनाना शुरू करते हैं तो सावन वदी नोमी तक कृष्ण जन्मोत्सव चलता है।

जन्माष्टमी : गुजरात में हर जगह बड़ी धूमधाम से जन्माष्टमी का त्योहार मनाया जाता है, इसमें हर जगह मेला लगता है। मेले के मामले में गुजरात अव्वल है। गुजरात में छोटे-बड़े मिलाकार लगभग १६०० से ज्यादा मेले लगते हैं। उसमें ५०० से ज्यादा सावन के महीने में लगते हैं। सबसे ज्यादा मेले, लगभग १५९ मेले सूरत में और सबसे कम लगभग ७ मेले डांग जिले में देखने को मिलते हैं। उसमें शामलाजी का मेला, तरणेतर का मेला, जो उसकी कलात्मकता के लिए विश्वविख्यात है। शिवरात्रि पर गिरनार पर्वत की तलहटी में लगनेवाला शिवरात्रि का मेला, खंभात के अखात के नजदीक सात नदियों के पवित्र संगम स्थान वौठा के पास कार्तिक पूर्णिमा के दिन लगनेवाला पशुओं का मेला, जो गुजरात राज्य का सबसे बड़ा मेला भी माना जाता है। डाकोर का मेला और हर जगह का जन्माष्टमी में लगनेवाला मेला बहुत प्रचलित है। इस तरह साल भर गुजराती लोग जात-भात के उत्सव और त्योहार मनाते हैं।

वैसे गुजराती प्रजा दरियादिल, साहसी, मुत्सदी, खानपान की शौकीन और आनंदप्रिय होती है। शुरू से ही गुजरातियों का व्यापार-वाणिज्य दुनिया भर में चलता आया है, इसीलिए दुनिया भर में गुजराती बसे हुए हैं। वे जहाँ भी जाते हैं, वहाँ मिल-जुलकर रहते हैं और एक छोटा गुजरात बना लेते हैं!

गुजरात की भूमि रत्नगर्भा है। उसने ऐसे-ऐसे सपूतों को जन्म दिया है, जो भारत के साथ-साथ विश्व में भी अपना नाम कायम कर गए। आज भारत के साथ-साथ पूरे विश्व में गुजरात और गुजराती दोनों प्रचलित हैं। इनमें भारत को आजादी दिलानेवाले मोहनदास करमचंद गांधी यानी महात्मा गांधी बापू गुजराती थे, जो एक विश्वविभूति हैं।

आज के गुजरात को बनाने में बहुत सारे महापुरुषों ने अपना योगदान दिया है। इन सबमें अलग-अलग क्षेत्र की विभूतियों का बहुमूल्य श्रेय रहा है। उसमें संतों में देखा तो जाए नरसिंह और मीरा हैं, सयाजीराव गायकवाड़ और गोंडल के भगवत सिंहजी जैसे दीर्घदृष्टा और प्रजावत्सल नरेश हैं। सरदार पटेल और कन्हैयालाल मुंशी जैसे

मुत्सदी, तो श्यामजी कृष्ण वर्मा, भीकाजी कामा, सरदारसिंह राणा और इंदुलाल याज्ञिक जैसे क्रांतिकारी एवं आंदोलनकारी हैं। और आर्य समाज के संस्थापक दयानंद सरस्वती भी गुजरात के रहे हैं तो अयोध्या के नजदीक छपैया गाँव के नीलकंठ नाम के बाल संन्यासी ने गुजरात में आकर सहजानंद स्वामी नाम धारण कर स्वामीनारायण पंथ की स्थापना की, जिसको पूज्य प्रमुख स्वामी महाराज ने अपनी आध्यात्मिक शक्ति से पूरे विश्व में भारतीय संस्कृति को फैलाया, इनकी भूमि भी गुजरात रही है।

□□

24

महाराष्ट्र की लोक-संस्कृति

—सुनील केशव देवधर

संस्कृति सार्वजनीन संपदा है, वह सहानुभूति का समाज तैयार करती है। डॉ. श्रीधर व्यं. केतकर के 'महाराष्ट्रीयन ज्ञान कोष' में संस्कृति की व्याख्या की गई है—

जाति राष्ट्रादि सन्धानां साकल्यं चरितस्ययत।
व्यक्तं संस्कृति शब्देन भाषा शास्त्रात्मकं ननु॥

अर्थात् जाति, राष्ट्र आदि संघों के चरित्र की जो संपूर्णता है, उसकी भाषा शास्त्रात्मक अभिव्यक्ति ही संस्कृति शब्द द्वारा होती है। संस्कृति से पहले 'लोक' शब्द जुड़ जाने से स्पष्ट हो जाता है कि जिसे लोक (जन) की स्वीकृति मिलती है, वही सब संस्कृति में समाविष्ट है। यह लोक-संस्कृति लोक जीवन में स्फूर्ति, ऊर्जा और आनंद का संचार करती है। वैदिक संस्कृति से लेकर लोक-संस्कृति तक अगर कोई तत्त्व इसमें सर्वसमावेशी है तो वह है समाज। समाज के आचार-व्यवहार, विराट् लोकचेतना, सांस्कृतिक परंपराओं का निरंतर पोषण व संवर्धन तथा लोगों का पारस्परिक जुड़ाव, इसी सब में शाश्वत जीवन-मूल्यों, भारतीयता और लोकचिंतन का रागात्मक बोध है।

संपूर्ण देश के विभिन्न भू-भाग, अपनी आंचलिकता में तीज-त्योहार, लोकाचार, रीति-रिवाज, गीत-संगीत को लिये लोक संजीवन शक्ति के माध्यम से समरसता का वातावरण बनाते रहे हैं।

महाराष्ट्र इस देश का एक ऐसा प्रदेश है, जहाँ वैदिक और लोक संस्कृति का अद्भुत मेल है, एक ओर वैदिक संस्कृति के नियामक तत्त्वों का संरक्षण और उसकी युग-सापेक्ष व्याख्या है तो दूसरी ओर लोक संस्कृति से संपुष्ट लोकजीवन को विज्ञान सम्मत बनाने और उसके संरक्षण-संवर्धन की भी चेतना है। पूरे महाराष्ट्र प्रदेश की पहचान पश्चिमी महाराष्ट्र, मराठवाड़ा, विदर्भ, कोंकण, खानदेश, मुंबई और नवी मुंबई के रूप में होती है। लगभग बारह करोड़ की जनसंख्यावाले इस महाराष्ट्र की लोकचेतना में लोक संस्कृति के अनेक पक्ष उजागर होते हैं, जिसे संस्कृति, कला और सभ्यता पक्ष के रूप में देखा जा सकता है।

संस्कृति पक्ष के अंतर्गत लोकगीत, लोककथा, लोकगाथा, लोकदेवता, पर्व और मेले, लोकनृत्य और रीति-रिवाज शामिल हैं तो दूसरी ओर कला पक्ष में भूमिभित्ति, लोकशिल्प, मेहँदी, रंगोली, वेशभूषा और आभूषणों की चर्चा की जा सकती है। तीसरी ओर सभ्यता पक्ष में आवास-प्रवास, उद्यम, व्यापार, रहन-सहन, भोजन, व्यंजन और लोकाचार की बात की जा सकती है।

महाराष्ट्र में लगभग ८०० वर्षों की संत परंपरा है, इन संत भक्तों की रचनाओं से यहाँ की लोक-संस्कृति और लोकजीवन अनुप्राणित है, संत नामदेव, संत ज्ञानेश्वर, संत तुकाराम, संत एकनाथ, संत निवृत्तिनाथ, जनाबाई, गोरा कुमार, चोखा महार से लेकर बहिणा बाई जैसी विरक्त कवयित्री की रचनाओं से यहाँ का जन-मन अपने लोकाचार, कार्या-व्यवहार संपादित करता है।

लोकोत्सव

महाराष्ट्र का एक प्रमुख लोकोत्सव है 'वारी'। यह लगभग २१ दिन चलनेवाली यात्रा है। भक्त लोग संत ज्ञानेश्वर और संत तुकाराम महाराज की पादुका (खडाऊँ) रथ पर लेकर निकलते हैं। संत ज्ञानेश्वर की पालकी आलंदी से और संत तुकाराम की पालकी देहू ग्राम से आरंभ होती है। लाखों की संख्या में शामिल होनेवाले भक्त और दिंडी (भक्तों का समूह) अपने-अपने स्वानुशासन से, स्वप्रेरणा से इसमें शामिल होते हैं। लगभग २५१ किमी. की यह यात्रा पंढरपुर पहुँचकर बिठोवा के दर्शन कर विश्राम लेती है। इसमें पालकी रथ के लिए चुने जानेवाली बैलों की जोड़ी का विशेष गौरव और सम्मान है। संत ज्ञानेश्वर की पालकी यात्रा पुणे, सासवड, ओजूरी, लोणद फलरण, भालशिरस होते हुए 'आषाढ़ी पालकी एकादशी' को पंढरपुर पहुँचती है। संत तुकाराम की पालकी आकुडर्कि लोणी काकमोर, यवत, इंदापुर, अकलुज होते हुए पंढरपुर पहुँचती है।

इस वारी में भक्त संतों के अभंग, पद, ओवी गाते, ढोल-मंजीरा बजाते स्व-आनंद में रमे दिखाई देते हैं। समन्वय, सौहार्द, विनम्रता और नीति-भक्ति का अनोखा संसार यहाँ आकार लेता है। आधुनिक 'प्रबंध विज्ञान' के लिए मराठी में प्रयुक्त 'व्यवस्थापन शास्त्र' का अद्भुत उदाहरण इस 'वारी' को माना जाता है। तेजी से बढ़ते शहरीकरण और कथित आधुनिकता-बोध के बीच वारी में बढ़ते भक्तों की संख्या लोकसंस्कृति के इस उत्सव के महत्त्व और सद्भाव को रेखांकित करती है। लगभग एक से डेढ़ लाख लोग इस उत्सव में शामिल होते हैं।

महाराष्ट्र के लोकोत्सवों में गणेशोत्सव, बड़ पूर्णिमा, नारकी पूर्णिमा, कोजागिरी पूर्णिमा, गंगा दशहरा, जिवतीयी पूजा (श्रावण के महीने में किसी शुक्रवार को बच्चों के स्वास्थ्य व संरक्षण की कामना में पार्वती देवी की पूजा), पोला (बैल की पूजा), नाग पंचमी, आँवळा अष्टमी (आँवले के वृक्ष की पूजा) और राम नवमी प्रमुख हैं। दीवाली-दशहरा के साथ ही भाऊबीज (पाड़वा, परमा) (भाईदूज) भी उत्साहपूर्वक संपन्न होते हैं।

'हलदी-कुंकुम' (हलद-कूंकू), जिसे उत्तर भारत में सुहागनें कहा जाता है, महाराष्ट्र में धार्मिक से कहीं अधिक, सामाजिक और सांस्कृतिक परंपरा है। दो अवसरों पर इसका विशेष महत्त्व और आयोजन घर-घर में होता है, एक चैत्रगौरी का पूजन व हलदी-कुंकुम और दूसरा मकर संक्रांति का उत्सव। इस हलदी-कुंकुम में सौभाग्य की कामना के साथ ही सुगड़ (मिट्टी की बहुत छोटी मटकी) देने की परंपरा है। इस सुगड़ में खिचड़ी, मटर की फलियाँ, सुपारी, तिल के लड्डू, बेर, गाजर और पैसा दिया जाता है, जो धन-धान्य और स्नेह का प्रतीक है।

इसी तरह चैत्र गौरी के हलदी कुंकुम (सुहागलें) में 'डाक करंजी' यानी (चने की चाल का एक तरह का उपमा और (गुजिया) का नैवेद्य (भोग) लगाया जाता है और हलदी कुंकुम लगाकर महिलाएँ एक-दूसरे के सौभाग्य की कामना करती हैं। इसके अलावा हर छोटे-बड़े अवसर पर अथवा सहज एक-दूसरे के यहाँ आने-जाने पर महिलाओं द्वारा हलदी-कुंकुम लगाने की लोक-परंपरा अब प्राय: कम ही देखने को मिलती है।

लोक-परंपराएँ

बड़ पूर्णिमा का उत्सव महाराष्ट्र की लोक-परंपरा में रचा-बसा है, जो शहरों में अब प्रतीकात्मक रूप में ही देखने को मिलता है। बरगद के पेड़ ही नहीं रहे तो पूजा कहाँ से हो। इस पूजा में 'वाण' देने की परंपरा है, जिसमें महिलाएँ सौभाग्य की वस्तुओं का आदान-प्रदान करती हैं। इस 'वाण' में आम, छोटा आईना, कंघा, चूड़ियाँ, काली पोत (गुरिया), बिंदी आदि का प्रावधान है। चैत्र गुड़ी पाड़वा की गुड़ी अब भी (शहरों में भी) पारंपरिक रूप से बाँधी जाती है। इस गुड़ी में एक बाँस पर कलश (उल्टा लोटा), मिसरी की माला, रवण (एक चौकोर कपड़ा), नीम की पत्तियाँ, फूलमाला बाँधी जाती हैं और उसे सुबह-सुबह नहा-धोकर घर के किसी उच्च भाग पर बाँधा जाता है, फिर शाम को गुड़ी उतारने की भी परंपरा है।

'आवळे अष्टमी' में आँवले के पेड़ की पूजा और उसकी ही छाँव में भोजन करने की परंपरा है।

महाराष्ट्र में संध्या होते ही दीयाबाती की वेला में 'परवचा' की एक अद्भुत परंपरा थी, जो अब शहरों में तो लगभग समाप्तप्राय: है। परवचा संभवत: परावाचा का ही अपभ्रंश हो, संध्या का दीप जलाकर उसके सामने यानी देवहारा (भगवान् के घर का स्थान) के पास बैठकर इसे पढ़ा जाता था, जो लगभग बच्चों को याद होता था।

शुभं करोति कल्याणं आरोग्यं धन संपदा,
शत्रुबुद्धि विनाशाय दिपोज्योति नमोस्तुते।

× × ×

तिळा च तेल कापसाची वात, दिवा जळो मध्यान रात।

और अंत में घर के मुखिया और बुजुर्गों के स्वास्थ्य एवं दीर्घायु की कामना की जाती है।

संपूर्ण भारत के लोकसमाजों में, ग्रामीण समाज में पति का नाम न लेने की एक परंपरा अब भी देखने को मिलती है। पति के नाम के लिए महिलाएँ अन्य समानार्थी शब्दों और संकेतों का प्रयोग करती थीं, महाराष्ट्र में अनेक अफसरो पर शादी-ब्याह में, नव वर-वधु की पंगत के समय नाम लेने यानी 'उखाणा' कहने को लगभग बाध्य ही किया जाता है। यह एक हास-परिहास का पल होता है, इस 'उखाणे'

में महिलाओं की समय सूचकता और काव्य प्रतिभा के भी दर्शन होते हैं। जैसे दीवाली में 'घरकुल' और 'किला' घर-घर बनाया जाता था, उसे सजाया जाता, आनेवालों को दिखाया जाता और महिलाओं को 'उखाणा' लेने भी कहा जाता। अपने ही घर में एक अवसर पर पड़ोस की महिला ने 'किला' देखकर लिया उखाणा मुझे आज भी याद है—

किल्लया पुढ़े उभौ फेली, शियायांची फौज
'रामचंद्रा' च नाव घेता सर्वाना वारे मौज। (रामचंद्र पति का नाम)

भावानुवाद यह कि किले के आगे खड़ी की, सिपाहियों की फौज रामचंद्र का नाम लेते सब करते हैं मौज (आनंद-मस्ती)

लोकाचार

लोकाचारों, तीज-त्योहारों में चित्र विधान का 'कर्म कांड' महत्त्वपूर्ण है। यह चित्र विधान न केवल हमारे सौंदर्य-बोध को दरशाता है, बल्कि कलाशक्ति और प्रतिभा को भी प्रेरणा देता है। घर के दरवाजे पर तोरण, सामने और आँगन में रंगोली, दीवार पर स्वस्तिक मराठी घर की पहचान करा देते हैं। रंगोली रंगावली का ही रूप है। मराठी का

'रांगो ळी' सारगोळा (एक विशिष्ट पत्थर) से बनाए जाने के कारण संभवत: रंगोली है। इसी तरह हर चिह्न के अपने कुछ शुभ संकेत होते हैं। स्वस्तिक (जिसे लोक बोलियों में 'सुरांतिया' भी कहा जाता है) की चार भुजाओं को चार आश्रमों के प्रतीक के रूप में भी देखा जाता है। ये स्वस्तिक चार वेद, चार दिशाएँ, चार पुरुषार्थ का भी प्रतीक हैं। इसके बनाए जाने का निश्चित विधान है, इसे घड़ी की सूई की दिशा में (क्लॉक वाइज) बनाया जाता है, जो सृष्टि के आगे बढ़ने का संकेत है।

महाराष्ट्र संगीत-प्रेमी प्रदेश है और संगीत की तीनों विधाओं, यानी गीत, वाद्य तथा नृत्य की अनेक शैलियाँ और प्रकार यहाँ अपनी वाद्यमयता व कलात्मकता के साथ अनुगुँजित हैं। इसके अलावा नाटक यहाँ के लोकजीवन में रचा-बसा है।

लोकदेवता

हमारे देश की लोकसंस्कृति और परंपरा में देवी-देवताओं की उपस्थिति और समवन्य सर्वव्यापक है। महाराष्ट्र में भी कुलदैवत की परंपरा बहुत गहरी है। ग्राम देवता, कुल देवता और उनसे जुड़े लोक नृत्य, लोकगीत, लोकनाट्य की कथा-किंवदंतियाँ हैं। विशेष प्रकार की वेशभूषा और गायन शैली के साथ गाँव-नगर की गलियों और सड़कों पर ये लोग अब भी देखे जा सकते हैं। इनमें प्रमुख रूप से वासुदेव, कड़क लक्ष्मी, वाध्या-मुरळी, जोगवा, गोंधक भारुद जैसे प्रकार हैं।

वासुदेव कृष्ण का प्रतिनिधि है, जो बारह बलूतेदारों में एक है। सारे गाँव को जगाता है, ब्रह्म मुहूर्त में आता है।

खंडोबा को भेंट चढ़ाए लड़के और लड़कियाँ वाध्या मुरली प्रस्तुत करते हैं।

गोंधळ रात भर चलता है। अंबाई के उपासक गोंधकी मरिआई को पूजनेवाले 'पोतराज' थे। ये माँग और महार जाति के लोग 'कड़क लक्ष्मी' नृत्य प्रस्तुत करते हैं। पुरुष रंग-बिरंगा परकर (स्कर्ट) पहनता है, सम्वळ (एक प्रकार का वाद्य) बजाते हैं और स्त्री के सिर पर टोकरी होती है, जिसमें मिला हुआ दान और भिक्षा रख लेते हैं।

भारुड महाराष्ट्र का प्रचलित लोकनृत्य-गीत है, इसमें नीति और ज्ञान का समावेश होता है। आध्यात्मिकता के साथ ही सामाजिक उपदेश भी होता है। संत एकनाथ के भारुड़ बहुत लोकप्रिय और प्रचलित हैं। विचू चावला (बिच्छु ने काटा) के रूपक में माया-मोह के बिच्छू का वर्णन है। संत एकनाथ के लगभग ३०० भारुड़ गीत मिलते हैं। चंदाबाई तिवाड़ी भारुड़ प्रस्तुत करनेवाली चर्चित कलाकार हैं।

लोकनृत्य-गीत

तमाशा महाराष्ट्र की लोक नाट्य-शैली में तमाशा बहुचर्चित है। तमाशा करनेवाले कलाकार मंडली को 'फड़' कहा जाता है। इसमें नर्तकी की भूमिका महत्त्वपूर्ण होती है। गायक के गीतों के अनुसार नर्तकी विभिन्न भाव-मुद्राएँ प्रस्तुत करती है। 'काळू-बाळू' का तमाशा प्रसिद्ध रहा है।

लावणी महाराष्ट्र की लोककला नृत्य-गीत परंपरा की साम्राज्ञी ही मानी जाती है। तमाशा लोकनाट्य के साथ लावणी का विकास पेशवाओं के समय हुआ। यह एक प्रकार का श्रृंगारिक ग्रामगीत, लावण्य का वर्णन करनेवाली रचना है। लावणी में ढोलकी का विशेष स्थान है। लावणी कलाकार बिठाबाई नारायण गाँवकर के जीवन की सत्य घटना अविश्वसनीय लगती है। प्रचलित है कि वे पूरे ९ माह का गर्भ लिये लावणी कर रही हैं, तभी दर्द शुरू होता है, वे परदे के पीछे जाकर बालक को प्रसूतती हैं, प्रसव पीड़ा सहती हैं और फिर आकर दर्शकों के सामने लावणी प्रस्तुत करने लगती हैं। कभी पुणे का आर्यभूषण थियेटर लावणी का प्रमुख केंद्र रहा है। इन दिनों अहमदनगर के पास भूपा में लावणी का प्रमुख केंद्र रहा है। लावणी अब मात्र लोककला न रहकर पारंपरिक रूपों में नए-नए प्रयोगों के साथ फिल्म, दूरदर्शन और सांस्कृतिक समारोहों में विस्तार पा रही है। लावणी कलाकार शांताबाई के जीवन पर आधारित मराठी फिल्म 'सांगते आइका' (सुनिए सुनाती हूँ) प्रदर्शित हुई है। प्राचीन लावणी रचनाकार अनंत फंदी, रामजोशी आदि के साथ ही शाहीर पट्टे बापूराव की लावणियाँ प्रसिद्ध हैं। इतना ही नहीं, आधुनिक कवि पी. सावकाराम और शांताशेकके ने भी लावणी गीतों की रचना की।

लोकनृत्य-गीत की विशेषता यह है कि इनमें समूह की प्रधानता है, यहाँ एकल प्रस्तुति कम ही होती है। लेझीप, झिम्मा, फूगड़ी जैसे अन्य कई खेल भी लोक-परंपरा में प्रचलित हैं।

पोवाड़ा स्त्री-पुरुषों के लोकगीत-नृत्य के अलावा सिर्फ महिलाओं द्वारा प्रस्तुत किए जानेवाले लोकनृत्य भी हैं और इसके अलावा महाराष्ट्र की आदिवासी जनजातियों में भी अनेक प्रकार के लोकनृत्य-गीत प्रचलित हैं। महाराष्ट्र का एक बहुप्रचलित वीर काव्य है 'पोवाड़ा', जिसमें मूल रूप से योद्धाओं की वीरता और रण-कौशल का बखान होता है। पोवाड़ा को राजस्थान की रासो और बुंदेलखड के आल्हा गायन परंपरा के सदृश्य देखा जा सकता है। इधर 'पोवाड़ा' की नई रचनाओं में आधुनिक संदर्भो को जोड़ा जाने लगा है, कहा जा सकता है कि पोवाड़ा शैली में नए विषयों का समाजोपयोगी विषयों का समावेश किया गया है। इसी तरह बुंदेलखंड के 'आल्हा' में भी परिवर्तन हुआ है।

लोक कलाएँ और लोक साहित्य विराट् भारतीय संस्कृति से सुरभित है जो विज्ञान संगत और पर्यावरण बोधक भी है। बड़, पीपल, आँवला, तुलसी, केला आदि अनेक वृक्षों और वनस्पतियों का पूजन हमारी पर्यावरण चेतना है, पर्वत, नदियों-सरोवरों की पूजा-अर्चना (गंगा आरती आदि, गावर्धन पूजा) हमारी प्रकृति उपासना है। लोकनृत्य, गीत, नाट्य पनप रही अपसंस्कृति से बचने के रक्षा कवच हैं। लोकसंस्कृति की यह विशेषता है कि वह अपने मूल चिंतन और प्रवाह के अनुरूप मार्ग निर्धारण करती है। पारस्परिक सहयोग, सदाचार और समादर लोक-संस्कृति की महत्त्वपूर्ण उपलब्धि है। हमारा अपना भावलोक जब तक इस लोकभाव को आदर देता रहेगा, तब तक लोक-संस्कृति हमारी परंपरा और विश्वासों को सुदृढ करती रहेगी। हमारी लोक-संस्कृति की विरासत में अनेक अच्छाइयाँ हैं, इसे वर्तमान के काँइयाँ समय से बचाना होगा।

कथा-कहावतें

अरी-अरी, ओ भैंस, मुझे कहाँ ले चली : हमारे घरों में अकसर दादा-दादी, नाना-नानी या अन्य बड़े-बुजुर्ग बोलते हुए कुछ लोक कहावतों का उपयोग करते हैं। इन कहावतों के मूल में कोई-न-कोई घटना या प्रसंग रहा होता है, यानी इन कहावतों के साथ कोई कहानी, रोचक कथा जुड़ी है। ऐसी ही एक लोककथा है—अरी, अरी, ओ भैंस, मुझे कहाँ ले चली?

एक गाँव में माणिक राव और गंगा बाई रहा करते थे और अपनी गृहस्थी चलाने में व्यस्त थे। एक बार माणिक राव ने कहा, ''अरे गंगू, जल्दी खाना परोसती हो या जाऊँ घर छोड़कर। पेट में चूहे दौड़ रहे हैं।'' गंगूबाई ने कहा, ''नहीं-नहीं, घर छोड़कर मत जाइए, अभी गरमागरम खाना परोसती हूँ।'' माणिक राव जरा गरम दिमाग भी थे। बोले, ''हाथ धोने पानी क्या तुम्हारा बाप देगा। देती हो या जाऊँ घर छोड़कर।'' गंगूबाई न कहा, ''ठहरिए-ठहरिए, आती हूँ न।''

सुबह उठने से लेकर रात सोने तक माणिकराव पत्नी को घर छोड़कर जाने की धमकी देकर दिन भर नचाया करते। रोज-रोज की इस धमकी से गंगूबाई भी परेशान थी। एक दिन काम करते वक्त माणिकराव ने फिर धमकाया, ''जाऊँ घर छोड़कर?'' गंगूबाई ने कहा, ''जाइए, एक बारगी अभी चले जाइए, फिर लौटकर मुहँ मत दिखाना।'' गंगूबाई के गुस्से के आगे माणिकराव ठंडे पड़ गए। सोचने लगे, यह तो उल्टा हो गया। घर छोड़ूँ तो जाऊँ कहाँ? खैर, माणिकराव घर से निकले, दिन भर इधर-उधर भटकते रहे, भूख-प्यास से बेहाल। सोचा, शाम हो गई, अब रात होने को आई। अपने ही मुँह पर थप्पड़ मारते और कहते, अब बोलोगे, कभी करोगे घर छोड़ने की बात। अँधेरे से उन्हें बड़ा डर लगता था, असमंजस में थे, तभी उन्हें घर लौटती अपनी रंगी भैंस दिखाई दी। सोचा, बस इसकी मदद से घर पहुँचा जा सकता है। उन्होंने तुरंत भैंस की पूँछ पकड़ ली और पीछे-पीछे घर की ओर चल दिए। भैंस घर पहुँची, आँगन पार करते समय पत्नी गंगूबाई को देखकर अपनी झेंप मिटाने के लिए भैंस की पूँछ पकड़े ऐसा दिखावा किया, जैसे भैंस उन्हें खींच रही हो, और जोर-जोर से चिल्लाने लगे, ''अगं अगं म्हशी, भला कुठे नेशी।'' (अरी-अरी, ओ भैंस! मुझे कहाँ ले चली।) पत्नी गंगूबाई अपने पति की आदत जानती थी, हँसते हुए कहा, ''समझ गई मैं, चलिए, खाना खा लीजिए।''

जितना मट्ठा उतनी रामकथा : एक गाँव में लक्ष्मीनारायण नाम का धनवान् आदमी रहता था। लेकिन उसकी पत्नी उतनी ही कंजूस और स्वार्थी थी। उनके घर में मधुकर नामक एक बालक उनकी दी भिक्षा पर अपनी जीविका चलाता था। एक दिन लक्ष्मीनारायण की पत्नी धनलक्ष्मी ने बालक से पूछा, ''तुम क्या पढ़ते हो?'' बालक ने बताया कि वह रामायण का अध्ययन कर रहा हूँ, अध्ययन पूरा होने पर रामकथा कहा करूँगा। धनलक्ष्मी ने एक दिन उसे भोजन देते समय कहा, ''तुम्हें मठा (ताक) भी देती हूँ, पर मुझे रामकथा सुनानी होगी।'' बालक ने विचार किया, इतने से मट्ठे के बदले इतनी बड़ी रामकथा कैसे सुनाऊँ? तभी उसे उपाय सूझा और बोला, आपको 'एक श्लोकी' रामायण सुनाता हूँ। सुनिए—''आदौ राम तपोवनादिगमनम्, सुग्रीव सम्भाषणम्। बाली निर्दलनं, समुद्रतरणं। लंकापुरी दाहनम्। पश्चात् रावण कुंभकर्ण हननं एतद्धि रामायणम्॥''

इतना सुनकर धनलक्ष्मी बोली, ''यह क्या, बस इतनी ही है रामायण कथा, कम-से-कम अर्थ तो बताओ।''

बालक ने कहा, ''पहले राम तपोवन में गए, सुग्रीव से संवाद हुआ, फिर बाली का वध किया, फिर सागर पार कर लंका दहन किया और रावण-कुंभकर्ण का वध किया। इतना ही रामायण का सार है।''

धनलक्ष्मी बोली, ''मैंने तुम्हें मट्ठा देने की बात कही है और तुम इतनी सी रामायण मुझे सुना रहे हो।''

बालक ने उत्तर दिया, ''हाँ, इतनी ही कथा है। जितना आप मुझे मट्ठा दे रही हो, उतनी ही कथा मैं आपको सुना रहा हूँ।''

'जितना मट्ठा, उतनी कथा' (ताका पुरते रामायण)।

सच तो यह है कि बहुत सी लोककथाएँ अन्य प्रांतों में भी उसी रूप में प्रचलित हैं, वही कहावतें भी हैं। सिर्फ भाषा बदल जाती है, नाम बदल जाते हैं, 'बादरायण संबंध' व 'लकड़हारे की लोककथा' बहुप्रचलित है। 'आदौ राम तपो वनादिगमनं...ये श्लोक इस तरह भी लोकभाषा में है—

एक हते राम, एक हते रावंना, जे हते छत्री बे हते बाम्हना,
इनने उनकी नार हरि, उनने इनकी नास करी,
बात को हो गओ बातन्ना। तुलसी लिख गए पोथन्ना।

एक बार फिर इस बात की पुष्टि होती है कि 'लोक में स्वीकृति' ही लोक-संस्कृति है। भाषा, प्रांत के आधार पर कुछ भिन्नताएँ अवश्य हो सकती हैं, लेकिन लोक से अभिन्न कुछ भी नहीं।

□□

25

बँगला लोक-संस्कृति

—प्रोजेश सेनगुप्ता

मनुष्य नाम के प्राणी अपनी-अपनी लगन से सिर्फ अपने जीवन को आगे चलाने की जरूरतों को पूरा करते हैं। घर, छत्ता आदि अलग-अलग ढंग से निर्मित होते हुए भी शिल्पकला के अंतर्भुक्त नही होते, क्योंकि यह 'अपने मन की मिठास' से नहीं बनाए जाते, जीवन-चक्र की शर्तों को मानकर यह युग-युग से चला आ रहा है। पर सिर्फ मनुष्य ही है, जो अपने मस्तिष्क के विकास और अपनी चेतना के सहारे लगन को नियंत्रण कर सकता व छुपा सकता है घटना और उसके पीछे छुपे काम का अनुसंधान करते-करते आदिम वन्यावस्था से कृषि द्वारा अपने ही हाथों से उत्पादन आरंभ करने में सक्षम हुआ है। वर्षा, शरत, वसंत और सर्दी अर्थात् अलग-अलग ऋतु में बीज को बोना और उन्हें इकट्ठा करते समय पर्याप्त पानी और सूर्यलोक की प्राप्ति की कामना में विभिन्न देवताओं का अस्तित्व स्थापन करना आरंभ किया और इसके साथ ही आरंभ हुआ बहु देवताओं का युग और यहीं आयोजित प्रार्थना के कार्यक्रम को केंद्र कर प्रार्थना गीत, नृत्य होने लगे और एक-एक देवगोष्टि को लेकर बन गए विभिन्न धर्मधार (cult), इसके साथ ही बहुत से शिष्टाचार का उद्भव हुआ। उद्भव हुए कारीगर (artisan) का, जो शिल्पकला में दक्ष थे। इसी से जन्म हुआ वंश-परंपरा से चली शिल्प गोष्टी और इन विभिन्न वंश-परंपरा से चली शिल्पगोष्टी की वस्तुगत तथा भावगत कला की परंपरा का प्रयोग और नंदन तात्विक विचारों का विश्लेषण लोक संस्कृति के चर्चा का विषय है, जिसका उद्भव इतिहास के प्राचीन ग्रीस, रोम, भारतवर्ष सह समस्त पृथिवी में लगभग एक ही है। इस अनागरिक संस्कृति का उद्भव एक ऐसे समाज में था, जहाँ उत्पादनकारी और व्यवहार करनेवाले में कोई ज्यादा फर्क नहीं था। इस साम्यवादी समाज में किसी का भी कोई व्यक्तिगत मालिकाना नहीं था। उत्पादन मिल बाँट लेते थे। पुराने युग में जीने की तगीद में ही अस्त्रों का निर्माण और शिकार नृत्य, जादू नृत्य द्वारा अपने जीवन-यात्रा का नकल करते थे, जो किसी बुनियादी आत्मप्रकाश की आकांक्षा से नहीं, अपनी गोष्टी के मनोरंजन के लिए नहीं, खाने की मनोकामना सफल करने के लिए चेतन या अवचेतन वस्तु में शुभ फलदायी आत्मा की कल्पना करके उसे वंशप्रतीक के रूप में मानकर उसके चारों ओर एकजुट होकर नाच, गाना इत्यादि करते थे, जो था आत्मसमर्पण। कृषि पर निर्भर आदि समाज के जैसे किसी परंपरागत कलासृष्टि नहीं, जिससे खा जाए स्थानीय-कालिक-चारित्रिक विशेषता युक्त आलोच्य लोक-संस्कृति का अवस्थान आदिम संस्कृति और नागरिक संस्कृति के बीच का स्थान है और यह इस लोक-संस्कृति को एक ओर आदि जनजाति के संस्कृति और दूसरी ओर नागरिक संस्कृति की सीमारेखा को बदलकर संस्कृतियों का आदान-प्रदान होता ही रहता है और इन संस्कृतियों में किस की विशेषता कितनी बदलेगी, यह निर्भर करता है दोनों संस्कृति की तुलनात्मक मान के ऊपर। यह मान जितना आसपास होगा उतना पारंपरिक प्रवाह अधिक होगा। डॉ. मजहरुल इस्लाम ने लिखा है, 'फोकलोर एक-एक मानव गोष्टि की सृष्टि है, जो एक ही भौतिक परिवेश में रहते हैं, जिनके जीवन की व्यवस्था, भाषा, जीविका और परंपरा एक ही सूत्र में बँधी है। दकियानूसी विद्या के स्पर्श के बिना ही कोई प्रतिभावान व्यक्ति भी कोई एक वस्तु का गठन कर सकता है, शिल्पकला कर सकता है, तसवीर बना सकता है, पुतले या मूर्ति बना सकता है—इन्हें देखकर पूर्व पुरुष से अगला पुरुष या एक जन से दूसरा एक संस्कृति से दूसरी संस्कृति और देश से दूसरी संस्कृति और देश के लोग निर्माण करते हैं, तसवीर बना सकते हैं या पढ़ सकते हैं।' इस समाज के बारे में 'बंगीय लोक संस्कृति कोष' से एक विवृति उल्लेखनीय है, इस परंपरागत कृषि आधारित समाज नागरिक नहीं है, क्योंकि नगर जीवन में यह सामाजिक एकजुटता नहीं है, पड़ोस के साथ रोजमर्रा की मौखक संस्कृति चर्चा की विकास का आदान-प्रदान नहीं है। जहाँ भी कहीं किसी जीविका या कर्म-गोष्ठी का विकास होता है, वहीं एक तरह की लोक-संस्कृति की संभावना बनती है। जो कंप्यूटर पर काम करते हैं उनमे इस तरह ही आधुनिक नागरिक प्रभाव की संस्कृति बनती है।

'लोक-संस्कृति' में लोक संस्कृत शब्द का मूल-लोक (दर्शन) धातु से लोक + अ (धण) - स्म्र = लोक, जिसके धातु का अर्थ है ध्यान रखनेवाला व्यक्ति, अर्थात् सामाजिक संगठन और इंद्रियों के द्वारा प्रकृति का निरीक्षण और उपभोग लायक प्रत्यक्ष ज्ञान समक्ष लोकसृष्टि का जन्मदाता है।

(अ) चारूकला आश्रित शिक्षादायी लोकसंस्कृति, जिसको लोकाचार केंद्रिक लोक संस्कृति, लोक विश्वास और इसे ही लोकाचार, व्रत संस्कार, झाड़-फूँक, मंत्र-तंत्र, जादू क्रिया, लौकिक देव देवी, समाधि, स्वप्न में आदेश, लोकरीति, प्रथा, कृच्छ साधन, लोक-उत्सव, पूजा-पाठ, मेला, लोक चिकित्सा आदि बाक केंद्रिक लोक-संस्कृति, लोक भाषा आश्रित पहेली, प्रवाद-प्रवचन, लोक कहानी, लोक भाषा पर आश्रित गालों, लोकसंगीत और लोक नाट्य की बात का अंश, व्रत और मंत्र, गाथागीत आदि, लोक अभिकरण शिल्पकेंद्रिक लोक संस्कृति, चारू शिल्पकला, लोकसंगीत, लोकनाट्य, तर्ज, कविगान, बोलचाल, गुड़ियों का खेल, नौटंकी, लोक क्रीड़ा, गाने में कहानी, वाध्य में गाना, नगर और गंज का संकीर्तन, मंगल गान और महाकाव्य (मूलतः रामायण और महाभारत) पाठ और गाना आदि, इन तीन भागों में बाँट सकते हैं।

(आ) जड़वस्तु उत्पादन केंद्रिक लोक-संस्कृति, जिसको लोक शिल्पकृति और लोक विज्ञान लोक प्रकल्प आश्रित लोक-संस्कृति रूप पर आश्रित शिल्प और जीवन धारण के उपकरण। लोक चित्रकला, पट शिल्प, लोकशिल्प, लोकवाद्य यंत्र और उसको बनाने की कला, लोक्स्थापथय, लोक गृह, लोक खाद्य, लोक पहनावा, लोक वाहन इत्यादि। प्रयोगिक लोकसंस्कृति विभिन्न विषय पर आधारित। लोक गणित, लोक समाज, लोक राष्ट्रनीति आदि। इन दो भागों में बाँटा गया है।

बंगाल की लोक-संस्कृति भी दूसरे लोक-संस्कृतियों जैसे ही श्रम निर्भर संस्कृति हैं, जो नागरिक अभिषेक में डूबी संस्कृति में रहती है और जिसके सपक्ष में रवींद्रनाथ ने लिखा है—जनपद में जैसे फसल हो रही है और नाव चल रही है—जहाँ लोहार की हल की नोक, बढ़ई के घर में ढेंकी और स्वर्णकार के घर रुपए के दाम में बन रहा है, वैसे ही अंदर-ही-अंदर एक साहित्य गठन का काम चल रहा है , जिसका कोई अंत नहीं है। अर्थात् एक ही साथ जरूरत मिटाना और विनोदन क्रिया की छाप लोक-संस्कृति में हर जगह विद्यमान है। बंगाल की संस्कृति में ऊपर दिए गए उपादान विभिन्न आदान-प्रदान के कारण जो रूप धारण किया है, उसके मूल लक्षण हैं—(१) जीविका अर्जन की प्रथा का बहाव, मन को केंद्र कर किसी क्षेत्र की लोक-संस्कृति का ढाँचा निर्मित होता है, जो व्यावहारिक रूप से एक ही साथ शिक्षा और विनोदन देती है। (२) प्रकृति, समाज और सृष्टिकर्ता के बीच विच्छेद दूरीकरण की चेष्टा चलती है, जिस कारण सृष्टिकर्ता और भोग कर्ता के बीच आनुष्ठानिक रूप से कोई विभेद नही होता और भोगकर्ता सहज ही सृष्टि के रूप-भाषा का अभिन्न अंग बन जाता है। (३) व्यावहारिक जरूरत की सृष्टि के लिए ज्यादातर लोककला की सृष्टि भोग करनेवाले के दृष्टि से बनती है। नगर साहित्य या अंतर्जाल साहित्य के अंदर पाठ करने का अवसर और दूसरे क्षेत्र की तुलना में कम ही हैं। (४) सृष्टि के काम में अकेले प्रधानता की स्वीकृति नहीं के बराबर है। दूसरे ताकनीकों के माध्यम की तुलना में पर्यवेक्षक की अपनी खुद की दक्षता और अपनी परिपक्वता पर

ज्यादातर सफलता निर्भर करती है। (५) लोक जागृति की कला के क्षेत्र में साहित्य, संगीत, नाटक की रचना के लिए भाषा परिवर्तन, संगयोजन का अधिकार स्वीकृत है। हलाँकि मूल रचना की शैली की रक्षा की जाती है। जैसे भादू-तुशु के गाने, गंभीर इत्यादि। (६) जागृति कला का प्रदर्शन भोग करनेवाले के पास दहेज की तरह नहीं होता। पट्ट कला-गुडीया, गान-कथा, कहानी में कथा, भसान, बहुरूपी, नौटंकी, यात्रा, आदि पेशादारी विनोदन में भी कोई घटना प्रदर्शन के समय नहीं घटता। (७) ज्यादातर कोई उद्‌देश्य को केंद्र कर ही होता है अर्थात् विविध आचार अनुष्ठान में बीज बोना या फसल उठाने को केंद्र कर और गृह निर्माण, छत की पिटाई, लोक क्रीड़ा, शिशु को सुलाना आदि क्षेत्र में लोकभाषा या साहित्य के प्रयोग के साथ लोक जाग्रति के कला का अनुष्ठान होता है। (८) रोजमर्रा के वास्तव जीवन को अकसर वास्तव के रूप को भेद कर अतिवास्तव को सबके सामने उपस्थित करना ही लोकसृष्टि की विशेषता है , जिससे अधिक कल्पना से वास्तव और अति वास्तव मिलकर एक तृतीय मात्रा संयोजित करते हैं। जैसे 'ठाकुमार झुलिर' की निर्दयी रानीमाँ का अनायास ही राक्षसी माँ में अपने को बदल लेना। रंगोली और घर में मिट्टी से बने लक्ष्मी के पैर, धान का धान्यागार के प्रयोग में जैसे किसी वास्तव का प्रतिरूप या प्रतीक निर्मित है।

बांग्लादेश वैसे तो १९४७ तक अविभक्त भारत का अंग था। बंगाल की लोक-संस्कृति और उसकी विशेषता विभिन्न मात्रा में इस पार और उसपार दोनों ही बंगाल उसके अंश हैं। प्राचीन बंगाल जिसकी भौगोलिक सीमा हिंदू-बुद्ध-मुसलमान युगों में बार-बार परिवर्तित हुआ है, उसकी सीमारेखा को 'बंगालीर इतिहास : आदि पोरबो' ग्रंथ के रचयिता डॉ. नीहार रंजन राय ने उत्तर में हिमालय से नेपाल, सिक्किम, भूटान, उत्तर-पूर्व में ब्रह्मपुत्र की घाटी उत्तर-पश्चिम में द्वारबंग ता भागीरथी की उत्तरसीमानतरल वर्ती समभूमि पूर्व की ओर गारो-खासिय-जयंतिया, त्रिपुरा, चट्टग्राम शैल श्रेणी से आगे दक्षिण समुद्र तक पश्चिम में राजमहल, संथल परगना, छोटानागपुर मालभूमी-धलभूमि, केयोसर, मयूरभसेर पहाड़ी, जंगली मालभूमी, दक्षिण में बंगाल की खाड़ी इसे ही चिह्नित किया है। आर्यों के आने से पहले बंगाल में कोल भील-मुंडा-पुलिंद डोम-चांडाल आदि मानवगोष्टी

का वास था, जिन्होंने बंगाल और भारत में कृषिनिर्भर जीवन यात्रा का सूत्रपात किया। पुरातत्त्व के विचार से बंगला जाति, द्रविड़, मोंगोल और आर्य जाति का मिश्रण है, जिसके साथ त्रयोदश शताब्दी में तुर्की आक्रमण हेतु मुसलमान खून का भी मिश्रण हुआ। इसलिए बंगाल की लोक-संस्कृति आदिवासी हिंदू बंगाली और मुसलमान बंगाली इन तीन भागों की लोक-संस्कृति के मिश्रण का रूप है, जिसके साथ फिर अष्टादश शताब्दी के अंत में अंग्रेज व्यापारियों के आने से सांस्कृतिक परिवर्तन के साथ दूसरे विदेशी प्रभाव भी देखे गए।

लोकभाषा चलती शहरी बंगाली के साथ विरोध से बनी इस भाषा में विशेष अंचल की विशेषता से भुत शिष्ट साहित्य जैसे रामायण, महाभारत, भागवत कहानियाँ, गुडीया नाच, छो नाच, बहुरूपी , मंगल काव्य, रयानी, अष्टमंगला, वैष्णव पदावली, चैतन्य लीला, नगर कीर्तन, गुड़िया नाच शिवायन नील व्रत का गाना मध्य युग से बंगाली लोगों द्वारा संचारित होता आ रहा है। वैसे ही बंगाल की लोककहानी रूपकथा-व्रत कथा-किंवदंती पूरा काहिनी के परमपरागत उपादान के संग आदिम समाज के बहुत से समाग्री की खोज मिली है। 'ठाकुर दादर झूली' 'ठानदिदिर थोले' आदि। अवनींद्र नाथ ठाकुर का 'बांगलार ब्रोतो', आशुतोष मुखोपाध्य का 'मेयेली ब्रोतोक्था' उल्लेख योग्य है। दोनों बंगाल की लोक संस्कृति की विशेषता है तुकबंदी, जो ग्रामकविता, छटा, गुच्छ, श्लोक, फुटकल, शिकली, छिक्ली (पूर्व बंगाल), शिकली (मैमनसिंह), छिलका (उत्तरबंगाल) आदि नाम से जाने जाते हैं, जो कि लोकजीवन के छंद से मिला हुआ है। खना, ईश्वर गुप्त, संजीव चंद्र चट्टोपाध्य सह युग-युग से प्रचलित कहावतें और पहेलियाँ अपनी भाषा के द्वारा लोक-संस्कृति की धारा को आगे बढ़ाते जाते हैं।

नदी मात्रिक गाने और गाथा का देश इस बंगाल में सर्वत्र ही गाना, जो चारण कवि घूम-घूमकर पेश करते हैं, उन्हें लोकगीत कहते हैं। दौलत उजीर बहराम खान की 'लैला मजनू', दौलत काजी की 'लोर चंद्रानी', मोहम्मद कबीर की 'मधुमालती' के अलावा महुआ, कजलरेखा, तिलकवसंत गीतिका भी धर्म निरपेक्ष गीतिका का उदाहरण है। भाषाविद् सर जोर्ज अब्राहम गीआरसन बँगला गीतिका संग्रह के अगुआ हैं, जिन्होंने १८७३ में उत्तर बंगाल के कृषकों से मनिकचंद्र राजा का गाना नामक गीतिका संग्रह किया था। लोक-संस्कृति में 'लोक-संगीत' इस शब्द का मूल्य अपरिसीम है, क्योंकि सिर्फ सुर ही नहीं इन लोककथाओं में एक एक अंचल की छाप और नद-नदी का चरित्र साफ उभर आता है। भाटियाली बिन ताल का लोकसंगीत का श्रेष्ठ रूप है, जो उत्तर बंगाल में भवैया के नाम से जाना जाता है। तालवाला लोकगान है सारी, जो नाव चलाते वक्त जोर लगते समय गाया जाता है। पश्चिम बंगाल में झुमुर ही मुख्य लोकगीत है—इसके साथ है धर्म और शरीर संबंधित गुप्त भाव में बाउल संगीत। गंभीर, अलकाप एक ही साथ लोक-संगीत और लोकनाट्य के रूप में माने जाते हैं। टुसू, भादू उत्सव के साथ हैं टुसू, भादू गान और हैं बोलन, चेंचोर, चटका, र्यती, घाटू शादी के गाने, धन निकालने के गाने, आदि गीत और धर्म, प्रेम, व्यक्ति संपर्कित हस्यरस युक्त, कर्म संगीत, राजनीतिक व्यंग्यात्मक, प्रकृति और देशप्रेममूलक लोकगान बंगाल के लोकनृत्य में है। अलग-अलग तिथि में होनेवाले आचरण युक्त नृत्य-कीर्तन, नृत्य, त्रिनाथ, मदन कम इत्यादि सामाजिक उत्सव के प्रमोद नृत्य लेटो, खेमटा झुमुर आचार नृत्य हैं—गजन, दशावतार, रावन वध, बौनाच, व्रतनृत्य, आरती नृत्य इत्यादि, रण नृत्य-बिरभूम का रैबेशे, ढाली, काट्टी, रण पैर-पश्चिम रढ़ बंगाल के पुरुलिया का छोनाच इत्यादि लोकनाट्य नृत्य-मनसा यात्रा, अलकाप भसान, प्रतिवाद मुल्क लोकनृत्य है गंभीरा।

बंगाल के लोकनाट्य को छह भागों में बाँट सकते हैं—**(क) पट्ट** का गाना, देखना, सुनना। पट्ट का प्रचलन बहुत प्राचीन है, जिसका उद्देश्य था नीति शिक्षा प्रचार और समकालीन विषय से जनता को अवगत कराना। अक्षर संपर्क से पटुए धर्मीय बंधन से मुक्त हैं। पटुए ज्यादातर मिलते हैं मिदनापुर, बर्धमान और बीरभूम जिला में। उनकी झोली में सिर्फ रामायण, महाभारत, पुराण ही नहीं, देशभक्त खुदीराम, नेताजी, गांधीजी, दहेज प्रथा, साक्षरता, ताभागा आंदोलन , बर्गा ऑपरेशन पर भी पट्ट हैं। **(ख) कठपुतली नाच**—भूतों का ऐसा सोचना है कि भारत में नाट्यकला की उत्पत्ति कठपुतली नाच से हुई है। मध्य युग के बंगाल में कठपुतली नाच का परिचय मिलता है—चौदहवीं सदी के शेष में या पंद्रहवीं के प्रारंभ में लिखा शाह मोहम्मद सगीर का यूसुफ जुलेखा काव्यग्रंथ बँगलादेश में संचालित वृहद धर्म पुराण और चैतन्य चरितामृत के रचनाकार सोलहवीं शताब्दी के कृष्णदास कविराज की रचना है। तार पर कठपुतली का नाच सबसे ज्यादा पुराना है। नदिया जिला के मुरगाछा कॉलोनी के साथ बगुले के आस-पास तपशीली जाति और उपजाति के लोगों ने इस तरह की कठपुतली के नाच को अभी भी संजोकर रखा है। डंग के कठपुतली नाच में पुतलियाँ लकड़ी की बनी होती हैं। दक्षिण २४ परगना, मेदिनीपुर, हावड़ा, कलकत्ते में इस तरह का कठपुतली नाच दिखानेवालों की संख्या एकाधिकार है, और है बेनीपुतली नाच, दोनों हाथ में दो पुतली लेकर बड़ी दक्षता से नचानेवाला गाना गाकर कार्यक्रम करता है। मेदनीपुर जिला में कांथी में और बर्दमान जिला में इनकी संख्या काफी है। **(ग) शिशु नाट्य** मूलत: प्राथमिक विद्यालय में विभिन्न शिशु कल्याण के प्रकल्प के रूप में बच्चों द्वारा प्रायोजित किया जाता है, इसके अलावा बड़ों के ध्यान से अलग घर के आँगन में, रास्ते में, घर के अंदर, छत पर 'गाड़ी चालक और यात्री', 'दुकानदार और खरीददार', 'चोर और चौकीदार', 'बच्चों की शादी', 'रावण के साथ युद्ध' बच्चे अपनी इच्छा से बहुत उत्साह से करते हैं। **(घ) पथ नाटिका** मूलत: लोकशिक्षा के उद्देश्य से

अभिनेता ही नाटक की सब व्यवस्था लिए रास्ते पर हाजिर होते हैं। संग, बहुरूपी, अष्टक, बालाकी, गंभीरा, गाजन, नाटमथानी, लेटो, खजगर, चोरचुर्नी, हेपू, ढोमनी पट इनके रूप हैं। **(च) साधारण लोकनाट्य** पुरुष-प्रधान लोक या वर्णनाधर्मी व क्रियात्मक दो भागों में बाँटा हुआ है। आल्काप, गंभीर, मानिक पीर का गाना, डोमनी गान, लेटो, माछानी, गान, धाम गान, दोतारा, कुषाण, सती का गान, युगी यात्रा, चंडी यात्रा इसके उदाहरण हैं।

बंगाल की लोककला ने बहुत दिनों तक विदेशियों को भी अचंभित किया है, जिसमें मिट्टी की कला, कृष्णनगर में मिट्टी के पुतले, बंकुरा में टेराकोटा का काम, जिसमें सबसे प्रचलित है घोड़ा। डाकेर साज (शोला का काम), बाँस और बेंत का काम, नदिया जिला का ताँत शिल्प, पूर्व बंगाल की नकक्षी कांथा, चटाई, लकड़ी से काम, मिट्टी के पात्र में अंकन, पटला, ढाका की शंख कला, मुर्शिदाबाद के हाथीदाँत का काम, विष्णुपुर, खागडा का शिल्प, डोकरा, आल्पना, नकली मुँह बंगाल की अपनी परंपरा आज भी अपनाए चल रही है।

इसके अलावा भी बंगाल के पेड़-पौधों से भी कविराजी और आयुर्वेद, यूनानी के सहारे लोकदवाई के माध्यम से दवाई के दुष्प्रभाव के बिना ही चिकित्सा; कबड्डी, हा डू डु, बूढ़ी बासंती, स्टापू आदि लोक क्रीड़ा; लोकधर्म और लोकउत्सव-मेले में गाजन, मंशापुजा, झापन, गाजी पीर का उत्सव, रथ का मेला, चडक इत्यादि; लौकिक देव-देवियों में धर्मठाकुर, घेटु शीतला, ओलाबिबी, मनिकपीर, वनबीबी, मकाल ठाकुर का उल्लेख किया जा सकता है। इसके अलावा भी धोती, गमछा, लुंगी, बंगाली तरह से साड़ी का पहनावा आदि लोक पहनावा। ढोल, एकतारा, दोतारा, डुगडुगी, बंसी, शिंगा, मंदिर, खमग, शंख, नूपुर, झाँझ आदि लोकवाद्य; लकड़ी की थाली, चकला, बेलन, दीया, कुल्हड़, दरांती, काढची, पूजा के बरतन, ताँबे के बरतन आदि लोक धातु निर्मित बरतन; ढोली, सवारी, ढंडी, एक्का, टेंगा, नाव। (...शालती, कुंता, डिंगी) आदि लोकयान और बीरभूम का मुरब्बा, बर्धमान का सीताभोग-मिहिदाना, कृष्णानगर का सर्पुरिया-सरभाजा, शक्तिगढ़ का लंगचा, भरमपुर का छानावढा, नाठोर का कांचागोल्ला, ढाका की इमरती, बरिशाल की बखरखानी, युग-युग से बंगाल की लोक-संस्कृति का परिचय है जो एक ही संग विनोदन और काम का माध्यम है।

अंग्रजों के आने से पूर्व भारतीय समाज जीवन की लोक-संस्कृति का केंद्र सामंत्तांत्रिक था। छोटे-छोटे गाँव में कृषि और शिल्पकला की ये चीजें मनुष्य के व्यवहार में आती थीं। गाँव के किसानों से लगान लेकर नगर की सभ्यता बनी, पर इस संग्रह का रूप ऐसा भी नहीं था कि इन गाँव की अर्थनीति विपदा में नहीं पड़ी। मूलत: वाणिजिक केंद्र के रूप में शहर बने। नगर और शहर की संस्कृति दोनों ही सम्यक् रूप से चल रही थी, पर १७५७ में पलाशी युद्ध जीतने के पश्चात् सामंततंत्र की व्यवस्था टूट गई और ब्रिटेन के शिल्प क्रांति के फलस्वरूप संपूर्ण अर्थनीति की जगह पूँजीवादी अर्थनीति ने ले ली और भारत में बनियों को स्थापित करने हेतु कुटीरशिल्प और लोकशिल्प का निर्मूलीकरण प्रारंभ हुआ। दूसरे शिल्प के लोग मजबूर होकर कृषि के काम में लग गए। इसकी वजह से कृषि जमीन की कमी दिखने लगी और गाँव गरीब से और भी गरीब होने लगे तथा शहर के दलालों ने ब्रिटिश राज के शोषण को चालू रखने के लिए पाश्चात्य शिक्षा के तर्ज पर देश की रीतियों को दूर हटाए रखने की कोशिश जारी रखी। फलस्वरूप संस्कृति के दो भाग हो गए। श्रीचैतन्य, ख्वाजा मैनूद्दीन चिस्ती के शिष्य, कृतिवास, विद्यापति, चंडीदास, अलाऊल, भरतचंद्र और बहुत से बेनाम आउल, बाउल, चारण, फकीर, दरवेश के परिश्रम से बंगाल में जो लोक-संस्कृति विकसित हुई, वह मूल धारा से बहुत परे थी। राममोहन राय और बाद में विद्यासागर, माइकेल, रवींद्रनाथ, गोकुलदास, मुकुंददास, नजरुल, जसीमुद्दीन आदि के आंतरिक यत्न और रवींद्रनाथ, दक्षिनारंजन, दिनेशचंद्र सेन (मयमनसिंह के गीत) लोक-संस्कृति का संग्रह बुनियाद बना।

लोक-संस्कृति का मूल लक्ष्य है अलगाव दूर करना। पृथ्वी के इतिहास में यह प्रमाणित है कि जब भी किसी जाति को अपने मूल से उखाड़ने की कोशिश की जाती है, तब वह अपनी लोक-संस्कृति से मुक्ति का रास्ता ढूँढ़ लेती है, जैसे १९०५ में बंगभंग आंदोलन बंगाल के लोक संगीत का आश्रय लेकर हुआ था, रविंद्रनाथ, अतुलप्रसाद, कालीप्रसन्न काव्यविशारद आदि के देशभक्ति के गीत। बीज भट्टाचार्य की लिखी 'नवान्न' इस समय का दस्तावेज है, जो देश के शिल्पप्रीती का वहक होकर बँगला नाटक में बहता रहा और जिसके प्रेरणा थे लोक-संस्कृति के उपादानयुक्त रवींद्र नाटक। देश का शिल्प अनेक परिवर्तनों के बावजूद रहेगा, क्योंकि लोक-संस्कृति विज्ञान आज समाज-विज्ञान की एक महत्त्वपूर्ण शाखा के रूप में विद्या की श्रृंखला

में पिरोई गई है और अभी भी कुछ ऐसे शोधकर्ता हैं, जो विविध राजनैतिक, प्राकृतिक और समाज के कारण परिवर्तित लोक-संस्कृति अपने मूल से अलग न हों, इस चेष्टा में हैं।

□□

26 उत्कल का लोक-सांस्कृतिक वैभव

—अमूल्य रत्न महांति

किसी देश, जाति या समाज की विविध जीवन-शैली या सामाजिक संबंधों, परंपराओं आदि में मानवता की दृष्टि से प्रेरणा प्रदान करनेवाले आदर्शों की समष्टि को 'संस्कृति' कहते हैं। सामाजिक जीवन का उन्मेष और उत्कर्ष संस्कृति में ही होता है। संस्कृति वह कसौटी है, जिसके माध्यम से विभिन्न सभ्यताओं के उत्थान-पतन का परीक्षण संभव है। यही कारण है कि संस्कृति के आधार पर विभिन्न धर्मों, दर्शनों, आचारों तथा विचारों का समन्वित स्वरूप प्रस्तुत किया जा सकता है। उत्कलीय संस्कृति भी इसका अपवाद नहीं है।

उत्कलीय संस्कृति की सतत वेगवती धारा पुनीत पावनी गंगा के समान है। जैसे गंगा की धारा किसी अज्ञात स्थान से निकलकर अनेकानेक दुर्गम पर्वतों और प्रदेशों से होती हुई अनेक धाराओं के जल-प्रवाहों को आत्मसात् करती हुई अंत में महासागर में विलीन हो जाती है, ठीक उसी तरह उत्कलीय संस्कृति की धारा किसी अज्ञात युग से प्रारंभ होकर अनुकूल तथा प्रतिकूल परिस्थितियों से गुजरती हुई विभिन्न विचारधाराओं को आत्मसात् करती हुई शनैः-शनैः जगन्नाथ संस्कृति के महोदधि में अपने को एकीभूत कर लेती है। इसलिए उत्कलीय संस्कृति को 'जगन्नाथ संस्कृति' भी कहते हैं। उत्कल का सांस्कृतिक वैभव बहुवर्णी हैं। महाप्रभु जगन्नाथ की भाँति यहाँ की संस्कृति भी समन्वय की अनूठी छवि प्रस्तुत करती है। उत्कलीय संस्कृति की संरचना आर्य, द्रविड़ तथा जनजातीय संस्कृति को लेकर हुई है। अतः उसकी लोक-संस्कृति में लोक-संगीत, लोकगीत, लोकनृत्य, लोककला, लोक-जीवन आदि में इन सबका मिला-जुला रूप देखने को मिलता है। भौगोलिक दृष्टि से भी पूर्वी, पश्चिमी तथा दक्षिण ओड़िशा की लोक-संस्कृति, लोकनृत्य, लोकनाटक आदि में विविधता पाई जाती है। किंतु फिर भी इन सभी सांस्कृतिक तत्त्वों की अंतःसूत्रता एक ही है। उत्कल के वैविध्यपूर्ण सांस्कृतिक वैभव को सरलता से प्रस्तुत करने के लिए इन्हें निम्नलिखित उप-शीर्षकों से विभाजित करने की आवश्यकता है, जिससे आलेख सारगर्भिक, सुंदर और वस्तुनिष्ठ हो सकेगा।

उत्कल की लोक-संस्कृति

सामान्यतः जो संस्कृति लोगों के भावावेग, उनकी सामाजिक जीवन शैली और रीति-रिवाज को लेकर पल्लवित-पुष्पित होती है, उसे लोक-संस्कृति कहते हैं। किसी एक समाज में रहनेवाले सब व्यक्ति इस संस्कृति को बनाए रखने तथा उपभोग करने में अपनी-अपनी भागीदारी निभाते हैं। उत्कल की लोक-संस्कृति सतरंगी, आकर्षक और भावोद्दीपक है। इसमें आर्य, द्रविड़ तथा जनजाति की जीवन-शैली प्रतिफलित होती है।

लोककथा

उत्कल की लोक-संस्कृति में 'लोककथा' का अपना महत्त्व है। भारत में लोककथा की एक समृद्ध परंपरा है। पंचतंत्र इसका सर्वश्रेष्ठ उदाहरण है। उत्कल की लोककथाओं को कहानी और किंवदंती के आधार पर दो वर्गों में विभाजित किया जा सकता है। कहानी के अंतर्गत देव-देवी, राजा, साधव, पौराणिक वीर, असुर, सुंदरी नारियों की बेवफाई, ऐयारी की कथाएँ प्रचलित हैं। किंवदंती ऐतिहासिक घटना व चरित को लेकर रची जाती है। कोणार्क मंदिर निर्माण के समय जो कथा शिवेई सांतरा को लेकर लोकमुख में है, वह एक ऐसी किंवदंती है, जो आज भी सदियों के बाद लोकप्रिय और प्रासंगिक है। श्रीमंदिर के निर्माण और श्रीजगन्नाथ मूर्तियों की स्थापना को लेकर भी कई किंवदंतियाँ उत्कल की लोककथाओं में रची-बसी हैं। लोककथा के समान 'प्रवाद' भी लोक संस्कृति का अनूठा वैभव है। थोड़ी सी बात में बहुत कुछ कहने के लिए ही प्रवाद की सृष्टि हुई है। प्रवाद किसी व्यक्ति के विस्तृत ज्ञान का परिचायक है। मूलतः प्रवाद हास्य रसात्मक है, किंतु कुछ प्रवाद उपहासमूलक भी हैं। पर्यावरण, सौतन पर व्यंग्य, दांपत्य जीवन, निकम्मा पति, कृषि आदि विषय को लेकर प्रवाद के कई भेद पाए जाते हैं।

पाला उत्कलीय लोक-संस्कृति की विशिष्ट पहचान है। इससे मनोरंजन के साथ-साथ नैतिक शिक्षा भी मिलती है। पाला दो प्रकार के हैं—**'ठिआ पाला'**, **'सत्यपीर पाला'**। ठिआ पाला में दोनों गायक एक-दूसरे के प्रतिद्वंद्वी बनकर अपनी-अपनी ज्ञान-गरिमा से स्वयं को श्रेष्ठ और दूसरे को परास्त करने की कोशिश करते हैं। सत्यपीर पाला हिंदू और मुसलमान धर्मधाराओं का समन्वित स्वरूप है। इसमें सत्यनारायण के साथ-साथ पीर की भी उपासना की जाती है। इसमें धर्म के अलावा संप्रदायों का समन्वय भी देखने को मिलता है। पंचदेव

(गणेश, सूर्य, विष्णु, शिव और दुर्गा) की उपासना सत्यपीर पाला का अपना वैशिष्ट्य है। प्रत्येक ओड़िआ घर में बालक के जन्म होने के इक्कीसवें दिन सत्यपीर पाला होने की परंपरा आज भी प्रचलित है। सत्यपीर पाला के विषय प्रत्येक पाला के लिए अलग-अलग हैं। इनमें कवि कर्ण कृत जन्मपाला, कृष्ण हरिदास रचित काठुरिआ पाला, मदनसुंदर पाला आदि प्रमुख हैं।

पाला की भाँति **'दासकाठिआ'** भी उत्कलीय लोक-संस्कृति की अनमोल धरोहर है। दासकाठिआ शब्द दास+काठिआ शब्दों के मेल से बना है। 'दास' का अर्थ है, भक्त और 'काठिआ' लकड़ी से बने दो छोटे-छोटे काष्ठ खंड को कहते हैं। भक्त इन दोनों काष्ठ-खंडों को अपनी उँगली के बीच रखकर उसे उचित लय, ताल और गति के साथ गीत गाते हुए बजाता है। दासकाठिआ में कुल दो कलाकार होते हैं, जिनमें एक गाता है और दूसरा उसे दोहराता है। दासकाठिआ नृत्य और गीत की समन्वित कला है। ग्राम्य जीवन के मनोरंजन के साथ आज भी इसका अटूट रिश्ता है।

गोटिपो उत्कल की सांस्कृतिक विरासत है। इसमें सुंदर बालकों को बालिकाओं के वेश में सजाकर नचाने की परंपरा प्रसिद्ध है। पहले राजा और जमींदार इसे खूब पसंद किया करते थे। आजकल चंदन, हिंडोल और दोल आदि त्योहारों के अवसर पर गाँव में गोटिपो का आयोजन किया जाता है। ओड़िशी नृत्य के विकास में गोटिपो का अवदान अविस्मरणीय है।

गोटिपो की तरह **'कंढेइ'** या **'गुड़िया नाच'** भी एक मनोरंजनधर्मी लोकप्रिय कला है। इसमें लकड़ी से बनी कुछ गुड़ियों को परदे की आड़ में रहकर एक सूत्रधार मंच पर गति प्रदान करता है। गुड़ियों के चरित्र से जुड़े संवाद, संगीत और नृत्य की सारी जिम्मेदारी उस पर होती है। गुड़िया नाच का विषय काल्पनिक, पौराणिक अथवा ऐतिहासिक कुछ भी हो सकता है। ओड़िशा की इस लोक-सांस्कृतिक परंपरा का आदर आज विश्व भर में होने लगा है।

उत्कल की लोक-संस्कृति के साथ **'व्रत और ओषा'** का घनिष्ठ संबंध है। उत्कल की नारियाँ अत्यंत धर्म विश्वासी, पतिव्रता और सुगृहिणी हैं। अपने परिवार, पति और संतानों की मंगल-कामना करके वे कई प्रकार के उपवास और व्रत करती हैं। 'ओषा' उपवास का ही अपभ्रंश रूप है। ओषा और व्रत दोनों में ओड़िआ नारी निष्ठापूर्वक उपवास करती हैं; किंतु ओषा में व्रत (धागा) धारण नहीं करतीं, पर व्रत में उपवास करती हुई अपने दाहिने हाथ की कोहनी के ऊपर अभिमंत्रित धागा या व्रत बाँधती हैं। उत्कल की नारियाँ कई तरह के व्रत रखती हैं, जिनमें कुकुटी व्रत, केदार व्रत, सावित्री व्रत, वज्र महाकाली व्रत, रविनारायण व्रत, सुदुशा व्रत, राई दोमोदर व्रत और निशामंगलवार व्रत आदि प्रमुख हैं। व्रत की भाँति ओड़िआ नारी जह्नि ओषा, बुधेइ ओषा, खुदुरुकुणी ओषा, खड़खड़ी ओषा, दुतीया ओषा, गुरुवार ओषा और बड़ओषा आदि ओषा या उपवास करती हैं। इन ओषा और व्रतों के मूल में पारिवारिक संहति, भाईचारा, सामाजिक-सांस्कृतिक एकता और धार्मिक भावना निहित है। यही उत्कलीय लोक-संस्कृति को सुदृढ बनाने के मूलभूत कारक हैं।

जनजातीय स्थिति

जनजातीय संस्कृति की चर्चा किए बिना उत्कल की लोक संस्कृति अधूरी है। ओड़िशा की कुल आबादी के बाईस प्रतिशत लोग जनजाति के हैं। इनमें खड़िआ, मांकिड़ि, मांकिड़िआ, बिरहोर, कोया, माहालि, कोल लोहार, जुआंग, भूयाँ, कंध, साओरा, परेंगा, दिदायी, धारुआ, बंडा, संथाल, मुंडा, हो, भूमिज, ओराम, मिर्धा, शबर आदि प्रमुख जनजातियाँ हैं। जनजातियों की लोक-संस्कृति आम ओड़िआ की लोक-संस्कृति से प्रथा, परंपरा, नृत्य, संगीत, पर्व, त्योहार आदि कई दृष्टियों से स्वतंत्र है। जनजाति के लोग व्यवहार-कुशल हैं। अनुशासन में रहना उन्हें बहुत पसंद है। जनजातीय समाज में परंपरा और संस्कार को तोड़ना अपराध माना जाता है। ओड़िशा की जनजातियाँ अपने-अपने समाज में कई प्रकार के पर्व-त्योहार मनाती हैं। इनमें करमा, रज, फगु, मकर, पौष, चइति, गह्मा, नवान्न आदि प्रमुख हैं। जनजाति के लोग शिकार करते हैं। मांसाहार के प्रति उनकी विशेष रुचि है। जनजाति की पूजा-उपासना भी अलग है। जनजाति के लोग करमासानी, बूढ़ाराजा, बिजापांडु आदि की उपासना करते हैं। जनजातियों में शाक्त उपासना की अधिकता है। सामाजिक जीवन में जनजाति के लोग नृत्य और संगीत को विशेष महत्त्व देते हैं। जनजातीय समाज में अनेक प्रकार के नृत्य प्रस्तुत किए जाते हैं। इनमें गदवा नृत्य, कोया नृत्य, कुटिया कंध नृत्य आदि प्रमुख हैं। संगीत में भी इनकी विशेष रुचि है। अपने जीवन को सरस, सुंदर और रसमय करने के लिए जनजाति के लोग नृत्य के साथ गीत भी गाते हैं।

जनजाति के 'संगीत' लोक संगीत हैं, जो सरलता, सहजता और बोधगम्यता से परिपूर्ण हैं। इनमें पांडित्य का अभाव और अनुभूति की तीव्रता है। ये संगीत पद्यात्मक और भावगर्भक हैं। इनमें सामान्य जीवन के आचार-व्यवहार, चाल-ढाल और सुख-दुःख का चारु वर्णन देखने को मिलता है। जनजातीय समाज में लोकोक्तियों का भी प्रचलन है। ये लोकोक्तियाँ कृषि, व्यापार, रीति-रिवाज और परंपरा को लेकर गढ़ दी गई हैं। जनजाति-समाज का कोई लिखित साहित्य नहीं है, किंतु

उनका मौखिक साहित्य काव्य सौंदर्य और भाव चेतना की दृष्टि से बलिष्ठ एवं सशक्त है। यही मौलिक साहित्य जनजाति समाज का सुंदर चित्र प्रस्तुत करने में पूर्णत: सक्षम है।

उत्कल के लोकनाटक और लोकनृत्य

उत्कल के लोकनाटक और लोकनृत्य की परंपरा अत्यंत प्राचीन है। भरत मुनि के नाट्यशास्त्र से इसकी पुष्टि होती है। लोकनाटक और लोकनृत्य प्रदेश विशेष की कला-कुशलता पर आधारित हैं। उत्कल के लोकनाटकों में प्रमुख है—'**प्रह्लाद नाटक**'। इसकी कई विशेषताएँ हैं। इसके सभी चरित्र गीत गाते हुए अभिनय करते हैं। इसका अंक नहीं है। मुख्य गायक को मिलाकर इसमें बीस पुरुष और पाँच महिला अभिनय करते हैं। 'प्रह्लाद नाटक' का विषय भक्त प्रह्लाद की पौराणिक कथा पर आधारित है। केवल गंजाम जिले में ही प्रह्लाद नाटक का प्रचलन है। अत: इसकी भाषा पर स्थानीय ओड़िआ भाषा और संस्कृत का मिला-जुला प्रभाव स्पष्ट है।

रामलीला लोकनाटक का एक अलग भेद है। रामायण की कथा रामलीला का मुख्य उपजीव्य है। रामलीला में रामजन्म से लेकर रावण-वध तक सारी कथाएँ नाट्य रूप में प्रस्तुत की जाती हैं। इसमें एक हजार से अधिक गीत हैं, इसलिए हम इसे 'गीति नाटक' भी कह सकते हैं। रामलीला में लगभग पचास से अधिक चरित्र अभिनय करते हैं। रामलीला की भाँति '**कृष्णलीला**' भी लोकनाटक है। इसमें श्रीकृष्ण की बाल-लीलाएँ प्रस्तुत की जाती हैं। इस नाटक में कृष्ण, बलराम, नंद, यशोदा और कंस आदि पाँच प्रमुख चरित्र होते हैं। इनके अलावा दस गौण चरित्र भी हैं। इस नाटक की विशेषता यह है कि इसके सभी चरित्रों में पुरुष ही अभिनय करते हैं। लोकनाटक की दृष्टि से '**राधा प्रेमलीला**' की भी अपनी महत्ता है। इसमें एक सौ चालीस गीत गाए जाते हैं। ये सारे गीत श्रृंगार रस से ओतप्रोत हैं। इन गीतों पर गीत गोविंद की छाप स्पष्ट दिखाई पड़ती है। राधा व कृष्ण इस लोकनाटक के मुख्य चरित्र हैं। इनके अलावा गौण चरित्र में दूतिका, विशाखा, ललिता, बलराम, माँझी, सुनार आदि प्रमुख हैं।

भारत लीला उत्कल की समृद्ध लोकनाटक परंपरा को दरशाती है। इसका कथानक अर्जुन और सुभद्रा के विवाह को लेकर समृद्ध है। इसमें कुल छह चरित्र हैं, जो द्वारी, सुभद्रा, सत्यभामा, अर्जुन, हाड़ी और हाड़ियाणी के नाम से परिचित हैं। भारत लीला में कुल साठ गीत हैं। भारत लीला में नाटक के निर्देशक स्वयं गीत गाते हुए हारमोनियम बजाते हैं। '**दंडनाट**' लोकनाटक का एक दूसरा भेद है। दंड का अर्थ है—साधना। शैव उपासना के साथ दंडनाट जुड़ा हुआ है। दंडनाट में रुद्रकाली की उपासना की जाती है। चैत्र महीने में यह लोकनाटक तीन हफ्ते तक होता रहता है। इसका विषय रुद्रसुधानिधि काव्य पर आधारित है। दंडनाट में तेरह से चालीस कलाकार होते हैं। इन्हें 'भक्ता' कहा जाता है। दंडनाट के तीन भेद हैं। दोपहर, शाम और रात को होनेवाले दंडनाट को क्रमश: धूलिदंड, जलदंड और अग्निदंड कहते हैं। उत्कल के लोकनाटक की उत्कर्षता का सूचक है, '**देशीया नाट**'। इसमें सभी पात्र मुखौटा पहनते हैं। यही देशीया नाट की विशेषता है। इसकी कथा रामायण, महाभारत और पुराणादि से ली जाती है। समाज सुधार इस नाटक का प्रमुख उद्देश्य है। इसके संगीत पर कर्णाटकी शैली का प्रभाव अत्यंत स्पष्ट है। देशीया नाट में पुरुष ही नारी का चरित्र निभाते हैं। मौनाभिनय इस नाटक की विशिष्ट पहचान है।

ओड़िशी नृत्य : लोकनाटक की तरह उत्कल की लोकनृत्य परंपरा भी अत्यंत समृद्ध, व्यापक और प्राचीन है। उत्कल के लोकनृत्यों में 'ओड़िशी' का विशिष्ट स्थान है। देवदासी नृत्य के साथ ओड़िशी की बहुत सी समानताएँ हैं। यों कहिए, ओड़िशी नृत्य के विकास-विस्तार में देवदासी नृत्य का व्यापक योगदान है। ओड़िशी में दृष्टि संचालन, आंगिक भाषा और अभिनय की कला पर विशेष जोर दिया जाता है। इसमें छंदयुक्त गति का भी अपना महत्त्व है। ओड़िशी नृत्य की विषयवस्तु अत्यंत समृद्ध और प्रभावोत्पादक है। विषयवस्तु के आधार पर मंगलाचरण, वटुनृत्य, पल्लवी, अभिनय और मोक्षनाट के नाम से इसके पाँच भेद हैं। ओड़िशी नृत्य की प्रस्तुति के लिए संगीत की भी आवश्यकता होती है, जिनमें से अधिकांश जयदेव कृत गीत गोविंद से उद्धृत किए जाते हैं।

'**छउनृत्य**' का उत्कल के लोकनृत्यों में अपना गांभीर्य है। 'छउ' शब्द की व्युत्पत्ति छाउणि या शिविर से हुई है। 'छउ' एक सामरिक

नृत्य है। इसका आयोजन चैत्र महीने में होता है। छउनृत्य के प्रारंभ में भगवान् शंकर की उपासना भैरव के रूप में की जाती है। नृत्य के लिए पौराणिक कथाएँ चुनी जाती हैं, जिनमें महिषासुर वध, सुरासुर युद्ध और भस्मासुर वध आदि प्रमुख हैं। पहले छउनृत्य में वीर रस की प्रमुखता थी, किंतु अब धीरे-धीरे इसमें अन्य रसों का भी परिपाक होने लगा है। छउनृत्य के लिए व्यवहृत वाद्यों में धूमसा, मादल और तुरही महत्त्वपूर्ण हैं। इस नृत्य में गाए जानेवाले गीत मुख्यत: झूमर, भाटियाली और ओड़िशी स्वर में रचे जाते हैं।

डालखाई उत्कल के लोकनृत्य की उत्कर्षता का प्रमाण है। इसकी अपनी सामाजिक और धार्मिक पृष्ठभूमि है। महामायी दुर्गा को संतुष्ट

करने के लिए दुर्गापूजा के पावन अवसर पर यह समवेत नृत्य प्रस्तुत किया जाता है। नृत्य प्रारंभ होने से पहले इससे जुड़ी कई रीति-नीतियाँ संपन्न की जाती हैं। डालखाई नृत्य के लिए जो गीत प्रस्तुत किए जाते हैं, उनमें प्रेम और आसक्ति को प्रमुखता दी जाती है। इसमें गंडा और घासी संप्रदाय के लोग वाद्य बजाते हैं। **'करमा नृत्य'** आदिवासी संस्कृति की जीवटता का सूचक है। इस नृत्य के आरंभ में देवी करमासानी की पूजा की जाती है। नृत्य में गाए जानेवाले गीत आदिवासियों की अपनी धरोहर है। करमा नृत्य में नृत्य और संगीत का अपूर्व समन्वय देखने को मिलता है। इसमें मादल की ताल से ताल मिलाए आदिवासी रमणियाँ बड़े ही मनमोहक नृत्य प्रस्तुत करती हैं।

करमा की भाँति एक और लोकनृत्य है **'संप्रदा'**। संप्रदा की सबसे बड़ी विशेषता है कि इसमें जाति-पाँति का बंधन नहीं है। इसमें सभी धर्म, संप्रदाय के लोग भाग लेते हैं। संप्रदा नृत्य में गायक और वादक वैष्णव वेश में सज-धजकर रंगमंच पर आते हैं। नृत्य में मृदंग का व्यापक उपयोग किया जाता है। संप्रदा गीत, वाद्य और नृत्य का अनूठा संयोग है। लोकनृत्य में **'घुमुरा नृत्य'** की विशेष परिचिति है। 'घुमुरा' एक विशेष प्रकार की मटकी है। इसका मुँह चमड़े से ढका हुआ रहता है। इस नृत्य को प्रस्तुत करनेवाले कलाकार सैनिकों की वेशभूषा धारण करते हैं और गीत गाते हुए घुमुरा बजाते हैं। पहले घुमुरा नृत्य में वीर रस का प्राबल्य था, किंतु अब श्रृंगार, करुण और भक्ति आदि रसों का भी धीरे-धीरे उपयोग बढ़ने लगा है। घुमुरा एक प्राचीन लोकनृत्य है। पंद्रहवीं सदी में ओड़िआ भाषा में रचित 'सारला महाभारत' में इसका उल्लेख होना इसकी प्राचीनता का द्योतक है। कालाहांडी का सांस्कृतिक परिचय है **'ढापनाच'**। यह एक विशेष प्रकार का वाद्य है। कंध जाति इसे अपनी धरोहर मानती है। इस नृत्य में चूँकि ढाप वाद्य का उपयोग किया जाता है, इसलिए इसका नाम ढापनाच पड़ा। ब्याह, मंगनी आदि मांगलिक अवसर पर या नुआखाई, दशहरा, पुसपुनी आदि पर्व-त्योहारों में ढापनाच का आयोजन किया जाता है। **'बनाबाड़ि नृत्य'** कालाहांडी का एक और लोकनृत्य है। यह नृत्य केवल यादव संप्रदाय में प्रचलित है। दशहरे के समय इस नृत्य का आयोजन किया जाता है। इस नृत्य में एक विशेष प्रकार की लाठी को उपयोग में लाया जाता है। इसे ही बनाबाड़ि कहते हैं। धर्म की जय और अधर्म का अंत इस बनाबाड़ि नृत्य का मूल उद्देश्य है। इसमें केवल पुरुष ही हिस्सा लेते हैं। इस नृत्य में सभी यादव नाच सकते हैं, किंतु लाठी निकालने का अधिकार कुछ चंद कुलीन यादव परिवारों के पास सुरक्षित है।

उत्कल के पर्व-त्योहार

सामाजिक जीवन के साथ पर्व-त्योहारों का घनिष्ठ संबंध है। ये हमारे जीवन को सरस, सुंदर और मधुमय बनाते हैं। ओड़िशा में 'बारह महीने में तेरह त्योहार' मनाए जाने की कहावत खूब प्रचलित है। उत्कल के पर्व-त्योहार पंचांग के अनुसार मनाए जाते हैं। **'महाविषुव संक्रांति'** को ओड़िशा के लोग ओड़िआ नववर्ष के रूप में मनाते हैं। उस दिन पंचांग का पाठ किया जाता है। शिव, मंगला और वृंदावती की पूजा की जाती है। उसी दिन कई दालों से प्रस्तुत चूर्ण को खाने की परंपरा आज भी यथावत् है। **'अक्षय तृतीया'** कृषि से जुड़ा हुआ पर्व है। इसी दिन किसान माता लक्ष्मी का स्मरण कर अपनी खेती का काम शुरू करता है। विश्वास है, इसी दिन धान के बीज बोने से अच्छी फसलें होती हैं। महाप्रभु जगन्नाथ की रथयात्रा के लिए रथ निर्माण का काम भी अक्षय तृतीया से ही प्रारंभ होता है। गरमी के मौसम में शीतलता लानेवाला पर्व है **'चंदनयात्रा'**। यह पर्व इक्कीस दिन तक चलता रहता है। इसमें राधा-कृष्ण सुसज्जित विमान में आकर नदी या पुष्करिणी में नौका विहार करते हैं। इस नौका को 'चाप' कहते हैं।

ज्येष्ठ सुदी पूर्णिमा को **'स्नान पूर्णिमा'** कहते हैं। इस दिन महाप्रभु जगन्नाथ अपने भाई-बहनों के साथ स्नानवेदी पर आते हैं। स्नान के बाद गणेश भगवान् का वेश धारण करते हैं। फिर ज्यादा नहाने के कारण उन्हें बुखार चढ़ आता है और वे 'अणसर गृह' को स्वस्थ होने के लिए चले जाते हैं। स्नान पूर्णिमा से लेकर नेत्रोत्सव तक वे अणसर गृह में विश्राम करते हैं। उन दिनों वे भक्तों को दर्शन नहीं देते। स्नान पूर्णिमा के दिन प्रत्येक ओड़िआ परिवार की जेष्ठ संतान नवीन वस्त्र धारण करती है। 'रज' पूर्वी ओड़िशा का सबसे बड़ा सांस्कृतिक त्योहार है। यह त्योहार तीन दिन तक मनाया जाता है। घर में कई तरह के पक्वान्न और व्यंजन प्रस्तुत किए जाते हैं। लड़कियाँ झूला झूलती हैं। रजगीत गाती हैं। **'रथयात्रा'** ओड़िशा का गणपर्व है। आषाढ़ शुक्ल द्वितीया की तिथि में यह पर्व बड़ी धूमधाम से मनाया जाता है। इस दिन जगन्नाथ, बलभद्र, सुभद्रा और सुदर्शन रथारूढ़ होकर श्रीमंदिर से नौ दिन के लिए अपनी मौसी के यहाँ (गुंडिया) प्रस्थान करते हैं। **'गह्मा पूर्णिमा'** को राक्षी पूर्णिमा भी कहते हैं। इस दिन ओड़िआ घरों में घरेलू जानवर, विशेषत: बैल, गाय आदि की पूजा की जाती है। कृषि के संरक्षक भगवान् बलराम का पूजन भी निष्ठापूर्वक संपन्न किया जाता है। इस दिन भाई की कलाई में बहन राक्षी बाँधती है।

हिंडोला पर्व का आरंभ राखी पूर्णिमा से ही होता है। वैष्णव संप्रदाय में 'जन्माष्टमी' आनंद-उल्लास के साथ मनाया जाता है। इस दिन उत्कल की नारियाँ बाल गोपाल की पूजा करती हैं। इसके साथ जगन्नाथ दास कृत ओड़िआ भागवत के दशम स्कंध का पाठ श्रद्धापूर्वक करती हैं।

विश्वकर्मा देवताओं के 'स्थपति' या 'अभियंता' हैं। बढ़ई संप्रदाय के लोग **'विश्वकर्मा पूजा'** के दिन भगवान् विश्वकर्मा की पूजा बड़ी निष्ठा से करते हैं। कन्या संक्रांति की तिथि में विश्वकर्मा पूजा किए जाने का विधान है। **'दुर्गापूजा'** हिंदुओं का प्रमुख त्योहार है। ओड़िशा में भी पाँच दिन तक इसे बड़े धूमधाम से मनाया जाता है। दुर्गा शक्ति स्वरूपिणी हैं और ओड़िशा में शक्ति उपासना की परंपरा अत्यंत प्राचीन है। दुर्गापूजा में उत्कल की वधुएँ अपना सौभाग्य अक्षुण्ण रखने के लिए सिंदूर खेला करती हैं। **'कुमारोत्सव'** कुमारियों का सबसे बड़ा त्योहार है। इस दिन सूर्य, चंद्र और लक्ष्मी की पूजा बड़ी निष्ठा से की जाती है। लड़कियाँ रात भर कुमार पूर्णिमा के गीत गाती हैं। सुंदर पति पाने की अभिलाषा से इस दिन कुमारियाँ उपवास रखती हैं।

उत्कल के पर्व-त्योहारों में **'कार्तिक पूर्णिमा या रासपूर्णिमा'** का अपना महत्त्व है। यह त्योहार प्राचीन उत्कल की समृद्ध नौ-वाणिज्य परंपरा का सूचक है। इसकी स्मृति में सभी ओड़िशावासी इस दिन सुबह-सुबह स्नान करके नदी या तालाब में सरकंडे से बनी नाव बहाते है। उसकी पूजा करते हैं। घर में भगवान् शिव और माता वृंदावती की आराधना की जाती है। **'प्रथमाष्टमी'** ओड़ियावासियों का पारंपरिक पारिवारिक पर्व है। अगहन महीने की कृष्णाष्टमी के दिन यह त्योहार मनाया जाता है। इस दिन परिवार की ज्येष्ठ संतान नवीन वस्त्र धारण करती है। उसकी मंगलकामना कर परिवार में लक्ष्मी माता की पूजा होती है। इस त्योहार में एक विशेष पक्वान्न (पीठा) प्रस्तुत किया जाता है। इसे **'एंडुरी 'पीठा'** कहते हैं। इसकी प्रस्तुति में हलदी की पत्तियाँ उपयोग में लाई जाती हैं। **'दोलपूर्णिमा'** उत्कल का एक सार्वजनीन त्योहार है। इसके कई चरण होते हैं, जो क्रमशः राज दोल, पंचु दोल, दो दोल, तीन दोल, छह दोल और नौ दोल के रूप में संपन्न होते हैं। यह त्योहार लगभग बीस दिन तक चलता रहता है। इसमें राधा-कृष्ण की पूजा की जाती है। उन्हें विमान में बिठाए भक्त गाँव की परिक्रमा करते हैं। **'अशोकाष्टमी'** बंध्या नारी को संतान देनेवाला एक विशेष त्योहार है। विश्वास है कि इस दिन जो बंध्या नारी लिंगराज मंदिर के निकट बने 'मरिची कुंड' के जल से स्नान करती है, उसे संतान की प्राप्ति अवश्य होती है। इस दिन महाप्रभु लिंगराज की रथयात्रा भी आयोजित की जाती है। शंकर भगवान् लिंगराज जिस रथ में रथारूढ़ होकर चंद्रशेखर, कपिलेश्वर और देवी रुक्मिणी को साथ लेकर रामेश्वर मंदिर तक आते हैं, उसे 'रुकुणा रथ' कहते हैं। अशोकाष्टमी शैव उपासकों का प्रमुख पर्व है।

उत्कल की शैव परंपरा से जुड़ा एक दूसरा त्योहार है, **'शीतलषष्ठी'**। ज्येष्ठ शुक्ल पंचमी के दिन शिव विवाह के साथ यह पर्व आनंद-उल्लास के साथ मनाया जाता है। यह पर्व दो दिन तक चलता है। इसे संबलपुर का लोकपर्व कहा जाता है। शीतलषष्ठी की भाँति **'ठाकुराणी यात्रा'** ब्रह्मपुर का लोकपर्व है, जो हर दो साल में एक बार आयोजित होती है। ठाकुराणी महाशक्तिस्वरूपा हैं। उन्हें उग्रचंडी और सर्वमंगला भी कहा जाता है। विवाह के बाद जब अपनी इच्छा से ठाकुराणी यहाँ मायके आती हैं, तब ब्रह्मपुर की जनता इसे 'ठाकुराणी यात्रा' के नाम से मनाती है। ठाकुराणी यात्रा में काष्ठ खंब पूजन का विधान है, जो आर्य संस्कृति से अधिक शबर संस्कृति की निकटता का द्योतक है। **'मकर संक्रांति'** कृषि संबंधित त्योहार है। इसी दिन से सूर्य का उत्तरायण शुरू होता है। मकर संक्रांति को जनजाति के लोग अत्यंत हर्ष-उल्लास से मनाते हैं। इस दिन शंकर

भगवान् की पूजा होती है। प्रत्येक ओड़िआ घर में चावल, गुड़, दही, नारियल, मधु, छेना आदि को मिलाकर स्वादिष्ट 'मकर चावल' प्रस्तुत किया जाता है। **'झामुयात्रा'** श्रद्धा और निष्ठा का पर्व है। इसमें भक्त बड़ी निष्ठा से देवी माँ की आराधना करते हुए दहकते अंगारों पर नंगे पाँव चलते हैं। चैत्र महीने के आखिरी मंगलवार को झामुयात्रा मनाई जाती है। तंत्र उपासना के साथ इस त्योहार का अटूट संबंध है।

उत्कल का कला-स्थापत्य

उत्कृष्ट कला का देश, इसलिए नाम पड़ा 'उत्कल'। उत्कल अपने कला-स्थापत्य के लिए विश्वविख्यात है। यहाँ पत्थर के चरण थिरकते हैं। साड़ियों के आँचल गीत गाते हुए लहराते हैं और तो और, रेत से बनी मूरतें भी बोलती रहती हैं। उत्कल की लोककला में **'चित्रकला'** की अपनी अलग पहचान है। पारंपरिक चित्रकला के चार भेद हैं, जिसे **'दीवार पर बने चित्र'**, **'ताड़पत्ते पर अंकित चित्र'**, **'पटचित्र'** और 'कागज चित्र' के रूप में देखा जा सकता है। दीवार पर उत्कीर्ण चित्र को 'भित्ति चित्र' भी कहते हैं। मूलतः ये चित्र मठ, मंदिर आदि की दीवारों पर अंकित किए जाते हैं। इन चित्रों की कथावस्तु प्रमुखतया पौराणिक और आध्यात्मिक होती है। **'ताड़पत्र'** पर रंगीन और बिना रंग के, इस

तरह चित्रकला के दो भेद पाए जाते हैं। प्राचीन काल में ताड़पत्ते पर सचित्र काव्य भी लिखे जाते थे। इनमें गीत गोविंद, लावण्यवती, रसिक हारावली, चौंसठ रतिबंध आदि प्रमुख हैं। **'पटचित्र'** की परंपरा बहुत पुरानी है। ओड़िआ भाषा में वस्त्र, ओढ़नी और परदे को पट कहते हैं। इस पर बने चित्र पटचित्र कहलाते हैं। इसमें लकड़ी के पटरे को उपयोग में लाया जाता है। आधुनिक काल में चित्र आँकने के लिए कागज का उपयोग होने लगा है। इसे 'कागज चित्र' या 'पैंटिंग' कहते हैं। आजकल बाजार में कागज चित्र का ही विशेष आदर है।

चित्रकला की भाँति उत्कल के स्थापत्य, जो घरेलू उद्योगों से जुड़े हैं, उनकी भी विश्व भर में प्रसिद्धि है। स्थापत्यों में **'लकड़ी की खुदाई'** का महत्त्वपूर्ण स्थान है। लकड़ी से बने विमान, मंडप, सिंहासन आदि पर सुंदर-सुंदर चित्र खोदने में उत्कल के बढ़ई सिद्धहस्त हैं। वे अपने को विश्वकर्मा का वंशज मानते हैं। **'सींग काम'** के लिए पारलाखेमुंडि और कटक के कारीगरों की ख्याति है। वे सींग से मछली, चिड़िया, जानवर, हाथी तथा देव-देवियों की सुंदर मूर्तियाँ बनाते हैं। सींग काम कुछ लोगों की आजीविका का साधन है।

पड़ोसी राज्यों में ओड़िशा के काँसे-पीतल के बरतनों का आदर आज भी यथावत् है। **'काँसे-पीतल'** का काम ओड़िशा के घरलू उद्योग की सुदृढता को सूचित करता है। ओड़िशा के पुरी, तरभा, रेमुणा, घटिमुंडा आदि स्थानों में काँसे-पीतल के बरतन खूब बनते हैं। **'तारकसी काम'** के लिए ओड़िशा की प्राचीन राजधानी कटक की प्रसिद्धि है। इसके लिए चाँदी के तारों को उपयोग में लाया जाता है। चाँदी के तारों से तारकसी कारीगर सुंदर मुकुट, मंदिर, पशु-पक्षी, भगवान् की मूर्तियाँ बनाते हैं। पिछली सदी में उत्कल गौरव मधुसूदन दास ने इस घरेलू उद्योग को व्यापक ढंग से प्रोत्साहित किया था। **'बाँध काम'** वस्त्र उद्योग से जुड़ा हुआ है। यह एक विशेष प्रकार की कला है। इसके लिए तकनीकी की भी आवश्यकता है। साड़ियों को बुनते समय उस पर विविध प्रकार के चित्र उत्कीर्ण करने की शैली को बाँध कहते हैं। बाँधकाम में पश्चिम ओड़िशा के वयनजीवी निपुण हैं। बाँधकाम को देश-विदेश में लोकप्रिय बनानें में पद्मश्री कृतार्थ आचार्य का योगदान अविस्मरणीय है।

उत्कल के सांस्कृतिक वैभव को इन चार बिंदुओं में केंद्रित कर देखने के उपरांत हम निष्कर्षत: यह कह सकते हैं कि उत्कल की संस्कृति स्वभावत: प्रगतिशील है। इतना ही नहीं, यह लोक-संस्कृति अपनी प्राचीन परंपरा, प्राचीन साहित्य और इतिहास का उचित सम्मान करती है। मानव-कल्याण की सच्ची भावना से आगे बढ़ती है।

□□

27 मध्य प्रदेश की लोक-संस्कृति

—उमेश कुमार सिंह

मध्य प्रदेश की लोक-संस्कृति को समझने के लिए मध्य प्रदेश के परिवेश को समझना आवश्यक है। छत्तीसगढ़ पृथक् राज्य बनने के बाद इसके आकार में बघेलखंड, बुंदेलखंड, मालवा, निमाड़ बड़े भाग हैं, जिसे महाकोशल, मध्यभारत और मालवा के नाम से भी जानते हैं, जिनकी अपनी-अपनी मौलिक लोक परंपराएँ हैं, जो आपस में मिलकर संपूर्ण मध्य प्रदेश के विराट् सांस्कृतिक परिवेश का निर्माण करती हैं। मध्य प्रदेश वीरता, शौर्य, ओज, नीति, विद्वत्ता, चतुरता और आध्यात्मिकता की भूमि है। यहाँ छत्रसाल, अहल्याबाई, दुर्गावती, लक्ष्मीबाई, तात्या, नाना का तेज है, आजाद की बलिदानी परंपरा है, तो विक्रमादित्य, भोज का नीति और सत्याधारित राज्य-शासन है। भर्तृहरि का शृंगार और वैराग्य है। संत पीपा, सिंगाजी, सेन नाई, ब्रह्मगीर, मरंगीर, खेमदास, दलुदास, धनजीदास, रंकदास, धूनीवाले बाबा, प्राणनाथ, नरसिंह महराज जैसे संतों की जन्म और साधना-स्थली है। ऋषि गालव, जाबालि, जमदग्नि की तापस दृष्टि यहाँ प्रसूत होती है। यहाँ कालिंजर, बांधवगढ़, झाँसी का किला है, तो ओरछा के राजा राम का राज्य है। यहाँ मांडु के बाजबहादुर और रूपमती की प्रेमकथा है, तो खजुराहो की कला, मांडा की गुफाएँ, भीम बैठका के शैलचित्र तथा भित्तिचित्र भी। वीरांगना दुर्गावती का गढ़ मंडला है। चंदेरी की कला और माडना भी हैं। यहाँ रघुराज सिंह का हिंदी का प्रथम नाटक आनंद रघुनंदन है तो श्रीकृष्ण सरल का बलिदानियों के गाथा-ग्रंथ है। यहाँ माखनलाल चतुर्वेदी हैं तो भवानी भाई और सुभद्रा कुमारी चौहान भी हैं। यहाँ टीपू सुल्तान से युद्ध करता बघेलखंड का बांधवगढ़ है तो दतिया में तंत्र साधना का मूर्त स्वरूप। शक्ति की देवी मैंहर माता है तो महाकाल की तापस उज्जयनी है। यहाँ ज्योतिष है तो नीति और शृंगार है। यहाँ तानसेन है तो बीरबल भी। यहाँ क्षिप्रा है तो चिरकुँआरी नर्मदा भी। यहाँ अमरकंटक है तो पचमढ़ी और मांडू भी। यहाँ विक्रम-वेताल की कथा है तो बीहड़ के जंगलों में मलखान और दस्यु सुंदरियों की जनश्रुतियाँ भी। वैदिक परंपरा को लिये कुंभ है तो आधुनिक विमर्श को लिये लोकमंथन भी।

लोक-संस्कृति

मध्य प्रदेश की संस्कृति लोक की संस्कृति है। यहाँ का वनवासी जिस बाँस से अपनी झोंपड़ी बनाता है, उसी से लाठी और उसी से चूल्हा भी जलाता है। सृष्टि सौंदर्य के निनाद हेतु उसी बाँस से बाँसुरी भी बनाता है। कला, नृत्य, संगीत, साहित्य के माध्यम से उपयोगिता को लालित्य और आनंद में बदलने की जननी है मध्य प्रदेश।

वस्तुत: लोक संस्कृति क्या है? इसमें दो शब्द हैं, 'लोक' और 'संस्कृति'। 'लोक' शब्द संस्कृत के 'लोक दर्शन' धातु में 'धव' प्रत्यय युक्त कर निष्पन्न हुआ, जिसका अर्थ देखना होता है। हजारी प्रसाद द्विवेदी ने 'लोक' शब्द के संदर्भ में कहा है कि लोक शब्द का अर्थ 'जनपद' या 'ग्राम्य' नहीं है, वरन् नगरों और ग्रामों में फैली हुई वह जनता है, जिनके व्यावहारिक ज्ञान का आधार पोथियाँ नहीं हैं। संस्कृति शब्द जितना सहज दिखता है, उतना दुरूह भी है। धर्म-राजनीति और अर्थ के तराजू या संतुलन जहाँ पुराने पड़ जाते हैं, वहाँ संस्कृति कभी कला के माध्यम से तो कभी संगीत और नाटक के माध्यम से व्यष्टि से लेकर समष्टि तक संतुलन बनाती है। लोकसाहित्य ने इसे समझने में बड़ी सहायता की है। जिस प्रकार व्यक्ति के जीवन के विशेष व्यवहार के कारण उसे संस्कारी या असभ्य कहा जाता है, उसी प्रकार किसी भौगोलिक समाज का परिवेश जब ऐसे संस्कारों, परंपराओं को लेकर वर्षों-वर्षों तक चलता है और उसके बारे में कहा जाने लगता है कि 'यह उस प्रदेश के व्यक्ति या समाज के अंदर का संस्कार है', यह हर परिस्थिति में अपने मूल रूप में विद्यमान रहता है तो उसे उसके समष्टिगत रूप में 'संस्कृति' कहते हैं। वह लोक की अपनी थाती होने से उसे 'लोक संस्कृति' कहते हैं। अर्थात् लोक की परंपरागत अच्छी कृति कालांतर में संस्कृति बनती है। स्पष्ट है कि लोक-संस्कृति का आधार लोक है।

'लोक' साक्षर है या निरक्षर, इससे बहुत अंतर नहीं आता। लोक का आधार परंपरा है। विश्वास है। सहनशीलता है। निरंतरता है। परिश्रम है। समूचा गाँव ही नहीं तो क्षेत्र, परिवार है। वहाँ जातियाँ हैं, मतावलंबी हैं, वर्ग हैं, किंतु उनके इस विभिन्नता के बाद भी एक परिवार-भाव है। जहाँ परिचय की एक अंत:धारा आत्मीयता के रूप में निरंतर बहती है। लोक के चेहरे पर सदियों का दर्द है, उसकी झुर्रियाँ हैं, किंतु कठोर जलस्रोतों की तरह उसके अंदर परंपरा का एक अद्‌भुत झरना है, जो अक्षय परंपरा को छिपाए पीढ़ी-दर-पीढ़ी बहता है। लोक की वह

संस्कृति आधुनिक सभाओं में, विमर्श में नहीं मिलती। वह मिलती है, श्रम के गीतों में, युद्ध और शौर्य के भूतकालिक स्वप्नों में, कलाओं में, चौमासा के गीतों में, शरद की संध्या में, बसंती रंग में रँगी कोयल की कूक में, खेत-खलिहान में, झींगुर-दादुर के बोल में, जन्म, मुंडन-कनछेदन में, विवाह और मृत्यु के गीतों में। उनमें वर्तमान का दर्द अतीत की स्मृतियों में खो जाता है। कल्पना के स्वप्निल पंख अनंत की सैर कराते हैं। लोक की कहावते हैं, जो चुटकी बजाते बड़ी-से-बड़ी, गंभीर-से-गंभीर समस्या और रोग को दूर करने की सामर्थ्य रखती हैं।

भारत का तथाकथित आभिजात्य और प्रबुद्ध वर्ग स्वतंत्रता के पश्चात् से हर चीज को अंग्रेजी के माध्यम से समझता है। उसने 'लोक साहित्य' के लिए 'फोक लिटरेचर' चुना तो 'लोक संस्कृति' के लिए 'फोकलोर'। एक दूसरी कठिनाई भी होती है, जब हम लोक साहित्य और लोक-संस्कृति को एक ही मान बैठते हैं। इन दोनों का अंतर स्पष्ट करते हुए डॉ. कृष्ण देव उपाध्याय ने लिखा है—''लोक-संस्कृति का क्षेत्र-विस्तार अत्यंत व्यापक एवं विस्तृत है। लोक-संस्कृति मानव-जीवन के समस्त अंगों से संबंधित होने के अतिरिक्त उसके लोक-साहित्य को भी आत्मसात् किए हुए है। यदि लोक-संस्कृति की

किसी विशाल वृक्ष से उपमा दी जाए तो लोक साहित्य उसकी एक शाखा के समान है। यदि लोक-संस्कृति एक विस्तृत नदी है तो लोक साहित्य की उपमा उसकी छोटी सी सहायक नदी से दी जा सकती है।'' डॉ. वासुदेव शरण अग्रवाल तथा डॉ. कृष्णानंद गुप्त ने 'फोगलोर' के लिए 'लोकवाता' शब्द का उपयोग किया है। विलियम टाम्स ने सन् १८४६ ई. में इस शब्द का प्रयोग किया था। इससे पूर्व लोकप्रिय पुरातत्त्व सामग्री या लोकप्रिय साहित्य का प्रयोग होता था। टाम्स ने पहली बार लोक संस्कृति के अंतर्गत रीति, प्रथा, विधि-विधान, अंधविश्वास, लोकगाथा तथा लोकोक्ति आदि को स्वीकार किया। डॉ. भोलानाथ तिवारी, आचार्य हजारी प्रसाद द्विवेदी तथा डॉ. कृष्णदेव उपाध्याय ने हिंदी में लोक-संस्कृति शब्द के प्रचलन पर जोर दिया है।

वास्तव में लोक-संस्कृति शब्द मूलत: फोक कल्चर का विशुद्ध पर्याय नहीं है। यह संस्कृत शब्द संस्कृति और लोक से मिलकर बना है, जिसमें पूर्णता का बोध है। सहज शब्दों में लोक-समाज की संस्कृति ही लोक-संस्कृति है। डॉ. संपूर्णानंदजी कहते हैं, ''लोक-संस्कृति वह जीवित तथ्य है, जिसके माध्यम से ग्रामीण जीवन की आत्मा स्वयं को अभिव्यक्त करती है। यह कथन समाज शास्त्रीय दृष्टिकोण से भले ही स्वीकृत न हो, लेकिन यह लोक-संस्कृति के प्रभाव तथा महत्त्व को अवश्य स्पष्ट करता है।'' फास्टर ने लोक-संस्कृति को परिभाषित करते हुए कहा है, ''लोक-संस्कृति को जीवन की एक ऐसी सामान्य विधि के रूप में समझा जा सकता है, जो एक क्षेत्र विशेष के बहुत से गाँवों, कस्बों तथा नगरों के कुछ या सभी व्यक्तियों की विशेषता के रूप में स्पष्ट होती है तथा लोक-समाज उन व्यक्तियों का एक संगठित समूह है, जो एक लोक-संस्कृति से बँधा होता है।''

तात्पर्य है कि लोक-संस्कृति के अंतर्गत सभी धार्मिक विश्वास, धार्मिक आचरण, कर्मकांडों की पूर्ति, ज्ञान, व्यवहार के तरीके, कला, लोक-गाथाएँ सम्मिलित हैं। ये विशेषताएँ वाचिक परंपराओं के रूप में भी एक पीढ़ी से दूसरी पीढ़ी को हस्तांतरित होती रहती हैं। मध्य प्रदेश की लोक-संस्कृति को इन्हीं प्रमुख विशेषताओं के माध्यम से समझने का प्रयत्न करते हैं।

साहित्य में 'जन' दो प्रकार के मान्य हैं—लोकजन और शिष्टजन। एक वे, जिनकी आधुनिक शिक्षा न होने से उनके आचार-विचार परंपरा की दीक्षा-धारा में प्रवाहित होते हैं, इनको हम 'जनता' के नाम से पुकारते हैं। दूसरे वे हैं, जिनकी विशेष शिक्षा होती है और उसी शिक्षा के प्रभाव और दीक्षा के अभाव में विचारधारा की एक विलक्षण धारा प्रवाहित होती है, इनको तथाकथित आभिजात्य वर्ग कहा जाता है। दोनों की अभिरुचि, आचार-विचार में पार्थक्य है। इसीलिए हमें लोकभाषा, शिष्टभाषा, लोक काव्य, शिष्ट काव्य जैसे शब्द प्रयोग में दिखाई देते हैं।

बुंदेली लोक-संस्कृति

मध्य प्रदेश की लोक-संस्कृति बुंदेलखंड की लोक-संस्कृति का परिचय कराते हुए डॉ. श्याम सुंदर दुबे लिखते हैं—''लोक कथाओं का प्रारंभिक ऐंद्रजालिक स्वरूप हर्ष-विषाद, चमत्कार और कौतूहल की सीमाओं में आबद्ध रहा होगा। बाद में शनै:-शनै: रंजन, शिक्षा और ज्ञानवर्द्धन के उद्देश्य की सीमाएँ भी इसके भीतर विकसित होती गईं। बुंदेलखंड में जो प्राचीन शैलाश्रय उपलब्ध हुए हैं, उनके आधार पर यह निष्कर्ष सहज ही निकाला जा सकता है कि बुंदेलखंड आदिम मानव की लीला भूमि रही है। दमोह जिले की हटा तहसील के फतेहपुर ग्राम में प्राप्त प्रागैतिहासिक चित्र-वीथि में आखेट के दृश्य अंकित हैं। इन चित्रों का अवलोकन करने से स्पष्ट होता है कि ये चित्र उन्हें वाणी में पहले ही अभिव्यक्त किया गया होगा। निश्चित ही चित्र-कथा के पहले घटना शब्द-कथा बनी होगी। बुंदेलखंड विंध्य की शैल-मालाओं से घिरा भारत का केंद्र है। यहाँ मानवीयता के

विकास की गति ठिठकी-ठिठकी रही है। अपनी ऐकांतिकता में यह क्षेत्र लोक कथाओं में आदिम वृत्तियों से लेकर धुर मध्यकालीन बोध को समेटे है।''

बुंदेलखंड छत्रसाल के काल को छोड़कर प्रायः बाह्य आक्रमणों के खतरों से सुरक्षित रहा है। यहाँ के राजे-रजवाड़ों में ही पारस्परिक युद्ध होते रहे हैं। यहाँ के आदमी ने जीवन-संघर्ष के भयकारी क्षणों का साक्षात्कार प्राकृतिक आपदाओं के रूप में अधिक किया है। अकालों का एक लंबा सिलसिला यहाँ चलता रहा है। बेर-मकारो खाकर यहाँ का आदमी जीवित रहा लेता है। मालगुजारों, जामींदारों और राजा-सामंतों के अतुलित प्रभाव में यहाँ के आम आदमी को दब्बू और निर्गुनिया बना दिया है। यहाँ की भूख और आपसी प्रतिस्पर्धा ने डाकुओं को जन्म दिया। राजाओं, सामंतों और रईसों को सर्वश्रेष्ठ माननेवाले सामान्य जन में श्रम की प्रतिष्ठा और श्रमश्लाघा का भाव कम है। एक प्रकार से सामंती परिवेश को संपूर्ण बुंदेलखंड के स्वभाव में खोजा जा सकता है। यद्यपि यहाँ का पराक्रम यहाँ की शूरवीरता, यहाँ की आन-बान और यहाँ की सिधाई की भी अपनी कहानियाँ हैं। बुंदेलखंड के इस सामूहिक स्वभाव को हम इसकी लोक कथाओं में खोज सकते हैं।

बुंदेलखंड की लोक-संस्कृति को लोक कथाओं के प्रतीकों के माध्यम से समझना सरल होगा, क्योंकि लोक कथाओं में आदिम मनुष्य के जीवन की फैंटेसी अभी भी स्पष्ट होती है। प्रकृति के प्रति व्यक्ति की राग-चेतना ने इन कथाओं में प्रकृति और व्यक्ति को एकाकार किया है। 'चिड़िया की सेना' कहानी में राजा चिड़िया की चोंच से गिरा हीरा पा जाता है। चिड़िया के अनुनय से राजा नहीं पिघलता, तब चिड़िया अपनी गाड़ी में आग, नदी, वायु को बैठाती है और ये सभी मिलकर राजा पर हमला करते हैं। राजा भयभीत होकर चिड़िया को हीरा वापस कर देता है। यह कहानी प्रतीकात्मक (एलोगोरिक) है। अन्योक्ति के माध्यम से इसमें कमजोर को दबानेवाले राजा का प्रतिकार संगठन के आधार पर किया गया है। यदि इसकी संरचना पर विचार करें तो प्रकृति और मनुष्य के बीच की दूरी इसके रचना विधान को पाट देती है।

बुंदेली लोककथाएँ

बुंदेलखंड की लोककथाओं में कहीं-कहीं पुनर्जन्म की विश्वास-चेतना इस रूप में प्राप्त होती है कि कोई अभागिन या गरीब स्त्री अपने दैवीय गुण या दैवीय कृपा से जब आगे बढ़ जाती है तब उसकी बहिन या जेठानी या उसकी सौत उसे एकांत में मार डालती है किंतु वह घूरे पर फूल बनकर उगती या बाँस बनकर जन्म लेती है या कमल बनकर जलाश्य में प्रकट होती है। ये प्राकृतिक उपादान किसी-न-किसी रूप में उस पूर्व जन्म वाली नारी की दु:खकथा का वर्णन करनेवाले बनते हैं- नीला कमल बनकर, पूजा के फूल बनकर या बाँसुरी बनकर। निश्चित ही इस रूपांतरण में हमारी मानवीय चेतना का आस्था और विश्वास सक्रिय है।

लोक के सहजात संस्कार एक अन्य तरह की कथा-सृष्टि में भी दिखाई देते हैं। राक्षस-चुड़ैल, भूत-प्रेत आदि की उपस्थिति इनके कथ्य हैं। ठेठ देहाती परिवेश में इस तरह की लोक कथाएँ प्राप्त होती हैं। वनवासी गोंडों में इन आधिदैविक शक्तियों की उपस्थिति सहज है। प्रतीत होता है प्रागैतिहासिक काल के बाद मनुष्य ने विश्वास को प्रतीक देने के लिए इन्हें चुना होगा, जो आज भी लोक में अपनी उपस्थिति दर्ज कराते हैं। वनवासियों में ये तंत्र-मंत्र, जादू-टोना और झाड़-फूँक के रूप में सक्रिय हैं। लोक की कथा को देखने पर उसकी संस्कृति आज भी कैसे जिंदा है, समझना सरल होगा। एक कथा आती है कि 'बाबड़ी में से सोने की ईंट निकलना, फिर उसमें से हाथ-पाँव बनना, फिर एक संपर्ण नारी बन जाना, यह भले ही एक तरह का मिस्टीसिज्म हो किंतु इसमें मानवेतर प्राणियों को अपनी कल्पना शक्तियों को कथा-रचना में संबद्ध किया गया है। गाँव में मूठ मारना, जादू की पुड़िया का प्रयोग, जादुई गलीचा की प्राप्ति आदि माध्यम केवल लोक में रहस्य-रोमांच और चमत्कार की सृष्टि नहीं करते, बल्कि लोक के कल्पना-विस्तार को मनोवैज्ञानिक अंदाज में भी प्रस्तुत करते हैं।

बुंदेलखंड में डाकू, ठगों, पिंडारियों के कृत्य लोकमानस में कुछ इस तरह बैठे हैं कि वे उनके जीवन के अंग बन चुके हैं। यहाँ की लोक कथाओं में डकैतों व ठगों की वारदातें यदि क्रूरता की कहानियाँ उभारती हैं तो उससे अधिक वे मानवीय आचरण को महत्त्व देती हैं। उसे इस प्रकार समझें कि यदि डाकू को कोई व्यक्ति मामा कह दे तो भले ही डाकू उसके घर डाका डालने क्यों न आया हो, वह व्यक्ति डाकू का भानजा बन जाएगा और फिर डाकू उसकी जीवनभर रक्षा करेगा। इसी तरह कोई स्त्री भाई बना लेती है तो उसकी रक्षा का भार डाकू अपने ऊपर लेता है। ठगों को आधार बनाकर रची लोक कथाओं में बौद्धिक चातुर्य को प्रदर्शित होता है। भोंदू भाई ठगा जाता है तो दूसरा भाई अपने बुद्धिचातुर्य से भोंदू भाई की ठगी की संपत्ति को वापस पा लेता है। 'तीसमारखाँ' में कोरी के दामाद का युद्ध-कौशल केवल परिस्थितिजन्य है, जिसमें एक निर्बल आदमी परिस्थितियों की अनुकूलता एवं अपनी स्वल्प चतुराई के बल पर प्रधान सेनापति बन जाता है। प्रेम की कथाओं में राजकुमार और राजकुमारियाँ हैं। इस प्राकर जीवन के बहुविध पक्षों को बुंदेलखंड की लोक-कथाओं ने अपनी विषय-वस्तु में समेट रखा है। जो मध्य प्रदेश की लोक-संस्कृति का बहुमूल्य पक्ष है।

निमाड़ी लोक-संस्कृति

निमाड़ की लोक-संस्कृति नर्मदा उपत्यका की निमाड़ और मालवा की लोक-संस्कृति विभिन्न परिप्रेक्ष्याधारित है। साहित्य, धर्म, दर्शन, कला, संगीत, लोक जीवन इत्यादि इस संस्कृति के बोलते चित्र हैं। यहाँ के लोक की सहजता प्रकृति की गोद में पली तथा पनपी है। निमाड़ी लोक का हृदय श्रद्धासुमन से सदैव भरा रहता है। निमाड़ी

संस्कृति का उपासक अपने अंत:करण को साक्षी मानकर अपनी कृति को स्वरूप देता है। इस अंचल को जहाँ माँ नर्मदा ने प्रभावित किया है, वहीं धूनीवाले बाबा, संत सिंगा ने भी अपना प्रचुर प्रभाव छोड़ा है। संत सिंगा का चार सौ वर्ष पूर्व किया ज्ञानोपदेश आज भी यहाँ के जनजीवन में दिखाई देता है। इसीलिए निमाड़ का लोक अध्यात्म की भूमि पर बसता है। निमाड़ के लोक जीवन पर इनके विचारों का असाधारण प्रभाव है। सिंगा-साहित्य की रस-माधुरी का पान कर निमाड़ का जन सामन्य आज भी सत्य से परिपूर्ण है। वे प्रत्येक को ब्रह्म साधक बनाने के लिए प्रेरित करते हुए कहते हैं, 'चढ़ी जा साहंग सोधी धरा रे मन तू क्यों मारा मारा (परचुरी),' भौतिकता के पार वे आत्मा और परमात्मा का एकात्म स्थापित करते हैं। सिंगाजी की रचनाएँ न केवल अध्यात्म की ओर प्रेरित करती हैं, बल्कि इस क्षेत्र में एक नवीन संस्कृति का प्रादुर्भाव करती हैं। आज भी निमाड़ के ग्रामों में रात के सन्नाटे में यदि कहीं 'झाँझ-मृदंग' एक साथ बजते हैं तो माना जाता है कि संत सिंगाजी वहाँ प्रत्यक्ष आ गए हैं।

निमाड़-मालवा की लोकभाषा हमें लोक-संस्कृति से जोड़ती है। 'निमाड़ी' निमाड़ अंचल के विचार-विनियम का साधन है। निमाड़ की नन्हीं झोंपड़ी में 'निमाड़ी लोक-संस्कृति' पनप रही। निमाड़ी साहित्य ने संप्रदायवाद, जातिवाद तथा असमानता की जड़ें खोदकर विश्वएकता स्थापन की दिशा में उल्लेखनीय कार्य किया है, 'हिंदू तुकर कहे सब कोई। मूल दोई का एक से होई।' लेकिन आधुनिकता ने परिवार की सौजन्यता छीनी है। इसे यहाँ के साहित्य में देख सकते हैं। निमाड़ी बहन भाई को पत्र लिख, नए परिवार को जीवित श्मशान की उपमा देती है। यहाँ 'घर कोई छे रे, जसो जीवतो मसाण छे। नणद न देवर ख लड़ण की व्हाण छे। ससरो तो बुढ्ढो छे, सासु जवान छे, घर की राणी छे पझा हलकी जुवान छे।'

सामान्य रूप से मध्य प्रदेश की लोक परंपराओं को देखें तो मालवा और निमाड़ का एक रूप तथा विंध्य और बुंदेलखंड, जिसे वृहत्तर रूप में हम महाकोशल कहते हैं, उनकी अपनी समानताएँ हैं। किंतु आधुनिकता के नाम पर 'विदेशी कल्चर' हमारी 'लोक-संस्कृति' को जिस तरह तोड़ रही है, उससे नगरों के चमचमाते लट्टुओं के समक्ष आज ग्राम-दीप थरथराने लगा है। आधुनिकता की झंझा संस्कृति की श्वास तोड़ने पर तत्पर है। मध्य प्रदेश का लोक साहित्य इस दीप-रक्षा के लिए प्रयत्नशील है। लोक संस्कृति प्रत्येक पग पर चुनौतियों का सामना कर रही है। मध्य प्रदेश के लोकगीतों में यहाँ के जीवन-मूल्य संचरित होते हैं। लोकगीत सहज, सरल, सुस्पष्ट एवं दैनंदिन की समस्यओं से संबंधित हैं। वे प्रकृति के साथ गाते हैं, उदास होते हैं, हँसते हैं, इठलाते हैं। इनमें जन्मोत्सव की प्रसन्नता है। नश्वर जीवन की अनुभूति है। अध्यात्म का आलिंगन है। ये जन-जीवन को अनुप्राणित करनेवाले स्फूर्ति तत्त्व हैं।

लोकगीतों की आदर्श नारियाँ सीता, अनसूया हैं। आदर्श पुरुष राम-कृष्ण, भरत-भाई, सीता-पुत्री, दशरथ-ससुर, कौशल्या-सास, लक्ष्मण-देवर एवं नगरी आयोध्या या मथुरा हैं। यहाँ का किसान गीत इंद्र को देवता मानता है। यहाँ मृत्यु के गीत गाए जाते हैं। निमाड़ी में इन्हें 'मसाण्या गीत' कहते हैं तो महाकोशल में कजरी गीत। यहाँ जन्म के ही नहीं तो मरण तक के गीत मंडलियों द्वारा झाँझ-मृदंग के साथ शव के पास गाए जाते हैं। 'जद जमराजा अंवणों में आया, तो थारो रोय कुटुम परवार-मैया, म्हारी प्रेम सुहागण आत्मा।'

लोककला-वाद्य

मध्य प्रदेश की लोक कला, परंपरागत विश्वासों, रहस्यात्मक संकेतों एवं अतीत के संस्कारों पर आधारित हैं। यह जन-जीवन में एकरस होकर हृदय को छूकर यहाँ कलाभित्ति पर एवं आँगनों में बिखरी पड़ी है। यह कला बिना किसी अवलंब, आश्रय, प्रोत्साहन तथा प्रलोभन के स्वतंत्र, स्वछंद एवं सौम्य गति से लोक संस्कृति की सुरक्षा करती आ रही है। यह हमारे आँगन की वस्तु है। लोक-नाट्य, नोक-नृत्य तथा लोक-वाद्यों ने यहाँ की सांस्कृतिक संपदा को सँवारा है। 'गम्मत', रामलीला, रासलीला, कठपुतली नाटक इत्यादि स्वस्थ मनोरंजन के

साधन हैं। संपूर्ण मध्य प्रदेश में 'झालरिया', 'झेंडा', 'डंढेल' एवं अन्य आदिवासी नृत्यों का उल्लास ढोल, मादल, मृदंग, तोन्क्या, डफ, डमरू, चंग, झाँझ आदि स्वर ध्वनि के माध्यम से देखा-सुना जा सकता है। नृत्य के मध्य यहाँ की संस्कृति वसंत-वसना बनकर मुसकाती है। आनंद, सहयोग, सौंदर्य यहाँ साकार हो जाते हैं।

मध्य प्रदेश का तप:पूत लोकजीवन ज्ञान और विज्ञान तथा आध्यात्मिक चिंतन से भरपूर एवं आत्मदर्शी है। उसने भौतिक आवश्यकताओं को वैभव या ऐश्वर्य की विज्ञप्ति का साधन नहीं बनाया, प्रत्युत मोटा परिधान पहल पुलक प्रकट की। भोजन संबंधित एक कहावत यहाँ दो रूपों में प्रचलित है, 'गौरी, धौरी जूनड़ी न तूप तुअर की दाल'। एवं 'काटा भाटा सूकला, न तूप तुअर की दाल'।

तात्पर्य यह है कि ठेठ पूर्वी अंचल सिंगरौली के दूरस्थ गाँवों से लेकर निमाड़ तक यहाँ कि ज्वार की रोटी, तुअर की दाल तथा घी यहाँ का मुख्य आहार है। साधारण भाजन की भाँति यहाँ का गणवेश भी अति साधारण है। पुरुष मुख्यत: मटमैली धोती, कुरता, बंडी के साथ अपने-अपने क्षेत्र विशेष के सिर पर सफेद, लाल, नारंगी पगड़ी पहनता है। कहीं-कहीं अँगरखा भी दिख जाता है। स्त्रियाँ लहँगा, लुगड़ा तथा कंचली में सुशोभित हैं। सौंदर्यवर्द्धन हेतु अनेक रजत-आभूषणों का परंपरा से प्रचलन है।

लोकपर्व-त्योहार

व्रत, पर्व और त्योहारों का प्रवर्तन हमारे प्राचीन ज्ञान-विज्ञान संपन्न परम विद्वान् दूरदर्शी पूर्वजों ने किया था। व्रत, पर्व और त्योहार को गहराई से देखें तो मध्य प्रदेश की यह त्रिगुणात्मधर्मी वृत्ति है। नागपंचमी, जिरोती, नाथ उतारना, धूव-पूजा, पोला, डोल-ग्यारस, गाज-बीज, अनंत पूनम, नरवत, साँझी, कमल्या पूनम, गोवर्धन पूजा, भाई-बीज, झेंडा रंगपंचमी एवं आदिवासियों के उत्सवों से मध्य प्रदेश की धरती उल्लसित है। यहाँ संतों का नवनीत हृदय, ऋषियों की त्रिकालदर्शी भंगिमा और वीर राजाओं का शौर्य चित्रण उनके मनोरंजन में सम्मिलित मिल जाता है। ऐतिहासिक-सांस्कृतिक परंपरा के अनुरूप मध्य प्रदेश की लोक कला का ताना-बाना धार्मिक है। लोक धर्म की सुदृढ आधारशिला पर वह खड़ी है। इस कारण परिवार के प्रत्येक सदस्य के मन में कला के इस रूप के प्रति गहरी आस्था और विश्वास है।

मध्य प्रदेश उत्सवधर्मी प्रदेश है। यहाँ की कला बहुआयामी है। प्रत्येक त्योहार के अनुरूप कला अपना परिवेश रूप रंग, आकृति, पृष्ठभूमि यहाँ तक कि कैनवास तक बदल लेती है। मालवा में तो जिरौती नाग और कुल देवील के रेखांकन भित्ति पर होते हैं तो दशहरे का माँड़ना भूमि पर होता है। दशहरे के चित्रांकन हेतु पवित्रता श्वेत रंग, मृत्यु के देवता नाग के लिए श्याम रंग और प्रसन्नता की देवी जिरौती हेतु पीले रंग का उपयोग किया जाता है।

मध्य प्रदेश ऐसी भूमि है, जहाँ कई जातियों, जनजातियों, की संस्कृतियाँ आई और गई। शक, सीथियन, सातवाहन, मुगल, मराठा आदि संस्कृति का यहाँ प्रभाव है। मिट्टी शिल्प दशहरा-दीपावली में संपूर्ण मध्य प्रदेश में चलन में हैं, जो ग्राम संस्कृति को छिपाए हुए हैं। कुम्हार और उसकी मिट्टी की आत्मीयता पूरी सद्भावना और सम्मान का विषय है। इसी तरह काष्ठ शिल्प महाकौशल, रीवा में सुपाड़ी के खिलौने से लेकर लकड़ी के खराद और कंघी बनानेवाली मालवांचल की जातियाँ हैं। खजुराहो और भेड़ाघाट में कला का अनुपम श्रेष्ठ रूप मिलता है, जहाँ लोक का कौशल सहज दिखाई देता है। सजावट पूर्ण त्योहार विशेष के कपड़े मध्य प्रदेश के कोने-कोने में मिल जाएँगे। मध्य प्रदेश की कला की विशेषता यहाँ के जंगली उत्पादों के साथ जुड़ी है। वह लाख, बाँस, पत्ता और घास, सन-सूती-रस्सी, पत्थर शिल्प, चँदोवा, वस्त्र शिल्प पर आधारित है। अहल्याबाई के शासन काल से महेश्वरी साड़ियाँ अपने शिखर पर थीं। बघेली के लोकचित्रों में कोहबर, हलछट, करवा चौथ, नागपंचमी, छठी, दीवाली आदि के परंपरागत चित्र हैं। बघेलखंड के गाँवों से लेकर दुर्गावती के गढ़ मंडला के सुदूर गाँवों में दीवारों पर मिट्टी और गोबर से कलात्मक रूपांकन बनाए जाते हैं। ऐस रूपांकनों में चिड़िया, मोर, चाँद, सूरज, हाथी, फल-पौधे, तुलसी क्यारी, दीप, शेर आदि तथ देवी-देवताओं की आकृतियाँ होती हैं, जो उनके प्रकृति-प्रेम को दरशाती हैं। आज भी आम का विवाह और तुलसी विवाह यहाँ हर घर में होता है।

लोकगीत

संपूर्ण मध्य प्रदेश अपनी लोक-संस्कृति को यहाँ के प्रचलित गीतों में समाए हुए है। मध्य प्रेदश के संपूर्ण परिप्रेक्ष्य में देखे तो लोक के गीतों में संस्था संबंधित गीत (जन्मविवाह आदि के गीत), व्रत, उत्सव और त्योहारों के गीत, तीर्थयात्रा, देवी-देवता संबंधी गीत, गंगा, नर्मदा, शिप्रा के गीत, बच्चों के गीत, सोलह संस्कारों के गीत यहाँ की अपनी विशेषता लिए हुए यहाँ की संस्कृति को पीढ़ी-दर-पीढ़ी अपने संस्कारों को सौंपते हैं। बघेली अंचल के नृत्य देख करमा का मर्म छू सकते हैं। बरसात को छोड़कर यह नाच सभी ऋतुओं में चलता है। गोंड, बैगा, अगरिया, पनिका आदि सभी इस नृत्य को करते हैं। स्त्री-पुरुष दोनों थिरकते हैं। माँदर की थाप और टिमकी की तेजस्वी ध्वनि में चटकुला की चटक आवाज चार चाँद लगाती हैं। पुरुषों की पैजनियाँ झमकती है। स्त्रियाँ पीठ पर बच्चे लिये हुए नाचती हैं। पत्तों के प्याले बनते हैं। सुरा सभा में मादकता घोल देती है। यह करता बैगानी करमा, जिसमें स्त्री पुरुष गोलाकार होकर नृत्य करते हैं। दूसरा गोंडी करमा, जिसमें स्त्री पुरुषों के दो दल भाग लेते हैं। यह मंडलाकार नृत्य अखंड मंडलाकार का प्रतीक है तो दो दल स्त्री पुरुष की समानता को अपने अंदर छिपाए हुए हैं। बघेलखंड में अटारी नृत्य यह बैगों का नृत्य है। शैला नृत्य गोंड और बैगाओं का नृत्य है। सुआ नृत्य कोल जाति का नृत्य है और चार महीने में होता है। विरहा नृत्य मुछरनुसार—लाभनी, बर्रइया, भलुमान, बाबा, चुरनक, डहडह बंगाला, म्यांजकाक ठिकान नाचना आदि हैं। यह पूर्णतः स्त्रियों का नृत्य है। कोलदहका, कालीनृत्य, परकहनी, कलशा नाच भी कहते हैं। बारात के शुभागमन के साये, बनाव श्रृंगार की हुई युवतियाँ कलश लिये नगाड़े के सामने विरहा टेरती हुई गाती-नाचती हैं। बघेली नाटकों में नृत्यों में माँदर, ढोलक, टिकमी, ढिसकी, तमूरा, चिकारा, सारंगी, बाँसुरी और मउहर का प्रयोग प्राय: होता है।

आज जब संतति प्राप्ति के संबंध में हम लापरवाह होते जा रहे हैं, मध्य प्रदेश के लोक में पुंसवन-गर्भाधन संस्कार को छिपाए हुए है। इसे कहीं 'गोद भरना', कहीं 'खोला भरना', कहीं अगरानी संस्कार कहते हैं। बघेली में लोक वेद आंकिक, मौखिक, लैखिक, आकृतिक,

नाटकीय क्रीड़ा और सांस्कृतिक साथ-साथ हैं। लोक वेद जादू टोना मात्र नहीं, यहाँ के आदिवासियों के बहुदेववाद के बीच एक देववाद- बड़कदेव या महादेव के रूप में प्रच्छन है। यह त्रिकुटी का रहस्यवाद न होकर एक प्रकार का खुला रहस्य है।

जैसा कि मैंने प्रारंभ में ही कहा है कि यहाँ ऋषियों से लेकर संतों तक की अद्‌भुत परंपरा है। इन संतों के कारण मध्य प्रदेश की लोक-संस्कृति नगरों एवं गाँवों में फैली हुई जनता के संस्कार को प्रकट करती है। इसमें शाश्वत सत्य प्रवहमान है। संपूर्ण सद् विधाओं के उन्नति के अवसर हैं। आध्यात्मिक विकास है। तात्त्विक स्थिरता है, प्रकृति की उपासना है। संतों, मुमुक्षुओं और तत्त्वज्ञानियों का प्रादुर्भाव है। संसार के समस्त प्राणियों को आत्मवत् मानकर उनके प्रति प्रेम, करुणा, उपकार, क्षमा, अहिंसा एवं सहिष्णुता का भाव है। किंतु आधुनिक पश्चिमी सभ्यता और तथाकथित भद्रलोक ने यहाँ के लोक को भी कहीं-न-कहीं प्रभावित किया है, उसके अंदर भी निच्छलता में कटुता के कुछ छींटे दिखाई देने लगे हैं। प्रकृति से बाहर आकर उच्च पथरीली अट्टालिकाओं के अन्दर उसे मोहक स्वरूप खींच रहा है। बाह्य रूप परिवर्तनशील है। फिर भी यह विश्वास के साथ कहा जा सकता है कि आज भी भद्रलोक को उसके मूल से जोड़े रखने में यह लोक-संस्कृति अद्‌भुत भूमिका निभा रही है। उनके लिए अपने स्वार्थ, सुख-लालसा, यश और कीर्ति के त्याग का लोकाचरण मनुष्य की पशुता को समाप्त कर उसे मानव बना ईश्वर की ओर उन्मुख करता है।

छत्तीसगढ़ में हरेली का त्यौहार

माणिक विश्वकर्मा 'नवरंग'

छत्तीसगढ़ में हरेली का त्योहार कृषकों द्वारा ग्रिगोरियन कलैंडर के अनुसार जुलाई या अगस्त माह में पड़ने वाले श्रावण अमावस्या के दिन बड़े ठाठ-बाट एवं मौज-मस्ती के साथ मनाया जाता है। अच्छे मानसून एवं अच्छी फसल के लिए कुटकी दाई की पूजा की जाती है। इस दिन कृषक कृषि कार्य में उपयोग आने वाले औजारों एवं साधनों की भी पूजा करते हैं। हरेली हिन्दी के हरियाली शब्द के अनुरूप है। ग्रामीण क्षेत्रों में मनाया जाने वाला यह महत्वपूर्ण त्योहार है। इस दिन घर के द्वार पर भेलवा वृक्ष एवं नीम की शाखाओं को रखने का रिवाज है ताकि घर में रोग का आगमन ना हो सके। गांव के बैगाओं के लिए अपने शिष्यों को दीक्षा देने का यह पुनीत अवसर माना जाता है। यह क्रम गणेश चतुर्थी तक चलता है। ऐसी मानता है कि इस दिन दीक्षा देने एवं लेने से मां सरस्वती की अनुकम्पा सदैव बनी रहती है। हरेली के अवसर पर नए वस्त्र धारण करने एवं सामूहिक गीत, नृत्य तथा संगीत आयोजित करने की परम्परा है। बच्चे एवं जवान किसिम-किसिम की गेड़ियां, बांसों से बनाते हैं एवं उस पर सवार होकर क्रीड़ा करते हैं। कई जगह गेड़ी दौड़ का आयोजन भी किया जाता है। नारियल फेंक प्रतियोगिता के साथ-साथ लड़कियों एवं युवतियों के लिए फुगड़ी खेल का रोचक आयोजन किया जाता है। ग्रामीण क्षेत्रों में मनाया जाने वाला हरेली पर्व धीरे-धीरे महोत्सव का रूप लेने लगा है।

विगत कुछ वर्षों से छ.ग. के कई प्रमुख स्थानों में यह त्योहार महोत्सव के रूप में मनाया जाने लगा है। सार्वजनिक रूप से इस त्योहार के मनाए जाने का मूल उद्देश्य है यहा की ऐंतिहासिक एवं सांस्कृतिक धरोहर को आधुनीकिकरण से बचाए रखना। धान का कटोरा कहलाने के स्वाभिमान एवं सम्मान की रक्षा करना। हमें अपनी संस्कृति एवं समृद्धि को पश्चिमी सभ्यता की आंधी से बचाकर रखने की आवश्यकता है। जिस तरह अपने बगीचे को देखकर माली खुश होता है, ठीक उसी तरह अपनी लहलहाती हुई हरी-भरी फसल को देखकर किसान फूले नहीं समाता। इसी खुशी को बांटने के लिए गांव में हरेली अर्थात हरियाली उत्सव मनाया जाता है। इस दिन ग्रामवासी रंग-बिरंगे वस्त्रों से सजे ऐसे दिखाई पड़ते हैं मानो विभिन्न रंगों के फूलों से सुसज्जित माला गुंथी गई हो। धर्म एवं जाति से ऊपर उठकर यह त्योहार आपसी भाई-चारा एवं राष्ट्रीय एकता का संदेश देती है।

□□

28 तमिल लोक-संस्कृति : एक दृष्टि

—ए. भवानी

भारत जैसे ग्राम प्रधान देश में लोकसाहित्य एवं वहाँ की संस्कृति का अपना महत्त्वपूर्ण स्थान है। लोकसाहित्य के अंतर्गत ग्रामीण समाज में मौखिक रूप से प्रचलित लोककथाएँ, गीत, उत्सव, नृत्य, लोक-विश्वास, गाथाएँ, नाटक, वार्त्ता, लोक वाद्य, कलाएँ, कहावतें, पहेलियाँ आदि ग्रामीण जीवन की पारंपरिक प्राचीन व्यावहारिक पद्धतियाँ सभी कुछ आ जाती हैं, जो ज्यादातर अलिखित रूप में हैं।

शिक्षित महानगरीय सभ्यता के नाम पर उत्तर-आधुनिकता की ओर उन्मुख होनेवाले आधुनिक लोगों से अशिक्षित, असभ्य, संस्कृतिविहीन कहलाए गए मन में शुद्ध गाँव की भोली-भाली जनता ही अच्छी है। सभ्यता, संस्कृति के नाम पर होनेवाले भ्रष्टाचारों से सैकड़ों मील दूर, गाँव में प्रशांत जीवन बितानेवाले हजारों परिवारों के कारण आज भी लोकसाहित्य एवं वहाँ की संस्कृति यथेष्ट रूप में विकसित हो रही है।

संस्कृति को तमिल भाषा में 'कलाचारम्' कहते हैं। सुशील आचरण के साथ तमिलवासियों ने अपनी संस्कृति को ऊँचे शिखर पर खड़ा किया है। संस्कृति को तमिल भाषा में 'पन्पाडु' भी कहते हैं, जिसका अर्थ है—अनुशासन। भाषा से ही साहित्य का निर्माण होता है और साहित्य मानव जीवन के आचार-विचारों का विवेचन करता है। उक्त समाज की रीति-रिवाज को प्रतिबिंबित करनेवाला साधन भी वही है। अतः तमिल समाज की संस्कृति और सभ्यता का परिचय पाने के लिए तमिल साहित्य का अध्ययन भी आवश्यक होता है। वास्तव में तमिल संस्कृति की बुनियाद, उसका निर्माण शौर्य, दान, आत्मसम्मान, ईश्वरभक्ति, निष्पक्ष भाव अतिथि सत्कार, दैवी दान तुल्य गुण विशेषों पर माना जाता है। इसके अतिरिक्त मंदिरों पर पूजा-पाठ करना, यहाँ की लोककथाएँ, लोक-विश्वासों, नवग्रहों और पंचभूतों पर आस्था आदि तमिल संस्कृति का अभिन्न अंग है।

ऋषि-मुनियों एवं मंदिरों का धार्मिक स्थल तमिलनाडु अपने गोपुर और कलाकृति के लिए विश्व-विख्यात है। मदुरै का मीनाक्षी मंदिर भारत की शान है, तो तंजाऊर का बृहदीश्वर मंदिर चोल राज्य की धरोहर है। इसी तरह चितंबरम भगवान् शिव (नटराज) के तांडव नृत्य को दरशानेवाले पुण्यतीर्थ स्थान हैं। जहाँ तिरुच्चिरापल्ली कला-मंदिर गणेश के लिए प्रसिद्ध है, वहीं दक्षिण-पूर्व का भारतीय द्वीप रामेश्वरम अपने सुंदर दिव्य खंभों के लिए मशहूर है। दक्षिण स्थित कांचीपुरम को मंदिरों का शहर माना जाता है, यहाँ के एकांबरीश्वर, वरदराजस्वामी, बैकुंडपेरुमाल, कैलासनाथ एवं कामाक्षी देवी का मंदिर वंदनीय हैं।

धार्मिक विश्वास

मंदिरों का यह इतिहास यदि प्राचीन है तो संस्कृति भव्य है। इतिहास साक्षी है कि यहाँ धर्म, शिक्षा, संप्रदाय, उद्योग, वाणिज्य, कला, साहित्य आदि तमाम विद्याओं का उत्तरोत्तर विकास हुआ है। इस रहस्यमयी समृद्धि की खोज के लिए संस्कृति के प्रेमी, भ्रमण करनेवाले अन्वेषी और इतिहासकार आज भी सतत प्रयासरत हैं।

तमिलनाडु के प्रमुख देवता कार्तिक के छह धाम भी प्रमुख हैं, जिसे तमिल में 'आरु-पडै-वीडू' कार्तिक भगवान् के घर कहते हैं।

शिव के पुत्र हैं कार्तिक भगवान्, जिन्हें तमिलनाडु के लोग 'मुरुगन' के नाम से पुकारते हैं। वल्ली, देवयानी इनकी देवपत्नी हैं। मुरुगन के झंडे में मुरगे का चित्र अंकित है। तमिल में मुरुगन का अर्थ है 'सुंदर' या मन को मोहनेवाला।

तिरुत्तणी : यह मंदिर कार्तिक महीने में 'कार्तिगै दीपम' उत्सव के समय दीपों से सजता है और दिसंबर महीने में पड़नेवाला यह कार्तिगै दीपम त्योहार धूमधाम से मनाया जाता है।

स्वामी-मलै : यह मंदिर पहाड़ पर स्थित है और वहाँ पहुँचने के लिए ६० सीढ़ियाँ चढ़ना पड़ती हैं, जिसे ६० वर्षों का एक वृत्त माना जाता है। तमिल पंचांग में हर ६० वर्ष के बाद पुनः नव वर्ष का आरंभ होता है। यह एक तरह से शताब्दी जैसा चक्र चलता है।

तिरुचेंदूर : हर वर्ष 'कंदषष्टी' के उत्सव पर बड़े हर्षोल्लास के साथ मनाया जाता है। इसी दिन भगवान् ने राक्षस सूरपद्मन का संहार किया था। इसी उपलक्ष्य में उक्त त्योहार मनाया जाता है।

पळमुदिर चोलै : इस पहाड़ का वर्णन नक्कीरन अरुणगिरिनादर और अव्वैयार जैसे महान् संतों ने किया है। यह विश्वास है कि यहाँ भगवान् कार्तिक एक बच्चे का रूप धारण करके अव्वैयार के पास उनकी भक्ति का परिचय पाने के लिए आए थे।

तिरुपरंकुंड्रम : यहाँ भगवान् कार्तिक अपने भक्तों को देवयानी सहित मोहित मुद्रा में दर्शन देते हैं।

पऴनी : मदुरै से १२० कि.मी. की दूरी पर स्थित यह भगवान् कार्तिक का छठा घर है। 'पऴनी' शब्द तमिल के 'पऴमनी' से उत्पन्न हुआ हैं, जिसका अर्थ है 'तुम ही फल हो'। यह ज्ञान और अनुभूति का स्थल है। सिद्धर बोगर का अंत भी यहीं हुआ। उनकी समाधि आज भी दर्शनीय है। ये सिद्धर औषधियों के पिता माने जाते हैं। इस पहाड़ी क्षेत्र के चारों ओर जड़ी-बूटियों के पौधे हैं, इसलिए ऐसा विश्वास है कि मंदिर में भगवान् कार्तिक के अभिषेक के समय पहाड़ों से गिरनेवाला पानी औषधियों से गुजरकर आने के कारण इसका पान करने से कई प्रकार के रोगों का निवारण भी होता है। इन मंदिरों का समय-समय पर दर्शन करना और विशेष उत्सवों में भाग लेना तमिल संस्कृति एवं सभ्यता का अद्भुत गुण है।

लोकविश्वास

नवग्रह पूजा : तमिलनाडु नवग्रहों के लिए प्रसिद्ध है। मंदिरों का दर्शन करना नवग्रहों की पूजा करना यहाँ की संस्कृति है। ज्योति-शास्त्र पर मानव का विश्वास अटूट है। तमिलनाडु में जन्म के समय इन ग्रहों का जोड़ या अमुक स्थान पर विशेष ध्यान दिया जाता है। यदि किसी की जन्म कुंडली में किसी प्रकार का ग्रह दोष हो तो उसके निवारण के लिए तमिलनाडु में ग्रहों को मध्य में रखते हुए विशेष मंदिर का निर्माण किया गया है। यहाँ नौ ग्रहों के लिए बनाए गए मंदिरों में तिरुनागेश्वरम, वैदीश्वर कोविल, तिंगलूर, तिरुनल्लार, सूर्यनार मंदिर, कंचनूर, कीऴ पेरुम पल्लम, आलंगुडी, तिरुवेंकाडु आदि उल्लेखनीय हैं। वायु, अग्नि, आकाश, धरती और पानी के लिए पूजनीय मंदिर और प्रसिद्ध दर्शनीय स्थान तमिलनाडु की महिमा है।

अंधविश्वास : तमिल संस्कृति में उन दिनों वैज्ञानिक प्रमाण के रूप में कुछ भी विश्वसनीय नहीं था, लोग प्रकृति पर अपना विश्वास रखते थे। प्रकृति को बहुत सूक्ष्मता के साथ परखते थे। प्रकृति की हर क्रिया के पीछे अर्थ को देखते थे। बिल्ली का तेजी से भागना या रास्ता काटने का तात्पर्य भी सावधानी के साथ देखते थे और फिर उसी के अनुरूप कदम उठाते थे। हो सकता है, बिल्ली किसी डरावनी, भयानक चीज देखकर भागी हो या साँप, कुत्ता आदि कोई ऐसा जानवर हो, जो हानि पहुँचा सकता हो। इसलिए मानव को सोच-समझकर कदम रखना चाहिए। बिल्ली का तेजी से दौड़ते हुए रास्ता काटना अशुभ हो सकता है, पर कारण जाने बगैर अंधविश्वास के आधार पर ऐसा करना न्यायसंगत नहीं है। वैज्ञानिक उन्नति के बाद लोकविश्वासों में अनेक परिवर्तन आए हैं। लोकजीवन में विश्वासों का अनुमान लगाए जाते थे, अनुमान ठीक निकलते थे। जैसे अक्तूबर के महीने में तीज के दिन, यानी अमावस्या के बाद के तीसरे दिन चंद्रमा देखने पर यदि अर्द्ध गोलाकार चंद्रमा उत्तर की ओर अधिक उठा दिखता है तो पानी कम बरसता है। यह लोकविश्वास आज भी लोकमानस में पूरी तरह विश्वसनीय है।

शकुन-अपशकुन : प्राचीन साहित्य में लोकविश्वासों की अनेक बातें कही गई हैं। 'तोलकाप्पियम' ग्रंथ में पक्षियों को आधार बनाकर शकुन और विश्वास की कई बातें सुनाई गई हैं, 'काकम् कत्तिनाल विरूंदिनर वरूवार'। हम इसी को हिंदी में यों कह सकते हैं, 'कागा पुकारे काऊ-काऊ कौन परदेशी आएगा मेरे द्वार', अर्थात् कागा का काँव-काँव पुकारना किसी मेहमान के आने की सूचना है। इसी प्रकार 'पुरनानूरू' में भी विश्वासों का विस्तृत वर्णन मिलता है। जैसे 'कूहै अलरीनाल सावु वरूम' अर्थात् उल्लू का चिल्लाना मौत को बुलाना है। उसी प्रकार कुत्ते का रोना भी मौत का आना माना जाता है। छींकने या हिचकियाँ आने से अपना कोई उन्हें याद करता है, ऐसा माना जाता है। तमिलनाडु के पंचांग में छिपकली के गिरने से शरीर के अंगों के हर भाग के लिए विशेष विश्वास आज भी प्रचलित हैं। एक धार्मिक ग्रंथ 'अरपल्ली शिव शतकम्' के अनुसार गिरगिट बाएँ से दाएँ जाता है तो शुभ होता है। रामायण में अशोक वाटिका में सीता माता की बाईं आँख फड़कती है, तब यह सोचती हैं राम आनेवाले हैं और वह बच जाएँगी। उसी प्रकार यदि दाईं आँख फड़कती है तो लड़कों के लिए शुभ मानी जाती है।

स्वप्न-विचार : शुभ-अशुभ के लिए शकुन भी देखा जाता है, जैसे गरुड़ पक्षी यदि आकाश में गोलाकार चक्कर लगाता है तो शुभसूचक है। कुछ विशेष काम के समय गिलहरी को देखना शुभ माना जाता है। उल्लुओं की जोड़ी का दर्शन शुभ का प्रतीक है, अकेला उल्लू नाश का सूचक है। शाम के वक्त घरवाले यदि यात्रा पर जाते हैं तो उनके जाने से पहले घर में दीया जलाना चाहिए। उनके जाने के बाद झाड़ू नहीं लगानी चाहिए—अशुभ मानी जाती है। रात में झाड़ू लगाने पर कूड़े को बाहर नहीं फेंकते। उसी प्रकार घर में लाल चींटियों की पंक्ति अशुभ की सूचक है। भोर के समय देखा स्वप्न सच होता है, सपने में मरण देखना शुभ है। सपनों में सूअर, फूली, फल, महिलाएँ, बकरी, पेड़ या लकड़ी आदि देखना अशुभ माना जाता है। सपने में कछुआ देखें तो सौभाग्य का सूचक है, उसी प्रकार नमक देखें तो संपदा की वृद्धि मानते हैं। सपने में यदि अपनी मौत देखें तो आयु बढ़ जाने का सूचक है। मंदिर की घंटी सपने में सुनाई पड़े तो घर में शादी की सूचक और कारावास देखें तो प्रसिद्धि पाने की संभावना है।

इस प्रकार के लोकविश्वासों में शुद्धता को ध्यान में रखते हुए अनेक बातें कही गई हैं—खाते समय पैरों को हिलाते हुए नहीं खाना चाहिए; पढ़ते हुए भी खाना नहीं चाहिए, इससे एकाग्र भाव से खाना नहीं खा सकते। खाने के पत्ते को लाँघना नहीं चाहिए। (उन दिनों नीचे बैठकर खाते थे), आज भी अधिकतर गाँवों में नीचे बैठकर हाथ से खाने की प्रथा प्रचलित है। अच्छी आदतों को अपनाना और आचार-विचार में शालीनता को अपनाने के उद्देश्य से कई सकारात्मक विचार उन दिनों के लोकसाहित्य में प्रचलित रहे। संकेतात्मक ध्वनियों एवं कुछ विशेष लोगों को विशेष समय पर देखने से शुभ और अशुभ का संकेत मिलता है।

रीति-रिवाज

यहाँ के रीति-रिवाजों और आदतों को हम संस्कृति कह सकते हैं। तमिलनाडु में कई ऐसी प्रथाएँ हैं, जिनका विश्वास से अधिक जीवन-शैली पर प्रभाव पड़ा है। सभ्यताएँ, रीति-रिवाज सभी संस्कृति का अभिन्न अंग बन गए हैं। हफ्तों का हर दिन उनके लिए विशेष महत्त्व का है। जैसे शुक्रवार के दिन व्रत रखना, सोमवार, बुधवार या बृहस्पति के दिन यदि लड़की बड़ी (रजस्वला) बनती है तो धूमधाम से वह शुभ घड़ी मनाई जाती है। उसी प्रकार शुक्रवार के दिन यदि लड़की की शादी करते हैं तो उस दिन उसकी डोली नहीं उठती, क्योंकि यहाँ की संस्कृति में लड़की को लक्ष्मी मानते हैं, उस दिन घर की लक्ष्मी बाहर नहीं जा सकती। उसी प्रकार ग्रामीण रीति-रिवाजों में बृहस्पतिवार या रविवार के दिन किसी के घर पर खाना नहीं खाते। मंगलवार के दिन बाल नहीं काटते। शनिवार के दिन किसी के घर में मौत हो जाती है तो उन्हें देखकर तुरंत लौट आते हैं। बुधवार के दिन नए वस्त्र पहनना चाहिए। शनिवार के दिन नए वस्त्र पहनना उचित नहीं मानते।

रंगोली बनाना : घर के बाहर हर रोज रंगोली बनाना ग्रामीण लोक-परंपरा है। यह माना जाता है कि रंगोली जिसके घर के बाहर बनाई जाती है, वह घर ऐश्वर्यशाली, वैभव, धन-धान्य, संपत्ति से भर जाता है। घर के बाहर रंगोली बनाने से भूत-प्रेत-पिशाच आदि से घर बचा रहता है, ऐसा लोकविश्वास है। वास्तव में शुभ समाचार की सूचना गाँवों में यही रंगोली देती है। गोबर के पानी को भोर होने के पहले घर के द्वार पर छिड़कते हैं और उसी प्रकार शाम के वक्त दोबारा गोबर से बाहर पोंछकर दोनों वक्त रंगोली बनाते हैं। ग्रामीण लोकजीवन में हर महीने के लिए विशेष रंगोली बनाने की प्रथा है। रंगोली न बनाने से उनका विश्वास है कि घर के देवता शोक सागर में डूबकर आर्तनाद करने लगेंगे।

अपने जीवन को सुखमय बनाने के लिए एवं कष्ट से दूर रहने के लिए तमिलवासियों ने अनेक बातें अपनाई हैं। जैसे बच्चों को बुरी नजरों से बचाए रखने के लिए गाल पर काजल-टीका लगाते हैं। स्वास्थ्य के लिए हर शनिवार को तेल मालिश करके नहाते हैं। इसके लिए एक मुहावरा भी प्रसिद्ध है 'शनि नीर आडू'। देवी-देवताओं पर ग्रामीण लोग अत्यधिक विश्वास करते हैं। इसीलिए यहाँ के लोकजीवन में अपने-अपने ग्रामीण देवता की पूजा करना कर्तव्य समझकर अपने आचार-विचार एवं रीति-रिवाजों में शामिल कर लिया है—

यारूकडनृ निणालुम मारिकडन् आवादू
मारि कउन् तीर्थवरूक्कू मनकवलै तीरूमम्मा।

अर्थात् मरियम्मा का ऋण चुकाना आवश्यक है। तभी मन के सारे कष्ट धुल जाते हैं। मारियम्मा ग्रामीण देवी है। उन पर आज भी सैकड़ों लोग आस्था के साथ दर्शन के लिए आते हैं। उनको खुश करने के लिए समय-समय पर बलि भी देते हैं। ये उनकी लोक पारंपरिक प्रथा है। उसी प्रकार गणपति वंदना भी गाँवों में प्रसिद्ध है, 'तुबिक्कै यानै पाडिनाल तुंबन्गल वरादु' अर्थात् गणपति वंदना करनेवालों के सारे कष्ट क्षणभर में दूर हो जाते हैं। घर में सदैव शांति और सुखमय जीवन के लिए तमिल लोग यह भी मानते हैं कि नए घर-प्रवेश के समय चावल, दाल, दीया, नमक, शक्कर आदि लेकर जाना चाहिए। उसी प्रकार घर से बाहर निकलते वक्त घरवालों से 'जाकर आता हूँ' कहकर जाना चाहिऐ, मात्र 'जाता हूँ', कहना ठीक नहीं। ये सारी बातें तमिल संस्कृति का अंग हैं।

आचार-विचार : ग्रामीण विश्वास तमिल संस्कृति और आचार-विचार का अनिवार्य अंग है। छींकने से आयु का बढ़ना, पीपल के पेड़ का चक्कर लगाने से गर्भवती बनने की उम्मीद, नाभिमाला के साथ यदि बच्चा जन्म लेता है तो मामा मर जाते हैं। गर्भवती स्त्रियाँ उल्टी अधिक करती हैं तो लड़का होगा और उल्टी कम करती हैं तो लड़की होगी, चूल्हे की ज्वाला में ध्वनि निकलती है तो मेहमान के आने की

सूचना, संख्याओं में ३ को पवित्र मानना और घर में पाँचवीं संतान बेटी हो तो लक्ष्मी का आगमन मानना, छठी संतान लड़की हो तो वह हाथी को पालेगी, नक्षत्रों में भरणी नक्षत्र में पैदा हुआ तो बच्चा धरती पर राज करेगा। आँखों में तिल्ली है तो होनहार की सूचना, ओठों पर तिल है तो शीलवती कहलाना, जीभ पर तिल्ली हो तो विद्वान् या विदुषी कहलाना, जुड़वाँ बच्चों से तेल मालिश करवाना मोच को मिटा देता है। सुहागिन महिलाओं को सफेद वस्त्र नहीं धारण करना, दुलहन के लिए काला या सफेद रंग मिश्रित वस्त्रों को नहीं खरीदना, महिलाओं को हमेशा टीका-बिंदी लगाए रहना, शव देखकर लौटते ही नहाना, नव वर्ष के दिन यात्रा नहीं करना आदि तमाम बातें ग्रामीण संस्कृति का अभिन्न अंग बन गई हैं।

लोक में जहाँ ग्रामीण जीवन की संस्कृति, आचार-विचार, धर्म, विश्वास, उत्सव, खेल और उनके रोजगार से जुड़ी हस्त कलाएँ हैं,

वहीं ग्रामीण अंचल की भूमि की विशेषता है, वहाँ की जड़ी-बूटियों की महिमा, जो लोक चिकित्सा को प्रकृति का सहज वरदान है। ये जड़ी-बूटियाँ मानव की हर परेशानी का अंत करने में सफल हैं। तमिल अंचल ही नहीं, उत्तर भारत के ग्रामीण जीवन को भी जब हम गहराई से देखते हैं तो प्रकृति चिकित्सा के प्रति लोगों का विश्वास, आस्था वहाँ भी कम महत्त्वपूर्ण नहीं है।

लोकजीवन के कुछ व्यवहार, विश्वासों पर भी लोक चिकित्सा आधारित रही है। शुभ दिन में व्रत रखना भी कई बीमारियों का निवारण करता है। उसी प्रकार यह मान्यता है कि गरमियों में यदि सिर मुँड़वा लें तो कभी भी सिर में फोड़े-फुंसी नहीं निकलेंगी। ग्रामीण जीवन में लोग यह भी विश्वास लेकर चलते हैं कि यदि बच्चे को जन्म देते ही उसे सबसे पहले गधे का दूध पिलावें तो बहुत अच्छा स्वर लेकर आता है। इन मान्यताओं में महिलाओं के लिए पान-सुपारी-चूना के साथ खाने की रीति है और प्राय: सभी महिलाएँ चूना खाती हैं। सूर्य को देख नमन करना, प्रकृति ईश्वर के प्रति निष्ठा को दरशाता है। इस आचार-विचार को अपने जीवन में उतारनेवाले लाभान्वित हुए हैं, इससे इस ओर उनका विश्वास और भी बढ़ गया है। धूम्रपान, मद्य, शराब, अनैतिक रिश्ते ठीक नहीं।

तमिलनाडु की संस्कृति उत्तर भारत संस्कृति से अलग नहीं है। भौगोलिक भिन्नताएँ होने के कारण उत्तर और दक्षिण की संस्कृति में हलका सा बदलाव दिखता है, परंतु लोकजीवन में बहुत कम अंतर है। बाहरी आक्रमण के कारण उत्तर में जितनी हानि हुई है, उतनी दक्षिण में नहीं हुई। इसलिए यहाँ की संस्कृति और लोकजीवन आज भी बचा हुआ है। दक्षिण के मंदिर, वहाँ होने वाले उत्सव, विश्वास और आस्था, ईश्वर के अनेक स्वरूप, पुरुषों, महिलाओं में अंधविश्वास या जादू-टोने, जो भी तंत्र-मंत्र हैं, सभी दक्षिण के लोकजीवन में आज भी जीवित हैं। यही लोकगीत या नृत्य जब शहरों में विशेष संदर्भ में गाया या नाचा जाता है तो निश्चित रूप से हम कहते हैं कि ये लोकगीत या नृत्य ग्रामीण जीवन की उपज हैं। इसकी जड़ें गाँव हैं और शाखा विभिन्न शहरों तक फैली हुई हैं।

लोककथाएँ

तमिल लोककथाओं पर ध्यान दें तो मानव से संबंधित नीतिपरक, हास्य-व्यंग्य की बातें, मनोरंजन हेतु विशिष्ट बातें, ग्रामीण प्रेम-कथाएँ आदि उल्लेखनीय हैं तो पशु-पक्षियों से जुड़ी बातों में मानवीकरण के माध्यम से प्राकृतिक जीवों द्वारा मानव हित की बातों का उल्लेख मिलता है। उसी प्रकार देवी-देवताओं की कथाओं में ग्रामीण देवताओं की महिमा का गान, युद्ध, संहार की बातें, बुरे-अच्छे देवताओं के बीच न्याय-धर्म पर युद्ध आदि लोक-कथाओं में हम पढ़ते हैं। अधिकतर कथाएँ नैतिक बातों का उल्लेख करती हैं। तमिल में गीतकथा, जिसे अंग्रेजी में ठंससंक कहते हैं, विशेष उल्लेखनीय है। तमिल लोकसाहित्य में ऐसे महान् ग्रंथ हैं, जिनमें सैकड़ों गीत-कथा प्रासंगिक रूप से जुड़े होते हैं, जिससे प्रमुख कथा को समझने में सहायता मिलती है। 'सिलपदिकारम्' महाकाव्य 'अम्मानै वरी' इसका प्रमाण है, जिसके अंतर्गत ३८ लोकगीत उल्लिखित हैं। लोकसाहित्य के विशेष संदर्भ में नौटंकी को भुलाना कठिन है। तमिल में इसे 'तेरूकूत्तु' कहते हैं। नौटंकी या तेरूकूत्तु में एक प्रकार के नाट्य नियम का पालन होता है, वह एक अनुशासन में खेला जाता है, जिसमें सामाजिक परिस्थितियों का उद्घाटन होता है। ग्रामीण जीवन की संस्कृति, कुलाचार, उनके वंशज आदि का प्रदर्शन भी होता है। लोक-जीवन के आचार-प्रचार, स्वभाव, जीने की रीति, रस्म-रिवाज सब को इन तेरूकूत्तु में दिखाया गया है। ये गलियों में या चौराहों में कहीं भी खेले जानेवाले नाट्य गीतकथाएँ हैं। विशेष प्रदेशों में विशेष नाम से तेरूकूत्तु खेला जाता है।

गाँवों में लोक नाट्य-नृत्य के बाद अधिकतर लोककथा ही आती है। सूर्यास्त की लालिमा खेतों में फैलते ही हल लेकर किसान लौट आते हैं। दूर मंदिर में घंटा बजता है। महिलाएँ कुएँ से पानी खींचना शुरू करती हैं। गाय-बैल अपने गले के घंटों को बजाते हैं। महिलाएँ घरों में दीया जलाने लगती हैं। सूर्यास्त के इस बेजोड़ सम्मोहक वातावरण में चार चाँद लगाते हैं पक्षियों के समूह, जो आकाश मार्ग से अपने घोंसलों की ओर लौटते हैं, दिवस के अंत में हलकी हवा का बहाव जब वृद्ध जनों की थकान दूर करने लगता है, तब वृद्धाओं को बच्चे, नौजवान घेरने लगते हैं। उनके सान्निध्य में हलके-फुलके आत्मीय माहौल में ग्रामीण कथाओं का सिलसिला शुरू हो जाता है। कथानायक वृद्ध से लोकथाएँ सुननेवाले श्रोता मदहोश होकर बड़ी उत्सुकता से इन कथाओं को सुनते हैं। उनकी कथाओं में कल्पना, हास्य, अद्भुत और चामत्कारिक विषय, करुणा से भरे आँसू, वीर, साहसी आदि सभी तत्त्व रहते हैं, जो मानव को अनेक रहस्यों से परिचित करवाते हैं। ये लिखित कथाएँ नहीं हैं, अपितु कही गई गाथाएँ हैं। इनमें एक दिन में समाप्त होनेवाली कथाएँ हैं और कई दिनों तक चलनेवाली कथाएँ भी होती हैं। इनको सुनाने के लिए विद्वत्ता का सहारा नहीं लेना पड़ता, परंतु कहने के लिए कल्पना-शक्ति और अभिव्यक्ति पर्याप्त है। सुनानेवाले यदि घुमक्कड़ हैं तो फिर क्या कहना। जगह-जगह से प्राप्त अनुभवों को कल्पना से सजाकर कथा को खींचने की सामर्थ्य रखते हैं। छोटी सी बात होती है, उसे वे अलग-अलग अंदाज में कहते हैं, पर हर बार अलग ढंग से, नए तरीके से, आकर्षक प्रस्तुतीकरण के कारण उसमें अपने आप नवीनता आ जाती है। इनको सुननेवाले यदि मिल जाएँ तो सुनानेवाले का उत्साह दुगुना हो जाता है। तमिलनाडु के गाँवों में खटियाँ पर बैठकर कहनेवाला ही लोककथाओं का प्रतिनिधित्व करता है। एक गाँव में एक व्यक्ति रहता था, इससे ही प्राय: कथा का आरंभ होता है। इसमें कुतूहल, जिज्ञासा आदि की भावना कूट-कूट कर भरी होती है।

विभिन्न प्रकार की लोककथाएँ

मानव से संबंधित कथाओं में पात्र मानव होता है। राजा, रानी, मंत्री, आम जनता कोई भी हो सकता है। इसमें नैतिक बातें, हास्य की बातें, समय बिताने के लिए मनोरंजन हेतु ग्रामीण प्रेम-कथाएँ आदि विषय हो सकते हैं। पशु और पक्षियों की कथाओं में पशु या पक्षी नायक होते हैं। मानव के लिए उपयोगी बातें इन पशु-पक्षियों के मुख से कहलवाई जाती हैं। इन कथाओं में 'पेसाद पक्षी पेसुम पाडाद जंतुकल एल्लाम पाडुम' अर्थात् मुख से जो नहीं बोल पाते, ऐसे जीव बोलने लगते हैं और जो गीत गा नहीं सकते, वे गाने लगते हैं। जिनका मानवीकृत रूप हम देखते हैं, उनमें उल्लेखनीय हैं कोयल, मोर, लोमड़ी, हाथी आदि।

देवी-देवताओं की कथा में ग्रामीण देवी-देवता, पौराणिक-ऐतिहासिक पात्र मानव के कष्ट के समय उसकी सहायता के लिए आते हैं। अच्छे और बुरे देवताओं के बीच युद्ध जैसी विभिन्न प्रकार की कथाएँ इस वर्ग की कथा बनती हैं। संदर्भानुसार वातावरण के अनुरूप कहानियाँ होती हैं, जिनमें उल्लेखनीय हैं—भरी सभा में कहनेवाली कथाएँ, लड़का-लड़की की एकांत कथाएँ, मित्रों के बीच होनेवाली कथाएँ, बच्चों के बीच कहानियों और बड़ों द्वारा बच्चों को सुनानेवाली कथाएँ। इस प्रकार अनेक ढंग से कहानियाँ कही जाती है। सबमें नैतिकता की बातें, नैयांडी कथाएँ, उपदेश की बातें, मानवीय मूल्य की बातें, कहावतों की उत्पत्ति से संबंधित कई प्रकार की कथाएँ तमिल लोक-जीवन में मिल जाती हैं।

लोक-कथाओं में विषयगत विशेषताओं के अंतर्गत उन दिनों का सामाजिक वातावरण, जाति वर्ग से संसबद्ध विषय, राजा-रानी की कही नीतिपरक कथाएँ, आज जनता की समस्याओं को लेकर चलनेवाली बातें होती हैं। उन दिनों का कानून, दंड देने की विधि, पंचायत का निर्णय आदि विषय से संबंधित नीतिपरक, आदर्शपरक, कहानियाँ होती हैं। इसमें पंचायत निर्णय को गाँववाले प्रमुखता देते थे। पौराणिक, ऐतिहासिक स्थान और मूर्तियाँ आदि पर भी कहानियाँ होती हैं। महिलाओं के द्वारा किए गए त्याग की बातों को बड़े उत्साह के साथ गाँवों में सुनाया जाता है, जिनमें सीता की कहानी, नल-दमयंती आदि की कथाएँ आती हैं। कुछ चिरजीवित प्रेम-कथाएँ अमरावती, अंबिकापति की कहानी, 'आदी भण्डी आटन अडी' (यह भी दो प्रेमियों की कथा है), सावित्री-सत्यवान की लोकप्रिय कथा भी नई घटनाओं के साथ जोड़कर लोककथा के रूप में आज भी कही जाती है। उन दिनों की सामाजिक परिस्थितियाँ, जमींदारों का रोब, राजा का हुक्म आदि भी इन कहानियों में प्रतिध्वनित होता है। वर्णाश्रम के महत्त्व को भी इन कथाओं में स्पष्ट रूप सें देखा जा सकता है। किसी विशेष संदर्भ में वीरता के साथ अपना जीवन का अंत करनेवाले वीर नायकों की कथाएँ भी कही जाती हैं। संत और संन्यासियों की भक्तिपरक बातों को भी कथा में कहने की प्रथा आज भी गाँवों में है। नकली साधु-संन्यासियों पर व्यंग्य वाणी का पुट लेकर सुनाई जानेवाली कथाएँ ही गाँवों में आज भी प्रचलित हैं।

पौराणिक कथाएँ एक कोश की तरह हैं, जो उक्त स्थान या मूर्ति या तीर्थाटन आदि को बताती हैं। कुछ में राजा-रानी की कथाएँ होती हैं। उनके राज्य की विशेषताएँ, राज्य के प्रमुख स्थल सभी इन पुराण कथाओं से आप जान सकते हैं। हम यह कह सकते हैं कि इन पौराणिक कथाओं के माध्यम से तत्कालीन काल के ऐतिहासिक सत्य और स्थितियों की बातें मालूम पड़ती हैं और इस प्रकार ये कथाएँ ज्ञान का एक निश्चित स्रोत हैं।

लोकदेवता-कुलदेवता

गाँव के लोग प्रकृति पर निर्भर करते हैं। अपनी मनोकामना की पूर्ति के लिए ये लोग प्रकृति की पूजा करते हैं या अपना कोई इष्ट देव या देवी को मानकर उसकी आराधना करते हैं। तमिलनाडु में एक प्रसिद्ध उक्ति है-

कोयिलिल्लाद ऊरिल कुडि इरुक्क वेंडोम्

अर्थात् जहाँ मंदिर नहीं हैं, उस गाँव में रहना उचित नहीं। ग्रामीण लोग अपने सारे कर्मों का फल ईश्वर कृपा पर छोड़ देते हैं। उनका सर्वमान्य विचार है कि यदि शुभ होता तो दैवी कृपा से और यदि अशुभ हुआ तो ईश्वर के कोप के कारण हुआ। प्रकृति के अलावा इष्टदेव या देवी की प्रार्थना करना ग्रामीण लोगों की संस्कृति बन गई है। इनमें सूर्य, चंद्र, वरुण देवताओं के अलावा, वृक्षों की पूजा करना, पौधे एवं लताओं की उपासना करना, प्रेतात्माओं पर विश्वास रखना आदि

प्राचीन तमिल साहित्य में ही मिलता है। तमिलनाडु के अनेक लोग गीतों, कथाओं में महान् आत्माएँ नायक के रूप में आती हैं। परिवार वाले कुलदेवता पर विश्वास करते हैं और आनेवाली पीढ़ी के बच्चों को भी उसी कुल देवता की पूजा करने को कहते हैं। अलग-अलग जाति-धर्म के लोगों के अलग-अलग कुलदेवता हैं। घर के सभी शुभ-अशुभ काम इन कुल देवताओं की पूजा के उपरांत ही होते हैं।

इस संदर्भ में हर अमावस्या के दिन पुत्र द्वारा पूर्वजों का ध्यान करते हुए तर्पण किया जाता है। तिथि के दिन श्राद्ध कर्म होता है। ये सभी ग्रामीण प्रथाएँ हैं। वैसे माता-पिता के लिए श्राद्ध तमिलनाडु के गाँव और शहर सभी घरों में होता है। यदि पुत्र है तो निश्वित रूप से लोक-संस्कृति, परंपरा के अनुसार हर वर्ष अपने स्वर्गीय माता-पिता का श्राद्ध करेगा।

अपने कुलदेवता पर अगाध आस्था और विश्वास तमिल के ग्रामीण लोक-जीवन का अंग है। अनेक लोग कभी-कभी देवता के नाम पर ही अपने पुत्र का भी नाम भी रखते हैं। इनपर कई प्रसिद्ध उक्तियाँ तमिलनाडु में प्रसिद्ध हैं, यथा 'गुरुवै मरंदालुम कुल दैय्वत्तै मरवेन्' अर्थात् भले ही गुरु को भुला दें, पर कुल देवता को भुलाना नहीं चाहिए। इसी प्रकार एक और उक्ति है, 'कुल दैय्वत्तै कुंमियडि' अर्थात् कुलदेवता को हाथ जोड़कर नमस्कार करो। इन ग्रामीण लोगों के लिए दुर्गा माता के स्वरूप में मारियम्मन है और गाँव में पहरा देते हुए अय्यनार देवता प्रसिद्ध है।

पर्व-उत्सव

इन देवताओं के अतिरिक्त ये शिव, विष्णु, कार्तिक, गणेश आदि पर भी विश्वास रखते हैं। उनकी मान्यता है कि ये वैदिक भगवान् हैं, इन को प्रसन्न करना उनका कर्तव्य है। जन्म-मरण के समय बलि चढ़ाने की प्रथा भी विद्यमान है। स्त्री देवी ग्रामीण महिलाओं में खासतौर से पूजनीय हैं। ये निम्न लोगों का विश्वास है तो दूसरी ओर देवताओं को स्वामी मानकर कुछ उच्च वर्गीय लोग बलि आदि नहीं चढ़ाते। ऐसे देवों का शास्त्रानुसार मंदिर का निर्माण होता है। देवी-देवता और कुछ देवता के अतिरिक्त जाति देवता और ग्राम देवता भी उनमें प्रचलित हैं। ये अपने-अपने इष्ट देवों का निर्माण मिट्टी, सीमेंट या पत्थर की शिलाओं द्वारा ठोस रूप में करते हैं और उनकी पूजा करते हैं। कुछ मंदिर आगम शास्त्र के अनुसार निर्मित हैं, कुछ भगवान् खुले वातावरण में बिना छत के दिखते हैं। कुछ देवी-देवता अपने वाहन के साथ सुशोभित हैं। मंदिरों का उत्सव गाँवों में विशिष्ट है। तिरुनेलवेली जिले के ग्रामीण लोग 'कोडै' नाम से यह उत्सव मनाते हैं। इसमें शुक्रवार के दिन देवों की पूजा और मंगलवार के दिन देवियों की पूजा विशेष उल्लेखनीय है।

पूजा-पाठ : इसी प्रकार फसलों की वृद्धि के लिए भी ग्रामीण लोक उत्सव मनाते हैं। वर्षा समय पर आए, बीमारियों से लोगों की रक्षा एवं गाँव के दलों के बीच वैमनस्य भावनाओं को मिटाने के लिए भी विशेष उत्सव होते हैं। कुछ उत्सव अंधविश्वास पर आधारित होते हैं, जैसे छिपकली का शकुन देखकर मुहूर्त के दिन का निर्णय, ईश्वर के सामने रंग-बिरंगे फूलों को डालकर एक बच्चे से एक फूल उठाने को कहना और उसके आधार पर मेले की शुरुआत करना आदि। मेले और विशेष पर्व तमिलनाडु में लोगों के आर्थिक सहयोग से मनाए जाते हैं। इन मेलों में यहाँ की लोक प्रथानुसार नादस्वर (शहनाई) पहले बजाते हैं और कुम्हार को अग्रिम राशि के रूप में पैसा देने की प्रथा उल्लेखनीय है। उत्सव आरंभ करने के पूर्व आयोजक व्रत रखते हैं, फिर मिट्टी से बनी ईश्वर प्रतिभा का आँख खोलने का कार्यक्रम होता है, इसे '**तिरुक्कु सेयवदु**' कहते हैं। यहाँ कुम्हार आकर आँख लगाता है, यह शुभ घड़ी पर ही होता है। ईश्वर का नेत्र दर्शन करने के बाद ही मुख्य उत्सव संपन्न होता है। यानी बलि चढ़ाना, प्रसाद चढ़ाना, फल-फूल-नारियल से भगवान् का नैवेद्य करना, हाथ जोड़कर दंडवत् प्रणाम करना आदि होता है। कुछ महिलाएँ चावल के आटे में गुड़ मिलाकर दीप जैसे बनाती हैं और उसमें घी से बत्ती जलाकर ईश्वर के सामने रखती हैं। तमिल में इसे '**माविलक्कु**' कहते हैं। आज भी इस प्रकार का दीया जलाने की प्रथा शहरों में प्रचलित है। इन देवी-देवताओं की पूजा विशेष उत्सवों पर की जाती है। कुछ महिलाएँ नवधान्य चढ़ाती हुई तालियाँ बजाती दीपक के चारों ओर घूमती हुई लोकनृत्य करती हैं और कुछ लोकगीत गाती हैं। लोकजीवन की ये सारी प्रथाएँ उनके रीति-रिवाजों में शामिल हो गई हैं। कुछ लोग मुंडन कर लेते हैं, जीभी में तीखल सुइयों को चुभोकर नाचते हैं और इष्ट देवता को प्रसन्न करते हैं। कुछ भक्त लोग अग्नि पर चलते हैं, तमिल में जिसे 'ती मिदित्तल' कहते हैं।

मुहावरे-लोकोक्तियाँ

मुहावरे और लोकोक्तियाँ लोकजीवन से जुड़े होने के कारण आज की परिस्थिति के अनुरूप नवीन रूप में आ रहे हैं। जैसे भाषा परिवर्तनशील होने के कारण जीवित है, वैसे ही हम इसे भी जीवित कथा के रूप में ले सकते हैं। गुलाब से जिस प्रकार सुगंध मिलती है, उसी प्रकार जीवनधारा से ये मुहावरे और लोकोक्तियाँ जुड़ी हुई हैं। अपने अनुभवों को ही मानव ने इनमें कहा है। तमिल साहित्य में यह 'तोलकाप्पियम' संघ साहित्य से ही चली आ रही है। 'अहनानूरू' के १०१वें गीत में 'तोलमरवू पऴमुऴी' कहा गया है, अर्थात् पौराणिक संस्कृति ही मुहावरा है। उसी प्रकार तमिल में 'पऴमुऴी नानूरू' नामक एक ग्रंथ है, जिसमें ४०० तमिल मुहावरों का संकलन है। तोंड्रैवेंदन नामक विद्वान् ने कहा है, 'मूत्तोर सोल अमृतम्' अर्थात् जो हमारे पूर्वज कह गए हैं, वह अमृत जैसी वाणी है।

तमिल में मुहावरों के लिए ही एक मुहावरा है, यथा पऴमुयील उम्मी इल्लै अर्थात् मुहावरा एकदम शुद्ध है, जैसे धान से चावल शुद्ध रूप में निकलता है, उसी प्रकार ये मुहावरे भी बिना किसी कंकड़ या धान का शुद्ध अनुभवी रूप हैं। कुछ लोग यह भी कहते हैं कि 'पाल पुलिक्कुमा, पऴमोऴी पोइक्कुमा।' अर्थात् दूध हमेशा मीठा होता है, उसी प्रकार मुहावरे या लाकोक्तियाँ हमेशा सच होती हैं। दोनों को झूठ नहीं कह सकते।

लोक-परंपरा में मानव अपने जीवन के अनुभवों को ज्यों का त्यों बिना मिलावट के सूक्ति के रूप में कहता आया है, यही कालांतर में

मुहावरे या लाकोक्ति में परिणत हो गए हैं। सच्चाई का दर्पण बन गए हैं। इसमें लय और ताल का सामंजस्य मिलता है, जिसके कारण इन्हें लोकजीवन में सरलता के साथ अपना लिया जाता है। तमिल साहित्य के लगभग सभी प्रमुख ग्रंथों में इन मुहावरों और लोकोक्तियों का प्रयोग प्रत्यक्ष या परोक्ष रूप से हुआ है। एक उदाहरण दृष्टव्य है, जो तमिल तिरुक्कुरल से उद्धृत है—

अड्डुतु काट्टुम पलिंग पोल,
नेन्जम् कडुत्ततु मुगम।

जिस प्रकार एक शद्ध संगमरमर में हम अपना प्रतिबिंब देख सकते हैं, उसी प्रकार मन का प्रतिबिंब मुख है।

कुछ आदर्शपरक और नीतिपरक मुहावरे भी तमिल लोकसाहित्य में मिलते हैं। मानव को कौन सा कर्म करना चाहिए, किससे दूर हट जाना चाहिए, किसे अपनाना है आदि मुहावरों के द्वारा ही कहने की रीति आज भी है, 'अवलै निनैत्तू ओरलै इडिक्कादे, यहाँ 'अवल' का अर्थ है चावल का चूरा, कहने का तात्पर्य है, चूरा है समझकर कूटना शुरू मत करो। कल्पना के लोक से उतरकर वास्तविक दुनिया में आने को कहा जा रहा है। कुछ मानव और पशु के बीच की समता को भी दिखाते हैं, जैसे 'नल्ल माट्टुक्कु ओरू शूडू, नल्ल पेंडाटिक्कू ओरू वार्तै'। पहले गाय को रास्ते पर लाने के लिए गरम लोहे से उसका शरीर दागते थे, उसी प्रकार उक्त मुहावरे में यही भाव उभरता है कि हम जिस प्रकार एक घाव से गाय को रास्ते पर लाते हैं, उसी प्रकार अच्छी पत्नी को एक बार ही सीख दी जाती है।

पहेलियाँ : तमिल साहित्य में पहेलियों का भी महत्त्वपूर्ण स्थान है। लोक-साहित्य के अभिन्न अंग के रूप में हम इन पहेलियों को देख सकते हैं। तमिलनाडु के लोकसाहित्य में पहेलियों को 'विडुगदै' तथा अंग्रेजी में Riddles कहते हैं। इसका तात्पर्य है 'पता लगाना', 'पूछो और बूझो' जैसे यह कथा के रूप में भी हो सकती है, कविता के रूप में भी, सूक्ति या श्लोक के रूप में भी। जब कोई विषय को छिपाकर रहस्यपूर्ण ढंग से कहता है तो हम कहते हैं कि क्यों पहेलियाँ बुझा रहे हो ? सीधे बात पर आओ न! वास्तव में इन पहेलियों से मानव मन को प्रशिक्षण मिलता है, वह सोचने लगता है।

तमिलनाडु में महाभारत के कई प्रसंगों पर पहेलियाँ बनीं और यहीं से प्रारंभ भी माना जा सकता है। राजा की सभा में उन दिनों इन पहेलियों के बूझने पर सम्मानस्वरूप उपहार या भेंट भी दी जाती थी। उसी प्रकार तमिलनाडु में शादी-ब्याह तय करने के पूर्व स्वयंवर के रूप में लड़का-लड़की एक-दूसरे से पहेलियाँ पूछा करते थे। उत्तर भारत के एक स्थान पर इन पहेलियों को 'मलकोर' भी कहते हैं। तमिल में इन पहेलियों के बारे में ज्यादातर 'तोलकाप्पियम' महाग्रंथ में कहा गया है कि इन पहेलियों में जीवन से जुड़ी समस्याओं का उल्लेख मिलता है। इसके अतिरिक्त सेनतमिल में इसे 'पिनी' कहते हैं। 'मणिमेखलै' काव्य में यह कहा गया है कि दूसरों के मुख से पहेलियों को सुनना अच्छा लगता है, खुद पूछने के बजाय 'पिनियुम नोडियुम, पिरैबोल केडुम'।

इस प्रकार हम कह सकते हैं कि विराट् जंगल के ऊबड़-खाबड़ प्रकृति सौंदर्य को दरशानेवाले ग्रामीण जनों में ही हम तमिल संस्कृति को देख सकते हैं। इनके द्वारा प्राप्त पुष्प-रूपी सौंदर्य और गंध की ओर शोधार्थियों तथा लोकसाहित्य अध्येताओं, विद्वानों ने सबका ध्यान आकर्षित किया है। इन कलाकारों, लेखकों, समीक्षकों एवं शोधार्थियों द्वारा तमिल संस्कृति और रीति-रिवाज को एक मजबूत सहारा मिला है, जिसके कारण ये सभी लोग वंदनीय हैं।

□□

29 तेलुगु लोक-संस्कृति : एक दृष्टि

—आर. एस. शेषारत्नम्

लोक-संस्कृति लोक-जीवन की संस्कृति है। इसका मूल तत्त्व सहजता एवं शुद्धता है। लोक-संस्कृति सरल, व्यावहारिक, निश्चल, नैसर्गिक जीवन पद्धति से विकसित संस्कृति है।

लोक-संस्कृति शास्त्रों एवं तर्कों से परे विश्वासों पर आधारित होती है। लोकसाहित्य में अभिव्यंजित संस्कृति ही लोक-संस्कृति है। लोंक-संस्कृति जनसाधारण की संस्कृति है। जनसाधारण के रीति-रिवाज, प्रथाएँ, मान्यताएँ, विश्वास आदि इसके मूलभूत तत्त्व हैं।

लोक-संस्कृति/लोकगीत

स्वाभाविक रूप से मनुष्य अपनी भावुकता के कारण व अपनी वाणी के माध्यम से अपने रहन-सहन, आचार-व्यवहार, रस्म-रिवाज, पर्व-त्योहार, देवी-देवताओं के प्रति विश्वास आदि की अभिव्यक्ति कर अपनी अलग पहचान बना लेते हैं, हर एक प्रांत की एक अलग संस्कृति होती है। वैसे ही आंध्र प्रांत की संस्कृति भी है। भारतीय संस्कृति में आंध्र संस्कृति का अपना एक विलक्षण स्थान है। लोक-जीवन के आधार एवं रीति-रिवाजों का सजीव रूप लोक-साहित्य में मिलता है। आचार माने आचरण, अनुष्ठान, नियम, आदत, अभ्यास, व्यवहार, मर्यादा, संप्रदाय, धर्म आदि। एक प्रकार से यह जीवनानुकूल बनी विकासोन्मुख प्रक्रिया है। आचार-व्यवहार एवं रीति-रिवाज लोक-संस्कृति के अविभाज्य अंग हैं। आंध्रवासियों के जीवन को प्रतिबिंबित करनेवाले ये आचार-व्यवहार निम्न प्रकार के हैं। मनुष्य जन्म से लेकर मृत्यु पर्यंत तक रीति-रिवाजों का पालन करते हैं—

जच्चा शौच : शिशु को जन्म देने के बाद जच्चा को शौच से शुद्ध होने के लिए आंध्र में सागर के पानी से नहलाते हैं। आंध्र की लोक रामायण में इनका विशद चित्रण मिलता है। कुश राजा को जन्म देने के बाद सीता नहाने सागर तट पर जाती है और तब राजा के जन्म का कारण भी बनती है। तटवर्ती क्षेत्रों से दूर रहनेवाली स्त्रियाँ अपनी गली या गाँव के कुएँ के पानी से नहाकर परंपरा को निभाती हैं।

'कौसल्या वेविल्लु' (दोहद) नामक कथागीत में जच्चा-शौच मनाने का वर्णन है—

वेडि कागुलतोनु वेण्णील्लु तोडि, भमिडि कागुलतोनु चन्नील्लु तोडि।
चन्नील्लु वेन्नील्लु, सममुगा दोभिचि। मूडु दोसिल्ल नील्लु, मुंदुगा बोझे।
जलकमाडिंचिने तल्लि कौसल्या। मेत्तनि वस्त्रमुतो मेनुलोत्ति।

अर्थात् सोने और चाँदी की हाँड़ियों में ठंडा और गरम पानी भरकर दोनों को मिलाकर पहले तीन अंजुली पानी गिराकर कौसल्या को स्नान करवाया गया। तदनंतर मुलायम वस्त्र से शरीर और सिर को पोंछा गया। कौसल्या रानी होने के नाते उसका स्नान राजमहल में ही कराया गया था।

नामकरण : यह मात्र आंध्रों के लिए ही नहीं, बल्कि भारतीयों के लिए भी आनंदोत्सव है। आंध्र में इस आनंदोत्सव को 'बारसालास' कहते हैं। यह शिशु के जन्म के ग्यारहवें या बारहवें दिन मनाया जाता है, इसलिए इसे इक्कीसवाँ या बारहवाँ भी कहा जाता है। 'श्रीराम जननमु' नामक कथागीत में नामकरण करने की पद्धति, नामकरण संस्कार के दौरान जच्चा और बच्चे को दी जानेवाली भेंट आदि का विशद वर्णन है। अर्थात् आंध्र के लोकगीतों में अपने प्रदेश विशेष के नामकरण उत्सव को दशरथ के महल में होनेवाले उत्सव के रूप में दिखाया है। तीनों रानियों को अलंकृत कर उन्हें बच्चों सहित सिंहासन पर बिठाया। नारद ने वीणा बजाई। अप्सराओं ने नाचते हुए सोने के कटिसूत्रों को बच्चों के कटियों पर बाँधा। शुभ-शुभ कहते हुए ब्राह्मणों ने वेद-पाठ किया। सोने की थालियों में मोती भरकर वसिष्ठ, विश्वामित्र, गौतम, वाल्मीकि, भरद्वाज आदि ऋषियों ने कलम पकड़कर राजा से राम, लक्ष्मण नाम लिखवाया, आगे भरत, शत्रुघ्न कहकर नाम लिखवाए।

झूले में डालना : तेलुगु में इसे 'डोलाहरण उत्सव' या 'उय्याला लो वेयुटा' कहते हैं। नामकरण के बाद यह शिशु को झूले में डालने का उत्सव है। इसके लिए रिश्तेदारों को आमंत्रित करते हैं। आंध्र में मिथकीय लोककथागीतों में आचार-व्यवहार, रीति-रिवाजों को अभिव्यक्त करनेवाले अनेक लोककथागीत हैं।

रजस्वला : तेगुलु 'समर्त' माने सम ऋतु। याने पहला रजोदर्शन, ऋतुमति, पुष्पवती आदि नाम भी प्रचलित हैं। लड़की के रजस्वला होते ही ताड़ के पाँच हरे पत्ते बिछाकर उनपर सफेद चादर डालते हैं। चारों कोनों में चावल, नारियल के टुकड़े तथा तांबूल रखकर लड़की का दायाँ पाँव आगे रखवाकर उसपर बिठाते हैं। सुहागिन स्त्रियाँ अक्षत डालकर आशीर्वाद देकर गीत गाती हैं। लड़की को मिठाई देते हैं। नमक और मिर्च खाने को नहीं देते। कोबट, तिल और गुड़ पीसकर

लड्डू जैसे बनाकर लड़की को खिलाते हैं। तेलुगु में इसे 'चिम्मिलि' कहते हैं। इसे ही सुहागिन स्त्रियों को तांबूल के साथ बाँटते हैं। चौथे दिन लड़की को स्नान कराते हैं। ग्यारहवें दिन दावत देते हैं। पूरे आंध्र में स्थान एवं जाति विशेष के अनुसार मनाए जानेवाले इस उत्सव को 'रुक्मिणी समर्त' नामक लोककथा गीत में 'अल्लो नेरेडल्लो' टेक से युक्त इस आनंदोत्सव का सुंदर वर्णन मिलता है। वैसे ही 'सीता समर्त' नामक लोककथागीत में भी इसका वर्णन मिलता है—

अल्लो नेरेडल्लो सीताकल्याणंत्रु चेलु वंदनारा
आदिवारमुनाड्डु अति पेदरालु ॥अल्लो॥
सोमवारमुनाड्डु सोम प्रतिव्रत ॥अल्लो॥
मंगलवारमुनाड्डु मोत मारि ॥अल्लो॥
गुरुवारमुनाड्डु वद्यु संपदलु ॥अल्लो॥
शुक्रवारमुनाड्डु सुरति भोगि वौनु ॥अल्लो॥
शनिवारमुनाड्डु अति शेमि यौनु ॥अल्लो॥

यह प्रचलित लोक विश्वास है कि रजस्वला हुए दिन और नक्षत्र के आधार पर लड़की का भविष्य तय होता है। लोक-मानस का विश्वास है कि रविवार के दिन रजस्वला होने से 'बड़ी रोगी' बनेगी। सोमवार को होने से 'पतिव्रता', मंगलवार को होने से 'भुलक्कड़', बुधवार को होने से 'बुद्धिमति' गुरुवार को होने से 'पुत्रवती', शुक्रवार को होने से संपन्न तथा शनिवार को होने से 'गरीबिन' बनेगी।

इसी क्रम में विवाह संबंधी अनेक गीत प्रचलन में हैं। वर और वधू को राम और सीता के रूप में देखकर मंगलमय एवं सुखमय जीवन की आकांक्षा करते हैं। इस संदर्भ में विवाह प्रथा से संबंधित अनेक रीति-रिवाजों का अनुपालन करते हैं। वर और वधू को सोने की पीढ़ों पर बिठाकर, सिर पर तेल लगाकर स्नान कराना। तदनंतर सोने के मूसलों को पकड़कर राजन, संलाव, बंक आदि चावल ऊखल में डालकर कूटना मंगलसूत्र के गीत, उबटन, वर पूजा, काशी यात्रा, नागवल्लि , चेंडुलाटा या बंतुलाटा (गेंद का खेल), वोडिनिय्यमु पोयुटा (गोद भरना), ज्ञारे (भेंट), वेविल्लु (दोहद), सीमंतमु (सीमंत) आदि रीति-रिवाजों का विवाह के समय एवं उसके उपरांत अनुपालन करते हैं। रुक्मिणी देवी 'सीमंतमु' नामक कथागीत में सीमंत का विशद वर्णन *के साथ अंत में कलश्रुति यों दी गई है—*

श्री रुक्मिणी सीमंतमु पाडिन वारिकि नेल्ला
विनुवारिकि नेल्ला विष्णुलोक्मु गलगेद अंतियुकाक
श्री रुक्मिणी सीमंतमु पाडिना विन्नगानी
स्त्रीलकु पुत्रुलु गलुगुदुरनि श्री कृष्णुडुताबथिके।

अर्थात् जैसे रुक्मिणी सीमंत गीत गानेवालों को तथा सुननेवालों को विष्णु लोक की प्राप्ति होगी, वैसे ही स्त्रियों को पुत्र संतान होगी।

पेल्लि पाटलु (विवाह संबंधी गीत) : वैवाहिक प्रथा से संबंधित तेलुगु लोकगीतों की संख्या अनगिनत है। यह एक महोत्सव है। सगाई से लेकर विदाई तक के रीति-रिवाजों से संबंधित गीत हम सुनते हैं। ससुराल में सास-ससुर, ननद-जेठ, देवर, पड़ोस के लोग इत्यादि से समुचित व्यवहार करने की शिक्षा वधू को दी जाती है। वैसे भी भारतीय संस्कृति की विशेषता यह है कि यहाँ साधारणत: वर को श्रीराम और वधू को सीता के रूप में अभिहित किया जाता है—

अम्म री कोम्मालु राजुलैनारू
राजुलकु तगिनटलु रंभलोच्चारू
रंभला कडुपुना बोम्मलुंटारू
बोम्मलिनि बोन्बि की वारू अड़गनोच्चिनारू
इद्धामा अन्नय्या, इद्धामा वदिने
अत्त मंचिदैन, अनुकूलमैना
मामा मंचिवाडैन, माट काड़ैना
कामुड्ड थेतैना कन्यनितुमु
ओलेमि तेउचारू ओ पेद्धचारा
अडुगु मीदा अखै, ओलि मुघै।
तल्लि गटटे चीरा तोटे तगुमम्म ओचि

अर्थात् हे भाई! तेरे बेटे राजा बन गए और राजाओं के लिए योग्य माताएँ मिल गई हैं। रंभाओं के गर्भ से सुंदर मूर्तियों का जन्म हुआ। इन मूर्तियों की बोब्निचि वाले पूछने आए। दे-दे भाई, क्यों न दें भाभी? यदि सास अच्छी और अनुकूला हो तो कन्या को देने में क्या एतराज है? ओ गुरुजन, कन्याशुल्क के रूप में क्या लाए हैं। ओली तीस वेद का सास और माँ की पहनी साड़ी के साथ योग्य ओलि है। (बोब्निलि आंध्र का एक ऐतिहासिक स्थल है) इस प्रकार पूरी विवाह-प्रथा को उक्त गीत में वर्णित किया गया है। वैसे ही विवाह से संबंधित विविध प्रक्रियाओं को लोकगीतों के द्वारा लोकमानस ने स्पष्ट किया है, जैसे मंगलसूत्र पाटलु (मंगलसूत्र के गीत), उबटन के गीत, वट पूजा, काशी यात्रा, नागवल्ली, चेंडुलाटा या बंतुलाटा (गेंद का खेल), ओडिबिय्यमु पोयुटा (गोद भरना) सारे (भेंट) आदि का विशद वर्णन है।

जोला पाटलु या लालि पाटलु (लोरी गीत, लालन-पालन गीत) : बच्चों को सुलाने के लिए गाए जानेवाले निम्न गीत में माँ की उदात्त कल्पना द्रष्टव्य है—

जो अच्युतानंदा जो जो मुकुंदा,
रारा परमानंदा राम गोविंदा जो जो।
नालुगु वेदमुलु, गोलुज्ञलु अमीरंचि
बलुगुना कणिराजु पान्यु नमरिंधि।
चेलियडोलिकलोना चेर्चिलालिंची

अर्थात् हे अच्युता! हे मुकुंदा! सो जा! ब्रह्मांड को ही पालना बनाकर चारों वेदों को उसकी साँकत बनाकर शेषनाग को बिछौना बनाकर सखियों ने झूला-झुलाया। सृष्टि में मातृप्रेम से बढ़कर कोई प्रेम नहीं।

माता का हृदय करुणा एवं वात्सल्य से भरा रहता है। अगर बच्चा रोता है तो वह द्रवित हो जाती है—

एड़वकु एड़वकु एर्रि नायना
एडिस्ते नी कल्लु नीलालु कारु
नीलालु कारिते निनु चूड़लेनु
पालैना कारवे बंगारु कल्लु।

अर्थात् हे बेटा! तू मत रो, तेरे आँसू मैं देख नहीं सकती! इसलिए हे आँखें! पानी की जगह दूध बरसाओ। तेलुगु के लोरी गीतों में 'जो... जो', 'लाली...लाली' पुनरावृत्त होते हैं। बच्चों को स्नान कराने को 'लाल पोयुटा' कहते हैं। इसलिए इन गीतों को लाली पाटलु (लोरी गीत) कहते हैं। इसी क्रम में बच्चों को खाना खिलाते समय चंदा मामा को दिखालाकर गीत गाए जाते हैं।

संस्कृति से संबंधित लोकगीत

आकुवेता पाटलु (रोपिनी के गीत) : आंध की स्त्रियाँ खेतों में धान के पौधों को रोपती हुईं श्रम से उत्पन्न थकान को दूर करने के लिए निम्न प्रकार के मिथकीय गीतों का आलाप करती हैं—

नल्ला नल्लनिवाडम्मा नल्लनि सामि
नल्ल नल्लनि वाड़े नल्ल नयनालवाड़े
तेल्ल तिरुमणि वाड़म्मा नल्लनि सामि
तारीलु बारीलु वाडे बारी लकेलवाड़े
बाट मे च्वेटि वाडम्मा नल्लनिसामि
मुनिकालु पापोज्ञु लोड़े मुत्तयि तुरायि वाड़े
मुंदरोच्वेटिवाडम्मा नल्लेनिसामि।
वालमु वुट्टि चिनाड़े वल लंक शोद्धिं चिनाड़े
व च्यारमु गोच्चेवाड़े नल्लेनिसामि।

अर्थात् स्वामी श्याम रंग के सुंदर रूपवाले हैं, काली आँखोंवाले हैं और सफेद तिरुमणि को धारण किए हुए हैं तथा आजानुबाहु यानी दीर्घ भुजाओंवाले हैं। मार्ग में मिलने पर स्तुति करने से संतुष्ट होते हैं। घुटनों तक ओढ़ना पहने हैं। मोतियों का आभूषण पहने हुए श्यामसुंदर आगे आनेवाले हैं। पूँछ की सृष्टि कर लंका का नाश करनेवाले हमारे स्वामी सुंदर, सरल एवं श्याम रंगवाले हैं।

आंध्र प्रांत में कृषि संस्कृति से संबंधित गीत कई प्रकार के हैं। बिन्नेटि पाटलु (बीज वपन गीत), कलुपु पाटलु (सोहनी गीत), कोता पाटलु (कटाई गीत), नूर्पुल्ल प़ाटलु (मर्दन गीत) पोलि पाटलु (फसल गीत) आदि अनेक प्रकार के गीत हैं—

वानल्लु कुरवालि वानदेमुड़ा
कश्चिलु पंडालि वानदेमुड़ा
नल्लनि मेघालु वानदेमुड़ा
सल्लंग कुरवालि वानदेमुड़ा।

अर्थात हे वरुण देव पानी बरसाओ, फसल खूब होनी है, काले बादलों से शीतल पानी बरसाओ, हे वरुण देव!

वैसे ही बीज वपन के समय गाए जानेवाले गीतों में लोकमानस की आशा, आकांक्षा एवं विश्वास अभिव्यक्त होता है—

नागन्ना वित्तिते नक्षुतुंदि मोलका
रंगय्या वित्तिते पोंगुतुंहि पैरू
मुदुल्ला नाकोलिक मुन्यालु कोलिका
गिलिकिते रतनालु सिलिकेटि चिलका।'

माने नागन्ना बीज बोता है तो अंकुर हँसता है। रंगय्या बीज बिखेर देता है तो फसल उभर आती है। मेरी प्रियतमा मेरी सुंदरी मोतियों की लड़ी छिड़कती है तो रत्न ही उगते हैं।

ऋतु संबंधी लोकगीत : आंध्र प्रांत में ऋतुओं की विशेषताओं के साथ जनता की भावनाओं को जोड़कर उनके प्रतिक्रियात्मक प्रभावों का सुंदर एवं मर्मस्पर्शी चित्रण लोकगीतों में द्रष्टव्य है। खेलते-खेलते ही बच्चे इन गीतों को गाते हैं और जानकारी प्राप्त कर लेते हैं। वसंत ऋतु का वर्णन सरल एवं सहज भाषा में अभिव्यक्त किया गया है—

कोयल कोयनि पिलिचिंदि
कोम्मलु चिगुरुलु मोलिचिनवि
किलकिला चिलुकलु पलिकिनवि
कम्मनि गालुल विविरिनवि।

अर्थात् कोयल कू-कू कूक रही है। शाखाओं पर पल्लव फूट रहे हैं। चटपट फूल खिल रहे हैं। शीतल पवन बह रही है। मीठे स्वर में तोते बोल रहे हैं, फलों से रस झर रहा है। इस प्रकार कृषि से संबंधित विभिन्न प्रकार के गीत लोकगीतों में हैं।

जातर पाटलु : (मेले के गीत) : त्योहारों के समय उत्सव मनाते हैं, जिसे आंध्र में उत्सव कहते हैं। उस समय गानेवाले आंध्र में बहुप्रचलित गीत है—

अन्नमिच्चिना वानि, नालिनिच्चिना वानि
अपहसिंचुटा हानि, ओ कून लम्मा
आडि दचिना वानि, आतिने लेनिवनि
नादरिंचुटा हानि ओ कूनलम्मा।

कूनलम्मा जातर में गाए जानेवाले गीत में समाज को ऐसे उद्बोधित करते हैं कि रे मानव! जन्मदाता का, कन्यादाता का उपहास करना, वचन न निभानेवाले एवं पत्नी का निरादर करनेवाले का आदर करना हानिकारक है।

पूजा संबंधी गीत : पूजा करते समय कई गीतों का आलाप किया जाता है। वे दो प्रकार के होते हैं—नित्य गाए जानेवाले गीत, विशेष पर्व के गीत। नित्य गाए जानेवाले गीतों में 'तुलसी' पूजा के गीत उल्लेखनीय हैं—

तुलसी पूजिंप कलुगुनु मोदमुलु
तुलसी तीर्थमु तोने रोगमुलु बासि
तुलसी तीर्थमु चेता संपदलु बडसि।
श्री तुलसी गल इंट चेरु सौख्यमुलु
श्री तुलसी गल इंट कलुगु सौभाग्यमुलु

अर्थात् हे तुलसी माँ! तेरी पूजा करने से समस्त कष्ट दूर होकर पुण्य की प्राप्ति होगी। तुलसी तीर्थ का पान करने से सभी प्रकार के बीमारियों से मुक्त हो जाएँगे। तुलसी का पान करने से सौभाग्य की प्राप्ति होगी।

तत्त्व गीत (दार्शनिक गीत) : लोकगायक अपने गीतों के माध्यम से जनता को तत्त्वबोध कराते हैं। जीवन की नश्वरता का विशद वर्णन निम्न गीत में द्रष्टव्य है—

चिलुकानु पेंचे नु येदा मुद्दुलाडेनु
कनुसैगा लेदय्ये चिलुका मुद्दुलाडेनु
मूण्णाल्ले मुद्दटकु मुरिसेवु दिरिसेवु
मुंदु गति कानवे चिलुका मुद्दुलाडेनु
कुक्कि मंचमु मीदा कूलेबडेतेनु
दिक्केवरे नीकु चिलुका मुद्दुलाडेनु
अरिकि उत्तराना समाधि पुरमुले।
कट्टे इल्लुन्नदे चिलकु मुद्दुलाडेनु
कर्रले चुट्टालु कट्टेले बंधुवुलु
कन्न तल्लेवरे चिलुका मुद्दुलाडेनु
नुज्ञु कालिपोयेदाका कावलुदुरु गौन
वेंट मेवरू रारू चिलुका मुद्दुलाडेनु

अर्थात् हे जीव! तूने सुग्गे का पालन किया। माने शरीर का पालन-पोषण किया। उसे गले लगाया। यह तो तीन दिन का पर्व है। आकुल मत बनो। आगे की दशा का अवलोकन करो। टीटी खाट पर डह जाएँ तो तुझे कौन सहारा देगा। घर-द्वार कहते हो, यह घर मेरा कहते हो, तेरा घर कहाँ है? गाँव के उत्तर में स्थित समाधिपुर में तेरा घर है। डंडे ही बंधु हैं। लकड़ी ही रिश्तेदार है। माता कौन है? तेरे शरीर जल जाने तक पहरा देंगे। पर तेरे साथ कोई भी नहीं आएगा।

देवी-देवताओं की आराधना एवं मंत्र-तंत्र

आदिम मानव का भय, कृतज्ञता एवं आश्चर्य ही देवी-देवताओं के प्रति विश्वास के कारण बन गए हैं। इसी विश्वास ने उस उग्र शक्ति को शांत करने के लिए उसे प्रेरित किया होगा। तब से ही मानव कई प्रकार के पूजा-विधान अपनाए होंगे। वैसे ही फल देनेवाली पृथ्वी, अन्न देनेवाले सूर्य-चंद्र के प्रति मानव में कृतज्ञता का भाव जाग्रत् हुआ होगा। आश्चर्य के कारण से ही मानव ने देवी-देवताओं की कलपना की होगी।

ग्राम देवताओं में अधिकांश स्त्री देवियाँ ही हैं। उनके पूजा-विधान एवं आराधना करने की पद्धतियाँ काफी विचित्र हैं। इनमें से कुछ कठोर होती हैं। बलि प्रथा जैसी भयंकर पद्धतियाँ होने पर भी इन से मनुष्य को कुछ हानि नहीं होती। यहाँ मानव को अपने आप को सताने की पद्धतियाँ भी हैं। जैसे पहाड़ से कूदकर आत्महत्या करना, शूल चुभाना, सलाख से शरीर को जलाना, गीले कपड़ों में मंदिर के चारों ओर घूमकर प्रदक्षिणा करना, कदम-कदम पर नमस्कार करना, पूरे शरीर पर सूई और सूआ चुभाना, बाल समर्पण करना, सिर को समर्पित करना, अंगारों पर चलना, स्त्री-वेष धारण कर भगवान् की सेवा करना आदि। देवी-देवताओं की आराधना करने की और एक पद्धति है कि अमुक कुल या समाज के लोगों के द्वारा की जानेवाली पूजा, उत्सव आदि को कुल देवता पद्धति कहते हैं। इस नाम पर किसी एक वस्तु, जीव या पक्षी को संकेत के रूप में रखते हैं। अंग्रेजी में इसे 'टोटमिज्म' कहते हैं। इस पद्धति में भैंस, साँप, हंस, कुत्ता, मगर, मरकट, जंगली सुअर आदि कुल देवता के स्थान प्राप्त किए हुए हैं। अत: वीर आराधना आदिम मानव के जीवन का मुख्य अंग है।

मंत्र-तंत्र : मंत्र माने धर्म, तंत्र माने जादू। ये दोनों अतीत शक्ति के दो रूप हैं। धर्म के लिए सहायक होते हैं मंत्र, तांत्रिक की सहायता करते हैं तंत्र। अत: देवी-देवताओं एवं भूत-प्रेत से मंत्र विद्या का संबंध है। आस-पास की हर एक चीज तांत्रिक के लिए काम आनेवाली चीज ही है। पेड़, पत्थर, मिटठी, चमड़ा, हड्डियाँ, कपाल, कौड़ी, हल्दी, कुंकुम, बाल, नाखून, सूई, कैंची, यंत्र, बीजाक्षर, ताबीज, तेल आदि प्रचलित वस्तुएँ हैं।

आदिमवासियों का विश्वास है कि जानवरों के अंग धारण करने से उस जानवर के उदात्त गुण उस व्यक्ति को प्राप्त होते हैं। इसी कारण से 'बघनख' आदि को धारण करने की प्रथा अमल में आई। कुछ लोगों का विश्वास है कि भालू के बालों को ताबीज में रखकर धारण करने से ग्रह पीड़ा, भूत-प्रेत-पिशाच की पीड़ाओं से मुक्त हो सकते हैं। वैसे ही कुछ लोग वृक्ष, पेड़-पौधों के भागों को धारण करते हैं। रोगों से या महामारी से बचने के लिए कुछ पेड़ों के भागों को या काँटों को लटकाने की प्रथा भी अमल में है। इस प्रकार के धार्मिक एवं तांत्रिक आचारों से मानव ने शांति, सुख एवं आनंद प्राप्त करने का प्रयास किया।

तंत्र-इंद्रजाल : कला जीवन को सौंदर्यमय बनाकर आनंदवर्धन करती है। आंध्र के लोक कलाकारों ने कलाओं के द्वारा समाज-देवता की आराधना कर समाज को आनंदित किया। चौंसठ कलाओं में

विस्मित करनेवाली अद्भुत कला इंद्रजाल है। चौंसठ कलाओं में इसका स्थान बीसवाँ माना गया है। इंद्रियों को माया के जाल में फँसानेवाली कला 'इंद्रजाल' है। इसे तेलुगु में 'कनिकट्टु' भी कहते हैं। इंद्रियातीत शक्ति से घटनाओं को काबू में रखनेवाली कला इंद्रजाल है। राक्षसों का माया जाल, योगियों का प्रदर्शन, तपस्वी लोगों का शाप एवं उनका उपशंहरण, दुष्ट शिक्षण के लिए देवताओं के द्वारा की जानेवाली विविध प्रकार की वैरूप्य, परकाया प्रवेश, कामरूप विद्या, ये सभी इसी कोटि की हैं।

नोमु, त्योहार, उत्सव, जुलूस

समाज के विविध-वर्गों के लोग उत्सव, जुलूस आदि के समय एक स्थान पर एकत्र होते हैं। पीढ़ी-दर-पीढ़ी लोगों में निहित विश्वास एवं संप्रदाय ने क्रियारूप में त्योहारों का रूप ग्रहण किया होगा। सामाजिक हित को दृष्टि में रखकर ही त्योहारों को मनाते हैं। त्योहार अनेक प्रकार के होते हैं। प्रकृति संबंधी त्योहार, कृषि संबंधी त्योहार, धर्म संबंधी आदि। आंध्रों के प्रमुख त्योहार उगादि, श्रीरामनवमी, नृसिंह जयंती, तोलि एकादशी, दशहरा, नागुल चविति, दीपावली, संक्रांति आदि।

उत्सव सामूहिक रूप से मनाते हैं। गाँव के सभी लोग एक स्थान पर एकत्र होकर इन्हें मनाते हैं। रथोत्सव, तेप्पोत्सव आदि इस प्रकार के हैं। इन्हें एक दिन से लेकर तीन दिनों तक मनाते हैं। कुछ जुलूस ऐसे होते हैं, जिनमें त्योहारों के संप्रदाय निहित रहते हैं। इसमें बलि देने की प्रथा भी है। श्रीराम, कृष्ण, रंगनाथ आदि का उत्सव मनाते हैं। वैसे ही कृषि संबंधी उत्सव भी होते हैं। लोकमानस का विश्वास है कि संक्रमिक रोग से मुक्त होने के लिए देवी-देवताओं को प्रसन्न करना अनिवार्य है। उत्सव मनाकर जुलूस निकालते हैं। उनमें गंगम्मा, पोलेरम्मा, पोलम्मा, मैसम्मा, नूकालम्मा, शूलम्मा, ईदम्मा, अंकम्मा, पोचम्मा आदि प्रमुख हैं। इनके लिए गाँव की सीमाओं पर मंदिरों का निर्माण कराते हैं। ग्रामीण देवी-देवताओं की आराधना मातृशक्ति की पहचान है, इनमें अधिकांश देवी-देवता सुंदर एवं भयंकर रूपवाले होते हैं। पतिव्रताएँ जिस प्रकार पतिव्र का पालन कर शक्ति-संपन्न हुईं, उसी प्रकार लोकसाहित्य के 'पैरंटाडलु' भी मरणोपरांत देवता बने। इनमें सास की यातनाएँ झेलीं, नन्नद और जेठानियों की ईर्ष्या की शिकार हुईं, पति के साथ सती हुईं, कामुक लोगों के अत्याचारों की शिकार हुईं स्त्रियाँ ही मरणोपरांत 'पैरंटाडलु' बनीं। लोक-मानस का विश्वास है कि उनकी आत्माओं ने मूर्तियों के रूप में स्वप्न में दर्शन देकर, अपने लिए मंदिर बनवाकर उत्सव आदि मनाने के लिए कहा है। उनका विश्वास है कि आत्माएँ मूर्तियों के रूप में, फल-पुष्पों के रूप में परिवर्तित हुई हैं। लोक-मानस भय के कारण उनकी आराधना करता है। इन कहानियों के द्वारा यह स्पष्ट हो रहा है कि मातृ-आराधना करनेवाले शाक्त धर्मावलंबी और पितृ-आराधना करनेवाले शैव धर्मावलंबी हो गए हैं। शैव और शाक्त धर्म के समझौता का रूप भी इसमें दिखाई देता है।

पारिवारिक सुख के लिए किए जानेवाले कर्मप्रधान व्रत में पूजा की प्रधानता अधिक होती है। कर्मकांड में पहले से ही स्त्रियों का कोई स्थान नहीं रहा। कुछ कर्मकांडों में निषेध की सीमा इतनी अधिक है कि यदि कोई स्त्री उस आचरण पद्धति को देखती भी है तो उसे मार डालते हैं। ऐसे निषेध भी शायद व्रत एवं नोमु के आविर्भाव के कारण बने होंगे। पुरुषों के यज्ञागादि को सुविधाजनक परिवर्तित कर सात्त्विक पद्धति में आराधना करने के लिए 'नोमु' और 'व्रत' को अपना लिया होगा। लोक मानस का विश्वास है, इनका आचरण करने से अष्टऐश्वर्य सिद्धि, सभी प्रकार के कष्टों से मुक्ति एवं पुण्यलोक की प्राप्ति होगी। इनमें प्रमुख हैं—वरलक्ष्मी व्रत, मदन द्वादशी व्रत, एकादशी व्रत, मंगल गौरी व्रत, कामेश्वरी व्रत, चिक्कुला (परेशानियाँ) गौरी व्रत, नित्य दान नोमु, दीपदान नोमु, पशुपु (हलदी), गौरी व्रत, कृत्तिक दीपों का नोमु, गूसिवायनाला नोमु, तवगन रोडोतनमु (न घटनेवाली सुहागिन व्रत) और नेलसंक्रमण नोमु।

लोकनाट्य

तेलुगु में लोक नाट्य को नाटा, नृत्त, नृत्य तमाशा (यथागान) आदि नामों से अभिहित करते हैं। इसका संबंध मानसिक एवं भौतिक पद्धतियों से है। तदनुरूप भावाभिव्यक्ति करने की सभी भंगिमाएँ लोक-नृत्य में रहने के कारण यह प्रक्रिया प्रेक्षक लोगों को अत्यंत आकर्षित करती हैं। लोकनृत्य में यथार्थ के धरातले पर सहज रूप में भावाभिव्यक्ति होती है।

यक्षगान, वीथिनाटक, कठपुतलियों का खेल, सुद्धुलु, गोल्लेसुद्धलु, (ग्वाल सुद्धुलु) भजन, काठ के भजन, वीथि-भागोतालु, जमुकुलु कथा आदि प्रचलित लोक नाट्य रूप हैं। कथा सहित, कथा रहित वीरगाथाएँ, अद्भुत कथाएँ, पौराणिक कथाएँ, सांस्कृतिक कथाएँ आदि इसके विभिन्न अंग हैं। 'हरिकथा' (हरि की कथा), 'तुरी कथा', (बरी माने एक वाद्य विशेष, जिसे बजाते कथा गाई जाती हैं।), 'वोग्गु कथा' (वोग्गु माने शिव भगवान के डमरू) डमरू का उपयोग कर कथा गायन करते हैं।

लोकनृत्य

संदर्भानुसार लोकनृत्य का प्रदर्शन होता है, जैसे आराधनापरक नृत्य, पर्व नृत्य, विनोद-प्रधान और वीर नृत्य। देवी-देवताओं को प्रसन्न कर आशीर्वाद प्राप्त करने के उद्‍देश्य से किए जानेवाले नृत्य आराधनापरक नृत्य होते हैं। त्योहार, उत्सव, सामाजिक रीति-रिवाजों और धार्मिक आचरण संबंधी नृत्य होते हैं और तीसरे प्रकार के नृत्य वीरता प्रदर्शन के लिए किए जानेवाले युद्ध नृत्य हैं। इनके अलावा आंध्र-प्रदेश में नृत्यपरक खेल भी अनेक हैं, इनका ताना-बाना नृत्य से गूँथा जाता है। 'जोगाटा', 'पुलिआटा', 'गुर्रपु आटा', 'बहुलोम्मा आटा' आदि इस कोटि के हैं। आंध्र प्रदेश में प्रचलित लोकनृत्य निम्न प्रकार के हैं— गोंडु नृत्य आदिवासियों के नृत्य कोंडरेल, खोंदुल नृत्य, चिम्मा नृत्य (यह आठ प्रकार के होते हैं), लंबाड़ी नृत्य (आदिवासियों का नृत्य), सिद्धि नृत्य, बतकम्मा, तोंड्डम्मा, तप्पेटा गुल्लू, डप्पु नृत्य, पुलि आटा (बाघ-खेल), मुट्टा बोम्मा आटा (गुड़िया का खेल), गोब्बि-नृत्य, गुर्रपु आटा (घोड़ा खेल), करुपु नृत्य, कोलाटम (कोलंडरम्) गरग नृत्य, वीर नाट्य, दोम्मराटा, अश्व नृत्य, चेक्का, भजना, पंडिरि भजना, घटनृत्य आदि।

सामेतलु (लोकोक्तियाँ या कहावतें)

दैनंदिन जीवन में मानव सुख और दुःख को समान रूप से अनुभव करता है। वह अपने अनुभवों को संदेशात्मक या उपदेशात्मक रूप में दूसरों तक संक्षिप्त रूप में पहुँचा देता है। ऐसे अनुभवों से आविर्भूत 'सामेतलु' (कहावतें) जनता की संपत्ति हैं। विषयानुसार कहावतों का विभाजन निम्न प्रकार से किया गया है

१. सूत्र रूप की कहावतें : दुष्टुविकि दूरंगा उड़ालि—दुष्ट से दूर रहना चाहिए।

२. उपमान के रूप में कहावतें : 'आडलेका मद्‍देला ओडु अन्नटलु'—नाच न जाने आँगन टेढ़ा।

३. नीतिपरक कहावतें : पुलिनि चूचि नक्का वातलु पेट्टुकुनटलु—बाघ को देखकर लोमड़ी दाग लगाने के जैसे।

४. पौराणिक कहावतें : रात्रि अंता रामायणमु विनि रामुडिकि सीतेमवुतुंदि अनि अडिगिनटलु। अर्थात् रात भर रामायण सुनकर राम और सीता के रिश्ते के बारे में पूछने के जैसे।

५. प्रश्नार्थ एवं प्रश्नोत्तर कहावतें : आतु नलुपु अइंते पालु नलुपा? : गाय काला होने मात्र से दूध काला होता है क्या?

आ) प्रश्नोत्तर : तात्ता पेल्लि चेसुकुटावा अंटे नाकु पिल्लेनेवश इस्तारु अन्नाड़टा!

दादाजी शादी करोगे? यों पूछने पर प्रतिक्रिया के रूप में उल्टे प्रश्न किया कि मुझे कौन लड़की देगा? यहाँ दादाजी की मानसिकता की ओर ध्यान देना है, इस उम्र में भी वह विवाह करने के लिए तैयार है, लेकिन प्रश्नार्थक यही है कि इस उम्र में उसे कौन लड़की देगा।

६. सामाजिक व्यवहार एवं उत्सव संबंधी कहावतें : कतिकिते अतकदु—खाना खाने से काम नहीं बनता। डब्बुलु उंटे उगादि लेकुंटे एकादशी : पैसा होने से उगादि (नया वर्ष) नहीं होने से एकादशी।

७. व्यक्तिगत कहावतें : अनंतय्या चेतिमात्र वैकुंठयात्रा : अनंतय्या की हाथ से दी हुई गोली से वैकुंठयात्रा (स्वर्गवास)।

८. हास्यपरक कहावतें : तल्लि मंगलसूत्र मैना कंसालि बंगारसु तिय्यका मानडुः माँ का मंगलसुत्र बनाना पड़े तो भी सुनार सोना चुराए बिना नहीं रहता।

९. कृषि संबंधी कहावतें : १. स्वाति वाना मुत्यालु वाना : स्वाति नक्षत्र में बारिश होने से मोती की फसल। २. अश्वनिलो वाना अंता नष्टमु : अश्वनी में बारिश होने से पूरा नुकसान।

१०. चिकित्सा संबंधी कहावतें : उल्लि चेचिना मेलु तल्लि डूडा चेयदु : प्याज जो भलाई करता है, वैसी भलाई माँ भी नहीं कर सकती।

११. शब्दालंकार की कहावतें : 'सामेता लेनि आटा, भोजनमु लेनि इल्लु' : कहावत के बिना बात, बिना भोजन के घर।

१२. स्थल विशेष संबंधी कहावतें : रामेश्वरमु वेल्लिना शनेश्वरमु तपलेदु : रामेश्वर जाने पर भी शनि से मुक्त नहीं हो पाया।

१३. परिवार संबंधी कहावतें : अत्त चच्चिना आरू नेल्लुकु कोडिलि कंटिलो नीरूवच्चिनटटुलु : सास के मरने के छह महीने के बाद बहू की आँखों से आँसू आने के जैसा।

लोकविश्वास

तेलुगु में लोकविश्वास को जानपद नम्मकमुलु, जानपदुलो विश्वासमुलु करते हैं। पहले ये विश्वास वैयक्तिक होते हैं और बाद में सामाजिक

होते हैं। व्यक्ति सापेक्ष विश्वास समाज की धार्मिक एवं बौद्धिक चेतना से स्वीकार करने के बाद सामाजिक विश्वास या अंधविश्वास का रूप ग्रहण करते हैं। अंधविश्वास किसी भी सभ्य समाज की संस्कृति, रहन-सहन, सोच-विचार का स्थायी सत्य होता है। अशिक्षित या अर्द्धशिक्षित बौद्धिक एवं तार्किक चेतनहीन लोगों के अनुभव लोकविश्वास बनाम अंधविश्वास के रूप में समाज में प्रचलित हुआ है। अतीत में शक्तियाँ प्राकृतिक प्रकोप आदि के कारण उत्पन्न भय एवं मानसिक अशांति के कारण लोकविश्वासों का जन्म हुआ होगा। इन्हीं विश्वासों को पीढ़ी-दर-पीढ़ी लोग अनुकरण करने लगे। लोकविश्वास कई प्रकार के होते हैं—

आचार-व्यवहार संबंधी : १. रविवार और शुक्रवार के दिन पश्चिम दिशा की यात्रा नहीं करनी चाहिए। २. तेल विशेष रूप से तिल का तेल शनिवार को नहीं खरीदना चाहिए। ३. नमक या दूध हाथ में नहीं लेना चाहिए।

शकुन संबंधी : १. पुरुष के सिर पर नाग फन फैलेगा तो वह राजा बनेगा। २. चार लड़कियों के बाद लड़का होना या चार लड़के के बाद लड़की होने से संपत्ति बढ़ेगी।

मात्र विश्वास : १. अर्जुन के नामों का उच्चारण करने से बिजली नहीं गिरेगी। २. छोटे बच्चे ज्यादा देर सोएँगे तो घर में रिश्तेदार आएँगे।

वस्त्राभरण

विभिन्न प्रकार के वर्ग भिन्न-भिन्न प्रकार के वस्त्राभरण पहनते हैं। प्रादेशिक संस्कृति से संबंधित अनेक वस्त्राभरणों का उल्लेख लोकसाहित्य में है। आंध्र प्रदेश एक समृद्ध प्रदेश होने के कारण यहाँ के वस्त्राभरणों में काफी विविधता पाई जाती है। विशिष्ट अवसरों पर विशिष्ट प्रकार के वस्त्राभरण पहनते हैं। इनमें से रेशमी वस्त्र प्रमुख हैं, जिन पर सोने चाँदी के तारों से जड़ाई होती है। उनका उल्लेख अधिक रूप से है। इन वस्त्रों पर लगे विविध चित्र आंध्र की कलात्मकता का परिचय देते हैं। आंध्र में चीरे का मतलब चीर या साड़ी है। यहाँ कई प्रकार की साड़ियाँ पहनते हैं, जैसे पट्टचु चीरे, रेशमी छोरवाली साड़ी, सेलंचु चीरे, छोटी छोरवाली साड़ी, नीलंचु चीरे नीलेरंग की धारीवाली साड़ी, कश्कंचु चीरे, पीले रंग के छोरवाली साड़ी, उल्लिमल्ल चीरे आड़ी-तिरछी रेखाओंवाली साड़ी आदि।

चोलियाँ : पट्टुंचु रविके—रविके माने चोली है। नीलाला रविके—नीलमणियाँ लगी चोली। बंतिपुब्बु रविके—गेंदा फूलों के चित्र लगी हुई चोली।

अन्य वस्त्र : अंगी-कुरता, कंडु—गले में लटकानेवाला अंगवस्त्र।

जरी धोती : जरी लगी रेशमी धोती।

पीतांबरमु : पीले रंग का रेशमी वस्त्र।

चेंगावि पंचे : केसर रंग की धोती।

पागा : सिर पर पहननेवाला वस्त्र, टोपी जैसा वस्त्र (पगड़ी)।

आभरण : लोक साहित्य में देवी-देवताओं के द्वारा पहने जाने वाले आभूषणों का वर्णन मिलता है। इनमें पुरुषों के आभरण अलग प्रकार के हैं और स्त्रियों के आभरण अलग प्रकार के। प्रदेश विशेष की कलात्मकता का परिचय देनेवाले ये आभरण समृद्ध संस्कृति के द्योतक हैं।

स्त्रियों के आभूषण : पापिट बिल्ला, सूर्य चंद्रलु—माँग में और माँग के दोनों तरफ पहननेवाले आभूषण हैं। जैसे नाक में, वेणी में, कानों में, गले में, पैरों में पहननेवाले अनेक प्रकार के आभूषण हैं।

पुरुषों के आभूषण : भुजकीर्तुलु—भुजाओं के ऊपर पहननेवाले आभूषण। मणिकट्टलु : कलाई में पहननेवाले आभरण आदि।

लोकवैद्य

आदिम मानव के लिए प्रकृति ही एक वैद्यशाला है। उस जमाने में मनुष्य एक जगह से दूसरी जगह के लिए निकल पड़ता था। तब बीच में यदि घायल होता हो अचानक किसी पत्ते के रस का लेपन करना था। देसी प्रक्रियाओं से ही शायद अनेक प्रकार की वैद्य पद्धतियों का

आविर्भाव हुआ होगा। अनुभव ही इस चिकित्सा पद्धति का मूल है। आयुर्वेद चिकित्सा पद्धति में अधिकांशतः वृक्ष संबंधी वस्तुओं का उपयोग करते हैं। इसका दूसरा भाग मंत्र-तंत्र विश्वास एवं जानवरों से संबंधित है। साँप का मंत्र, बिच्छू का मंत्र उतारना आदि। **सिरदर्द :** खटमल को मारकर सूँघने से या सोंठ की गंध लगाने से या चमेली फल या अरंडी के पत्ते सिर पर बाँधने से सिरदर्द से मुक्त हो सकते हैं। **कान का दर्द :** तेल में लहसुन डालकर या तिल के तेल में लौंग डालकर या नीबू के रस को पानी में मिलाकर गरम करके कान में डालने से कान का दर्द दूर होता है। **मधुमेह :** नीम के पत्तों को लगातार तीन महीने तक खाने से ठीक होता है।

इस प्रकार ग्रामीण जनता सभी प्रकार के रोगों के लिए जड़ी-बूटी, पेड़-पौधों एवं साग-सब्जियों का उपयोग कर रोगों से मुक्त होती है।

खेल-कूद

प्रकृति की गोद में सभी पाठ पढ़े हुए आदिम मानव अनुकरण के आधार पर मनोरंजन के लिए कई प्रकार के खेल खेलते थे। हर एक प्रांत की जलवायु के अनुसार खेल-कूद होते हैं। खेल अनेक प्रकार के होते हैं—

घर के अंदर खेले जानेवाले : वामन गुंटलाटा, सोगटुलाटा (चौपट का खेल) अचैन गुंटलु। स्त्रियों के खेल : कुप्पिगंतुलु, गुज्जन गुल्लु। पुरुषों के खेल : नालुगु कंबालाटा (चार खंबों का खेल)। शास्त्रानुभव के द्वारा खेले जानेवाले खेल : चदरंग आदि। निषिद्ध खेल : जुआ, ताश आदि।

घर के बाहर खेले जाने वाले खेल : पतंग उड़ाना, कुंदनगिरि उच्चालाटा (झूले का खेल), दागुडु मूतलु (आँख मिचौली), दोपिडि पुल्ल, चिल्ला कट्टे, चेंगु बिल्ला, दाढाई (पथ्य को पार करना), पूटचेंडु, बोंगरालारटा (लट्टू खेल), कबड्डी आदि।

बच्चों के खेल : लाटा, बोम्मलपंल्लि (गुड़ियों की शादी), सरि बेसुलु।

खेलकूद के समय बच्चों के द्वारा गाए जानेवाले अनेक लोकगीत आंध्र प्रांत में प्रचलित हैं। इन गीतों में मनोरंजन के साथ-साथ व्यायाम भी होता है। खेलते समय अकसर बच्चों के द्वारा गाए जानेवाले निम्न लोकगीत में ग्रामीण वैद्य की छटा द्रष्टव्य है—

काल्ला गज्जि, कंकालम्पा।
वेगु चुक्का, वेलगा मोंग्गा।
मोग्गा कादु, मोदुगा नीरू।
नीरू कादु, निम्मल भावी।
भावी कादु, तउचल कूरा।
कूरा कादु, गुम्माड़ि पंडु।
पंडू कादु, पापाई कालु।
कालु तीसी गट्टुना पेट्टु।

अर्थात् पैर में खुजली आने से जड़ी-बूटियों से जो चिकित्सा की जाती है, उसका सुंदर चित्रण है।

उक्त विवेचन से स्पष्ट है कि प्राकृतिक परिवेश, अकृत्रिमता एवं सरल वातावरण गाँवों में ही पा जाते हैं। अतः गाँव लोक का प्रतिनिधित्व करता है। लोक समुदाय का मन, बुद्धि और चेतना का सम्मिश्रित रूप लोक-संस्कृति है, लोक के आचार-विचार, रीति-रिवाज, प्रेम-द्वेष, घृणा, आक्रोश, मूल्य, संकल्प-विकल्प, आस्था-अनास्था, चिंतन-मनन, राग-विराग, सब लोक संस्कृति के अंश हैं। लोकाचार, लोक-गाथाएँ, लोकगीत, लोकनाटक, लोकवेद, लोककलाएँ, लोककथा इसके अंग हैं। लोक-संस्कृति लोक की जीवंतता का प्रमाण है।

आंध्र के जन-जीवन को प्रतिबिंबित करनेवाला तेलुगु लोकसाहित्य तेलुगु जाति की धरोहर है। भारतीय वाङ्मय अनेक भाषाओं में अभिव्यक्त हुआ एक ही विचार है। फिर भी प्रत्येक जाति की एक अलग संस्कृति होती है। उस संस्कृति हो उस प्रांत की भाषा प्रतिबिंबित करती है। आंध्र के जन-जीवन एवं संस्कृति को प्रतिबिंबित करनेवाले तेलुगु लोकसाहित्य की झलक प्रस्तुत आलेख के द्वारा दिखाने का प्रयास किया गया है। आशा है कि साहित्य-जगत् तेलुगु जाति की रागात्मक अनुभूतियों एवं आनंदोल्लासित हृदयोद्गारों का अवलोकन कर सकेगा।

□□

30 कन्नड़ लोक-संस्कृति : एक दृष्टि

—बी.वाइ. ललितांबा

लोक-साहित्य का कन्नड़ समानवाची शब्द 'जनपद' है। लोक जिस तरह जन-जीवन का प्रतिनिधित्व करता है, जन भी कुल मिलाकर उसी अर्थ को ध्वनित करता है, लोक-जीवन के विविध रूप, लोक-वाणी, लोक की पटकथाएँ, उनके नाच, उनका गायन, जो जीवन के साथ वाचिक रूप में प्रवाहित होते हुए उनकी जीवन-संस्कृति का प्रतिनिधित्व करते हैं, वह अंग्रेजी में 'फोक लिटरेचर' कहलाता है, हमारे यहाँ वह जन-साहित्य, लोक-साहित्य हैं।

लोकगाथाएँ

बंगाल में ''बाउल' गीतों का विशेष महत्त्व है तो कर्नाटक में गीगी पदों की विशेषता है। लोक-साहित्य अलिपि अर्थात् मौखिक-वाचिक साहित्य है। गीगी के मूल को लेकर चर्चा करते हुए कन्नड़ लोक-साहित्य के एक विशेषज्ञ डॉ. एम.जी. बिरादार 'लावणी' में इसके मूल को पहचानते हैं। 'लावणी' उत्तर कर्नाटक का लोक गायन का एक प्रकार है। वे इस शब्द की व्युत्पत्ति के संबंध में चर्चा करते हुए कहते हैं, ''किसी भी लोक-साहित्य और लोककला का मूल ढूँढ़ना नदी के मूल को ढूँढ़ निकालने जितना ही कठिन है। राजस्थान के चारण गीतों में कुछ लोग इसके मूल को ढूँढ़ते हैं। कुछ लोग इसे मराठी मूल का मानते हैं, कुछ लोग इसे संस्कृत की लावणिका से उत्पन्न मानते हैं... लावणी पहले वीर रस प्रधान होकर वीर कथा का प्रतिनिधित्व करते थे। आगे चलकर दुंदुभि, डब्बुवाद्य से जुड़कर दुंदुभि डब्बु गीतों के रूप में पहचाने गए। फिर ताल, तुंतुनि वादकों ने पृष्ठभूमि में रहकर 'जीजी', 'गीगी' नामक आकर्षक स्वर संगीत मिलाया। लोगों ने इन्हें 'जीजी', 'गीगी' गानों के रूप में पहचाना। अब इन पदों की विषय-वस्तु व्यापक बनी है, ये अधिक सामाजिक, शृंगार रस से भरे हैं। ये गीगी पद अब विषयाधारित हैं, 'हरदेशी (पुरुष) और नागेशी (स्त्री) गानों के रूप में ख्याति पा चुके हैं। इन्हें अब 'कल्लि', 'तुराह' गानों के रूप में भी पहचानते हैं। कन्नड़ में लावणी का वह प्रयोगात्मक परिवर्तन, उनकी ख्याति के कारणकर्ता एक हसन साहब माने जाते हैं। वह इसलिए कि हसन साहब ने इन गानों की, वह भी विशेषकर नागेशि संघ के गानों की रचना कर इन गानों में लोगों को प्रशिक्षित करने के लिए बीबी इंशलगी नामक स्थान पर एक संस्था चलाई थी। बीबी इंशलगी परंपरा के गायकों के बीस से अधिक समूह उन दिनों शायद सिंदगी तालुका स्थान पर उपस्थित थे। उसी के परिणामस्वरूप आज भी विजयपुर जिले में 'डप्प' पर गानेवाले समुदाय अस्तित्व में हैं।

हसन गीगी पदों का रचयिता था, प्रसिद्ध लावणी गायक था, अपनी प्रतिभा के कारण 'गीगी' समुदाय का गुरु बना था। अपने समय में लोक-साहित्य की समृद्धि को वह समर्पित था। मुसलमान होकर हिंदू संस्कृति, वीरशैव तत्त्व के आवरण संबंधी कई विचारों को अपने गानों में पिरोकर अपने गीतों को राष्ट्रवादी साहित्य बनाया। देखिए इष्टलिंग की महिमा, नीचे दिए गाने में कितने सुंदर रूप में, सही अर्थ में ध्वनित किया गया है—

लिंगद महिमे लिंगिल्लद भविगे हेंगे तिलिदीतो
हिंता कर्तृलिंग अंगैयल्लि बरद म्याल
मुट्टि पूजा माडूदिल्ल केट्ट जनरा।
पूजा माडू देवंगे जनरिगे पुनर्जन्मविल्लेंदु
देवशास्त्र सारताव पारंपारा

(लिंग की महिमा लिंगहीन भवि अर्थात् भौतिक व्यवहार में उलझे लोगों को कैसे पता चलेगी, इस प्रकार कर्तृलिंग हथेली में नहीं आने पर, उसे छूकर बुरे लोग पूजा नहीं करते। पूजा करनेवाले लोगों का पुनर्जन्म नहीं होता, कहा है, वेदशास्त्र सारतत्त्व ने।)

गीगी पदों की भी एक छंद व्यवस्था है। आदिप्रास से अंत्यप्रास की उसमें प्रधानता है।

हसन ने अनगिनत संख्या के गीगी पदों की रचना की थी। हसन 'लोक-साहित्य' का जंगम था, जीवनधर्म के समरस जीवन का, रसिक शृंगार के आदर्श को फैलानेवाले गीगी गानों की अपनी परंपरा को आगे बढ़ाकर ले जानेवाले शिष्य समूह को पीछे छोड़ गया है। नमूने के लिए दो-चार गीगी पद यहाँ प्रस्तुत किए जा रहे हैं।

कन्नड़ की गीत-रचना परंपरा और हिंदी के पदों की रचना में काफी अंतर है। कभी-कभी कुछ साम्य भी दिखाई देता है। इन गानों में स्तुति गीत है, गायन के अनुकूल है, अध्यात्म और अनुभाव के गीत हैं, सवाल हैं, हास्य, शृंगार हैं, पौराणिक विषय, जैसे अनसूया, सुदामा, सिद्दरामेश्वर, हरकय्या (शरण) यांगुणी के उल्लेखवाले गीत हैं, ऐतिहासिक विषयों से संबंधित, जैसे काशीबाई, धन सिद्देश्वर गीत हैं, चारित्रिक गीत भी हैं, जैसे—

अल्ले इल्ले यातऽक तिरगतीरि निम्माल्लाहरि परउता
ए इवरीगे काणुऽदु पातालगंगा इदरल्लि

(इधर-उधर क्यों घूमते-फिरते हैं, अपने आप बाहर के बनें। इनको इसमें पातालगंगा दिखेगी।)

शक्ति का अवतार

मर्त्यलोकदोलु जनिसि बंद को पतिव्रता हेण्ण सुंदरा।
तोट्ट शक्ति अवतारा। ॥ जीजी ॥
स्वर्ग मर्त्य पाताल हुडुकिदरु सिगवल्दु इकी वरा
निराकार एम्न सीरि उट्टक शाल पत्तल जरतऽरा
निलगि माडि हदिनार।
आकार एम्न कुप्पस तोट्टाल कोरळिनाग निगितऽरा ॥ जीजी ॥

कुल मिलाकर हसन के इन गानों में अध्यात्म है, सामाजिकता है, जाति-धर्म से परे ये भारतीयता के गाने हैं। लोकगीत लोक की संपदा होते हैं, किसी एक व्यक्ति अथवा लेखक का प्रतिनिधित्व नहीं करते, जीजी या गीगी पदों में भी व्यक्ति नाम का महत्त्व नहीं, सामूहिक गायन के ये पद हैं। हसन का इस संदर्भ में नाम इसलिए लिया जाता है कि इन गीतों को प्रचुर बनाने में हसन की महत्तर देन है। वैसे हसन के रचे पद भी कई तो अधूरे मिले हैं, कई पूरे भी मिले हैं। कर्नाटक सरकार की जनपद अकादमी ने इस प्रकार के हजारों गीगी गीतों का संग्रह तैयार किया है। ये गीत लोक की जिह्वा पर अब भी जिंदा हैं और उत्तर कर्नाटक के कई प्रांतों में वाचिक रूप से व्यवहृत हो रहे हैं।

लोक-काव्य

रामायण और महाभारत आज राष्ट्रीय महाकाव्य के रूप में देश का नाम संसार के चारों कोनों में फैलाते हैं तो वह भी एक समय मौखिक परंपरा के काव्य ही रहे होंगे। उन काव्यों से प्रभावित होकर लोकजीवन का प्रतिनिधित्व करनेवाले कई मौखिक काव्यों की रचना हुई है। साहित्य अकादमी से प्रकाशित भीलोनु भारथ का यहाँ स्मरण किया जा सकता है। उसी तरह बोडो रामायण, पंढलानी आदि अस्तित्व में आए हैं। कर्नाटक में भी इसी तरह का 'जनपद महाभारत' अस्तित्व में आया है। उसकी सुरक्षा के उद्देश्य से पिछले वर्षों में हजार पृष्ठों में इस महाभारत का संग्रह हुआ है। इन महाभारतों की विशेषता यह है कि मूल भारत का हूबहू वाचन नहीं होता, उसमें वाचन परंपरा के उस समुदाय की जीवन शैली, उनके अपने लोगों की कहानियाँ आदि जुड़ी हुई होती हैं, पंढ़वानी जिस तरह नाममात्र के लिए पांडवों से संबंधित है, लोक जीवन से परिचित करानेवाला वह एक विशिष्ट लोकनाट्य है, ये भी लोकजीवन का प्रतिनिधित्व ही करते हैं।

लोक महाकाव्यों का एक सहज गुण यह भी है कि वे निरंतर परिवर्तन के आदी होते हैं। पीढ़ी-दर-पीढ़ी इसे ले जाते समय संबंधित पात्रों के गुण-स्वभाव तथा संबंधित व्यक्तियों द्वारा उच्चारण में भेद आदि प्रकट होते हैं। सामाजिक-राजनीतिक बदलाव के साथ वस्तु आदि में भी परिवर्तन आता है। और कई तरह के प्रक्षेप, जैसे लिपिकार की इच्छा के अनुसार कथाओं में भी परिवर्तन आता है, इस तरह लोककाव्यों का यह सहज गुण होता है कि ये नित्य नूतन होकर प्राणसत्त्व से भरे होते हैं। 'गामोक्कल महाभारत' भी चूँकि वाचन परंपरा से बहता आया है, कइयों ने भिन्न-भिन्न समयों पर इसका संग्रह किया है, उसमें 'कनकांगि कल्याण' और अभिमन्यु का विवाह तथा उसकी मृत्यु से संबंधत दो खंडकाव्यों के भिन्न पाठ भी मिले हैं।

इस महाभारत को गाने का निश्चित समय भी है। एक तो यह उत्तर कन्नड़ जिले के होन्नवर, सिरसि आदि स्थानों का लोक गायन है, देवी और हनुमान के जलसे के समय और विवाह के संदर्भ में समधी लोगों को भोज देते समय और गर्भिणी महिला को कुछ-कुछ ख्वाहिश पैदा होने पर और खेती-बाड़ी करते समय रोपने, बेकार के पौधे उखाड़ते समय इन खंडकाव्यों को गाने की परंपरा बनी।

मूल महाभारत में यह प्रसंग भी नहीं आता, जैसे तीन वर्ष की उम्रवाली द्रौपदी के साथ अर्जुन का विवाह होता है। वह उसे छोड़कर जंगल में 'नागाणि' के साथ रहना शुरू करता है, फिर द्रौपदी के बड़ी होने पर आकर द्रौपदी के साथ जीने लगता है, तभी सोते समय नागकन्या नागाणि द्रौपदी के ऊपर विष उगलकर उसकी हत्या करती है, इस पर अर्जन दु:खी होकर अपनी प्रिया कुसुमालि को बुलवाकर उसके माध्यम से नागाणि को धमकाकर नागाणि से द्रौपदी को

जिलाकर पुनः उसे पाता है। यह प्रसंग भी महाभारत में कहीं नहीं है। यह गामोक्कल महाभारत की ही विशेषता है। काव्य का प्रवाह उदाहरण के लिए इस प्रकार आगे बढ़ता है—

नारेण दैवाना हाड्देळुओ अंद्हेळे
इट्टू होदळे मनेया के लसा के
इट्ट होदळे मनेया केलस के नारेणदैव्न
मनिया बागल्ले हरवासदमदग
नारेण दैवाना हाडेळुआ अंदोर

यह ग्रामीण कन्नड़ की शैली है, उनकी छंदोगति है। नारायण देव से गाना गाने को कह रखकर चली गई घर के काम करने, तीसरी पंक्ति में पुनरावृत्ति है, घर के दरवाजे ही जलाशय हैं, नारायण देव से गाना गाने को कह।

लोकगीतों में कई स्थानों पर तर्क का कोई स्थान नहीं होता। कथा की शैली ऐसी होती है कि उसके साथ पूरा समाज जुड़ता है। गामोक्कल महाभारत की भी यही विशेषता है।

हमारे यहाँ कई प्रकार के लोक महाकाव्य हैं। एक समय ऐसा था, जब भरत के नाट्य शास्त्र में उल्लिखित महाकाव्यों के लक्षणों के आधार पर महाकाव्य को परिभाषित किया जाता था। कन्नड़ में भी कई लोक महाकाव्यों की परंपरा रही है। मले मादेश्वर महाकाव्य, मंटेस्वामी काव्य, जुंजव्वा काव्य, मैलार लिंग माहात्म्य आदि इसके कुछ उदाहरण हैं।

मादेश्वर काव्य का नायक मादप्पा है। यह अधूत समुदाय का व्यक्ति है। इस काव्य का नायक मादप्पा अथवा मादेश्वर अपनी बाल्यावस्था में ही उत्तर देश से निकलकर गुरुमठ, जो सुत्तूर और कुंतूर में है, वहाँ अपने पवाड़ों का प्रदर्शन कर तिरस्कृत होकर अंत में अपने बसेरे को ढूँढ़कर कर्नाटक के दक्षिणी किनारे के एक महावन में ठहर गया। कथानुक्रम में यह प्रदेश मादप्पा पहाड़ (मादेश्वर पहाड़) के नाम से प्रसिद्ध हुआ। इस काव्य का नायक मादप्पा बाद में मादेश्वर बना। वह क्रांतिकारी बनकर बुरी व्यवस्था का खंडन करता है, सामाजिक प्रज्ञा का ज्ञान कराकर वास्तविक परिस्थिति का ज्ञान करवाता है। श्रवणराजा की हत्या इसका एक उदाहरण है।

मादप्पा सदा यात्रा में ही रहता है। भिक्षाटन उसका जीवन व्यवसाय है। हालाँकि परंपरा से महदेश्वर पहाड़ के अंदर तथा उस समुदाय के लोगों में पारंपरिक रूप से यह वाचित होता रहा। बौद्धिक जगत् के ध्यान में अभी पच्चीस वर्ष पूर्व आया। लोक साहित्य के विशेषज्ञ डॉ. हि.चि बोरालिंगप्पा के अनुसार, ''स्थानीय सांस्कृतिक वीरों के कथानक, पवाड़ पुरुष, बैरागी, साधकों की महिमाओं को, उनके जीवन प्रेम की विशेषता माने गए मद्य, मांस, मैथुन, मादक वस्तुओं का सेवन जैसे अनिवार्य विचार, स्त्री प्रधानतावाले द्रविड़ मूल के मूल्य और उनके द्वारा अपनी भूमि के गुण को सहज रूप से प्रकट करनेवाले लंबे कथानक हमारे पास हैं। ये कथानक ही सही मयने में हमारी संस्कृति को निरूपित करनेवाली शक्ति हैं। राजा-महाराजाओं के प्रभुत्व के क्रम को ही हमारा इतिहास मानकर घोषित करते आए हमारे इतिहासकारों की आँख खोलकर सामान्य जनता के इतिहास के लिए जोर देनेवाले उस प्रकार का ज्ञान देनेवाली ताकत इन कथानकों में है।'' इस प्रकार आज हमारे यहाँ के कन्नड़ विश्वविद्यालयों तथा कर्नाटक सरकार की जनपद अकादमी ने भी लोक जीवन से संबंधित करीब सौ काव्यों के प्रकाशन का निर्णय लिया है, कई तो प्रकाशित हो भी चुके हैं।

'यले मादेश्वर काव्य' का अंग्रेजी अनुवाद भी उपलब्ध है। काव्य के स्वरूप को परिचित कराने की दृष्टि से यहाँ कुछ पंक्तियों को मात्र उद्धृत किया जा रहा है। मादप्पा के जन्म और पलने संबंधी कुछ पंक्तियाँ—

मकेयलि मादेव बरुआ चंदामाऽ
नोडि निम्म शिवनाऽ
उरिय बेंकिय मुंदे अरराळिगे निलबहुदु
महदेव निम्म करिय बरगान मुंदे निलबहुदा।
॥ नोडि नम्म शिवाना ॥

पहाड़ पर महादेव के आने की रीति।
देखिए आपके शिवजी को
जलती आगे के आगे आधा मिनट खड़े हो सकते हैं
महादेव हमारे काले (हाथी के आगे) खड़े हो सकते हैं?
॥ देखिए हमारे शिव को ॥

इस प्रकार यह आदिवासी समुदाय का धार्मिक काव्य है। करीब पाँच सौ पृष्ठोंवाले इस काव्य में पारंपरिक महाकाव्य से भिन्न एक

लोक कथानक मिलता है। इसमें पूरे समुदाय की भागीदारी होने से यह एक लोक महाकाव्य है।

लोक-महाकाव्यों की एक विशेषता यह होती है कि ये पूरी तरह गेय होते हैं। लोक इनका आँगन होता है। कर्नाटक के कोललेगान जिले में इसका प्रचलन है। कन्नड़ विश्विविद्यालय को इसके प्रथम संग्रह-कार्य में बहुत मेहनत करनी पड़ी।

फिर संपादक अपनी प्रस्तावना में कहते हैं, ''कर्नाटक में बारहवीं सदी में अलम, बसवण्णा आदि शरणों की कल्याण (स्थल नाम) की क्रांति पंद्रहवीं सदी में मंटेस्वामी के नेतृत्व में घटित हुई।

मंटेस्वामी की कथा को नीलगार समुदाय गाता है। १२वीं सदी के आंदोलन का स्वरूप पंद्रहवीं सदी तक बदल चुका था। कहते हैं, गुरु की आज्ञा से मंटेस्वामी कोडेकल् गए वहाँ बसवण्ण के पुत्र राचप्पाजी और उनकी पत्नी दोड्डम्मा (नीलम्मा) के सादी नदी मार्ग से सिद्ध क्षेत्रों के दर्शन करते रहे, मार्ग के बीच बच्चे और बँटाईदारों को बुलाकर एक दीर्घ सांस्कृतिक यात्रा तय करते हैं।

मंटेस्वामी पठ्य कुछ भिन्न प्रकार का है। मले मादेश्वर काव्य की तरह इसमें भी प्रार्थना भाग जरूरी है, पठ्य भिन्न प्रकार का है। उदाहरण के लिए जैसे १. जगत् सृष्टि की पंक्ति, २. कल्याण नगर की पंक्ति, ३. चेन्ना जम्मा को पाने की पंक्ति आदि मंटेस्वामी पठ्य में गद्य-पद्य का मिश्रण है—

बाहमातलि हेळिदरे आप्पुडदल्ला। इड घरेगे दोड्डवर मक्कळेंदु कैवत्तु बरेदु, करारु कागद बरेदु, ताम्रद चप्पोडिनल्लि बरकोट्टरे, नाडुमक्कल पडीतीनेंदु, मान्यरिगेळि, हसुळेय सुत्त तेरेय बिडिसि बुट्टु मान्यर दूरक्के कळुसुबुट्टु, गुरुड ओळगे दुरतक्के कुळितुपनेण्डु

दुख माडि कप्पु घूळत
तक्कण्डु मक्कळ म्याले
उकृ एन्टु उरबुतारे
आगलीग दडबडने एट्रल्ल मक्कळु सिद्दय्य स्वामि बन्नि॥

लोकगायन

कर्नाटक के ऐसे गायक, जिन्होंने गायन को अपना व्यवसाय बनाया है, उनमें कंसाले गायकों का महत्त्वपूर्ण स्थान है। बंगलुरु, चामराजनगर और मंड्या जिले के कुछ भागों में ये दिखाई देते हैं। मले मादेश्वर के ये भक्त कंसाले कहलाते हैं। इनको कंसाले कहने की वजह इनसे प्रयुक्त विशिष्ट ताल वाद्य हैं। ये वाद्य काँसे के बने होते हैं। देवरगुड्डों के इस कंसाले को बिरुदु (विरुद) भी कहते हैं। देवरगुड्डों को कथोवजीमि अर्थात् कथा गायन कर जीनेवाले, नीलगार, चौडिकेवाले, गोरव भी कहते हैं। इसके अलावा इन्हें करपालवाले, दोंबीदास, तेलुगू जंगम, हेळव, किन्नर जोगी भी कहते हैं। पीढ़ी-दर-पीढ़ी ये लोग मले मादेश्वर के देवरगुड्डी बनते हैं, इसके अलावा घर में चिंता के खण आने पर अपने बेटों को गुड्डा बनाने की मनौती मानते हैं। इनके गाने की अपनी विशिष्ट शैली होती है, प्रयुक्त होनेवाले शब्द भी पारिभाषिक होते हैं। जैसे—आदि शक्ति कवट्लु

आदिशक्ति शब्द तो समझ में आता है, किंतु कवट्लु असाधारण शब्द है, संपादक प्रधान पाठ कहकर इस शब्द की व्याख्या करते हैं—

मलेय मादेवा बरुवा बरुवा चंदवा
नोडे नम्म शिउना

(मळे पहाड़ मादेव आएगा, उसके आने का ठाठ देखे, देख हमारे शिव को।)

लोकसाहित्य

'लोक साहित्य' शब्द एक नागमती का पिटारा है। किसी भी भाषा के संदर्भ में परिपूर्ण मात्रा में इसका संग्रह कार्य संभव नहीं हो पाता। चूँकि यह अलिपि होता है, जितने जन समुदाय होते हैं, उतनी परंपराएँ भी होती हैं। और चूँकि अभिव्यक्ति नामक चीज प्राकृतिक होती है, हर भाषा सुमदाय में इसका स्रोत निरंतर होता है, कन्नड़ लोक- साहित्य के साथ भी यही बात है। यहाँ जन प्रचलित तथा देश के अन्य भागों के लिए परिचित लोक-साहित्य से भी कुछ कर्नाटक के लोक-साहित्य रूपों से परिचित कराने की कोशिश की गई है।

'हाडु' गायन और गाने का पर्यायवाची है। मनुष्य समाज के हर अस्तित्व के साथ गायन की कोई-न-कोई विधा भी उजागर होती रहती है। भारत की परंपरा में आस्तिकता अथवा भगवान् के अस्तित्व पर भी ज्यादातर लोग सहज ही विश्वास करते हैं। इसलिए यहाँ मौखिक परंपरा भी विस्तृत परिमाण में उपलब्ध होती है। भजन, भगवान् की लीला के गीत, कीर्तन आदि इसी की विविध विधाएँ हैं। जनपद

अकादमी के संकलनों में भगवान् के कीर्तन कन्नड़ में देवर हाडुगळु के नाम से छपा है। एक समय मैसूर विश्वविद्यालय ने भी गौरम्मन हडुगळु (गौरम्मा के गाने) शीर्षक से कीर्तन-गीतों का संग्रह किया था। ये सभी लोक-साहित्य के ही अंश हैं। जनपद अकादमी ने इस बार इनका बृहत् संकलन तैयार किया है। मंदिरों में, घर-परिवार में, पूजा-उत्सव के संदर्भ में, जलसे में, हर कहीं ये गाने गाए जाते हैं। महिलाएँ-पुरुष दोनों गायक होते हैं। हमारे यहाँ जितने देवी-देवताओं की कल्पना की गई है। उन सभी के आगे भक्तिपूर्ण ये गाने देव कीर्तन-कन्नड़ में देवर हाडुगळु कहलाते हैं। इनके भी ज्यादा गायक अनपढ़ होते हैं। इसके अलावा पारंपरिक गीतों का भी हमारे यहाँ बहुत महत्त्व है। जनपद अकादमी ने दक्षिण कन्नड़ जिले के शादी के गीतों का भी संकलन तैयार किया है। यहाँ उन्हीं में से एक-दो गीतों को उदाहरण के लिए प्रस्तुत किया जा रहा है। उनके कुछ शीर्षक इस प्रकार हैं—

१. लड़की जब ऋतुमती बनती है, उस समय के गीत,
२. भगवान् के गीत,
३. लड़की (वधु) को माँगने और उसे देखते समय के शास्त्र संबंधी गीत,
४. हलदी-कुंकुम लगाने और अश्वंजन के गीत,
५. और आरती के गीत।

□□

31 केरल की लोक-संस्कृति

—एस. तंकमणि अम्मा

किसी भी देश की संस्कृति का मूलाधार उस देश की लोक-संस्कृति है। लोक-संस्कृति की स्पष्ट झलक उस देश के लोक-जीवन और लोककलाओं में मिलती है। लोककलाओं का सीधा सरोकार लोक-जीवन और लोक-संस्कृति से होता है और यही कारण है कि किसी भी प्रदेश की जनता के जीवन और संस्कृति की अकृत्रिम और अस्मितापूर्ण अभिव्यक्ति वहाँ की लोककलाओं में मिलती है। कहा भी गया है, ''यदि आप राष्ट्र को समझना चाहते हैं तो उसके नृत्यों को देखें और लोकगीतों को सुनें।''

भारतीय सामासिक संस्कृति का एक हिस्सा होते हुए भी केरल की संस्कृति की अपनी विलक्षणताएँ और विशेषताएँ हैं, जो उसकी लोककलाओं में स्पष्ट दर्शित होती हैं।

केरल के लोकगीत

केरल के लोकगीत वहाँ के पुराने जनजीवन और संस्कृति को प्रतिबिंबित करनेवाले हैं। ये लोकगीत केरल की मिट्टी की महक तथा जन-जीवन की अस्मिता की पहचान कराते हैं। मौखिक रहने के कारण अधिकांश लोकगीत भूले-बिसरे और अप्राप्य हो गए हैं। वर्तमान लोकविज्ञान संबंधी खोजों के परिणामस्वरूप कई लोकगीत उपलब्ध हो सके हैं। केरल के लोकगीत विविध विषयक हैं। लोक-जीवन के विभिन्न पहलू इन लोकगीतों में उभरकर आए हैं। केरल के लोकगीत मुख्यतया वैयक्तिक एवं सामाजिक जीवन संबंधी, कृषि संबंधी, उद्योग संबंधी, भक्ति संबंधी, विनोद या मनोरंजनपरक रहे हैं। लोकगीतों के फुटकर तथा कथात्मक रूप भी उपलब्ध हैं। अधिकांश लोकगीतों में अर्थ की अपेक्षा ताल-लययुक्त ग्रामीण धुनों की ही प्रमुखता परिलक्षित होती है। उदाहरणार्थ कृषक बालाओं का यह गीत लें—

तत्तय्या तत्तय्या ताने। तत्तय्या तातय्या ताने॥
तिंतिन्ना तिन्नायि ताने। तिमि तिंतिन्ना तिन्नायि ताने॥
मारिमलर चोरिंजे। वयलोक्के वेल्लं निरंजे॥
मारिमलर चोरिंजे। वयलोक्के वेल्लं निरंजे।।

(अर्थात् बारिश के फूल झर गए रे। खेतों में पानी भर गयो रे॥ बारिश के फूल झर गयो रे। खेतों में पानी भर गए रे॥)

वैयक्तिक एवं सामाजिक जीवन संबंधी गीत : आदिकाल से ही मानव सामाजिक प्राणी रहा है। अपने वैयक्तिक एवं सामाजिक जीवन के सुख-दु:खों की अभिव्यक्ति के लिए आकुल मानव की हृदयगत भावनाएँ विभिन्न गीतों के रूप में नि:सृत हो उठी हैं। जन्म से लेकर मृत्यु तक के विविध अवसरों पर उसके हृदय से अकृत्रिम गीतधारा बह निकली है।

लोरी गीत : लोरी गीतों में मातृहृदय की सच्ची अभिव्यक्ति मिलती है। शिशु की किलकारियों के साथ माता के वात्सल्य की धारा नि:सृत होने लगती है। माता अपने नन्हे शिशु को पालने में लिटाकर उसे सुलाने का उपक्रम करती है। वह कभी उसे पुचकारती, दुलारती है तो कभी थपथपाती है और इस बीच उसके कंठ से स्वत: ही कोई धुन फूट पड़ती है। धीरे-धीरे वह लोरी गीत बन जाता है। उदाहरण—

चांचाटुण्णी चरिंजाटुण्णी
कुषंजाटुण्णी योन्नाटाटू
चांचो चांचो चांचक्कं मरंवेट्टी
चतुरत्तिल् पटियिट्टु
अतिन्मेल निन्नण्णी
चांचाटू चांचाटुण्णी... ।

(अर्थात् हिल-डुल, हिल-डुल मुन्ना रे! झूम-झूमकर झूल-झूल रे! हिल-डुल, हिल-डुल झूम-झूम रे झूम-झूम मुन्ना रे... !)

बालगीत : केरल के लोकगीतों में बालगीत पर्याप्त मात्रा में मिलते हैं। इन बीलगीतों का कोई विशेष अर्थ नहीं होता। निरर्थक होते हुए भी वे मधुर, कर्णप्रिय और मनमोहक होते हैं। भोले-भाले बालक गाय चराते हुए या लकड़ियाँ बीनते हुए मानसिक उल्लास के लिए इन गीतों को गाते रहते हैं—

ओन्नानां कुन्नुम्मेल
ओरटि मण्णिन्मेल
ओरायिरं किळि कूटु वच्चु
कुट्टिटन्निळं किळि तामरा पैंकिळि
तानिरुन्नाटुन्न पोन्नोला।

(अर्थात् किसी एक टीले पर, थोड़ी-सी जमीन पर, हजारों चिड़ियों ने बनाए घोंसले, नन्ही चिड़िया, कमल-सी चिड़िया, झूला झूलती है सोनिल पत्ते पर।)

और एक प्रसिद्ध बालगीत प्रस्तुत है—*''काक्के काक्के कूटेविटे/कूट्टिनकत्तोरु, कुंजुंटो?/कुंजिन् तीर्र कोटुक्कांजाल/कुंजु किटन्नु करंजीटुं/कुंजे-कुंजे नी तरुमो/निन्नुटै कय्यिले नेय्यप्पं/इल्ल तरिल्ली नेय्यप्पं/अय्यो काक्के! परिच्चो!''*

(अर्थात् कौआ रे! कौआ ! तेरा नीड़ कहाँ हैं? नीड़ में नन्हा मुन्ना है क्या? मुन्ने को चुग्गा नहीं दिया तो मुन्ना रो उठेगा। अरे बच्चे! क्या तू देगा अपने हाथ की मिठाई? नहीं, मैं नहीं दूँगा मिठाई। ओह! कौआ रे! तूने छल किया!)

प्रेम गीत : लोकगीतों में प्रेम संबंधी गीतों का विशेष आकर्षण है। किसी कृषक बाला के प्रति किशोर प्रणयी का उद्गार है—*''करुत्त पेण्णे! निन्ने/काणांजिट्टोरु नाळुंटे/वरुत्तप्पेट्टेन ञानोरु/वंटायि चमंजेनेटी/पव्ळ्ळि वातुक्केचेन्नप्पं/पूमलपैतलेन्ने/पूकोंटेरिंजेनटी।''*

(अरी ओ श्यामल छोकरी! तुझे न देख पाने से अतीव व्याकुल हो मैं बना एक भौंरा, भौंरा बन मैं पहुँचा किसी घर के द्वार पर, तो फूलों की पहाड़ी के शिशु ने मुझ पर फेंक दिए फूल।)

विवाह गीत : विवाह जैसी महत्त्वपूर्ण घड़ी को सर्वथा आह्लादकारी रखने का प्रयास आदिकाल से ही मानव करता आया है। विवाह संबंधी कई लोकगीत इसके प्रमाण हैं। लड़की देखने से लेकर विवाह तक तथा विवाह के उपरांत होनेवाले रीति-रिवाजों का वर्णन लोकगीतों में मिलता है। मैलांचि पाट्टु (मेहँदी गीत), नीराट्टु पाट्टु (स्नान गीत), वातिलट पाट्टु (दरवाजा बंद करो गीत), वातिल्तुर पाट्टु (दरवाजा खोलो गीत) आदि इस श्रेणी के लोकगीत हैं।

मेहँदी गीत : सद्य:स्नाता होकर आनेवाली दुलहन के हाथ-पाँव के नाखूनों व हथेलियों पर सखियाँ तथा अन्य नारियाँ मिलकर मेहँदी लगाती हैं। इस समय का एक गीत उदाहरण के लिए देखा जा सकता है—

कैप्पटं तन्निल् पोतियुन्नू मैलांचि।
काल्नखं तन्निल् पोतियुन्नू मैलांचि।

(हथेलियों पर रख देती हैं मेहँदी। पैरों के नख पर रख देती हैं मेहँदी)

मैलांचि मणं केट्टु मयंगि वीणु मणवाळन्
मैलांचि मणं केट्टु मयंगि वीणु मणवाट्टी।

(मेहँदी की महक से बेसुध हो गिर पड़ा दूल्हा। मेहँदी की महक से बेसुध हो गिर पड़ी दुलहन।)

अब 'दरवाजा खोलो' गीत की कतिपय पंक्तियाँ लें। प्रसंग इस प्रकार है—शादी के बाद वर-वधू को बंधु नारियाँ धूम-धाम के साथ सुहाग-कमरे में ले जाती हैं। दरवाजा बंद हो जाता है। दरवाजे के बाहर खड़ी होकर दरवाजा खोलने का अनुरोध करते हुए गीत गाती हैं—

मंकतंक मणवरियल् मणवालन कतकटच्चु
एक्कुं पुकलपेरोंमे एन्नुटया मणवाला!
संतोषत्ताल् मावि तानुं उर्रुटय मंकमारुं...
पूमोतिर कय्याले नात्तून वन्नुवातिल् मुट्टि...
कट्टिल् तरां मेत्ता तरां कंटिरिप्पान विलक्कु तरां
एन मकने मणवाला! मणवरा तुरा।

(दुलहन के कमरे में प्रवेश कर दूल्हे ने द्वार बंद किया। सास, ननद बंधु नारियाँ बोलने लगीं—हे प्यारे दूल्हा! द्वार खोल दो।...अँगूठी पहनी ननद ने द्वार खटखटाया।...खाट दूँगी, बिस्तर दूँगी, दीपक दूँगी...प्रिय दूल्हा! खोल दे द्वार!)

कृषि गीत : केरल कृषि-प्रधान प्रांत है। खेतों-खलिहानों में श्रम करते समय, बिजाई, सिंचाई तथा कटाई-लुनाई करते समय कृषक युवक-युवतियों के मुँह से अनजाने ही कोई-न-कोई तान निकलती है। वही 'कृषि पाट्टु' या कृषि गीत है। इन लोकगीतों में एक ओर कृषकों के श्रमपूर्ण जीवन का चित्रण मिलता है तो दूसरी ओर जमींदारों के शोषण का भी—*''कै-निरये-वळयुमिट्टु/नटवरंपे पोणतारेट!.../कृषिक्कारन् तंपुरांटे/अटिमच्चेरु पुलयी.../कै वळ कलंचुंवच्चु/कोटक्कीषे पोरेटी पेण्णे!.../कोटयेनिक्किन्नत्तेक्कुं/कै वळ एन्नत्तेक्कुं!''*

(हाथों में चूड़ियाँ पहनकर खेत की मेंड़ से अरे यह कौन जा रही है!...जमींदार महाराज की दासी कृषक बाला मैं...चूड़ियाँ उतारकर मेरे छतने के नीचे आ जा री बाला! छतना मेरे लिए रहेगा, बस आज के लिए चूड़ियाँ मेरे लिए हमेशा के लिए...।)

खेती संबंधी कतिपय गीतों में धान के विविध प्रकारों और उसके खास गुणों का वर्णन मिलता है, जो केरलीय अस्मिता का परिचायक है—

कानल् नन्नाय् किलच्चुषव चेय्तु
एंतु वित्तु वितप्पतु नामिप्पोल्?
चेन्नेल्लुं नल्ल चंपाऊँ कार्राटि
करुमांकालि मुंडवक्कण्णनुं...।

(खेत अच्छी तरह जोतकर कौन-सा बीज बोएँ हम? लाल धान, चंपाऊँ, कार्राटि करुमांकालि मुंडवक्कणनु आदि...)

कृषक बहुधा वर्षा से प्यार करते हैं और उसका स्वागत करते हैं, किंतु भारी वर्षा के समय वे दोनों हाथ उठाकर बादल से प्रार्थना करते हैं—''मानं नेरंज मषे!/कोरि क्केट्टि पेय्यरुते!/एंटेयोरु मारिमषे!/कोरि क्केट्टि पेय्यरुते!''

(आसमान पर छाए हे बादल! मूसलधार वर्षा न कर! मेरी प्रिय वर्षा! भारी वर्षा न कर।)

विनोद या मनोरंजनपरक गीत : श्रमजीवी कृषक और मजदूर कई एक विनोद या मनोरंजनपरक खेल और क्रीड़ाओं में अपने अवकाश के क्षण व्यतीत करते हैं। इस अवसर पर जो नाच, नृत्य आदि होते हैं, उनके लिए कोई-न-कोई गीत प्रस्तुत होता है। इस प्रकार के गीतों में 'ऊँजाल्पाट्टु' (झूला गीत), 'तुंपि' (तितली गीत), तिरुवातिर पाट्टु, ओणक्कलि पाट्टु (ओणम के गीत) आदि आते हैं।

ऊँजाल्पाट्टु (झूला गीत) : झूला झूलते हुए गाया जानेवाला यह गीत लें—

ओन्नां मानं कोंटोरुंजा
लाटी वाटी तोषी
आटी वाटी तोषी
पाटी वाटी तोषी!...

(आ जा री आली! झूम-झूम गा-गाकर आ जा री आली! झूम-झुक गा-गाकर।)

तुंपि पाट्टु (तितली गीत) : ओणम, जो केरल का देशीय त्योहार है, उस अवसर पर यह तितली गीत प्रस्तुत किया जाता है—

ओन्नानां कोच्चु तुंपी! एंकूटे पोरुवायो
निन्कूटे पोन्नालल्लो एंतेल्लां तरुमेनिक्कु
कळिप्पान् कलं तरुवेन कुलिप्पान् कुळं-तुरवेन्।

(नन्ही तितली! मेरे साथ आ जा री! तेरे साथ आऊँ तो क्या-क्या दोगी? खेलने का मैदान दूँगी और नहाने का तालाब भी।)

तिरुवातिरा पाट्टु (आर्द्रा गीत) : अगहन महीने में आर्द्रा नक्षत्र के दिन नारियाँ सोल्लास आर्द्रा नाच करती हैं। इस नाच के लिए जो गीत गाया जाता है, वही आर्द्रा गीत है। इसकी कतिपय पंक्तियाँ लें—

ओन्नानां कुन्निन्मेल् ओरटि मण्णिन्मेल
ओन्नल्लो क्न्यका पाला नट्टू
पालक्किला वन्नू पूवन्नू का वन्नू
पालक्कु पाल् कोटू पार्वतीये!

(किसी टीले पर थोड़ी-सी जगह पर, किसी कन्या ने छतिवन (सप्तपर्णी) रोपा, छतिवन में पत्ता आया, फूल आया, फल आया। अरे ओ पार्वती! दूध दे दो छतिवन को।)

कुरर्वकळि पाट्टु (कुरर्वनाच गीत) : कुरर्व केरल की एक पिछड़ी जाति है। इनकी कई कलाएँ हैं। 'कुरर्व कळि' (कुरर्वनाच), 'कुरत्तियाट्टं' (कुरत्ती नृत्य) आदि उनमें मुख्य हैं। इन कलाओं के लिए खास प्रकार के लोकगीत प्रयुक्त होते हैं। एक गीत ले लें। रामायण का मारीच प्रसंग है। राम-सीता का आपसी वार्त्तालाप इस लोकगीत का कथ्य है—

मारीचन पोन्मानायिक्कलिच्चिता सीता मुंपिल।
तानिनन्ना तानिनन्ना तानिनन्नाना।

(मारीच स्वर्णमृग बनकर खेलता है सीता के सामने। श्रीराम—सीते, लो, वह खेल रहा है...तै...तै। सीता—लो, मृग ही यों खेल रहा है...तै...तै।) 'तानिनन्ना...' की ताल-लययुक्त ग्रामीण धुन के कारण प्रस्तुत लोकगीत विशेष रोचक एवं मधुर बन पड़ा है।

कुरत्ती पाट्टु (कुरत्ती गीत) : 'कुरव' जाति में प्रचलित एक प्रकार का लोकगीत है—'कुरत्ती पाट्टु' अथवा कुरत्ती गीत। 'कुरव' की स्त्री ही कुरत्ती है। घर-घर जाकर हस्तरेखा देखकर भविष्य-प्रवचन करके जीविका चलाती हैं। राम-कथा पर आधारित एक कुरत्ती गीत प्रस्तुत है—*''मंकमणियाय सीता/तीयिलुटन् चाटुं/चुत्तियुं वरुत्तियंगु/अयोत्ययिल् वाषुं.... ।''*

(नारीमणि सीता आग में अभी कूदेगी। पुनीता बन वह अयोध्या में वास करेगी। उस दिन मुझे दे देना एक अच्छी साड़ी। आँचल में उसके चवन्नी भी बाँध देना।)

पाण पाट्टु (पार्ण गीत) : केरल की एक पिछड़ी हुई जाति है—'पार्ण'। घर-घर में जाकर बाजा बजा-बजाकर पुराण-कथाओं का ताल-लय के साथ गायन करके इस जाति के लोग अपनी जीविका चलाते हैं। इनके गीत 'पाण पाट्टु' (पार्णगीत) पुकारे जाते हैं।

वेलन् पाट्टु (वेलन् गीत) : वेलन् नामक केरल की पिछड़ी जाति के लोगों में कई प्रकार के लोकगीत प्रचलित हैं। ये भी घर-घर जाकर ढिंढोरा जैसा बाजा बजा-बजाकर शुभ-दोष तथा अन्य बाधाओं के निवारण हेतु ईश्वर के स्तुति-गीत गाते हैं। 'दशावतार' उनमें प्रचलित एक लोकगीत है, जिसकी कतिपय पंक्तियाँ हैं—''भुवनपति दशरथनु/तनयनाय् पिरन्नितयोध्ययिल/लक्ष्मितन्नुटे हेतुवाले/वधिच्चु रावण राजने।''

(राजा दशरथ के सुत-रूप पैदा हुए अयोध्या में। लक्ष्मी हेतु वध किया रावण का।) इनके अतिरिक्त 'कोल्क्कलि पाट्टु', 'अम्मान पाट्टु' जैसे लोकगीत भी मिलते हैं।

पौराणिक आख्यानों पर आधारित गीत : पाश्चात्य एवं पौरस्त्य कलाशास्त्रियों ने यह तथ्य अवश्य स्वीकार किया है कि धार्मिक परिप्रेक्ष्य में ही लोककलाओं का स्रोत फूट निकला है। यही कारण है कि पौराणिक आख्यानों को लोकगीतों में बड़ा प्रश्रय प्राप्त हुआ है। रामायण तथा महाभारत के कई कथा-प्रसंग लोकगीतों के विषय बने हैं।

रामकथात्मक गीत : रामकथा के विविध प्रसंग केरल के लोकगीतों में उभरकर आए हैं। एक गीत में राम के साथ वन-गमन के लिए उद्यत सीता को राम किसी-न-किसी प्रकार मना करने का उपक्रम करते हैं—

रायुमिल्लविटे पकलुमिल्ले।
वेट्टमिल्लविटे वेलिच्चमिल्ले।

(रात भी नहीं वहाँ दिन भी नहीं, उजाला नहीं वहाँ रोशनी भी नहीं। अरुण किरणें उगती नहीं वहाँ, शंखनाद भी सुनाई नहीं देता वहाँ, कुत्तों की भौंक भी सुनाई नहीं पड़ती, मुरगों की बाँग भी नहीं। मत जा, मत जा, सीते, वहाँ साँप हैं, अजगर हैं घोर। उजाला भी नहीं, रोशनी भी नहीं, नर भी वहाँ चलते नहीं।) प्रस्तुत गीत में राम के कथन में वस्तुतः तत्कालीन जनमानस का भोलापन झाँक उठता है।

महाभारत कथात्मक गीत : केरल के दक्षिणी भाग में 'मावारतं पाट्टु' (मावारत गीत—मावारत है महाभारत का प्राकृत रूप) नाम से एक प्रकार का लोकगीत प्रचलित रहा। महाभारत की एक खंडकथा का विकृत रूप इसमें मिलता है। जिसने ये गीत गाए और जिनके लिए ये प्रचलित हुए, वे सचमुच अपरिष्कृत और प्राकृत रहे होंगे। यही कारण है कि उनके मुँह से निकले कथारूप भी विकृत एवं विकल हो गए हैं। इस गीत के अनुसार कुंचुतेवी (कुंती देवी) कुरु राज्य की रानी है तथा पाँच पांडवों की माता है। भीम पाँच पांडवों में सबसे छोटा है। कांतारी (गांधारी) कौरवों की माता है। कौरवों की संख्या निन्यानबे है। कांतारी तथा कौरवों द्वारा पांडवों का उत्पीड़न तथा अंत में उसके निवारण की कथा इसमें वर्णित है। एक प्रसंग लें। कांतारी कुंचुतेवी (कुंती देवी) को विष-घुली मिठाई खिलाकर मार डालने की कोशिश करती है—

पांपिन् नेय्यिलंगु पणियारंगल्
अप्पमेटुत्तुटन मेल्लवे ञानुं
पिच्चु पूवंकोषिक्केरिंजु वेक्कं
कोत्ति त्तिन्नु कोषि चत्तु पोयल्लो।

(साँप के विष में घुली, मिठाई ले धीरे-धीरे मैंने, टुकड़ा-टुकड़ा करके फेंक दिया मुरगे को, चुग खा, मुरगा मर गया एकदम।)

भक्ति संबंधी गीत : ईश्वर स्तुति संबंधी गीत भी लोकगीतों की शृंखला की प्रमुख कड़ी हैं। इन स्तुतिगीतों में देवी-देवताओं की स्तुति के साथ-साथ उन देवी-देवताओं की जीवन-कथा भी चित्रित है। 'अय्यप्पन् पाट्टु' (अय्यप्पा गीत), 'वावर पाट्टु' (वार्व गीत) आदि इसके उदाहरण हैं। अय्यप्पा गीत में हरि हर संयोग से अय्यप्पन के जन्म से लेकर उनके ईश्वरीय पदलब्धि तथा शबरिमलै (शबरि गिरि) में उनकी प्रतिष्ठापना तक की कथा का गेयात्मक वर्णन हुआ है। 'वार्व गीत' भी कथात्मक है। वार्व नामक एक मुसलमान वीर तथा अय्यप्पन के बीच के युद्ध तथा अंत में अय्यप्पन द्वारा देवता के रूप में उसे अपने पास 'शबरि मलै' में प्रतिष्ठित करने की कथा का रोचक वर्णन इसमें हुआ है। हिंदू-मुसलमान मैत्री का जीता-जागता चित्र प्रस्तुत करनेवाला यह गीत अत्यंत मनोहारी बन पड़ा है।

केरल में असंख्य देवी मंदिर हैं। देवी मंदिरों के साथ जुड़े वन प्रदेश 'का' कहलाते हैं। इन मंदिरों और कावों में भद्रकालि प्पाट्टु, शास्तां पाट्टु, सर्प पाट्टु आदि गाए जाते हैं। ये गीत 'तोर्ं' (स्तोत्र) पाट्टु कहलाते हैं। केरल की द्रविड़ संस्कृति और अस्मिता के परिचायक हैं ये गीत। केरल के प्रसिद्ध काली मंदिर हैं—कोटुंगल्लूर तथा चोट्टानिक्करा के देवी मंदिर। यहाँ उत्सव के अवसर पर 'तोर्ं' पाट्टु गाया जाता है। ये देवी स्तोत्र हैं। तमिल पंचमहाकाव्यों में प्रसिद्ध 'चिलप्पतिकारम्' की कथा के गीत इसमें प्रस्तुत होते हैं। इनके अतिरिक्त दारिक वध के गीतों का भी प्रस्तुतीकरण होता है।

प्राचीन काल से ही केरल में सर्पाराधना प्रचलित थी। 'मण्णार शाला' केरल का प्रसिद्ध सर्पमंदिर है। यहाँ जो सर्पस्तोत्र गाए जाते हैं, उन्हें 'नाग तोर्ं' (नाग गीत) कहते हैं।

कथात्मक वीर गीत : फुटकर लोकगीतों के अतिरिक्त मलयालम में ऐसे भी कतिपय लोकगीत उपलब्ध हैं, जो कथात्मक या आख्यानात्मक हैं। ये आख्यानात्मक गीत मुख्यतया दो विभागों में बाँटे जा सकते हैं—वटक्कन् पाट्टुकल् (उत्तरी गीत) तथा तेक्कन् पाट्टुकल् (दक्षिणी गीत)। ये क्रमश: केरल के उत्तरी और दक्षिणी भाग में प्रचलित गीत-रूप हैं।

वटक्कन् पाट्टुकल् (उत्तर गीत) : केरल के उत्तरी भाग में जो खास ढंग का वीर रसात्मक गीत-रूप प्रचलित रहा, वही वटक्कन् पाट्टु (उत्तरी गीत) नाम से अभिहित है। ये अधिकतर वीर रसात्मक हैं, जिनमें शूरवीर एवं पराक्रमी नायकों की वीरता का अतिरंजनापूर्ण वर्णन मिलता है। 'पुत्तूरं वीटु' (पुत्तूरं वंश) के आरोमल चेकवर, 'तच्चोलिवीटु' (तच्चोलि वंश) के ओतेन कुरुप जैसे वीर नायकों तथा उण्णियार्चा जैसी वीरांगनाओं के चरित्र इस प्रकार प्रकाश में आए हैं। इस प्रकार के गीतों के माध्यम से जनसाधारण ने अपने वीर नायकों व नायिकाओं को मानो अमरत्व प्रदान किया हो।

'कलरिप्पयट्टु' (केरल की विशेष आयोधन कला) तथा द्वंद्व युद्धों का वर्णन होने के कारण ये गीत ओजगुणयुक्त और वीर रसात्मक हैं। तलवार, छुरी और ढाल की टकराहट इन गीतों में गूँज उठती है। एक उदाहरण लें—

चुरिक मुनयिन्नु ती परन्नु
अंकं परन्नंगु वेट्टुं नेरं
पाटि मयंगुन्नु कंटर मेनोन
आ तक्कं नोक्कि कुंजिच्चंतु
ईर् पुलि पोले एतिर्क्कुन्नुटु।

(छुरी की नोक से उठती हैं चिनगारियाँ। प्रखर द्वंद्व युद्ध चला तो, कंटर मेनोन बेहोश हो गिर पड़ा। ऐन मौके पर कुंजिच्चंतु मादा चीता जैसे झपट पड़ा।)

वीरांगना उण्णियार्चा अपने भाई को छल से मारनेवाले चंतु से प्रतिशोध लेने अपने इकलौते बेटे को भेजती है। उस समय का गीत है—

नेरिट्टु वेट्टि मरिच्चतेंकिल
वीटेक्कु नल्लोरु मानं तन्ने...
ओलिवालु कोंटु मरिच्चतेंकिल्
पुलयुं कूटि ञान् कुलिक्कयिल्ला।

(तलवार के सीधे प्रहार से यदि मरा तो, खानदान के लिए है बड़ा मान।...छल के प्रहार से यदि मरा, तो मातम भी नहीं मनाऊँगी।)

इन उत्तरी गीतों में यत्र-तत्र प्रेम और शृंगार का भी रोचक वर्णन मिलता है। तच्चोलि चंतु की स्त्री मातुक्कुट्टि को देखकर उसके रूप सौंदर्य पर मुग्ध कंटर मेनोन के उद्गार हैं—"ई वका पेण्णुंगल् भूमीलुंटो/मानत्तुन्नेंगानुं पोट्टि वीणो/भूमीन्नु तनिये मुलच्चु वन्नो.../वयनाटन् मंजल् मुरिच्च पोले।"

(क्या, ऐसी भी स्त्रियाँ भू पर हैं? क्या आसमान से कहीं टूटकर गिर पड़ी हैं अथवा भूमि से स्वयं उग आई हैं? ओह! क्या रंग! क्या कहूँ—फूले कर्णिकार जैसी, पल्लवित आम के पेड़ जैसी, नारियल के कोमल पत्तों जैसी, गुंजाफल के रंग जैसी, 'वयनाट्' की कटी हल्दी जैसी!)

तेक्कन पाट्टुकल् (दक्षिणी गीत) : केरल के दक्षिणी भाग में जो वीर रसात्मक गीत प्रचलित थे, उन्हें 'दक्षिणी गीत' कहते हैं। जनसाधारण की वीराराधना की प्रवृत्ति ही इन लोकगीतों के भी मूल में है। 'इरविक्कुट्टि पिल्लै पोरु', 'कन्नटियन पोरु' आदि प्रमुख दक्षिणी गीत हैं। 'पोरु' का मतलब है लड़ाई या युद्ध। 'इरविक्कुट्टि पिल्लै पोरु' में प्रसिद्ध युद्धवीर इरविक्कुट्टि पिल्लै तथा रामप्पय्यन के बीच के युद्ध का जीवंत वर्णन मिलता है। इनके अतिरिक्त 'वंचि पाट्टु' (नौका गीत), 'पूरक्कलि पाट्टु', मलाबार के मुसलमानों के बीच प्रचलित 'माप्पिला पाट्टु' जैसे लोकगीत भी उपलब्ध होते हैं।

समग्रत: विचार करने पर ज्ञात होगा कि केरल में प्रचुर मात्रा में लोकगीत प्रचलित थे। काल के प्रवाह में कई भुला और बिसार दिए गए हैं। फिर भी आधुनिक लोक-संस्कृति संबंधी अध्ययनों और शोधों ने कई लोकगीतों को प्रकाश में लाने का सराहनीय कार्य किया है। कथ्य की दृष्टि से वैविध्यपूर्ण ये गीत केरलीय अस्मिता की पहचान कराने में सक्षम हैं। केरलीय जनजीवन और संस्कृति की खास बातें इन लोकगीतों में उजागर हुई हैं।

केरल के लोकगीतों की भाषा ठेठ देशी, सरल और सहज है। ग्रामीण ताल-लय और धुन इन लोकगीतों को अपूर्व मोहकता प्रदान करती हैं। लोक-जीवन और लोक-संस्कृति को प्रतिबिंबित करनेवाले इन लोकगीतों का प्रबल प्रभाव परवर्ती मलयालम साहित्य के विविध रूपों में परिलक्षित होता है।

केरल के लोकनाट्य

केरल में पुराने जमाने में कई प्रकार के लोकनाट्य प्रचलित थे। उनमें कई हृह्यह्य भूले-बिसरे केवल नाममात्र के रह गए हैं, कुछ तो अभी जीवित हैं। केरल के लोकनाट्यों में ऐवर नाटकं, एषामत्तु कलि, कुरत्ति-आट्टम्, काक्कारिशी नाटकं, पोरोट्टु नाटकं, चविट्टु नाटकं आदि विशेष हैं। 'तेय्यम्' जैसे दृश्यकला रूपों में लोकनाट्य के प्रारंभिक लक्षण दृष्टिगत होते हैं।

तेय्यम : 'तेय्यम' उत्तर केरल में प्रचलित एक रूप है। इस दृश्यकला की शुरुआत धार्मिक अनुष्ठान के रूप में हुई थी। 'तेय्यम' से मतलब है दैवम् (दैव) अथवा ईश्वर। इस अनुष्ठानात्मक कलारूप में व्यक्ति देवी-देवताओं के प्रतिनिधि के तौर पर, अपनी संकल्पनाओं के अनुकूल ईश्वरीय वेष-भूषा (तड़क-भड़कयुक्त) पहनकर तथा सिर पर मुकुट धारण करके चटुल गति से नर्तन करता है। 'तेय्यम' को 'कालियाट्टं' (काली नृत्य) भी कहते हैं। क्योंकि उस काल में काली जैसी उग्रदेवी के तेय्यम प्रमुख हुआ करते थे। अपने जीवन-काल में कमाल की करामातें दिखाकर 'वीर' बने हुए व्यक्तियों के भी तेय्यम बनाने की प्रथा प्रचलित थी। 'वीराराधना' तो लोक-जीवन का अमिट अंग ही है।

'तेय्यम' का प्रस्तुतीकरण मंदिरों से जुड़ी हुई जंगली-भूमि (जिसे 'काव्' कहते हैं) में होता है। पंद्रह वर्ष के ऊपर के पुरुष ही तेय्यम प्रस्तुत करते हैं। वादक, गायक, रंग-कार आदि इस के प्रस्तुतीकरण के लिए आवश्यक हैं। रात और दिन दोनों वेलाओं में यह दृश्यरूप आयोजित होता है। तेय्यमवाला लाल रंग की रेशमी धोती पहनकर तथा एक छोटा सा मुकुट सिर पर रखकर बाजा बजानेवालों के साथ 'काव्' के सम्मुख उपस्थित हो जाता है। 'तोट्टम' (स्तुतिगीत) के साथ इसका समारंभ होता है। हर एक तेय्यम की उत्पत्ति कथा ही स्तुतिगीत का विषय होता है। फिर तो वह इस आवेग के साथ चटुल नर्तन में रत हो जाता है, मानो साक्षात् दैव ही उसमें प्रविष्ट हो गया हो। इस बीच ग्रामवासी तेय्यम के चारों ओर अपनी फरियादों के साथ आ जाते हैं और तेय्यम उसके सुलझाव भी पेश करते हैं। सिर के मुकुट को उतारने के साथ-साथ 'तेय्यम' नृत्य की इति हो जाती है।

मुटियेट्ट : 'मुटियेट्ट' केरल का पुराना लोकनाट्य है। यह केरल के काली-मंदिरों में प्रस्तुत होता है। 'मुटि' से मतलब मुकुट से है तथा 'एट्' से मतलब है—धारण करना। यों यह एक मुकुटधारी नृत्यनाट्य है। काली की आराधना का अंश ही इस कला में प्रमुख रूप से विद्यमान है। काली और दारिक के बीच का घोर युद्ध तथा अंत में काली की विजय की कथा ही प्रस्तुत लोकनाट्य की विषयवस्तु है। इस कला के प्रस्तुतीकरण में पहले रंगों के चूर्ण से काली का बहुरंगी चित्र खींचा जाता है, जिसे 'कलं' (रंगोली) कहते हैं और फिर काली की पूजा होती है। इसके बाद रंगमंच पर शिव और नारद का प्रवेश होता है। नारद की विनती पर शिवजी दारिक-वध करने का निश्चय करते हैं। इस समय शिव की निंदा करता दारिक प्रविष्ट होता है और तांडव-प्रधान नृत्य करता है। तब उग्ररूपिणी काली प्रगट होती है। रातभर दोनों का युद्धनृत्य होता है और प्रात:काल होते-होते दारिक का वध होता है। इस नृत्यप्रधान लोकनाट्य में नृत्य, संगीत एवं अभिनय का समावेश है। विविध वाद्यों का प्रयोग इस नाट्य को बड़ा प्रभावशाली बना देता है। दारिक-वध की कथा को नाटक के रूप में रंगमंच पर पेश किए जाने के कारण यह 'कालीनाटकं' नाम से भी प्रसिद्ध है।

ऐवरनाटक : केरल का और एक प्राचीन लोकनाट्य है 'ऐवरनाटकं'। 'ऐवर' से मतलब पाँच व्यक्तियों के संघ से है। पांडवों की कथा ही इस नाटक का विषय है। यही कारण है कि यह 'पांडवरकलि' नाम से भी अभिहित होता है। केरल के देवी मंदिरों के प्रांगण में जो स्थायी मंच होता है, वहीं इसका प्रदर्शन होता है। इसमें पाँच व्यक्ति अत्यंत ही सीधी-सादी वेशभूषा में रंगमंच पर आते हैं तथा जलते हुए दीपक के चारों ओर खड़े होकर विविध प्रकार के ताल-लययुक्त नृत्य कर पांडवों की कथा के विविध प्रसंगों का अभिनय करते हैं।

एषामत्तुकलि : केरल के उत्तरी भाग में प्रचलित एक हास्य-व्यंग्यप्रधान लोकनाट्य रूप था—'एषामत्तुकलि'। आजकल यह नाट्यरूप नहीं के बराबर रह गया है। बड़े-बड़े परिवारों में पर्वों पर यह लोकनाट्य प्रस्तुत किया जाता था। इस नाटक में लगभग तीस व्यक्ति भाग लेते थे। इस नाटक का विषय अकसर सामाजिक होता था। हास्य-व्यंग्यपूर्ण संवादों से प्रत्येक पात्र दर्शकों का मनोरंजन करता। समाज-सुधार ही इस लोकनाट्य का मुख्य उद्देश्य रहा।

कुरत्तियाट्टम् : केरल के मंदिरों में त्योहारों के अवसर पर प्रदर्शित एक गीत नृत्य प्रधान लोकनाट्य रूप है—'कुरत्तियाट्टम्'। केरल की एक पिछड़ी हुई जाति है—'कुरव'। कुरव की स्त्री कुरत्ती कहलाती है। कुरत्तियों का नाट्य ही 'कुरत्तियाट्टम्' होता है। द्राविड़ लोगों के इस विकास की बुनियाद पर यह नाट्य बना है कि कुरवों के कुल में ही ब्राह्मा, विष्णु, महेश—इन त्रिमूर्तियों का जन्म हुआ है। इसमें पार्वती और लक्ष्मी की भूमिकाओं में दो कुरत्तियाँ रंगमंच पर आती हैं तथा दोनों अपने-अपने पति कुरवन् के महत्त्व का वर्णन करने लगती हैं और एक दूसरे की निंदा करने लगती हैं। बात बढ़कर जब झगड़ा बनता है तब ब्रह्मा की पत्नी सरस्वती की भूमिका में एक कुरत्ती आती है और यह कहकर दोनों को शांत कर देती है कि ब्रह्मा, विष्णु, महेश तीनों एक ही ब्रह्म की तीन मूर्तियाँ हैं, तीनों का समान महत्त्व होता है। स्त्रियों के कौटुंबिक कलह पर यह नाट्य करारा व्यंग्य करता है। हस्तमुद्राएँ, आहार्य-अभिनय, नृत्य, गीत, ताल, विविध वाद्य आदि के सुंदर समावेश से युक्त यह नाट्यरूप अत्यंत मनोज्ञ है। रात को प्रदर्शित होनेवाले इस नाट्य में पुरुष लोग ही स्त्रियों की भूमिका ले लेते हैं।

काक्कारिशि नाटकम् : केरल के लोकनाट्यों में काक्कारिशि नाटकं सबसे लोकप्रिय है। पौराणिक विषयों पर प्रस्तुत नाट्यरूप की कथावस्तु का ताना-बाना बुना जाता है। शिव, पार्वती, काक्कान, काक्कात्ति, शिकारी, राजा, मंत्री जैसे विभिन्न कथापात्र इसमें होते हैं। इसमें गायक अलग से नहीं होते। स्वयं पात्र ही गीत गाकर अभिनय करते हैं, बीच-बीच में गद्य के संवाद भी होते हैं।

पोरोट्टुनाटम् : केरल का एक सामाजिक लोकनाट्य है, पोरोट्टुनाटकं। इसका दूसरा नाम 'पांकलि' भी प्रचलित है। केरल के पार्ण नामक जाति विशेष के लोग ही इस नाटक में भाग लेनेवाले होते हैं। मंदिर के प्रांगण में अथवा खुले हुए मैदानों में इसका प्रदर्शन होता है। इसका विषय सामाजिक या सामयिक महत्त्व का होता है। इसमें कई पात्र होते हैं। लेकिन इसका पौरोटुकारन या विदूषक अपने आप में एक संस्था होता है। नाटक का संवाद गद्य और पद्य दोनों में चलता है। मामूली विषय, मामूली कथापात्र एवं मामूली संवाद इस नाट्य रूप को अधिक लोकप्रिय एवं दिलचस्प बनाते हैं। समाज की कुरीतियों एवं अत्याचारों पर इस नाट्यरूप में तीखा प्रहार होता है।

चविट्टुनाटम् : 'चविट्टुनाटकं' केरल का एक प्रसिद्ध लोकनाट्य है। केरल तथा विदेशी मंचों का मिश्रण इस नाट्यरूप में दर्शित होता है। पुर्तगालियों ने केरल में इस नए नाट्यरूप की शुरुआत की थी। हिंदुओं की कला-कायिक विद्याओं के साथ ईसाई विश्वासों को मिलाकर पुर्तगालियों ने इस नए नाट्यरूप का आविष्कार किया था। 'चविट्टु' से तात्पर्य पदविक्षेप से होता है। चविट्टु नाटकं में अभिनेताओं के पदविक्षेप को ही अधिक महत्त्व दिया गया है। कभी-कभी इनका पदविक्षेप इतना तांडवप्रधान होता है कि मंच का नीचे गिर जाने का शक पैदा होता है। यही कारण है कि यह नाटक 'तट्टुपोलिप्पन्' या मंच को गिरानेवाला भी कहा जाता है। युद्धवीरों की शस्त्रविद्याचातुरी को प्रकट करने लायक वीररस-प्रधान कथाएँ ही प्रस्तुत नाटक का विषय बनती हैं। पाश्चात्यों के 'ओपेरा' नामक काव्यरूप इससे मेल खानेवाला है। पाश्चात्य एवं भारतीय संस्कृति के सम्मिश्रण से युक्त इस नाटक में यूनानी परंपरा के रंगमंच तथा केरल की निजी आयोधनविद्या 'कलरिप्पयट्टु' का सुंदर सामंजस्य परिलक्षित होता है।

व्यक्ति अपने अतीत से कटकर कभी रह नहीं सकता। अतीत की स्मृतियाँ सदैव उसके इर्द-गिर्द मँडराती रहती हैं। शायद यही कारण है कि इस कंप्यूटर युग में भी राष्ट्रीय साहित्यिक-सांस्कृतिक समारोहों के दौरान लोककलाओं और लोक-साहित्य की प्रदर्शनियों और प्रस्तुतियों की ओर लोगों की दिलचस्पी बनी हुई है। वस्तुतः इन लोककलाओं के झरोखे से हमारी लोक-संस्कृति ही दृश्यमान होती है।

□□

32 असमिया लोक-संस्कृति : एक झलक

—देवेनचंद्र दास 'सुदामा'

महाभारत काल तक पूर्वोत्तर भारत में अनार्य संस्कृति का प्रचलन था। उसके पहले आर्य का स्थायी निवास इस प्रांत में नहीं हुआ था। मिथिला से नरकासुर यहाँ आकर स्थायी रूप से निवास करने लगा। नरकासुर के समय में महर्षि वसिष्ठ भी यहाँ आए थे, जिनके साथ आर्यसंस्कृति का आगमन हुआ। रामायण काल तक इस प्रांत का नाम था 'प्रागज्योतिषपुर' उसके बाद 'कामरूप' हुआ और आखिर में 'असम' नाम से प्रख्यात हुआ।

धार्मिक दृष्टि से यह एक समय शैव-शाक्त प्रधान राज्य था, परंतु बाद में आर्यों के आगमन के पश्चात् यहाँ एक प्रकार की मिश्रित संस्कृति की सृष्टि हुई। लोक-संस्कृति का मूलाधार है—असम प्राकृतिक परिवेश और आजीविका। पूर्वोत्तर भारत पहले से ही पर्वत-पहाड़, वन-जंगलों से परिपूर्ण था। लोगों की आजीविका वन-पर्वतों पर निर्भर होती है। अत्यधिक बारिश होने के कारण नद-नदियों की संख्या अधिक है। छोटे-बड़े असंख्य जलाशयों में पर्याप्त मछलियाँ उपलब्ध थीं, जिसके कारण पूर्वोत्तर भारत के लोग आम तौर पर मत्स्यभक्षी हैं।

निवास-संस्कृति

चूँकि पूर्वोत्तर भारत पहाड़-पर्वत, वन-जंगलों से भरा था, तो जंगल में बाँस, लकड़ी, बेंत, फूस आदि प्रचुर मात्रा में उपलब्ध थे, जिसके कारण इस विशाल प्रांत के लोग रहने के लिए घर बाँस, लकड़ी, बेंत और फूस से बना लेते थे। घर आम तौर पर दो प्रकार के थे—जमीनी और मचानघर। वर्तमान समय में लोग टीन और ईंट-सीमेंट से घर बनाने लगे हैं, जिसके कारण बाँस-फूस के घर लोक-संस्कृति के पर्याय बन गए हैं।

आहार-संस्कृति

उत्पादन के आधार पर आहार या खाद्य का निर्धारण होता है। इस प्रांत में प्रचुर बारिश होती है। धान इस प्रांत का मुख्य अनाज है। अत: इस प्रांत में धान का उत्पादन अधिक होता है। गिरिवासी भी 'झूम' पद्धति से पहाड़ों में धान की खेती करते हैं। साग-सब्जी, मांस-मछली का जुगाड़ जंगल और जलाशयों से कर लेते थे। इस प्रकार के कार्य भी बाद में सांस्कृतिक रूप लेने लगे हैं।

लोक-संस्कृति का आधार कृषि

कृषि कर्म का आविष्कार होने के पश्चात् लोग जब खेतों में काम करते, तब अपने सुख-दु:ख, हर्ष-विषाद आदि भावों को मुद्रा और ध्वनि के माध्यम से व्यक्त करने लगे। आगे चलकर उन सबने संस्कृति का रूप लिया, क्योंकि उनके माध्यम से केवल सामान्य मनोरंजन ही नहीं, अपितु उनके द्वारा मनुष्य के दैहिक, मानसिक और आध्यात्मिक परिष्करण या संस्कार होने लगे। संस्कृति की परिभाषा तो यह ही है कि जिन क्रियाकलापों के माध्यम से मनुष्य के दैहिक, मानसिक और आध्यात्मिक संस्कार होते हैं, वही संस्कृति है।

लोक-संस्कृति का मूल रूप है आम आदमी, जो पढ़े-लिखे नहीं थे। उनके हृदय से निकली आवाज और मुद्रादि क्रियाकलाप। आदिम मानवों ने जंगल में शिकार करते समय जब उन्हें शिकार मिल जाता तो वे शिकार के पास नाचने लगते थे, उससे नृत्य की सृष्टि हुई, मुँह से ध्वनि लहरी के माध्यम से कुछ गाने लगे, उससे गीतों की सृष्टि हुई। वाद्य का उपयोग शायद बाद में हुआ था। संसार के प्राचीनतम वाद्य शायद 'तालियाँ' हैं। हृदय का हर्ष व्यक्त करने हेतु एक हाथ से दूसरा हाथ पीटकर आवाज करते थे और ऐसा आज भी हम करते हैं। इससे प्रमाणित होता है कि संसार के प्राचीन लोकवाद्य 'तालियाँ' हैं।

लोक-संगीत—गायन

असमिया लोक संगीत की भी सृष्टि इस प्रकार ही हुई थी। पहले असम एक बृहत् राज्य था। इसमें सैकड़ों जाति-उपजाति के लोग

निवास करते थे, जिनकी अपनी-अपनी भाषा, संस्कृति और धर्म यानी उपासना की नियम-पद्धति थे। बाद में असम संकुचित हो गया। असमिया समाज के अलावा करीब २५ जनजातियों के लोग असम में हैं। उन सभी जनजातियों की अपनी-अपनी भाषा, संस्कृति, उपासना पद्धति और लोक साहित्य हैं।

असमिया समाज में प्रचलित लोक-संस्कृति को जिले के आधार पर तीन भागों में विभाजित किया जाता है—मध्य असम यानी कामरूप में प्रचलित 'कामरूपी', निचले असम यानी गोवालपरीया और ऊपरी असम की लोक संस्कृति।

कामरूपी लोकगीत : कामरूप एक समय में बड़ा जिला था। जो बाद में विभाजित होकर बेशक पाँच जिलों में बँट गया, परंतु सभी जिलों की लोक-संस्कृति को कामरूपी लोक-संस्कृति ही कहा जाता है। यहाँ कृषि पर आधारित गीत प्रचलित हैं, जिनका संग्रह उचित ढंग से नहीं हुआ, परंतु मौखिक रूप में ये लोकगीत आज भी प्रचलित हैं।

विवाह गीत : विश्व के सभी समाजों में औपचारिक विवाह का प्रचलन है और विवाह समारोह पर हर्षोल्लास के साथ नृत्य-गीत का आयोजन होता है। असमिया समाज भी इससे अलग नहीं है। गीत साधारणत: महिलाएँ गाती हैं। लौकिक कथाओं के साथ गीतों शिव-पार्वती और राम-सीता की कथा सर्वत्र विद्यमान है।

नाम गीत : असमिया संस्कृति में 'नाम' महत्त्वपूर्ण है। शिव, राम और श्रीकृष्ण के साथ अनेक देवी-देवताओं प्रशस्ति नामों का मूल विषय है। पुरुष-महिला अलग-अलग हैं, तालियाँ बजाकर नाम कीर्तन करते हैं। नाम संस्कृति केवल कामरूप की नहीं, अपितु असम की प्रमुख लोक संस्कृति है। अनेक लोकगीत ऐसे हैं, जिनका ये लोग अकेले गायन करते हैं, परंतु उनके साथ वाद्य बजाते हैं। कई लोकगीतों में अभिव्यक्त आध्यात्मिक भावना गंभीर है।

जिकिर-जारी : मध्य युग में अजानपीर नामक एक सूफी संत ने इसलाम धर्म के आधार पर कुछ गीतों की रचना की थी, जिनको जिकिर और जारी कहा जाता है। उन्होंने ऊपरी असम में रहकर ये गीत लिखे थे, जो आज भी असमिया समाज में प्रचलित हैं।

लोकनृत्य और लोकनाट्य

पुत्तलिका नृत्य : संभवत: भारत में सर्वत्र प्रदर्शित अन्यान्य नृत्य की तरह पुत्तलिका नृत्य का इतिहास भी प्राचीन है। महाभारत के वन पर्व में, कथासरित्सागर, भागवत आदि ग्रंथों में पुत्तलिका नृत्य का उल्लेख है। पुत्तलिका केवल नृत्य शैली नहीं है, उसके साथ एक सुंदर कहानी भी होती है, इसलिए इसको लोकनृत्य ही नहीं लोकनाट्य भी कहा जाता है। इसको 'पांचालिका बिनोद' भी कहा जाता है। कामरूप में प्रचलित पुत्तलिका नृत्य की टोली में सात-आठ लोग रहते हैं। इनमें एक गायक, एक बायन एक दायनापालि, दो पालि (सहायक) और एक पुतले को नचानेवाला सूत्रधार रहता है। सूत्रधार परदे के पीछे रहता है। वह छोटे-छोटे धागों से पुतले को नचाता है, अभिनय करवाता है। गायन गीत गाते हैं और बायन वाद्य बजाते हैं। दायनापालि गीतों की व्याख्या करते हैं और पालि गीतों को दुहराते हैं। इस प्रकार प्राचीन कागरूप में लोक-संस्कृति का प्रचलन था।

ओजापालि : ओजापालि भी असम की प्राचीन लोक-संस्कृति का उपादान है। इस दल में छह-सात लोग रहते हैं। इसके प्रमुख कलाकार को 'ओजा' कहते हैं। दायनापालि गीतों के अर्थ की हास्य रसों के माध्यम से व्याख्या करते हैं और पालि गीतों को दुहराते हैं।

ओजापालि हमारे प्राचीन वाङ्मय में से आकर्षक कहानियों को लेकर उनके गीत-पद बनाकर गाते हैं। कामरूप में तीन प्रकार के ओजापालि का दल है। मनसा देवी का माहात्म्य और बेहुला-लखिंदर की कथा गानेवाले ओजा को 'भनसा गोवा ओजा', महाभारत की कहानी गानेवाले को 'व्यास गोवा ओजा' और रामायण की कहानी गानेवाले को 'रामायण' या 'रायमाण गोवा ओजा' कहते हैं। ओजापालि प्राचीन काल से आज तक अत्यंत लोकप्रिय लोक सांस्कृतिक संस्था है। आमतौर पर मनसा पूजा, दुर्गा पूजा आदि पर्व में मनसा गोवा ओजा को बुलाया जाता है, दूसरे अन्यान्य सभा-समारोहों में व्यासगोवा या रामायण गोवा ओजा को आमंत्रित करते हैं। ओजापालि में गीत, नृत्य, वाद्य और अभिनय का समाहार है, जिसके कारण इसको पूर्णांग लोक संगीत और लोकनाट्य संस्थान कहा जाता है। पहले ओजापालि के साथ एक स्त्री 'देवधनी' के रूप में नाचती थी। आजकल नहीं है, वर्तमान में 'देवधनी नृत्य' अलग लोक संस्कृति बन चुकी है।

लोकवाद्य

ढोल शायद संसार का प्राचीन वाद्य है, किंतु आदिम वाद्य निश्चित रूप से करताल (तालियाँ) ही होंगे। विश्व के प्राय: सभी समाजों में विभिन्न नामों से ढोल बजाया जाता है। पूर्वोत्तर भारत के प्राचीन

कामरूप में ढोलों के कलाकार दल, यानी 'ढुलिया' एक अत्यंत लोकप्रिय लोक-संगीत संस्था थी और कमोवेश आज भी है। पूर्वोत्तर की सभी जाति-उपजातियों के समाज में ढोल का प्रचलन है। वाद्य की दृष्टि से ढोल का आकर्षण भी अधिक है। कई वर्ष पहले 'हम दिल दे चुके सनम' नामक सिनेमा में 'ढोल, बाजे ढोल बाजे ढोल ढम-ढम-ढम बाजे ढोल...' जैसा गीत अत्यंत लोकप्रिय हुआ था। प्राचीन कामरूप में कई प्रकार के ढोलों का प्रयोग होता था, जैसे—बड़ ढोल, जय ढोल, ढेपा ढोल, बिहु ढोल आदि।

बर (ड़) ढोल : बड़ शब्द से ही पता चलता है कि इसका आकार बहुत बड़ा है। इतना बड़ा है कि एक बलवान् व्यक्ति ही कंधे पर उठा सकता है। ढोल के साथ बड़ा ताल (बड़ी-बड़ी मंजरी, जिसको असम में भोरताल कहते हैं) बजाते हैं।

इस प्रकार के ढुलिया दल में पहले सत्तर-अस्सी लोग होते थे। ये नृत्य-गीतों के माध्यम से मानव जीवन के सभी पहलुओं पर सकारात्मक रूप से नृत्य प्रदर्शन करते हैं। आज स्थान-स्थान पर 'जीम' नामक आखड़े का केंद्र देखा जाता है, किंतु बड़ ढुलिया में उच्च प्रकार के आखड़े थे। आज भी इसका प्रदर्शन होता है, लेकिन बहुत कम।

जय ढोल : इस दल में चार-पाँच लोग होते हैं। पूजा, विवाह आदि पवित्र मांगलिक कार्यक्रमों में इसका प्रदर्शन होता है। इसमें दो ढोल और दो ताल बजाया जाता है।

ढेपा ढोल : ढेपा ढोल आकार में छोटा और लंबा है। इस दल में भी चार-पाँच कलाकार रहते हैं। इसमें वाद्य के साथ गीतों का उपयोग होता है। हास्य रसपूर्ण गीतों के द्वारा मनुष्य के शरीर, मन और आत्मा का संस्कार करना इसका उद्देश्य है।

बिहु ढोल : बिहु ढोल छोटा है और बिहु नृत्य में बजाया जाता है।

लोकगान

नागारा नाम : मध्य असम यानी कामरूप में प्रचलित पूर्णांग लोक सांस्कृतिक उपादान है 'नागारा नाम'। नागारा नाम की टोली में पंद्रह-बीस लोग होते हैं। मुख्य कलाकार को 'पाठक' कहा जाता है। इसके साथ तीन-चार जोड़ा मोरताल और दो जोरा नागारा बजाया जाता है। जोड़े में एक बड़ा और एक छोटा नागारा होता है। दोनों को मिलाकर एक जोड़ा कहा जाता है। अन्य सहयोगियों को पालि कहते हैं, जो गीतों को दुहराते हैं। नागारा नाम में गाए गए गीत प्राचीन भारतीय ग्रंथों से चयनित किए जाते हैं। भागवत पुराण, रामायण, महाभारत आदि ग्रंथों की रोचक कहानियों को कामरूपी बोली में रचकर गाया जाता है। चार किलोग्राम वजन के भोरताल बजाकर कलाकार नाचते हैं। नागारा नाम असम का एक पूर्णांग लोक सांस्कृतिक अनुष्ठान है। इसमें गीत, वाद्य, नृत्य और अभिनय है। नागारा नाम आज भी अत्यंत लोकप्रिय है। असम में नाम संस्कृति का प्रचलन व्यापक है। करीब पचास प्रकार के नाम हैं, जैसे—आइनाम, ढाइनाम, ठियनाम, दिहानाम, गोसाई नाम, गोसानी नाम, घोषानाम, हियानाम, बियानाम, अपेश्वरी नाम, जोरानाम, सिजानाम आदि।

निचले असम यानी गोवालपारा जिला एक समय बहुत बड़ा था। अब वह जिला चार जिलों में विभाजित हो गया है। प्रशासनिक दृष्टि से जो भी दो, सांस्कृतिक दृष्टि से चारों जिलों की संस्कृति को 'गोवालपरीया संस्कृति' कहा जाता है। गोवालपरीया लोकगीत अत्यंत मधुर और आध्यात्मिक भावों से परिपूर्ण होता है। गीतों की भाषा स्थानीय बोली पर आधारित है। उस प्रांत में दो पूर्णांग लोकगीत, नृत्य और अभिनय प्रधान सांस्कृतिक विधा हैं। ये हैं—कुशान गान और भारी गान।

कुशान गान : वर्तमान उत्तरबंग का कोचविहार प्रांत कामरूप (असम) के अंतर्गत था। निचले असम अविभक्त गोवालपारा से लेकर जलपाइगुड़ी तक प्रचलित 'कुशान गान' लोक सांस्कृतिक उपादान है। इसको लोकनाट्यानुष्ठान भी कहा जा सकता है। नृत्य, गीत, कथोपकथन और अभिनय का समाहार होता है इसमें। 'कुशान' शब्द लव-कुश के साथ जुड़ा है, इसलिए यह रामायण पर आधारित है, क्योंकि रामायण गान सर्वप्रथम लव-कुश ने ही किया था। लव-कुश वाल्मीकि के शिष्य थे। संस्कृत नाट्य साहित्य में अभिनेता को 'कुशीलव' कहते हैं।

कुशान गान में चौदह-पंद्रह कलाकार होते हैं। प्रमुख कलाकार को 'मूल' या 'गीताल' के नाम से जाना जाता है। दल में एक दोवारी, जो बार-बार दुहराते हैं। इनके साथ कोई पाइल अर्थात् सहायक रहते हैं। जो वाद्य बजाते हैं, उनको ब्राइन (वादक) और कई बालक (चेंगरा) नृत्य करते हैं। 'मूल' ओजापालि के 'ओजा' जैसा है। उनके प्रमुख सहायक दोवारी को नृत्य-गीत और हास्य रसों की सृष्टि में पारंगत होना आवश्यक है। वाद्य के साथ गायक गीत भी गाते हैं और उसके साथ नर्तक नृत्य करते हैं। बीच में रुककर गीतों के अर्थ की व्याख्या की जाती है। बीच-बीच में प्रासंगिक रूप से अन्य गीत भी गाते हैं, जिससे श्रोता-दर्शकों का अधिक मनोरंजन होता है।

भारी गान : यह भी एक लोक-नाट्य परंपरा है। प्राचीन कामरूप कमता प्रांत में प्रचलित है, जिसको भारी गान कहा जाता है। इसमें भी एक

मूल गायक के साथ कई पालि या पाइल होते हैं। इसमें गीतों का महत्त्व अधिक है। इसमें भी रामायण और महाभारत की कहानियों को गीत के रूप में गाया जाता है। यह निचले असम की प्रमुख लोक-संस्कृति है।

बिहु : असम की लोक-संस्कृति में बिहु का स्थान अनन्य है। असम में साल भर में तीन बिहु मनाया जाता है। आश्विन महीने के संक्रांति के दिन शाम को धान की खेती में नैवेद्य अर्पण कर अधिक अनाज उत्पन्न होने के लिए दीपक प्रज्वलित कर प्रार्थना की जाती है। इस पर्व को कंगाल रूप में मनाए जाने के कारण 'कंगाली बिहु' कहा जाता है। इसके पश्चात् पौष संक्रांति और माघ महीने के प्रथम दिन मेजिजया भेलाधर जलाकर धूमधाम से 'माघ बिहु' या 'भोगाली बिहु' नाम से मनाने का नियम है। इस पर्व में खाने-पीने की धूम होती है। भोगों का प्राचुर्य होने के कारण इस बिहु को भोगाली कहा जाता है। चैत्र महीने के संक्रांति तथा बैसाख महीने के पहले दिन को 'बहाग बिहु' या 'रंगाली बिहु' के रूप में असम के सभी जाति-उपजाति, जनजाति के लोग विभिन्न नामों से मनाते हैं। चैत्र संक्रांति को 'गरु बिहु' अर्थात् गाय-बैलों सहित पालतू पशुओं को सम्मान सहित नहा-धुलाकर एक प्रकार पूजा-अर्चना की जाती है। बैसाख के पहले दिन को प्रेम, श्रद्धा और भाईचारे के पर्व के रूप में मनाया जाता है।

पहले इस पर्व पर ऊपरी असम में गाँव-गाँव में लोग इकट्ठा होकर घर-घर जाकर हुचरी गाने का नियम था, आज भी है। सात दिन तक युवक-युवतियाँ ढोल, पेंपा, गगना, ताल लेकर बड़े वृक्ष के नीचे बिहु गीत और नृत्य प्रदर्शन करते थे। निचले असम में परंपरागत नियमों के अंतर्गत श्रद्धा और भक्ति के साथ बिहु मनाया जाता था। ई. के साठ के दशकों से बिहु मंच पर खड़ा हो गया। आज असम के गाँव-गाँव, नगरों-शहर में दो महीने तक मंच बनाकर बिहु के नाम पर सांस्कृतिक कार्यक्रमों का आयोजन होते हैं।

'बिहु गीत' आम तौर पर गीत, वाद्य और नृत्य का समाहार है। इसमें अभिनय नहीं है। युवक-युवतियाँ मिलकर नृत्य-गीतों में हिस्सा लेती हैं। वर्तमान बिहु गीत और नृत्य भारत भर में लोकप्रिय हो गया है।

असम में लोक सांस्कृतिक उपादानों में केले के पत्ते, तांबूल-पाण प्रमुख हैं। जनजातीय समाज में घर में चावल से बनी मदिरा, मुरगे, अंडे, सुअर, मछली आदि भी लोक-सांस्कृतिक उपादान हैं।

एक राज्य के विशाल लोक-सांस्कृतिक परंपरा और उपादानों के बारे में एक लेख में उल्लेख करना गागर में सागर भरना जैसा है। इसलिए इसे एक रूपरेखा के रूप में ही प्रस्तुत किया गया है। जयतु भारतीय संस्कृति!

□□

33 अरुणाचल की लोक-संस्कृति

—हरीश कुमार शर्मा

पूर्वोत्तर भारत की जब हम बात करते हैं तो हमारे मन में उसकी एक ऐसी छवि बनती है कि वहाँ सब कुछ एक जैसा होगा। पूर्वोत्तर ही क्यों, भारत के अन्य भागों के बारे में भी एक सामान्य व्यक्ति के मन में एक-दूसरे के बारे में ऐसी ही धारणाएँ बनती हैं। दक्षिण भारत, उत्तरी भारत, पश्चिमी भारत, पूर्वी भारत, पूर्वोत्तर भारत आदि सभी के प्रति ऐसी ही सोच जनसामान्य के मन में प्राय: होती है। घर से बाहर निकलकर एक से दूसरे क्षेत्र में जानेवाला व्यक्ति यह जानता है कि यह सच नहीं है। वस्तुत: भारत की खूबसूरती ही इस बात में है कि यहाँ कदम-कदम पर विभिन्नता मिलेंगी, पर बावजूद इन भिन्नताओं के इनमें कुछ ऐसा भी मिलता चलेगा कि जो हमें हमारी पारस्परिक एकता का एहसास कराता चलेगा। विभिन्न विभेदों के बीच से झलकती-झाँकती समानता ही हमारी भारतीयता की पहचान को पुष्ट करती है। तो पूर्वोत्तर भारत के मामले में भी यही सच्चाई है।

जनजातीय स्थिति

समूचे पूर्वोत्तर को तो छोड़ ही दीजिए, अकेले अरुणाचल में ही इतना वैविध्य है कि उसके कारण लोग इसे लघु भारत तक कह देते हैं। क्षेत्रफल की दृष्टि से तो यह पूर्वोत्तर का सबसे बड़ा राज्य है ही, मानवीय वैविध्य की दृष्टि से भी इसका विशेष महत्त्व है। मात्र चौदह लाख के आस-पास की आबादी वाले इस अकेले प्रदेश में ही जो शताधिक जनजातियाँ निवास करती हैं, इनमें लाख से ऊपर की जनसंख्यावाली जनजातियाँ भी हैं, तो कुछ ऐसी भी जनजातियाँ हैं, जिनकी गिनती सैकड़ों तक ही सिमटकर रह जाती है। मूलत: जनजातीय स्वरूप वाले इस राज्य में निवास करनेवाली जो सौ से अधिक जनजातियाँ हैं, इनमें से २५ या २६ की पहचान प्रमुख जनजातियों के रूप में की गई है। फिर उन सबके अंदर के भेद-उपभेद। वस्तुत: इन जनजातियों के भीतर भी अनेकानेक उपजनजातियाँ आती हैं, इन सबको मिलाने से यह संख्या १०० के पार पहुँच जाती है। जैसे यहाँ की आदी जनजाति में पासी, पादाम, पांगी, मिनियोंग, सिमोंग, कार्की, पाइलिबो, रामो, बोरी, बोकार, आसिंग आदि दर्जन भर से भी अधिक जनजातियाँ सम्मिलित हैं। इसी तरह ताङ्गसा के अंतर्गत लुङ्गचांग, योगली, मोसांग, रोनरांग, खेमसिंग, मोकालुंग, लुङ्गफी, संकेस, लुंगरी, ताइपिस इत्यादि जनजातियाँ आती हैं। इन सबकी अपनी अलग-अलग बोली-बानी, कला-साहित्य, सामाजिक-सांस्कृतिक वैशिष्ट्य आदि। ऐसे में किसी एकरेखीय पद्धति से इनकी लोक-संस्कृति का विवेचन करना कोई आसान काम नहीं—ऊपर से विभिन्न कारणों से बाहर से आकर प्रवास करनेवाले भारत भर के विभिन्न प्रांतों के लोग अपनी-अपनी विशेषताओं को लिये हुए।

सत्यं-शिवं-सुंदरम् : बहरहाल, यदि हम उनको छोड़कर यहाँ के मूल निवासियों की ही लोक-संस्कृति की बात करें तो इससे पहले थोड़ा सा यह जान लेना आवश्यक है कि यह लोक-संस्कृति आखिर है क्या? बहुत संक्षेप में कहें तो वस्तुत: यह संस्कृति ही है, जिसमें 'लोक' विशेषण जोड़ देने से वह एक अपनी अलग विशिष्ट पहचान रखनेवाले समाज, समुदाय, जाति या क्षेत्र विशेष से जुड़े बहुसंख्यक वर्ग का बोध देने लगती है। संस्कृति और लोक-संस्कृति की अनेक व्याख्याएँ और परिभाषाएँ उपलब्ध हैं, पर यहाँ उन सबमें न उलझकर मोटे तौर पर तीन बहुत चिर-परिचित शब्दों से उसे समझा जा सकता है, जिन्हें एक फिल्मी गीत ने आमफहम बना दिया है और ये शब्द हैं—'सत्यं-शिवं-सुंदरम्'। कोई समाज किन चीजों को 'सत्य' मानकर उनमें विश्वास रखता है अर्थात् उसकी आस्थाएँ, उपासना-पद्धतियाँ और विश्वास इस शब्द के दायरे में समा जाते हैं, जो किसी संस्कृति या लोक-संस्कृति के अनिवार्य पक्ष हैं। दूसरी चीज है, 'शिव' अर्थात् उस समाज विशेष की दृष्टि में जो-जो चीजें कल्याणकारी हैं। इसे और सरल शब्दों में कहें तो समाज की वे मान्यताएँ, विचार, आदर्श, मूल्य, दर्शन, परंपराएँ आदि, जिन्हें समाज ने अपने लोगों के कल्याण के लिए सुनिश्चित कर अपनाया हुआ है—इसकी परिधि में समा जाते हैं। संस्कृति का तीसरा तत्त्व 'सुंदर' से जुड़ता है। इसके अंतर्गत उस समाज विशेष की कलाएँ, संगीत, नृत्य, साहित्य एवं अन्य सृजनात्मक उपलब्धियाँ आ जाती हैं, जो अपने सौंदर्य से समाज के लोगों को लुभाती तो हैं ही, साथ में संस्कृति के मूल तत्त्वों को प्रस्तुत करनेवाली एवं उस समाज के सृजनात्मक मस्तिष्क की एक आदर्श समाज की कल्पना के प्रकटीकरण का माध्यम भी होती हैं।

लोकविश्वास

अब इन तीनों दृष्टियों से यदि हम अरुणाचली समाज को देखें और सबसे पहले उनकी आस्थाओं और विश्वासों पर विचार करें, तो पाते हैं

कि यहाँ जनजातीय विभिन्नताओं के अनुरूप यों तो सभी जनजातियों में अपने अलग-अलग लोक-विश्वास प्रचलित हैं, परंतु समग्रता में देखें तो प्रमुख तौर पर तीन बड़े अंतर नजर आते हैं। डॉ. अनंत कुमार नाथ ने लिखा है, 'अरुणाचल प्रदेश की संपूर्ण आबादी को मुख्य रूप से तीन सांस्कृतिक वर्गों में बाँट सकते हैं। पहले वर्ग में पश्चिमी कामेंग और तवांग जिला के मोनपा, शेरदुकपेन, उत्तर के ऊँचे पर्वतों में रहनेवाले मेंबा और खांबा तथा राज्य के पूर्वी हिस्से में रहनेवाले खामती और सिंग्फो लोग आते हैं। लोग बौद्ध धर्म को माननेवाले हैं। दूसरे वर्ग के लोग दोनी-पोलो के उपासक आदी, अका, आपातानी, बैंगनी, न्यीशी, ताडसा, तागिन और हिलमिरी हैं। इनमें से अधिकांश जनजातियाँ आबोतानी को अपना पूर्वज मानती हैं। तीसरे वर्ग के लोग नागालैंड के सीमावर्ती इलाकों में रहनेवाले वाङ्चो और नोक्ते हैं। नोक्ते लोग वैष्णव धर्म के अनुयायी हैं। ये लोग किसी-न-किसी रूप में एक सर्वोच्च शक्ति पर विश्वास करते हैं। बौद्ध धर्म एवं वैष्णव धर्म के उपासकों की अपेक्षा दोनी पोलो के उपासकों की संख्या अधिक है। कुछ लोग ईसाई धर्म के भी अनुयायी हो गए हैं।' (अरुणाचल की जनजातियों की जन्म, विवाह एवं मृत्यु संबंधी मान्यताएँ; अरुण प्रभा, २००२-०३; पृ. ८३)

बौद्ध धर्म के उपासकों में महायानी और हीनयानी दोनों तरह के लोग हैं। प्राय: तिब्बत की सीमा से लगते क्षेत्रों के लोग महायानी और म्याँमार की ओर के लोग हीनयानी हैं। मांस प्राय: यहाँ सभी लोग खाते हैं, पर बौद्धों के पर्वोत्सवों में बलिप्रथा नगण्य है। सर्वाधिक संख्या आबो तानी समूह के अंतर्गत आनेवाली जनजातियों की है। ये जनजातियाँ आबो तानी को अपना पूर्वज मानती हैं। उनसे जुड़ी अनेक कथाएँ इन सभी जनजातियों में थोड़े-थोड़े बदले हुए स्वरूप में प्रचलित हैं। वस्तुत: इन सभी जनजातियों में भी पारस्परिक बहुत से अंतर हैं और साथ ही ऐसी बहुत सी समानताएँ भी हैं, जिनसे इनकी एक समूह के रूप में पहचान बनती है। संस्कृति, साहित्य, गीत-संगीत, पर्वोत्सव, रहन-सहन, रीति-रिवाज, परंपराएँ, लोक-साहित्य, लोकभाषा सभी दृष्टियों से इन सबकी अपनी-अपनी स्वतंत्र अस्मिता है। बावजूद इसके इनमें आंतरिक तौर पर इतनी समानता है कि एक-दूसरे की बोली तक को थोड़े प्रयास से काफी लोग समझ लेते हैं।

लोकदेवता

सांस्कृतिक दृष्टि से देखें तो दो बड़ी बातें अधिकतर जनजातियों में समान नजर आती हैं; एक तो प्रकृति-पूजा और दूसरी बलि-प्रथा और ये दोनों बातें इन्हें कहीं वैदिक धर्म के समकक्ष लाकर खड़ा कर देती हैं। 'दोन्यी' अर्थात् सूर्य इनके प्रमुख आराध्य हैं, जो कहीं देवी तो कहीं देवता के रूप में पूज्य हैं। इनके अतिरिक्त चंद्रमा, धरती, आकाश आदि के प्रति श्रद्धा-भावना भी इनमें देखी जा सकती है। जुमसी सिराम नीनो ने अपनी पुस्तक 'गालो लोक-जीवन एवं संस्कृति' में गालो जनजाति के विशेष संदर्भ में तो यहाँ तक लिखा है कि 'ईश्वर की हर रचना नद-नदी, पत्थर-कंकड़, पर्वत-पहाड़, जीव-जंतु, मेघ, आकाश-पिंड, वायु यहाँ तक कि सीढ़ी, दरवाजे, मग, थाली, अन्न, पेड़-पौधे आदि में अलग-अलग देवता बसे हुए हैं। उन सभी देवी-देवताओं में से दोन्यी पोलो सर्वश्रेष्ठ हैं।'

लोक पर्व-उत्सव

अरुणाचली लोक-संस्कृति उल्लासमयी है। यहाँ की प्रत्येक जनजाति में अनेकानेक पर्व-त्योहारों का प्रचलन है, जिनमें से अधिकतर तो कृषि-कर्म से जुड़े हैं। धान लगाने के समय या धान की उपज तैयार हो जाने के बाद अधिकतर त्योहार मनाए जाते हैं। कुछ त्योहार नववर्ष के आगमन-स्वरूप मनाए जाते हैं। इनमें से बहुत से त्योहार तो कई-कई दिनों तक चलते हैं। बौद्धधर्मी जनजातियों को छोड़, प्राय: सभी में अपने-अपने त्योहारों पर बलि देने का रिवाज है। यह बलि प्रमुखत: तो मिथुन की होती है, पर साथ ही सूअर, मुरगी, गिलहरी आदि की बलि भी दी जाती है। बलि के पीछे का दर्शन यह है कि जिस जानवर की बलि दी जा रही है, उसको मुक्ति मिल जाती है। इन त्योहारों पर अपनी-अपनी पारंपरिक पोशाकों में सजे-धजे सभी स्त्री-पुरुष सहोत्साह भाग लेते हैं। पहले इन त्योहारों का कोई एक समय निश्चित नहीं था। पुरोहित शगुन विचारकर इनकी तिथि तय करता था। पर अब प्राय: सभी जनजातियों के प्रमुख-प्रमुख उत्सवों का समय ही सुनिश्चित नहीं कर दिया गया है, तिथि तक तय कर दी गई है। इन त्योहारों पर चावल से बनाए गए बीयर जैसे हलके नशेवाले स्थानीय पेय और मांस के प्रसाद का विशेषत: वितरण किया जाता है तथा नृत्य-गीत की सम्मोहक प्रस्तुति होती है। यहाँ के अधिकतर नृत्य पर्वोत्सवों से ही जुड़े हुए हैं। स्थानीय पेय के नाम अलग-अलग जनजातियों में अलग-अलग हैं, जैसे आदी जनजाति में 'अपोंग', बुगुन में 'फोर्बा', त्युत्सा में 'लाऊपानी' आदि।

होली : अरुणाचल में मनाए जानेवाले कई त्योहार होली से मिलते-जुलते हैं। इनमें बलि दी जाती है तो होली भी कहीं-न-कहीं होलिका की बलि से ही जुड़ा हुआ त्योहार है। होली पर जो लोगों द्वारा एक-दूसरे पर रंग डालने की परंपरा है तो अरुणाचल के भी बहुत से त्योहारों में स्त्री-पुरुष पिसे हुए चावल का घोल एक-दूसरे को लगाते

हैं। तागिन जनजाति का 'सी दोन्यी', गालो का 'मोपिन', हिलमिरी का 'बूरीबूत' आदि ऐसे ही कई उत्सव हैं। सिंगफो लोगों के उत्सव 'सांकेन' में तो बाकायदा पानी में रंग मिलाकर ही उसे एक-दूसरे के ऊपर डाला जाता है।

लोक मान्यताएँ

लोगों के मन में पूर्वोत्तर के प्रति सामान्यत: यह धारणा बनी होती है कि वहाँ का समाज मातृसत्तात्मक है, जबकि वास्तव में ऐसा नहीं है। कुछेक समुदायों को अपवाद-स्वरूप छोड़ दें, तो यहाँ भी अधिकतर पितृसत्तात्मक समाज-व्यवस्था ही प्रचलित है। यही स्थिति अरुणाचल के बारे में है। यहाँ भी लड़की विवाहोपरांत लड़के के घर जाती है, उसका उपनाम अपनाती है, संपत्ति में लड़कियों का हिस्सा नहीं होता, पिता की अंत्येष्टि बेटे के ही हाथों होती है। विवाह के मामले में भी यह कोई उन्मुक्त समाज नहीं रहा है। सगोत्र विवाह-संबंध एवं अपनी जनजाति से बाहर विवाह-संबंध परंपरा से यहाँ वर्जित रहे हैं। अब तो इसमें बहुत बदलाव आया है। बाल-विवाह, एकाधिक विवाह जैसी कुरीतियाँ यहाँ भी रही हैं, तो विधवा-विवाह जैसी स्वस्थ परंपराएँ भी। बहुपत्नी प्रथा तो अधिकांश जनजातियों में मौजूद रही ही है, बहुपति प्रथा का चलन भी कुछ-कुछ जनजातियों, जैसे गालो, ब्रोकपा आदि में रहा है।

रीति-रिवाज

अरुणाचल में विवाह की अनेक रीतियाँ प्रचलित रही हैं। बाल-विवाह से लेकर प्रेम-विवाह, अपहरण-विवाह, एकाधिक विवाह तक अनेकानेक तरीके यहाँ विवाह के लिए अपनाए जाते रहे हैं। इनमें सर्वाधिक पसंदीदा पद्धति अन्य परंपरागत समाजों की ही तरह माता-पिता की मर्जी से होनेवाले आयोजित विवाह के रूप में ही रही है। यद्यपि यह काफी खर्चीली पद्धति है, विशेषकर वर पक्ष के लिए। यहाँ कन्या के परिवारवाले वर के घर रिश्ता लेकर नहीं जाते, अपितु वर पक्ष को ही कन्या के घर रिश्ता भेजना होता है। इन विवाहों में मध्यस्थ की बड़ी भूमिका होती है। वर पक्ष को सुयोग्य वधू प्राप्त करने के लिए भारी कीमत अदा करनी होती है, खासतौर पर मिथुनों के रूप में। मोनपा जनजाति में मिथुन के स्थान पर याक देने की परंपरा है। बाद में विदाई के समय लड़कीवालों की तरफ से भी लड़की को बहुत से उपहार दिए जाते हैं। मिथुन की अरुणाचली समाज में एक विशिष्ट स्थिति है। यहाँ के लोक-जीवन में आर्थिक, सामाजिक एवं सांस्कृतिक तीनों ही दृष्टियों से उसका बड़ा महत्त्व है। त्योहारों में सबसे बड़ी बलि उसी की मानी जाती है। समाज में किसके पास कितने मिथुन हैं, इससे उस व्यक्ति की सामाजिक एवं आर्थिक स्थिति निर्धारित होती है तथा विवाह में मिथुनों का आदान-प्रदान ही सबसे प्रमुख है। इसलिए यहाँ भी सामाजिक जीवन में लड़के का अधिक महत्त्व होने से हर दंपती की चाहत पुत्र-जन्म रहती है, पर लड़की को परिवार के लिए बोझ मानकर दुख नहीं मनाया जाता; क्योंकि मध्य भारत की तरह समस्या यहाँ लड़की की शादी करने में नहीं, अपितु लड़के की शादी में आती है।

वर्जनाएँ : यहाँ पहाड़ी जीवन होने से स्त्री-पुरुषों को कठोर परिश्रम करना पड़ता है। स्त्री-पुरुषों के बीच श्रम-विभाजन स्पष्ट है, जिसमें स्त्रियों के हिस्से पुरुषों के मुकाबले काम की जिम्मेदारी कुछ अधिक ही आती है। स्त्री-पुरुषों के लिए कार्य-संबंधी कुछ वर्जनाएँ भी हैं। प्रो. तोमो रिवा ने अपने एक लेख 'अरुणाचल प्रदेश की पारंपरिक जनजातीय महिलाओं का कार्यभार' में अरुणाचली स्त्रियों के कार्यों की अच्छी-खासी सूची प्रस्तुत की है। इसी लेख में वे लिखते हैं—'... पुरुषों द्वारा कुछ ऐसे कार्य हैं जो नारियों के लिए वर्जित हैं, जैसे शिकार करना, पेड़ पर चढ़ना, नदी में मछली पकड़ने के लिए विष का प्रयोग (वनस्पति द्वारा निर्मित विष), घर के कुछ अंश का प्रयोग न करना, पुरुषों की सीढ़ी का प्रयोग न करना, किसी संस्कार के लिए मूर्ति न बनाना आदि। इसी प्रकार पुरुषों के लिए भी ऋतुमती (मासिक धर्म) स्त्री के हाथों बना भोजन ग्रहण करना, उनके साथ रहना, स्त्री के अंत:वस्त्र का स्पर्श और उसे उठाना आदि कार्य वर्जित हैं। यहाँ तक कि माताएँ भी अपने वस्त्रों को पुत्रों के वस्त्रों से अलग रखती हैं। विवाहित महिलाओं को कुछ निर्दिष्ट खाद्यों को ग्रहण करना मना है, जैसे बड़े पशु का सिर, फाँस में फँसे पहले जानवर का मांस इत्यादि। इसी प्रकार पुरुष भी 'अमे' अर्थात् पहली फसल का धान या अनाज, जिसे पूजा-संस्कार के साथ घर में लाया जाता है, उसे ग्रहण नहीं करते।' (अरुण प्रभा, पृ. ५८-५९)

अपने इसी लेख में आगे वे स्त्री की सामाजिक स्थिति के बारे में बताते हैं, 'स्त्री तथा पुरुषों के बीच कामों में बहुत अंतर है, पर समाज में माँ तथा बाप की स्थिति लगभग बराबर की है। कोई भी निर्णय लेने से पहले पुरुष स्त्री से सलाह-मशवरा करता है। उत्सवों में स्त्रियाँ मुख्य भूमिका निभाती हैं। सामाजिक उत्सवों में, जो कृषि से संबंधित होते हैं, वे पुजारी से आशीर्वाद लेती हैं। वैवाहिक संस्कारों में लड़का-लड़की की माँ को ज्यादा महत्त्व दिया जाता है। विवाहित स्त्रियों का आदर उसके अपने भाई के साथ-साथ रिश्ते के भाई भी करते हैं। बहनें अपने रिश्तेदारों के घरों में स्वेच्छा से आ-जा सकती हैं। भाई प्यार-सम्मान के साथ बहनों को कुछ उपहार भी भेंट करते हैं। पारंपरिक गालो समाज में पहली संतान कन्या हो, सब यही चाहते हैं। माता-पिता कन्या संतान को उतना ही महत्त्व देते हैं, जितना पुत्र संतान को।' (वही, पृ. ६३-६४)

बहुत तरह के निषेध भी यहाँ प्रचलित हैं, जैसे विवाह के उपरांत, बच्चे के जन्म के उपरांत, किसी उत्सव या पूजा के उपरांत बाहरी लोगों का आना-जाना वर्जित हो जाता है। जैसे हिलमिरी जनजाति में विवाहोपरांत वधू के अपनी ससुराल पहुँचने पर घरवाले पाँच दिनों तक घर से बाहर नहीं निकलते। नोक्ते जनजाति में किसी घर में बच्चा

पैदा होने पर तीन-चार दिनों तक उस घर में कोई नहीं जाता। अंत्येष्टि के लिए भी कई तरीके यहाँ अपनाए जाते हैं, जिनमें से कुछ तो अन्य लोगों को विचित्र लग सकते हैं। जैसे मोनपा समाज में मृत्योपरांत शव को १०८ टुकड़ों में विभक्त कर नदी में बहाए जाने की प्रथा। श्री येशे दोरजी थोङ्गछी का 'शव काटनेवाला आदमी' उपन्यास इसी प्रथा को आधार बनाकर लिखा गया है। उनका 'सोनाम' उपन्यास ब्रोकपा जनजाति में प्रचलित बहुपति प्रथा पर केंद्रित है। कुछ जनजातियों में शव को जलाने की भी परंपरा रही है, पर अधिकतर जनजातियों में शव को जमीन में दफनाने का ही तरीका प्रचलित है। ज्यादातर मामलों में शव के साथ उस व्यक्ति द्वारा उपयोग की जानेवाली चीजों को भी रखा जाता है, यह मानकर कि मृतक की आत्मा को इन चीजों की आवश्यकता पड़ने पर उसे कहीं भटकना न पड़े। कई जनजातियों में मृत्यु के बाद किसी प्राणी की बलि भी दी जाती है। इसके दो कारण हैं, एक तो दुष्ट आत्माओं को संतृप्त करने हेतु और दूसरा मृतकात्मा को परलोक में राह दिखाने हेतु।

लोकाचार एवं अंधविश्वास

विभिन्न प्रकार के देव-देवियों (सदात्माओं) के साथ बहुत सी दुष्ट आत्माओं, यथा—भूत-प्रेत-शैतान आदि के बारे में भी प्रगाढ़ विश्वास यहाँ पाया जाता है। देव-देवियों को संतुष्ट करने हेतु बहुत तरह की पूजा उत्सव, अनुष्ठान, शुभ-अशुभ अवसर पर या किसी तरह की परेशानी आदि में की जाती है, तो दुष्ट आत्माओं को प्रसन्न रखने हेतु भी अनुष्ठान, तंत्र-मंत्र आदि उपाय किए जाते हैं, जिनमें बलि देना आम बात है। मुरगी के अंडे या चूजे का विभिन्न प्रकार के शकुन विचारने हेतु प्रयोग किया जाता है। विवाह के लिए जोड़ी मिलाने, विवाह की तिथि निश्चित करने, बच्चे का नामकरण करने, उत्सव-त्योहार आदि का मुहूर्त तय करने, बलि देने, पूजा की सफलता देखने, खेती शुरू करने आदि अनेकानेक अवसरों पर पुजारी मुरगी के अंडे या चूजे के माध्यम से अलग-अलग तरीके अपनाकर निर्धारण करता है। उदाहरण के लिए, त्युत्सा जनजाति में खेती शुरू होने से पहले हरे पत्ते पर ताजा अंडा फोड़कर शकुन विचारकर पुजारी द्वारा झूम खेती के स्थल का चयन किया जाता है। न्यीशी जनजाति में भी अंडे को फोड़कर झूम खेती के लिए शकुन विचारा जाता है। इसी तरह विवाह-संबंधी शुभाशुभ शकुन विचारने हेतु भी मुरगे को काटा जाता है। इस जनजाति में प्रचलित 'पोचु कोनम' पूजा (पूजा के द्वारा पंजिका देखना) में भी मुरगे का सहारा लिया जाता है। '...इस पूजा से ही किसी पूजा का श्रीगणेश होता है। यह पूजा चूजे के माध्यम से की जाती है। चूजे को मारकर उसके कलेजे की रेखाओं को देखते हैं। कलेजे की रेखाओं के माध्यम से पता करते हैं किस व्यक्ति को क्या बीमारी है। रेखाओं के माध्यम से ही यह भी पता करते हैं कि इस पूजा के लिए पूजा-द्रव्य के रूप में क्या-क्या वस्तुएँ चाहिए। चूजे के माध्यम से ही यह भी पता चलता है कि किस पुजारी से पूजा करवाने से पूजा सफल होगी।' (डॉ. नंद किशोर पांडेय; न्यीशी जनजाति की पूजा-पद्धति और उसके प्रकार; अरुण प्रभा, पृ. ८०) तागिन जनजाति के 'सी दोन्यी' उत्सव में भी मुरगी एवं अंडे के माध्यम से मुख्य पुजारी का चयन किया जाता है तथा भविष्यवाणी की जाती है। आपातानी लोगों के उत्सव 'म्योको' में मुरगे की बलि देकर उसके कलेजे की स्थिति देखकर भविष्य-निश्चय किया जाता है। गालो जनजाति में बच्चे के नामकरण हेतु मुरगी के अंडे की सहायता ली जाती है। 'जन्म के पाँच-छह दिन बाद नीबो (पुरोहित) अंडे लेकर आता है, जिसे वह उबालता है। उसके दिमाग में बहुत से नाम होते हैं और वह उनका उच्चारण करता है। नाम उच्चारण करते समय अंडा में दरार या फूट आ जाती है, तब उस समय उच्चारण किए हुए नाम से बच्चे का नाम रखा जाता है।' (डॉ. अनंत कुमार नाथ; अरुणाचल की जनजातियों की जन्म, विवाह एवं मृत्य संबंधी मान्यताएँ; अरुण प्रभा, पृ. ८५) इसी तरह बलि देने के लिए मुरगे के कलेजे से परीक्षण होता है। यहाँ की दिगारू मिशमी तथा मिजु मिशमी जनजातियों द्वारा नववर्ष के रूप में मनाए जानेवाले तामलादू त्योहार में कंब्रिन (पुजारी) मुरगी के खून की शुद्धता व बहाव देखकर ईश्वर की प्रसन्नता की जाँच करता है।

खान-पान

भोजन में मांस, भात और उबले पत्तों का विशेष चलन है। दूधरहित चाय यहाँ अधिक पसंद की जाती है। बल्कि मोनपा जैसी एकाध जनजातियों को छोड़ दें तो दूध के प्रयोग की यहाँ परंपरा ही नहीं है। अपोंग (एक स्थानीय पेय पदार्थ, जिसके विभिन्न जनजातियों में भिन्न-भिन्न नाम प्रचलित हैं) का स्थानीय जन-जीवन में विशेष महत्त्व है। विशेष अवसरों पर तो इसका उपयोग जमकर होता ही है। कुछ जनजातियों में अफीम खाने की भी लत है। प्राय: सभी तरह का मांस यहाँ खाया जाता है, किंतु कुछ जनजातियों में कुछ जीव-जंतुओं का मांस खाना वर्जित है। जैसे आदी जनजाति में कुत्ते का मांस या बुगुन (खोवा) में बकरे का मांस। ऐसे ही स्त्रियों को हर समय हर तरह का मांस खाने की छूट नहीं है, जैसे नोक्ते जनजाति में गर्भवती महिला हिरण या चूहे का मांस नहीं

खाती, यहाँ तक कि पति भी पत्नी के गर्भकाल में किसी जानवर का शिकार नहीं करते। बुगुन में स्त्रियों के लिए भेड़-मुरगी का मांस वर्जित है। ईदु मिसमी जनजाति में तो विवाह के पूर्व लड़कियों को मांस खाने ही नहीं दिया जाता। गालो जनजाति के संदर्भ में जुमसी सिराम ने लिखा है—'गालो जनजाति सर्वभक्षी नहीं है। ये बिल्ली-जातीय जंतु, जैसे चीता, बाघ, सियार, भेड़िए आदि का मांस नहीं खाते। अगर इसे खाना ही हो तो अलग से पकाकर खाया जाता है। कुछ स्त्रियाँ इनके मांस को छूती तक नहीं हैं। हिरण, भालू, जंगली सूअर, मृग तथा बिल्ली-जातीय जंतुओं के माथे को स्त्रियों को नहीं खिलाते। खोपड़ी को अलग बरतन में पकाकर घर या पड़ोस के मर्द मिलकर खाते हैं। बाकी मांस को स्त्री-पुरुष दोनों ही साथ-साथ खा सकते हैं।'

समाज-व्यवस्था

यहाँ की समाज-व्यवस्था में सबसे आकर्षक जो चीज रही है, वह है—यहाँ की पंचायत व्यवस्था। हर जनजाति की अपनी अलग-अलग स्तर की पंचायतें हैं, जो गाँव से लेकर दूसरे गाँव और समस्त जनजाति एवं उसके अन्य जनजातियों से संबंधित विवाद निपटाने के लिए होती हैं। इनमें लोगों को पूरा विश्वास रहता है। यह पंचायत व्यवस्था बहुत सुदृढ़ है, जिसके कारण यहाँ अतीत में अपराध न के बराबर होते थे। मोनपा में इसे 'माङ्गजोवाना' या 'माङ्गजोम', आपातानी में 'बुलियांग', आदी में 'केबांग', गालों में 'केबा', न्यीशी में 'न्येले' कहते हैं तथा इसी तरह सभी जनजातियों में अलग-अलग नामों से इनका संगठन है।

कुल मिलाकर कह सकते हैं कि समग्रता में अरुणाचली संस्कृति 'ही' वादी नहीं, 'भी' वादी संस्कृति है। इसमें 'मैं' और 'मेरे' के बजाय 'हम' और 'हमारे' की चिंता रहती है। इस हम और हमारे में सिर्फ मानव ही नहीं, सम्पूर्ण जीव-जगत् ही समाया हुआ है। इसमें व्यक्ति की कल्याण-कामना के बजाय समाज के कल्याण की भावना पर अधिक जोर रहता है। इसीलिए यहाँ की जानेवाली प्रार्थनाएँ 'मैं' के लिए नहीं, 'हम' के लिए की जाती हैं। यह वह संस्कृति है, जिसकी चिंतन-परिधि एवं शुभेच्छाओं में व्यष्टि नहीं, समष्टि का समावेश रहता है। भारतीय संस्कृति की कृतज्ञतावादी विशेषता हमें यहाँ भी देखने को मिलती है। किसी से कुछ लेने पर बदले में उसे कुछ लौटाने की प्रथा भारतीय संस्कृति में रही है, फिर चाहे वह प्रकृति ही क्यों न हो। और कुछ नहीं तो कम-से-कम कुछ लेने के बदले कृतज्ञ-भाव तो व्यक्त किया ही जा सकता है। यह विशेषता हमें अरुणाचल की संस्कृति में भी देखने को मिलती है। विभिन्न संदर्भों में यहाँ की जनजातियों द्वारा की जानेवाली प्रार्थनाओं के पीछे यही दृष्टि देखी जा सकती है। अरुणाचल प्रदेश की एक विशाल जनजाति आदी द्वारा की जानेवाली दोन्यी-पोलो की प्रार्थना के हिंदी भावार्थ से इसे सहज ही समझा जा सकता है—

'हे दोन्यी (सूर्य) और पोलो! (चंद्र) हमारे घर-परिवार में सुख-शांति बनाए रखना। आप ही हमें धन-धान्य देनेवाले हैं। हमारी सब विपदाओं को हरनेवाले हैं। आप ही संपूर्ण जगत् को प्रकाश, ऊष्मा, वायु, पानी, प्राणवायु देते हैं। आपका दिया हुआ ही हमें मिलता है। आप जिस प्रकार देते रहे हैं, उसी तरह हमेशा देते रहें।' (सांवरमल सांगानेरिया की पुस्तक 'अरुणोदय की धरती पर' से उद्धृत; पृ. ९७-९८)

□□

34 सिक्किम की लोक-सांस्कृतिक समरसता

—चुकी भूटिया

पूर्वोत्तर भाग देश के सबसे विविधतापूर्ण क्षेत्रों में से है। इसकी वैविध्यपूर्ण पृष्ठभूमि इसके सामाजिक, राजनैतिक, जातीय और भाषाई मामलों में ठीक से परिलक्षित होती है। संस्कृति, भाषा, परंपरा, रहन-सहन, पर्व-त्योहार आदि की दृष्टि से यह क्षेत्र इतना वैविध्यपूर्ण है कि इस क्षेत्र को भारत की सांस्कृतिक प्रयोगशाला कहना अतिशयोक्तिपूर्ण नहीं होगा। इस क्षेत्र में आदिवासियों का घनत्व देश में सर्वाधिक है। सैकड़ों आदिवासी समूह और उनकी उपजातियाँ, असंख्य भाषाएँ व बोलियाँ, भिन्न-भिन्न प्रकार के रहन-सहन, खान-पान और परिधान, अपने-अपने ईश्वरीय प्रतीक, आध्यात्मिकता की अलग-अलग संकल्पनाएँ इत्यादि के कारण यह क्षेत्र अपनी विशिष्ट पहचान रखता है। इस क्षेत्र में सर्वाधिक वन व वन्य प्राणी हैं। वनस्पतियों, पुष्पों तथा औषधीय पेड़-पौधों के आधिक्य के कारण यह क्षेत्र वनस्पति-विज्ञानियों एवं पुष्प-विज्ञानियों के लिए स्वर्ग कहलाता है। पर्वतमालाएँ, हरित घाटियाँ और सदाबहार वन इस क्षेत्र के नैसर्गिक सौंदर्य में अभिवृद्धि करते हैं। जैव-विविधता, सांस्कृतिक कौमार्य, सामूहिकता-बोध, प्रकृति प्रेम, अपनी परंपरा के प्रति सम्मान भाव पूर्वोत्तर भारत की अद्वितीय विशेषताएँ हैं। इस तरह की स्थितियों में यह समाज और इसकी संस्कृति मुख्यधारा से अपनी विविधतापूर्ण अस्तित्व की मान्यता की स्वीकरोक्ति का आग्रह करती है।

भौगोलिक स्थिति

पूर्वोत्तर की प्राकृतिक छटा स्वर्ग की अनुभूति कराती है, इसके बावजूद पूर्वोत्तर के प्रांत देश की मुख्यधारा से ठीक से नहीं जुड़ पाए हैं, जैसा कि अन्य प्रांत जुड़े हुए हैं। उसके पीछे यहाँ भौगोलिक और अशांत वातावरण बहुत बड़ा कारक है। माहौल कब बिगड़ जाए, कुछ कहा नहीं जा सकता। आतंक और संशय का वातावरण यहाँ बसनेवालों के हृदय में बना रहता है। ऐसे में भी पूर्वोत्तरवासी अपनी जिंदगी को भरपूर अंदाज में जी रहे हैं। अपनी संस्कृति और परंपरा की विविध आयामों में कहीं एकता के चिह्न की तलाश करते हुए अपनी सांस्कृतिक गरिमा के साथ जिए जा रहे हैं।

पूर्वोत्तर के कुछ प्रांतों में आदिवासी जनता बहुलता में है तो कुछ प्रांतों में आदिवासी लोग अल्पसंख्यक रूप में मौजूद हैं। नौकरी, सेना और व्यापार के लिए देश की विभिन्न क्षेत्रों से लोगों का आना-जाना इन क्षेत्रों में बना रहता है और कहीं-न कहीं यह आवागमन आदिवासियों की जीवन प्रणाली को अतिक्रमित करता है, जिसका विरोध अमूमन पूर्वोत्तर वासियों द्वारा होता रहा है, परंतु जातीय आवाज पर राजनैतिक सत्ताधारियों द्वारा ध्यान नहीं दिया जा रहा। संविधान में अल्पसंख्यकों के रक्षार्थ कुछ प्रावधान हैं। यही प्रावधान इनकी रक्षा के निमित्त सबसे महत्त्वपूर्ण अस्त्र है, वरना वो दिन दूर नहीं, जब यह आदिवासी जनता अपने ही खेत-खलिहानों से बेदखल कर दी जाएगी।

पूर्वोत्तर के प्रांतों में सिक्किम भारत देश की उत्तरी सीमा पर अवस्थित है। चारों ओर पर्वतों से घिरा, हरियाली से सुसज्जित छोटा सा यह प्रदेश अपनी सुंदरता व शांत, पवित्र वातावरण के कारण स्वर्ग की परिकल्पना को मूर्त रूप प्रदान करता है। पूर्वोत्तर के सभी प्रांतों में अशांत वातावरण है, ऐसा नहीं है, उनमें सिक्किम भी है, जहाँ जीवन अपनी गति के साथ अबाध गति से गतिमान है। भारत का यह लघुतम राज्य सिक्किम कई भारतीयों के अब तक परिचय में भी नहीं है, परंतु पिछले कुछ सालों से पर्यटन की वजह से धीरे-धीरे सिक्किम का परिचय विस्तार पा रहा है। यह गगनचुंबी हिमाच्छादित पर्वत घाटियों के मध्य स्थित है। इसका प्राकृतिक सौंदर्य अपने में अनुपम है। यहाँ की प्रमुख जनजातियाँ भूटिया, लेपचा और लिंबू हैं। यहाँ के मूल निवासियों का जीवन कृषि पर आश्रित है। सिक्किम में इन तीन प्रमुख जनजातियों के अलावा नेपाली जाति में भी दो वर्ग दिखाई देते हैं। एक आर्य प्रभाव लिये हुए नेपाली जाति, जिसमें हम बहून, छेत्री, प्रधान आदि और दूसरे मंगोल प्रभाव लिये नेपाली जाति, जिसमें शेरपा, तामांग, राइ आदि को देखते हैं। इनके अतिरिक्त शहरों में मैदानी भागों के लोग मारवाड़ी, बिहारी, बंगाली, दक्षिण भारतीय और पंजाबी भी रहते हैं। इस प्रदेश की जनसंख्या कम होने के कारण यहाँ के निर्माण और विकास में मैदानी क्षेत्र के प्रवासी मजदूर तथा नेपाली लोगों का बड़ा योगदान है। कुछ हजार तिब्बती शरणार्थी भी यहाँ रह रहे हैं।

सामाजिक स्थिति

सिक्किम की सामाजिक संरचना को देखें तो यहाँ हर वर्ग के लोग मौजूद हैं। भिन्न-भिन्न धर्म, भिन्न-भिन्न जातियाँ, भिन्न-भिन्न समुदाय, साथ ही व्यापार और सेना के कारण बाहर के लोग भी बहुतायत में मौजूद है। मगर सब तरफ शांति और सामंजस्य मौजूद है। इसके पीछे की पड़ताल करें तो हम पाते हैं कि पहला कारण यहाँ के लोगों की प्रकृति, यहाँ की मूल जातियाँ अत्यंत सुलझी हुई और शांत प्रकृति की हैं। दूसरा कारण सबका एक-दूसरे से जुड़ा होना है। इस सामंजस्य के कारण ही यहाँ सांस्कृतिक समरसता देखने को मिलती है।

सिक्किम के समाज के निर्माण में इन सभी जातियों का संगठित सहयोग काम करता है। इनकी अपनी भाषा, खान-पान, रहन-सहन और वेशभूषा है, जिसमें विविधता है। लेपचा यहाँ की प्राचीन जनजाति है। धारणा है कि सिक्किम की भूमि पर बसनेवाली पहली आदिम जनजाति लेपचा ही है। एक विचारधारा के अनुसार लेपचा असम और बर्मा की सीमा से आए। दूसरी विचारधारा के अनुसार यह दक्षिणी तिब्बत से सिक्किम आए। यह मंगोलियन नस्ल के हैं। भूटिया लोग लेपचा लोगों को 'मेरी' कहते हैं और लेपचा लोग स्वयं को रोंग कहते हैं। ये प्रकृति पूजक होते हैं, परंतु आज बहुत से लेपचा बौद्ध अनुयायी और ईसाई धर्म की ओर प्रवृत्त हो रहे हैं। उसके पीछे शायद कारण आज की आपाधापी वाली जिंदगी में अपने मन को, आस्था को टिकाने के लिए उन्हें कोई माध्यम की आवश्यकता हुई हो, क्योंकि निर्गुण भक्ति सबके बूते की बात नहीं होती। कंचनजंगा लेपचा लोगों के लिए केवल पर्वत नहीं है वरन् उनकी आस्था का प्रतीक भी है। लेपचा सिक्किम को 'नेह मेयल ल्यांग' कहते हैं, जिसका अर्थ है स्वर्ग से भी पवित्र जगह। लेपचा लोग बहुत ठंडे, भारी वर्षावाले इलाके में रहते हैं।

प्राचीनकाल में सिक्किम के आदिवासियों को भौगोलिक ज्ञान का अभाव था, जिसके कारण उनको लगता था कि संसार में एक वे ही आदिवासी हैं, इसलिए वे अपने को हिमालय की संतान 'आमू-सा-आचे' कहते थे। इस आधार पर लेपचा अपने को किंग-चुंग-जुंग-बु कंचनजंगा को देवता मान पूजा करते हैं। कंचनजंगा के हिमाच्छादित चोटी से लेपचा लोग अपना जन्म मानते हैं, इसलिए इस हिसाब से कंचनजंगा को वे पिता समान पूजते हैं। सिक्किम की आदिम जनजाति होने के कारण लेपचा जाति को राज्य में विशेष दर्जा प्राप्त है। लेपचा जाति के संरक्षण हेतु राज्य सरकार ने उत्तरी सिक्किम की जोंगू प्रांत को उनके निवास के लिए निश्चित किया है। इस जाति के अलावा यहाँ किसी अन्य लोगों को रहने की इजाजत नहीं है। लेपचा सिर्फ जोंगू में रहते हैं, ऐसा नहीं है, वे सिक्किम में कहीं भी रहने को स्वतंत्र है; पींतु जोंगू उनके रहने के लिए तय है। लेपचा लोगों का

चेहरा, नाक चपटा होता है। इनका रंग बहुत साफ होता है। ये बहुत सुंदर और काले बालों के धनी होते हैं। लेपचा लोग मांसाहारी होते हैं, वे बीफ, पोर्क और मटन खाते हैं। ये शिकार से प्राप्त जंतुओं का मांस भी खाते हैं। मक्का, गेहूँ, जौ, बाजरा भी इनके खाद्य पदार्थ में शामिल हैं। लेपचा तीरंदाजी के अलावा सिलाई, कढ़ाई, बुनाई और नक्काशी में भी बड़े कुशल होते हैं। लेपचा लोग प्रकृतिपूजक होते हैं। अपने धार्मिक काम में बुंग्थिंग और मून (स्त्री) का प्रयोग करते हैं। हिंदुओं में पंडित की जो भूमिका होती है, वही लेपचा लोगों के यहाँ बुंग्थिंग और मून की होती है। स्त्री को भी पूजा-पाठ में महत्त्वपूर्ण स्थान दिया जाता है। लेपचा प्रकृतिपूजक होते हैं। मूर्ति पूजा में इनकी आस्था नहीं है, परंतु अपने सिद्धांत और पूजा पद्धति में ये कठोर भी नहीं होते। उसके पीछे शायद कारण आज की आपाधापी वाली जिंदगी में अपने मन, आस्था को टिकाने के लिए उन्हें कोई माध्यम की आवश्यकता हुई हो, क्योंकि निर्गुण भक्ति सबके बूते की बात नहीं होती।

वेश-भूषा-पहनावा

इनकी वेशभूषा की चर्चा करें तो लेपचा पुरुष पुरुष तागो (शर्ट), तमू (पैंट), तंगग्यिप (झोला), थ्याक टोक (हैट), यांग्लो (शॉल) पहनते हैं। ये अपने साथ लंबी कटार रखते हैं, जिसको 'बान' या 'पायक' कहते हैं। अपने वस्त्र में ये वास्ट-कोट भी पहनते हैं। इनके वस्त्र को 'थोग्रो' कहते हैं। लेपचा स्त्रियों के वस्त्रों को दअम-बुन कहते हैं। यह वस्त्र साड़ी जैसा होता है, परंतु इसको पहनने का ढंग अलग होता है। स्त्रियाँ अपने सर को स्कार्फ से ढककर रखती हैं। लेपचा समाज में जाति-भेद नहीं होता, परंतु शादी और जन्म के आधार पर ये समूहों में बँटे होते हैं। परिवार आर्थिक रूप से पिता पर निर्भर होता है। पिता की पैतृक संपत्ति में बेटों की हिस्सेदारी होती हैं, वहीं माँ के जेवर और गहने बेटियों के बीच बराबर बाँट दिए जाते हैं। पिता की संपत्ति में बेटी का हिस्सा नहीं रहता। सिक्किम की सभी जातियों में पुत्र-पुत्री का समान महत्त्व है। वंश-वृद्धि के लिए पुत्र प्राप्ति की कामना सभी जातियों में मौजूद है, परंतु पुत्र की चाह में भ्रूण हत्या जैसा घिनौना पाप यहाँ नहीं होता है। किसी की अंतिम क्रिया उसके धर्म पर निर्धारित होती है। मृतक की प्रिय चीजों को उसी के साथ दफनाने का प्रचलन है।

भूटिया लोगों को भोट भी कहा जाता है। भोट शब्द भूटिया जाति का संबंध भूटान से दरशाता है। माना जाता है कि १३वीं शताब्दी में भूटिया लोग भूटान से सिक्किम आए थे। सिक्किम में राजतंत्र शासन व्यवस्था में लंबे समय तक भूटिया जाति ने शासन किया है। भूटिया स्त्री की वेशभूषा को 'खो' या भक्खू कहते हैं। यह गाउन की तरह का होता है, इसमें बेल्ट भी जुड़ा होता है। उसके ऊपर शर्ट जैसा पहना जाता है, उसे 'हंजू' कहते हैं। बक्खू और हंजू के ऊपर कोट पहना जाता है। शादीशुदा स्त्रियाँ इसी पर पांगदें बाँधती हैं। यही इनके शादीशुदा होने की प्रमाण है। नेपाली जाति में भी विशेष जातियों को छोड़कर किसी में माँग भरने की प्रथा नहीं है। सिक्किम की जनजातीय वर्गों में माँग भरने की प्रथा नहीं है।

वहीं भूटिया पुरुष हेंजा जो शर्ट जैसा होता है, उसके ऊपर भक्खू और बाहर से कोट जैसा हेंथाचे पहनते हैं। विशेष अवसरों पर सिल्क के कपड़े पहने जाते हैं। अकसर बूढ़ी औरतें अपने बालों को बहुत

परंपरागत ढंग से सँवारती हैं और उस पर रिबन भी बाँधती हैं। ये फैशन से परहेज करती हैं, उनका मानना है कि खुशबूदार तेल लगाना, बालों को खुला छोड़ना, महकवाले साबुन का इस्तेमाल करना गलत हैं। यह उन औरतों पर लागू होता है, जो धार्मिक प्रवृत्ति की होती हैं। भूटिया जाति का सारा कार्य-व्यापार धर्म और विश्वास से जुड़ा है। उम्र बढ़ने के साथ भूटिया औरतें अपने सर को ढककर रखती हैं, जिसको ये 'गोपू' कहते हैं। आभूषण इनको प्रिय है। ये लोग बहुमूल्य पत्थरों के शौकीन होते हैं, जिनको ये 'जि' कहते हैं, जिसके घर यह बहुमूल्य पत्थर होता है, उसे सम्मानीय माना जाता है।

यहाँ की जनजातियाँ मुख्यत: खेती पर निर्भर हैं। ये लोग पर्वतीय ढलानों पर सीढ़ीदार खेती करते हैं और मुख्यत: चावल, मक्का, अदरक, बड़ी इलाएची, मिर्ची, नारंगी या संतरे और आलू की फसल उगाते हैं। लेपचा लोगों के पारंपरिक घर लकड़ी तथा बाँस के बने होते हैं, जिसमें लोहे की कील का प्रयोग नहीं होता है। घर की संरचना ऐसी होती है कि यह घर भूकंप, सर्दी, गरमी और प्राकृतिक आपदा से सुरक्षित रहता है।

खान-पान

यहाँ की जनजातीय लोगों का मुख्य भोजन चावल है, ये लोग चाइनीज भोजन का भी शौक रखते हैं। जिनमें थुक्पा, चाउमीन, ग्याथुक, मोमो आदि व्यंजन हैं। ठंडे मौसम के कारण यहाँ के लोग शराब का सेवन करते हैं। घरों में भी शराब बनाने का प्रचलन है। यहाँ जौ, गेहूँ, चावल आदि से शराब बनाई जाती है। व्यक्ति के जन्म-मरण, पर्व सभी संस्कारों या अन्य अवसरों पर भी शराब का चलन खूंब होता है। गौतम बुद्ध के जन्म के आधार पर ही इनके पर्व-त्योहार निर्धारित होते हैं और उन अवसरों पर भूटिया लोग अपने-अपने घरों में पूजा-पाठ करते हैं। उनकी मान्यता है कि इन महीनों में जो भी पुण्य का काम होता है, उसका दुगुना लाभ मिलता है। साधारणत: ये लोग मांसाहारी होते हैं, परंतु इन महीनों में ये मांस-मछली भी नहीं खाते हैं। इनका जीवन धर्म से संचालित होता है। इनसान के जन्म, मरण, शादी-विवाह, अस्वस्थता आदि सभी अवसरों पर पूजा-पाठ करते हैं। परिवार का मुखिया पिता होता है। माँ और पिता दोनों मिलकर परिवार चलाते हैं। यहाँ की स्त्रियाँ पुरुष के साथ-साथ घर तथा बाहर दोनों स्थिति में कंधे से कंधा मिलाकर आगे बढ़ती हैं। परिवार की संपत्ति में बेटी का हिस्सा नहीं होता परंतु संपन्न परिवार अपनी बेटी को संपत्ति में कुछ हिस्सा दे देते हैं। कई उपजातियों की उपस्थिति के बाद भी इसमें ऊँच-नीच का भेद नहीं है। सिक्किम में काजी लोगों की स्थिति काफी अच्छी है। ये लोग राजतंत्र शासन-व्यवस्था में राजाओं के मंत्री और जमींदार हुआ करते थे। समाज में आज भी इनका दबदबा बना हुआ है, क्योंकि अन्यों की अपेक्षा ये आज भी संपन्न हैं।

समाज-व्यवस्था

सिक्किम के समाज में प्रेम विवाह को स्वीकृति प्राप्त है। लड़की अपनी मर्जी से अपना वर चुन सकती है। इसका तात्पर्य यह कदापि नहीं है कि किसी से भी शादी की छूट हो। अपने से ऊँचे और जात-बिरादरी का ध्यान यहाँ भी रखा जाता है। भूटिया और लेपचा समाज के लोग आपस में विवाह संबंध बनाते हैं। नेपाली समाज से शादी-ब्याह का प्रचलन कम होता है। इसमें रिश्ते हो जाते हैं, परंतु माता-पिता परिवारजन प्रसन्न नहीं होते हैं। शादी ब्याह में मामा का महत्त्व बहुत होता है। भूटिया लोगों का अंतिम संस्कार भी थोड़ा भिन्न है। मरने के तुरंत बाद इनके बौद्ध गुरु आते हैं और मृतक को 'फौअ' करते हैं, भूटिया और बौद्ध लोगों का विश्वास है कि मृतक आत्मा मौत के बाद अवचेतन अवस्था में होती है, गुरु के फौअ मिलने के तुरंत वह चेतन अवस्था में लौट आती है और अपने को मृतक जान गुरु के बताए पथ पर चलती है। इसमें गुरु आकर मृतक के सर को थामकर मंत्रों का जाप करते हैं। अंतिम संस्कार धर्मगुरु के द्वारा संपन्न होता है। अग्नि संस्कार में हिंदुओं की भाँति बेटे की कोई भूमिका नहीं होती है। मृतक की मौत के ४९ दिनों तक प्रतिदिन दीये जलाने का प्रचलन है, ताकि आत्मा के रास्ते आनेवाली बाधा में प्रकाश बना रहे। मृत्यु के ४९ दिनों के बाद का क्रियाकर्म भी भूटिया या बौद्ध धर्म के अनुयायियों में प्रमुख होता है। मृतक के मौत के बाद ४९ दिनों के बाद अंतिम क्रिया संपन्न होती है, जिसमें मृतक का परिवार घर में पूजा-पाठ करवाता है, इसके साथ समाज और अन्य परिजनों को भोजन करवाता है। लोगों को स्वादिष्ट भोजन, शराब, मांस, मछली परोसा जाता है, इसमें लोगों को निमंत्रण दिया जाता है। मृतक के नाम पर कई सालों तक श्राद्ध किया जाता है। माँ के लिए श्राद्ध नौ साल तक किया जाता है, जबकि पिता के लिए यह समय आठ साल का होता है।

नेपाली जाति में दो नस्ल दिखाई देती हैं—एक आर्य प्रभाव लिए हैं, जिनमें बहून, छेत्री, कामी, दमई, सार्की आदि आते हैं वहीं, दूसरी नस्ल मंगोल प्रभाव लिए हैं, जिसमें गुरुंग, शेरपा, खंबु राई, सुनुवार, तमांग, भुजेल, थामी, सुब्बा और मंगर आदि हैं। बहून और छेत्रीं जाति में मांस-मछली और शराब का चलन नहीं होता, इनमें कुछ तो प्याज और लहसुन तक नहीं खाते हैं। इनका चेहरा यहाँ के पहाड़ी लोगों से बिल्कुल भिन्न होता है। मुख्यधारा के तीखे नैन-नक्शों की भाँति इनका चेहरा होता है। ब्राह्मण और क्षत्रिय जातियों की भांति इनके संस्कार होते हैं। जीवन जीने के तौर तरीके उन्हीं की भाँति हैं। ये दूध-घी से बनी चीजों का सेवन करते हैं, यह मीठा ज्यादा पसंद करते हैं। कुछ छेत्री लोग मांस खाते हैं, परंतु सिर्फ मछली और चिकन खाते हैं। सामान्यतया सभी नेपाली जाति की वेशभूषा एक जैसी ही है। ग्रामीण परिवेश में अब भी लोग अपनी परंपरागत वेशभूषा धारण करते हैं, इनके पुरुषों द्वारा सुराल (कुरता और चूड़ीदार पायजामा), पटुका (कपड़े का टुकड़ा, जिससे अपने कमर को बाँधते हैं), बिर्खे टोपी, वास्ट कोट, मफलर, मोजा और जूता पहनते हैं। ये अपनी कमर में खुकुरी (एक प्रकार की कटार) लिये चलते हैं, इसके साथ ये पुरुष सोने के आभूषण भी पहनते हैं। नेपाली स्त्रियाँ चोबंदी चोली, फरिया (साड़ी जैसी होती है, इसमें पल्लू नहीं होता), पटुका, मोजा और जूता पहनती हैं। आभूषण में ये लोग नाक में चपटा सोना पहनते हैं, जिसे बुलाकी, मुंदरी कहते हैं; हाथों में कड़ा, गले में तिलहरी, कल्ली (पाँव

में पहना जाता है, जो कि चाँदी का होता है), छोटे दानेवाले हरे रंग की माला (पोते जो मंगलसूत्र है) अँगूठी आदि पहनते हैं। नेपाली जाति के लोग उन्नीसवीं सदी के मध्य नेपाल से सिक्किम में आए थे। हिंदू धर्मावलंबी की संख्या यहाँ कम नहीं है। सिक्किम में परंपरागत कट्टर हिंदू धर्म के लोग हैं, जिनके यहाँ जाति प्रथा मौजूद है। कामी, दमैं, सार्की ऐसी कई जातियाँ हैं जिनके साथ उच्च जाति के लोग उठना, बैठना और उनका छुआ नहीं खाते हैं। हिंदू धर्म में कई देवी-देवताओं को पूजने की प्रथा है। नेपाली लोगों के धर्म में कुल देवता की पूजा विशेष महत्त्व रखता है। कुल की पूजा जनजाति वर्गों में भी होती थी, परंतु आज की नई पीढ़ी इसकी पूजा के पक्ष में नहीं है, इसलिए यह धीरे-धीरे समाप्ति की ओर है। इसमें परिवार और परिवार से संबंधित लोग ही बैठते हैं। सामान्यत: पूजा का कार्य अपनी जाति के पंडित द्वारा संपन्न होता है। बौद्ध और हिंदूधर्म के अलावा सिक्किम में मुसलिम, सिक्ख और जैन धर्म के लोग भी हैं।

सिक्किम में बसनेवाले नेपाली लोग लूनार (चंद्र) कलेंडर का अनुसरण करते हैं। यहाँ की राज्य सरकार अंग्रेजी कलेंडर का अनुसरण करती है। वही भूटिया जाति के लोग तिब्बती कलेंडर का प्रयोग करते हैं। कुछ पर्व और त्योहार यहाँ की सभी जातियाँ मनाती हैं, वहीं कुछ पर्व कुछ विशेष जातियों से ही जुड़े हैं। बेटी का समाज और परिवार में महत्त्व है, परंतु बेटे की कामना यहाँ भी एक स्वाभाविक प्रवृत्ति के रूप में देखी जाती है।

पर्व-त्योहर

समाज में जातियों का वैविध्य है, जिसके कारण उनके जीवन के विविध रंग अपनी संपूर्ण आभा के साथ मौजूद हैं। सभी जातियों के अनेकानेक पर्व-त्योहार, उनमें उनका विशेष परिधान, उनके स्वादिष्ट व्यंजन, नृत्य और संगीत आदि सबकुछ अपने आप में अनुपम है। संगीत और नृत्य इनके सांस्कृतिक जीवन का अहम हिस्सा है। मृत्यु और बीमारी का ही अवसर है, जिसको छोड़कर ये अपने हर मौके को नाच-गान द्वारा बहुत उत्साहित ढंग से मनाते हैं। हर पर्व के लिए अलग गाने और नृत्य हैं। इनके गीतों में कहीं इनकी अपनी भावुक अभिव्यक्ति का वर्णन है तो कहीं प्रकृति के पेड़-पौधे, चिड़ियों का वर्णन आदि अभिव्यक्त होता है। वाद्य यंत्रों का इनके संगीत और नृत्य में महत्त्वपूर्ण योगदान है। सिक्किम में कई जाति-जनजातियाँ निवास करती हैं, जिसके कारण यहाँ बारहों महीने पर्व और उत्सव का माहौल बना रहता है—सिक्किम में मनाए जानेवाले कुछ महत्त्वपूर्ण पर्व हैं, जिनका संबंध किसी विशेष जाति और संस्कृति से संबंधित है, परंतु यह पर्व का उत्सव सिर्फ उस जाति तक सीमित नहीं होता है, वरन् राज्य में स्थित सभी जातियों की भागीदारी उसमें उसी प्रकार होती है, जैसे यह उन्हीं का पर्व हो।

गुरु रिंबुछी ठुंगकर छिछु तिब्बती कलेंडर के छठे महीने की १० तारीख को महागुरुपद्मसंभव का जन्मदिन पड़ता है। सिक्किम में भूटिया लोग धार्मिक पूजापाठ के जरिये बड़े उत्साह के साथ यह पर्व मनाते हैं। पांग **ल्हाब्सोल** यह एक प्रकार का अनोखा पर्व है, जिसको तीसरे छोगयाल (राजा) छाग्दोर नामग्याल ने सिक्किम में लोकप्रिय बनाया। इस पर्व में कंचनजंगा पर्वत की महानता की पूजा होती है। यह पर्व भूटिया और लेपचा भाईचारे संबंधी संधि से भी जुड़ा है, जो १३वीं शताब्दी में पर्वत कंचनजंगा को साक्षी मानकर लेपचा चीफ थेककोंगथेक और भूटिया प्रमुख खे बुम्सा के बीच संपन्न हुई थी। उसी की स्मृति में प्रत्येक वर्ष यह पर्व बड़े धूमधाम से मनाया जाता है।

तेंदोंग ल्हो रम फत यह लेपचा जनजाति का पर्व है, जो हर साल अगस्त महीने की ८ तारीख को मनाया जाता है। इसमें लेपचा पंडित बून्थिंग और मून, तेंदोंग पर्वत की पूजा रक्षक देवता रूप में करते हैं। तिहार नेपाली समाज का महत्त्वपूर्ण पर्व है, कुकुर तिहार, भाई टीका, काक तिहार आदि पर्व इसके साथ-साथ मनाया जाता है। लगभग इसी समय हिंदू लोग दीवाली पर्व मनाते हैं। दसैं हिंदू पर्व दशहरा ही है, जिसमें नेपाली समाज बहुत उत्साह के साथ अपने घरों को रँगते हैं, गेंदे के फूलों से घरों को सजाते हैं।

सोनम लोछार पर्व तामंग जाति का है, जो प्रकृति पूजा से संबंध रखता है। इस पर्व का समय बसंत पंचमी में आता है। फुम्छु तिब्बती कलेंडर के प्रथम महीने के १४वें दिन मनाया जाता है। यह टाशीदिंग गुंपा में होता है। इसमें संकेतों से स्पष्ट होता है कि अगला साल कैसा रहेगा। विज्ञान के इस दौर में भी विश्वास की जीत होती दिखती हैं, पढ़े-लिखे लोग भी बिना प्रश्न के आस्था से नतमस्तक होते हैं। यहीं पवित्र जल बाँटा जाता है, जिसका सेवन बहुत शुभ माना जाता है।

माघे संक्रांति भारत के अन्य भागों में मनाया जानेवाला मकर संक्रांति का पर्व ही सिक्किम में माघे संक्रांति के रूप में मनाते हैं। यह पर्व नदियों के संधि स्थल पर मनाया जाता है, बंतारुल कंदमूल इस अवसर में खाया जाता है। सावने संक्रांति लिंबू लोगों का पर्व है, जो जुलाई महीने में पड़ता है। शाम को ढोल बजाकर ये अपने घर में अपने देवता युमा का स्वागत करते हैं, क्योंकि उनका विश्वास है कि सर्वशक्तिमान ईश्वर 'तागेरा न्यिन्वाफुमा' अपने देवता रूप में सभी भक्तों के घर आते हैं और उन्हें खूब धन-धान्य से परिपूर्ण करके जाते हैं। तेयोंग्शी सिरिजंगा सावन तोंग्नम लिंबू भाषा की लिपि के जनक सिरिजंगा का जन्मदिन उनकी जाति के लोग एक पर्व की तरह मनाते हैं, जिन्होंने अपना जीवन अपने धर्म, भाषा और लिपि के लिए समर्पित किया।

राखी पूर्णिमा यह नेवार (प्रधान) जाति का पर्व है। इस पर्व में कोक्ति, जो नौ प्रकार की दालों से विशेष व्यंजन बनाया जाता है, जो बहुत पौष्टिक होता है। नौ प्रकार की दालों के मिश्रण का कोक्ति बनाना इनके खाने में विविधता को दरशाता है, वहीं इनके स्वास्थ्य

के प्रति सजगता के भाव को भी दरशाता है। साकेवां नेपाली की एक जाति खंबु राई का महत्त्वपूर्ण पर्व है। यह मई-जून की पूर्णिमा में पड़ता है। इस अवसर पर भूमि की पूजा होती है। यह कृषि आधारित पर्व है, जिसमें धरती और उससे जुड़े देवताओं की पूजा होती है ताकि हर मौसम में फसलों की स्थिति अच्छी बनी रहे।

बराहीमिजोंग बैसाख की पूर्णिमा के दिन इस पर्व का आयोजन होता है। यह पर्व मंगर जाति के लोग मनाते हैं। मंगर भाषा में 'बराही' भगवान को कहते हैं। तामू लोछार यह गुरुंग जाति के नए वर्ष के आगमन का पर्व है, जो पूस महीने में पड़ता है। ल्हाबब थिंचे, ठुको छी जि, सागा दावा पर्व भूटिया जाति और बौद्ध धर्मावलंबियों के लिए महत्त्वपूर्ण धार्मिक पर्व है। यह महात्मा बुद्ध के जीवन से संबंधित है। लोसूंग तिब्बती कलेंडर के दसवें महीने में इस पर्व का आयोजन होता है। यह भूटिया जाति का पर्व है। पके फसलों को बड़े उत्साह के साथ ईश्वर को चढ़ाया जाता है। जीरो, खाब्जे, चादुंग, चुरा विशेष इस अवसर पर बनाया जाता है। शराब, मांस, मछली का चलन खूब होता है।

नाम्सूंग पर्व लेप्चा जाति द्वारा उसी समय के आस पास मनाया जाता है, जब भूटिया जाति लोसुंग पर्व मनाते हैं। दोंकित कर्चा (लेपचा कलेंडर) के अनुसार इस पर्व का आरंभ 'कुर्नीत लोवो' दिसंबर के अंतिम दिन से आरंभ होकर जनवरी महीने में कुछ दिनों तक चलता है। यह पर्व सात दिनों तक चलता है। लोसार पर्व लुनार कलेंडर के अनुसार महीने के पहली तारीख को मनाया जाता है। कुछ भूटिया और तिब्बती लोग इस पर्व को मनाते हैं। अंग्रेजी कलेंडर के अनुसार यह पर्व फरवरी और मार्च महीने में पड़ता है। भूटिया और तिब्बती लोग जो बौद्ध धर्म को मानते हैं, इस समय शुद्ध शाकाहारी भोजन का प्रयोग करते हैं, महापूजा सिक्किम में बसनेवाले प्रधान जाति (नेवार) द्वारा मनाया जाता है। यह एक आत्मिक पूजा है, जो आत्मा की शुद्धि, उसके सशक्तीकरण और अपने को समझने की समझ पैदा करने के लिए की जाती है। इंद्रजत्रा नेपाली प्रधान (नेवार) समाज द्वारा यह पर्व मनाया जाता है। यह फसलों की कटाई संबंधित है।

लोक-विश्वास

सिक्किम के लोगों में धर्म का महत्त्वपूर्ण स्थान होने के कारण धार्मिक पर्वों की संख्या ज्यादा है। यहाँ के लोगों का जीवन कृषि पर आधारित है, इसलिए कई पर्व कृषि से संबंधित है। भूमंडलीकरण के दौर में जब सारा विश्व एक संस्कृति के छत्रच्छाया में आ गया है, ऐसे में आदिवासी समूह अपनी ऐतिहासिक धरोहर और परंपरा को बचाए रखने की, उसे जिलाए रखने की जद्दोजहद में लगे हुए हैं। आज संपूर्ण देश की स्थिति एवं परिस्थिति तेजी से बदली है, पर इन आदिवासी क्षेत्रों में बदलाव या तो हुआ नहीं या होने के नाम भर तक ही है। यहाँ की हरियाली, प्राकृतिक शुद्धता, वनस्पतियाँ, पर्वत, झीलें, जीव जंतु और जंगल सब कुछ अपने में अलग अहसास कराता है। यहाँ कई आदिवासी जातियाँ निवास करती इन निवासियों की अपनी भाषा और संस्कृति है। अपने अलग पर्व हैं, जिनको ये जातियाँ बड़े हर्षोल्लास से मनाते हैं। राज्य सरकार की ओर से सभी जातियों के महत्त्वपूर्ण पर्व-त्योहारों पर सरकारी अवकाश का प्रावधान है, और सभी पर्वों को सरकार की ओर से भी भव्य स्तर पर मनाया जाता है, जिसके कारण हर पर्व-त्योहारों में यहाँ के निवासी बड़े प्रसन्न भाव से शरीक होते हैं। सरकार के स्तर पर आयोजन होने के कारण हर धर्म जाति के लोग इसमें शामिल होते हैं, जो कि सामजिक समरसता की बड़ी मिसाल है। भूटिया नेपाली या लेपचा कोई किसी का भी परिधान पहने जीवन के प्रतीक पर्व-त्योहारों में बड़े हर्ष के साथ शरीक होते हैं, कहीं कोई वैमनस्य का भाव सिक्किम प्रांत में दिखाई नहीं पड़ता है। व्यापार, सेना और नौकरी के लिए आए कई लोग, जो भारत के विभिन्न प्रांतों से जुड़े हैं, वो भी इन भूटिया, लेपचा नेपाली जाति के मध्य अपनी संस्कृति का अस्तित्व लिए शांति से जी रहे हैं। कोई भी पर्व-त्योहार किसी वर्ग और जाति विशेष से जुड़ा नहीं रहा, उसमें सभी जातियों की भागीदारी पर्व की खुशी को दुगुना कर देती है। खान-पान रहन-सहन कोई भी तौर-तरीका अपने शुद्ध रूप में मौजूद नहीं है; उसके पीछे बहुत बड़ा कारण अन्य संस्कृतियों से प्रभाव ग्रहण करने का परिणाम है। भूटिया नेपाली परिधानों में दिख जाएँगे, शादी-विवाह जहाँ पहले अंतरजातीय नहीं होता था, उसको भी आज धीरे-धीरे स्वीकृति मिलती जा रही है। जो व्यंजन भूटिया या लेपचा जातियों का हुआ करता था, जीरो खाब्जे, चादुंग जैसे व्यंजन वहीं आज वो नेपाली जातियों में भी बनाया जाने लगा है। वहीं नेपाली जातियों में सेल रोटी, जो बनाया जाता है, वो भूटिया-लेपचा अन्य जातियों में भी दिख जाता है। पर्व-त्योहारों में सभी इस तरह शरीक होते हैं, जैसे सभी एक ही जातीय समुदाय से संबंधित हैं।

रंगोली : सिक्किम के समाज में विविध रंगों का समावेश है। यह विविध रंग अपने में विशेष रंग होते हुए भी एक साझा मिली-जुली रंगोली का निर्माण करते हैं। विविधता होने के वाबजूद कहीं उनमें संघर्ष नहीं हैं। तनाव की स्थिति नहीं है। कभी-कभी राजनैतिक सत्ता अपना घिनौना खेल खेलती है, उसका असर यहाँ-वहाँ दिखता भी है, परंतु यह असर हिंसा या तनाव की स्थिति पैदा करने तक में सफल नहीं होती है। कहीं कोई बीच का रास्ता निकल आता है, अब भी यहाँ की स्थानीय लोग सीधे-सादे हैं। उनकी भलमनसाहत में कोई नकारात्मक तत्त्व अपनी जगह बना नहीं पाया है। इसलिए बची हुई है इसकी पहचान, सबकी संस्कृति, क्योंकि यहाँ आज भी सबके फलने-फूलने के अवसर बचे हुए हैं ।

यहाँ कई संस्कृतियाँ एक साथ फल-फूल रही हैं , संस्कृति, भाषा, परंपरा में भिन्नता के बावजूद सिक्किम में शांति है। पूर्वोत्तर के अन्य प्रांतों की अपेक्षा सिक्किम में स्थिति सैलानियों के अनुकूल है। सिक्किम का निरंतर विकसित होना इस बात का प्रमाण है कि यहाँ फलने-फूलनेवाली संस्कृतियों में किसी तरह की कोई समस्या या मतभेद नहीं हैं, जिसने यहाँ शांतिपूर्ण वातावरण के निर्माण को प्रेरित किया, यहाँ की साझी संस्कृति ने समरस वातावरण का निर्माण किया, जहाँ हर संस्कृति अपनी समग्र विशेषता लिये जीवित अवस्था में मौजूद है।

□□

35 मेघालय की लोक-सांस्कृतिक विरासत

—माधवेंद्र पांडेय

खासी, जयंतिया और गारो जनजाति की निवास-भूमि के रूप में पूर्वोत्तर का मेघालय राज्य कई दृष्टियों से विशिष्ट माना जाता है। अपने शीतल परिवेश और भारत में अधिकतम वर्षा का क्षेत्र होने के कारण पूरे पूर्वोत्तर में यह अनूठा राज्य है। इस राज्य की खासी और जयंतिया पहाड़ियाँ अधिकतर चीड़वनों से आच्छादित हैं। यह इस क्षेत्र को एक अनोखे प्राकृतिक परिवेश से समृद्ध करता है। यहाँ निवास करनेवाली तीनों जनजातियाँ अपनी अलग सांस्कृतिक पहचान के कारण इस राज्य को एक विशिष्ट रूप में प्रस्तुत करती हैं। पूर्वोत्तर का स्कॉटलैंड कहा जानेवाला शिलांग शहर इस राज्य की राजधानी है।

जनजातीय स्थिति

लोक-संस्कृति किसी समाज की वह अभिव्यक्ति होती है, जिसमें उसकी लोक-चेतना के विविध रूपों का आरेखन होता है। नृत्य, गीत, उत्सव, लोककथाएँ, लोकगीत, पारंपरिक अनुष्ठान और जीवन-शैली आदि में उनके वे सांस्कृतिक मूल्य निहित होते हैं, जिनसे किसी समाज की संपूर्ण मानसिकता, उसका व्यवहार, उसकी प्रकृति आदि का ज्ञान होता है। यह लोक-संस्कृति ही किसी समाज के विकास का आधार होती है, जो मौखिक परंपराओं से हस्तांतरित होती हुई बृहत्तर सामाजिक मूल्यों के रूप में किसी जनजातीय समुदाय को उसकी पहचान प्रदान करती है। इसी में लोक-जीवन की विभिन्न कलाओं, जैसे भवन-निर्माण, बुनकरी, हस्तशिल्प आदि के बीज निहित होते हैं। प्रकृति के साथ लोक-जीवन के आत्मीय भाव के कारण इन कलाओं में प्रकृति विविध रूपों, रंगों में शामिल रहती है। प्रकृति इन लोककलाओं के साथ-साथ जीवन-शैली, स्वभाव को भी गहराई तक प्रभावित करती है।

बृहत्तर असम राज्य से अलग होकर २१ जनवरी, १९७२ को भारत के मानचित्र पर एक नए राज्य का उदय हुआ, जिसे प्रसिद्ध भाषाविद् सुनीति कुमार चटर्जी ने 'मेघालय' नाम दिया। भौगोलिक दृष्टि से मेघालय में पर्वतों की उत्तुंग श्रेणियाँ नहीं, बल्कि हरीतिमा से आवृत्त ऊँची पहाड़ियाँ हैं। पूरा मेघालय राज्य जनजाति बहुल है, जो तीन जनजातियों की निवास-भूमि है। मेघालय के पूर्वी क्षेत्र में खासी और जयंतिया पहाड़ियाँ हैं, जबकि पश्चिमी मेघालय को गारो हिल्स के नाम से जाना जाता है, जहाँ गारो जनजाति निवास करती है।

खासी पहाड़ियों में निवास करनेवाली खासी जनजाति अपनी सांस्कृतिक समृद्धि और पारंपरिक सामाजिक मूल्यों के लिए जानी जाती है। आदिम मूल्यों को आत्मसात् करते हुए इनकी विकास-यात्रा आगे बढ़ी है। जहाँ एक ओर ये अपने प्राचीन पारंपरिक मूल्यों को आज तक अपनाए हुए हैं, वहीं नई सामाजिक-राजनैतिक परिस्थितियों को स्वीकार करके नए जीवन-मूल्यों को भी इन्होंने अपनाया है। इनमें एक ओर पारंपरिक विश्वास एवं सांस्कृतिक पहचान के प्रति आग्रह है, दूसरी ओर विकास के नए सोपानों को ग्रहण करने की ललक भी है। इसी प्रवृत्ति के चलते खासियों को परंपरा एवं आधुनिकता के उत्कृष्ट संधिस्थल के रूप में देखा जा सकता है।

ईसाइयों के इस क्षेत्र में आने के पश्चात् यहाँ ईसाई धर्म का तेजी से विस्तार हुआ और क्रमश: यहाँ का समाज ईसाई धर्म को स्वीकार करता चला गया। वस्तुत: यहाँ के सामाजिक-सांस्कृतिक विकास में ईसाई मिशनरियों की बड़ी भूमिका रही है। आधुनिक शिक्षा, चिकित्सा एवं जीवनयापन की नई पद्धतियों से इनका परिचय सबसे पहले ईसाई मिशनरियों ने ही करवाया। इसका परिणाम यह हुआ कि खासियों का एक छोटे वर्ग, जो अपने को 'सेङ् खासी' कहते हैं और जो आज भी प्रकृति, पर्वतों, वनों, पत्थरों इत्यादि की पूजा करते हैं, अपने धर्म को छोड़कर अधिकांश ईसाई धर्म को स्वीकार कर चुके हैं, जिसके कारण इनकी जीवन-शैली, दिनचर्या, रहन-सहन इत्यादि पर पश्चिमी जीवन-शैली का अतिशय प्रभाव दिखाई देता है।

खासी जनजाति के उद्‌भव और विकास के संदर्भ में अगर इनके मूल निवास-स्थान की बात की जाए तो यह जनजाति प्रोटो-ऑस्ट्राइड समूह के मॉन-ख्मेर वर्ग से संबद्ध मानी जाती है, जिसकी एक शाखा कंबोडिया और उसके आस-पास के क्षेत्रों में निवास करती थी। खासिया की एक प्राचीन मान्यता भी इसकी पुष्टि करती है। उनका मानना है कि उनके पूर्वज सदियों से किसी ऐसे स्थान पर रहते थे, जो स्वर्ग की तरह था और वे वहीं से आकर खासी पहाड़ियों में बसे। खासी लोककथाओं में 'सोत्तिजुक' (सत्ययुग) की चर्चा की गई है। आज भी पारंपरिक खासी समाज में विभिन्न अनुष्ठानों के दौरान इस 'सोत्तिजुक' शब्द का प्रयोग पुजारी द्वारा किया जाता है। खासी साहित्य के विद्वान् डॉ. एच.डब्ल्यू. स्टेन यह निश्चित नहीं कर पाते कि यह शब्द संस्कृत के सत्ययुग से लिया गया है या नहीं, लेकिन यह स्वीकार करते हैं कि कुछ लेखक इस युग का उल्लेख 'एइम क्षिअार' के रूप में करते हैं, जिसका अर्थ है, 'अच्छा युग'। खासी विद्वान् होमीवेल लिंगडो के अनुसार खासियों के पूर्वज नौगाँव, हाफलांग, लुमडिंग होते हुए खासी पहाड़ियों में पहुँचे थे, जो कुपली नदी के दूसरी ओर था। खासी पहले जयंतिया पहाड़ियों में बसे और बाद में खासी पहाड़ियों को अपना निवास बनाया।

लोक-विश्वास

प्रागैतिहासिक काल में मिले साक्ष्यों के आधार पर कहा जाता है कि सन् ४०० ईसवी के आस-पास पश्चिमी चीन से बहुत से लोग तिब्बत के रास्ते बर्मा में आए। किंतु बर्मा में रहनेवाले कुछ शक्तिशाली जनजातीय समूहों ने इन लोगों को असम की ओर खदेड़ दिया। वहीं से ये खासी पहाड़ियों की ओर आए। इस समूह में खासी जनजाति के लोग भी रहे होंगे, ऐसी मान्यता यहाँ के खासी विद्वानों की है। खासी समाज में प्रचलित एक लोककथा से कमोबेश इस बात की पुष्टि होती है कि खासी अपने प्राचीन मूल स्थान से विरत होकर इस क्षेत्र में आ बसे। इस कथा के अनुसार ईश्वर ने स्वर्ग में सोलह परिवार बनाए थे। ये परिवार प्रतिदिन स्वर्ग से पृथ्वी पर खेती करने आते और शाम को काम समाप्त करने के बाद स्वर्ग और पृथ्वी के मध्य स्थित सोहपेतनेंग सेतु से वापस चले जाते थे। एक बार इनमें से सात परिवारों ने ईश्वर की इच्छा के विरुद्ध कार्य किया, जिससे नाराज होकर ईश्वर ने पृथ्वी और स्वर्ग के बीच का सेतु तोड़ दिया, जिससे ये सातों परिवार पृथ्वी पर पीड़ा भोगने के लिए रह गए।

जो अपराध इन परिवारों ने किया था, उसका उल्लेख भी एक दंतकथा में मिलता है। इस कथा के अनुसार ईश्वर ने अपने दूत के माध्यम से, जो एक बैल था, पृथ्वी पर मनुष्यों को यह संदेश भिजवाया कि वे अपने भोजन के लिए सुबह-शाम सिर्फ एक मुट्ठी चावल पकाएँ और आनंद से रहें। परंतु काले कौवे (रावेन) रूपी प्रलोभक्त के कारण वह बैल ईश्वर का संदेश भूल गया और उसने एक सेर चावल पकाने के लिए कह दिया। ईश्वर ने जब यह देखा तो उसने नाराज होकर अपनी सुनहली छड़ी से बैल के सभी ऊपरी दाँतों को तोड़ दिया और उसकी दाहिनी ओर प्रहार किया, जिससे उसकी पीठ में एक गड्ढा हो गया। ईश्वर ने कौवे को भी पकड़कर उसके पंखों को काली हँड़िया की कालिख से काला कर दिया। खासियों का विश्वास है कि इसी घटना के कारण वे अपने मूल स्थान से दूर इन पहाड़ियों में निवास करते हैं।

विभिन्न खासी विद्वानों ने खासियों के संबद्ध आर्यों से भी जोड़कर देखने का प्रयास किया है। होमीवेल लिंगडो ने इन सात खासी परिवारों का संबंध हिंदू सप्तर्षियों से जोड़ने की कोशिश भी की है, परंतु अधिकांश विद्वान् इससे इनकार करते हैं और अपने आपको खासी क्षेत्र का मूल निवासी मानना पसंद करते हैं। प्रसिद्ध इतिहासकार श्री आर. सी. मजूमदार भारत की प्राचीन जनजातियों में खासियों का उल्लेख करते हैं, जो योद्धा के रूप में प्रसिद्ध थे। कुछ विद्वानों के अनुसार रामचरितमानस के उत्तरकांड में अन्य पूर्वी जनजातियों के साथ खासी जनजाति का भी उल्लेख आया है। स्पष्ट है कि खासी भारत का अति प्राचीन जनजातीय समुदाय है, जिसकी सांस्कृतिक विरासत अत्यंत समृद्ध है और जो अपनी वैचारिकता, रहन-सहन और व्यवहार के कारण विश्व के सर्वश्रेष्ठ मानव-समूहों में परिगणित किए जा सकते हैं। व्यक्तित्व विकास और स्वभाव में तो ये अन्य, तथाकथित विकसित मानव समूहों से बहुत उन्नत हैं। आचरण इतना सहज कि चोरी की अवधारणा इनके जीवन में नहीं मिलती। इसी तरह दूसरों को कष्ट देना या हिंसा करना इनके स्वभाव में ही नहीं है। स्वभाव में अत्यंत सहनशील तथा कोमल खासीजन अपने जीवन में इतने शालीन और सरल होते हैं कि उनके रूप में हम एक सहज मनुष्य को देख सकते हैं।

सांस्कृतिक विकास को भाषा एवं साहित्य के विकास से भी आरेखित किया जा सकता है। इस दृष्टि से खासी भाषा ऑस्ट्रो-एशियाटिक भाषा परिवार की भाषा है, जो तिब्बत-बर्मी और इंडो-आर्य भाषा परिवार की भाषाओं से घिरी हुई है। भाषा वैज्ञानिकों का विचार है कि ऑस्ट्रो एशियाटिक भाषा-परिवार की भाषाएँ भारत में खासी पहाड़ियों को छोड़कर केवल अंडमान-निकोबार द्वीप समूह के कुछ द्वीपों में तथा मुंडा जनजाति के कुछ समूहों द्वारा बोली जाती हैं। इस भाषा-परिवार की सबसे महत्त्वपूर्ण शाखा मोन-ख्मेर समूह की भाषाओं को माना जाता है, जो दक्षिण-पूर्वी एशिया के दक्षिणी वियतनाम, लाओस, कंपूचिया तथा मलेशिया के कुछ भागों में बोली जाती हैं। खासी पहाड़ियों में इस भाषा का संपर्क विभिन्न इंडो-आर्यन भाषाओं से हुआ तथा आज खासी भाषा में विभिन्न भारतीय भाषाओं के तमाम शब्द मिलते हैं, जो समयांतराल में अपनी ध्वनियों को परिवर्तित कर खासी टोन के साथ बोले जाते हैं। इन शब्दों में बँगला और हिंदी के अलावा अरबी, तुर्की, अंग्रेजी के तमाम शब्द लिये गए हैं, जिन्हें ध्वनि परिवर्तन के कारण पहचानना भी कठिन होता है।

खासी सामाजिक स्थिति

खासी समाज आनी मातृसत्तात्मक परंपरा के कारण विशिष्ट माना जाता है। परिवार की मुखिया महिला होती है तथा संतानों को माँ के वंशनाम से जाना जाता है। यहाँ तक कि संपत्ति का हस्तांतरण माँ से छोटी पुत्री को होता है, जिससे खासी में 'खड्डो' कहते हैं। अत: खासी संस्कृति में महिलाओं को अत्यधिक शक्तिसंपन्न और प्रभावशाली दर्जा हासिल है, वस्तुत: जिस तरह की सामाजिक प्रतिष्ठा और आर्थिक संपन्नता महिलाओं को इस समाज में प्राप्त हैं, वह पूरे देश के लिए नारी सशक्तीकरण का एक बड़ा उदाहरण है। जहाँ देश के दूसरे हिस्सों में पारिवारिक, आर्थिक व अन्य महत्त्वपूर्ण निर्णयों में स्त्री की राय को अंतिम नहीं माना जाता है, वहीं खासी समाज में स्त्रियों का निर्णय ही मान्य होता है। यद्यपि नए प्रभावों और तथाकथित आधुनिकता के दबावों ने इसमें दखल दिया है, परंतु आज भी यह इस समाज की प्रमुख विशेषता है।

खासी समाज अपनी सांस्कृतिक विरासत के लिए जाना जाता है। नृत्य-संगीत, खानपान, रहन-सहन में ये पूर्वोत्तर के अन्य जनजातीय समूहों से भिन्न है। इसका कारण वे सांस्कृतिक मूल्य हैं, जो प्राचीन काल से इनमें लोककथाओं और मौखिक परंपरा के द्वारा हस्तांतरित हुए हैं। लोक-साहित्य की यह वाचिक परंपरा 'फवार' के नाम से जानी जाती है। 'फवार' की परंपरा खासी समाज में आज भी प्रचलित है। मौखिक परंपरा के युग में खासी कथावाचकों

द्वारा लंबी कहानियों का वाचन दो-तीन घंटों से लेकर दस-बारह घंटों तक हो सकता था। इस कथावाचन के दौरान खासी ग्राम्यजन समूह में एकत्र होते थे और खासी लोक-परंपरा एक पीढ़ी से दूसरी पीढ़ी को हस्तांतरित होती थी। इसी के साथ विभिन्न लोकवाद्यों की संगत में लोककवि अपनी कविता की सांगीतिक प्रस्तुति भी करते थे, जिससे पूरा वातावरण उत्सवमय हो जाता था। यद्यपि आज आधुनिक मनोरंजन के साधनों ने लोक की इस परंपरा को कमजोर किया है तथा अब यह परंपरा ग्राम्यांचलों में ही सिमटकर रह गई है, फिर भी खासी लोक-परंपरा के विकास में इसका महत्त्वपूर्ण योगदान है।

खासी पर्व-उत्सव

खासी समाज उत्सवप्रिय होता है। खासी ही नहीं, पूर्वोत्तर के सभी जनजातीय समुदाय अपनी सांस्कृतिक विरासत में अत्यधिक समृद्ध हैं और लोकगीत, लोकनृत्य, लोककथा आदि के माध्यम से इनकी उर्वर रचनाशीलता प्रकट होती रहती है। इस संदर्भ में कहा जा सकता है कि खासी जन अपनी सांगीतिक विरासत में अत्यंत विशिष्ट होते हैं। इनके तमाम पर्व, उत्सव संगीत की नूतन भंगिमाओं से युक्त होते हैं, साथ ही कृषि कार्य के तमाम चरण संगीत के साथ ही संपन्न होते हैं। फसल की बोआई से लेकर उसके तैयार होने के क्रम में विभिन्न उत्सव मनाए जाते हैं, जिसमें अच्छी बारिश, अच्छी फसल के लिए प्रार्थना और आपदाओं से बचाव की कामना दिखाई देती है। फसल तैयार होने पर पूरा समुदाय सामूहिक उत्सव मनाता है।

इन खासी उत्सवों में 'शाद सुक मिनसेम' और 'नांक्रेम नृत्य' सर्वाधिक प्रसिद्ध हैं। नांक्रेम नृत्य प्राचीन एवं पारंपरिक वार्षिक उत्सव है। ढोल एवं तुरहीनुमा बाँसुरी की समवेत ध्वनि के साथ मनाया जानेवाला यह उत्सव खासी युवाओं के सामूहिक नृत्य के साथ संपन्न होता है। संगीत की लय पर युवाओं के थिरकते कदम इसे अद्‌भुत बना देते हैं। सामान्यत: यह उत्सव नवंबर में मनाया जाता है। खासी दरबार द्वारा तिथि के निर्धारित होने के बाद विभिन्न गाँवों को चढ़ावे के साथ उत्सव में शामिल होने की सूचना दी जाती है। उत्सव के दिन सूर्योदय के साथ ही ढोलियों द्वारा ढोल बजाना आरंभ हो जाता है। उत्सव की शुरुआत पारंपरिक पूजन एवं चढ़ावे के साथ होती है, जिसे 'सिएम' (खासी मुखिया) संपन्न करता है। तत्पश्चात् ढोल, तुरही और बाँसुरी आदि वाद्ययंत्रों के साथ पारंपरिक धुन पर सामूहिक नृत्य आरंभ होता है, जिसमें भव्य पारंपरिक रंग-बिरंगे वस्त्रों में सुसज्जित गोलाई में थिरकते युवक-युवतियाँ उत्सव को चरम पर पहुँचा देते हैं।

खासियों का दूसरा महत्त्वपूर्ण उत्सव है, 'शाद सुक मिनसेम', जिसका शाब्दिक अर्थ है, आनंदपूर्ण हृदय का नृत्य। यह एक प्रकार का वसंतोत्सव होता है, जिसमें फसल की बोआई के ठीक पहले ईश्वर से उसकी कृपा और अनुकंपा के लिए प्रार्थना की जाती है और नए उत्सव के साथ कृषि-कार्य आरंभ किया जाता है। रंग-बिरंगे परिधानों में सुसज्जित पूरा समुदाय सामूहिक नृत्य के माध्यम से अपनी चेतना को प्रकट करता है।

खासी पहनावा-पोशाक

पारंपरिक रूप से खासी पुरुष खुली बाँह का कोट पहनते हैं, जिसे 'जिमफोंग' कहते हैं। इसका निचला हिस्सा झालरदार होता है। यद्यपि आज पाश्चात्य प्रभाव के कारण पश्चिमी परिधानों की प्रधानता हो गई

है, परंतु त्योहारों के अवसर पर आज भी पारंपरिक वस्त्र पहने जाते हैं। गाँवों में पारंपरिक रूप से धोती और विशेष प्रकार का कुर्ता पहने जाने का प्रचलन है। बुजुर्ग खासी पुरुष पगड़ी भी धारण करते हैं। खासी स्त्रियाँ पारंपरिक रूप से 'जैनसम' नाम वस्त्र पहनती हैं, जो अपनी बनावट में अत्यंत सुरुचिपूर्ण होता है और व्यक्तित्व को शालीनता प्रदान करता है। आज जैनसम के लिए मूँगा, सिल्क आदि का प्रयोग भी होता है, जो इस पहनावे को भव्यता प्रदान करता है।

पूजा-आस्था

प्रकृति के प्रति अनन्य प्रेम और सौंदर्य के प्रति प्रगाढ़ निष्ठा के कारण खासी समुदाय प्रकृति को ईश्वर के रूप में पूजता है। प्रकृति से उनके हृदय का जुड़ाव उनकी विविध में पवित्र वनों (सेक्रेड ग्रूव्स) की पूजा इनकी अनमोल विरासत है। पारंपरिक रूप से निर्धारित वन के निश्चित भू-भाग में ईश्वरी शक्तियों का निवास मानकर ये एक पूरे वनांचल की पूजा परमशक्ति के अधिवास के रूप में करते हैं। यह वनांचल पूरी तरह संरक्षित होता है। यहाँ तक कि मुखिया की अनुमति के बिना इसमें प्रवेश करना भी निषिद्ध होता है। इस वनांचल के निश्चित भू-भाग में विभिन्न प्रस्तरखंडों के बीच पूजन-स्थल निर्धारित होते हैं, जहाँ विभिन्न प्रकार के धार्मिक अनुष्ठान और चढ़ावे का काम संपन्न होता है। खासीजन ऐसा मानते हैं कि उनके हित और कल्याण को नियंत्रित करनेवाली दैवी शक्तियो को यहाँ पूजन द्वारा प्रसन्न किया जा सकता है। इसलिए विभिन्न अवसरों पर ये समूह में एकत्र होते हैं और नृत्य-संगीत के साथ ईश्वर की उपासना करते हैं। यद्यपि आज खासियों का बहुत बड़ा भाग ईसाई धर्म स्वीकार कर चुका है। फिर भी उनमें अपने पारंपरिक विश्वासों, मान्यताओं के प्रति आस्था बनी हुई है। आदिम काल से इन वनों के संरक्षण के कारण विभिन्न दुर्लभ प्रजातियों की वनस्पतियाँ इन वनों में बची हुई हैं। इसीलिए ये वन आज विश्व धरोहर के रूप में जाने जाते हैं और पूरे संसार में वनस्पतिशास्त्र के अध्येता यहाँ दुर्लभ प्रजातियों की वनस्पतियों पर शोध कार्य करने के लिए विश्व के कोने-कोने से आते हैं। इन पवित्र वनों के प्रति खासी समुदाय की आस्था इतनी प्रगाढ़ है कि इन वनों से एक पत्ता तथा लकड़ी का टुकड़ा भी कोई बाहर नहीं ले जा सकता। ऐसी मान्यता है कि यदि किसी ने छिपकर ऐसा किया तो वह दैवी कोप का शिकार होगा। प्रकृति के प्रति ऐसी अनन्य आस्था शायद ही अन्यत्र प्राप्त हो। अपनी जीवन-शैली में अत्यंत सफाई पसंद खासी समुदाय मन से जितने सरल और ईमानदार होते हैं, अखिल भारतीय संदर्भ में इसकी परिकल्पना भी असंभव सी लगती है। यद्यपि आधुनिक मीडिया और बाहर के लोगों की चातुर्य-चालों से इनमें कुछ बदलाव आने लगा है, परंतु आज भी इनकी सहजता अद्वितीय है। प्रकृति के सहज साहचर्य का प्रभाव इनकी जीवन-शैली में देखा जा सकता है।

जयंतिया जनजातीय स्थिति

मेघालय की जयंतिया पहाड़ियों में निवास करनेवाला जनसमुदाय जयंतिया नाम से जाना जाता है। और अपनी सांस्कृतिक विरासत को खासियों से कुछ भिन्न रूप में प्रस्तुत करता है। प्राचीन समय में यह जनजाति वर्तमान जयंतिया क्षेत्र के अतिरिक्त खासी पहाड़ियों, कछार पहाड़ी, असम के कुछ क्षेत्रों तथा उत्तरी बँगलादेश के विभिन्न क्षेत्रों तक फैली हुई थी। इस पूरे क्षेत्र का प्राचीन नाम जयंतीपुर था, जिसका केंद्र गोवाई था। इस क्षेत्र के नरतियांग गाँव में आज भी दुर्गा के आदि शक्तिपीठ में से एक जयंतीदेवी का अति प्राचीन मंदिर है। इस जयंतिया राज्य के शासक यहाँ के प्राचीन निवासी सिंटेंग लोग थे। कुछ विद्वानों का मत है कि जयंती देवी के नाम के आधार पर यहाँ निवास करनेवाले लोगों को जयंतिया कहा गया और यह पूरा क्षेत्र जयंतिया हिल्स के नाम से प्रसिद्ध है। जबकि कुछ विद्वानों का मत है कि यह नाम सिंटेंग समुदाय की अपनी भाषा से प्रचलन में आया है। जयंतिया जनजाति को प्नार नाम से भी जाना जाता है, जो ऐतिहासिक परंपरा के आधार पर अपने को खासी समुदाय से जोड़कर देखते हैं और अपने आपको 'हिन्युत्रेप' अर्थात् सात परिवारों का वंशज मानते हैं। प्राचीन काल में कुछ जयंतिया शासकों द्वारा हिंदू धर्म स्वीकार किए जाने के कारण कुछ अंशों में हिंदू धर्म का प्रचलन इस क्षेत्र में पाया जाता है। आज भी इनके कुछ नाम हिंदू देवी-देवताओं के नामों पर आधारित हैं। कुछ जयंतिया विद्वानों का मानना है कि जयंतिया जनजाति का अपना धर्म था, जो नियमत्रे नाम से जाना जाता था। इस धर्म को वे दैवीय स्रोत से आया हुआ मानते हैं। इनकी धार्मिक मान्यताओं के तीन मूलभूत सिद्धांत हैं। पहला 'कमाई एइ हक', दूसरा 'तिपब्र तिपब्लइ' और तीसरा 'तिपकुर तिपखा'। इनका अर्थ है—जीवन को सही ढंग

से जीना, सबके प्रति कर्तव्यों का पालन करना तथा माता-पिता एवं उनके परिवरों के प्रति आदर-भाव रखना। इस प्रकार 'नियमत्रे' धर्म ईश्वर-प्राप्ति के लिए मनुष्य मात्र में समता के भाव को महत्त्व देता है।

जयंतिया लोकपर्व-उत्सव

जयंतिया जनजाति का सबसे प्रमुख उत्सव 'बेहडिनख्लाम' है, जो जयंतिया क्षेत्र के मुख्यालय जोवाई में तीन दिनों तक मनाया जाता है। बेहडिनख्लाम का शाब्दिक अर्थ होता है, 'विभिन्न प्रकार के दोषों का परिहार'। प्नार समुदाय द्वारा ईश्वर की उपासना के रूप में मनाया जानेवाला यह उत्सव सात झोंपड़ियों के प्रति उनकी श्रद्धा को प्रकट करता है, जिसके कारण ईश्वर सर्वप्रथम उस क्षेत्र में प्रकट हुआ तथा जिसकी कृपा से तमाम प्राकृतिक आपदाओं जैसे प्लेग, हैजा, सूखा आदि से इस पूरे क्षेत्र को मुक्ति मिली। इस दिन प्नार समुदाय के लोग अपने, त्राणदाता 'मूलौंग', 'मरलौंग ओ मुखाई' तथा 'मुसनियांग' नामक देवताओं के समक्ष एकंत्र होते हैं और विभिन्न प्राकृतिक आपदाओं से बचने के लिए उनकी सलाह पर 'बेहडेनख्लाम' नामक उत्सव मनाते हैं। इसलिए इस उत्सव को प्राकृतिक आपदाओं से मुक्ति के रूप में भी मनाया जाता है। सामान्यत: जुलाई महीने में मनाए जानेवाले इस उत्सव को उत्तम कृषि और संपन्नता के लिए ईश्वरीय आशीर्वाद प्राप्त करने के लिए मनाने की परंपरा है।

जयंतिया जनजाति का प्रमुख उत्सव लाहो है, जो इसके पूर्वी क्षेत्र में मनाया जाता है। जयंतिया युवक-युवतियाँ नृत्य करते हुए संगीत की अद्वितीय प्रस्तुति से पूरे वातावरण को आनंद और उल्लास से आपूरित कर देते हैं। इसी तरह बोआई के अवसर पर मनाया जानेवाला 'शाद सुकरा' पर्व भी बड़े उल्लास के साथ संपन्न होता है।

जयंतिया भाषा को 'प्नार' नाम से भी जाना जाता है, जिसकी कई बोलियाँ हैं। प्नार या जयंतिया भाषा खासी की ही एक उपभाषा है, जो चारों ओर से विभिन्न भाषाओं से घिरी हुई है। जयंतिया समुदाय की वाचिक परंपरा खासियों से भिन्न हाते हुए भी खासी धार्मिक विश्वासों से बहुत अलग नहीं है।

गारो जनजातीय स्थिति

मेघालय की तीसरी जनजाति गारो है, जो मेघालय के पश्चिमी हिस्से में गारो पहाड़ियों में निवास करती है। इसका मुख्यालय तुरा में है। गारो जनजाति के विषय में कहा जाता है कि इनका मूल स्थान तिब्बत में था। ये कई समूहों में प्रव्रजित होकर असम से होते हुए गारो पहाड़ियों में बस गए। इनके विभिन्न पारंपरिक रस्म, विश्वासों आदि पर तिब्बत का प्रभाव दिखाई देता है। याक की पूँछ का विभिन्न उत्सवों में प्रयोग उन्हें तिब्बत मे पाए जानेवाले याक नामक पशु से जोड़ता है।

गारो जनजाति की भाषा चीनी-तिब्बती भाषा परिवार की बोडो उपसमूह से संबंधित है। इससे भी यह बात सिद्ध होती है कि गारो जन का मूल स्थान कहीं अन्यत्र था और असम के विभिन्न भागों में समय-समय पर निवास करने के पश्चात् ये इन पहाड़ियों में बस गए।

गारो लोक-परंपराएँ

'गारो' नाम के विषय में कई मत हैं। एक मत के अनुसार प्राचीन काल में इनके एक राजा का नाम गारो मंडे था, जिसने पूरी जनजाति को अपना नाम दिया और यह पूरा क्षेत्र 'गार-आ-सौंग' कहलाया। गारो अपने को 'आचिक' या 'आचिक मंडे' कहते हैं।

गारो जनजाति की समृद्ध लोक-परंपरा वाचिक साहित्य के माध्यम से पीढ़ी-दर-पीढ़ी हस्तांतरित होती आई है। यद्यपि इतनी समृद्ध वाचिक परंपरा के साहित्य को आज भी व्यवस्थित ढंग से संकलित नहीं किया जा सका है। फिर भी इनके विविध रूप, जैसे तोलकचिया (पहेलियाँ), कत्ता मेआपा (लोकोक्तियाँ), कत्ता रोंगचु (पारंपरिक कथाएँ), माआंबि (पारंपरिक इतिहास) आदि को संरक्षित करने का प्रयास शुरू हो चुका है। विभिन्न सामाजिक-सांस्कृतिक अवसरों से संबंधित गीत, जैसे वंगाला अर्थात् शस्य-पर्व के समय मनाए जानेवाले 'दानी ढोका' और 'अजेया' समारोहों के गीत, शोकगीत, गृहप्रवेश तथा झूम खेती के विविध चरणों से संबंधित गीत इनकी सांस्कृतिक विरासत को अत्यंत समृद्ध रूप प्रदान करते हैं।

गारो लोकगाथाएँ

इनकी महाकाव्यात्मक लोकगाथा 'कत्ता अगना' के नाम से जानी जाती है, जिसमें उस पौराणिक स्थान का वर्णन है, जहाँ प्राचीनकाल के गौरवशाली वीर पुरुष और स्त्रियाँ निवास करती थीं। इन प्राचीन गाथाओं में 'दिक्की' और 'बंदी' की वीरगाथा अत्यंत प्रसिद्ध है। प्राचीन वीर बंदी की वीरता का गौरव गान इस प्रकार किया गया है—

मेघगर्जन और बिजली के देवता गोएरा के समान है,
कंठस्वर जिसका,
प्रकाश के देवता सालगिरा के समान है चेहरा,
वास्तविक वीर नायक
उषाकालीन सूर्य के किरणपुंज के समान,
अपने एकाकी वैभव में,
शोभित है वह पूर्ण गौरव के साथ।

गारो लोकगीत-नृत्य

पारंपरिक लोकगीत और नृत्य गारो जनजाति के सामाजिक समारोहों तथा धार्मिक अनुष्ठानों का प्रमुख अंग होते हैं। वृक्ष के विशेष तने से बने लंबे ढोलों और बाँसुरियों के समवेत स्वरों पर थिरकते ये उत्सवप्रिय लोग समूह रूप में आकर्षक नृत्य करते हैं। नृत्य के माध्यम से पुरुषों द्वारा वीरता का प्रदर्शन युद्ध-नृत्य के रूप में किया जाता है। गारो जनजाति का प्रमुख उत्सव वंगाला होता है, जो वस्तुत: कृषिपर्व है और फसल की कटाई के बाद पूरे उत्साह के साथ मनाया जाता है। वस्तुत: गारो अर्थव्यवस्था कृषि पर आधारित है और इन पहाड़ियों में झूम खेती का प्रचलन है। झाड़ियों को काटकर सफाई करने के बाद

भूमि को कृषियोग्य बनाने से लेकर फसल की कटाई तक विभिन्न उत्सव मनाए जाते हैं। झूम खेती के लिए भूमि साफ करने के साथ धान की देवी 'रोक्किमे' की पूजा करते हुए गारो कृषक कहता है—

पोई, दूर हो जाओ अपवित्रता
फलने-फूलने दो धान को
फूलने दो कपास को और फलने दो फलों को
आशीर्वाद दो, मैं करता हूँ अनुरोध
हिस्सा दो मुझे, मैं करता हूँ प्रार्थना,
इस समूची पहाड़ी से
और इस कृषि-योग्य भूमि से
पोइ, फूट हो जाओ अपवित्रता।

वंगाला उत्सव कृषि के देवता 'मिसि सालजौंग' को प्रसन्न करने के लिए मनाया जाता है। इस दौरान कई प्रकार के गीतों और नृत्यों का आयोजन होता है। इनमें से एक है 'दानी दोका', जो बुजुर्ग पुरुषों का नृत्य होता है। इसमें युवा पुरुषों और स्त्रियों की भागीदारी नहीं होती। बुजुर्ग पुरुष आभूषणों से सजे हुए बाँहों में बाँहें डाले लाऊ (लौकी) के पात्र से एक दूसरे के मुँह में चावल की मदिरा डालते हुए पूरे गाँव में घूम-घूमकर नृत्य करते हैं।

वंगाला उत्सव से जुड़ी हुई लोककथाओं में 'आसे' और 'मालजा' की कथा प्रमुख है, जो उत्सव में सम्मिलित नहीं हुए और जिन्होंने उत्सव में भोजन भी नहीं किया। यह देवता 'मिसि सालजौंग' का अपमान था। परिणामस्वरूप दैवी कोप से 'आसे' शेरनी का शिकार हो गया और 'मालजा' को मत्स्य कन्या ले गई। वंगाला उत्सव में यह कथा मार्मिक लोकगीत के रूप में गाई जाती है।

लोकवाद्य

प्रकृति से जीवन की शिक्षा लेनेवाली गारो जनजाति के गीत के सुर और नृत्य के ताल भी प्रकृति से ही निर्मित हैं। उनके वाद्ययंत्र भी प्रकृति के उपकरणों से ही बनते हैं। पारंपरिक गारो वाद्ययंत्रों में कई प्रकार के ढोल, बाँस और झींग के बने सुषिर वाद्य और धातु के बने घंटे होते हैं। ढोलक बनाने के लिए 'गंबील' वृक्ष की लकड़ी का प्रयोग होता है। सबसे प्रमुख और लोकप्रिय वाद्य 'दामा' है, जो आकार में लंबा होता है। एक अन्य ढोलक 'क्रम' कहलाता है। 'नाग्रा' एक विशेष प्रकार का बड़ा ढोलक होता है, जो 'नोकमा' के घर गाँववालों को बुलाने के लिए बजाया जाता है।

सुषिर वाद्यों में कई प्रकार की बाँसुरियाँ होती हैं, जिसमें 'अदिल,' 'सिंगा' और 'ओतेक्रा', 'इलौंग्मा', 'बांग्शी', 'इम्बिन्गी' प्रमुख हैं। 'अदिल' और 'सिंगा' भैंसों के सींग से बनाए जाते हैं। गारो संस्कृति में घंटों को विशेष महत्त्व प्राप्त है।

वस्त्राभूषण : गारों पुरुषों का मुख्य पारंपरिक परिधान 'गंडो' होता है, जिसमें नीली-लाल धारियाँ बनी होती हैं।

गारों महिलाएँ 'डाकमांडा' नामक लुँगी पहनती हैं, उनके आभूषणों में हार, कंगन, बाली आदि होते हैं। समय के साथ पारंपरिक गारो परिधानों और आभूषणों का प्रचलन समाप्त होता जा रहा है और युवा पीढ़ी आधुनिक परिधानों को अपना रही है।

लोककलाएँ

पारंपरिक गारो हस्तकलाएँ और हथकरघा के बने वस्त्र प्रसिद्ध हैं। परंतु ये स्थानीय आवश्यकताओं की पूर्ति के लिए ही पर्याप्त हैं। उनका धर्म प्रकृति के उपकरणों और सृष्टि के अवयवों से प्रेरित है। इसलिए उनका जीवन-दर्शन सहज-सरल है। पारंपरिक गारो धार्मिक विश्वास के अनुसार पृथ्वी का सृजन, प्राकृतिक घटनाओं का नियंत्रण तथा जन्म से मृत्युपर्यंत मानव जीवन की नियति दैवी शक्तियों के हाथ में रहती है। गारो विश्वास के अनुसार मानव आत्मा मृत्यु के बाद 'बलपकरम' नामक स्थान पर चली जाती है और वहाँ कुछ समय तक रहने के बाद उसका पुनर्जन्म होता है।

लोकविश्वास

पारंपरिक गारो धर्म के प्रमुख देवताओं में 'टाटरा-राबुगा' का नाम सृष्टिकर्ता के रूप में लिया जाता है। पृथ्वी की सृष्टि के संबंध में गारो विश्वास के अनुसार 'तातारा-राबुगा' पृथ्वी की रचना करना चाहते थे और इसके लिए वह 'नोपांटु' नामक देवी स्त्री का वेश बनाकर पृथ्वी पर आई। उसने एक गुबरैले से मिट्टी मँगवाई और पृथ्वी की रचना की। 'तातारा-राबुगा' ने सूर्य, चंद्र और हवा की सहायता से धरती को सुखाया और सख्त बनाया। 'तातारा' ने धरती को 'रिकिंग' या घाघरा दिया, बादलों को पगड़ी दी और पेड़-पौधों को बाल दिए। सृष्टिकर्ता ने नदियों की सृष्टि की और वर्षा को पृथ्वी को

सींचने के लिए भेजा। गारो जन के अंतिम संस्कार की परंपरा में पूर्वजों के लिए असीम श्रद्धा झलकती है, जैसे आत्माओं के लिए भोजन का अर्पण और स्मृति-चिह्नों का निर्माण, गारो जन के विश्वास के अनुसार प्राकृतिक घटनाएँ, जैसे मेघगर्जन, बिजली का चमकना, वर्षा, आँधी, भूकंप, ग्रहण और पुच्छल तारों का प्रकट होना दैवी शक्तियों द्वारा परिचालित होता है और उपासना द्वारा इन शक्तियों को प्रसन्न करना आवश्यक है।

अंग्रेजों के आगमन के साथ ही मेघालय की पहाड़ियों में आधुनिकता और ईसाई धर्म का आगमन हुआ और धीरे-धीरे खासी, जयंतिया और गारो समुदाय के पारंपरिक धार्मिक विश्वास धूमिल पड़ते चले गए। परंतु इन जनजातियों का पारंपरिक विश्वास और आस्था आज भी अंत: सलिला के समान प्रवहमान है। यह विश्वास रीति-रिवाजों के प्रति उनकी निष्ठा, पूर्वजों के प्रति आदर, जन्मभूमि के प्रति जुड़ाव और प्रकृति के प्रति गहरी आत्मीयता के रूप में दृष्टिगत होता है। इन लोक-परंपराओं के द्वारा इन जनजातीय समूहों की सामाजिक और सांस्कृतिक विरासत का परिचय मिलता है और उनके जीवन-मूल्यों का ज्ञान होता है। मेघालय की यह लोक-संस्कृति न केवल पूर्वोत्तर की अनोखी सांस्कृतिक विविधता को दरशाती है, वरन् भारत की लोक-संस्कृति की अमूल्य धरोहर भी है।

□□

36

मिजो लोक-संस्कृति : एक विहंगम दृष्टि

—संजय कुमार

मिजोरम पूर्वोत्तर भारत के आठ राज्यों में से सबसे छोटा और प्राकृतिक सौंदर्य से परिपूर्ण सुदूर दक्षिण का प्रदेश है, जिसके पूर्व एवं दक्षिण में म्याँमार, पश्चिम में बँगलादेश और त्रिपुरा प्रदेश, तो उत्तर में असम और मणिपुर प्रदेश अवस्थित हैं। इसकी राजधानी आईजोल है। मिजोरम तीन शब्दों के मेल से बना है—मि (आदमी) + जो (पहाड़ी) + रम (भूमि), इस प्रकार इसका शाब्दिक अर्थ हुआ—'पहाड़ी आदमियों की भूमि'। मिजोरम एक पर्वतीय प्रदेश है। इस प्रदेश का कुल क्षेत्रफल २१,०८७ वर्ग किलोमीटर है, जो अधिकांशतः छोटी पहाड़ियों एवं वर्षा वनों से आच्छादित है। २०११ की जनगणना के अनुसार कुल जनसंख्या केवल १० लाख ९१ हजार है। मिजोरम में अधिकांशतः मिजो जनजातियों के लोग रहते हैं, जिनकी संस्कृति, सामाजिक-राजनीतिक व्यवस्था, रहन-सहन, खान-पान, भेश-भूषा, रीति-रिवाज, पर्व-त्योहार, नृत्य-संगीत, धार्मिक मान्यताएँ एवं विश्वास, भाषा-साहित्य, शिक्षा आदि सभी भारतीय समाज एवं संस्कृति से एकदम भिन्न हैं।

जनजातीय स्थिति

विश्व की अधिकांश जनजातियों की तरह मिजो जनजातियों का इतिहास भी किंवदंतियों से परिपूर्ण है। मिजो भाषा के लिपि विहीन होने के कारण इन जनजातियों के पास अपने पूर्वजों के बारे में ऐसा कोई भी लिखित साक्ष्य उपलब्ध नहीं है, जिनके आधार पर इनके अतीत के वास्तविक सत्य तथा ऐतिहासिक तथ्यों को जाना जा सके। मिजो विद्वानों की राय है कि मिजो जनजातियों के पूर्वज तिब्बती-बर्मन जाति की अन्य विभिन्न जातियों के पूर्वजों के साथ उत्तरी चीन तथा उत्तरी तिब्बत के कान्सू एवं लनचाऊ की पहाड़ियों तथा ता-आउ नदी के मैदानी क्षेत्रों में ईसापूर्व २००० वर्ष के लगभग रहते थे। ईसापूर्व ४०० के आस-पास मिजो जनजातियों एवं कचीन जनजातियों के पूर्वज 'ची-याङ' जाति की एक शाखा 'कुङ-हान-ची-याङ' का चीन के सेचुआन प्रांत और उसके आस-पास के क्षेत्रों में प्रसार हुआ। ४०० ई. के आस-पास मिजो जनजातियों के पूर्वजों ने हूकोङ घाटी के आस-पास निवास किया। फिर वे दक्षिणी चीन और उत्तरी बर्मा के सीमा क्षेत्रों में कई वर्षों तक रहने के पश्चात् ६०० ई. के आस-पास वर्तमान म्याँमार के चीनद्वीन नदी की विशाल तराई में बस गए। ७५० ई. के बाद वे म्याँमार के उत्तर-पश्चिम में स्थित काबो की तराई और खमपत के आस-पास के क्षेत्रों में फैल चुके थे। ऐसा माना जाता है कि ९०० ई. से लेकर १२०० ई. तक आते-आते तिब्बती-बर्मन भाषा परिवार की कई भाषाओं को बोलनेवाले मिजो जनजातियों के पूर्वज 'ची-याङ' जनजाति के लोग कई छोटी-छोटी उपजातियों में बँट चुके थे। १२०० ई. के आस-पास तात्कालिक शान जातियों द्वारा खदेड़े जाने के कारण 'ची-याङ' जाति की सभी उपजातियाँ काबो नदी की तराई को छोड़कर म्याँमार के दक्षिण-पश्चिमी पहाड़ियों की ओर अग्रसर हो गईं। १२५० से १४०० ई. के बीच तात्कालिक मिजो जनजातियों के पूर्वज म्याँमार के थनट्लाङ और रुन नदी के बीच की तराइयों में फैल चुके थे। म्याँमार के काबो नदी की तराई में लगभग ५०० वर्षों तक रहने के बाद शान वंश के लोगों द्वारा बार-बार आक्रमण करने से तंग आकर 'ची-याङ' मूल की सभी उपजातियाँ अपनी-अपनी सुविधानुसार म्याँमार के विभिन्न स्थानों पर फैल गईं। १४५० से १७०० के बीच मिजो जनजातियों के पूर्वज म्याँमार की लेनट्लाङ नदी और भारत म्याँमार की सीमा पर बहनेवाली टियाउ नदी के बीच वाले क्षेत्रों में पहुँचे। १६५० ई. से लेकर १८५० ई. के बीच विभिन्न मिजो जनजातियों द्वारा भारत और म्याँमार की सीमा पर बहनेवाली टियाउ नदी को पार कर मिजोरम (भारत) के वर्तमान क्षेत्र में प्रवेश किया। फिर मिजो जनजातियाँ स्थायी रूप से यहीं बस गईं। १८९० में अंग्रेजों ने मिजोरम में प्रवेश कर इन्हें पराजित कर ब्रिटिश साम्राज्य का हिस्सा बना लिया। जब १५ अगस्त, १९४७ को भारत आजाद हुआ, तब संपूर्ण देश के साथ-साथ मिजोरम भी अंग्रेजों की दासता से मुक्त हुआ और भारतीय गणतंत्र में शामिल हुआ। लेकिन अंग्रेजों के समय से चली आ रही पुरानी राजनीतिक व्यवस्था की तरह ही इसे लुशाई हिल्स (मिजोरम) के नाम से असम प्रांत के एक जिले के रूप में मान्यता दी गई और इसका मुख्यालय आईजोल रखा गया। आगे चलकर १९७२ ई. में मिजोरम को एक केंद्र शासित प्रदेश बनाया गया और अंत में १९८७ ई. को इसे २८वें राज्य के रूप में भारतीय गणराज्य में शामिल किया गया। मिजोरम की ८५ प्रतिशत से अधिक आबादी

मिजो जनजातियों की है, जो अब ईसाई धर्म को मानने लगी है। इसके अलावा यहाँ ८ प्रतिशत बौद्ध और ७ प्रतिशत हिंदू रहते हैं।

सामाजिक एवं राजनीतिक संरचना

मिजोरम में बसने तक मिजो समाज कई जातियों एवं उपजातियों में बँट चुका था, जिनमें से लुशाई, पोई, पवाई, राल्ते, पांग, म्हार, कुकी, कमा, साइलोउ, जदेङ, रौखूम, लाइ आदि प्रमुख हैं। मिजो जनजातियों में अपने पूर्वजों में से किसी एक नाम को अपनी जाति या उपजाति का नाम दे देने की प्रथा रही है, जिसके वे अपने आपको वंशज मानते हैं। मिजो समाज पुरुष-प्रधान रहा है। अत: पारिवारिक, सामाजिक एवं राजनीतिक व्यवस्था में सामान्यत: पुरुषों का ही वर्चस्व रहता है। महिलाओं की उपस्थिति इन व्यवस्थाओं एवं उनकी संस्थाओं के महत्त्वपूर्ण एवं उच्च पदों पर नगण्य है। बीसवीं सदी के प्रारंभ तक मिजो जनजातियाँ मिजोरम के जंगलों में बसे अलग-अलग गाँवों में रहती थीं। प्रत्येक गाँव का अपना-अपना मुखिया (लल) होता था। प्रारंभ में मुखिया का चयन अपने बीच में से ही किसी बलशाली, चतुर एवं नेतृत्व करने में सक्षम योग्य व्यक्ति का किया जाता था, परंतु आगे चलकर यह परंपरा वंशानुगत हो गई। मुखिया अपने गाँव के ही कुछ अन्य बुद्धिमान, वीर एवं प्रभावशाली व्यक्तियों को सलाहकार के सम्मानित पद पर नियुक्त करता था। मुखिया का घर गाँव के राजनीतिक-सामाजिक जीवन का केंद्र होता था। अधिकांश सलाहकार मुखिया के घर के आस-पास ही रहते थे। गाँव में मुखिया और उसके उपरांत सलाहकारों का काफी रुतबा होता था, जिसकी सभी इज्जत करते थे। गाँव की सामाजिक, राजनीतिक, धार्मिक तथा सांस्कृतिक रीति-रिवाजों के निर्धारण और पालन में इनकी बहुत प्रभावकारी भूमिका होती थी। मुखिया के घर दरबार लगाकर गाँव की सभी प्रकार की समस्याओं का समाधान, सुरक्षा के उपाय, संपूर्ण सामाजिक-सांस्कृतिक रीति-रिवाजों का निर्धारण, झूम खेती हेतु स्थान का निर्धारण, दुश्मन गाँव पर आक्रमण की योजना आदि का निर्धारण आपसी सहमति से किया जाता था।

प्रत्येक गाँव की अपनी भौगोलिक सीमा आपसी सहमति एवं परंपरा से निर्धारित थी। परंतु गाँवों के बीच आपसी प्रतिद्वंद्विता एवं लड़ाई आम बात थी। एक गाँव का मुखिया अपने वीरों के साथ अचानक दूसरे गाँव पर आक्रमण कर वहाँ के लोगों की सामूहिक हत्या कर गाँव को आग लगा देता था। जीत के प्रमाण के रूप में मृत दुश्मनों के सिरों को काटकर अपने गाँव लाकर चौराहे या घर के दरवाजे पर टाँग दिया जाता था। दुश्मनों की महिलाओं एवं नवयुवतियों को दास बनाना मिजो समाज में आम बात थी, जिनसे गृहकार्य से लेकर झूम खेती में कठिन श्रम कराया जाता था और उनका शारीरिक शोषण भी किया जाता था।

अत: गाँव की सुरक्षा हेतु मुखिया के द्वारा विभिन्न प्रकार के सुरक्षात्मक कदम उठाए जाते थे। साइलोउ तथा लुशाई जाति के मुखिया अपने-अपने गाँवों में 'जोलबूक' बनवाते थे। गाँव के ३० से ३५ वर्ष की आयु तक के सभी विवाहित एवं अविवाहित पुरुष अस्त्र-शस्त्र के साथ यहीं रहते और रात में भी यहीं सोते थे, ताकि किसी भी प्रकार की आकस्मिक घटना या दुर्घटना, बाहरी आक्रमणों का सामना और उनका प्रतिकार बिना समय गँवाए सामूहिक रूप से किया जा सके। मिजो विद्वान् यह मानते हैं कि 'जोलबूक' मिजो समाज के सामाजिक जीवन के साथ-साथ अनौपचारिक व्यावहारिक शिक्षा का भी केंद्र था। गाँव के अनुभवी लोग वहाँ जाकर नवयुवकों एवं किशोरों को सामाजिक व्यवहार, नैतिक मूल्य एवं उपयोगी व्यावहारिक ज्ञान की शिक्षा देते थे। वहाँ बड़ों की इज्जत करना, उनकी आज्ञा मानना, निस्स्वार्थ भाव से दूसरों की मदद करना, गाँव को साफ रखना, जंगल से सूखी लकड़ी लाना, पानी भरना, विभिन्न उत्सवों की तैयारी करना, शिकार करना, झूम खेती करना, कुश्ती लड़ना, खेलकूद, युद्ध, सुरक्षा आदि विषयों की बारीकियों की शिक्षा दी जाती थी। परंतु 'जोलबूक' निर्माण की यह प्रथा साइलोउ, जदेङ, रौखूम तथा लाइ जाति के फनआइ आदि मुखियाओं में ही ज्यादा प्रचलित थी। मिजोरम के दक्षिणी भाग में निवास करने वाली लाइ और मारा जनजातियों में सुरक्षा हेतु 'जोलबूक' के स्थान पर लकड़ी और बाँस से गाँव के चारों तरफ मजबूत दीवार बनाने की प्रथा थी, जिसमें केवल एक या दो फाटक ही होते थे, जिसे 'कुलह्‍ब्रीङ' कहा जाता था। इससे दुश्मनों के अलावा जंगली जानवरों से भी हमेशा गाँव की सुरक्षा होती रहती थी।

बीसवीं शताब्दी के मध्य तक मिजो जनजातियों के ज्यादातर गाँव एवं घर बाँस एवं लकड़ी से बने होते थे। पहाड़ी ढलान पर घुन न लगनेवाली लकड़ी या बाँस, जो स्थानीय स्तर पर बहुतायत में उपलब्ध थे, के खंभे गाड़कर उसके ऊपर बाँस की पट्टियों की झोंपड़ी बना ली जाती थी। कहा जाता है कि मिजोरम में आने और बसने के आरंभिक दिनों में मिजो जनजातियों के गाँव पहाड़ी नदियों एवं जलस्रोतों के पास ही बसे होते थे। परंतु मिजोरम में सामान्यत: अप्रैल से लेकर अक्तूबर माह तक काफी वर्षा होती है। एक बार अचानक बहुत अधिक वर्षा हुई, जिससे सँकरी पहाड़ी घाटियों में बहनेवाली नदियों एवं जलस्रोतों का जलस्तर अत्यधिक बढ़ गया, जिससे कई मिजो गाँव पानी में बह गए और उससे जान-माल की अपार क्षति हुई। तब अपने अनुभवों से सीख लेते हुए मिजो जनजातियों ने पहाड़ की चोटी पर घर बनाना और गाँव बसाना शुरू किया। इस घटना का जिक्र मिजो लोककथाओं में मिलता है। इसलिए मिजोरम के लगभग सभी गाँव और शहर पहाड़ की चोटी या ऊँचाई पर जलस्रोतों से दूर ही बसे हैं।

शादी-विवाह

मिजो समाज पितृसत्तात्मक रहा है। इसलिए परिवार का मुखिया कोई पुरुष ही होता है। परिवार की संपत्ति पर केवल बेटों का ही हक होता है। प्रारंभ में अन्य आदिवासी समाज की तरह यहाँ भी विवाह गाँव के

भीतर ही होते थे, जिसमें लड़का एवं लड़की की आपसी सहमति एवं रजामंदी अनिवार्य थी। आज भी यह परंपरा लगातार जारी है। इसलिए कहा जा सकता है कि मिजोरम में सभी विवाह प्रेम-विवाह ही होते हैं। लड़की के परिवारवालों की तरफ से वर खोजना और अनजान वर से लड़की का विवाह कर देने की परंपरा मिजो समाज में नहीं है। शादियाँ सामान्यत: गाँव एवं परिचितों के बीच ही होती हैं। लड़का और लड़की यहाँ सहजता से कभी भी और कहीं भी मिल सकते हैं। दोनों पर परिवार की तरफ से कोई बंदिश नहीं होती है। जब लड़का और लड़की की आपसी रजामंदी हो जाती है और उन्हें लगता है कि उन्हें शादी कर लेनी चाहिए, तब इसकी सूचना वे अपने माता-पिता को दे देते हैं। तब लड़का और लड़की के परिवारवाले आपसी बातचीत एवं सहमति से विवाह का आयोजन करते हैं। विवाह में दहेज देने या माँगने का रिवाज नहीं है। परंतु वधू मूल्य के रूप में कन्या पक्ष को कुछ प्रतीकात्मक उपहार प्रारंभ से ही दिए जाते रहे हैं, जिसे आधुनिक समय में ४२० रुपया के बराबर मान लिया गया है। वर पक्ष वाले वधू के परिवार को विवाह के प्रस्ताव के साथ ४२० रुपया देते हैं। विवाह का प्रस्ताव स्वीकार होने पर वधू पक्षवाले ४०० रुपया रखकर २० रुपया वापस कर देते हैं। विवाह की विधि में बहुत अधिक ताम-झाम और दिखावा नहीं किया जाता है। ईसाई धर्म को अपनाने और मानने के कारण अब मिजो जनजातियों का विवाह चर्च में संपन्न होता है, जिसमें बहुत कम समय और कम खर्च आता है। विवाह के उपरांत दोनों पक्ष मिलकर संयुक्त रूप से बड़े भोज का आयोजन करते हैं, जिसमें दोनों पक्षों के मेहमान शामिल होते हैं।

मिजो समाज में जो सबसे अच्छी बात है, वह यह है कि विवाह एवं तलाक को लेकर कोई ग्रंथि नहीं है। जितनी सहजता से यहाँ विवाह होता है, उतनी ही सहजता से तलाक और पुनर्विवाह भी होता है। लड़कियाँ भी लड़कों के समान ही सहजता से पुनर्विवाह कर सकती हैं। विवाह पूर्व यौन संबंध बनाने और माँ बनने को यहाँ पाप-पुण्य के तराजू पर नहीं तौला जाता है। बिन ब्याही माँ और उसकी संतान का भी समाज एवं परिवार में उतना ही आदर एवं सम्मान है, जितना ब्याही माँ और उसकी संतान का। इसलिए मिजो समाज में अवैध संतान, हरामी, कुलटा जैसे शब्द प्रचलित ही नहीं हैं।

विवाह के उपरांत बड़ा बेटा अलग घर बसा लेता है और माता-पिता छोटे बेटे के साथ रहते हैं, जिसका पैतृक संपत्ति पर माता-पिता के बाद हक होता है। मिजो समाज अपनी जनसंख्या को लेकर अत्यधिक चिंतित रहता है। वह इस 'यूटोपिया' में जीता है कि उसकी जनसंख्या कम है और उसपर खतरा मँडरा रहा है। इसलिए आजादी के पूर्व से लेकर अब तक वे अपनी जनसंख्या बढ़ाने हेतु ज्यादा बच्चे पैदा करने में विश्वास करते हैं। आधुनिक पढ़े-लिखे, उच्च पदों पर कार्यरत मिजो दंपती भी सामान्यत: तीन से चार बच्चे पैदा करते हैं। इसलिए ऐतिहासिक रूप से मिजो जनजातियों की जनसंख्या की वृद्धि दर संपूर्ण देश की जनसंख्या की वृद्धि दर से हमेशा ज्यादा रही है।

जीविकोपार्जन

सभी आदिवासी जनजातियों की तरह मिजो जनजातियों को भी अपने प्राकृतिक अधिवास से गहरा लगाव रहा है। इनके पूर्वज मिजोरम के सदाबहार वर्षा वनों में प्रकृति से तादात्म्य बनाकर रहते थे। अपनी जरूरतों एवं जीविकोपार्जन के लिए वे पूर्णत: वनों पर निर्भर थे। जंगलों से फल, फूल, पत्तियों का संग्रह करना और मांस हेतु जंगली पशु-पक्षियों आदि का शिकार करना उनकी दिनचर्या का अनिवार्य हिस्सा था। वे सभी प्रकार के जानवरों के मांस का सेवन किया करते थे। मिजो लोककथाओं में अजगर का शिकार करना और उसके मांस खाने का भी वर्णन मिलता है और यह परंपरा आज भी लगातार जारी है। इसलिए बड़े पैमाने पर शिकार करने और बढ़ती हुई जनसंख्या के दबाव के कारण राजधानी आईजोल जैसे बड़े शहरों के आस-पास के जंगलों से बड़े-बड़े पशु-पक्षी गायब हो गए हैं।

मिजो जनजातियों के पूर्वजों के जीविकोपार्जन का दूसरा मुख्य साधन पशुपालन रहा है। आदिकाल से भेड़, बकरी, गाय, सूअर, मिथुन, मुरगी आदि का पालन करना इनका मुख्य व्यवसाय रहा है। परंतु तिब्बत, चीन, म्याँमार आदि को पीछे छोड़ते हुए मिजोरम पहुँचने पर बदलती हुई भौगोलिक परिस्थितियों में वे पशुपालन को त्यागकर झूम खेती को जीविकोपार्जन के लिए अपना लेते हैं, जो आज भी मिजो जनजातियों का मुख्य जीवनाधार है। वैसे सूअर एवं मुरगी पालन आज भी जारी है। अधिकतर मिजो घरों में सूअर पालन किया जाता है।

अंग्रेजों के मिजोरम आगमन और साम्राज्य विस्तार के पूर्व गाँव की सीमा में पड़नेवाले संपूर्ण पहाड़ी वनों पर सभी गाँववालों का सामूहिक अधिकार होता था। गाँव के मुखिया के निर्देशानुसार सभी परिवार अपनी-अपनी जरूरत के अनुसार जंगलों को जनवरी माह से मार्च माह के बीच में काटकर सुखा देते थे और फिर उनमें आग लगा देते थे। आग लगाने से जमीन साफ हो जाती थी, जिस के उपरांत पहाड़ी ढालदार जमीन पर छोटे-छोटे गड्ढे खोदकर उसमें बीज बो दिया जाता था। अप्रैल माह में वर्षा के प्रारंभ होते ही उनमें पौधे उगा आते थे, उन पौधों से जो फसल उत्पन्न होती थी, उसपर उस परिवार

का अधिकार होता था। जंगल जलाकर खेती करने के इस तरीके को झूम खेती कहते हैं, जो आज भी मिजोरम में लगातार जारी है। परंतु फसल का लगभग १० प्रतिशत हिस्सा (लल फथङ) मुखिया को दिया जाता था। आजादी के बाद जब १९५४ में भारत सरकार ने मुखियागिरी समाप्त कर मिजोरम में लोकतंत्र की बहाली की, तब जाकर मिजोरम में मुखियाओं की मुखियागिरी समाप्त हुई और उनका प्रभाव एवं पकड़ मिजो समाज पर कमजोर होने लगी।

झूम खेती : परंतु प्रारंभ में न तो किसी जमीन पर किसी परिवार विशेष का अधिकार होता था और न ही एक ही जमीन पर प्रत्येक वर्ष खेती ही होती थी। मुखिया के निर्देश और सामूहिक सहमति के आधार पर प्रत्येक वर्ष गाँव की सीमा के अंतर्गत एक नए स्थान का चयन किया जाता था, जिस पर झूम खेती होती थी और ८ से १० वर्षों के अंतराल के उपरांत ही गाँववाले पहले स्थान पर पुनः झूम खेती करने लौटते थे। जब तक जनसंख्या कम थी, तब तक खेती का यह तरीका चलता रहा। परंतु आधुनिक सामाजिक-राजनीतिक व्यवस्था में अब जमीनों पर अलग-अलग परिवारों का अधिकार है और जीविकोपार्जन के लिए शहरी मिजो समाज नौकरी, व्यवसाय आदि रोजगार के नए साधनों को भारत के अन्य शहरों की तरह ही अपना चुका है। मिजोरम के जंगलों की कटाई एवं उसके नाश और नया होने का सबसे बड़ा कारण झूम खेती ही है।

मद्यपान : मिजोरम की मुख्य फसल चावल, मक्का, ज्वार, बाजरा, विभिन्न साग-सब्जियाँ और फल रहे हैं, जिन्हें दीमक एवं कीड़े-मकोड़े काफी नुकसान पहुँचाते थे। इसलिए कहा जाता है कि एक बार 'वानहृकपा' (मिजो लोक मान्यताओं के अनुसार प्रथम राजा या मुखिया) ने उन्हें यह सलाह दी कि तुम लोग धान की खेती करो। 'तुइहृयम' (महासमुद्र) के दूसरी तरफ से किसी प्रकार धान का एक बीज लाया गया। फिर उससे धान की खेती प्रारंभ हुई। मिजो लोककथाओं में इसका उल्लेख मिलता है। मिजोरम की पहाड़ी ढालदार भूमि और उसपर तेजी से उगनेवाले जंगलों के कारण धान की खेती मुश्किल थी। परंतु जहाँ-जहाँ पहाड़ी घाटियों में समतल जमीन थी, वहाँ-वहाँ धान की खेती की जाने लगी। मिजोरम के 'चंफाई' जिला के समतल मैदानों में धान की अच्छी पैदावार होती है। इसके अलावा संपूर्ण राज्य के विभिन्न जलस्रोतों के पास की ढालदार जमीनों पर भी धान की खेती की जाती है। पूर्वोत्तर के अन्य राज्यों की तरह मिजो समाज का भी मुख्य भोजन अब चावल ही है, जो दोनों समय सभी के द्वारा खाया जाता है। जब जनसंख्या कम थी, तब स्थानीय पैदावार से काम चल जाता था। परंतु आज जब जनसंख्या बढ़ गई है तो भारत सरकार द्वारा भारत के शेष राज्यों से, विशेषकर उत्तर भारत से चावल की आपूर्ति कर यहाँ की जरूरतों को पूर्ण किया जाता है। मिजोरम में केला, पपीता, अनन्नास, संतरा, अंगूर, आँवला, कटहल, आम, अमरूद आदि फलों एवं सरसों, अदरक, हल्दी, मिर्च, दालचीनी आदि मसालों की अच्छी पैदावार होती है। मिजो समाज में पान (कुआ) खाने का काफी चलन है। इसलिए यहाँ पान और कसेली की भी खेती होती है। तंबाकू एवं मद्यपान का चलन भी मिजो समाज में देश के अन्य भागों से कुछ ज्यादा है। मिजो महिलाएँ एवं नवयुवतियाँ भी इनका सेवन करती हुई आम तौर पर देखी जा सकती हैं।

परिधान-पोशाक

मिजो जनजातियों के पूर्वजों द्वारा प्रयोग किए जाने वाले परिधानों के संबंध में कोई निश्चित जानकारी अब तक उपलब्ध नहीं हो पाई है। परंतु मध्यकाल में उनके द्वारा कमर के निचले भाग को जंगली बेलों, पेड़ों की छाल एवं जानवरों की खाल से ढकने का रिवाज चल पड़ा था। कपास से अपरिचित होने के कारण एक विशेष स्थानीय पेड़ 'हरूइखाउ' की भीतरी छाल से पुरुषों का विशेष वस्त्र 'न्होखल' और महिलाओं का झालर नुमा विशेष वस्त्र 'सियापसुआप' बनाया जाता था, जिसे कमर से नीचे पहना जाता था। इसके अलावा कोई अन्य विशेष वस्त्र उनके पास नहीं होता था। सदियों के बाद जब कपास एवं रेशम से इनका परिचय हुआ और वे कताई एवं बुनाई सीख गए, तब वे कपास एवं रेशम से सूत बनाकर हाथों से कपड़े बुनने लगे, जिससे इनके वस्त्रों एवं पहनावे में बदलाव आया। अब वे अपनी-अपनी जाति या उपजाति के अनुसार वस्त्र बनाने और विभिन्न प्रकार के रंगों एवं डिजाइनों का प्रयोग करने लगे। परंतु अपने आपको एक ही मूल का मानने एवं एक ही भौगोलिक परिस्थितियों में रहने के कारण इनके वस्त्रों में काफी समानता थी। पुरुष ज्यादातर सफेद लुंगीनुमा आधा वस्त्र कमर के नीचे पहनते थे, जो केवल घुटने तक ही होती थी, इससे जंगलों में चलने-फिरने में उन्हें सहूलियत होती थी। महिलाएँ कमर के नीचे चादर या शॉलनुमा कपड़ा लपेटती थीं, जिसे 'पुआन' कहा जाता है। प्रारंभ में यह भी सफेद होता था, परंतु बदलते समय, प्राकृतिक रंगों की समझ, कढ़ाई एवं बुनाई में मिजो महिलाओं की महारत और मिजो महिलाओं की सुरुचि और सौंदर्य दृष्टि ने 'पुआन' को रंग-बिरंगा और कढ़ाईदार बना दिया, जो आज भी मिजो महिलाओं द्वारा विशेष रूप से पर्व, त्योहार एवं समारोह के दौरान पहना जाता है। प्रारंभ में कमर के ऊपर का हिस्सा लगभग वस्त्रविहीन ही रहता था। परंतु बीसवीं सदी तक आते-आते ऊपर के हिस्से को भी ढका जाने लगा। अंग्रेजों से संपर्क और पाश्चात्य संस्कृति से परिचित होने के उपरांत मिजो समाज ने पाश्चात्य परिधान को पूरी तरह से अपना लिया। यहाँ तक कि उनके द्वारा अपने परंपरागत परिधानों की उपेक्षा भी की जाने लगी है। आज पुरुष सामान्यतः पैंट, शर्ट, कोट, टीशर्ट, हाफपैंट आदि पहनते हैं तो महिलाएँ जींस, पैंट, स्कर्ट, टॉप, टीशर्ट, कुर्ता, हाफपैंट आदि पहनती हैं। मिजो नवयुवतियाँ अब परंपरागत परिधानों का इस्तेमाल सिर्फ उत्सवों एवं समारोहों के दौरान ही करती हैं।

अस्त्र-शस्त्र एवं औजार

मिजोरम के पहाड़ों में बसने के बाद शेष विश्व से मिजो जनजातियों का संपर्क लगभग न के बराबर था। इसलिए अंग्रेजों के आगमन से पूर्व तक इनको किसी बड़ी चुनौती या आक्रमणकारियों का सामना नहीं करना पड़ा, जिसका प्रभाव इनके अस्त्र-शस्त्र के विकास पर पड़ा। इसलिए इनके अस्त्र-शस्त्र सीमित प्रकार के थे, जिनका प्रयोग वे शिकार करने, जंगल साफ करने या गाँव के बीच होनेवाली आपसी लड़ाइयों में करते थे। मिजो जनजातियों के योद्धा ज्यादातर दाव, विशेष प्रकार की छोटी तलवार, जिसके कई प्रकार प्रयोग में लाए जाते थे, यथा 'कोलन्हाम' (बर्मी जातियों से प्राप्त दाव), 'किडकोट' (दाव जिसका अगला भाग थोड़ा चौड़ा और धारदार होता है), 'पसलठा चेम', 'चेमकोम' (मुड़ा हुआ दाव), 'लूलाक चेम' (नर वध के दौरान सिर काटने हेतु दाव) आदि, 'चेम पाइ' (दाव रखने का म्यान), 'फो' (मिथुन के चमड़े को सुखाकर बनाया गया ढाल), 'साह्मीम' (बाँसों को बाँधकर भालू की खाल से ढककर बनाया गया ढाल), 'फेइपुइ' (भाला), 'मुजूत फेइ' (सामान्य भाला), 'से छुन फेइ' (मिथुन को मारने का विशेष भाला), 'फेइ कि बार' (एक से अधिक नोंक वाला भाला), 'थल फङ' (तीर), 'थल ड्रूल' (धनुष) (तीर, धनुष और तरकश तीनों बाँस से बनाए जाते थे), 'साइरोखेरह' (गुलेल या धनुष), 'साइल्हुम' (मिट्टी के गोले), 'साइल्हुम बोम' (मिट्टी के गोले को रखने की टोकरी) आदि का विशेष रूप से प्रयोग करते थे। १९वीं सदी में आकर उन्होंने बंदूक का प्रयोग भी प्रारंभ कर दिया था, पर इसका ज्ञान उन्हें कहाँ से हुआ, यह स्पष्ट नहीं है।

कृषि कार्य हेतु 'तुट्लोह' (छोटा कुदाल), 'हच्छेक' (कुल्हाड़ी), 'फवाह' (धान काटने का हँसिया), 'टूठुल्ह' (गड्ढा खोदने की खंती), 'रेहइ पुई' (कुल्हाड़ी), 'छीरही' एवं 'बेमनत' (समान ढोने हेतु बाँस की टोकरी) आदि इनके मुख्य औजार थे, जिनका प्रयोग पूर्व से लेकर अब तक किया जा रहा है।

पर्व एवं त्योहार

मिजो समाज मूलतः कृषक रहा है। अतः उनके तमाम पर्व एवं त्योहार भी जंगल की कटाई करके की जानेवाली झूम खेती से ही जुड़े हुए हैं। त्योहार के लिए मिजो शब्द 'कूत' है। मिजो समाज के विभिन्न त्योहारों में से आजकल केवल तीन त्योहार 'चपचार कूत', 'मीम' और 'पाल कूत' ही प्रमुखता से मनाए जाते हैं।

चपचार कूत : मिजो समाज का एक बहुत ही खास त्योहार है, जो प्रतिवर्ष मार्च के महीने में मनाया जाता है। इसे झूम यानी जंगल की सफाई के बाद मनाया जाता है। झूम खेती के लिए जंगलों को अपनी आवश्यकता के अनुसार काटने के पश्चात् उन कटे हुए जंगलों को सूखने के लिए करीब एक माह के लिए छोड़ दिया जाता है। इस बीच में जो समय बचता है, उसमें ही 'चपचार कूत' के त्योहार को बड़ी धूमधाम के साथ मनाया जाता है। अन्य त्योहारों की अपेक्षा 'चपचार कूत' को कई दिनों तक मनाया जाता है।

मीम कूत : यह त्योहार आमतौर पर मक्के की खेती के बाद जुलाई या अगस्त माह में मनाया जाता है। लोग इस त्योहार को नाच-गाकर और खाने-पीने के साथ मनाते हैं। वैसे इसे मृतकों का त्योहार भी कहा जाता है। इस त्योहार को मनाने के पीछे 'डामा' और 'ट्लिडी' नामक दंपती की कथा को मुख्य कारण माना जाता है। कहा जाता है कि एक दिन 'ट्लिडी' की मृत्यु हो गई, जिससे 'डामा' हमेशा दुःखी रहने लगा। एक दिन वह अपनी पत्नी को याद करते-करते और रोते-रोते बेहोश हो गया। जब उसकी आत्मा मृत्युलोक पहुँची तो उसने वहाँ अपनी पत्नी को काफी कमजोर पाया। तब वहाँ उसकी पत्नी ने उससे अनुरोध किया कि तुम वापस जाकर मेरे खाने के लिए झूम से कुछ ताजी फसल ले आओ। होश में आने पर पति तुरंत झूम खेती पर गया और अच्छी-अच्छी फसल तोड़कर उसे अपनी पत्नी की कब्र पर रख आया। अब यह काम वह प्रतिवर्ष करने लगा, जिससे उसकी पत्नी को मृत्युलोक में खाने की कोई कमी न हो। जब अन्य लोगों को भी इस बात की जानकारी हुई तो वे लोग भी अपने अपने मृतक परिजनों के लिए 'डामा' की तरह ही उनकी कब्र पर फसल चढ़ाने लगे। इस प्रकार धीरे-धीरे मिजो समाज में 'मीम कूत' को त्योहार के रूप में मनाया जाने लगा।

पाल कूत : यह त्योहार भूसे की कटाई से जुड़ा हुआ है। 'पाल' शब्द का अर्थ भूसा होता है। यह त्योहार आमतौर पर हर साल दिसंबर माह के अंतिम सप्ताह में मनाया जाता है। नई फसल के घर आने और साल भर ईश्वर की दया से सफलतापूर्वक जीवन की विभिन्न आवश्यकताओं की पूर्ति कर पाने की खुशी के उपलक्ष्य में यह त्योहार मनाया जाता है। विभिन्न प्रकार के जानवरों का मांस, कच्ची शराब आदि का भरपूर सेवन करने के बाद सभी लोग खुले मैदान में जमा होते हैं और पारंपरिक नृत्य करते हैं। पारंपरिक नृत्य का आयोजन इस त्योहार का मुख्य आकर्षण होता है।

इन परंपरागत त्योहारों के अतिरिक्त मिजोरम में कुछ अन्य त्योहार भी अब धूमधाम से मनाए जा रहे हैं। मिजो जनजातियाँ अधिकांशतः अब ईसाई धर्म को मानने लगी हैं। अतः मिजो समाज क्रिसमस, गुड फ्राइडे, ईस्टर संडे तथा नव वर्ष का त्योहार भी अब धूमधाम से मनाने लगा है।

लोकनृत्य-गान

मिजो समाज अपने पारंपरिक लोकनृत्य के लिए मशहूर रहा है। ये नृत्य उनके त्योहारों और समारोहों का एक अभिन्न हिस्सा रहे हैं। इन लोकनृत्यों को रंग-बिरंगे पारंपरिक कपड़े पहने हुए समूहों के द्वारा परंपरागत वाद्यों की धुनों पर प्रदर्शित किया जाता है।

चेरो नृत्य : मिजो जनजातियाँ में चेरो नृत्य सबसे अधिक प्रसिद्ध है। इसमें लंबे बाँसों का इस्तेमाल किया जाता है। इसलिए इस नृत्य को बाँस नृत्य (बंबू डांस) का नाम भी दिया गया। यह नृत्य वर्गाकार आकार में किया जाता है। इस नृत्य में पुरुष बाँसों को पकड़ते हैं और पीटते हुए बजाते हैं, जबकि महिलाएँ ढोल की ध्वनि पर अंदर-बाहर होती हुई नाचती हैं। पारंपरिक रूप से इसके दौरान ढोल बजाकर संगीत प्रदान किया जाता है। वैसे आजकल आधुनिक संगीत उपकरणों का भी उपयोग किया जाने लगा है।

इस नृत्य की उत्पत्ति के बारे में कोई स्पष्ट जानकारी उपलब्ध नहीं है। विद्वानों की राय है कि यह नृत्य शैली पहली शताब्दी के दौरान अस्तित्व में आई। तब मिजो लोग चीन के हुनान प्रांत में रहते थे। दक्षिण एशिया के विभिन्न जनजातियों में बाँस नृत्य की विभिन्न शैलियाँ प्रसिद्ध हैं। मिजो समाज में इस नृत्य का प्रदर्शन विशेष अवसरों पर किया जाता था। त्योहारों के अलावा, किसी व्यक्ति की मृत्यु (ऐसा माना जाता है कि मनुष्य की आत्मा इस नृत्य की लय और धुन के माध्यम से पवित्र हो जाती है।) या बहुत अधिक धान की उपज के बाद भी इस का प्रदर्शन किया जाता था। आज भारत में 'चेरो नृत्य' (बाँस नृत्य) मिजो जनजातियों की विशेष पहचान बन गया है।

चोडलाइजोन नृत्य : इस नृत्य को मिजोरम के लाइ/पवाई जनजाति के द्वारा प्रदर्शित किया जाता है। इस नृत्य की शैली अनूठी है। इस नृत्य का प्रदर्शन दु:ख और खुशी दोनों स्थितियों में किया जाता है। लेकिन दोनों हीं अवसरों पर इस की प्रस्तुति में काफी भिन्नता होती है। जब एक विवाहित महिला की मृत्यु हो जाती है, तो उसका पति अपनी पीड़ा को अभिव्यक्त करने के लिए इस नृत्य का प्रदर्शन करता है और तब तक नाचता रहता है, जब तक वह थककर गिर न जाए। इसके अलावा इस नृत्य को खुशी की स्थिति में भी प्रस्तुत किया जाता है, जैसे—एक अच्छे शिकार के बाद लौटे शिकारी का स्वागत करने के लिए। इस नृत्य में पुरुष और महिला कंधे से कंधा मिलाकर खड़े होते हैं और हाथ के विभिन्न इशारों और मुद्राओं से यह नृत्य प्रस्तुत करते हैं। पुरुष और महिलाएँ पारंपरिक 'पुआन' (एक प्रकार का रंगीन शॉल) ओढ़कर एवं एक-दूसरे के 'पुआन' के किनारे को पकड़कर ढोल की थाप पर नृत्य करते हैं, जिससे इनकी हस्त मुद्राएँ और भी सुंदर लगती हैं।

खुआललाम नृत्य : परंपरागत रूप से यह आमंत्रित अतिथियों का नृत्य है। लोग इसके प्रदर्शनों को देखने के लिए आमंत्रित किए जाते हैं। अन्य गाँवों से आए हुए अतिथि भी इसमें भाग लेते हैं। इसीलिए इस नृत्य का नाम 'खुआललाम' रखा गया है। स्थानीय भाषा में 'खुआल' का अर्थ अतिथि और 'लाम' का अर्थ नृत्य होता है। इस नृत्य को परंपरानुसार 'पुआन दुम' (काला शॉल, जिसमें लाल, हरे और पीले रंग की धारियाँ हों) को ओढ़कर किया जाता है। इस नृत्य में कोई गाना नहीं होता है, बल्कि 'गबरू' नाम का एक घंटा बजाया जाता है। इस घंटे की थाप पर ही लोग नाचते हैं।

सोलाकिया/सारलामकाइ/सार-लू-लाम/राल-लू-लाम : यह नृत्य एक योद्धा का नृत्य है। दुश्मनों को पराजित कर और उनका सिर काटकर लौटने के बाद यह नृत्य किया जाता है। यह जीत का नृत्य है। ऐतिहासिक दृष्टि से यह पराक्रम प्रदर्शित करने के लिए योद्धाओं द्वारा किया जाता था। इस नृत्य में नर्तक अपने गीत स्वयं गाते हैं। विजय जश्न के रूप में यह नृत्य पाँच दिनों तक चलता रहता है। इसमें नर्तक ढाल और अस्त्र-शस्त्र लेकर नाचते हैं। यह नृत्य कई मिजो जनजातियों, यथा मारा (लाखेर), लाइ, लुशाई आदि द्वारा किया जाता है और तब उसे अलग-अलग नाम से जाना जाता है। इस नृत्य में गायन और नृत्य दोनों शामिल हैं। नर्तक की पोशाक रंगीन कपड़े की बनी होती है और नृत्य के दौरान पारंपरिक गहने तथा एक लाल पंख लगाया जाता है। इस दौरान मदिरापान और मांस का भरपूर सेवन किया जाता है।

चाइ : 'चपचर कूत' जंगल की सफाई से संबंधित एक वसंत माह का त्योहार है, जो मार्च के महीने में मनाया जाता है। इस त्योहार के दौरान आमतौर पर चावल से बनी कच्ची शराब का जमकर सेवन किया जाता है। कई दिनों तक मनाए जानेवाले इस त्योहार में गाँव के सभी लोग बढ़-चढ़कर हिस्सा लेते हैं। चाइ नृत्य आम तौर पर इस त्योहार के दौरान ही प्रदर्शित किया जाता है। इस नृत्य में पुरुष और महिलाएँ वैकल्पिक रूप से एक चक्र के रूप में खड़े होते हैं। पुरुष महिलाओं के कंधे पकड़कर और महिलाएँ पुरुषों की कमर पकड़कर नृत्य करती हैं। ढोल बजानेवाले बीच में रहते हैं। इसमें मिथुन के सींग का पारंपरिक रूप से इस्तेमाल किया जाता है।

परलम : यह महिलाओं द्वारा किया जानेवाला एक नृत्य है। वे अपने बालों में फूल लगाती हैं और रंगीन वेशभूषा धारण करती हैं। वे अपने खुद के गीतों को गाते हुए नृत्य करती हैं। ढोल बजाना और संगीत पुरुषों द्वारा किया जाता है।

धार्मिक विश्वास

प्रारंभ में मिजो जनजातियाँ किसी विशेष धर्म को नहीं मानती थीं, परंतु अलौकिक शक्तियों, ईश्वर, आत्मा एवं परमात्मा, मृत्युलोक (पियालराल), भूत-प्रेत, चुड़ैल, ओझा-गुनी, जादू-टोना, कर्मफल आदि में विश्वास करती थीं। सभी परिवारों या उपजातियों का अपना अलग-अलग कुलदेवता होता था, जिसे 'सा खुआ' कहा जाता था। मिजो जनजातियों के कुलदेवता प्राय: जानवर होते थे, यथा गाय,

बकरी, सूअर, मिथुन आदि। जब कोई लड़की विवाह के उपरांत अपने पति के घर आती थी, जिसका कुलदेवता दूसरा होता था, तब पति के परिवार वाले अपने कुल देवता रूपी जानवर का मांस धोखे से उस लड़की को खिलाकर उसे अपने कुल में मिला ले लेते थे। अलौकिक शक्तियों एवं ईश्वर में विश्वास करने के कारण मिजो जनजातियाँ उन्हें खुश करने और उनका आशीर्वाद प्राप्त करने के लिए विभिन्न प्रकार के धार्मिक अनुष्ठानों का आयोजन करती थीं। 'दोइनोङछुइ' (ईश्वर को खुश करने के लिए), 'लसी' (शिकार में सफलता हेतु जंगली कन्या अर्थात् लसी को खुश करने के लिए), 'चुङ' (सूर्य एवं वरुण को खुश करने और उनका आशीर्वाद पाने के लिए), 'वानसेक' (काले व लाल बादलों को खुश करने के लिए), 'न्हुआइपुइ' (धरती की प्रत्येक पर्त से खुशहाली और अच्छी फसल का आशीर्वाद पाने के लिए), 'सेदोइ' (कुलदेवता की प्रसन्नता के लिए), 'दोइबोउ' (जंगली कन्या लसी को दिए गए बलि के सत्यापन के लिए), 'सेखुआङ' (मृत परिजनों की आत्मा की शांति के लिए) आदि धार्मिक अनुष्ठान अच्छी वर्षा, अच्छी फसल, अच्छे शिकार, समाज एवं परिवार की भलाई, मृत आत्माओं की शांति आदि के लिए किए जाते थे, जिसमें सामान्यत: विविध पशु-पक्षियों, यथा सूअर, बकरी, मिथुन, मुरगा आदि की बलि दी जाती थी। इन धार्मिक अनुष्ठानों के अलावा भी मिजो समाज के द्वारा कई छोटे-मोटे धार्मिक रीति-रिवाजों को बड़ी निष्ठा के साथ संपन्न किया जाता था।

अंधविश्वास : भूत-प्रेत, जादू-टोना' चुड़ैल आदि में भी मिजो जनजातियाँ विश्वास करती थीं। भूत-प्रेतों को ही किसी अनहोनी या होनेवाली विभिन्न बीमारियों का कारण मानकर उन्हें खुश करने के लिए मुरगा आदि की बलि देने की प्रथा थी, जिसे सामान्यत: गाँव के बाहर ही संपन्न किया जाता था। बीमारियों को प्रेत बाधा बताकर ओझा लोगों द्वारा झाड़फूँक के माध्यम से इन बीमारियों का इलाज करना भी समाज में आम बात थी। परंतु इस प्रकार के ईश्वरीय एवं अलौकिक शक्तियों में विश्वास करनेवाली मिजो जनजातियों के धार्मिक विश्वास एवं आस्था को कोई ठोस नाम नहीं दिया गया है।

१८९० ई. के बाद बदलती हुई राजनीतिक परिस्थितियों में जब अंग्रेजों ने मिजोरम में प्रवेश किया और यहाँ के सभी मुखियाओं को पराजित कर संपूर्ण मिजोरम को ब्रिटिश साम्रा-ज्य का हिस्सा बना लिया, तब साम्राज यवाद की छतरी तले ईसाई मिशनरियों का आगमन मिजोरम में हुआ। १८९४ ई. में ईसाई धर्म प्रचार के लिए दो अंग्रेज ईसाई मिशनरी रेवरेंड एफ.डब्ल्यू. सेविज और रेवरेंड जे.एच. लॉरैन मिजोरम आए। उन्होंने मिजोरम के मिजो जनजातियों में ईसाई धर्म का प्रचार प्रारंभ किया। आगे चलकर अन्य अंग्रेज ईसाई मिशनरी भी मिजोरम (भारत) आए और उन सब लोगों ने मिलकर ईसाई धर्म-प्रचार में अपना-अपना योगदान दिया। इन ईसाई मिशनरियों के सहयोग और ब्रिटिश साम्राज्यवादी छल-बल-कल से बड़े पैमाने पर मिजोरम के मिजो जनजातियों का ईसाई धर्म में धर्मांतरण कराया गया। परिणाम यह हुआ कि आजादी तक मिजोरम की लगभग सभी मिजो जनजातियाँ ईसाई धर्म में धर्मांतरित हो चुकी हैं। केवल ब्रू नामक मिजो जनजाति ही इससे अछूती है। ईसाई धर्म में धर्मांतरण के बाद मिजो जनजातियों ने अपने परंपरागत धार्मिक विश्वासों एवं रीति-रिवाजों को जाने या अनजाने में छोड़ना प्रारंभ कर दिया है, जिसमें कहीं-न-कहीं उनके नए धर्म और उनके संगठनों की महत्त्वपूर्ण भूमिका है, जिसे कोई स्वीकार नहीं करना चाहता है।

भाषा एवं लोकसाहित्य

मिजोरम में रहनेवाली मिजो जनजातियाँ आज 'मिजो' भाषा का इस्तेमाल करती हैं। विद्वानों ने मिजो भाषा को तिब्बती बर्मन भाषा परिवार से संबंध माना है। परंतु इसकी भाषायी प्रकृति का गहन अध्ययन करने से इसकी उत्पत्ति की पृष्ठभूमि में स्थानीय पाँच बोलियों का महत्त्वपूर्ण योगदान परिलक्षित होता है—दक्षिणी मिजोरम में रहनेवाली लाइ जाति की भाषा 'लाइ टोङ', म्हार जाति द्वारा बोली जानेवाली 'म्हार टोङ', उत्तर-पूर्वी मिजोरम के पाइह्ते जातियों द्वारा बोली जानेवाली 'पाइह्ते टोङ', राल्ते उपजतियों की भाषा 'राल्ते टोङ' और 'दुहलियान टोङ', जो मिजोरम की सर्वप्रमुख संपर्क भाषा तथा राजभाषा 'मिजो टोङ' का प्रमुख आधार मानी जाती है। जहाँ उपयुक्त प्रथम चार बोलियों का पहले से अपना अलग-अलग प्रसार क्षेत्र था, वहीं 'दुहलियान टोङ', जिसे लुशाई भाषा भी कहा जाता है, का अपना कोई विशेष प्रसार क्षेत्र नहीं था। कमोबेश यह संपूर्ण मिजोरम में बोली जाती थी। कालांतर में बदलती हुई राजनीतिक-सामाजिक परिस्थितियों में सभी मिजो जनजातियों ने एक सामान्य संपर्क भाषा की आवश्यकता महसूस की। इसलिए उन्होंने अपनी-अपनी भाषाओं की विशेषताओं एवं शब्दावलियों को मिलाकर एक नई संपर्क भाषा की आधारशिला रखी, जिसे मिजो भाषा कहा गया। वर्तमान में प्रयुक्त मिजो भाषा में उपर्युक्त सभी ५ भाषाओं के शब्द पाए जाते हैं। मिजो भाषा की एक विशेषता यह भी है कि एक ही शब्द उच्चारण की

भिन्नता, गेयता और बलाघात के आधार पर अलग-अलग अर्थ प्रदान करते हैं। मिजो भाषा प्रारंभ से ही मौखिक रही है, क्योंकि इसकी कोई अपनी लिपि नहीं थी। इसलिए इसमें १९वीं शताब्दी तक लिखित साहित्य का एकदम से अभाव रहा है। यद्यपि मिजो भाषा में लोक साहित्य (लोककथाओं एवं लोकगीतों आदि) की पुरानी परंपरा रही है, जिसे अब विद्वान् संगृहीत एवं संपादित कर प्रकाशित करा रहे हैं। इनका अब कुछ अनुवाद भी अंग्रेजी एवं हिंदी में प्रकाशित है।

१८९४ ई. में जब ईसाई धर्म प्रचार के लिए दो अंग्रेज ईसाई मिशनरी रेवरेंड एफ.डब्ल्यू. सेविज और रेवरेंड जे.एच. लॉरैन मिजोरम आए। तो इन दोनों ने १८९४ से १८९६ ई. के बीच रोमन लिपि में आवश्यकतानुसार कुछ हेरफेर कर मिजो भाषा को लिपिबद्ध किया। तब से ही मिजो भाषा में अध्ययन, अध्यापन एवं लेखन का दौर शुरू हुआ और तब से ही मिजो भाषा का लिखित साहित्य प्राप्त होता है। २२ अक्तूबर, १८९५ ई. को मिजो भाषा में लिखित प्रथम पुस्तक (Mizo Zirlai Bu) का प्रकाशन हुआ। इस प्रकार कहा जा सकता है कि मिजो भाषा के लिखित साहित्य का इतिहास कुल जमा सवा सौ सालों का है और वह भी अंग्रेजों के मिजोरम आगमन और मिजो जनजतियों के ईसाई धर्म को अपनाने के बाद का है। इन दो बातों के लिए मिजो समाज ब्रिटिश साम्राज्य एवं अंग्रेज लोगों का बहुत-बहुत आभारी है, जिसकी अभिव्यक्ति प्राय: आज भी सभी मिजो विद्वान् खुलेआम करते हैं।

अंतत: हम कह सकते हैं कि मिजोरम में रहनेवाली मिजो जनजातियों की संस्कृति, सामाजिक-राजनीतिक व्यवस्था, रहन-सहन, खान-पान, भेष-भूषा, रीति-रिवाज, पर्व-त्योहार, नृत्य-संगीत, धार्मिक मान्यताएँ एवं विश्वास, भाषा एवं साहित्य आदि सभी भारतीय समाज एवं संस्कृति के मुख्यधारा से एकदम भिन्न हैं। इनकी यह भिन्नता ही भारत की सांस्कृतिक विविधता में चार चाँद लगाती है।

□□

37 नागा लोक-संस्कृति : एक परिचय

—श्रुति

किसी समाज की संस्कृति को जानने-समझने के लिए उसके लोक-जीवन का ज्ञान आवश्यक है। विशेषकर पूर्वोत्तर के संदर्भ में यह बहुत महत्त्वपूर्ण है, जहाँ बसे हुए विभिन्न जनजातीय समूहों की भाषा, संस्कृति, जीवन-शैली और पहचान शेष भारत से पूरी तरह भिन्न है। इन जनजातियों का रहन-सहन, वेश-भूषा, खान-पान, रंग-रूप, सबकुछ भारत के मुख्य क्षेत्र से बहुत अलग तरह का है। पूर्वोत्तर की अधिकांश जनजातियों के समान नागालैंड में बसी नागा जनजाति भी शेष भारत के लिए अज्ञात या अल्पज्ञात रही है। नागालैंड की अनूठी प्राकृतिक सुंदरता के बीच बसी हुई नागा जनजाति कई कारणों से विशिष्ट है। इस जनजाति के लोग भारत में नागालैंड के अलावा मणिपुर और असम के कुछ भागों में भी निवास करते हैं।

नागालैंड राज्य का अधिकांश भाग पहाड़ियों की शृंखलाओं से भरा है। यहाँ के गाँव इन्हीं पहाड़ियों और घाटियों के बीच बसे हैं। यह राज्य लगभग १६,५७९ वर्ग किलोमीटर क्षेत्र में फैला है। भौगोलिक दृष्टि से यहाँ का अधिकतर भाग पर्वतीय और दुर्गम है। नागालैंड की सबसे ऊँची चोटी 'जप्फु' है, जो समुद्रतल से ३०१४ मीटर की ऊँचाई पर स्थित है। यहाँ की प्रमुख नदियों में दोयांग, धनसिरि, दिखु, तिजु, मेलक आदि हैं। लचाम यहाँ की प्रसिद्ध झील है। नागालैंड की पहाड़ियाँ पहले घने जंगलों से आच्छादित थीं। यहाँ का वन्य जीवन जैव विविधता की दृष्टि से बहुत समृद्ध था। परंतु वर्तमान में यहाँ का प्राकृतिक परिवेश बदल रहा है। झूम खेती की परंपरा के कारण यहाँ के जंगलों का एक बड़ा हिस्सा नष्ट हो चुका है। पर्यावरण पर पड़ रहे प्रतिकूल प्रभाव के कारण वन्य जीवन भी समाप्त होता जा रहा है।

जनजातीय स्थिति

पूर्वोत्तर के सभी जनजातीय समूहों के समान नागा जनजाति भी अपने मूल स्थान से प्रव्रजित होकर यहाँ आई। नृवैज्ञानिकों के अनुसार नागा जनजाति 'इंडो-मंगोलॉइड' समूह से संबंधित है। इनका मूल स्थान उत्तर-पश्चिमी चीन में 'ह्वांग हो' तथा 'यांगजी' नदियों के बीच था। आज से हजारों वर्ष पूर्व अपने मूल निवास स्थान से चलकर विभिन्न नागा समूह कई शताब्दियों के दौरान म्याँमार और तिब्बत से होते हुए यहाँ आ बसे। इस प्रव्रजन के विषय में नागा वाचिक परंपरा में कई कथाएँ प्रचलित हैं।

नागा जनजाति वस्तुत: कई उपसमूहों का समुच्चय है, जिसमें प्रमुख हैं—अंगामी, सेमा, लोथा, आओ, रेंगमा, चखेसंग, संगतम, कोन्यक, चांग, फोम, यिमचुंगेर, खियाम्नगन, कूकी, रोंगमेइ, कछारी, तिखिर, चिन माओ और मिमि। यद्यपि ये नागा समूह एक-दूसरे से बहुत भिन्न हैं, परंतु उनमें कुछ ऐसी समानताएँ हैं, जो उन्हें पूर्वोत्तर की दूसरी जनजातियों से अलग करती हैं और उन्हें एक विशिष्ट पहचान देती हैं। यह समानता सांस्कृतिक परंपराओं, जैसे खान-पान, रहन-सहन, रीति-रिवाज आदि के स्तर पर दिखाई देती है। मूल रूप से सभी नागा जनजातियों की अपनी विशिष्ट पहचान थी और वे अपनी सांस्कृतिक विशेषताओं और भाषागत भिन्नता के कारण जाने जाते थे। उन्हें बाद में 'नागा' नाम से जाना जाने लगा। पहले ये अपने आपको कोन्यक, चांग, फोम आदि कहते थे, परंतु बाद में अपनी सांस्कृतिक अस्मिता के प्रति सचेत होने पर ये स्वयं को 'नागा' नाम से पुकारने लगे। हटन के अनुसार सभी नागा समूह मिश्रित मूल के हैं। भाषा-वैज्ञानिकों के अनुसार नागा समूह की बोलियाँ चीनी-तिब्बती भाषा-परिवार के तिब्बत-बर्मी उपसमूह से संबंधित हैं। नागालैंड की जनजातियों को तीन उपसमूहों में विभाजित किया गया है—पश्चिमी, केंद्रीय और पूर्वी उपसमूह। व्याकरण की दृष्टि से ये बोलियाँ संश्लिष्ट होती हैं तथा इनमें संगीतात्मकता होती है।

अधिकांश नागा उपसमूहों की अपनी बोली है, जो समूह के नाम पर ही आधारित है, जैसे अंगामी, आओ, रेंगमा, कोन्यक आदि। नागा बोलियों में वैविध्य इतना अधिक है कि एक ही जनजातीय क्षेत्र में अलग-अलग गाँवों में बोली का अंतर देखने को मिलता है। नागा समूहों में भाषा के स्तर पर यह भेद उनकी भौगोलिक स्थिति के कारण है। वस्तुत: प्राचीन समय में ये गाँव अलग-अलग पहाड़ियों पर स्थित होते थे और इनमें आपसी संपर्क बहुत सीमित होता था। इसलिए इन क्षेत्रों में भाषाओं का विकास अलग-अलग रूपों में हुआ। नागा समूहों में प्रचलित किंवदंतियों के अनुसार एक बार ये सभी समुदाय मिलकर आकाश तक पहुँचने के लिए मीनार बना रहे थे। यह देखकर ईश्वर ने उनकी भाषा में अंतर पैदा कर दिया, ताकि उनके क्रिया-कलापों में समन्वय न रह पाए। नागालैंड में संपर्क भाषा के रूप में 'नागामीज' का प्रयोग होता है, जो नागा और असमिया का मिश्रण है। इसमें व्याकरण के नियम शिथिल हैं और यह सीखने में आसान है। परंतु यह नागा समूहों की भाषागत विशिष्टताओं को प्रतिबिंबित नहीं करती। वर्तमान समय में नागालैंड की राजकीय भाषा अंग्रेजी है।

'नागा' शब्द की व्युत्पत्ति के संबंध में भाषा-वैज्ञानिकों तथा नृवैज्ञानिकों ने अलग-अलग मत व्यक्त किए हैं। ब्रिटिश यात्री एस.ई. पील के अनुसार—नागा शब्द 'नोगा' से उत्पन्न है। नोगा शब्द 'नोक' से उत्पन्न है, जिसका अर्थ कई पहाड़ी बोलियों में 'लोक' है। संस्कृत 'नाग' अर्थात् पर्वत से भी 'नागा' शब्द की व्युत्पत्ति बताई जाती है। इस व्युत्पत्ति के अनुसार नागा शब्द का अर्थ है—पर्वत पर वास करने वाले लोग। डॉ. सुनीति कुमार चटर्जी के अनुसार—संस्कृत साहित्य में जिस किरात जाति का बार-बार उल्लेख मिलता है, 'इंडो-मंगोलॉइड' समूह के लोग उन्हीं किरातों के वंशज हैं। इन किरातों के अंतर्गत नागा जनजाति के समूह भी शामिल हैं। इन किरातों का निवास-स्थान पूर्व की पहाड़ियों में था। महाभारत में अर्जुन द्वारा नागवंश की राजकुमारी उलूपी से विवाह किए जाने का उल्लेख है। महाभारत के एक अन्य प्रसंग में शिव अर्जुन से मिलने के लिए किरात का वेश धारण करते हैं।

आचार-विचार : नागा जन स्वभाव से सरल, सीधे, परिश्रमी, ईमानदार, सच्चे और जिंदादिली से भरे होते हैं। वे अपने आत्मसम्मान के प्रति सचेत, व्यवहार में सहज, हँसमुख, मैत्रीभाव से भरे और निश्छल होते हैं। उनमें अतिथि-सत्कार का भाव बहुत गहरा होता है। नागा गाँवों में सामुदायिक निकटता का भाव और गहरी आत्मीयता देखने को मिलती है। लोग सामाजिक-सांस्कृतिक तथा पारिवारिक सूत्रों के द्वारा एक-दूसरे से जुड़े होते हैं। उनका जीवन अनेक प्रकार के उत्सवों, त्योहारों, नृत्यों और गीतों से भरा होता है।

नागा समाज में मौखिक परंपरा के द्वारा सांस्कृतिक मूल्यों, आस्थाओं और रीति-रिवाजों का हस्तांतरण होता आया है। नागाओं में पीढ़ी-दर-पीढ़ी पारंपरिक न्याय और कानून व्यवस्था, सामाजिक संबंध, पारिवारिक संस्थाएँ, उत्सव, लोककथाएँ, संगीत, नृत्य, कलाएँ, धार्मिक आस्थाएँ, किंवदंतियाँ, दंतकथाएँ आदि धरोहर के रूप में हस्तांतरित होती हैं। विभिन्न नागा समूह इन विविध पारंपरिक मूल्यों से परिचालित होते रहे हैं।

मोरंग

नागा समाज की एक महत्त्वपूर्ण पारंपरिक सामाजिक-सांस्कृतिक संस्था है 'मोरंग', जो अविवाहित युवाओं की आवासीय व्यवस्था है।

यह संस्था अविवाहित युवकों की शिक्षा-दीक्षा और समाजीकरण के लिए बनाई गई थी। विवाह से पूर्व सभी युवकों को यहाँ रहना होता था। मोरंग कई सामाजिक दायित्वों और कार्यों का निर्वाह करता था। कबीलाई युद्धों और शांति से संबंधित फैसले यहीं लिये जाते थे। वीर योद्धाओं के अस्त्र-शस्त्र यहीं रखे जाते थे। मोरंग पारंपरिक शिक्षा के केंद्र होते थे। इन संस्थाओं में युवा पीढ़ी अपने भावी उत्तरदायित्वों के लिए तैयार की जाती थी। मोरंग के माध्यम से ही लोकगीतों और लोककथाओं की परंपरा एक पीढ़ी से दूसरी को हस्तांतरित होती थी। नागा युवतियों को भी विवाह से पहले तक युवतियों के लिए बने आवासों में रहना पड़ता था। यहाँ उन्हें विवाह के पश्चात् आनेवाली पारिवारिक और सामाजिक जिम्मेदारियों के लिए उचित शिक्षा दी जाती थी। साथ ही विविध हस्तकलाओं, जैसे काष्ठकला, कपड़ा बुनने, कातने, काढ़ने आदि की कला में भी पारंगत बनाया जाता था। आधुनिक शिक्षा के प्रचार के साथ ही मोरंग की प्राचीन व्यवस्था आज अपनी समाप्ति की ओर है।

नागा समाज में महिलाओं की स्थिति सम्मानपूर्ण तथा प्रतिष्ठाजनक है। सभी घरेलू और पारिवारिक मामलों में पति अपनी पत्नी से सलाह लेता है। विवाह संबंधों में मध्यस्थ की भूमिका महिलाएँ ही निभाती हैं। वे घर की व्यवस्था को चलाती हैं, परंतु नागा समाज पितृसत्तात्मक है। पारंपरिक मूल्यों के अनुसार नागा महिला को आज्ञाकारिणी तथा विनम्र होना चाहिए और पत्नी तथा माता की भूमिका को निष्ठापूर्वक निभाना चाहिए। पारिवारिक तथा सामाजिक क्षेत्रों में नागा महिलाओं को पर्याप्त स्वतंत्रता है।

शादी-विवाह : पारंपरिक रूप से नागा जनजातियों में विवाह-संबंध बातचीत के माध्यम से होता था। विवाह-संबंधों में नियमों का कड़ाई से पालन किया जाता था। लगभग सभी नागा समूहों में विवाह के समय वधू-मूल्य के रूप में नकद राशि, धान, जेवर अथवा हथियार दिए जाते थे। परिवार की इकाई गाँव की आर्थिक गतिविधियों का आधार होती है, साथ ही सांस्कृतिक गतिविधियों का केंद्र भी। इसलिए नागा-संस्कृति में पारिवारिक मूल्यों और विवाह संस्था को बहुत महत्त्वपूर्ण माना जाता है।

नागा समाज में विवाहित दंपती द्वारा 'फीस्ट ऑफ मेरिट' अर्थात् विशेष सामाजिक भोज आयोजित करने की परंपरा है। यह एक विशेष सामाजिक समारोह होता है। इसी प्रकार 'रात्रि भोज' आयोजित करने की भी परंपरा है। नागा समुदायों के इन समारोहों और उत्सवों के संदर्भ में सबसे महत्त्वपूर्ण विशेषता है सामूहिक भागीदारी। पूरा समुदाय इन समारोहों में सक्रिय भागीदारी की भावना के साथ शामिल होता है। इन उत्सवों को मनाने का प्रचलन प्राचीन काल से चलता आया है। उस समय विषम जीवन-संघर्षों और परिस्थितियों के बीच जिजीविषा को बनाए रखने की लालसा और जीवन के उल्लास को व्यक्त करने की इच्छा के कारण इन उत्सवों का प्रचलन हुआ होगा। यह बात सभी लोक-संस्कृतियों के संदर्भ में कही जा सकती है।

पर्व-त्योहार

पूर्वोत्तर के अन्य समुदायों के समान नागालैंड के त्योहार और उत्सव भी कृषि से संबंधित होते हैं। 'आओ' समुदाय महत्त्वपूर्ण है और अच्छी फसल के लिए उनका आशीर्वाद प्राप्त क रने के लिए यह उत्सव मनाया जाता है। फसलों को साफ करके, जंगलों को जलाकर और बीजों को बोकर बुआई का काम पूरा होता है और इस प्रक्रिया के बाद यह उत्सव मनाए जाने की परंपरा है। यह आकर्षक नृत्य-संगीत से भरा उत्सव होता है। लोग रंग-बिरंगे पारंपरिक परिधानों से सजकर हर्षोल्लास में डूब जाते हैं। **'आओ'** समुदाय का एक अन्य उत्सव 'त्सुनग्रेम मोंग' है, जो फसल काटने के अवसर पर मनाया जाता है। इसमें अच्छी फसल के लिए देवताओं को धन्यवाद दिया जाता है। यह भी मनोरम नृत्य-संगीत और हर्षोल्लास से भरा त्योहार होता है।

'सेमा' समुदाय का प्रमुख त्योहार 'तुलुन्यि' है, जो धान में बालियाँ आने और पकने के साथ जुलाई में मनाया जाता है। 'अहुना' फसल काटने के अवसर पर मनाया जानेवाला उत्सव है, जो 'सेमा' समुदाय द्वारा मनाया जाता है। 'लोथा' समुदाय का मुख्यपर्व 'तोखु एमोंग' है, जो नवंबर के महीने में नौ दिनों तक मनाया जाता है। इससे पूर्व फसल की बुआई के समय 'रहुवेन' नामक उत्सव मनाया जाता है, जिसका उद्घाटन ग्रामप्रधान गाँव के सामूहिक पूजास्थल पर करता है।

'अंगामी' जनजाति का प्रमुख उत्सव सेक्रेन्यि' है, जो फरवरी के महीने में मनाया जाता है। दस दिनों तक मनाए जानेवाले इस उत्सव को फाउअर्न्यि भी कहते हैं। स्वास्थ्य और मंगल के लिए कामना की जाती है। इस उत्सव का प्रमुख भाग 'थेकरा ही' होता है, जब गाँव का युवा वर्ग साथ बैठकर दिन भर पारंपरिक लोकगीत गाता है। कई प्रकार के व्यंजनों और चावल की मदिरा को प्रतिभागियों को परोसा जाता है। सातवें दिन युवक शिकार के लिए जाते हैं। आठवें दिन गाँव के फाटक को जफ्फू पहाड़ी के पास ले जाकर उसकी मरम्मत की जाती है। उत्सव की समाप्ति तक खेतों में काम नहीं किया जाता।

'कोन्यक' नागा समुदाय में अप्रैल में वसंतोत्सव का आयोजन किया जाता है। इस उत्सव को 'आओलिं मोनयु' कहते हैं। इस समय यह पूरा क्षेत्र फूलों से भर जाता है और इस नयनाभिराम वातावरण में ऑर्किड के फूलों से सजे 'कोन्यक' युवक-युवतियों का उत्साह और उल्लास देखते ही बनता है। यह त्योहार छह दिनों तक मनाया जाता है। 'चांग' नागा समूह का प्रधान पर्व 'नाक्नयुलेम' होता है, जो जुलाई में मनाया जाता है। इसमें फसल काटने से पूर्व मृतात्माओं को याद कर उनसे आशीर्वाद लिया जाता है। 'चखेसंग' समुदाय में सात उत्सव मनाए जाते हैं, जिनमें 'सुहक्रुहन्ये' प्रमुख होता है। 'रेंगमा' नागाओं का उत्सव 'न्गादा' और 'जेलियारोंग' नागाओं का त्योहार 'मेलेइन्मि' फसल कटने के बाद मनाया जाता है। 'जेलियारोंग' नागा इस उत्सव के दौरान चावल की मदिरा बनाते हैं, जिसका प्रयोग पूरे उत्सव के दौरान होता है। 'रेंगमा' समूह में भी 'न्गादा' के दौरान चावल की मदिरा बनाई जाती है। साथ ही मृतात्माओं को इस दौरान श्रद्धांजलि दी जाती है, क्योंकि पारंपरिक विश्वास के अनुसार उस समय वर्ष में एक बार मृतात्माएँ मनुष्य से मिलने आती हैं। 'फोम' नागा बुआई के बाद अप्रैल में 'मोन्यु' नामक उत्सव मनाते हैं, जिसमें फसल की रक्षा के लिए ईश्वर से प्रार्थना की जाती है। यह पिछले वर्ष को विदा देने और नववर्ष के आगमन का उत्सव है। 'फोम' नागाओं द्वारा तीन अन्य त्योहार भी मनाए जाते हैं—'कूकी' समूह फसल कटाई के बाद ईश्वर को धन्यवाद देने के लिए 'मिम्कूत' नामक त्योहार मनाता है। इसी प्रकार 'खइचमन्न' समुदाय के 'त्सोकुम' उत्सव में फसल की कटाई के बाद पूरा परिवार खेत में जाकर भोजन पकाकर खाता है और उल्लास में डूब जाता है। यिमचुंगेर नागाओं के शस्यपर्व 'मेतेम्निउ' में पूर्वजों को श्रद्धांजलि दी जाती है। इस दौरान कृषि-संबंधी उपकरणों, जैसे दाव, कुदाल आदि की सफाई करके उनकी पूजा की जाती है। साथ ही विवाह योग्य युवक-युवतियों की सगाई भी की जाती है।

'संगतम' नागाओं का प्रमुख उत्सव 'अमोंगमोंग' हैं, जिसमें गृहदेवता की उपासना की जाती है। साथ ही रसोईघर के पत्थरों की पूजा भी होती है। यह उत्सव सितंबर के महीने में मनाया जाता है। यह समूह की एकता का प्रतीक है और अच्छी फसल की कामना के लिए मनाया जाता है। 'पोचुरी' नागाओं का उत्सव 'येमशे' अक्तूबर के महीने में मनाया जाता है। यह अच्छी फसल होने पर खुशियाँ मनाने के लिए आयोजित होता है।

'तमखुल' नागाओं का 'धारशात' उत्सव भी कृषि से संबंधित है। 'माओ' जनजाति के 'सलेनी' त्योहार के दौरान गाँव के पुरुषों को पवित्र किया जाता है। इन सभी उत्सव-पर्वों के दौरान मनमोहक नृत्य-संगीत और खेलों का आयोजन किया जाता है।

लोकगीत व लोकवाद्य

नागा उत्सवों का सबसे महत्त्वपूर्ण अंग उनका नृत्य-संगीत है। नागा लोकसंगीत में लोकरंजक कथाएँ होती हैं। साथ ही वीरों का गौरव-गान और परंपरा के प्रति जुड़ाव भी मिलता है। इन लोकगीतों को लोकवाद्यों की धुन पर गाया जाता है। पूर्वोत्तर की सभी जनजातियों के समान नागाओं के लोकवाद्य भी प्रकृति से ही लिये गए हैं। एक लोकप्रिय वाद्य 'पेतु' है, जो एक तंत्रीवाद्य है। यह अंगामी और चखेसंग उपसमूहों में विशेष रूप से लोकप्रिय है। एक अन्य लोकप्रिय तंत्रीवाद्य 'थेकु' है, जिसका निर्माण पेड़ के खोखले तने से किया जाता है। इसके एक सिरे पर मिथुन नामक पशु का सिर उत्कीर्ण होता है। इस वाद्य का प्रयोग गीत के साथ संगत के लिए किया जाता है। लोक-उत्सवों में इस वाद्य की विशेष भूमिका होती है। जब इस वाद्य को सामूहिक रूप से बजाया जाता है तो इसकी आवाज मीलों दूर तक सुनाई देती है। वस्तुतः यह वाद्य युद्ध से संबंधित होता था और खतरे की सूचना देने के लिए या युद्ध में प्राप्त विजय के उल्लास को व्यक्त करने के लिए इसे बजाया जाता था। आज के युवा वर्ग में पाश्चात्य प्रभाव के कारण गिटार की लोकप्रियता बढ़ी है।

नागाओं को सौंदर्य और रंगों से बहुत प्रेम है, जो उनके वस्त्रों और आभूषणों में तो झलकता ही है, उनके गीतों में भी इसकी बहुरंगी छटा

देखने को मिलती है। एक **'रेंगमा गीत'** में नायिका के रूप में प्रशंसा इन शब्दों में की गई है—

लोककथा एवं लोकविश्वास

नागा लोककथाओं में परंपराओं, रस्म-रिवाजों, किंवदंतियों और लोक-विश्वासों की झलक मिलती है। कुछ कथाओं में ऐतिहासिक और पौराणिक तथ्यों की चर्चा है और कुछ में मनुष्यों और पशु-पक्षियों के आपसी संबंधों को लेकर प्रतीकात्मक कथाएँ कही गई हैं, जो प्रकृति के साथ इनके आत्मीयतापूर्ण संबंधों को दरशाती हैं। एक चांग लोककथा में कहा गया है कि सृष्टि का आरंभ तब हुआ जब मनुष्य एक गहरे गड्ढे में से निकला। एक अगामी लोककथा के अनुसार सृष्टि के आरंभ में मनुष्य और बाघ भाई थे। बाद में बाघ जंगल में रहने चला गया और मनुष्य गाँव में रहने लगा। एक अन्य कथा में मनुष्य और कुत्ते की मित्रता की कहानी कही गई है।

इन लोककथाओं में हास्य-व्यंग्य का पुट भी देखने को मिलता है। इनमें एक ठग का चरित्र अकसर आता है। अंगामी लोककथाओं में इसे 'गकिप' या 'माचे' कहा जाता है, सेमा कथाओं में इसे 'इकि' कहते हैं, रेंगमा में 'चे' और लोथा में 'आपकुहो' कहते हैं। इस पात्र से संबंधित रोचक कथाएँ विभिन्न नागा समूहों में मिलती हैं। एक कथा के अनुसार एक बार गकिपु व्यापार करने के लिए निकला। जंगल में से गुजरते समय एक भालू ने उस पर हमला कर दिया। भालू से हाथापाई करने में उसके पैसे जमीन पर गिर गए। इतने में एक घुड़सवार वहीं से गुजरा। गकिपु ने उसे बताया कि यह धन भालू ने ही उसे दिया है और यदि वह भालू से युद्ध करेगा तो भालू उसे भी धन देगा। घुड़सवार गकिपु की बात पर विश्वास करके भालू से उलझ पड़ा और गकिपु अपना धन लेकर घोड़े पर बैठकर चलता बना।

नागा जन हस्त कलाओं में दक्ष होते हैं। उनके घर लकड़ी और फूल के बने होते हैं और बहुत सुरुचिपूर्ण ढंग से बनाए और सजाए जाते हैं। प्रत्येक नागा समूह का घर बनाने का अपना तरीका होता है। वे भैंसों के सिर के मुखौटे से अपने घर के प्रवेशद्वार को सजाते हैं। नागा जनजातियों की हस्तकला उनकी आत्मनिर्भरता को प्रकट करती है। वे अपनी आवश्यकता की चीजें वस्त्र, टोपी, दवा, बरतन आदि स्वयं बनाते हैं।

नागा लोककलाएँ

नागा हस्तकलाओं के अंतर्गत कपड़ा बुनना, टोकरी बुनना, काष्ठकला, बरतन बनाना, धातुकला, आभूषण और मनके बनाना शामिल है। नागा जन को रंगों से प्रेम होता है और यह उनके रंग-बिरंगे दुशालों और टोपियों से प्रकट होता है। स्वतंत्रता-प्राप्ति तक कताई और बुनाई नागा पहाड़ियों के प्रमुख उद्योग थे। कपड़ा बुनना आज भी नागा समाज का प्रमुख उद्योग है। प्रत्येक जनजाति के शॉल की अपनी विशिष्टता होती है। हर समूह के शॉल पर भिन्न आकृतियाँ बनी होती हैं। उदाहरण के लिए आओ योद्धा के शॉल पर मिथुन, शेर, हाथी, मानव, मुरगा, दाव और भाले के आकर्षक चित्र बने होते हैं। प्राचीन काल में केवल शॉल पर बनी आकृतियों के द्वारा व्यक्ति की सामाजिक स्थिति की पहचान हो सकती थी। ये नागा शॉल तीन भागों में बुने जाते हैं और उन्हें जोड़ दिया जाता है। शाल बुनना एक समय साध्य और कष्टसाध्य काम है और हर शॉल को बुनने में कई दिन लगते हैं। पुरुषों और महिलाओं के शॉल अलग-अलग प्रकार के होते हैं।

नागा हस्तकलाओं में काष्ठकला का प्रमुख स्थान है। **काष्ठकला** के सुंदर नमूने मोरंग में ग्राम के द्वार पर और योद्धाओं तथा धनिकों के घरों में देखने को मिलते हैं। इनमें मिथुन, हाथी, बाघ, हॉर्नबिल और मनुष्य की आकृतियों को उत्कीर्ण किया जाता है। मिथुन का सिर धन का प्रतीक होता है। हॉर्नबिल साहस, शक्ति आदि का प्रतीक होता है। लकड़ी के बने वाद्ययंत्रों में भी काष्ठकला के सुंदर नमूने देखने को मिलते हैं। नागालैंड के वनों में बाँस और बेंत बहुतायत से मिलते हैं, जिनकी सुंदर टोकरियाँ बनाई जाती हैं। बाँस से चटाइयाँ और ढाल भी बनाए जाते हैं। बेंत के आभूषण भी बनते हैं। शीशे, शंख, पत्थर, धातु, लकड़ी, बीज, हड्डी आदि से बने मनकों का प्रयोग गहने बनाने के लिए किया जाता है।

नागा संस्कृति में पाषाण स्मृति-चिह्नों का विशेष स्थान है। नागा गाँवों में विभिन्न आकारों और शैलियों के पाषाण स्तंभ स्थापित करने की परंपरा है। कुल्हाड़ी के आकार के तिकोने पत्थरों को 'लक स्टोन' मानकर स्थापित किया जाता है।

ईसाई धर्म तथा अंग्रेजी शिक्षा को अपनाए जाने के बाद नागा पहाड़ियों में आधुनिकता का उदय हुआ। पिछले डेढ़ सौ वर्षों में नागालैंड और यहाँ का जनसमाज बहुत बदल गया है। पाश्चात्य मूल्यों को अपनाए जाने के बाद से इनकी प्राचीन परंपराएँ तथा रीति-रिवाज प्रभावित हुए हैं। यह नागा समूहों के इतिहास में महत्त्वपूर्ण है, क्योंकि आधुनिक मूल्यों के कारण इनके सामाजिक-सांस्कृतिक परिदृश्य में कई परिवर्तन आए हैं। इनकी अपनी सामाजिक व्यवस्था और राजनीतिक संस्थाएँ पीछे छूट गई हैं। आज नागाओं के जीवन-मूल्य बदल रहे हैं। नागा जन समाज के सामने आज जीवन के नए अर्थ और आयाम खुल रहे हैं। शिक्षा के प्रसार के कारण नागा युवाओं के लिए ज्ञान-विज्ञान के नए द्वार खुल गए हैं। ऐसे परिदृश्य में लोक-संस्कृति के मूल्यों के साथ आधुनिक मूल्यों के सही समन्वय से ही नागा जनसमाज को एक नई दिशा मिलेगी।

38 त्रिपुरा की जमातिया जनजातीय लोक-संस्कृति

—मिलनरानी जमातिया

भारत के विभिन्न राज्यों में त्रिपुरा प्रदेश अपनी भौगोलिक स्थिति एवं सांस्कृतिक विरासत के कारण सबसे अलग प्रतीत होता है। यह प्रदेश उत्तर में असम, पश्चिम में बँगलादेश के कुमिल्ला और नोवाखाली जिले, दक्षिण में चितागाँव और नोवाखाली का आधा भाग एवं मिजोरम की पहाड़ियों से घिरा हुआ है। यहाँ कुल १९ जनजातियाँ पाई जाती हैं, यथा—देबर्बमा/त्रिपुरी, जमातिया, रियांग, मुरासिंह, रुपिनी, कलई, उचई, गारो, चाकमा, खासी, भूतिया एवं नोवातिया आदि। इन जनजातियों में अपनी विशिष्ट समाज-व्यवस्था, रीति-रिवाज एवं धार्मिक मान्यताओं के कारण 'जमातिया जनजाति' की खास पहचान है। जनसंख्या की दृष्टि से इसका त्रिपुरी और रियांग के बाद तीसरा स्थान है। यह जनजाति मुख्य रूप से त्रिपुरा के उदयपुर, अमरपुर, सोनामुरा, बिलोनिया, तेलियामुरा, साब्रूम, खुवाई, जंपुई जला, सदर क्षेत्रों में निवास करती है। यह जनजाति आज भी अपने धर्म, परंपरा, नियम और कानून के प्रति बहुत सजग है। इनकी बोली 'कॉकबरक' है। यह 'तिब्बती-चीनी' भाषा-परिवार से विकसित बोड़ो उपशाखा की भाषा है।

सामाजिक स्थिति

'जमातिया' शब्द की उत्पत्ति को लेकर आजतक विद्वानों में मतभेद हैं। 'श्रीराजमाला' के लेखक कालीप्रसन्न सेन के अनुसार—'राजतंत्र काल में त्रिपुरा राज्य के पहाड़ी क्षेत्र में निवास करनेवाली जनजातियों में जमातिया जनजाति वीर योद्धा के रूप में प्रसिद्ध थी।' सोमेंद्र चंद्र देबबर्मा ने अपनी पुस्तक 'द सेंसेस विवरणी' में बताया है कि 'जमात' शब्द से 'जमातिया' की उत्पत्ति हुई है। 'जमात' दल या लोक समूह का बोधक है। पूर्व में यह जाति राजाओं के सैनिक विभाग में कार्य करती थी, उनके द्वारा जिस सैनिक संगठन का निर्माण हुआ, उसे ही जमात कहा गया। कालांतर में यह सैनिक वर्ग ही 'जमातिया' कहलाया। कुछ विद्वान् 'जमातिया' शब्द की उत्पत्ति को 'गॉरिया' पूजा से भी जोड़कर देखते हैं। श्री ललित मोहन जमातिया 'जमातिया' को 'जमा' और 'तुइया' दो शब्दों के मेल से बना मानते हैं। जिसका अर्थ है—जमा यानी टैक्स और तुइया यानी जो किसी भी प्रकार के बोझ को वहन न करता हो।

श्री बीरेंद्र किशोर जमातिया के अनुसार—'जमातिया' जमासिया शब्द से बना है, जिसका अर्थ है—जो टैक्स के विषय से अवगत नहीं है।

इन मान्यताओं की कोई ऐतिहासिक प्रामाणिकता नहीं मिलती है, क्योंकि राजतंत्र काल में जमातिया जनजाति को भी अन्य जनजातियों के समान टैक्स देना पड़ता था। उदाहरण के लिए १८७२ की ब्रिटिश प्रशासनिक रिपोर्ट में कहा गया है कि जमातिया एवं त्रिपुरी जनजातियों (देबबर्मा) के परिवार को पाँच से सात रुपए एवं अन्य जनजातियों, जैसे रियांग, नोवातिया आदि को आठ से बारह रुपए राजाओं को प्रत्येक वर्ष टैक्स के रूप में देना पड़ता था। जमातिया जनजाति के सामाजिक एवं सांस्कृतिक संगठन पर ध्यान दें तो 'जमात' से 'जमातिया' शब्द की उत्पत्ति संभव मानी जा सकती है। प्राचीन काल से ही इस जनजाति के लोग एक ही सामाजिक संगठन के अंतर्गत रहकर मुख्य रूप से एक ही प्राकृतिक देवता 'गॉरिया' की सामूहिक रूप से पूजा करते आ रहे हैं। समाज से बाहर रहने की कल्पना ये प्रायः नहीं करते। किसी कारण से अगर समाज से दूर रहना पड़े, तब भी यह जनजाति अपने समाज के नियमों का पालन करती है, इन्हीं कारणों से इन्हें 'जमातिया' कहा गया होगा, जिन्होंने राजतंत्र काल में राजा के सैन्य विभाग में योग देकर अपनी ईमानदारी एवं वीरता सिद्ध की।

लोकविश्वास एवं संस्कार

प्रत्येक समाज में विश्वासों एवं मान्यताओं के आधार पर कुछ संस्कारों का निर्धारण होता है, जिसे व्यवहार में लाकर लोग सामाजिक नियमों की संज्ञा देते हैं। जमातिया समाज में भी जन्म से लेकर मृत्यु तक विभिन्न अवसरों के लिए कुछ सामाजिक नियम बनाए गए हैं। इन सामाजिक नियमों ने जमातिया समाज को संगठित कर मजबूती प्रदान की है, साथ ही त्रिपुरा राज्य के अन्य जनजातीय समुदाय में विशिष्ट पहचान भी। यहाँ मुख्य रूप से जमातिया समाज में प्रचलित जन्म-संस्कार की बात की जाएगी।

जन्म संस्कार : जमातिया जनजाति के अनुसार व्यक्ति का धरती पर मनुष्य रूप में जन्म उसके जीवन की सबसे बड़ी उपलब्धि है। यह जन्म व्यक्ति को बार-बार नहीं मिलता है, इसलिए शिशु-जन्म को परिवार में उत्सव की तरह मनाया जाता है, परिवार के छोटे-बड़े

सभी सदस्य, रिश्तेदार एवं आस-पड़ोस के लोग नवजात शिशु का स्वागत बड़े धूमधाम से करते हैं। आजकल नवजात शिशु के जन्म होने पर पिता, दादाजी एवं नानाजी परिवार के सदस्यों एवं पड़ोसियों को मिठाई खिलाते हैं। पूर्व में मुरगे या बकरी आदि से छोटा-सा भोज का आयोजन किया जाता था। यह समाज पुरुष-प्रधान समाज है। संतान पैदा होते ही अपने पिता के कुल, जाति आदि को स्वाभाविक रूप से ग्रहण करता है। इस समाज में पुत्र एवं कन्या संतान में कोई भेद नहीं किया जाता है। दोनों का समान रूप से पालन-पोषण किया जाता है। विवाह-बंधन में बँधे बिना संतान उत्पन्न करना स्त्री के लिए पाप माना जाता है। ऐसी संतान को समाज में 'फा कुरुई सा' (अवैध संतान) की संज्ञा दी जाती है और उसे जीवन भर अपमानित होना पड़ता है। शिशु-जन्म से संबंधित निम्नलिखित रीति-रिवाज जमातिया समाज में निभाई जाती हैं—

१. चुराई आचाइया सुकांग (शिशु-जन्म से पूर्व) : गर्भवती होने के बाद से ही जमातिया समाज में स्त्रियों को मान्यता एवं विश्वासों के आधार पर कुछ नियमों का पालन करना होता है; जैसे—

(१) गर्भकाल के दौरान स्त्री को दोपहर एवं संध्या के समय घर से बाहर निकलने की मनाही है। यह समय प्रेतात्माओं का समय माना जाता है, इससे होनेवाले बच्चे पर बुरी नजर पड़ने का अंदेशा रहता है।

(२) गर्भवती महिला को 'मिरका मछली' खाने की मनाही है। इस दौरान गर्भवती स्त्री के मिरका मछली खाने से होनेवाले शिशु को मिरगी रोग होने का खतरा रहता है।

(३) गर्भवती महिला को पूर्व या दक्षिण दिशा में ही सिर रखकर सोने की हिदायत दी जाती है। इस समाज में केवल मृत व्यक्ति का सिर ही उत्तर या पश्चिम दिशा में किया जाता है।

(४) गर्भवती स्त्री को सूर्यग्रहण एवं चंद्रग्रहण नहीं देखना होता है। इसे होनेवाली संतान के लिए अशुभ माना जाता है।

(५) होनेवाले पिता को जीव-हत्या, शिकार पर जाना आदि मना है। ऐसा करने से होनेवाली संतान का अंग-भंग होने की आशंका रहती है। इसके अतिरिक्त पुरुष को 'बारुवा' अर्थात् सहयोगी पुजारी होना भी मना है।

(६) गर्भकाल में स्त्री को 'आफि फल-फकरा' यानी जोड़ फल खाने की मनाही है, कहते हैं कि ऐसा करने से स्त्री जुड़वाँ बच्चे पैदा करती है, जिससे माँ की परेशानी दुगुनी हो जाती है।

(७) गर्भवती स्त्री को विपत्ति, बाधा आदि से बचाने के लिए गर्भ धारण के पाँच महीने बाद लांप्रा पूजा की जाती है। यह पूजा विशेष तौर पर गर्भवती स्त्री की मंगलकामना के लिए रखी जाती है।

(८) इसके अलावा गर्भवती स्त्री को अपने व्यवहार को संतुलन में रखने एवं साफ-सफाई का विशेष ध्यान रखने के लिए निर्देश दिया जाता है।

अन्य सारे कार्य, जैसे पारिवारिक, सामाजिक या कृषि कार्य को करने की स्वतंत्रता स्त्री-पुरुष दोनों को है। इस दौरान गर्भवती स्त्री के काम करते रहने को स्वास्थ्य की दृष्टि से अच्छा माना जाता है। मान्यता है कि इससे शिशु को जन्म देने में माँ को ज्यादा तकलीफ का सामना नहीं करना पड़ता है।

गर्भवती स्त्री को प्रसव पीड़ा शुरू होने से पहले ही अन्य घर या घर के किसी अलग कमरे में उसके रहने की व्यवस्था कर दी जाती है और घर के सारे लोग मिलकर उसकी देखभाल की जिम्मेदारी उठाते हैं।

२. चुराई आचाइमा (शिशु-जन्म) : जमातिया परिवार में जब नवजात शिशु का जन्म होता है तो उसका स्वागत महिलाएँ उलू-लू-लू की ध्वनि द्वारा करती हैं। इसे स्थानीय भाषा में 'जगा लू' कहा जाता है। किसी भी शुभ कार्य में उलू-लू-लू की आवाज निकालने की परंपरा इस जनजाति की अपनी परंपरा नहीं है, यह बंगलाभाषी समाज से अपनाई गई है। यह परंपरा कब, कैसे उनके दैनिक जीवन में आकर घुल-मिल गई, कहना मुश्किल है; किंतु आज प्रत्येक शुभ कार्य में, जैसे किसी का स्वागत करते समय, ईश्वर का आह्वान करते समय, शादी-ब्याह, उत्सव-समारोह से लेकर नवजात शिशु के जन्म अवसर और व्यक्तिगत, पारिवारिक या ग्राम-सुरक्षा हेतु पूजा-अर्चना के समय स्त्रियों द्वारा शुभ कार्य को शुरू करने की संवर्द्धना में उलू-लू-लू की ध्वनि निकाली जाती है।

स्त्री को प्रसव पीड़ा शुरू होते ही गाँव की अनुभवी पाँच-छह महिलाओं को बुला लिया जाता है। वे आते ही आपस में तय कर लेती हैं कि कौन कुमाजुक एवं लकमाजुक होंगी। कुमाजुक एवं लकमाजुक गाँव की कोई भी अनुभवी महिला हो सकती है। शिशु-जन्म के बाद उसके नाभि-नाल को काटकर चप्रा/चप्री (टोकरी) में रखा जाता है। कॉकबरक में इसे 'बादुक एवं फॉन' कहा जाता है। नाभि-नाल काटने की यह क्रिया 'वामथा' अर्थात् बाँस के धारदार टुकड़ों से की जाती है। इसी बीच लकमाजुक गरम पानी की व्यवस्था करती है। पानी को

कच्ची हल्दी डालकर ही गरम किया जाता है। उसके बाद नवजात शिशु और माँ को गुनगुने पानी से नहलाया जाता है और आगे की रस्म के लिए शिशु को लकमाजुक (सहयोगी दाईमा) को दे दिया जाता है। लकमाजुक नवजात शिशु को गोद में लेने के बाद एक दाव को बगल में दबाकर जमीन पर तीन बार पैर ठोककर/मारकर 'अमो आनि अडखा, आनि अडखा, नोनो तेई चुंग याकालिया' अर्थात् 'यह अब मेरा हुआ, मेरा हुआ, अब हम तुम्हें कहीं नहीं जाने देंगे' कहती है। उसके ऐसा कहते ही बाकी स्त्रियाँ भी एक साथ कहती हैं 'ई ताबुकले अमो चिनि अडखा, चिनि अडखा' (हाँ, अब यह हमारे हुए, हमारे हुए)। इसके बाद लकमाजुक नवजात शिशु के लड़के या लड़की होने की घोषणा करती है। इसके बाद इसकी सूचना तुरंत शिशु के पिता एवं घर के अन्य सदस्यों को दी जाती है। साथ ही दो-तीन औरतें घर के आँगन में जाकर उलू-लू-लू की ध्वनि निकालती हैं। इस रस्म से पहले शिशु का लड़के या लड़की घोषणा करना या बताना मना है। उसी समय साल (सूर्य), ताल (चंद्रमा), नकबार (पवन), हा (धरती), तुइबुकमा (जल देवी) आदि को साक्षी बनाकर कुमाजुक (दाईमा) द्वारा शिशु का नामकरण किया जाता है। यही नवजात शिशु का असली नाम माना जाता है, यह नाम शिशु के माता-पिता के अलावा किसी अन्य को नहीं बताया जाता है, सबसे गुप्त रखा जाता है। मान्यता है कि इस नाम की जानकारी अन्य को होने पर नवजात शिशु पर बुरी आत्माएँ हावी रहती हैं।

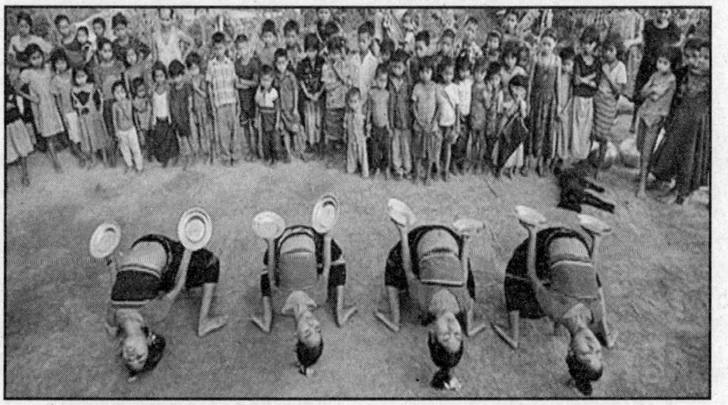

३. बादुक तेई फन खिबिमा (नाभि-नाल फेंकना) : शिशु के औपचारिक नामकरण के बाद चप्रा/चप्री (टोकरी), जिसमें बादुक एवं फन (कटी हुई नाभि के टुकड़े) रखे गए थे, उसे आबादी से दूर ले जाकर जमीन में गाड़ दिया जाता है और उसके चारों तरफ सुचुबुचुलुई छिटका दिया जाता है। यह मंत्रोच्चारित कच्ची हल्दी के टुकड़े, सरसों के बीज एवं चावल के दाने होते हैं। उसके बाद सभी औरतें नदी-घाट या पोखर में जाकर नहाती हैं और नवजात शिशु के घर लौट आती हैं। आते ही लकमाजुक (सहयोगी दाईमा) नवजात शिशु के हाथों एवं पैरों में काले धागे बाँधती है, फिर घर के चारों तरफ सुचुबुचुलुई छितराती है, उसके बाद माँ की शारीरिक स्वस्थता के लिए उसी घर में आग जलाई जाती है, उस आग में भी सुचुबुचुलुई डाली जाती है। जबतक शिशु का अमथाई (नार/नाभि) नहीं टूट जाता है, तब तक यह आग जलाई जाती है, उसकी राख को भी बाहर फेंकना निषिद्ध है। थोड़ा-सा सुचुबुचुलुई कपड़े में बाँधकर नवजात शिशु के सिरहाने में भी रख दिया जाता है। यह माँ और शिशु को बुरी नजर एवं प्रेतात्माओं से बचाने के लिए किया जाता है।

शिशु-जन्म के बाद माता-पिता को अलग ही रहना पड़ता है। स्त्री को 'आबूर' अर्थात् अपवित्र माना जाता है, उसका रसोईघर और अन्य कमरे, विशेष तौर पर जहाँ देवी-देवता स्थापित हैं, में जाना निषिद्ध है। घर के अन्य सभी सदस्य प्रसूतिवाले घर/कमरे में आ-जा सकते हैं, किंतु पुरुष प्रायः ऐसे कमरे में नहीं जाते हैं। इस दौरान प्रसूति माँ के लिए खाने-पीने की अलग व्यवस्था की जाती है, इसकी जिम्मेदारी घर की सभी महिलाएँ मिलकर उठाती हैं। ध्यातव्य है कि कुमाजुक-लकमाजुक (दाईमा-सहयोगी दाईमा) भी इस दौरान अशौच मानी जाती है। यह नियम तब तक चलता है, जब तक बच्चे का अमथाई (नार/नाभि) नहीं टूट जाता है।

४. अमथाई काकमा (नार्ता टूटना) : बच्चे का अमथाई (नार/नाभि)टूटते ही कुमाजुक एवं लकमाजुक को पुनः घर बुलाया जाता है। उनके घर आते ही बच्चे की माँ अबतक जलाई गई आग के सारे राख और अमथाई (नार/नाभि) को चप्रा/चप्री में रखती है और उसे आबादी से दूर जंगल ले जाकर गाड़ देती है। अमथाई (नार) गाड़ने से पहले उस जमीन की साफ-सफाई अच्छी तरह की जाती है। बच्चे स्वस्थ रहें, उसे खुजली आदि न हो, इसलिए यह सफाई की जाती है। सफाई के बाद उस स्थान के चारों ओर सुचुबुचुलुई छितरा दिया जाता है। यह सारा कार्य बच्चे की माँ ही संपन्न करती है, कुमाजुक-लकमाजुक केवल उसका साथ देती हैं। इसके बाद सभी घर लौट आते हैं।

इस दिन घर की साफ-सफाई की जाती है। माँ के सारे कपड़ों को धोया जाता है और माँ को प्रसूतिघर से मुख्य घर में लाया जाता है, पर बच्चे की माँ का रसोईघर में प्रवेश निषेध ही रहता है, किंतु घर के अन्य सभी काम वह अपनी सामर्थ्य के अनुसार कर सकती है, जैसे अपने लिए खाना बनाना, पानी भरना, कपड़े धोना आदि। इस प्रक्रिया के बाद कुमाजुक एवं लकमाजुक अपवित्रता के बंधन से मुक्त हो जाती है। इस रस्म से पहले उनका भी दूसरों के घरों में जाना निषिद्ध है, वहाँ भी उनका दूसरों के मुख्य घर एवं रसोईघर में जाने की मनाही है।

५. लांप्रा पूजा : बच्चे का अमथाई (नार/नाभि) टूटने के बाद जब घर की साफ-सफाई अच्छी तरह हो जाती है, तब अचाई बुलाकर 'लांप्रा पूजा' की जाती है। यह पूजा माँ और बच्चे की स्वस्थता के अतिरिक्त घर की शुद्धिकरण के लिए भी की जाती है। इसी दिन बच्चे को पहली

बार सूर्य दर्शन कराया जाता है, कॉकबरक भाषा में इसे 'चुराई नखला कारिमा' कहा जाता है। इस दिन के बाद बच्चे को हर जगह ले जाने की अनुमति मिलती है। उल्लेख्य है कि 'लांप्रा पूजा' से पहले बच्चे को प्रसूति घर से बाहर निकालना मना है। इसे बच्चे के लिए अशुभ माना जाता है।

६. आबूर सुमा/माय तुकमा/चुराई हा कारोमा (अन्न प्रशन) : बच्चे के जन्म का यह अंतिम एवं महत्त्वपूर्ण संस्कार माना जाता है। यह संस्कार माँ के पूर्ण रूप से स्वस्थ एवं शुद्ध होने के बाद किया जाता है। इस संस्कार को पूर्ण करने के लिए बच्चे के पिता या घर का अन्य कोई समझदार व्यक्ति कच्ची हल्दी, मुट्ठीभर चावल एवं वाथुई बाँस में देसी शराब लेकर अचाई (पुजारी) के घर जाता है और बच्चे और माँ की स्वस्थता की पूरी जानकारी उसे देते हुए इस अंतिम संस्कार के लिए उसे निवेदन करता है। इसे स्थानीय बोली में 'अचाई बातेमा' कहते हैं। तिथि तय होने के बाद घर भर की साफ-सफाई अच्छी तरह की जाती है। निर्धारित तिथि में अचाई बच्चे के नाम पर नदी घाट जाकर बकरी या बकरे की बलि द्वारा तुईसुकाल (जलदेवी) की पूजा करते हैं। इस दिन शिशु के घर एक बड़े भोज का आयोजन किया जाता है। सारे रिश्तेदार एवं गाँववालों को बच्चे को आशीर्वाद देने एवं भोज के लिए निमंत्रण दिया जाता है। कुमाजुक एवं लकमाजुक की विशेष तौर पर आमंत्रित किए जाते हैं, क्योंकि उनके बिना यह संस्कार पूरा नहीं माना जाता है। तुई सुकाल (जलदेवी) की पूजा के बाद पवित्र जल छिड़ककर घर को शुद्ध किया जाता है। इसी बीच बच्चे को नहलाकर नए कपड़े पहनाए जाते हैं, माँ भी नहा-धोकर तैयार हो जाती है। नदी पूजा के बाद अचाई घर के आँगन में सूर्य, चंद्रमा, पवन, धरती एवं चौदह देवताओं का आह्वान करते हैं और सभी देवी-देवताओं से शिशु एवं शिशु की माँ को आशीर्वाद देने के लिए निवेदन किया जाता है। पूजा के बाद अचाई का आशीर्वाद लेने के लिए माँ और उसके बच्चे को बाहर बुलाया जाता है। बच्चे को बाहर निकालने से पहले कुमाजुक द्वारा द्वार-पूजा की जाती है। पूजा के बाद उत्तर, दक्षिण, धरती एवं आसमान की ओर देखकर चार बार तीर चलाया जाता है और मशाल जलाकर चारों तरफ दिखाने के बाद बच्चे को बाहर निकाला जाता है। यह प्रक्रिया प्रेतात्माओं को भगाने के लिए की जाती है। बच्चे का स्वागत बड़ी उमंग एवं उत्साह के साथ उलू-लू-लू की ध्वनि द्वारा किया जाता है। बच्चे के पैरों को पहली बार धरती से छुवाया जाता है। इस क्रिया के बाद तुरंत पवित्र जल से बच्चे के पैरों को शुद्ध किया जाता है। सभी देवताओं से आशीर्वाद लेने के बाद माँ और बच्चे अचाई का आशीर्वाद लेते हैं। अचाई दोनों को शारीरिक स्वस्थता एवं लंबी उम्र के लिए आशीर्वाद देता है। उसके बाद बच्चे को कुमाजुक-लकमाजुक को दे दिया जाता है।

७. हामजुक कासोमा/कन्या आतक : बाहर की सब विधियों को पूरा करके जैसे ही सारे लोग घर के भीतर प्रवेश करते हैं, अन्य आत्मीय स्वजन के द्वारा सभी को द्वार पर ही वाथुई बाँस के माध्यम से रोक लिया जाता है। इसी क्रिया को जमातिया समाज में हामजुक कासोमा/कन्या आतक आदि कहा जाता है। एक बोतल देसी शराब देकर भीतर प्रवेश करने की प्रथा है। आजकल कुछ रुपए भी दिए जाते हैं। भीतर प्रवेश करने के बाद लकमाजुक एक थाल में कच्ची हल्दी, दूब-घास, कपास, दाव, हा (मिट्टी) और हलङ (पोता, जिससे मिर्ची या मसाला पीसा जाता है) सजाकर लाती है। कुमाजुक बच्चे को गोद में लेकर हर एक वस्तु को बच्चे के माथे से छुवाते हुए आशीर्वाद देती है। यहाँ प्रत्येक वस्तु अलग-अलग अर्थ को उद्घाटित करती है, जैसे हल्दी—यहाँ पवित्रता, शुद्धता और जीवन के सभी रंगों की प्रतीक है। दूब-घास—ऐश्वर्य, धन्य-धान्य का प्रतीक है। कपास—उज्ज्वलता और अनुभव की प्रतीक है। दाव—कर्मठता, सक्रियता, ताकत एवं साहस के प्रतीक हैं। हा (मिट्टी)—उदारता, विशालता, सहनशीलता आदि के प्रतीक है। हलङ—गंभीरता, दृढ निश्चय एवं स्थिर व्यक्तित्व के प्रतीक हैं। बच्चे लंबी उम्र तक जिएँ और उपर्युक्त सारे गुण बच्चे में हों, इसका आशीर्वाद बच्चे और माँ दोनों को दिया जाता है।

कुमाजुक एवं लकमाजुक उस दिन घर में बने सारे व्यंजनों से औपचारिक रूप से बच्चे का मुँह जूठा कराती हैं। इसी दिन सभी रिश्तेदारों एवं गाँववालों के सामने बच्चे का पुनः नामकरण किया जाता है। रिश्तेदार एवं गाँववाले सभी भोज में शामिल होते हैं और बच्चे एवं माँ को भरपूर आशीर्वाद देते हैं। औपचारिक रूप से नाई बुलाकर बच्चे का नाखून, बाल आदि कटवाया जाता है। अंत में कुमाजुक, लकमाजुक एवं अचाई को नए कपड़े एवं देसी शराब की एक-एक बोतल देकर विदाई दी जाती है। इस विधि को 'अचाई एवं कुमाजुक-लकमाजुक ममा' कहा जाता है। यह कार्य उसी दिन या अन्य शुभ दिन में भी किया जा सकता है। इस क्रिया के बाद जन्म-संस्कार प्रायः समाप्त माना जाता है।

□□

39

गोवा की लोक-संस्कृति

—पौर्णिमा केरकर

सह्याद्री की पर्वत-शृंखला और अरबी सागर की अथाह गहराई गोवा की विशेषता है। सह्याद्री और सागर की गोद में बसा हुआ गोवा हरियाली की खुशहाली और नीले सागर के पानी की सुंदरता से देश-विदेश के पर्यटकों को आकर्षित करता है। आज दुनिया के कोने-कोने से आनेवाले लोग गोवा के प्राकृतिक सौंदर्य और सांस्कृतिक वैभव को देखकर हर्षित होते हैं। तिसवाड़ी, सालसेतत और बारदेस प्रांत में पुर्तगाली शासनकाल तीन सौ साल से भी ज्यादा समय तक रहा। इससे पहले कर्नाटक से बदामी चालुक्य, कदंब, बाहमनी, विजयनगर की सत्ता गोवा और कोंकण प्रांत में थी। सत्तरी, पेडणे, डिचोली, फोंडा आदि प्रांतों पर छत्रपति शिवाजी महाराज का शासन था। काणकोण, केपे, सांगे जैसे प्रांतों पर सौंदेकर की सत्ता थी। इस कारण गोवा की संस्कृति में पूर्व और पश्चिमी संस्कृति का मिलाप देखने को मिलता है। गोवा में वास्तुकला पर लैटिन संस्कृति का प्रभाव प्रतीत होता है। मडगाँव में बनी हुई इमारतें लैटिन वास्तुकला से प्रभावित हैं।

गोवा की लोक-संस्कृति का दर्शन बड़ा मन-लुभावना है। इसका प्रत्यय गोवा के त्योहारों में मिलता है। खेतों में काम करते समय जैसे लोगों ने पारंपरिक गीत गाकर श्रम का परिहार किया, उसी तरह मंदिर के सामने प्रस्तुत किए जानेवाले धालो, धिल्लो जैसे सामुदायिक लोकनृत्य से आत्मसुख की प्राप्ति की। देश-विदेश के लोगों में पर्यटन व्यवसाय के कारण गोवा की संस्कृति के बारे में काफी गलत चित्र प्रस्तुत हुआ है। पुर्तगालियों के धर्मांध शासन काल में गोवा में मंदिरों को तोड़-फोड़ डाला गया। उस जगह आसमान को छूनेवाले प्रशस्त गिरजाघर खड़े हो गए हैं। धर्मांतरण की प्रक्रिया पुर्तगाली शासन काल में अमानवीय तरीके से चली और ऐतिहासिक मंदिरों को तोड़ा गया। लेकिन आज भी गोवा में बसे और देहातों में रहनेवाले ईसाई लोग भारतीय धर्म-संस्कृति से जुड़े हुए हैं। गोबर से लिपे कच्चे आँगनों में जिस तरह हिंदू माता-भगिनियों के पाँव थिरकते हैं, उसी तरह ईसाई माता-भगिनी के पाँव घुमट, समेल, म्हादाले जैसे चर्म वाद्यों पर थिरकते हैं। उनके कंठों से जब मधुर मनोरम स्वर-लहरियाँ गूँजती हैं तो भीनी-भीनी फुहार पाकर, भावनाओं के इंद्रधनुषी पंख फैलाकर मन-मयूर नाच उठता है। गोवा के सांगे, धारकंदोडा केपे, काणकोण प्रांत में आदिवासी वेलीप-गाँवकर समाज बसा हुआ है। हरे-भरे जंगल में अपना ज्यादातर समय बितानेवाली आदिवासी महिलाएँ विविध भावनाओं से भरे अनंत रंगों में रँगे अपने पारंपारिक धालो-धिल्लों के लोकगीत जब अपनी विभिन्न छवियाँ लेकर मुखरित करती हैं तो उनके गाने से आकाश गूँज उठता है। नदियों का बहता हुआ जल रसमय हो उठता है, वायु की लहर अपने स्पर्श से नवचेतना भरती है, मिट्टी महक उठती है और पावक अपने रूप-वैभव की मीठी आँच देकर मन के मौन को पिघला देता है—

एक म्हावलीग पिकलेले-पिकलेले
गवळ्या दादान जिकलेले-जिकालेले
गवळी दादा चोर... चोर
आमी खेळटा मोर... मोर
मोराच्या माथ्यार दिवदुल्यो
आमी भयणी खेळटुल्यो...

इस तरह के गाने प्राकृतिक सौंदर्य का वर्णन करते समय गोवा के समाज-जीवन का दर्शन देते हैं। इन लोकगीतों की अपनी एक मौखिक परंपरा है। ये अपनी पिछली पीढ़ी के होंठों से अगली पीढ़ी के होंठों तक आते हैं, फिर इस पीढ़ी से उससे अगली पीढ़ी तक। यह परंपरा निरंतर चलती रहती है। लोकगीतों से आदिवासी समाज का रिश्ता जुड़ गया और इसी कारण उनका गोवा की मिट्टी से जुड़ा हुआ संबंध अटूट है। गोवा के देहातों में बसे हुए ज्यादातर लोकगीत सामान्यतः अनपढ़ और रूढ़ियों से बँधे किसी एक व्यक्ति की कृति नहीं होते, वे समय-समय पर परिवर्तित होते रहते हैं तथा अनाम रचनाकारों की सामूहिक रचना हैं।

भावा भयणीचो काय वांगड पाखडाचो
केरी नी गावात वड पिळलो साखरेचो

भाई-बहन का रिश्ता सुकोमल और अटूट है। इस रिश्ते का सदियों से महत्त्व अधोरेखित करनेवाले गीत गोवा के देहातों में मिलते हैं। आज शहरीकरण तथा औद्योगिकीकरण ने जो अत्याधुनिक सोच हमारे मस्तिष्क को अवदान रूप में दी है, वे हमें पश्चिमी सभ्यता के उस खोखलेपन की ओर उन्मुक्त कर रहे हैं, जो हमें हमारे भीतर छुपे आनंद

से दूर ले जा रहे हैं। धालो और धिल्लो के गीतों में गोवा के सामाजिक जीवन के काफी संदर्भ मिलते हैं। आज गोवा पर्यटन उद्योग के कारण पूरे संसार में जाना जाता है, लेकिन सदियों से गोवा के लोग कृषि व्यवसाय से संबद्ध हैं और इसी कारण कृषि से जुड़ा हुआ इनका रिश्ता लोकगीतों में मिलता है।

गोवा के ईसाइयों पर लैटिन संस्कृति का काफी प्रभाव दिखाई देता है। लेकिन दक्षिण गोवा के चांदोर गाँव में बसे हुए ईसाई अपने छात्रधर्म का पालन कार्निवाल के दूसरे दिन पेश किए जानेवाले लोकनृत्य से अपनी सदियों से चली आ रही सांस्कृतिक और लोकधर्म की धरोहर का दर्शन कराते हैं।

ओ सिंहा वो वीरा वोसरे घरा,
सातशे माना हरीहरा वो

इस 'मुसलनृत्य' के लोकगीत में चंद्रेश्वर के रूप में पूजे जानेवाले भगवान् शिवजी का संदर्भ आता है। आज धर्म से ये लोग ईसाई हैं, लेकिन इन्होंने अपने पूर्वजों की परंपरा का रक्षण प्रतिकूल स्थिति में भी किया है। चांदोर में पुर्तगाली पूर्व काल में भगवान् शिवजी का कदंब काल से जुड़ा हुआ बड़ा मंदिर था। भारतीय पुरातत्त्व सर्वेक्षण विभाग ने यहाँ जो उत्खनन किया था, तब प्राचीन चंद्रपुर और गोवा का सबसे बड़ा नंदी भग्न स्वरूप में मिला था। चांदोर का यह मूसल नृत्य हमें चंद्रपुर के गतकालीन ऐतिहासिक धरोहर के दर्शन कराता है।

केपेने प्रांत में आदिवासी 'कुबकी' लोग रहते हैं। धर्म से ये लोग ईसाई हैं, लेकिन आज भी उनकी महिलाएँ 'धालो' जैसे नृत्य प्रकार में जो लोकगीत गाती हैं, उनमें भारतीय संस्कृति के दर्शन होते हैं—

आंव्याच्या ताळा, सुकेळ्या व्हाळा
येणया बाला तूं, धेयाळेळे रे
बालाल्यो धागन्यो, शेणल्यो व्हाळा
सोदून हाड बाळा न्हयी व्हाळा रे

गोवा में आज भी पेड़-पौधों से भरे हुए जंगल हैं और इस जंगल से जुड़े हुए आदिवासी समाज अपनी परंपराओं में पर्यावरण मूल्यों का आविष्कार करते हैं। धालो का यह लोकगीत पुर्तगालियों के गोवा में आने के पहले कुणबी लोगों की जो लोक-संस्कृति थी, उसका दर्शन हमें कराते हैं। उनके ज्यादातर गीत वस्तुतः एक समृद्ध संस्कृति की झाँकी प्रस्तुत करते हैं, जिनका गौरवशाली अतीत रहा है।

होली का त्योहार पूरे देश में धूमधाम से मनाया जाता है। गोवा में होली का त्योहार 'शिगमो' नाम से जाना जाता है। धालो, धिल्लो लोकनृत्य और गायन जैसे महिलाओं से जुड़े हैं, उसी तरह गोवा के शिगमो के लोकगीत और लोकनृत्य पुरुषों से जुड़े हैं। खेतों में काम करनेवाले किसान और तरह-तरह की कला से जुड़े हुए कारीगर होली के दिनों में ग्राम देवता के सामने 'ढोल', 'तासो' 'कासाळे' जैसे लोकवाद्य बजाकर नृत्य, नाट्य, गायन करते हैं। आज देश-विदेश में गोवा कार्निवाल का दर्शन काफी अल्प प्रमाण में देता है। गोवा के पेडणे से काणकोण प्रांत तक शिगमो हर्षोल्लास से मनाया जाता है।

गोवा के ईसाइयों को धर्मांतरण के बाद भी शिगमो से दूर करना काफी मुश्किल हो गया। इस कारण आज भी कई जगह देहातों में 'इत्रूमेज' मनाया जाता है, जिसमें महाभारत के पांडवों का संदर्भ मिलता है। तिसवाडी प्रांत में जो 'मंडूर' गाँव है, वहाँ के 'षष्ठी शांतादुर्गा' के डोंगरी में बसे हुए मंदिर में जो इंत्रूज नाम से नृत्य, गायन, वादन किया जाता है, वह भी गोवा के शिगमो का ही एक रूप है।

पर्वता दोगरा फुलाळ्ा मोगरा
देवा तुज्या नगरा उत्सव जाळा

ऐसे ज्यादातर जो लोकगीत गाए जाते हैं, उनमें से शिगमो की परंपरा का दर्शन होता है। 'शिगमो' यानी 'सुगिम्हे', चैत्र काल गणना का अंतिम मास फाल्गुन की पूनम को गोवा में शिगमो मनाया जाता है। आदिवासी वेलीप गावकर समाज में फाल्गुन पूनम को शिगमो का समारोह होता है। गोवा के अन्य प्रांतों में पूर्णिमा के दिन आम या अन्य वृक्षों के पौधे से जो खंबा बनता है, उसको आम्रपल्लवों से अलंकृत करके वह खंबा मंदिर के सामने खड़ा किया जाता है और पुरुष लोकगीतों का गायन करते हैं। ये लोकगीत रामायण-महाभारत के कथासूत्रों पर केंद्रित होते हैं—

चाँदनी पोरा तिन गो पाट
रावणान सीता व्हेळा, दाखय माका वाट

इस गीत में प्रभु रामचंद्रजी को सीतामाई की खोज करते समय एक नन्ही सी गिलहरी ने मदद की थी, इसका संदर्भ लेकर गोवा के शिगमो में लोकगीत गाया जाता है। तालगडी, लोणयामेल जैसे लोकनृत्यों का सादरीकरण मन को प्रसन्नता देता है। बिचोली प्रांत के नजदीक सर्वण गाँव में भारत के राष्ट्रीय पंछी मोर से प्रेरणा लेकर जो 'मोरूलो' नामक मयूर नृत्य बड़ी खुशी से शिगमो के समय वहाँ के कलाकार पेश करते थे।

वनचो मोरूलो, वनफळा खाय
वनफळा खाय, मोरूलो पाणयाशी जाय

इस तरह के लोकगीत मयूर नृत्य पेश करते समय लोक-कलाकार सर्वण के श्यामपुरुष के मंदिर के मंडप में पेश करते थे। आज युवा पीढ़ी ने इस मोरूलो नृत्य को पेश करने की कला फिर से सीख ली है।

इसलिए उसको पुनर्जीवन मिला है। लोकगीत, लोकनृत्य जैसी परंपरा के अलावा गोवा में विवाह एवं विभिन्न त्योहारों के समय लोकगीत गाए जाते हैं। भाद्रपद चतुर्थी के दिन गोवा में गणेशजी के नाम से बड़ी धूमधाम से उतसव मनाया जाता है। भक्ति भारतीय समाज को एकसूत्रता में बाँधने वाला महत्त्वपूर्ण कारक है। गणेशजी के प्रति एकनिष्ठ और अनन्य आत्मीयता रखनेवाली महिलाएँ, युवतियाँ उनके रूप पर, गुणों पर रीझती हैं। उनका गुणगान करके भक्तिभाव प्रदर्शित करती हैं—

गणपती देवा करीन तुझी सेवा
नवस वाहीन रे ळपाकीचा कुकू
दे जन्मभर–आणि काय मागेन रे

ऐसे लोकगीत गाकर महिलाएँ वर्तुलाकार में 'फुगडी' नृत्य पेश करती हैं। गोवा में 'फुगडी' नृत्य के सौ से भी ज्यादा प्रकार थे। अनपढ़, गँवार मानी जानेवाली महिलाओं ने फुगडी नृत्य पेश करते समय एक से बढ़कर एक लोकगीतों की जो निर्मिति की है, उससे उनके उच्चतम सांस्कृतिक स्तर की जानकारी मिलती है। चैत्र पूर्णिमा के अवसर पर डिचोली के कारापुर में और नववर्ष के आगे-पीछे गोवा के कई गाँवों में वीरभद्र का युद्ध-नृत्य किया जाता है। चैत्र प्रतिपदा के दिन सत्तरी और उसके नजदीकी प्रांतों में 'रणमाले' लोकनाट्य सादर किया जाता है। ग्रीष्म के ताप के आघात-प्रतिघात सहती धरती जब झुलसकर कराह उठती है, तब फोंडा और नजदीक के प्रांतों में बसे हुए आदिवासी गावडा अपना 'जामोर' लोक-नाट्य पेश करते हैं। विवाह के समय गोवा के लोगों में लोकगीत गाने की परंपरा है। विवाह की हर एक विधि का गीत अलग-अलग होता है, जैसे कि वधु या वर को उसके विवाह के अगले दिन हल्दी लगाने की विधि होती है। उस समय दीपज्योति को प्रणाम करते हुए गीत गाते हैं—

भुक लाडू तान लाडू, बानले शेळ्या पदरी
चाल कोठी नगरी काय गिरजे तीरी
गिरजेतीरीच्या नगरा आम्हा लागलिगराज काशा शिसयाची
एक मनू काशा सिसा, दोन मनू इंगळे
गणेश देवाच्या शाळेळ दिवा घडबिला

विवाह के समय जो गीत पेश किए जाते हैं, उनसे गोवा के सांस्कृतिक और सामाजिक मूल्यों के दर्शन होते हैं। विवाह केवल पति और पत्नी का मिलन नहीं होता, बल्कि संस्कृति का मन लुभावना संयोग होता है, इसका दर्शन गोवा के विवाह-गीतों में दिखता है।

गोवा में संस्कार-गीत भी काफी संख्या में हैं, जिन्होंने गोवा के लोकजीवन की सरसता और माधुर्य को गीतों में संजोकर यहाँ के समाज को एक सूत्र में बाँधने में योगदान दिया है। एक छोटे से राज्य में लोकनृत्य, लोकगीत, लोकपरंपरा की जो समृद्ध और संपन्न धरोहर है, वो इस राज्य का भारतीय संस्कृति से पुरातन रिश्ते का दर्शन कराती है। धनगर-गवळी पशुपालक समाज का 'गजानृत्य', वीर पुरुषों का पूर्व और पश्चिमी संस्कृति का मेल दिखानेवाला 'मांडो', इससे गोवा के संस्कृति की समृद्धि का आभास होता है। गोवा के लोग चावल और मछली के तरह-तरह के पदार्थों का जिस तरह आस्वाद लेते हैं, उसी तरह 'खतखते', 'मुगागाठी', 'गोडी दाल', 'मण मणे', 'पातोके', मुठली, सान्ना, पायस जैसे शाकाहारी अन्न संस्कृति का संगोपन भी करते हैं। काजू के फल से जो रस निकलता है, उससे 'हुर्राक' और 'फेणी' नामक मदिरा बनाई जाती है।

पहले नारियल के पेड़ से जो शराब बनाई जाती थी, उसको 'सूर' कहते थे। हिंदी चित्रपटों में गोवा के लोग शराबी के रूप में चित्रित किए गए हैं। लेकिन यह अर्धसत्य है। अपनी लोकभाषा, लोकपरंपरा और लोक-संस्कृति के संवर्धन और संरक्षण के लिए गोवा के लोगों ने अत्युच्चतम त्याग किया है। इस प्रदेश में भारतीय संस्कृति को सहेजकर रखने में यहाँ की लोक-संस्कृति की भूमिका सर्वाधिक महत्त्वपूर्ण है। प्रेम, उदारता और समन्वय की भावना गोवा की लोक-संस्कृति की विशेषताएँ पल-पल दृष्टिगोचर होती हैं। यहाँ की समृद्ध और वैभवपूर्ण प्राकृतिक संपदा को पाने के लोभ में कितने ही विदेशी आक्रांता यहाँ आए। लेकिन इन सबसे संघर्ष करके गोवा की संस्कृति पुनः उभर आई। यहाँ की सहिष्णु संस्कृति ने अतिवादियों को न केवल अपने आँचल में स्थान दिया, अपितु इनकी सांस्कृतिक और धार्मिक चेतना भी अपने में समाहित कर ली। पुर्तगाली राजसत्ता के कारण गोवा की प्रादेशिक भाषा और संस्कृति के ऊपर उनका प्रभाव आज भी दिखता है, मगर

धर्म बदलकर भी संस्कृति नहीं बदल सकती, इसका उदाहरण गोवा की लोक-संस्कृति है। संस्कृति प्रेमी लोगों ने उस कठिन काल में भी अपनी जान हथेली पर लेकर धर्म-संस्कृति को अबाधित रखने के लिए प्रयत्नों की पराकाष्ठा की। मानवी जीवन-व्यवहारों में त्योहारों, विधि, परंपरा, रूढ़ि, रिवाजों का तो अलग ही स्थान है। रोजमर्रा की जिंदगी में मनुष्य को बहुत ही कठिन एवं तनावग्रस्त स्थिति से गुजरना पड़ता है। ऐसे में श्रम परिहार के लिए इन सामुदायिक गीत-नृत्यों ने उनको जीने की सहजता और कलात्मकता प्रदान की। इस लोक-संस्कृति में इस मिट्टी की सभ्यता, आतिथ्यशील वृत्ति, पुराण, इतिहास का मनोहारी और संस्कारपूर्ण दर्शन होता है। गीत-नृत्य, त्योहारों की परंपरा विभिन्न उत्सव विधि से इधर के समाजजीवन और संस्कृति की अभिव्यक्ति होती है। समाज के रीति-रिवाजों तथा सभी संस्कारों का मूल रूप शब्दों में अभिव्यक्त होकर समाज के सभी पहलुओं का प्रतिबिंब इन गीत-नृत्यों में दिखता है। भक्तिगीत, संस्कारगीत, उत्सवगीत, लोरियाँ, विवाहगीत, रामायण, महाभारत जैसे महाकाव्यों को कथानक गीतों में पिरोकर उनमें मधुरता और गेयता के साथ सरसता और सरलता भी आती है। इरावती कर्वेजी ने संस्कृति की व्याख्या की है कि मानव समाज की दृष्टि को दिखनेवाली भौतिक, वस्तुरूप निर्मिति और दृष्टि को न दिखनेवाली, मगर विचारों में आकलन होनेवाली जो सृष्टि है, वह संस्कृति है। गोवा की लोक-संस्कृति में तो ये उच्चतम मूल्य निश्चित रूप से हैं। उसकी समृद्धि इस प्रदेश की मिट्टी के कण-कण में बसी हुई है।

□□

40 अंडमान तथा निकोबार की लोक-संस्कृति

—व्यास मणि त्रिपाठी

संपूर्ण भारतवर्ष की जीवन-शैलियों, रीति-रिवाजों, आस्था-विश्वासों, भाषा और बोलियों को अपने लघु कलेवर में सँजोए अंडमान तथा निकोबार द्वीप समूह सही अर्थों में 'लघु भारत' है। विभिन्न सांस्कृतिक और भाषायी परिवेश में स्नेह, सहयोग, सौहार्द, परदुःखकातरता, करुणा, औदार्य आदि का पल्लवन-पुष्पन यहाँ की सहज विशेषता है। अंडमान तथा निकोबार के मूल निवासी आदिवासी हैं, जिनकी छह प्रजातियाँ हैं। अंडमान वर्ग में निग्रेटो प्रजाति से संबंधित चार आदिवासी समुदाय हैं—ओंगी, अंडमानी, जारवा और सेंटिनली। निकोबार वर्ग में मंगोलियन प्रजाति से संबंधित दो प्रकार के आदिवासी हैं—निकोबारी और शोंपेन। इनकी अपनी अलग-अलग भाषा, बोली, रीति-रिवाज और संस्कृति है। द्वीपों के इतिहास में एक महत्त्वपूर्ण घटना १० मार्च, १८५८ को घटित हुई, जब स्वतंत्रता संग्राम-सेनानियों तथा अपराधियों को दंडित करने के उद्देश्य से यहाँ लाया गया। भांतु और मोपला भी आए, जिनकी अलग पहचान थी। श्रम का पर्याय राँची समुदाय भी यहाँ आया। आजादी के बाद भारत के विभिन्न भागों से सरकार की पुनर्वास योजना के अंतर्गत तथा रोजगार की तलाश में कुछ लोग आए और यहीं के होकर रह गए। इस तरह इन द्वीपों में दो प्रकार के निवासी हैं—यहाँ के मूल निवासी, यानी आदिवासी और दूसरे वे लोग, जो भारत के विभिन्न भागों से आकर यहाँ बसे हुए हैं। यही कारण है कि यहाँ विभिन्न प्रकार की भाषाएँ/बोलियाँ, रीति-रिवाज तथा परंपराएँ हैं, फिर भी यहाँ के निवासी स्नेह, सौख्य, बंधुत्व और सौहार्द का जो वातावरण रचे हुए हैं, वह अनेकता में एकता का महत्त्वपूर्ण उदाहरण है।

जनजातीय स्थिति

अंडमान तथा निकोबार द्वीप समूह में आदिम और आधुनिक दोनों ही संस्कृतियों के दर्शन होते हैं। यहाँ के आदिवासी आदिम संस्कृति के मूर्तिमान छंद हैं। यहाँ यह ध्यातव्य है कि प्रत्येक संस्कृति का अपना अलग व्यक्तित्व और अनुशासन होता है। इसलिए किसी संस्कृति को श्रेष्ठ और किसी को हीन समझने की भूल नहीं करनी चाहिए। यहाँ तक कि आदिम और आधुनिक संस्कृतियों की तुलना करते हुए भी युग और परिवेश का ध्यान अवश्य रखा जाना चाहिए। आदिम संस्कृतियाँ किसी भी तरह हीन नहीं हैं, अपितु उनका स्वरूप भिन्न प्रकार का है। यहाँ यह भी ध्यातव्य है कि संस्कृति आध्यात्मिक चेतना का बिंब है। केवल भौतिकता और बौद्धिकता का उत्कर्ष ही संस्कृति का श्रेष्ठ रूप नहीं हो सकता। संस्कृति की व्यापकता में जीवन जीने की कला की समाहिति होती है और हर समुदाय की अपनी जीवन-शैली, रीति-रिवाज और परंपराएँ होती हैं।

द्वीप समूह का सामाजिक जीवन इंद्रधनुषी छटा का आभास देता है। यहाँ के जन-जीवन के संदर्भ में इन पंक्तियों के लेखक ने लिखा है, 'वर्ण-वर्ण के खिले फूल सम, आदिम, नागर अधिवास यहाँ, जन-मन की डाली पर हरदम छाया रहता मधुमास जहाँ।' (कालापानी संज्ञा मुझको खलती है, पृष्ठ १११)। वर्ग तथा वर्ग-भेद, धार्मिक असहिष्णुता, भाषिक द्वंद्व, हिंसा तथा अलगाववाद से विमुक्त परस्पर स्नेह, सहयोग, सौहार्द और एकात्मभाव की यह धरती अपने चुंबकत्व से अगर सबको आकर्षित करती है तो उसके मूल में समरसता है। समरसता एक बृहत्तर अवधारणा है, जिसे गोस्वामी तुलसीदास और महात्मा गांधी के रामराज्य, कबीर के समाज-दर्शन, विवेकानंद के भारत-चिंतन, अरविंद के अध्यात्मवाद की समन्विति में अनुभव किया जा सकता है। यह मूलतः भेद में अभेद, अनेकता में एकता और असहिष्णुता में सहिष्णुता का दर्शन है। यह इतना आनंदप्रद है कि इसकी पक्षधरता व्यक्त करते हुए कामायनीकार जयशंकर प्रसाद ने लिखा है, 'समरस थे जड़ या चेतन/सुंदर साकार घना था, चेतनता एक विलसती, आनंद अखंड घना था।' अगर इसी आनंद भूमि पर द्वीपवासी खड़े हैं तो इसका श्रेय यहाँ की सामाजिक, सांस्कृतिक, धार्मिक और भाषिक स्तर पर विद्यमान समरसता को जाता है।

सामाजिक जीवन

अंडमान वर्ग के चारों आदिवासी समुदायों के सामाजिक-सांस्कृतिक संदर्भों में पृथकता है, किंतु कुछ संदर्भों में समानताएँ भी हैं, जैसे जंगल में एक जगह से दूसरी जगह भ्रमण करते हुए शिकार और संग्रह द्वारा कंद, मूल, फल, मछली, मांस का भक्षण करते हुए जीवनयापन करना। समुद्र और वन इनकी आजीविका के संसाधन रहे हैं। इन समुदायों में कुछ की जीवन-शैली में थोड़ा परिवर्तन आया है। प्रशासन के प्रयत्नों तथा मैत्रीपूर्ण संपर्कों से इन आदिवासियों के कुछ वर्ग (अंडमानी,

ओंगी और अब कुछ वर्षों से जारवा भी) मुख्यधारा की ओर गतिशील हुए हैं तथा भौतिकता और आधुनिकता से परिचित होने में लगे हैं, किंतु सेंटिनली जनजाति प्रशासन की मैत्री-स्थापना के प्रयत्नों के बावजूद मुख्यधारा से अभी अलग है। उस पर भौतिकता और आधुनिकता का प्रभाव नगण्य है। निकोबार वर्ग के निकोबारी और शोंपेन आदिवासी अंडमान वर्ग के आदिवासी अंडमान वर्ग के आदिवासियों से भिन्न हैं, जो न केवल इनकी शारीरिक विशेषताओं, अपितु इनकी संस्कृति से भी स्पष्ट है। निकोबारी जनजाति अंडमान तथा निकोबार की छहों जनजातियों में सर्वाधिक विकसित और समुन्नत है। आरंभ में इनका जीवन भी समुद्र और वन-संपदा पर आधारित था। शिकार और संग्रह इनकी जीवन-शैली थी, किंतु अब ये उपलब्ध आधुनिक वस्तुओं और भौतिक संसाधनों का उपयोग करते हैं। शिक्षा के प्रति इनका काफी रुझान है। उच्च शिक्षा प्राप्त कर ये लोग उच्च पदों पर आसीन हो रहे हैं। राजनैतिक गतिविधियों में भी इनकी सक्रिय भूमिका है। इस जनजाति की तुलना में शोंपेन आदिवासी अभी आधुनिकता से काफी दूर हैं। इनकी जीवन-शैली अभी आदिम भरण-पोषणवाली शैली है।

सौंदर्य-सृष्टि : मैलिनाउस्की के अनुसार—"संस्कृति सामाजिक विरासत है, जिसमें परंपरा से पाई हुई कला, कौशल, वस्तु-सामग्री, यांत्रिकी क्रियाएँ, विचार, आदतें और मूल्य समावेशित हैं।" (परिषद् पत्रिका, अप्रैल-जून २०००, पृष्ठ १२)। अंडमान-निकोबार की जनजातियों की संस्कृति का ज्ञान अर्जित करने के लिए उनका रहन-सहन, आचार-विचार, आदत, गीत और कला-कौशल का अध्ययन जरूरी है। उनके लोक-साहित्य, खासकर लोक-कथाओं के माध्यम से अभिव्यक्त आस्था-विश्वासों, मान्यताओं, अवधारणाओं के द्वारा उनकी सांस्कृतिक विरासत को समझा जा सकता है। अंडमान की आदिवासी कला कला के लिए कम, जीवन के लिए अधिक व्यवहृत है। उन्हें जिस चीज की आवश्यकता महसूस हुई, उसका उन्होंने निर्माण किया। मन हुआ तो उत्सव मनाया, नाच-गाने का आयोजन कर मनोरंजन कर लिया, अपने शरीर को मिट्टी से रँगकर अपनी सौंदर्य-दृष्टि का परिचय दिया। यहाँ यह उल्लेख्य है कि अंडमान के जो आदिवासी समुदाय मुख्यधारा की ओर गतिशील हैं, उनके मन में भौतिकतावादी संसाधनों और वस्तुओं के प्रति आकर्षण स्वाभाविक है और यह आकर्षण उनके परंपरागत जीवन-मूल्यों, सिद्धांतों और प्रक्रियाओं में थोड़ा-बहुत परिवर्तन तो लाएगा ही। यही कारण है कि अंडमानी और ओंगी जनजातियों के आचार-व्यवहार में बहुत कुछ परिवर्तन हुआ है तथा जारवा जनजाति के व्यवहार में परिवर्तन हो रहा है। इनकी सौंदर्य-दृष्टि में भी परिवर्तन स्वाभाविक है, किंतु यहाँ इनकी परंपरागत मान्यताओं और परंपरा प्राप्त कौशलों का ही वर्णन अपेक्षित है, क्योंकि अधिकांश संदर्भों में इनके जीवन-मूल्य और सिद्धांत यथावत् हैं।

मिट्टी से अपने को सजाने की प्रथा अंडमान के लगभग सभी आदिवासियों में पाई जाती है। अंडमानी तथा ओंगी आदिवासी मिट्टी से अपने को जिस तरह सजाते रहे हैं, उससे उनकी सौंदर्य-दृष्टि का पता चलता है। ये सफेद मिट्टी, रंगीन और लाल मिट्टी, कछुए की चरबी, पानी-लार को मिश्रित करके घोल बनाते हैं तथा चेहरे और कभी-कभी समस्त शरीर को रँगते हैं। ओंगी समुदाय में मिट्टी लगाकर सजाने का कार्य प्राय: स्त्रियाँ करती हैं। ये पहले पुरुषों को सजाती हैं, उसके पश्चात् आपस में एक-दूसरे को रँगती हैं। उँगलियों से चेहरे को इस प्रकार रँगा जाता है, जिससे रेखाएँ उभर आती हैं तथा उनके शरीर का चमड़ा भी दिखाई देता है। मिट्टी का लेप अलंकरण के रूप में भी होता है और औषधि के रूप में भी। शरीर के पीड़ित अंगों पर मिट्टी के लेप से पीड़ा समाप्त होती है। इन आदिवासियों ने अनुभव से सीखा है कि रात को मच्छर और डाँस से बचने के लिए शरीर में मिट्टी पोतना अच्छा है। चूँकि जंगल में जोंक, किर्नी, डाँस आदि काफी संख्या में हैं, इसलिए इन्हें विश्वास है कि मिट्टी का लेप नंगे शरीर की रक्षा कर सकता है। अत: एक ओर जहाँ मिट्टी का लेप इनके सौंदर्य-बोध को स्पष्ट करता है, वहीं दूसरी ओर इनके चिकित्सकीय बोध को भी। यही उपयोगितावादी दृष्टि और उपयोगी कला है।

लोककलाएँ

अंडमान का आदिवासी हस्तकौशल अपने आप में विशिष्ट है। डोंगी, पतवार, तीर, कमान, भाला, बरछी, जाल, टोकरी, मशाल, बाँस के पीपे का बरतन आदि बनाने में ये आदिवासी कुशल रहे हैं। चूँकि डोंगी इनके जीवन का आधार रही है, इसलिए सीमित साधनों के बावजूद ये इसका निर्माण जिस सूझ-बूझ और कौशल के साथ करते हैं, वह प्रशंसनीय है। ये सीधा लंबा पेड़ ढूँढ़कर कई दिनों के कठिन परिश्रम से उसे काटते हैं, फिर उसे छीलकर गोल बना लेते हैं और धीरे-धीरे उसे डोंगी का आकार देते हैं। जब उसका बाहरी आकार बन जाता है, तब अंदर का भाग कुरेदना शुरू करते हैं। काम करने के औजार अपरिष्कृत हैं, लेकिन ऐसी पूर्णता से डोंगी बनकर तैयार हो जाती है कि परिष्कृत औजारों वाले होशियार बढ़ई को भी उसके सामने सिर झुकाना पड़ेगा। जब ये डोंगी खेकर जाते हैं, तब परिष्कृत और आधुनिक युग का कोई होशियार नाविक भी उन्हें पा सकता। अंडमान के आदिवासियों के

मुख्य हथियार धनुष-बाण, हारपून, बरछी, भाला आदि हैं। धनुष-बाण के निर्माण में इनका कौशल देखते ही बनता है। अलग-अलग उद्देश्यों की पूर्ति के लिए अलग-अलग तीरों का निर्माण किया जाता है। मछली के शिकार के लिए अलग तीर होता है तो सुअर के शिकार के लिए अलग। ये आदिवासी पहुँचे हुए निशानेबाज हैं। तीर-धनुष द्वारा मछली का शिकार अचूक निशानेबाजी का उदाहरण है।

बेंत या मुलायम लकड़ी से डोलची या टोकरी आदि के निर्माण में ये आदिवासी अपनी अलग विशिष्टता रखते हैं। मधु-संग्रह डोलची में करते हैं, जो छेनी से छेदी हुई मुलायम लकड़ी या बाँस के टुकड़े से बनती है। मधु या खाद्य पदार्थों के संग्रह के समय ओंगी माथे की ओर बेंत की रस्सी डालकर डोलची या टोकरी पीठ पर लटकाते हैं। ओंगी समुदाय द्वारा निर्मित टोकरियाँ अधिक चर्चित हैं। लकड़ी की बाल्टी तथा पानी रखने के लिए बाँस का पीपा बनाने में भी ये कुशल हैं। इनकी टोकरियाँ कला प्रदर्शनियों के लिए आकर्षक उपादान हैं। स्थापत्य कौशल के प्रदर्शन हेतु इनके पास अत्यंत सीमित साधन हैं, फिर भी लकड़ी और पत्तियों का उपयोग करते हुए सामुदायिक और अस्थायी झोंपड़ियों का निर्माण ये जिस सूझ-बूझ के साथ करते हैं, वह अद्‌भुत और प्रशंसनीय है।

लोकनृत्य-गान

उत्सव मनाना और नाच-गान का आयोजन करना मानव-जाति की स्वाभाविक विशेषता है। अंडमान के सभी आदिवासी समुदाय किसी-न-किसी रूप में नृत्य-गान का आयोजन करते हैं। जब कभी ओंगी समुदाय रात्रि में भोजन के बाद नृत्य-गान करते हैं, तब वह दृश्य काफी मनोरंजक होता है। लोकगीतों में प्रचलित लोक मान्यताओं, विचारों और रूढ़ियों के साथ रीति-रिवाज और रहन-सहन भी अभिव्यक्ति पाते हैं। निकोबारी समुदाय में गीत-संगीत का महत्त्वपूर्ण स्थान है। वह न केवल इनके पारंपरिक भोजों और त्योहारों का एक अनिवार्य अंग है, बल्कि उनके दैनिक ज़ीवन में भी उसका स्थान बना हुआ है। रोज के घरेलू कामों की उकताहट को दूर करने के लिए काम करते समय निकोबारी लोग गाया करते हैं। दूसरों को सुनाते हुए जोर से गाने में उन्हें कोई हिचकिचाहट नहीं होती। गीत-संगीत की भाँति निकोबारी जीवन में नृत्य का भी महत्त्वपूर्ण स्थान है। उनका नृत्य बहुत सीधा-सादा होता है। वह प्राय: समूह में किया जाता है और उसके साथ हमेशा गायन भी चलता रहता है।

लोक-विश्वास

सृष्टि-निर्माण संबंधी पुरातन विश्वास, ईश्वर संबंधी अवधारणा जीवन-जगत् से संबंधित विभिन्न आस्था-विश्वासों की अभिव्यक्ति अंडमानी लोक-कथाओं में हुई है। सूर्य, चंद्र, तारे तथा आग के उत्पन्न होने संबंधी आख्यान, जीवन की सहजता में आ रहे विघ्नों के कारण और निवारण संबंधी उपाय, शैतानी आत्माओं की शांति के प्रयास आदि उनकी कथाओं में स्वाभाविक रूप से आए हैं। अंडमानी लोककथा के अनुसार उनका ईश्वर 'पुलुगा' है। मानव सृष्टि में 'तोमो' उसकी प्रथम रचना है। उसी ने उसकी सहचरी के रूप में चान-आ-ए-लेवादी का निर्माण किया। उन्हीं दोनों से वंश-वृद्धि हुई। 'पुतुगा' ने ही उन्हें जीवनयापन की विधि बताई। अंडमानी जनजाति का यह मानना है कि यदि 'पुलुगा' प्रसन्न है, तब सब मंगल ही मंगल है और यदि वह अप्रसन्न है, तब संकट आते हैं, विपत्तियाँ आती हैं। सीलिए वे 'पुलुगा' को प्रसन्न रखना जरूरी मानते हैं। यह समुदाय बुरी शक्तियों के बारे में विश्वास करता रहा है। उनके अनुसार दो तरह की शैतानी शक्तियाँ हैं, जो समुद्र और जंगल में निवास करती हैं। इनके अलावा एक ऐसी भी शैतानी शक्ति है, जिसका निवास हवा में है, उसका नाम जिरमू है। उसके एक सींग और चार पैर हैं। भोजन ढककर रखने के पीछे इस समुदाय का विश्वास है कि अगर इसे ढककर नहीं रखा गया तो शैतानी शक्ति आकर छू देगी, जो फिर अनिष्टकारी है। यह जनजाति इस बात में विश्वास रखती है कि कुछ ऐसी शक्तियाँ हैं, जो शिकार आदि में मदद करती हैं। ये लोग जब कभी कछुआ अथवा डुगांग के शिकार पर निकलते हैं, तब नौका-चालन से पहले नौका के ऊपरी भाग पर पानी का छिड़काव करते हैं। इसके पीछे उनकी यह मान्यता है कि ऐसा करके वे समुद्र और नौका को सावधान करते हैं। साथ ही अपने पूर्वजों से प्रार्थना करते हैं कि वे शिकार करने में मदद करें।

संयुक्त परिवार व्यवस्था : निकोबारी जन-जीवन में आधुनिकता ने काफी पैर फैलाया है। किंतु पहले इस जनजाति का जीवन समुद्र और वन-संपदा पर आधारित था। उसी के अनुरूप इनकी पारिवारिक तथा सामाजिक संरचना तथा भोजन-वस्त्र आदि की व्यवस्था थी। निकोबारी समाज एकता, बंधुत्व, भाईचारा और परस्पर सहयोग की भावना का समाज है। परिवार सामाजिकता की महत्त्वपूर्ण इकाई है। निकोबारी समाज में संयुक्त परिवार प्रथा है। इसकी विशेषता यह है कि न केवल पत्नी, बच्चे, भाई-बहन आदि इसके सदस्य होते हैं, बल्कि ताऊ, चाचा, चचेरे भाई-बहन तथा दूर के संबंधी भी परिवार के अंग माने जाते हैं। यही कारण है कि संयुक्त परिवार के सदस्यों की संख्या कभी-कभी सौ के आस-पास पहुँच जाती है। परिवार का कर्ता या मुखिया सबसे अधिक

बुद्धिमान, नेतृत्व कुशल और अधिक आयु का व्यक्ति होता है। वह परिवार के सभी सदस्यों की कल्याण-कामना से प्रेरित होता है।

भूमंडलीकरण और बाजारवाद ने उन्नतगामी आदिम समुदायों को भी प्रभावित किया है। रीति-रिवाज और संस्कारों में बदलाव लाने की दिशा में इसकी घुसपैठ को अस्वीकार नहीं किया जा सकता। हर मानव समुदाय में परंपरा और आधुनिकता का द्वंद्व तो रहता ही है। न तो परंपरा पूरी तरह उपेक्षणीय है और न ही आधुनिकता सर्वथा ग्राह्य। दोनों का तालमेल ही मानव को अग्रगामी बनाता है। अन्य मानव समुदायों की भाँति निकोबारी समुदाय में भी प्राचीनता के प्रति मोह और नवीनता के प्रति आकर्षण का भाव है। निरंतर परिवर्तित हो रही जीवन-शैली और रहन-सहन के बावजूद इनके यहाँ भी रीति-रिवाजों, संस्कारों एवं परंपरागत जीवन-मूल्यों के संरक्षण का प्रबल आग्रह है, फिर भी उसमें लगातार कुछ-न-कुछ नया जुड़ रहा है और कुछ न कुछ पुराना छूट रहा है।

लोकपर्व-समारोह

समारोह के आयोजन में निकोबारी काफी रुचि दिखाते हैं। इनके यहाँ हर महीने कोई-न-कोई समारोह होता रहता है, किंतु सबसे महत्त्वपूर्ण समारोह का.न.हा.उन का होता है। इसका उद्देश्य है—पूर्वजों का स्मरण करना, उन्हें सम्मान देना तथा उनके द्वारा किए गए हितकारी कार्यों के लिए नारियल, पंडानस आदि के पेड़ लगाकर उनके प्रति आभार प्रदर्शित करना। इसमें हर गाँव के लोग आमंत्रित किए जाते हैं। इस समारोह में शामिल होने के लिए हर अभ्यागत अपने साथ भोज्य सामग्री लाता है। इसमें खाने-पीने और नाचने-गाने का व्यापक कार्यक्रम होता है। इस समारोह का उद्देश्य आपसी सौहार्द की भावना को परिपुष्ट करना है। यह पर्व सुअर के बिना नहीं मनाया जा सकता। सुअर और नौका निकोबारी जीवन में विशेष महत्त्व रखते हैं। सुअर प्रेम, प्रसन्नता और आनंद का स्रोत है, जबकि नौका इनके लिए सुख और समृद्धि की द्योतक है। इनसे संबंधित समारोहों के आयोजन बड़ी धूम-धाम से होते हैं। ये नौका की पूजा करना आवश्यक मानते हैं। इनका विश्वास है कि इनकी पूजा करने से नौका की रक्षा करनेवाली आत्माएँ संतुष्ट होती हैं। नौका-पूजन के अवसर पर एक शानदार प्रीतिभोज का आयोजन होता है। इसमें सुअर से लड़ाई करने एवं उनके मांस को पकाकर खाने की प्रथा भी शामिल है।

लोकाचार-अंधविश्वास

कई तरह की रूढ़ मान्यताएँ, अंधविश्वास, प्रथाएँ और लोकाचार निकोबारी जीवन में प्रचलित हैं। इनमें गर्भ-धारण संबंधी विश्वास और मान्यताएँ हैं। समुद्र में मछली पकड़ने जाते समय क्या खाने योग्य है और क्या नहीं, इससे संबंधित आस्थाएँ हैं। कुत्तों के भौंकने के संबंध में इनका मानना है कि कुत्ते तब भौंकते हैं, जब बुरी आत्माएँ धरती की ओर आती हैं। निकोबारी लोग झाड़-फूँक, ओझा-सोखा आदि में विश्वास करते हैं। ये किसी प्रकार की बीमारी अथवा दुर्भाग्य के पीछे बुरी आत्माओं का हाथ मानते हैं। यदि व्यक्ति बीमार पड़ता है तो उसे मा-आ-फाई की क्रिया पद्धति से होकर गुजरना पड़ता है। इनका मानना है कि हर व्यक्ति में आत्मा निवास करती है। मृत्यु के बाद मा-आ-ला-हा नामक यह आत्मा अपने आत्माओं के देश में चली जाती है। इनके यहाँ मृत्यु-संस्कार विचित्रताओं के भरा हुआ है। मृतक की आत्मा को खुश रखने के लिए निकोबारी 'ओसुरी पर्व' का आयोजन करते हैं।

यहाँ यह उल्लेख करना आवश्यक है कि जो जनजातियाँ आधुनिकता और भौतिकता से जितना अधिक प्रभावित होंगी, उनका आचार-विचार भी उसी के अनुरूप परिवर्तित होगा, किंतु यह भी सच है कि रीति-रिवाज और परंपराएँ एक दिन में नहीं बदला करतीं। यही बात अंडमान तथा निकोबार की जनतातियों पर भी लागू होती है।

□□

41 ‘रवांई’ में सरनौल का पांडव नृत्य

—महाबीर रवांल्टा

विश्व भर में देवभूमि के नाम से प्रसिद्ध उत्तराखंड राज्य का सीमांत जनपद उत्तरकाशी गंगा व यमुना की उद्‌गमस्थली होने के कारण सदैव से चर्चित रहा है। उत्तरकाशी वर्षों टिहरी-गढ़वाल रियासत का अभिन्न हिस्सा रहा। १ अगस्त, १९४९ को इसका भारतीय संघ में विलय हुआ और २४ फरवरी, १९६० को टिहरी गढ़वाल से पृथक् होकर उत्तरकाशी अलग जनपद बना।

उत्तरकाशी का पश्चिमोत्तर क्षेत्र रवांई क्षेत्र के नाम से विख्यात है। इस क्षेत्र में यमुना एवं टौंस (तमसा) नदियों के उद्‌गम स्थल होने के कारण इसे यमुना घाटी व टौंस घाटी क्षेत्र भी कहा जाता है। समुद्र-तल से २२२० मीटर की ऊँचाई पर अवस्थित ‘राड़ी डाँडा’ रवांई क्षेत्र का प्रवेशद्वार कहा जा सकता है। संपूर्ण रवांई क्षेत्र नौगाँव, पुरोला एवं मोरी विकासखंडों में बँटा हुआ है।

ईसा से लगभग ६७५० वर्ष पुराने माने जानेवाले रवांई क्षेत्र के बारे में कहा जाता है कि महाभारत काल में यह क्षेत्र ‘कुलिंद क्षेत्र’ के नाम से विख्यात था। कुलिंद का राजा सुबाहु था, जिसने वनवास के समय पांडवों का स्वागत किया था। कुलिंद जाति की सत्ता इस क्षेत्र में दूसरी शताब्दी तक रही। ग्रीक साहित्यकार टाल्मी ने भी कुलिंदों की मूलभूमि यमुना क्षेत्र में बताई है।

संपूर्ण उत्तराखंड की तरह रवांई क्षेत्र में भी अनेक देवी-देवता पूजे व माने जाते हैं। क्षेत्र के अलग-अलग हिस्सो में रह रहे लोगों के अपने अलग-अलग ईष्ट देव हैं—भद्रकाली, राज-राजेश्वरी, रेणुका, लुदेश्वर, रघुनाथ, कौंल, महासू, ओडारु, जखंडी, पोखू, सोमेश्वर, जमदग्नि, कपिल मुनि, कालिक नाग, नरसिंह, भूतराजा, कंडारिया, जाख के अलावा यहाँ महाराज कर्ण एवं शल्य भी माने व पूजे जाते हैं। यमुना घाटी पांडवों की वनवासस्थली मानी जाती है और यहाँ के वासी अपने आपको पांडवों का वंशज मानते रहे हैं। बताते हैं कि यहीं से पांडवों ने स्वर्गारोहण किया था। पांडवों की परंपरा में यहाँ बहुपति एवं बहुपत्नी प्रथा भी बहुत समय तक रही।

पांडव यहाँ के निवासियों के आराध्य रहे हैं, इसलिए उनके नाम पर गाँव-गाँव में पांडव नृत्य का आयोजन ‘पंडौं (पांडव) की सराद’ के रूप में होता है। यमुना घाटी में यक्ष को ‘जाख’ के रूप में पूजते हैं तो टौंस घाटी में दानवीर कर्ण को। देवरा गाँव में इनका भव्य मंदिर है। उनकी पूजा-अर्चना होती है, साथ ही शल्य भी यहाँ के निवासियों के ईष्ट देव हैं।

इस क्षेत्र में अनेक गाँवों में पांडवों के स्मृति स्थल ‘चौंरी’ के रूप में देखने को मिलते हैं, जहाँ लौह व काष्ठ से बनी गदाएँ, धनुष-बाण, दीपक व वल्ड़े रखी होती हैं। लोग इन्हें पांडवों से जुड़ा मानते हैं। चौंरी के समीप ही पांडव नृत्य होता है।

पांडव नृत्य के लिए कोई विशेष तैयारी नहीं करनी होती। गाँव के स्त्री-पुरुषों पर वे अवतरित होकर नृत्य करते हैं। इसके लिए गाँव के परंपरागत स्थानीय ढोल, रणसिंहा, तालकी, दमाड़ा बजानेवाले बाजगी ‘जुमरिया’ अपने अनूठे वाद्य कौशल का परिचय देकर उन्हें अवतरित कराते ‘औतारते’ हैं। अवतरित होनेवाले स्त्री-पुरुष पांडवों के ‘पसवा’ (पात्र) कहलाते हैं। प्रत्येक पसवा के लिए पृथक् ताल, लय व थाप का वाद्य बजता है। पहले एक-एक कर पसवा औतरते हैं, फिर यह सामूहिकता का रूप ले लेता है। स्थानीय बोली में अर्जुन के लिए ‘खाती’, द्रौपदी के लिए ‘द्रुपता’ एवं कृष्ण के लिए ‘नागरजा’ कहा जाता है। सारे स्त्री एवं पुरुष पसवा एक साथ औतरते हैं तो यही पांडव नृत्य का रूप ले लेता है। इसमें प्रत्येक की भाव-भंगिमा व शरीर संचालन का ढंग अपने-अपने ढंग का होता है, जो दर्शकों को रोमांचित किए बगैर नहीं रहता। प्रत्येक पसवा अपने नृत्य के चरम पर होता है। काष्ठ व लोहे के भारी-भरकम गदे से अपनी नंगी पीठ पर प्रहार, लोहे की गरम सलाखों को जीभ से चाटना, जहरीले साँप पकड़कर उन्हें अपने गले में लपेटकर नचाना जैसे उनके हैरतंगेज कारनामे देखकर आँखें फटी-की-फटी रह जाती हैं।

यों तो यमुना घाटी क्षेत्र के अनेक गाँवों में पांडव नृत्य होता है, किंतु सरनौल गाँव का पांडव नृत्य अपने अनूठेपन के कारण खासा रोचक एवं प्रसिद्ध है।

सरनौल रवांई क्षेत्र के विकासखंड नौगाँव का सुदूर गाँव है, जो तहसील मुख्यालय बड़कोट से ४५ कि.मी. की दूरी पर बसा है।

ठकराल पट्टी के बड़े से इस गाँव की ईष्टदेवी रेणुका है तथा गाँव के मध्य में इनका छत्र-शैली में बना प्राचीन मंदिर अवस्थित है। वर्ष भर में अनेक अवसरों पर इसी मंदिर के प्रांगण में पांडव नृत्य संपन्न होता है। मंदिर के एक छोर पर पार्श्व की ओर चौंरी भी विराजमान है।

यहाँ आयोजित होनेवाले 'पंडौं की सराद' में पांडवों के अज्ञातवास की स्थिति को दरशाते 'जोगड़ा नृत्य' के अलावा 'घोड़ी नृत्य', 'हाथी नृत्य' ऐसी प्रस्तुतियाँ हैं, जिन्हें देखकर अद्‌भुत रोमांच होता है। इनके साथ ही गैंड़ा वध का प्रसंग भी मन को मोह लेता है। स्थानीय बोली 'रवांल्टी में इसे गैंडी मारना' कहते हैं। लोक में प्रचलित कथा के अनुसार एक बार जब भगवान् को कोढ़ हुआ और उससे बचने के लिए बाण की आवश्यकता थी। बाण भगवान् शंकर के पास था। बाण की रक्षक एक राक्षसी थी, जो पाताल लोक में रहती थी। अर्जुन राक्षसी को लेने पाताललोक पहुँचा, जहाँ उसकी मुलाकात वासुदंता से हुई। अर्जुन से प्रणय के बाद वासुदंता ने एक पुत्र को जन्म दिया, जिसका नाम नागार्जुन रखा गया। पांडु के श्राद्ध के लिए गैंड़े की राख की आवश्यकता पड़ी तो अर्जुन उसे लेने चल पड़ा। उसने जाकर उस गैंडे का वध किया, जो नागार्जुन का पाला हुआ था। इस बात को लेकर अर्जुन व नागार्जुन में युद्ध हुआ, जिसमें नागार्जुन ने अर्जुन को मार दिया। वासुदंता को पता चला तो उसने सारी बात नागार्जुन को बताई। उसने अर्जुन को जीवित कर दिया और फिर पिता-पुत्र का परिचय हुआ। पांडव नृत्य को लेकर उल्लेखनीय है कि इसमें स्त्री व पुरुषों की भागीदारी समान रूप से होती है। प्रत्येक पसवा के लिए अलग अंदाज में वाद्य बजते हैं और अपने अनुरूप वाद्य सुनकर फिर नृत्य संचालन स्वत: लय व गति पकड़ने लगता है। पहले एक-एक, फिर सभी की सामूहिक भागीदारी इस नृत्य को मोहक बनाकर चरम की ओर ले जाती है। परंपरागत वाद्यों को बजानेवाले 'जुमरियों' की इस नृत्य में महत्त्वपूर्ण भूमिका होती है। एक तरह से वे ही पूरे नृत्य का संचालन करते हैं।

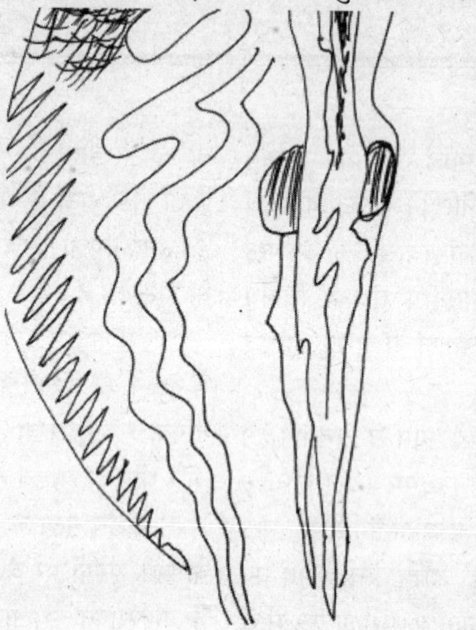

नंगी पीठ पर काँटेदार छड़ी का प्रहार, लोहे के 'गजा' (गदे) का प्रहार, गरम सलाखों को जीभ से चाटना, साँप पकड़कर उसे गले में लपेटकर नचाना, जलती आग में कूदने जैसे कृत्यों के अलावा मृत्यु के देवता यमराज से साक्षात्कार के लिए 'श्मशान साधना' जैसे करतब भी सरनौल के पांडव नृत्य में सम्मिलित हैं, जिन्हें देखकर सहज ही विश्वास होने लगता है कि पांडव नृत्य के चरम पर उनके साथ निश्चित रूप से दैवीय शक्तियाँ आरूढ़ हो जाती हैं, जो हमें आस्था और विश्वास की किसी और ही दुनिया की ओर ले जाती हैं।

आमतौर पर 'पंडौं सराद' की शुरुआत मुख्य आयोजन से एक दिन पूर्व ही हो जाती है, जिसे स्थानीय बोली में 'रात काटना' कहा जाता है। इसी रात्रि को 'ओसागड़ी' भरी जाती है। शाम को सभी 'पसवा' मुख्य देव स्थल 'मंदिर' अथवा 'थात' में इकट्‌ठे हो जाते हैं। ओसागड़ी भरने के लिए शाम को ही समय निश्चित किया जाता है। इसके लिए चावल के दानों की दो-तीन 'पूँजी' (ढेरी) रखकर उनमें से एक को छूकर तय किया जाता है कि इसे कौन भरेगा तथा समय क्या रहेगा। अधिकांशत: यह कार्य 'खाती' के जिम्मे होता है। शाम को जुमरिया अपने ढोल पर थाप देकर परंपरागत ढंग से पांडवों के लिए प्रचलित वाद्य बजाते हैं, जिसे 'चसिण देना' कहा जाता है और पांडव औतरता शुरू कर देते हैं।

मध्यरात्रि को खाती खाली लोटा लेकर गाँव के प्राकृतिक जलस्त्रोत 'नाले' पर जाता है और वहाँ से पानी भर लाता है। पानी भरने को लेकर यह बात खास होती है कि लोटा भरते ही उसे नाले से इस तरह हटा दिया जाता है कि पानी की एक बूँद भी बाहर न छलके। सराद वाले दिन सुबह ही ओसागड़ी में एक सिक्का डाला जाता है, जिसके ऊपर खाती द्वारा बारी-बारी से गाँव के प्रत्येक पसवा की कुशलक्षेम को लेकर चावल के दाने डाले जाते हैं। यदि वे सीधे ही सिक्के के ऊपर बैठ जाते हैं तो सबकुछ कुशल समझा जाता है, अन्यथा अपशकुन की आशंका रहती है।

दोपहर से पांडव नृत्य आरंभ हो जाता है। उस दिन सभी पसवा निराहार रहते हैं। दोपहर से ही वहाँ पर भोजन की भी व्यवस्था होने लगती है। यदि सराद गाँव के किसी एक परिवार की ओर से दी जा रही होती है तो खाद्य सामग्री की व्यवस्था उसकी ओर से होती है, अन्यथा सारा गाँव करता है। किसी एक परिवार की ओर से सराद दी जाने की स्थिति में भी गाँव का हर परिवार अपनी ओर से आटा, चावल देना नहीं भूलता। इस अवसर पर पकनेवाला भोजन एकदम सादा होता है—दाल-भात और पूड़ी।

सराद के लिए आटे के नन्हे गोले बनाकर तेल में तलकर तैयार किए जाते हैं, जिन्हें खाती को ही पकाना/तलना होता है। इन्हें लेकर यह बात महत्त्वपूर्ण होती है कि इन्हें खौलते तेल में हाथ से डाला, पलटा और निकाला जाता है। इन्हें 'फल' कहा जाता है। इन्हें चौंरी के

ऊपर रखा जाता है और सराद के समापन पर प्रसाद के रूप में बाँटा जाता है, जिससे मनोकामना पूर्ण हो।

पांडव नृत्य में प्रत्येक पसवा को अपना परिचय परंपरागत लयबद्ध शैली में एक हाथ में 'धुप्याना' (धूपदान) व दूसरे में चावल उछालकर गाते हुए देना होता है, जिसे 'छाड़या' लगाना कहा जाता है। इसी से उसके परिचय की पुख्ता पुष्टि भी होती है।

अँधेरा घिरने के साथ ही पंडौं की सराद अपने चरम पर होती है, तभी स्थानीय वाद्यों के साथ सभी पसवा नाले की ओर जाते हैं और पूर्वजों को तर्पण देने के बाद वहाँ से पाजू (पारिजात) के पत्ते लेकर लौटते हैं तथा इन्हें ग्रामीणों में बाँटना शुभ माना जाता है। 'भात' के गोले बनाकर पिंडदान होता है, फिर लोगों में बाँटा जाता है। सभी पसवों को वहीं पर भोजन कराया जाता है और फिर प्रत्येक परिवार के लिए जहाँ से पसवा होता है, पूड़ी भेज दी जाती है। इसके गाँव के दूसरे लोग भी वहीं पर भोजन करने जाते हैं।

इसके साथ ही पंडौं की सराद का समापन हो जाता है। लोग अपने-अपने घरों की ओर लौटने लगते हैं।

हर्ष के अतिरेक में कुछ स्त्री-पुरुष एक-दूसरे से गुँथकर रवांई के सर्वाधिक प्रचलित ताँदी गीतों की शुरुआत कर देते हैं और फिर देखते-ही-देखते लोगों की भागीदारी बढ़ने लगती है। लोक संस्कृति के रंग में सभी सराबोर होने लगते हैं और यह सिलसिला देर रात्रि तक बराबर चलता रहता है।

अपनी अनूठी नृत्यकला व कौशल के कारण सरनौल का पांडव नृत्य अपने क्षेत्र व प्रदेश से बाहर अनेक स्थानों पर प्रशंसा बटोर चुका है। राष्ट्रीय मानव संग्रहालय भोपाल (म.प्र.) एवं इंदिरा गांधी राष्ट्रीय कला केंद्र दिल्ली में महाभारत पर केंद्रित 'जय उत्सव' में सरनौल के पांडव नृत्य की सफल प्रस्तुतियाँ हो चुकी हैं। कहा जा सकता है कि सरनौल का पांडव नृत्य न केवल पांडवों के प्रति यहाँ के निवासियों की अगाध आस्था को दरशाता है, अपितु लोक में छुपी कलाओं के माध्यम से दुनिया के सामने अपनी पहचान को भी पुख्ता करता है।

□□

42

राजस्थान के विश्व प्रसिद्ध लोक-वाद्ययंत्र

—दुर्गादत्त ओझा

विश्व में अपनी अनोखी आन-शान-बान और पहचान रखनेवाला देश के क्षेत्रफल की दृष्टि से सबसे बड़ा राज्य 'रंगीले राजस्थान' का महत्त्व संपूर्ण देश में ही नहीं, वरन् दुनिया में अद्वितीय है। चाहे यहाँ की संस्कृति, साहित्य, स्थापत्य कला, शिल्पकला, तीज-त्योहार, पहनावा, भोजन, शूरवीरता, दानशीलता, वैज्ञानिकता, लोक-नृत्य, लोकगीत, लोक-संगीत एवं सुरीले विलक्षण लोक-वाद्ययंत्र ही क्यों न हों, सब की खासियत अलग ही है। हर्ष का विषय है कि इन्हीं अनेकानेक विशिष्टताओं से भरा राजस्थान आज पर्यटन की दृष्टि से विश्व के मानचित्र पर आ चुका है।

गौरवमयी राजस्थान में उल्लास का रंग बिखेरते लोक-वाद्य हमारी सांस्कृतिक पहचान भी हैं। संगीत प्रकृति के कण-कण में रचा-बसा है। पक्षियों का कलरव, भौंरों का गुंजन, बादलों का गर्जन, पत्तों की सरसराहट और नदियों के जल की कल-कल का कर्णप्रिय संगीत सदैव ही प्रात्रिमात्र को आह्लादित करता है। संगीत मानव-मन की सुंदर अभिव्यक्ति है। परंपरा और धरोहर से साक्षात् कराते, लोक-जीवन में समरसता लाते वाद्य यंत्र संगीत के प्राण हैं। शिव का डमरू, कृष्ण की बाँसुरी, मीरा का इकतारा, अर्जुन का पाँचजन्य (शंख) और सरस्वती की वीणा वाद्ययंत्रों की दिव्यता सिद्ध करते हैं। सुर, लय और ताल से सजे राजस्थानी लोकवाद्यों की स्वर लहरियाँ समृद्ध परंपरा की प्रतीक हैं। माटी की सौंधी महक के ताने-बाने से बने राजस्थान के लोकवाद्य अपना एक अलग स्थान रखते हैं। जन-मन को झंकृत करते इन लोक-वाद्यों ने बड़ी ख्याति अर्जित की है। राजस्थान लोक-वाद्यों की मुख्यतः तीन श्रेणियाँ हैं—तार वाद्य, फूँक वाद्य तथा खाल से गढ़े वाद्य। तार वाद्य—जैसे भपंग, इकतारा, सारंगी, रावण हत्था इत्यादि। फूँक वाद्य—अलगोजा, शहनाई व मोरचंग इत्यादि। खाल वाद्य—ढोलक, नौबत, नगाड़ा इत्यादि।

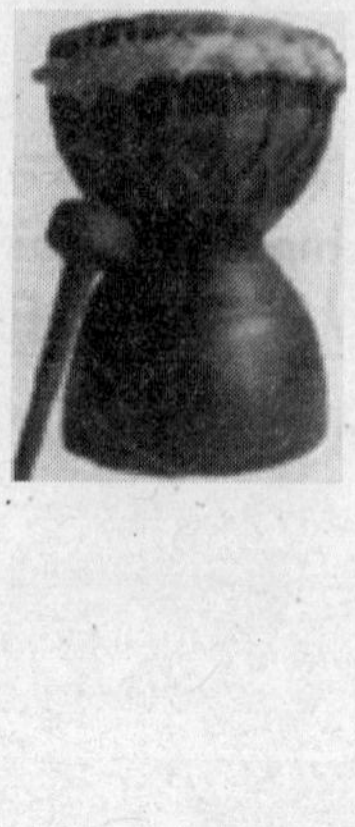

भपंग—भपंग डमरू के आकार का एक देसी साज है। यह वाद्य कटे हुए तूंबे से बना होता है, जिसके एक सिरे पर चमड़ा मढ़ा होता है। चमड़े में एक छेद निकालकर उसमें जानवर की आँत का तार अथवा प्लास्टिक की डोरी डालकर उसके सिरे पर लकड़ी का टुकड़ा बाँध दिया जाता है। वादक इस वाद्य को काँख में दबाकर एक हाथ से उस डोरी या ताँत को खींचकर या ढीला छोड़कर उसपर दूसरे हाथ से लकड़ी के टुकड़े से प्रहार (आघात) करता है। तन-मन में थिरकन पैदा करता यह वाद्य मेवात इलाके में विख्यात है।

इकतारा—प्राचीन वाद्य इकतारा भारत का अति लोकप्रिय तंतु वाद्य है। इसका दंड बाँस का बना होता है। गोल तूंबे में एक बाँस फँसा दिया जाता है। इसके नीचे तुंबड़ा लगाते हैं। तुंबड़े का कुछ भाग काटकर उस पर चमड़ा मढ़ देते हैं। इसके ऊपर फौलाद के तार चढ़ाते हैं। यह वाद्ययंत्र एक हाथ से ही बजाया जाता है। इसे संस्कृत ग्रंथों में तंत्रीवीणा भी कहा जाता है। प्राचीनकाल में संगीतकार भी इसका रियाज करते थे। इकतारा घुमक्कड़ साधुओं के पास प्राप्त होता है, जिस पर वे स्वांतः सुखाय भजन गा लिया करते हैं। कृष्ण-भक्ति में लीन मीराबाई के हाथ में इकतारा शोभायमान रहता था।

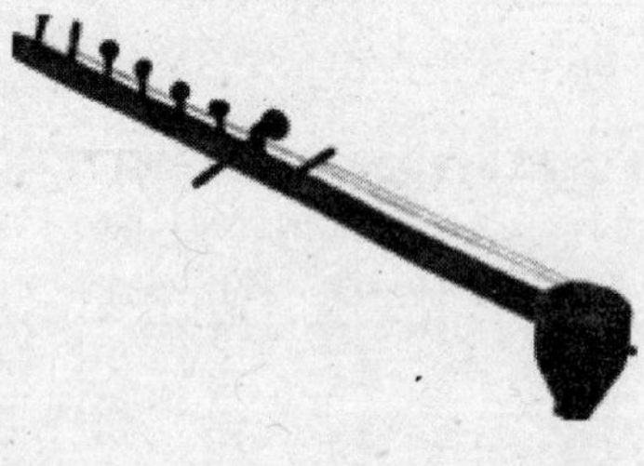

रावण हत्था—भोपों का प्रमुख वाद्य है रावण हत्था। पाबूजी की फड़ पूरे राजस्थान में विख्यात है, जिसे भोपे बाँचते हैं। ये भोपे विशेषकर थोरी जाति के होते हैं। भारतीय संस्कृति की इस ऐतिहासिक धरोहर को वर्षों से उन्होंने अपनी परंपरा में सँभालकर रखा और विकसित किया है। फड़ कपड़े पर पाबूजी के जीवन-प्रसंगों के चित्रों से युक्त एक पेंटिंग होती है। भोपे पाबूजी की जीवनकथा को इन चित्रों के माध्यम से कहते हैं और गीत भी गाते हैं। फड़ के सामने ये नृत्य भी करते हैं। ये गीत रावण हत्था पर गाए जाते हैं, जो सारंगीनुमा वाद्ययंत्र होता है। यह भोपों का प्रमुख वाद्य है, जिसकी बनावट सरल है, लेकिन सुरीलापन अनूठा है। इसमें नारियल की कटोरी पर खाल मढ़ी होती है, जो बाँस के साथ लगी होती है। बाँस में जगह-जगह खूँटियाँ लगी होती

हैं, जिनमें तार बँधे होते हैं। दो मुख्य तारों में से एक घोड़े की पूँछ का बाल व एक लोहे या स्टील का तार होता है। साथ ही ३ से १३ तक अन्य सहायक तार भी ब्रिज के ऊपर लगे होते हैं। यह वायलिन की तरह गज या कमान से बजाया जाता हैं। इसमें एक सिरे पर घुँघरू बँधे होते हैं। बजाते समय हाथ के ठुमके से घुँघरू भी बजते हैं।

मशक—मशक भैंरूजी के भोपों का प्रमुख वाद्य है। चमड़े की सिलाई कर बनाए गए इस वाद्य में एक सिरे पर लगी नली से मुँह से हवा भरी जाती है तथा दूसरे सिरे पर लगी अलगोजेनुमा नली से स्वर निकाले जाते हैं। इसके स्वर पूँगी की तरह सुनाई देते है।

सारंगी—संगत वाद्य के रूप में बजाए जानेवाली सारंगी के राजस्थान में विविध रूप दिखाई देते हैं। लोक-कलाकार इसे बड़े चाव से बजाते हैं। मारवाड़ के जोगियों द्वारा गोपीचंद भृर्तहरि, निहालदे आदि के खयाल गाते समय इसका प्रयोग किया जाता है। मीरासी, लंगे, जोगी, मांगणियार आदि कलाकार सारंगी के साथ ही गाते हैं। सारंगी सागवान, कैर तथा रोहिड़ा की लकड़ी से बनाई जाती है। सारंगी के तार बकरे की आँत के और गज में घोड़े की पूँछ के बाल बँधे होते हैं। इसे बिरोजा पर घिसकर बजाने पर ही तारों से ध्वनि उत्पन्न होती है। कानों में मिश्री घोलती सारंगी की धुन मन मोह लेती है।

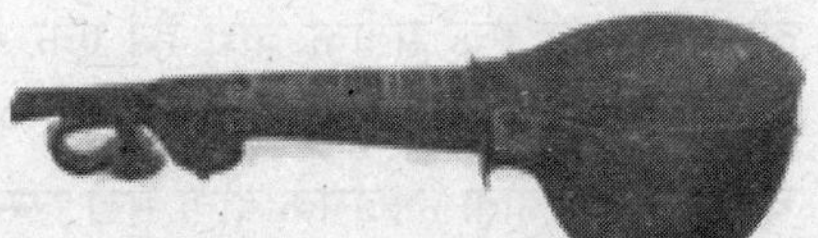

रबाब—सर्वप्रथम अहोबल द्वारा चरित 'संगीत पारिजात' नामक ग्रंथ में रबाब का उल्लेख मिलता है। इसका पेट सारंगी से कुछ लंबा त्रिभुजाकार तथा डेढ़ गुना गहरा होता है। शास्त्रीय संगीत का वर्तमान सरोद इसी का परिष्कृत रूप है। इसमें तीन से सात तार तक होते हैं। इसे जवा से बजाया जाता है। यह एक तत् लोकवाद्य है। इसकी मधुर तान दिन भर की थकान दूर कर देती है।

कमाँयचा—कमाँयचा लंगा, मांगणियार कलाकारों की पहचान है। यह सारंगी की तरह का एक वाद्ययंत्र है, जो रोहिड़े या आक की लकड़ी से बनाया जाता है। इसमें जानवर की खाल लगाई जाती है। इसमें तीन मुख्य तार लगे होते हैं, जो पशुओं की आँत के होते हैं। साथ ही चार सहायक स्टील के तार ब्रिज के ऊपर लगे होते हैं। इसकी लकड़ी की गज या कमान भी घोड़े के बाल की बनती है। यह जैसलमेर-बाड़मेर के मांगणियारों के द्वारा बजाया जाता है।

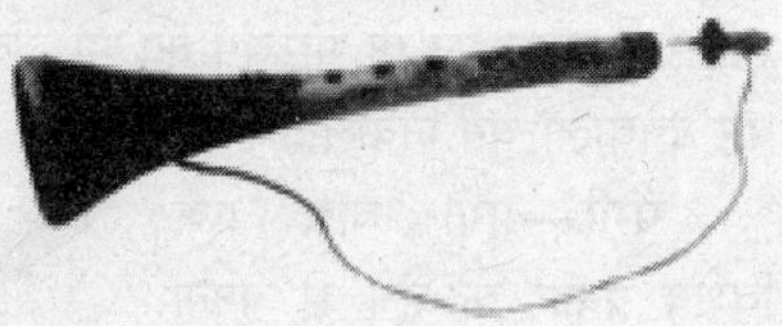

सुरनाई—सुरनाई बनाने में शीशम, सागवान, टाली की लकड़ी का प्रयोग होता है। पीतल एवं ताँबे की नलीवाली सुरनाई शहनाई के समान होती है। जहाँ शहनाई शास्त्रीय वाद्य है, वहीं सुरनाई लोकवाद्य है। सवा फुट, लंबाई का यह लोक-वाद्य दो रीड का होता है, जो खजूर या ताड़ वृक्ष की पत्ती की बनती है। इसे बजाते समय रीड को पानी से गीला किया जाता है। यों तो सुरनाई पूरे राजस्थान में प्रचलित है, लेकिन मुख्य रूप से जोगी, भील, ढोली तथा जैसलमेर क्षेत्र के लंगा लोग इसे बजाते हैं।

मांगणियार गायकों के प्रमुख वाद्यों में सारंगी, कमाँयचा, खड़ताल, मोरचंग, ढोलक, भपंग, मटका, मुरली और सुरनाई आदि हैं।

अलगोजा—अलगोजा वादन से १९८२ के दिल्ली एशियाड का शुभारंभ हुआ था। प्रसिद्ध फूँक वाद्य अलगोजा बाँसुरी की तरह का होता है। इसमें सात छिद्र होते हैं। वादक दो अलगोजे मुँह में रखकर एक साथ बजाता है। एक अलगोजे पर स्वर कायम किया जाता है तथा दूसरे पर बजाया जाता है। यह वाद्य केर व बाँस अथवा सुपारी की लकड़ी से बनाया जाता है। इसे चरवाहों तथा राणका फकीरों का वाद्य कहा जाता है।

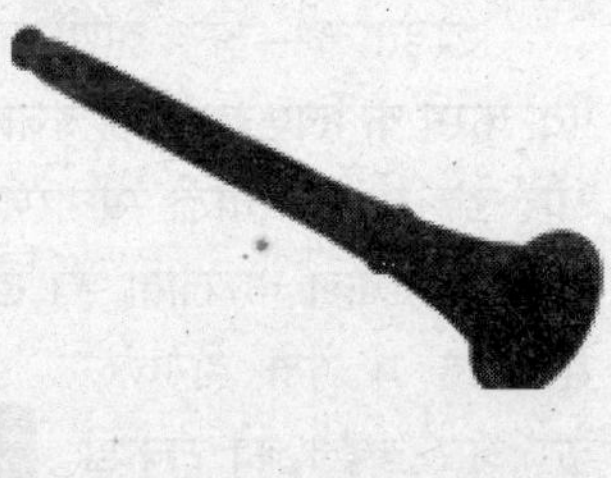

शहनाई—शहनाई एक लोकप्रिय मांगलिक वाद्य है। विवाह आदि प्रमुख अवसरों पर शहनाई वादन पूरे माहौल को एक अलग रंग में सराबोर कर देता है। चिलम की आकृति का यह वाद्य पीतल, ताँबे, शीशम या सागवान की लकड़ी से बनाया जाता है। वाद्य के ऊपरी सिरे पर ताड़ के पत्ते की तूँती बनाकर लगाई जाती है। फूँक देने पर इसमें से मधुर स्वर निकलता है।

मोरचंग—मोरचंग/मुरचंग लंगा गायक समुदाय का पारंपरिक वाद्ययंत्र है। 'संगीत परिजात' नामक ग्रंथ में इसे मुखचंग बताया गया है। मोरचंग लोहे का एक यंत्र है, जो काफी छोटा होता है तथा कैंची जैसा दिखता है। इस यंत्र को दाँतों

के बीच रखकर बाएँ हाथ से पकड़ा जाता है। दाएँ हाथ की उँगलियों से बजाते हुए साँसों को अंदर या बाहर खींचने पर इस यंत्र से धुनें निकलती हैं। घरासिया, कालबेलियों द्वारा बाँस का मुरचंग बजाया जाता है, जिसे 'घुरालियो' कहते हैं। डीजे और आधुनिक वाद्यों को मात देता राजस्थान के मोरचंग का भी जवाब नहीं है, इससे मंत्रमुग्ध कर देनेवाली धुनें निकलती हैं।

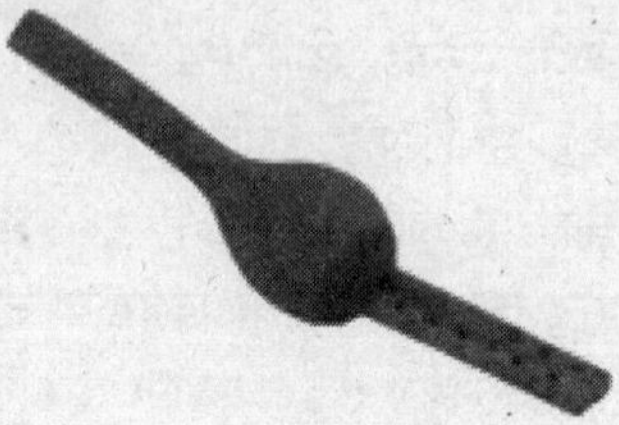

पुंगी—पुंगी वाद्य एक विशेष प्रकार के तूंबे से बनता है। तूंबे का ऊपरी हिस्सा लंबा और पतला तथा नीचे का हिस्सा गोल होता है। तूंबे के निचले गोल हिस्से में छेदकर दो नलियाँ लगाई जाती हैं। इन नलियों में स्वरों के छेद होते हैं। अलगोजे के समान ही उस नली में स्वर कायम किया जाता है और दूसरी से स्वर निकाले जाते हैं। कालबेलियों और सपेरों का यह प्रमुख वाद्य है।

बाँकिया—पीतल का बाँकिया बना वाद्य ढोल के साथ मांगलिक अवसरों पर बजाया जाता है। आकृति में यह बड़े बिगुल की तरह होता है। इसे तुरही का एक प्रकार माना जा सकता है। जोश, जुनून और जज्बे को उजागर करता बाँकिया वाद्य प्राचीन समय में युद्ध के समय प्रयोग में लाया जाता था।

खड़ताल—अन्य वाद्यों के साथ केवल ताल और लय में चमक पैदा करने के लिए खड़ताल बजाए जाता है। छह इंच से आठ इंच लंबी और डेढ़-दो इंच चौड़ी साधारण सी दिखाई देनेवाली लकड़ी की दो पटियाँ खड़ताल कहलाती हैं। खड़ताल बनाने के लिए सामान्य तथा रेगिस्तान में पैदा होनेवाले कैर और बबूल की लकड़ी का उपयोग किया जाता है। कैर और शीशम की लकड़ी से बनी खड़ताल से अद्भुत ध्वनि निकलती है। चौकोर लकड़ी की इन पटियों के कोने थोड़ी गोलाई लिये होते हैं, ताकि हाथ में चुभे नहीं।

हाथ के एक अँगूठे के आंतरिक भाग एवं दूसरी चारों उँगलियों में हथेली के बीच खड़ताल रखकर बजाया जाता है। मीराबाई के एक हाथ में इकतारा तो दूजे में खड़ताल दृष्टिगोचर होता है।

नगाड़ा—कहावत मशहूर है कि ढोल की थाप और नगाड़े की चोट एवं नगाड़े की संगत के बिना रंगत ही नहीं आती। नगाड़ा दो प्रकार का होता है—एक छोटा और दूसरा बड़ा। छोटे नगाड़े के साथ एक नगाड़ी भी होती है। इसे लोकनाट्यों में शहनाई के साथ बजाया जाता है। लोक-नृत्यों में बड़ा नगाड़ा नौबत की तरह ही होता है। इसे बम या टामक भी कहते हैं। यह युद्ध के समय भी बजाया जाता था। यह वाद्य लकड़ी के डंडों से ही बजाया जाता है। ढोल और नगाड़े के सम्मिलित वादन को नौबत कहते हैं। नगाड़े का छोटा रूप ढमामा कहलाता है।

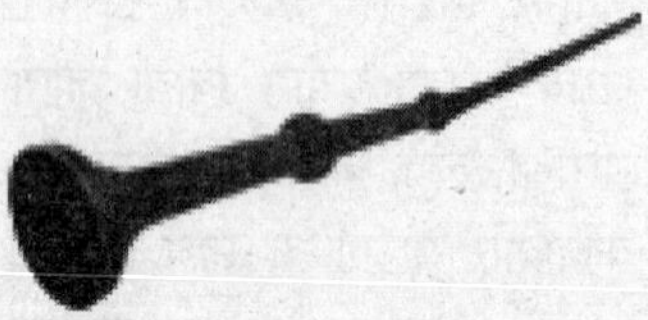

करणा—तुरही से मिलता-जुलता करणा एक फूँक लोक-वाद्य है। इसे मांगलिक अवसरों पर बड़े चाव से बजाया जाता है। इसकी मधुर तान सुननेवालों पर जादू सा असर करती है। इसकी लंबाई ८ से १० फुट तक होती है। यह पीतल की चादर से बनता है। इसके तीन-चार भाग होते हैं, जिन्हें अलग-अलग करके जोड़ा व समेटा जा सकता है। देखने में यह चिलम की शक्ल का होता है। इसके सँकरे भाग में शहनाई की तरह रीड लगी होती है, जिसे होंठों में दबाकर फूँक से बजाया जाता है।

यह वाद्य मुख्यत: युद्धक्षेत्र व राज दरबारों में बजाया जाता था। पाली क्षेत्र के मंदिरों में भी इसका वादन किया जाता है।

डमरू—शिवजी का डमरू जगप्रसिद्ध है। बंदर नचानेवाले, नट, जादूगर तथा जोगी लोगों का यह एक प्रतीक वाद्य है। एक से दो बालिश्त तक लंबा डमरू दोनों सिरों पर चमड़े से मढ़ा होता है। इसके दोनों मुख रस्सी से कसे रहते हैं। इसके बीच का हिसा एकदम पतला होता है, जिसमें एक रस्सी अलग से लटकी रहती है और रस्सी के मुख पर घुंडी बनी होती है। हाथ को इधर-उधर घुमाने से घुंडीदार रस्सी डमरू के दोनों मुखों पर चोट करती है तो डिम-डिम की ध्वनि निकलती है। इसके छोटे स्वरूप को डुगडुगी या डिम-जिमी कहते हैं।

चंग—चंग चार अंगुल चौड़े लकड़ी के छोर पर चमड़े से मढ़ा हुआ या चक्राकार १६ से २० अंगुल व्यास तक का होता है। इसे बाएँ हाथ से पकड़कर हृदय के समीप

स्थित कर दाहिने हाथ के द्वारा बजाते हैं। इसके छोटे स्वरूप को डफली और बड़े को डफ कहते हैं। चंग के जरिए लोक-गाथाओं और शेरो-शायरी की प्रस्तुति भी की जाती है। आज भी ग्रामीण होली के अवसर पर चंग की थाप पर झूमते-नाचते और गीत गाते हैं।

ताशा—ताशा मुगलकालीन वाद्य है। मिट्‌टी की दो बालिया व्यास की कटोरी जैसा इस वाद्य को जब चमड़े से मढ़ दिया जाता है तो उसे ताशा कहते हैं। दोनों हाथों में दो इंद्रियों (खपच्चियाँ) लेकर तड़बड़ शब्द निकाले जाते हैं। ताशे को गले में भी लटका लिया जाता है और ढोल के आश्रय से विभिन्न लयकारियाँ प्राप्त की जाती हैं।

खंजरी—डफली के घेरे में तीन या चार जोड़ी झाँझ लगे हों तो उसे खंजरी कहते हैं। इसका वादन चंग की तरह हाथ की थाप से किया जाता है। ग्रामीण क्षेत्रों का यह प्रसिद्ध वाद्य है। बाँसुरी के साथ इसका वादन मनोहारी होता है।

जंतर—यह वाद्य वीणा की तरह होता है। वादक इसको गले में डालकर खड़ा-खड़ा ही बजाता है। वीणा की तरह इसमें दो तूंबे होते हैं। इनके बीच बाँस की लंबी नली लगी होती है। इसमें कुल चार तार होते हैं। राजस्थान में यह गूजर भोपों का प्रचलित वाद्य है।

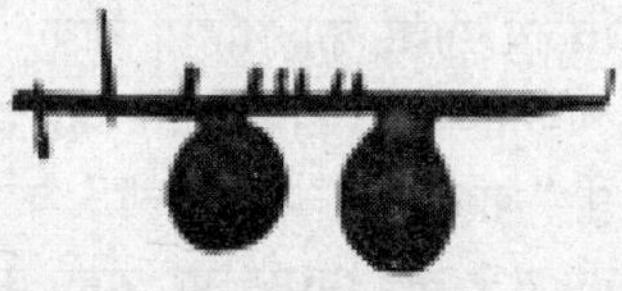

झाँझ—आठ से सोलह अंगुल के व्यास तक के धातु के गोल टुकड़े झाँझ कहलाते हैं। इनके मध्य में डोरी निकालकर उसपर रस्सी या कपड़ा बाँधकर इसे हाथ से पकड़ने योग्य कर लेते हैं। और फिर एक-एक हाथ में एक-एक टुकड़ा पकड़कर दोनों को आघात से मनचाही झंकार निकालते हैं। झाँझ का छोटा स्वरूप मंजीरा है। प्राय: देवी-देवताओं की स्तुति के साथ इनको बजाया जाता है।

नड़—माता या भैरव का गुणगान करने के लिए राजस्थान के भोपें मशक की तरह के जिस वाद्य को फूँक द्वारा बजाते हैं, उसे नड़ कहते हैं। उत्तर भारत में इसे भोपे की बीन कहा जाता है। मुँह की फूँक द्वारा मशक में पहले पूरी हवा भर ली जाती है, फिर बाँसुरी की तरह उसमें लगी हुई नली के तीन छिद्रों पर उँगली के संचालन से स्वर पैदा किए जाते हैं।

तांबूरा—यह कटहल की लकड़ी को खोखला करके या कद्‌दू की मोटी छाल का बना होता है। इसका ब्रिज लकड़ी या हाथी-दाँत का बना होता है। तांबूरा में तीन स्टील और एक पीतल का तार होता है। प्रथम और चतुर्थ तारों की ध्वनि-खूटियाँ गरदन के एक ओर होती है और दूसरी व तीसरी सिर के ऊपर सीधी खड़ी होती है।

नौबत—धातु की लगभग चार फीट गहरी अर्ध-अंडाकार कुंडी को भैंसे की खाल से मढ़कर चमड़े की डोरियों से कसा जाता है। इसे लकड़ी के डंडों से बजाया जाता है। नौबत प्राय: मंदिरों में या राजा-महाराजाओं के महलों के मुख्य द्वार पर बजाया जाता था।

ढोल—राजस्थानी लोक-वाद्यों में ढोल का प्रमुख स्थान है। यह लोहे अथवा लकड़ी के गोल घेरे पर दोनों तरफ चमड़ा मढ़कर बनाया जाता है। इस पर लगी रस्सियों को कड़ियों के सहारे खींचकर इसे कसा जाता है। वादक इसे गले में डालकर लकड़ी के डंडे से बजाता है।

श्रीमंडल—डेढ़ मीटर धातु का एक ढाँचा होता है, जिसमें कई प्लेटें लटकी रहती हैं। ये प्लेटें भिन्न-भिन्न मोटाई और व्यास की होती हैं और भिन्न-भिन्न तारता के संगीत-स्वर उत्पन्न करती हैं। यह अन्य तरंग वाद्यों की तरह है। यह ताज्जुब की बात है कि ठीक इसी तरह का वाद्य चीन में पाया जाता है, जिसे वे युनलो कहते हैं।

भूंगल—यह भवाई जाति के लोगों का वाद्य है। पीतल का बना यह वाद्य तीन हाथ लंबा होता है। यह वाद्य बाँकया से मिलता-जुलता है। इसे भेरी भी कहते हैं। इस वाद्य को रणक्षेत्र में भी बजाया जाता था।

रमझोल—ये घुँघरू से बड़े आकार के होते हैं, जो चमड़े की एक पट्‌टी पर टँगे रहते हैं। ये पट्‌टी पैर में पिंडली तक बाँधी जाती है। राजस्थान में होली के अवसर पर नृत्यमंडली में इनका प्रयोग किया जाता है।

पाबूजी के माटे—मिट्‌टी के दो बरतनों से बना वाद्य नीचे स्वर में मिला वाद्य नर कहलाता है और ऊँचे स्वर का मादा कहलाता है। पश्चिम राजस्थान की थोरी या भील जातियों द्वारा प्रयुक्त किया जाता है।

तंदूरा—इसमें चार तार होने के कारण कहीं-कहीं इसे चौतारा भी कहते हैं। यह पूरा लकड़ी का बना होता है। कामड़ जाति के लोग तंदूरा ही बजाते हैं। यह तानपुरे से मिलता-जुलता वाद्य है।

ढाँक—लोक देवी-देवताओं के आह्वान के लिए ढाँक का प्रयोग किया जाता है। यह डमरू जैसा, आकार में उससे करीब चौगुना होता है।

धौंसा—यह भी नगाड़े की तरह का ही वाद्य है। इसे घोड़े पर दोनों तरफ रखकर लकड़ी के डंडों से बजाया जाता है।

माँदल—मिट्‌टी से बनी माँदल मृदंग जैसी होती है। यह आदिवासी भीलों और गरासियों का प्रमुख वाद्य है।

कुंडी—मिट्‌टी का बना हुआ वाद्य है। मेवाड़ के जोगियों के पंचपद नृत्य में इसका प्रयोग होता है।

गूजरी—रावण हत्था से छोटे आकार का वाद्ययंत्र है।

अन्य लोक-वाद्ययंत्र—सुरमंडल, सुरिंदा, घेरा, डैंरू, ढोलक, काँसे की थाली, तसली, झालर, घंटा, मटका, तारपी, सिंगा, नागफणी, लेजिम, सतारा, पैली, वीणा, चिकारा, घुँघरू, मुरली।

□□

43

बंगाल का लोक साहित्य : कथाएं और गीत संगीत

—जलज भादुरी

बंगाल में लोक साहित्य का विस्तार काफी लम्बे-चौड़े विस्तार में फैला हुआ है। ग्रामीण लोक कथा, लोक कविता, लोक कला, लोक नृत्य, लोक नाटिका, मिट्टी शिल्प एवं मूर्ति कला इस प्रकार बीसों शीर्षक में पाए जाते हैं। एक लोक कथा की मोटी-मोटी अलग-अलग पुस्तकें विभिन्न बुद्धिजीवियों द्वारा लिखी गई हैं। जिसमें रवीन्द्रनाथ, शरतचन्द्र, बंकिम चन्द्र तथा आशुतोष भट्टाचार्य की पुस्तकें प्राप्त हैं। उस में सर्वाधिक तथ्य आशुतोष जी का पांच खंडों में रचित ग्रंथ अधिक प्रयोग में आता है।

लिखित कथा साहित्य और मौखिक कथा साहित्य में काफी अंतर है। मौखिक साहित्य सहज ही देश से देशांतर की ओर फैल सकता है जबकि लिखित साहित्य के लिए यह इतना आसान नहीं है। मौखिक साहित्य युग निर्भर नहीं होता है, वह सर्वकालीन व सर्वदेशीय होता है। बंगाल का मौखिक साहित्य तीन भागों में विभक्त हैं–(1) रूपकथा, (2) उपकथा, (3) व्रतकथा। यह कभी भी अति नाटकीय नहीं होता है। चलती बहती नदी में पानी जैसा स्वच्छ और सीधा होता है, उदाहरण के लिए रूपकथा की शुरुआत–"एक राजा था", तो उपकथा में "एक सियार बड़ा दुष्ट था" तो फिर व्रतकथा में "एक भिक्षुक ब्राह्मण बड़ा सत्यवादी था" एक प्रकार से शुरू होती, अर्थात् जटिलताओं से रहित, अतिरंजित न होना और कृत्रिमता का अभाव, इनकी विशेषताएं हैं। यही कारण है कि धर्म और संप्रदाय के प्रचार-प्रसार में निरक्षर व्यक्तियों के भीतर तक पहुँचने में यह लोककथाएं बहुत सहायक होती हैं, तब की बौद्ध धर्म की जातक कथाएं, जैन धर्म की धर्मकथाएं भी इतनी प्रसिद्ध हुई। बंगाल में भी मेयेली व्रतकथा अर्थात् नारियों के त्यौहार की कथाओं का आविर्भाव हिंदू धर्म तथा लोकधर्म के सामंजस्य से हुआ था। ऐसी नारियों के त्यौहारों की कहानियां मौखिक ही होती है, पर धर्म और संप्रदाय जब लोककथाओं पर हावी होने लगते हैं तो उनके दुरुपयोग के कारण कथाएं लुप्त होने लगती हैं। लिखित या मौखिक साहित्य बंगाल में धर्म और नीति के शासन में कभी नहीं बंधे। तभी ईसप की कथाओं के जैसी वे नीतिगत नहीं होती बल्कि कौतुक प्रधान होती है, जो नीतिपरक दंत कथाएं (Didactic Fables) नहीं कहलाती। आज के युग के बच्चे बुजुर्गों के पास बैठकर मौखिक कथाएं नहीं सुनते, जिस कारण ये शिक्षित समाज मे तेजी से ये विलुप्त होती जा रही है। लोककथाएं लोकसंस्कृति से जुड़ी हुई हैं, जो भौगोलिक भू-भाग के अनुसार गोष्ठियों (Group of Peoples) में बंट जाती हैं। बंगाल में लोककथाओं का आविर्भाव 13वीं शताब्दी से हुआ है, ऐसा कहा जाता है कि समाज और संस्कृति से जुड़ी इन कथाओं की पृष्ठभूमि लौकिक देवी-देवता हैं, जिन्हें "पालागान" कहा जाता है। ये कुछ हद तक नौटंकी या ओपेरा के ढंग के होते हैं। इनकी प्रमुख तीन शाखाएं हैं–(1) चंडी मंगल, (2) मनसा मंगल, (3) धर्म मंगल। इनके रचयिता प्रधान मानकदत्त (चंड़ी मंगल), श्री हरिदत्त (मनसा मंगल) और मयूर भट्ट (धर्म मंगल) आदि कवि थे। मंगल शब्द को लेकर भी विद्वानों में अनेक मत हैं। कुछ विद्वानों का कहना एक मंगलवार से शुरू होकर दूसरे मंगलवार तक चलने वाली कथा को मंगल काव्य कहते हैं। दूसरे कहते हैं जिसके श्रवण और मनन से मंगल साधित हो, वही मंगल काव्य है। तीसरा मत है मंगल अर्थात् विजय पाना। देवी-देवताओं की विजय गाथा का महिमा गायन ही मंगल काव्य है, हो-न-हो हर लोकगाथा मे लोकसंगीत का होना अतिआवश्यक है। पाँच खंडों में "बांग्ला लोक साहित्य" के रचयिता डा॰ आशुतोष भट्टाचार्य के ग्रंथ के आधार पर यहाँ कुछ एक लोकगाथा एव गीतों का उल्लेख है– बांग्ला के प्रसिद्ध कवि गीतकार लेखक, जो लखनऊ के प्रवासी थे, नाम "अुतल प्रसाद सेन" था, जो लिखते हैं अपने एक बांग्ला गीत में–"कि जादू बांग्ला गाने/गान गेये दाड़ माँझी टाने, गेये गान नाचे बाउल, गान गेये धान काटे चाषा (किसान)"

पूर्व बंगाल के लोकगाथा के लोकगीतों में मुख्यत: भाटियाली जो नदी उपकुल में प्रचलित है और इसके विपरीत पश्चिम बंगाल में बाउल, झूमुर संगीत अधिक प्रचलित है, लेकिन उत्तरी बंगाल का संगीत इससे बिल्कुल अलग है। मालदा को छोड़कर अधिकांश क्षेत्रों में "भावइआ" नामक संगीत प्रचलित है । यही समुद्र और नदी संबंधी संगीत है। जो कुछ भी हो, इन सभी संगीतों में आत्मा का एकीकरण नजर आता है। लोक कवियों की आम शिकायतें, सुख-दुःख की बातें इनकी कविता में होती है।

इनके देवता मानो इनके परिवार के ही लोग हों। उत्तरी बंगाल के "गंभीरा या गमीरा" के शिवजी पश्चिम के भादु या टुसु तथा पूर्वी बंगाल के नील ठाकुर, पाठ गोसांई सर्वत्र ये लौकिक देवी-देवता हैं। संगीत पदों की भरमार है। इसमें असंख्य सुर वैचित्र्य भी है। इस युग में इन्हें समझने, समझाने के लिए, पदों वैज्ञानिक तौर तरीके अपनाए जा रहे हैं। ऐसे ही खोजते-खोजते सारे भारतवर्ष की आत्मा को हम इन लौकिक गाथा और गीतों में पाते हैं-"एहीहि शरीर पर पोशाक भिन्न-भिन्न।" ऐसा किसी विद्वान ने कहा है।

मालदा के रहने वाले तारापद लाहिड़ी ने अपनी संस्था "गभीरा परिषद्" का सृजन किया था। बीरभूम के निवासी नवीनदास बाउल ने जलपाईगुड़ी में तो श्री सत्येन राय नें कूचविहार में और सुधन्य वासुनिया ने पुरुलिया में, साथ ही तपन सेनशर्मा ने पूर्व बंगाल के बलिसाल में, एक और नट शशि भट्ट ने खुलना में, तो लंबोदर चाकी ने ढाका में ज्ञानदा वैरागी ने, मैमनसिंह के निज़ामुद्दीन शेख ने, त्रिपुरा के निवारण दास वैरागी ने, फरीदपुर के कान्हाई ठाकुर ने, बंकिम देव ने, तथा श्री कालीदास राय ने, ऐसे न जाने और कितनों ने, अपनी-अपनी संस्था बनाकर बंगाल में, अपने-अपने सिक्के जमा लिए हैं।

लौकिक धर्म उत्सव या अनुष्ठानों में प्रचलित संगीत है बंगाल की गंभीरा, गाजन, नील मछुआरे का गान, हुदुमा, मेधरानी के व्रत और गान, झुमुर, जारी, सारी, झाँप, भसान, भादो, कर्मपूजा, शारदा आगमनी, अहिरा, पूस का उत्सव, गराम ठाकुर के गान, पांचाली कान, सत्यनारायण कथा, शनिदेव की पांचाली, माणिकपीर त्रिनाथ इत्यादि।

इन गीतों में से शरदोत्सव या "आगमनी" का स्थान अत्याधिक प्रचलित लोकगीतों में से हैं। जहाँ अपनी बेटी उमा के दीर्घ समय तक अपने ससुराल के प्रवास में रहने के कारण माता मेनका व्याकुल होकर बेटी की राह देखती है। गिरिराज और मेनका पुत्री उमा की अलौकिक शक्ति को यहाँ भूल जाते हैं। यहाँ के लोककवियों के वर्णन में दुर्गा मर्त्यलोक की छोटी-सी बिटिया है। जो हर सांस में विराजती है फलों में, फूलों में, सूर्य आलोक में, किरणों में, आकाश की नीलिमा में तथा सागर की निस्तब्धता में फैली हुई है। दुर्गा की दस बाहु, पृथ्वी की दस दिशाएं हैं। उनके तीन नेत्र स्वर्ग, मर्त्य और पाताल को देखने वाली है। उनके वाहन सिंह भी शौर्य के प्रतीक है। उनके पुत्र कन्याएं भी प्रतीकात्मक रूप लिए हैं। इनके हर वाहनों के साथ आने का कारण बताया जाता है, फिर भी लोक कवि अपने गीतों में इन आध्यात्मिक तत्वों की अवहेलना करते हुए, एक नन्हीं गुड़िया जैसी उमा का वर्णन करते हैं-

मेनका जाओ जाओ गिरि
लेकर आना गौरी
कन्या बिना सूनी है ये नगरी
श्मशान, मशान में
भूत-प्रेतों को संग लिए
क्या जाने वे
माँ का दिल कैसे धीरज धरे भला?
क्षण भर भी बेटी को देखे बिना।

अब बाल-बच्चों को लेकर उमा मायके पधार चुकी है। बेटी को देख, हताश होकर माँ कहती है-"हाय-हाय! उन लोगों ने मेरी बेटी का क्या हाल बनाया है। मुख पर हंसी का लेशमात्र नहीं है।" परंतु आनंद के दिन क्षण काल के लिए ही होते हैं। नवमी का दिन आते ही माँ दुःख सह नहीं पाती और कहती है-"हे रात्रि! तुम सुबह को आने से रोको, तुम चली जाओगी तो मेरी उमा भी चली जाएगी, मेरी आँखों का पानी नहीं सुखेगा, मैं पागल हो जाऊँगी।" इन गीतों के साथ साज और आवाज भी होती है। विशेष प्रकार का ढोल जिसे "ढाक" कहा जाता है, लकड़ी की काठी से बजाते हैं। तबले के जैसे इनके बहुविधि बोल होते हैं, जिनका प्रचार मुख से मुखद्वारा होता है। इनके साथ काँसर बजाने वाले भी होते हैं, जो झांझ जैसा बाजा बजाते हुए गाना भी गाते हैं-

"माँ की मन की आशा मन में ही रह गई
जवाँई बाबा की बस इतनी ही है हैसियत
आकर, मेरी बेटी नहीं, मानो वह
घर की नौकरानी को ले गए है।"

उमा के कानों में सारी माताएं फिसफिसाकर कहती हैं-"पुनः आ जाना बेटी।" और दुर्गा उत्तर में केवल दीर्घ श्वास छोड़ती है-माँ गो माँ-कहकर और दुःखों का बोझ माँ के दिल में घरकर, रवाना हो जाती है और इनके बाद चारण कवि द्वार-द्वार पर घूमकर उमा की कैलाश यात्रा की हृदयग्राही कथा का वर्णन करते हैं।

मंगल काव्य की एक कथा से इस लोकगाथा रचना का मैं अंत करूंगी। प्रसंगवश 1) काल केतु नामक व्याध की कहानी, 2) धनपति की कहानी, 3) चांद सौदागर की कहानी विशेष उल्लेखनीय है। उसी प्रकार धर्म मंगल में राजा हरिशचंद और लाउ सेन की कहानी प्रसिद्ध है। इन कहानियों में प्रधान देवता के वर्णन से पहले एकाधिक देव के वंदना गान, स्वप्न दर्शन, ईश्वर आदेश स्वर्ग से विदा होने की कहानी, सन्निहित होती है। यहाँ गोस्वामी तुलसीदास जी की विनय पत्रिका याद आ जाती है। वहाँ भी वंदना जय विजय और द्वाररक्षकों से शुरू होती हैं। राम के द्वार में न्यायधीश राम की वंदना अंतिम होती है।

काल केतु व्याध की कहानी-इंद्र देव के पुत्र नीलांबर शिव पूजक थे। एक दिन पूजा के फूल शिव पर चढ़ाते समय उसमें से अचानक एक विषैला कीट आ निकला, जिसने शिवजी के मस्तक को दंश लिया। शिवजी ने क्रुद्ध होकर नीलांबर को स्वर्ग से भगा दिया। मर्त्य लोक में कष्ट-दुःख सहने के लिए बाध्य किया। सहधर्मिणी छाया ने भी पति के साथ निवसिन ग्रहण किया। इस घटना के पीछे माता चंडी का ही छल था। मर्त्य लोक में चंडी अपनी पूजा

प्रचार करना चाहती थी नीलांबर को भेजकर। इस प्रचार के लिए उन्होंने पति शिव को बार-बार कहना शुरू किया। शिवजी झूठ ही भक्तों को कष्ट देने से नट गए। तभी कीट का रूप धारण कर देवी फूल में बैठ गई। इंद्र-पुत्र तथा पुत्रवधु को मर्त्यलोक में काफी दु:ख-ताप सहने पड़े। एक अनाथ शिकारी पिता धर्मकेतु निषाद के घर नीलांबर ने जन्म लिया। छाया का जन्म एक दूसरे व्याध पिता संजय केतु के घर में हुआ। दोनों पति-पत्नी कालकेतु व फुल्लरा के नाम से पहचाने गए। कालकेतु की वीरता से सारा पशुकुल त्रस्त था। यौवन प्राप्त कर ही फुल्लरा तथा कालकेतु का विवाह हुआ, परंतु पिता धर्मकेतु की मृत्यु से कालकेतु की जिम्मेदारी बेहद बढ़ गई। सिंह और शेरों की पूंछ पकड़कर पटक देने वाले कालकेतु को छोटे-मोटे जीव-जंतु मारने का काम करना पड़ा। इसका कारण लोग खाने के लिए उनका ही मांस खरीदते थे, फुल्लरी बाजार में उसे बेचती थी और कालकेतु आखेट करता जंगल में घूमता था। एक बार पशु-पक्षी अपनी रक्षा की मांग करते हुए देवी चंडी के पास पहुंचे। देवी ने भी वचन दिया। शिकार पर जाते समय दूसरे ही दिन एक सोने का सांप (गोसांप) को देख कालकेतु ने समझा यह यात्रा में अपशकुन है और क्रोधित होकर उसने उस पर तीर भोंक दिया। यदि कोई शिकार न मिले तो लौटते वक्त उसे ले जाकर बेचने के लिए कालकेतु ने ठान लिया। चंडी ने माया जाल फैलाया। चारों ओर कोहरा छा गया। एक भी शिकार हाथ न लगा और थका-मांदा कालकेतु खाली हाथ घर की ओर लौटते समय तीर में बंधा गोसांप को देखकर उसे लेकर घर पहुंचा और भोजन के लिए कुछ मांगने बाहर निकल गया। फुल्लरा भी पड़ोसन के यहाँ कुछ अनाज मांगने के लिए निकल पड़ी। किसी को कुछ नहीं मिला, पर घर लौटकर फुल्लरा परेशान हो गयी। जब उसने देखा सांप के स्थान पर अपूर्व सुंदर कोई रमणी कीमती वस्त्र व गहने पहन बैठी है। फुल्लरा के पहुंचने पर वह बोली-मुझे तीर में फंसाकर कालकेतु ही यहाँ लाया है। अजीब पशोपेश में पड़ी फुल्लरा ने कोशिश की उसे काफी नसीहत देने की। उसने सीता, सावित्री की पतिव्रता होने की कहानियाँ सुनायी, पर किसी हालत में लड़की नहीं मानी। निराश होकर फुल्लरा उसके साथ बात करने लगी। दोनों नारियों ने अपना-अपना दुखड़ा गाया, विशेषकर फुल्लरा ने अपने बारहमासा गीत में उसे, साल भर के दु:ख गाकर सुनाएं। फुल्लरा कहने लगी-काल वैशाखी के तांडव से शाल पत्ती की मेरे घर की छत उड़ गई। बांस की खूंटियां उखड़ गई। हम गृहहीन हो गए। गर्मी की कड़ी धूप में बंजारों जैसे भटकते रहे। पैर में छाले पड़ गए, पेड़ की छाया के लिए तरसते रहे, जहाँ बैठकर थोड़ा मांस बेच सके। अंग का फटा कपड़ा इतना छोटा था कि सर को धूप से बचा नहीं पाए। जेठ के महीने में गीध आकर कच्चा मांस चुरा ले जाते हैं। बेर के कंटीले पेड़ से बेर फल तोड़कर पति-पत्नी आधा पेट खाते हैं। बरसात के महीने में भी दु:ख का अंत नहीं। आषाढ़ में गांव वालों के पास पैसा ही नहीं रहता। कोई मांस नहीं खरीदते। ऐसी स्थिति में हम पति-पत्नी भूखे ही सो जाते। सावन में इतना पानी बरसता कि हमारी टूटीफूटी झोपड़ी पानी तले हो जाती। भादों में सारी धरती जल से डूबी होती है, यहां तक कि कहीं मांस बेचने के लिए बैठने तक का स्थान नहीं मिलता। कोई अनाज या पैसा उधार देने वाले भी नहीं होते। इस कारण ग्रामवाले अपने लिए अनाज जुटाने में जुटे रहते हैं। आश्विन में यदि पेट खातिर थोड़ा-बटोर भी लेते हैं तो दूसरी आफत सिर आ पड़ती है। गांव वाले सजधज कर माँ दुर्गा के दर्शन के लिए चल पड़ते हैं। माँ को चढ़ाया हुआ मांस घर-घर में प्रसाद के रूप में बांटा जाता है। इससे मेरा मांस कोई नहीं खरीदता, और देह ढकने के लिए आखेट किया हुए हिरण की छाल भी हम स्वयं पहन लेते हैं, जबकि उसे बेचने से हमारे पास कुछ पैसे आ सकते हैं, पर ऐसा कर नहीं पाते। अगहन और पूस में हमारे पास न तेल होता ही ना ही कपास। दूसरे घरों में तो गरम कपड़े भी मौजूद होते हैं। माघ में कुहासे में आखेट असंभव हो जाता है। वसंत में लोगों के आनंद का ठिकाना नहीं होता पर हम दु:ख के मारे बेचने को मजबूर होते हैं। पेट की खातिर। इतनी सारी मजबूरियाँ अपनी बारहमासा में बखानने के बाद भी वह सुंदरी औरत फुल्लरा के घर से बाहर न गई। हताश फुल्लरा रोती हुई अपनी पति को तलाशने निकल पड़ी। कालकेतु से भेंट होने पर उसने सारी कहानी सुनाई। सब कुछ सुनकर वह भयंकर क्रोधित हुआ और बड़बड़ाता हुआ घर लौटा। उसे देखते ही उस सुंदरी ने अपना मुंह खोला, बोली-"मैं हूँ देवी चंडी। तुम लोगों पर काफी प्रसन्न हूँ। मैं तुम्हें सात घड़े मोहर और एक स्वर्ण अंगुठी दूंगी। इन्हें तुम मुरारी शील नामक व्यापारी के पास बेच देना।" कालकेतु को व्यापारी मुराली शील के ढंकने की कोशिश करते ही माता ने दर्शन देकर व्यापारी के चंगुल से कालकेतु की रक्षा की।

माता के वरदान से कालकेतु ने सारे जंगल साफ करवा कर वहाँ गुजरात नामक शहर की स्थापना की और वहाँ का वह राजा कहलाया। उन्हीं दिनों भांडु दत्ता नामक व्यक्ति काफी प्रभावशाली हो गया और कालकेतु का मन जीत कर उसका मंत्री बन बैठा। यद्यपि साधारण जनता भांडु के द्वारा सताये जाने के कारण राजा को लोगों ने नालिश जताया। कालकेतु ने उसे देश निकाला कर दिया। बदले की भावना से भांडु पड़ोसी राज कलिंग पहुंच वहाँ के राजा से मिल गया और युगल रूप में कालकेतु को परास्त कर दिया। कालकेतु को कारा दंड मिला। जहाँ बैठ कर कालकेतु हरदम "देवी चौतिशा" के स्वव गान गाता रहा। देवी का हृदय विगलित हुआ। प्रसन्न होकर देवी ने उसे कारा मुक्त किया। इस प्रकार नीलांबर और छाया के द्वारा देवी चंडी का प्रचार पूजा-अर्चना आदि पृथ्वी पर जारी होने से देवी खुश हुई। अतः नीलांबर और छाया पुनः स्वर्ग की ओर रवाना हो गए।

□□

44 मालवी लोकगीतों में राम-कथा

—सूर्यकांत नागर

(सखी देखन चलो नृप कुंवर भलो,
मिथिलापति सजन सिया बनड़ो)

–सूर्यकांत नागर

मध्यप्रदेश के मालवा के कुछ क्षेत्र राजस्थान, निमाड़ और गुजरात के निकट है। यही कारण है कि मालवी बोली पर निमाड़ी, राजस्थानी और गुजराती का कमोबेश असर है। निमाड़ी में तो गुजराती शब्दों की भरमार है। मालवा के रतलाम, मंदसौर, जावरा, सैलाना आदि क्षेत्रों में बोली जाने वाली मालवी में राजस्थानी बोली के शब्दों की बहुतायत है। मध्य मालवा में बोली जाने वाली मालवी में गिठास है, लोच है और माटी की सौंधी सुगंध है। इसकी शब्द-संपदा में कुछ ऐसे शब्द हैं, जिनकी जोड़ के शब्द अन्यत्र मिलना मुश्किल है। मालवा की शस्य-श्यामल भूमि उर्वरा है–साहित्य, संस्कृति और कृषि तीनों ही दृष्टि से। इसीलिए कहा गया है–'मालव माटी गहन गंभीर/डग-डग रोटी पग-पग नीर'। लोक-जीवन की जड़ें यहाँ बहुत गहरी हैं। लोक संस्कृति की छाप मालवी लोक-गीतों और लोक-कथाओं में स्पष्ट दिखाई देती है।

लोक-संस्कृति के मूल में है जन-जीवन। मनुष्य है तो समाज है और समाज के सामूहिक आचरण से बनता है लोक। मनुष्य ने प्रकृति के सन्निध्य में रहकर जीना सीखा है। इसीलिए मनुष्य और प्रकृति में गहरा रिश्ता है। प्रकृति की पहचान के तहत ही धर्म, दर्शन और साहित्य के निर्माण को प्रोत्साहन मिला है। मालवा के नदी-तट, पहाड़ियों की तलहटी, वनों, सरोवरों, नदियों, गांवों, कस्बों में रहने वाले मनुष्यों, कृषकों, आदिवासियों के रीति-रिवाजों, रूढ़ियों-परम्पराओं, विश्वासों, तीज-त्योहारों और जीवन-शैली ने मिलकर ही लोक संस्कृति का निर्माण किया है। यहीं से लोक-गीतों और लोक-वार्ताओं ने जन्म लिया। इसीलिए हमें लोक-साहित्य में लोक-जीवन के विविध रंग मिलते हैं। मालवी में जन्म से लेकर मृत्यु तक हर संस्कार के लोकगीत हैं। शादी-ब्याह, त्योहार, धार्मिक आयोजन के गीत तथा बेटी की विदाई के गीत, फसल कटने के गीत, गुम हो गई गाय के मिल जाने पर गाये जाने वाले गीत, संस्कार-गीत और भक्ति गीत-सभी रंग के गीत यहाँ है। पनघट, अलाव, खलिहान, चौपाल जैसी लोक-संस्थाओं से लोक-गीतों और लोक-वार्ताओं को खूब प्रोत्साहन मिला। वाचिक परम्परा से वे पीढ़ी-दर-पीढ़ी आगे बढ़ती गई।

राम-कथा से सम्बद्ध लोकगीत अवधि, भोजपुरी और बघेली में अधिक हैं। उत्तर प्रदेश में राम-जन्म भूमि और उनकी कर्म-स्थली होने से वहाँ राम कण-कण में बसे हैं। तुलनात्मक रूप से मालवी लोकगीतों में राम-प्रसंग कम हैं। कृष्ण, रुक्मणी, द्रौपदी, राधा आदि प्रसंगों के बिम्ब और प्रतीक तो पर्याप्त मात्रा में हैं, क्योंकि जन्म से लेकर महाभारत तक विभिन्न रूपों में अपनी लीलाओं के माध्यम से कृष्ण की लोक में व्याप्ति रही है, पर वैसी सीधी-सीधी बाल व अन्य लीलाएँ राम के साथ नहीं जुड़ी हैं। वे मर्यादा-पुरुष थे। अतः स्वयं की उनके अपने काल में लोक के बीच उस तरह की साक्षात उपस्थिति नहीं रही, जैसी कृष्ण की रही। यह अलग बात है कि बाद में राम के चरित्र ने लोक के बड़े वर्ग को प्रभावित किया और उनके आदर्शों पर चलने के लिए प्रेरित भी। इस काम में तुलसी के रामचरित मानस ने अहम् भूमिका निभाई। तुलसीदास ने राम चरित्र का सामान्यीकरण कर सर्वसाधारण के लोकचित्त पर गहरा प्रभाव डाला। लोक मानस के इस निर्माण में राम, संस्कार गीतों में, विवाह और विदाई गीतों में, कभी पुत्र, कभी जामाता, कभी वर और कभी अत्याचारी राक्षसों के विनाशक के रूप में चित्रित किए गए। विशेषतः जन्म और विवाह के अवसर पर राम-कथा को गाए बिना ये प्रसंग अपूर्ण से लगते हैं। इस प्रकार राम आज लोक-जीवन के पूरे वृत्त में विद्यमान हैं।

मालवी लोक गीतों में बिम्बों और प्रतीकों की नवीनता है। गीतों के साथ संगीत भी है–नाद है, अक्षरात्मकता है, लय और प्रवाह है, कर्णप्रिय धुनें हैं। तभी इन्हें गाना, दोहराना और पीढ़ी-दर-पीढ़ी याद रखना संभव हुआ। अधिकतर मालवी गीत स्त्री-कण्ठ से निकलने वाले गीत हैं। बेटी की विदाई के गीतों में करुणा एक अंतर्धारा की भांति प्रवाहित है। इन गीतों में जबरदस्त कल्पनाएँ हैं। रचनात्मक कल्पना जो गीत का सौंदर्य-बोध तो कराती ही है, उन्हें विश्वसनीय भी बनाती है। मालवा के लोकगीतों ने हिन्दी साहित्य को समृद्ध किया है। इनमें सांस्कृतिक सुगंध है। परिवारों को बांधकर रखने का संदेश है। मालवी-गीत की प्रथम पंक्ति प्रायः हर पद के अंत में दोहरायी जाती है, जिसे 'टेक' कहा जाता है।

राम-जन्म से प्रारंभ कर, राम-सीता विवाह, वनवास, राम-रावण युद्ध और राम की अयोध्या वापसी के प्रसंगों से जुड़े कुछ लोकगीतों की बानगी इस प्रकार है। राम-जन्म पर

अयोध्या में खुशी छा गई और बधाइयों का तांता लग गया–***राम जन्म्या हो खुशी छई म्हारा मन में/चैत को मास आयो, खुशी को खजानों लायो/कौशल्या ने जन्म्या राम, बारा डंका बजा दन में/राम जन्म्या...../सूरज ने ताव फेक्यों, चंदा ने चांदी बेरी/अयोध्या में ढोल बाज्या घर आंगणा चोक में/राम जन्म्या.....।'*** (राम के जन्म से अयोध्या में खुशी छा गई, बारह डंके बजे, सूरज ने अपना ताप फेंका और चांद ने चांदनी बिखेरी। अयोध्या के घर-आंगन में ढोल बजने लगे। इसी भाव का दूसरा गीत देखिए–***'आज की बधाई राजा दसरथ राय के/गंगा फूले, जमुना फूले, घणों सुख पाय के/सरजू माय असी फूले, रामचंदर न्हाय के। चम्पो फूल्यो, चमेली फूली, घणों आनंद मनाय के/मेला (महल) में कैकई फूली राम बन जाय के।'*** एक और बधाई गीत देखिए–***'खुशी हुई जी म्हारा मन में/आज बधाई सीरी (श्री) राम की/माता कौसल्या ने रामचंदर जन्मया/सुनैना ने जन्मी सीता/सुमित्रा ने जन्म्या भरतलालजी/पेली (पहेली) बधाई मालन ले अई/लई हार-फूल मालजी।*** इस गीत में राम के साथ उनके भाइयों के जन्म की बधाई भी है। सबसे पहले मालन हार-फूल लेकर बधाई देने आई। रजवाड़ी (रतलामी) मालवी के लोकगीत में राम के जन्म दिवस को 'कंचन दन उगा' कहा है। एक सखी दूसरी सखी से कह रही है–***'सखि बोलो केसर लीपो आंगणजी। सखी मोतीड़ा रा चोक पुराव/आज कंचन दन उगीयोजी/थें (तुम) तो बेठो कोसल्या माता चोकी पे जी/तमारा खोला (गोद) में रामचंदर पूत/थें करो वो सौहाद्राबाई आरती जी/आज कंचन दन उगीयोजी।*** (आज राम का जन्म क्या हुआ मानो स्वर्ण दिवस उगा हो। सखि, आज केसर से आंगन लीपो और चौक को मोतियों से जड़ दो। कौशल्या माता आप चोकी पर बिराजो। तुम्हारी गोदी में पुत्र रामचंद्रजी हैं। सौहाद्राबाई तुम उनकी आरती उतारो। यहाँ सौहाद्राबाई कहने का भी विशेष अर्थ है जो सौहार्द से जुड़ा है।

जानकी ने राम को पाने और उनके दरसन के लिए एकादशी का व्रत रखा है। प्राय: हर लड़की की इच्छा होती है कि उसे अच्छा वर मिले और इसलिए वह शिव की पूजा करती है। जानकीजी राम जैसे पति, कौशल्या जैसी सास, दशरथजी जैसे ससुर, लक्ष्मण जैसा देवर और अयोध्या का राज पाने की कामना करती है–***'म्हें (मैं) तो करती ग्यारस उपवास राम थारा दरसन को/म्हाने सेज में (सहज में) मिल्या हनुमान महादेव परसन को। यो तो पेलो वचन बोल्या जानकी जी म्हाने दीजो अयोध्या को राज/सरजु नित न्हावन को म्हें तो करती उपवास। ...... यो तो दूजो वचन बोल्या जानकीजी म्हारे दीजो कोसल्या सी साल/ससुरो तो राजा दशरथजी, म्हे तो करती ग्यारस। यो तो अगल्यो वचन बोल्या जानकी जी म्हाने वर दीजो रघुनाथ। देवर लाला लक्ष्मणजी। म्हें तो करती ग्यारस।'*** आदि-आदि।

जब राम-लक्ष्मण विश्वामित्र मुनि के साथ जनकपुरी आते हैं, तो सीता जी की एक सहेली दूसरी सहेली से कहती है कि चलकर रामचन्द्र को देखें। वह रामजी की सुंदर छवि का वर्णन करती है–***'सखी देखन चलो नृप कंवर भलो, मिथिलापति सजन सिया बनड़ो। अनियावर आंखन में कजरो/गले सोहत है मोतियन गजरो। नीला अम्बर पे नील जड़यो। तारा बीच चमके, चंदायो/छवि निरख रयो सारो जग यो। कोसल्या को जायो दसरथ सुत यो। लछमन, भरत, शत्रुघ्न भैयो। चित चाहत है उड़ी जाय मिलूँ। सियाराम बिन झूठो झगड़ो।'*** (झगड़ों का यहाँ अर्थ संसार भवसागर से है।) ऐसा ही एक सुंदर बन्ना गीत और है। इसमें धनुष-भंग का प्रकरण भी शामिल है। यहाँ भी सखी कह रही है–***'राम बना सखी हे सब में आला/कोसल्या का प्यारा दुलारा/विश्वामित्र मुनिश्वर आया/संग में राम लखन के लाया/राजा जनक के खुशी है अपार/ये रावण वाणासुर भी आया/शिव धनुष तिलभर भी कोई नी हटावे/अब तो कन्या रेवेगी कुंवारी/विश्वमित्र मुनिवर बोल्या/राम उठो हवे झट आसन से/शिव धनु तोड़ो कठिन करारा/राम ने उठी ने शिव धनु तोड़्यो/सब राजा ने मुख के मोड़्यो/नभ में हुई जय जयकार/राजा जनक के खुशी हुई है/माता सुनयना की फिकर गई है/तुलसी का मन में बसी गया रामा/कौशल्या का प्यारा दुलारा।'***

इसी प्रकार एक सहेली दूसरी सहेली से कह रही है कि हम बनड़े (दूल्हे राम) को देखने जा रही हैं। वे उन्हीं के बारे में चर्चा भी कर रही हैं–***'जार्‌या, जार्‌या सहेली मैं तो जार्‌या। बनड़ा ने देखन जार्‌या, लाडीला ने देखन जार्‌या/चढ़ चौबारे झांक झरोके राम की सोभा लेर्‌या/चतुर बनाजी को रूप निखारता तो नैणा से विलग न होर्‌या। ....दशरथ सुत, लक्ष्मणजी का बंधु/उनको नाम नी लेर्‌या/भरत, शत्रुघ्न देवर हमारा तो कोसल्या सासुजी केर्‌या/बनड़ा ने देखन जार्‌या।'***

एक अन्य बनड़ा गीत में सीताजी रामजी की पोशाक और आभूषण के सम्बन्ध में कह रही है–***'मेरी बनों (दूल्हा) अयोध्या वालो ठाड़ो मेरे अंगना/मेरे बने को कंठा सोहे, और सोहे सांकला/मेरे बने को कुण्डल सोहे और सोहे मुरकी/मेरे बने को बेड़ी सोहे, और सोहे तोड़ा/मेरे बने को चूड़ा सोहे और सोहे छल्ला। मेरो बनो अयोध्या वालो, ठाड़ो मेरे अंगना।'*** (मेरा वर तो अयोध्यावासी है और आज मेरे आंगन में खड़ा है। उसके गले में हार, पांव में सांकले, कानों में कुण्डल, हाथ में कड़ा सुशोभित है। आदि-आदि। गीत की तीसरी और चौथी पंक्ति में ग्रामीण जनता द्वारा पहने जाने वाले आभूषणों का उल्लेख है। इस प्रकार रामचंद्रजी को एक ग्रामीण दूल्हे के रूप में प्रस्तुत करने का प्रयास किया गया है। राम के जनकपुरी आगमन के ऐसे अनेक लोकगीत प्रचलित हैं।)

जब रावण सीताजी को चुराकर ले आता है, तो पत्नी मंदोदरी रावण को उसकी नादानी के लिए बार-बार समझाती है और इसके दुष्परिणामों के प्रति सचेत करती है कि भगवान राम से शत्रुता पालकर अपने प्राण खो दोगे। ***'पिया के बार-बार समजावे, राणी मंदोदरी सुजान/सिया चुरइ के लाया कंत, गुणवंत बन्या***

नादान/पिया के बार-बार समजावे/पड्यो अकल पे ऐसो परदो, भूल्या ज्ञान ओर ध्यान/रूठी किस्मत लंकपति की, करने कुल की हाण/पिया के बार-बार समजावे/दाँव लगायो जिनी चोसर पे, रखणे अपनी शान/सब पाँसा पिटी जावेगा बालम, लंक वणे समसाण/जिनकी तिरिया हरी (चुराकर) ने लाया वी हे भगवान/भेरू उन संग बेर बिसहूके खोई बठेगा प्राण/पिया के बार-बार समजावे/राणी मंदोदरी सुजान।' ऐसे ही भाव-बोध का एक अनुनय भर करूण गीत और है– ***'बालम थाने बरजू (मना करूं) छी म्हारा कंता/थाने उलटी लगाई चिंता/जोगी को वेष धरे मत रावण/मत फिर गई गले कंठ/तीन लोक के नाथ विसंभर/छीन लेगो गढ़ लंका/रानी मंदोदर सुपनो आयो/नैना में नीर ढलता/कोट कांगरा बांदर लूमे/करी रया शोर अनन्ता।'*** (मंदोदरी रावण से प्रार्थना कर रही है कि राम का विरोध मत करना। आपके इस संकल्प से मैं चिंतित हो गई हूँ। आपने गले में जो मोतियों का हार पहना है (अर्थात ऐश्वर्यवान होने का जो प्रदर्शन किया है) उसने आपकी बुद्धि भ्रष्ट कर दी है। मुझे स्वप्न में दिखा है कि लंका के कोट-कंगूरों पर बानर लटूम रहे हैं और दीन दयालु भगवान आपकी लंका को जीत रहे हैं) रावण इसका उत्तर देते हुए कहता है कि मंदोदरी तुझे मुझ जैसे बलवान के आगे शत्रु का बखान करते हुए लज्जा नहीं आती? फिर वह अपनी शक्ति और पराक्रमी भाई, पुत्र और विशाल सेना का हवाला देते हुए कहता है कि वह बंदर सेना हमसे कैसे जीत पाएगी। वह पूँछ वाला हनुमान क्या कर लेगा। तू औरत जात, तू लाभ की बात नहीं जानती– ***'म्हने कई समझावे राणी, म्हारी बीस भुजा बलवान/सरम नी आने थारे, कई दुसमन को करे बखान/म्हारे कई समजावे/कुंभकरण सो भई हे, बेटो मेघनाथ बलवान/एक लाख पुत्र, सवा लाख नाती, गढ़ लंका का स्थान। .... काल बली हे म्हारा बस में, जिसको तेज महान/धरती असमाँ (आसमान) दोई पलटी दूं, ऐसा मारूँ बाण। ....कई जीतेगी बंदर सेना/पूँछवाला हनुमान/महाकाली का ग्रास बणेगा, मोत का सब मेमान। .... तिरिया जात बुद्धि की ओछी, लाभ नी जाणे हाल/सुरवीर का सामे भेरू, तुच्छ देवी अणजाण/म्हारे कई समजावे राणी, म्हारी बीस भुजा बलवान।'***

युद्ध में मेघनाथ की मृत्यु के पश्चात् पत्नी सुलोचना विलाप कर रही है– ***'वारी (अल्प) उमर म्हारी केसे कटे, नी टूट्या दूध का दांत/पेले ती पीपर (पीयर, मादृका) की मारी/दूजे राम ने विपता डारी/तीजा पति लक्षमन ने मारा/विधवा कर डाली रे नाथ/म्हारी फटन लागी छाती/नी टूट्या दूध का दांत/लंका में नी कोई हमारो, पीयर नहीं होत गुजारा/वारी फटन लागी छाती/नाथ म्हारी गोद री खाली, नी टूटे दूध का दांत/नाथ मोहे विधवा कर डाली/ना टूटे दूध का दांत।'*** (अभी मेरी अल्पायु ही है, शेष जीवन कैसे कटेगा! पितृग्रह में भी कोई सहायक नहीं। लक्ष्मण ने पति को मारकर मुझे विधवा कर दिया। लंका में भी हमारा कोई सहायक नहीं। मेरी गोद भी रिक्त है, आदि-आदि) आशय कि भारतीय समाज में विधवा का जीवन कितना कष्टपूर्ण होता है।

रावण का वध कर रामजी, लक्ष्मण व सीता सहित अयोध्या लौटे, तब का अत्यन्त मार्मिक चित्रण इस लोकगीत में है– ***'बरखा हो रही रे फूलाँ की अवध में आई रया रे राम/राम बिना सूनी अयोध्या लक्ष्मण बिना ठकराई/सिया बिना सुनी रसोई कोन करे चतुराई/बरखा.......। आगे-आगे राम चले पीछे लक्ष्मण भाई। बीच में चले जानकी सोभा वरनी नी जाई। सावन वरसे भादो वरसे पवन चले पुरवाई/ कोन झाड़ के नीचे ऊबा वेगा (खड़े होंगे) रामलखन सिया माई/बरखा....../रावण मार राम घर आया घर-घर बंटत बधाई/माता कोसल्या करे आरती केकई मन पछताई/बरखा.....।'*** (श्रीराम अयोध्या आ रहे हैं, फूलों की वर्षा हो रही है, राम के बिना अयोध्या सूनी है और लक्ष्मण के बिना राजतत्व सुना हो गया है। सीता के बिना रसोईघर सूना है। आगे-आगे राम चलते हैं, पीछे-पीछे लक्ष्मण। उन दोनों के बीच में जानकी। इनकी शोभा का वर्णन नहीं किया जा सकता। सावन बरसता है, भाद्रपद बरसता है। पूर्व की हवा चल रही है। राम, लक्ष्मण और सीता पता नहीं, किस पेड़ के नीचे खड़े होंगे। राम रावण का वध कर पधारे तो घर में मिठाई बंट रही है। माता कौशल्या आरती कर रही है और कैकयी मन-ही-मन पछता रही है।)

इस प्रकार हम देखते हैं कि राम चरित्र के विविध रंग मालवी लोकगीतों में बिखरे पड़े हैं। श्रीराम के जनकपुरी आगमन और सीताजी के साथ विवाह के प्रसंग से जुड़े गीत तुलनात्मक रूप से अधिक हैं। इन लोकगीतों के संरक्षण का श्रेय ग्राम-संस्कृति और महिला-कंठ को है। ऐसी अनेक महिलाएँ, जिन्हें अक्षर ज्ञान भी नहीं है, किन्तु अनेक लोकगीत उन्हें कंठस्थ हैं। आज की कई विकसित संगीत शैलियों के मूल में लोकगीतों की धुनें हैं। यदि हमें अपनी साहित्यिक-सांस्कृतिक धरोहर को बचाना है तो लोकगीतों और अन्य लोक कलाओं के संरक्षण-संवर्धन के लिए ईमानदारी से प्रयास करते रहना होगा।

□□

45

घुमन्तू जाति देवार और उनका वाचिक साहित्य

—तुलसी देवी तिवारी

सभ्यता के प्रारंभ से ही मनुष्य मूलभूत सुविधाओं की खोज में एक स्थान से दूसरे स्थान पर भटकता रहा है। जहाँ अन्न, जल, पशुओं के लिए चारा प्रचुर हो, वहाँ अपने कुटुम्ब, नाते-रिश्तेदारों के साथ कुछ काल अस्थायी आवास बनाकर वास किया और जैसे ही इनकी कमी प्रतीत हुई इनका डेरा अन्यत्र चल पड़ा। मानव सभ्यता के विकासक्रम में एक ही स्थान पर स्थायी घर बनाकर रहना अधिक लाभप्रद प्रतीत हुआ। बहुत दिनों तक एक ही स्थान पर रहने से अपने कुनबे, जाति या समुदाय की पहचान बनती है, भविष्य सुरक्षित होता है, क्योंकि पूर्वजों द्वारा अर्जित अचल सम्पत्ति पर वंशजों का अधिकार स्वतः हो जाता है।

आगे चलकर ग्राम, जनपद, कस्बे, नगर, राज्य, राष्ट्र आदि बने, अधिकांश जन स्थायी आवास में रहकर स्थान विशेष के निवासी कहे जाने लगे। परन्तु आज भी जब मानव सभ्यता अपने मध्यान्ह काल में है, कुछ जातियाँ ऐसी हैं, जो घुमन्तू जीवन अपनाए हुए हैं। जैसे-बंजारा, अहीर, घनगर, करमभार, गड़रिया, गड्डी, मतली, गुजर, नट, देवार आदि।

अन्य घुमन्तू जातियों की तरह देवार भी जीवन जीने के लिए न्यूनतम सुविधाओं की तलाश में थोड़े-थोड़े समय बाद अपना स्थान बदलते रहते हैं, मध्य युग में राजा भगवान् का रूप माना जाता था। राजकवि राजा की वीरता, उदारता का अतिशयोक्तिपूर्ण वर्णन करते थे, इन्हें रासो या रासक कहा जाता था। देश में लोकतंत्र की स्थापना के साथ राजवंश समाप्त हो गए। तब इन कवियों की रचनाएँ आम आदमी के संसर्ग में आईं, इन कवियों को चारण या भाट के नाम से पुकारा जाता था।

चारण कवियों की कविताएँ वाचिक परंपरा में कंठ-दर-कंठ गूँजती गीति, नाट्य में बदलकर लोक साहित्य में समाहित होती गयी। संभवतः इन्हीं चारणों की परंपरा में छत्तीसगढ़ के देवार भी आते हैं, ये अपने सकल कुटुम्ब सहित जिस गाँव के पास डेरा डालते हैं, उसे 'देवार डेरा' कहा जाता है। अधिकतर ये खाली पड़े मैदानों में, कभी-कभी गाँव के स्कूल के मैदान में अपना अस्थायी आवास बनाते हैं, जहाँ जल एवं निस्तार की सुविधा होती है।

ये नृत्य गान के द्वारा अपनी जीविका चलाते हैं, स्त्री-पुरुष दोनों ही इस कला में प्रवीण होते हैं। तरह-तरह के रूप बनाकर भिक्षा मांगते हैं, पुरुष कभी साधु, कभी तांत्रिक, कभी शनिदेव बनकर भीख मांगने निकलते हैं। महिलाएँ सफेद साड़ी पहनकर डोलची में कभी संतोषी माता, कभी काली माता तो कभी शनिदेव की फोटो लेकर भीख माँगने निकलती हैं। कभी छोटे बच्चों को पीठ पर बाँधे शरीर पर नाम मात्र का फटा-पुराना कपड़ा पहने बाजार में निकल जाती हैं, लोग शर्मिंदा होकर इन्हें साड़ी, ब्लाऊज आदि देते जाते हैं जिसे ये पीठ पर बंधी गठरी में रखती जाती हैं। पुरुष बन्दर, भालू नचाकर लोगों का मनोरंजन करते हैं और बदले में कुछ रुपये कमाकर लाते हैं। इनमें से कुछ लोग रात्रि में घरों में चोरियों को अंजाम देते हैं। महिलाएँ देह व्यापार को सहजता से लेती हैं। साथ ही वे गोदना गोदने का काम भी करती हैं।

ये माँस, मदिरा प्रेमी अनुसूचित जाति के होते हैं। जितना कमाएं, खर्च करते जाते हैं। इनके पशु यथा बन्दर, भालू, कुत्ते, सूअर इनके परिवार के ही सदस्य होते हैं।

अन्य लोग भले ही उन्हें अछूत कहें, उनमें जातीय गर्व किसी से कम नहीं है। वे स्वयं को रतनपुर के प्रसिद्ध पहलवान गोपालराय और गोंड़ क्षत्रिय कुल से संबंधित मानते हैं–

चिरई म सुन्दर पतरेगवा,
साँप म सुन्दर मनिहार।
राजा म सुन्दर गोंड़ राजा रे,
जात म सुन्दर देवार॥

आवश्यकता पड़ने पर वे इन पंक्तियों को दोहराते हैं। इनके पास एक समृद्ध सांस्कृतिक धरोहर है, जो वाचिक परंपरा के द्वारा पीढ़ी-दर-पीढ़ी आगे बढ़ती जाती है। कई जगह अतिशयोक्ति का प्रयोग होता है, तो कई जगह इनमें इनके जातीय नियम ध्वनित होकर इनकी सामाजिक व्यवस्था को गतिमान करते हैं। इनमें कई लोक कथाएँ, बहुत सारे गीत प्रचलित हैं, जिनमें कहीं-कहीं तारतम्यता का अभाव पाया जाता है। वस्तुतः ये कथाएँ किसी शास्त्र से संबंधित न होकर इनकी काल्पनिक कृति हैं, जिनके जन्मदाता अज्ञात हैं।

देवार स्वयं को भले ही उच्च कुल गोत्र का मानते हैं, परन्तु छत्तीसगढ़ में ये अछूत ही माने जाते रहे हैं। इन्हें मंदिर प्रवेश के स्थान पर मंदिर के कलश का दर्शन करने का ही अधिकार रहा है। लोक संस्कृति के स्रोत वेद, पुराण, रामायण, महाभारत आदि प्राचीन ग्रन्थ होते हैं। इनका श्रवण लाभ तो देवारों को मिलता नहीं, जहाँ कहीं से कथा का कोई अंश सुन लेते हैं, अपनी कल्पना का रस देकर उसे जीवन्त कर लेते हैं और ये एक दूसरे से कहते-सुनते उनकी संस्कृति का अंग बनती जाती हैं।

छत्तीसगढ़ विभिन्न संस्कृतियों का संगम स्थल रहा है। यहाँ एक समय बौद्ध धर्म की हीनयान शाखा का विशेष प्रभाव था, इस शाखा के प्रसिद्ध आचार्य नागार्जुन ने यहाँ तप करके अपने चिंतन को लक्ष्य तक पहुंचाया जिसका प्रभाव आज भी यहां लक्षित होता है। यहाँ बसने वाली सारी जातियाँ टोना-टोटका, मंत्र-तंत्र के प्रभाव में आईं। समाज से दूर रहते हुए भी देवार अंततः समाज के ही अंग हैं। इनकी लोक गाथाओं में तंत्र-मंत्र का प्रयोग प्रचुर मात्रा में हुआ है। साहित्य समाज का दर्पण होता है, चाहे लिखित हो या वाचिक। आजादी के पहले तक तो स्त्री जीवन बेहद त्रासद था। देवारों में परिवार पालन हेतु महिलाओं को अपनी अस्मत का सौदा तक करना पड़ता था, वह तो अब तक चल रहा है। उसकी पीड़ा साहित्य में ध्वनित होती है। देवारों की अनेक लोक गाथाओं में नारी मर्मान्तक यातनाएं झेलती हैं, परिवार के अन्य लोग तो जैसे-तैसे, पति भी निष्ठुरता का परिचय देता है।

नारी अपने पति की आज्ञा के बिना कोई कार्य करने की अधिकारिणी नहीं है। इन परंपराओं को तोड़ने का प्रयास करती देवार लोककथाओं की नायिकाएं हृदय द्रावक यातना से गुजरती हैं, इनके उदाहरण-हीरा खाम, हीरों कइना अहिमन कइना आदि लोक कथाओं में मिलते हैं।

हीरा खाम हीरो कइना गाथा में कथा नायिका हीरो, अपने पति हीरा से मायके जाने का आग्रह करती है वर्षों हो गए उसे अपने गाँव, घर, टोले-मोहल्ले को देखे, परिजनों से मिलें। हीरा उसे उसके मायके लेकर चलता है तो स्वयं घोड़े पर और हीरो पीछे-पीछे पैदल, कभी तेज चलती, कभी दौड़ती आगे बढ़ती है। गर्मी के दिन थे ऊपर से सूर्यातप और नीचे तपती भूमि से उसके पैरों में फफोले पड़ जाते हैं जैसे चार (जंगली फल जिससे चिरौंजी मिलती है–

तरी के भोंभरा, ऊपर के धाम,
गोड़ ललियागे हीरो के,
चार असन गोड़ मा फोरा उपकगे।

वह पलाश के पत्तों को अपने पैरों पर बांधती है। उससे भी राहत नहीं मिलती तो साड़ी फाड़कर पैरों में बाँधती हैं,

"एक गोड़ म रानी बइरी, फेर परसा के पान ला रे भाई लुगरा के अंचरा ला चीर के दूनों गोड़ मा ददोरा बांध थे।

जब पीड़ा सहनशक्ति से बाहर हो जाती है, तब लाज-लिहाज, मान-अपमान भूलकर अपने पति से घोड़े पर बैठा लेने की प्रार्थना करती हैं।

मोला घोड़ी म चढ़ा ले राजा जी,
घर ले निकरे नारी तुरकिन घुमर निकलथे घांड़ी
बीच जंगल म मरना भइगे, झुम झुम खाही मांछी
मोर कोनो नइये बिपत हरइया,
मोला घोड़ी म चढ़ाले राजाजी।

घर की देहरी लाँघने के बाद चूड़ी पहनाने वाली तुरकिन और शरीर पर गर्मी निकलने वाली घमौरियों की ही निंदा नहीं होती, बाकी महिलाओं की मर्यादा भंग हो जाती हैं। मैं तो घर से निकल आई हूँ, यहीं जंगल में लगता है मैं मर जाऊँगी, मेरी लाश पर मक्खियाँ झूमेंगी, इस विपत्ति से रक्षा करने वाला कोई नहीं है। राजा जी घोड़ी पर चढ़ाकर मुझे बचा लो।

देवारों में सामाजिक समरसताः

असह्य कष्ट भोगते हुए रोते कलपते रानी हीरो मायके पहुँचती है तो सबसे पहले उस पर एक कानी औरत की नजर पड़ती है। वह हीरो रानी और हीरा राजा दामाद को पहचान लेती है। सभी महिलाओं को बुला लेती है। उस समय हीरो रानी के मायके के घर में कोई नहीं था। ऐसे में सभी मिलकर गाँव की बेटी और दामाद का भव्य स्वागत करती हैं। बाजा बजाने वाले गांड़ा को बुला लिया जाता है। गाथा में इस प्रकार सुनाया जाता है–

राजा रानी मन रे भइया,
रेंगत पहुँचे सबके नजर म नई दिखैं,
कानी चेरिया के आँखी म रतनजोत के चूरी जगमग बरिगे,
अवो-अवो दीदी, मनटोरा, पिलाबाई, हीराबाई,
सुकवारो, ए बिटावन अभियान,
ओही रेंगना ह हीरो के रेंगना कहिके,
सब डउकी मन एदे भिद् भिद् दउड़थें।
कोनो गोड़ कोनो मूड़, कोनो
रानी के अंचरा ला धरि के रोवथें।

अत्यन्त मार्मिक दृश्य का सृजन करते हुए यह गाथा जातीय अपनत्व, स्थानीय प्रेम, सामाजिक कर्त्तव्य की शिक्षा और संस्कार से संस्कारित करती है।

ऐसी ही एक और देवार गाथा है गोपाल राय पंवाड़ा की। उनके जन्म पर पूरी जाति, कुल का यश बढ़ने के प्रति आशान्वित हो जाती है। वे स्वस्थ और बली हैं, "नौ मर्द के जेथौं अढ़ईया, दसे मर्द के दार, लोहे के चने चबाता है। वह नौ मर्द का अढ़ाई गुना अर्थात 23 मर्दों के बराबर भात और दस मर्द के बराबर दाल खाता है। लोहे के चने चबाता है, उसके दाँतों से टकराने के कारण

अग्नि स्फुल्लित उत्पन्न होते हैं, एक लोहे का चना उनके डाढ़ में फंस गया था। जैसे महाभारत युद्ध में अर्जुन के रथ पर हनुमान जी बैठे थे, वैसे ही गोपालराय के विभिन्न अंगों पर देवताओं की उपस्थिति का वर्णन होता है।

जांघ म जांघ देवता,
भुजा म कुल्हारिया
दूनों नैन म शनिच्चर बइठे हे॥

ये गोपालराय सम्भवतः वही है, जिनकी गोड़ स्त्री से जन्मी सन्ताने देवार कहलाई, अपने आदि पुरुष का वर्णन वे अतिरंजना के साथ करते हैं। शनि पौराणिक देवता हैं, ये जिस पर नजर फेर दें, वह नष्ट हो जाता है, वैसे ही गोपाल राय हैं, उनके देखते ही शत्रु निःतेज होकर समाप्त हो जाता है। उसकी जांघों में जांघ देवता, भुजाओं में कुल्हाड़ी देव स्वयं विराजमान है।

आदिकाल में जिस प्रकार देवों को पहचान मिली, उसी अवधारणा का दिग्दर्शन कराती देवारों की कल्पना शक्ति अद्‌भुत है। जो उपकारी है, वही देव है। उसी का उपकार है, उसी के लिए पूजा है।

राय सिंग पंवाड़ा की कहानी भी कुछ ऐसी ही है, वे तपस्वी और तेजस्वी योद्धा हैं, उनके आगे वीर हो या वितरागी, दोनों श्रीहीन हो जाते हैं।

तपी राजा रायसिंग तपी कहाइस
तपी के तप टोरय गरवी के
टोरे गुमान।

जब युद्ध की रणभेरी बजी, जुझारू बाजे पैर कांटू, सिर काटू का स्वर उच्चारित करने लगे–

"पहिला पद के बाजा, बाजे किड़-किड़।
गोड़ काटा, मूंड काटा, बाजा नरियावत हे॥

अन्य जातियों के समान देवार भी कबीलाई आक्रमणों, डाकुओं या विदेशी आक्रान्ताओं की चपेट में आते रहे होंगे, अपनी अस्मिता की रक्षा हेतु इन्हें युद्ध का सामना करना पड़ता होगा, अतः इनमें युद्ध कथाओं का वर्णन प्रचुर मात्रा में मिलता है। युद्ध में सभी की सहभागिता रहती है। जिनका जो परंपरागत कार्य वही उनके देवता हैं अर्थात् कर्म ही पूजा है। जैसे धोबियों में पटकना देव, राउतों के काछन देव, देवारों के दूल्हा देव। इनके पैतृक कार्यों के लिए जिनसे शक्ति मिलती है, ये उसी देवता की पूजा करते हैं। इनसे ये युद्ध में भी सहायता करने की प्रार्थना करते हैं–

एक छेना आगी धर
छप्पन कोरी देवता ल सुमरथे
कई कोरी देवता ल सुमरथय
बाम्हन मन के ठन-ठन
धोबी के पटकना
देवार मन के दूल्हा देवता
पठान के अल्ला
राउत मन के काछन देवता आय
तेली के लटियारा
मरार के टेड़ा
लोहार के धुक धुकी
कौहा के देवता लौहा लेवत हें
सरई के देवता परई मांगत हें
परसा के देवता धरसा ल फोरथे।

सभी देवों की ये वन्दना करते हैं जितने इनकी जानकारी में होते हैं, इससे अच्छा सर्वधर्म समभाव का उदाहरण कहाँ मिलेगा? धोबी का काम "पटक-पटक कर कपड़े धोना, तो पटकना ही देवता हुआ, अहीर गाय का पैर बांधकर दूहते हैं जिसे काछना भी कहते हैं। उसके देव काछन लोहार लोग फुंकनी से फूंक-फूंक कर आग धधकाते हैं उनके धुक धुकी देव, मरार पानी टेड़ कर सिंचाई करते हैं तो उनके टेड़ा देव, ब्राह्मन लोग ठन ठन्न सिक्के चढ़वाते हैं तो उनके ठन ठना देव, उसी प्रकार उन्होंने वनस्पत्तियों को भी देव समुदाय में शामिल किया है।

इसी प्रकार की देवार लोककथा चन्दा अहीरिन की है, दूध दही बेचने चंदा दिल्ली शहर जाती है, वहाँ का मिरजा पठान उसकी सुन्दरता पर मुग्ध हो उसे कैद कर लेता है। अहीर देवों की सहायता से बड़े-बड़े वीरों को जीतकर चंदा को छुड़ा लाता है। किन्तु पठान के घर में रहने के कारण चंदा को अग्नि परीक्षा देनी पड़ती है। अहीर कहता है मैंने अपने वंश को अपयश से बचाने के लिए इतना भयंकर युद्ध किया, न कि तुम्हारे प्रेम के लिए। यह कथा बाल्मिकी रामायण से प्रेरित जान पड़ती है। वैसे तो वेद-पुराणों के वाचन श्रवण से इन्हें वंचित रखा गया था, अरण्य अथवा ग्राम शहर से बाहर निवास करने के कारण इन्हें शास्त्र श्रवण का अवसर भी कहाँ मिलता है? फिर भी कहीं से जो कुछ सुना, उसमें अपनी कल्पना का मिश्रण करके एक नीति परक शिक्षाप्रद आख्यान तैयार किया। बाल्मिकी रामायण में भी रावण को मारने के बाद राम सीता से कहते हैं, कि-हे भद्रे! तुम्हारे लिए दसों दिशाएं खुली हुई हैं, जहाँ चाहो जा सकती हो, मैंने अपने वंश का कलंक धोने के लिए रावण से युद्ध किया ताकि कोई यह न कह सके कि रघुवंशी अपनी भार्या की रक्षा नहीं कर सकते तो प्रजा की रक्षा क्या करेंगे?

एक लोककथा रमुलिया रानी की भी प्रचलित है कचहरी जाते समय वीर सिंह दरवाजे पर एक लकीर खींचकर कह जाता है किसी भी कारण से इसे पार मत करना।

दुरजन राक्षस रमुलिया के सौन्दर्य का लोभी है। वह अवसर देख, भिखारी का रूप बनाकर आता है, धर्म का वास्ता देकर रमुलिया रानी को लकीर लांघने के लिए विवश करता है। जब वह भिक्षा देने बाहर निकलती है, तब उसे जादू से मक्खी बनाकर अपने कंधे पर बैठा लेता है। यह आख्यान पूर्ण रूपेण सीता हरण से प्रेरित लगता है।

देवार बड़े ही कल्पनाशील होते हैं, उनकी कल्पना में सीता लक्ष्मण भी आते हैं। कथा कुछ ऐसी है कि लक्ष्मण जति और सीता के संबंधों पर कीचड़ उछाली जाती है। लक्ष्मण जति अग्नि परीक्षा देकर देवर-भाभी के प्रेम की पवित्रता स्थापित करता है। इन बातों से दुःखी हो लक्ष्मण वन की ओर चल पड़ता है, रास्ते में इन्द्रलोक की रानी कंवलामति मिलती है, वह उसे मेमना बनाकर अपने साथ इन्द्रलोक ले जाती है, यह वही कंवलामति है जो लक्ष्मण जती को पाने के लिए उसके महल में प्रवेश पाने के लिए महल के ठेठवार (राउत) से विवाह कर उसके घर में उसकी पत्नी की तरह रहती है, लक्ष्मण के शयन कक्ष तक पहुंच कर उसके चरित्र को संदिग्ध बनाती है, वही शरीर की पवित्रता को गौण और आत्मा की पवित्रता को प्रधान मानती है। अंततः लक्ष्मण को वन में प्राप्त कर लेती है। इन्द्रलोक से लक्ष्मण को मुक्त कराने हेतु राम, सीता, पाण्डव, कृष्ण, द्रौपदी सभी पहुँचते हैं। देवार साहित्यकारों ने अपनी कल्पना के बल पर त्रेता से लेकर द्वापर तक समय को एक कर दिया है। परन्तु किसी इतिहास पुराण से इनका संबंध न होकर देवारों के विशिष्ट आख्यान के रूप में इन्हें देखना ही श्रेयस्कर है। ऐसी ही अनेक कथाएं इनमें प्रचलित हैं, जो गद्य पद्य दोनों के मेल से पूर्ण होती है।

देवार एक जगह नहीं रहते हैं। इससे इन्हें अपना निवास प्रमाण पत्र, जाति प्रमाण पत्र बनवाने में बहुत कठिनाई आ रही है क्योंकि इसके लिए अब भी पुरखौती जाति की खोजबीन कर प्रमाण पत्र मांगा जाता है। यूँ तो शासन ने अपना यह आदेश रद्द कर दिया है परन्तु कार्यालयों में अधिकारी कर्मचारी इन्हें भटकाते हैं।

देवारों में सम्पत्ति का अधिकारी पुरुष होता है, परन्तु विवाह के मामले में दोनों स्वतंत्र होते हैं। एक बार बड़े बूढ़े शादी तय करके पूरे रस्मों रिवाज के साथ कर देते हैं। स्त्री-पुरुष अपना जीवन साथी बदलने में पूर्ण रूप से स्वतंत्र होते हैं। इनमें चूड़ी प्रथा प्रचलित है। नया पति यदि पहले पति के बच्चों को पालने के लिए तैयार न हो तो उसे बच्चों के बाप को अनिवार्य रूप से पालना पड़ता है। परिवार एकाकी होते हैं। वृद्ध मां-बाप अपने बच्चों में से किसी के पास रहते हैं या अलग रहते हैं। मद्य, मांस के सेवन के कारण खर्च अधिक और आमदनी कम रहती है। बच्चे कम उम्र में ही अपने परंपरागत कार्य में लगा दिए जाते हैं। शिक्षा का अभाव है। हमेशा स्थान बदलते रहने के कारण स्थायी सम्पत्ति से वंचित रहते हैं, गरीबी के कारण ही इन्हें आपराधिक कार्यों में संलग्न होना पड़ता है। इनमें कला, साहित्य, खेल आदि की विशेष प्रतिभा होती है। सरकार एवं सभ्य समाज को चाहिए कि इन्हें भी आधुनिक शिक्षा, स्थायी आवास आदि से जोड़े, इनकी प्रतिभाओं को पहचान कर उन्हें निखारने का प्रयास करें। ताकि ये भी तंत्र-मंत्र, भूत प्रेत आदि के चक्कर में पड़कर अपनी जान गंवाने से बचे। वैसे भी इन्हें जड़ी बूटियों का पर्याप्त ज्ञान होता है, ये पुस्तकें भी रखते हैं जिनमें जड़ी-बूटियों की जानकारी रहती है। कई बार तो जिन बीमारियों को बड़े-बड़े डॉक्टर ठीक नहीं कर पाते, उन्हें ये ठीक कर देते हैं। कई बार रुपये के लोभ में मरीज को ठग भी लेते हैं।

यदि इनका वाचिक साहित्य लिखित रूप में आ जाए तो भारतीय वाग्मय में महत्वपूर्ण वृद्धि दर्ज होगी। गरीबी, अशिक्षा, व्यवसाय की अनिश्चितता से जूझती इस जाति के संर्वधन के लिए लेखकों, विद्वानों एवं समाज सेवी संस्थाओं को आगे आना चाहिए।

वर्तमान समय में टी.वी. के जादू ने सिनेमा तक की रंगत फीकी कर दी है, कई सिनेमा हॉल बन्द हो गए हैं, ऐसे समय में भालू, बंदर आदि का खेल कौन देखता है? सरकार ने भी पशु हिंसा निवारण अधिनियम बनाकर जानवरों के खेल दिखाना प्रतिबंधित कर दिया है। इनके नाच-गाने को देखकर भी लोग इतना नहीं दे देते कि इनका गुजर-बसर हो सके। यही देवार युवतियों के देह व्यापार में फंसने के कारण हैं।

ये स्वतंत्र भारत के नागरिक हैं, देश के विकास और खुशहाली पर सभी का बराबर हक है, हमें इनका हक इन तक पहुंचाने का प्रयास करना चाहिए।

□□

46

सतपुड़ा का पवारी लोक-साहित्य : एक परिचय

—गोपीनाथ कालभोर

भारत का हृदय प्रदेश, मध्य प्रदेश का एक ऐसा राज्य है जहाँ अलग-अलग क्षेत्रों में (अन्चलों) भिन्न-भिन्न बोलियाँ बोली जाती हैं। इन बोलियों का वाचिक तथा प्रकाशित साहित्य भी इन अन्चलों में उपलब्ध है। प्रदेश में मुख्य रूप से, बुन्देली, मालवी, बघेली और निमाड़ी बोली जाती है। साथ ही इन चारों बोलियों को ही प्रदेश की बोलियों में, संस्कृति, कला व साहित्य की दृष्टि से मान्यता प्राप्त है।

मालवान्चल में मालवी, बुन्देलखण्ड में बुन्देली, बघेलखण्ड में बघेली, निमाड़ में निमाड़ी तथा छत्तीसगढ़ (पहले यह म.प्र. में था) में छत्तीसगढ़ी बोली व भाषा का वाचिक साहित्य प्रकाशित रूप में प्रचुर संख्या में उपलब्ध है। इन्हीं बोलियों के बीच सतपुड़ान्चल के मध्य (बालाघाट से बैतूल तक) पवारी-बोली बोली जाती है। यह बोली विगत पचास वर्षों से वाचिक सहित्य के रूप में सामने आई। वैसे यह बोली भी उतनी ही पुरानी है, जितनी अन्य बोलियाँ। इस बोली का वाचिक साहित्य भी सतपुड़ान्चल क्षेत्र में प्रचुरता में फैला हुआ है।

सतपुड़ान्चल में यह बोली (पवारी) बालाघाट जिले से बैतूल जिले तक बोली जाती है और इस अन्चल में बालाघाट, सिवनी, छिन्दवाड़ा, गोन्दिया, भण्डारा, वर्धा, आर्वी, मुलताई तथा बैसूल जिले के सौ गांवों से अधिक स्थानों में बहुतेरी जनता द्वारा बोली जाती है। जहाँ तक मैं जानता हूँ पवारी बोली बोलने वालों में, बैतूल जिले के किराड, रघुवंशी, साहू, सूर्यवंशी, गवली, विश्वकर्मा, कुम्हार, नाई, धोबी, गोंड, हरिजन, ढोलेवारकुम्ही तथा राजपूत समाज के लोग भी पवारी बोलने वालों में शामिल हैं। कहीं-कहीं तो मराठी बोलने वालों को भी पवारी बोलनी पड़ती है। बावजूद इसके पवारी का लोक-साहित्य बैतूल जिले से बालाघाट जिले तक प्रचलित है। यह बोली पवार-समाज के मध्य धरोहर के रूप में अपनी भाषायी व सांस्कृतिक पहचान के रूप में सुरक्षित है। पवारी के लोक-साहित्य को हम निम्नांकित बिन्दुओं में विभाजित कर उसका अध्ययन कर सकते हैं।

1. पवारी का पद्य-साहित्य - (वाचिक परम्परा में)
2. पवारी का गद्य-साहित्य - (वाचिक परम्परा में)
3. प्रकीर्ण-साहित्य - (वाचिक परम्परा में)

1. पवारी का पद्य-साहित्य : पवारी लोक साहित्य की पद्य-विद्या के अन्तर्गत, निम्नांकित लोकगीत तथा भजन आदि प्रमुख रूप से सम्मिलित हैं:-

1. जलम-गीत - (संस्कार गीत)
2. नामकरण संस्कार गीत - (बारसा)
3. झूला (पालना) गीत -
4. मुण्डन संस्कार गीत -
5. विवाह-संस्कार गीत -

   (1) विवाह संस्कार के अन्तर्गत देवी-देवता के आह्वान गीत, (2) चिक्सा व हल्दीगीत (3) स्नान-गीत (4) सगाई गीत, (5) पहलौड़ी (6) मण्डप गीत (7) काजपूजा गीत (8) शेकन बधाई गीत (9) दूल्हासार गीत (10) घोड़ी गीत (11) बारात-प्रस्थान गीत (12) पडछन गीत (13) लग्नगीत (14) जनवासा गीत (15) लग्न-मण्डप के गीत (16) विदाई गीत (17) भाँवर गीत (18) मण्डा-उजाना तथा कोकन-तोरन सिराते समय के गीत प्रमुख हैं।
6. मृत्यु-संस्कार गीत-
7. विविध गीत

   (1) सावन गीत, (2) मेहन्दी गीत, (3) ऋतु गीत, (4) भाई-बहन के गीत, (5) सजन गोट, (6) सन्देश गीत, (7) वीर-काव्य (गाथा) (8) श्रमगीत या घट्टी गीत (9) बाल-मनोरंजन गीत (10) माता के जस (11) भजन

2. पवारी का गद्य-साहित्य : पवारी-गद्य साहित्य के अन्तर्गत निम्नांकित साहित्य को सम्मिलित किया गया है:

1. लोक-कथाएँ - जिन्हें पवारी में 'कारहनी' कहा जाता है। इसके अन्तर्गत
   * राजा, रानी व राजकुमार की कहानी
   * चमत्कार व साहस की कहानी
   * पौराणिक कथाएं
   * भूत-प्रेत की कहानियां
   * शिक्षाप्रद व सामाजिक कहानियाँ
   * उपदेश प्रधान कहानियाँ
   * ऐतिहासिक-गाथाएं
2. चिन्हने (पहचान) की कहानियाँ-
3. गोन्दर कथाएँ-

3. **प्रकीर्ण-साहित्य :** पवारी-लोक-साहित्य की गद्य विद्या के अन्तर्गत अधोलिखित साहित्य-सम्मिलित है:

1. मुहावरे
2. कहावतें
3. लोकोक्तियों
4. लघुकथाएं
5. पवारी-सास्तर
6. पहेलियां - (बौद्धिक वृद्धि हेतु)
7. अड़ंगे - प्रश्नोत्तर पद्धति (अड़वाथा)

उपरोक्त प्रकार का लोक-साहित्य (वाचिक साहित्य) सतपुड़ान्चल के उन तमाम ग्रामीण अन्चलों में विस्तारित हुआ है, जहाँ पवारी बोली बोलने वाले (मालवी तथा निमाड़ी की तरह) लाखों लोग रहते हैं और गांव-गांव में लोक-जीवन के विविध रंगों को जन्म होने से लेकर मृत्यु-पर्यन्त तक, लोक-गीतों, लोक-कथाओं गाथाओं, पहेलियों, सजन-गोटो, मुहावरों, लोकोक्तियों, विवाह-गीतों, पालना गीतों, ऋतु गीतों, श्रम-गीतों, बाल-गीत सास्तर एवं वीर काव्य एवं गोन्दर गीत व कथाओं व भजनों व सूदन-गीतों (मृत्यु गीत) के रूप में गाए व सुनाए जाते हैं।

इन गीतों, कथाओं के अतिरिक्त पवारी लोक संस्कृति लोक-कला, लोक नृत्य तथा लोक-मनोरंजन व बाल-गीत आदि प्रचुर-संख्या में मध्य प्रदेश के इस सतपुड़ा-पर्वत श्रृंखला की तलहटी में बसे क्षेत्र के लोगों में बहुत प्रचलित है।

पवारी-बोली तथा उसका लोक-साहित्य-संसार प्रदेश और देश की अन्य बोलियों व भाषाओं के समकक्ष ठहरता है और भविष्य में इसके वाचिक-साहित्य का संकलन, संग्रहण व प्रकाशन व लेखन निरन्तर होता रहेगा, ऐसी आशा की जानी चाहिए। जिस तरह कोई समाज देरी से जागता है और अपनी भाषा-बोली, कला व संस्कृति पर गर्व नहीं करता है तो यही लेट-लतीफी देखने को मिलती है। इस बोली का हश्र और इसकी कला संस्कृति का अस्तित्व समाप्त होने के कगार पर आ जाता है, तो कोई मसीहा आता है और तब लोक जाग्रति, लेखन और लोक-संस्कृति व साहित्य को संग्रहित कर लोगों के सामने जाता है।

□□

पुस्तक के लेखक

- **अनीता परमारः** सुपरिचित लेखिका। 'सामाजिक क्रांति के महानायक डॉ. बाबासाहब आंबेडकर', 'बौद्ध दर्शन डायरी', 'आरक्षण का सत्य-असत्य', 'बाबा साहब का विचार वैभव' पुस्तकें प्रकाशित। 'संवेदना समाज' की संपादक हैं। गुजरात सरकार की ओर से 'महात्मा ज्योतिबा फूले दलित पत्रकार अवार्ड' एवं 'वुमन एंपावर कॉर्पोरेशन' द्वारा सामाजिक तथा महिला सशक्तीकरण में योगदान के लिए 'गरिमा अवार्ड' से पुरस्कृत।
- **अपूर्वा अवस्थीः** संवेदनशील साहित्यकार। निबंध, कहानी एवं रिपोर्ताज का सृजन। आकाशवाणी के लखनऊ केंद्र से क्रमशः आठ कहानियों का प्रसारण। एक कहानी संग्रह शीघ्र प्रकाश्य। संप्रति-लखनऊ के नवयुग कन्या महाविद्यालय के हिंदी विभाग में असिस्टेंट प्रोफेसर।
- **अमूल्य रत्न महांतिः** जाने-माने लेखक एवं अनुवादक। पाँच मौलिक पुस्तकें, जिनमें अटल की कविताओं का अंतःस्त्रोत, अच्युतानंद की भक्ति भावना, श्री जगन्नाथ संस्कृति और नवकलेवर, हिंदी-ओड़िआ क्रियापदों का व्यतिरेकी अध्ययन एवं चार अनूदित पुस्तकें ओड़िआ से हिंदी और हिंदी से ओड़िआ में प्रकाशित। दो पाठ्य-पुस्तकों का संपादन। ओड़िशा की एकमात्र हिंदी मासिकी 'वार्त्तावाहक' के सह-संपादक। संप्रति-डी. के. एन. कॉलेज. एरंच, कटक में हिंदी विभागाध्यक्ष।
- **अरुण कुमारः** सुपरिचित लेखक। गढ़वाल व उत्तराखंड के पत्र-पत्रिकाओं में दो हजार से ज्यादा लेख प्रकाशित। पिछले तीन दशकों से अमर उजाला, दैनिक ट्रिब्यून व विश्व मानव आदि समाचार-पत्रों में कार्यरत।
- **आर. एस. शेषारत्नम्:** जानी-मानी लेखिका। 'दिनकर की कविता में विचार तत्त्व', 'लोकानुरूप राम', 'तेलुगु लोक साहित्य की विविध विधाएँ' जैसी रचनाओं के साथ लगभग 42 पुस्तकें तथा लगभग 200 से अधिक आलेख पत्र-पत्रिकाओं में प्रकाशित। उत्तर प्रदेश हिंदी संस्थान की ओर से 'सौहार्द पुरस्कार' जैसे अनेक विशिष्ट पुरस्कारों से सम्मानित।
- **उमेश कुमार सिंहः** प्रतिष्ठित लेखक। अब तक आठ मौलिक पुस्तकें तथा आठ संपादित पुस्तकें प्रकाशित। 'रचना' द्विमासिक, 'युयुत्स' शोध-पत्रिका का संपादन। आकाशवाणी रीवा एवं भोपाल तथा दूरदर्शन से समय-समय पर वार्त्ताएँ प्रसारित। संप्रति-साहित्य अकादमी एवं संपादक 'सांक्षात्कार' मध्य प्रदेश संस्कृति परिषद्, संस्कृति विभाग, भोपाल के निदेशक।
- **उषा किरण खानः** सुपरिचित लेखिका। हिंदी में चार उपन्यास, पाँच कथा-संग्रह प्रकाशित, सौ से अधिक लेख एवं रिपोर्ताज (असंकलित), तीन पूर्णकालिक नाटक मंचित, दो बाल नाटक, कई नुक्कड़ नाटक मंचित, बाल उपन्यास एवं कथाएँ। राष्ट्र भाषा परिषद् बिहार का 'हिंदी-सेवी सम्मान', 'महादेवी वर्मा पुरस्कार' तथा 'राष्ट्रकवि दिनकर पुरस्कार' से सम्मानित।
- **ऋता शुक्लः** सुप्रसिद्ध कथाकार। 'अरुंधती', 'दंश', 'अग्निपर्व', 'समाधान', बाँधो न नाव इस ठाँव', 'शेषगाथा', 'कनिष्ठा उँगली का पाप', 'कितने जनम वैदेही', 'कासों कहों मैं दरदिया' तथा 'मानुस तन' कृतियाँ चर्चित। 'क्रौंचवध तथा अन्य कहानियाँ' कृति भारतीय ज्ञानपीठ द्वारा पुरस्कृत। इसके अलावा लोकभूषण सम्मान आदि विशिष्ट पुरस्कारों से सम्मानित।
- **ए. भवानीः** ख्यातिलब्ध लेखिका। अब तक 'सृजन के विविध आयाम', 'आकाशवाणी और राष्ट्रीयता', 'भौंरा और जुगनू', 'एक निराला व्यक्ति : विश्रांत', 'पवन से पुष्प' तथा 100 से अधिक कविताएँ, मौलिक कहानी, शोधपरक लेख विभिन्न पत्र-पत्रिकाओं में प्रकाशित। तमिल बाल-साहित्य पर लेख प्रकाशनधीन। छोटे-बड़े आधा दर्जन सम्मान प्राप्त।
- **एम.डी. मिश्रा 'आनंद':** जाने-माने लेखक एवं कवि। प्रमुख कृतियाँ हैं–'मोक्ष की राह', 'मैं कौन हूँ', 'पंख' (काव्य-संग्रह), 'इंद्रधनुष से रंग जीवन के संग' (*कहानी-संग्रह*)। आकाशवाणी छतरपुर से काव्यधारा तथा सब टीवी पर कार्यक्रमों का प्रसारण। म.प्र. राष्ट्रभाषा प्रचार समिति भोपाल एवं साहित्य मंडल, नाथद्वारा सहित कई संस्थाओं द्वारा सम्मानित। वाराणसी की 'सोच-विचार' पत्रिका द्वारा आयोजित कहानी प्रतियोगिता में प्रथम पुरस्कार।
- **एस. तंकमणि अम्माः** सुपरिचित लेखिका। अब तक हिंदी और मलयालम में बारह मौलिक तथा सोलह अनूदित कृतियाँ एवं 300 से अधिक रचनाएँ पत्र-पत्रिकाओं में प्रकाशित। आधुनिक हिंदी खंडकाव्य, संस्कृति के स्वर, मोहन राकेश कर्मयोगी, गोत्रयान, स्वयंवर आदि प्रमुख रचनाएँ। सौहार्द सम्मान, केंद्रीय

हिंदी निदेशालय पुरस्कार, राहुल सांकृत्यायन पुरस्कार, विश्व हिंदी सम्मान सहित कई पुरस्कार एवं सम्मान।

- **करुणा पांडेय:** जानी-मानी लेखिका। अब तक दो कहानी-संग्रह, दो उपन्यास, एक कविता-संग्रह, बाल साहित्य की पाँच पुस्तकें, चार पुस्तकों के संपादन के साथ-साथ 'कोख का दर्द' (नाटक); रचनाएँ अकाशवाणी से प्रसारित। छोटे-बड़े दर्जनों पुरस्कारों से सम्मानित। कई संस्थाओं की अध्यक्ष एवं सलाहकार।
- **कृष्ण गोपाल:** चिंतक-विचारक व अनेक वैचारिक पुस्तकों के लेखक। राष्ट्रीय स्वयंसेवक संघ के सह-सरकार्यवाह।
- **गोपीनाथ कालभोर:** सुपरिचित लेखक। कई पत्र-पत्रिकाओं में रचनाएँ प्रकाशित। संप्रति-पवारी लोक-साहित्य एवं संस्कृति, परिषद् के संस्थापक।
- **गौरीशंकर रैणा:** सुपरिचित हिंदी-कश्मीरी लेखक, अनुवादक एवं फिल्मकार। अब तक डेढ़ दर्जन पुस्तकें तथा पत्र-पत्रिकाओं में सतत लेख प्रकाशित। उ.प्र. हिंदी संस्थान के सौहार्द सम्मान के साथ-साथ छोटे-बड़े दर्जनों सम्मान प्राप्त।
- **चुकी भूटिया:** सुपरिचित लेखिका। विभिन्न पत्र-पत्रिकाओं में सिक्किम की जनजातीय भाषा, संस्कृति और लोक पर निरंतर लेख प्रकाशित। संप्रति-सिक्किम विश्वविद्यालय के हिंदी विभाग में असिस्टेंट प्रोफेसर के पद पर कार्यरत।
- **जलज भादुरी:** सुपरिचित बंगाली एवं हिन्दी लेखिका। पत्र-पत्रिकाओं में बांग्ला और हिन्दी में रचनाएँ प्रकाशित।
- **तुलसी देवी तिवारी:** सुपरिचित लेखिका। पत्र-पत्रिकाओं में रचनाएँ प्रकाशित 'इंतजार एक औरत का' पुस्तक प्रकाशित।
- **दुर्गादत्त ओझा:** पुरातन एवं अद्यतन विज्ञान विषयों पर हिंदी में 50 से अधिक कृतियाँ, सहस्राधिक विज्ञान आलेख एवं शताधिक शोध-पत्र प्रकाशित। डॉ. ओझा अनेक राष्ट्रीय पुरस्कारों एवं सम्मानोपाधियों से अलंकृत हैं।
- **देवेनचंद्र दास 'सुदामा':** सुपरिचित लेखक। एम.ए. (हि., अस.), पी.एस.डी.ए, डी.लिट्. (मा) प्रवीण, साहित्यरत्न, असम रत्न, ब्रजगौरव, भाषाभूषण, साहित्यश्री, भारतभूषण, सृजन-रत्न, साहित्यवाचस्पति, श्वाशवतश्री विद्यासागर, वेदव्यासश्री, साहित्यसागर एवं राष्ट्रभाषा, अहिंसा, शाकाहार और राष्ट्रीय एकता के प्रचारक तथा साहित्यसेवी। राष्ट्रीय उपाध्यक्ष, अखिल भारतीय साहित्य परिषद्।
- **नर्मदा प्रसाद उपाध्याय:** सुप्रसिद्ध चित्रकार एवं लेखक। लगभग पच्चीस वर्षों से लेखन के क्षेत्र में सक्रिय। अब तक आठ ललित-निबंध संग्रह, दो संपादित ग्रंथ व 'भारतीय चित्रांकन परंपरा' पुस्तक प्रकाशित। मध्य प्रदेश साहित्य परिषद् द्वारा 'मुकुटधर पांडेय पुरस्कार' तथा मध्य प्रदेश हिंदी साहित्य सम्मेलन द्वारा 'वागीश्वरी पुरस्कार' से पुरस्कृत।
- **पं विद्यानिवास मिश्र:** संस्कृत के प्रकांड विद्वान, सुप्रसिद्ध भाषाविद्, हिन्दी साहित्यकार, प्रसिद्ध संपादक (नवभारत टाइम्स) 'साहित्य अमृत' पत्रिका के संस्थापक संपादक। सन् 1999 में भारत सरकार ने साहित्य और शिक्षा के क्षेत्र में पदम् भूषण अलंकरण से सम्मानित किया था।
- **पौर्णिमा केरकर:** सुपरिचित लेखिका। अब तक गोव्यातील धालोत्सवाचे स्वरूप अनुबंध त्मेकगंगेचे। गोवा की लोक-संस्कृति पर लिखी गई संशोधनात्मक पुस्तक 'स्पंदन' (काव्य-संग्रह) तथा गोवा के अखबारों में तरह-तरह के लेख प्रकाशित। सैंचुरी एशिया का 'ग्रीन टीचर अवार्ड', 'बा.भ. बोरकर स्मृति पुरस्कार', स्टार प्रवाह का 'सिटी रत्न पुरस्कार'। संप्रति-उच्च मा. विद्यालय में व्याख्याता।
- **प्रोजेश सेनगुप्ता:** सुपरिचित लेखक। अब तक कला के संबंध में कई लेख प्रकाशित। वर्तमान में नाट्यशोध संस्थान में अनुसंधान विद्वान् कार्यकारी के पद पर कार्यरत।
- **फूलचंद मानव:** सुपरिचित कवि-कथाकार एवं अनुवादक। संपादित, अनूदित तथा मौलिक कुल 34 कृतियाँ प्रकाशित। राष्ट्रीय स्तर पर तीन, प्रांतीय स्तर पर चार पुरस्कार प्राप्त। 'मोहाली से मेलबॉर्न' यात्रा-वृत्तांत। 'बीसवीं सदी का पंजाबी काव्य' प्रो. योगेश्वर कौर के साथ साहित्य अकादमी के लिए अनूदित।
- **बलवंत जानी:** सुपरिचित लेखक। 'लोकगुर्जरी' लोकसाहित्य का संपादन। लोक-साहित्य पर दस पुस्तकें प्रकाशित। संत साहित्य और मध्यकालीन गुजराती साहित्य विषयक तीस से अधिक पुस्तकें, गुजराती डायस्पोरा और अर्वाचीन गुजराती विषय पर अस्सी पुस्तकें प्रकाशित। गुजरात साहित्य अकादमी के पुरस्कार और उत्तर प्रदेश के सुहृद पुरस्कार सहित अनेक पुरस्कारों से पुरस्कृत। संप्रति-गार्डी रिसर्च इंस्टीट्यूट फॉर डायस्पोरा स्टडीज के नियामक।
- **बी.वाइ. ललितांबा:** ख्यातिलब्ध लेखिका। 'हिंदी भाषा, साहित्य एवं संस्कृति', 'तुलनात्मक साहित्य', 'तुलनात्मक भाषा', 'अनुवाद एवं अनुवाद कला', 'अनुप्रयुक्त भाषा एवं समाज भाषा विज्ञान' समेत लगभग पचास ग्रंथ प्रकाशित। कन्नड़ से हिंदी में अनुवाद। दो सौ से ज्यादा शोध। 'गणेशशंकर विद्यार्थी पुरस्कार' समेत लगभग दो दर्जन पुरस्कार प्राप्त।
- **महाबीर रवांल्टा:** सुपरिचित लेखक। अब तक 'पगडंडियों के सहारे', 'एक और लड़ाई लड़' (कहानी-संग्रह), त्रिशंकु (लघुकथा-संग्रह), 'सफेद घोड़े का सवार', 'खुले आकाश

का सपना' (नाटक); 'आकाश तुम्हारा होगा' (कविता-संग्रह) चर्चित। अनेक संस्थाओं द्वारा पुरस्कृत एवं सम्मानित।

- **माणिक विश्वकर्मा 'नवरंग':** सुपरिचित लेखक व गजल हम तेरे शहर में (गजल संग्रह), माँ बम्लेश्वरी (संक्षिप्त इतिहास), यादों की मीनारें (गजल संग्रह) सर्पदंश (गजल संग्रह), नवरंग की कुंडलियाँ लंबे दिन, लंबी रातें (गीत संग्रह) आदि पुस्तकें प्रकाशित। सन् 1980 से दूरदर्शन व आकाशवाणी केंद्रों से रचनाएँ प्रसारित। संप्रति-भू-उपमहाप्रबंधक (पर्यावरण प्रबंधन) एनटीपीसी, कोरबा (छ.ग.), एवं स्वतंत्र लेखन।
- **माधवेंद्र पांडेय:** सुपरिचित लेखक। पूर्वोत्तर की भाषा, साहित्य और संस्कृति संबंधी गतिविधियों में निरंतर सक्रिय। पूर्वोत्तर से संबंधित कई पुस्तकें तथा पत्र-पत्रिकाओं में निरंतर लेख प्रकाशित। संप्रति-विगत इक्कीस वर्षों से पूर्वोत्तर पर्वतीय विश्वविद्यालय के हिंदी विभाग में कार्यरत।
- **मृदुला सिन्हा:** सुप्रसिद्ध कथाकार। कहानी और उपन्यासों के अलावा मृदुलाजी बदलते भारतीय परिवेश में महिलाओं के समक्ष उपस्थित सामाजिक, आर्थिक व मनोवैज्ञानिक समस्याओं पर निरंतर लिखती रही हैं। अनेक रचनाएँ मराठी और अंग्रेजी में भी अनूदित। 'पाँचवाँ स्तंभ' मासिक का संपादन। संप्रति-गोवा की राज्यपाल।
- **मिलनरानी जमातिया:** नवोदित लेखिका। अब तक 'त्रिपुरा की लोककथाएँ, 'कॉकबरक की प्रतिनिधि कविताएँ', 'हिंदी कॉकबरक अध्येता कोश', 'कॉकबरक लोक-साहित्य' पुस्तकें एवं लगभग 15 शोध आलेख विभिन्न पत्र-पत्रिकाओं में प्रकाशित। राष्ट्रीय एवं अंतरराष्ट्रीय स्तर पर संगोष्ठियों में सहभागिता एवं पत्रवाचन। संप्रति-त्रिपुरा विश्वविद्यालय के हिंदी विभाग में सहायक प्राध्यापिका।
- **यशवंत कोठारी:** प्रतिष्ठित साहित्यकार। अब तक लगभग 2000 लेख, निबंध, कहानियाँ, आवरण कथाएँ विभिन्न पत्र-पत्रिकाओं में प्रकाशित। 2 व्यंग्य-संकलन, 5 पुस्तकें आयुर्वेद एवं चिकित्सा पर, 12 पुस्तकें बाल स्वास्थ्य, जीवनी, उपन्यास, विज्ञान, पत्रकारिता आदि पर विपुल साहित्य प्रकाशित।
- **राजेंद्र रंजन चतुर्वेदी:** सुपरिचित लेखक। 'लोक-संस्कृति विश्वकोश' के लेखन कार्य में संलग्न। कई पत्र-पत्रिकाओं में लेख प्रकाशित। संप्रति-इंदिरा गांधी राष्ट्रीय कला केंद्र में कला कोश विभाग में कार्यरत।
- **विजय दत्त शर्मा:** सुपरिचित साहित्यकार। अब तक छह पुस्तकें भाषा विज्ञान एवं भारतीय साहित्य पर एवं पत्र-पत्रिकाओं में निरंतर लेखादि प्रकाशित। संप्रति-हरियाणा ग्रंथ अकादमी में निदेशक पद पर कार्यरत है।
- **विजयदत्त श्रीधर:** ख्यातिलब्ध पत्रकार-संपादक। 'भारतीय पत्रकारिता कोश', 'पहला संपादकीय', 'मध्य प्रदेश में पत्रकारिता का इतिहास', 'मध्य प्रदेश में पत्रकारिता का उद्‌भव और विकास', 'शब्दसत्ता', 'चौथा पड़ाव' तथा 'शह और मात' पुस्तकें चर्चित। इनके अलावा 'स्मृति बिंब', 'एक भारतीय आत्मा', 'समय से साक्षात्कार' तथा 'तेवर' संपादित पुस्तकें। 'पद्मश्री' अलंकरण से सम्मानित।
- **विद्या विंदु सिंह:** जानी-मानी साहित्यकार। कुल 38 कृतियाँ, जिनमें छह बाल कहानी संग्रह, आठ कविता संग्रह, उन्नीस कृतियाँ लोकसाहित्य पर, पाँच नाटक, आठ बाल साहित्य (नवसाक्षर), तीन लघु उपन्यास, व्याकरण पुस्तकें, आठ संपादित ग्रंथ तथा विभिन्न पत्र-पत्रिकाओं एवं ग्रंथों में 2000 से अधिक रचनाएँ प्रकाशित बड़े दर्जनों पुरस्कारों से सम्मानित।
- **व्यास मणि त्रिपाठी:** सुपरिचित आलोचक तथा निबंधकार। 'अंडमान तथा निकोबार के आदिवासी और उनकी बोली', 'अंडमान के हिंदी कहानीकार', 'निराला-काव्य शैली : वैज्ञानिक विश्लेषण', 'रामचंद्रिका में नाट्यतत्त्व', 'अंडमान की हिंदी कविता', 'अंडमान की हिंदी कहानियाँ', 'कबीर से निराला तक एक मूल्यांकन' आदि प्रकाशित। कई साहित्यिक-सांस्कृतिक संस्थाओं द्वारा सम्मानित।
- **श्रुति:** सुपरिचित लेखिका। जन्म एवं शिक्षा वाराणसी (उ.प्र.) में। अब तक पूर्वोत्तर से संबंधित कई पुस्तकें प्रकाशित। देश की प्रमुख पत्र-पत्रिकाओं में लेख प्रकाशित। संप्रति-विगत सोलह वर्षों से शिलांग कॉलेज के हिंदी विभाग में कार्यरत।
- **संजय कुमार:** पूर्वोत्तर भारत में हिंदी भाषा और साहित्य के उपासक। राष्ट्रीय स्तर की कई पत्र-पत्रिकाओं में शोधपत्र एवं आलेख प्रकाशित। संप्रति-मिजोरम विश्वविद्यालय (आइजोल) के हिंदी विभाग में आचार्य।
- **संजय पंकज:** सुपरिचित साहित्यकार। 'यवनिका उठने तक' 'माँ है शब्दातीत', 'यहाँ तो बनजोर', 'मंजर-मंजर आग लगी है', 'गांधारी की पट्टी नहीं है शब्द', 'सोच सकते हो' (*गीत-कविता संग्रह*); पत्र-पत्रिकाओं एवं संकलनों में रचनाएँ प्रकाशित। आकाशवाणी एवं दूरदर्शन से प्रसारित। 'अर्चना साहित्य पुरस्कार', 'अवंतिका सरस्वती सम्मान', 'प्रतिभा सम्मान', 'कलाश्री सम्मान' सहित दर्जन भर सम्मान।
- **सुरेश गौतम:** ख्यातिलब्ध लेखक। अब तक विभिन्न खंडोंवाले छह शब्दकोश, दो दर्जन से अधिक मौलिक ग्रंथ, आठ संपादित ग्रंथ, नौ ग्रंथ संयुक्त संपादन में; सरकारी, गैर-सरकारी अनेक संस्थाओं से संबद्ध। छोटे-बड़े डेढ़ दर्जन पुरस्कार-सम्मानों से अलंकृत।

- **सुशील कुमार फुल्लः** प्रतिष्ठित साहित्यकार। अब तक 68 से अधिक ग्रंथ, जिनमें 12 कहानी संग्रह, 8 उपन्यास, 6 बाल उपन्यास, 15 आलोचना ग्रंथ, अनेक संपादित ग्रंथ एवं उपन्यास अंग्रेजी में, हिंदी अनुवाद प्रकाशित। 'हिमालय अकादमी पुरस्कार', 'चंद्रधर शर्मा गुलेरी पुरस्कार', 'अखिल भारतीय कहानी पुरस्कार', 'राष्ट्रीय पुरस्कार', सहित कई पुरस्कारों से सम्मानित।
- **सुनील केशव देवधरः** सुपरिचित लेखक-कवि। 'मत खींचो अंतर रेखाएँ', 'मोहन से महात्मा', 'शब्द कलश', 'संवाद अभी शेष है', 'आकाश में घूमते शब्द', 'लिखि कागद कोरे', 'कागज की जमीन पर' (संपादन) तथा अनेक पुस्तकों का मराठी से हिंदी में अनुवाद। राज्य स्तरीय छोटे-बड़े लगभग एक दर्जन सम्मान-पुरस्कार प्राप्त।
- **सूर्यकांत नागरः** सुप्रसिद्ध लेखक व संपादक नौ कहानी-संग्रह, दो उपन्यास, दो व्यंग्य संग्रह, लघुकथा संग्रह आदि पुस्तकें प्रकाशित। कई पुरस्कारों और सम्मानों से सम्मानित।
- **हरीश कुमार शर्माः** जाने-माने लेखक। अब तक 'तुलसी साहित्य का आधुनिक संदर्भ', 'भाषा, संस्कृति और साहित्य', 'फणीश्वरनाथ रेणु के उपन्यासों में लोक-संस्कृति' तथा 'राष्ट्रीय स्मृति, संस्कृति और भाषा' पुस्तकें तथा विभिन्न पत्र-पत्रिकाओं में शताधिक सृजनात्मक एवं आलोचनात्मक रचनाएँ प्रकाशित। संप्रति-राजीव गांधी विश्वविद्यालय के हिंदी विभाग में प्रोफेसर एवं भाषा संकायाध्यक्ष।
- **हेमंत कुकरेतीः** वरिष्ठ रचनाकार। अब तक पाँच कविता-संग्रह प्रकाशित। भारत-भूषण सम्मान, कृति सम्मान, केदार सम्मान से सम्मानित। कविताएं देशी-विदेशी भाषाओं में अनुदित। संप्रति-श्यामलाल कॉलेज (दि.वि.वि.) से संबद्ध। 'साहित्य अमृत' (मासिक) के संयुक्त संपादक।